Umweltrecht und Umweltpolitik

Herausgegeben von
Prof. Dr. Edmund Brandt
Prof. Dr. Thomas Saretzki

Band 12

Jürgen Meyer

Gemeinschaftliche Eigeninitiative im Bereich der Daseinsvorsorge

Abfallrechtliche Subsidiarität als Anregung und Muster
für die Förderung neuer, ziviler Organisationsformen
bei der Erledigung öffentlicher Aufgaben

BWV • BERLINER WISSENSCHAFTS-VERLAG GmbH

Bibliografische Informationen Der Deutschen Bibliothek

Die Deutsche Bibliothek verzeichnet diese Publikation in der Deutschen Nationalbibliografie; detaillierte bibliografische Daten sind im Internet über <http://dnb.ddb.de> abrufbar.

ISBN 3-8305-0550-7

© 2003 BWV · BERLINER WISSENSCHAFTS-VERLAG GmbH,
Axel-Springer-Str. 54 b, 10117 Berlin
Printed in Germany. Alle Rechte, auch die des Nachdrucks von Auszügen, der photomechanischen Wiedergabe und der Übersetzung, vorbehalten.

Vorwort

Die vorliegende rechtswissenschaftliche Abhandlung entstand vor dem Hintergrund eines gesellschaftspolitischen Unbehagens darüber, daß immer mehr Aufgaben unseres Gemeinwesens und damit auch große Teile unserer Lebensgestaltung von öffentlichen Bürokratien und privaten Großkonzernen gesteuert werden, beides aus Sicht des typischen Zivilbürgers irgendwie abgehoben und schwer durchschaubar. Dies mit Unbehagen zu sehen und zu beklagen, ist die eine Sache; wenn die Bürger daran jedoch etwas ändern wollen, müssen sie die Dinge vor Ort und regional mehr selbst in Hand nehmen. Dafür in juristischer Hinsicht eine Schneise zu schlagen, hat sich diese Abhandlung zum Ziel gesetzt. Dabei wird an bisherigen Strukturen der öffentlichen und öffentlich beauftragten Aufgabenerledigung und Fürsorge gerüttelt und am Ende auch an einem wenig zukunftsoffenen juristischen Methodenverständnis.

Die Abhandlung wurde im Wintersemester 2002/2003 an der Universität Lüneburg als Dissertation angenommen. Sie wurde betreut durch Prof. Dr. Edmund Brandt, wofür ihm Dank gebührt, insbesondere für die Bereitschaft, neuen Blickwinkeln und Ansätzen die Chance der Profilierung zu geben.

Neritz (im Wendland), im Juni 2003 *Jürgen Meyer*

Inhaltsübersicht

Inhaltsverzeichnis 9

Abkürzungsverzeichnis 15

Einleitung 19

Erster Teil
Freiraum gem. §§ 13 I 2, 17 I KrW-/AbfG als Prototyp der Privilegierung und Regulierung von Eigenerledigung 47

A. Privilegierung von Eigeninitiative durch die Zulässigkeit der Beseitigung in „eigenen Anlagen" und „Verbänden" 48

B. Regulierung von Eigeninitiative durch Abwägung mit „überwiegenden öffentlichen Interessen" 135

Zweiter Teil
Bedeutung der erkannten Regelungs- und Argumentationsmuster für die gesamte Daseinsvorsorge 155

A. Bedeutung für den gesamten Abfallbereich 155

B. Abfallrechtliche Subsidiarität als Motor bürgergesellschaftlicher Organisationsformen 207

C. Ausblick: Potentieller Nutzen für weitere Regelungsbereiche 244

Zusammenfassung 288

Literaturverzeichnis 293

Inhaltsverzeichnis

Abkürzungsverzeichnis ... 15

Einleitung ... 19

I. Problemstellung: Bürgergesellschaft und Abfallrecht ... 19
II. Ziele der Untersuchung ... 29
III. Methodische Überlegungen und Gang der Darstellung ... 31
   1. Ausnutzung des sprachlich-assoziativen Rahmens ... 32
   2. Konkurrenz zwischen Überlassungs- und Beauftragungsnormen ... 33
   3. Unklare Vorstellungen der Gesetzgebungsorgane ... 33
   4. Leitfaden für die objektiv-teleologische Argumentation ... 35
   5. Umgang mit unbestimmten Rechtsbegriffen ... 38
   6. Vorgehen bei der Nutzbarmachung von Erkenntnissen in anderen Problemfeldern ... 42
   7. Schwerpunkte im Untersuchungsgang ... 44

Erster Teil
Freiraum gem. §§ 13 I 2, 17 I KrW-/AbfG als Prototyp der Privilegierung und Regulierung von Eigenerledigung ... 47

A. Privilegierung von Eigeninitiative durch die Zulässigkeit der Beseitigung in „eigenen Anlagen" und „Verbänden" ... 48

I. „Eigen"-erledigung nach dem Sprachgefühl ... 48
   1. Sachherrschaft und Bestimmungsmacht als Kriterium von Eigenerledigung ... 50
   2. Übernahme von Verantwortung nach außen ... 51
   3. Gemeinsame Erledigung mit engagierter Beteiligung ... 53
   4. Kollektive Eigenerledigung ... 54
   5. Besondere Formen von Zusammenschlüssen ... 56
      a) Zusammenschluß mehrerer Gemeinschaften zu Gemeinschaftsprojekten ... 56
      b) Kooperationsgesellschaften zwischen Verursachern und Entsorgungswirtschaft ... 57
      c) Exkurs: Verhältnisse im Konzern ... 57
   6. Eigenentsorgung und Beauftragung von Entsorgungsunternehmen ... 59
      a) Einbeziehung „qualifizierter" Beauftragungen ... 59
      b) Die „offene Regulierungslösung" von Fluck ... 60
   7. Fazit und Regelungsmuster ... 62

II. Einbeziehung von Verursacherverbänden ... 64
   1. Aufgabenzuordnung und anlagenrechtliche Normen ... 64
   2. Beauftragung eigener Verbände ... 67
      a) Anwendbarkeit des § 17 I KrW-/AbfG auf den Adressatenkreis von § 13 I KrW-/AbfG ... 67

	b) Rangverhältnis zwischen den §§ 13 I 2 und 17 I KrW-/AbfG	68
	aa) Sperrwirkung für Beauftragungen durch § 13 II KrW-/AbfG	68
	bb) Spezieller Adressatenkreis	69
	c) Harmonisierung der konkurrierenden Rechtsfolgen	71
3.	Fazit und Regelungsmuster	74

III. Leitbild der Eigeninitiative in der Entstehungsgeschichte ... 75
   1. Wertentscheidungen des Regierungsentwurfs ... 75
      a) Aussagen zur Überlassungspflicht und ihren Ausnahmen ... 75
      b) Allgemeine Aussagen zu den Zielen des Gesetzes ... 76
   2. Kritische Stellungnahme des Bundesrates ... 78
   3. Die Erwiderung der Bundesregierung ... 79
   4. Konkretisierung durch den zuständigen Bundestagsausschuß ... 81
   5. Zusammenfassung der Vorstellungen von Regierung und Bundestag ... 82
   6. Zustimmungsversagung durch den Bundesrat ... 84
   7. Kompromiß im Vermittlungsausschuß ... 85
   8. Grundsätzliche Fragen zur neuen Denkrichtung ... 86
   9. Fazit und Denkmuster ... 90

IV. Objektiv-teleologisches Argumentationsmuster bei der Privilegierung von Eigeninitiative ... 92
   1. Entscheidungskategorien ... 92
      a) Abfallwirtschaftliche Wertungsgesichtspunkte ... 92
      b) Typische Organisationsformen als Varianten privilegierter Eigeninitiative ... 93
   2. Argumentationsmuster zur Förderungswürdigkeit von Eigeninitiative ... 97
      a) Maßstäbe der Förderungswürdigkeit ... 98
         aa) Ziel der Steigerung von Bewußtsein und Rückkopplung ... 98
         bb) Ziel der Steigerung von Verursacherverantwortung ... 101
         cc) Ziel der Flexibilisierung, Vielfalt und Kooperationsförderung ... 105
      b) Umsetzung der Maßstäbe in Privilegierung von Organisationsformen ... 107
         aa) Förderungswürdigkeit mitgliedschaftlicher Zusammenschlüsse ... 108
         bb) Förderungswürdigkeit qualifizierter Fremdbeauftragung ... 110
      c) Fazit ... 112
   3. Argumentationsmuster zu Notwendigkeit und Schutz öffentlicher Daseinsvorsorge ... 114
      a) Maßstäbe der Notwendigkeit von Daseinsvorsorge ... 115
         aa) Leistungsfähigkeit und Zuverlässigkeit der privaten Entsorgungswirtschaft ... 115
         bb) Notwendige Reservegewährleistung durch die Öffentliche Hand ... 118
      b) Maßstäbe der Funktionserhaltung notwendiger öffentlicher Einrichtungen ... 121
         aa) Übergangsprobleme wegen frustrierter Aufwendungen ... 122
         bb) Zumutbarkeit von Auslastungs- und Planungsproblemen ... 125

      c) Umsetzung der Maßstäbe in Privilegierung von Organisationsformen   127
          aa) Auswirkungen der Entsorgung in genossenschaftsähnlichen
              Zusammenschlüssen   127
          bb) Auswirkungen der Entsorgung in verbandsgestützten
              Kooperationen   128
          cc) Hinweis: Kooperationsmodelle und Wettbewerbsrecht   129
          dd) Auswirkungen der Zulässigkeit qualifizierter Fremdbeauftragung   130
      d) Fazit   131

V. Fazit zur Privilegierung von Eigenerledigung   133

B. Regulierung von Eigeninitiative durch Abwägung mit „überwiegenden
    öffentlichen Interessen"   135

I. Sprachliche Offenheit für regulierende Bewertungen   135

II. Problematik landesrechtlicher Konkretisierungen   137

III. Hinweise aus Herkunft und Entstehung der Norm   139
    1. Entstehungsgeschichte der Interessenklausel   139
    2. Anknüpfung an § 1 III Nr. 7 AbfG v. 1986   140
    3. Gesamtschau der Indizien   141

IV. Zweckmäßige Abwägungsmaßstäbe und -verfahren   142
    1. Regulierungsanforderungen des Sachbereichs   143
      a) Abwägungsbedarf bezüglich des Schutzes öffentlicher Daseinsvorsorge   143
      b) Abwägungsbedarf bei der Feststellung unerlaubter Fremdinitiative   146
    2. Anknüpfung an vergleichbare Abwägungsverfahren   147
      a) Öffentliche Belange gem. § 35 I BauGB   147
      b) Öffentliche Verkehrsinteressen gem. § 13 IV PBefG   149
      c) Besondere Anforderungen bei der Privatisierung öffentlicher Aufgaben   151

V. Fazit zur Regulierung   152

Zweiter Teil
**Bedeutung der erkannten Regelungs- und Argumentationsmuster
für die gesamte Daseinsvorsorge**   155

A. Bedeutung für den gesamten Abfallbereich   155

I. Freiraum für gemeinschaftliche Eigeninitiative bei der Beseitigung besonders
   überwachungsbedürftiger Abfälle   155
    1. Grundsätzliche Offenheit des Regelungsbereiches für Eigeninitiative   155

2.	Sprachliche Offenheit des Begriffs „enger räumlicher und betrieblicher Zusammenhang"	156
	a) Relativität räumlicher Zusammenhänge	157
	b) Vielschichtigkeit betrieblicher Zusammenhänge	158
3.	Verbandsrechtliche statt anlagenrechtliche Sichtweise	158
	a) Anlagenrechtliche Begriffe und Assoziationen	159
	b) Beachtung von Verbands- und Beauftragungsnormen im Regelungsbereich	161
4.	Problembewußtsein und Leitgedanken des Gesetzgebers	162
	a) Übernahme der Leitgedanken aus dem neuen Bundesrecht	162
	b) Mangelndes Bewußtsein über denkbare Organisationsformen	164
	c) Anknüpfung an die bisherige Rechtslage im Landesrecht	166
5.	Förderung und Regulierung aus objektiv-teleologischer Sicht	167
	a) Förderungswürdigkeit von Eigeninitiative	168
	b) Notwendigkeit von Daseinsvorsorge und des verantwortbaren Übergangs	170
	aa) Daseinsvorsorge im Bereich der Andienung und Zuweisung	170
	bb) Bedürfnis nach einem Schutz von Entsorgungsstrukturen	171
	cc) Bedürfnis nach Einzelfallkorrektur	172
	c) Räumlicher und betrieblicher Zusammenhang als Haftungskategorie	173
6.	Fazit und Argumentationsmuster	174

II. Freiraum für gemeinschaftliche Eigeninitiative bei der Verwertung häuslicher Verwertungsabfälle 176
1. Grundsätzliche Offenheit des Regelungsbereiches für Eigeninitiative 176
2. Sprachliche Offenheit des Begriffs „in der Lage" 176
   a) Anknüpfung an Erledigungskompetenz 176
   b) Anknüpfung an Lenkungskompetenz 178
   c) Anknüpfung an Nutzenziehungskompetenz 178
   d) Offene Kompetenzbeurteilung anhand des Einzelfalls 179
   e) Kooperationsrechtliche Zusammenfassung der Wortlautinterpretation 180
3. Verbandsrechtliche statt anlagenrechtliche Sichtweise 181
   a) Regelungszusammenhang zwischen § 13 I 2 und 1 KrW-/AbfG 181
   b) Beachtung und Verbands- und Beauftragungsnormen 182
   c) Sperrwirkung der Ausnahmeregelung für Sammlungen gem. § 13 III 1 Nr. 2, 3 KrW-/AbfG 183
4. Problembewußtsein und Leitgedanken des Gesetzgebers 184
   a) Vorstellungen von Bundsregierung und Bundesrat 184
   b) Änderungen und Vorstellungen im zuständigen Bundestagsausschuß 185
   c) Rückgriff auf Leitgedanken 186
5. Förderung und Regulierung aus objektiv-teleologischer Sicht 187
   a) Entscheidungskategorien 187
   b) Förderungswürdigkeit von Eigeninitiative 189
   c) Notwendigkeit von Daseinsvorsorge und eines verantwortbaren Übergangs 191

aa) Notwendigkeit von Daseinsvorsorge	192
bb) Funktionserhaltung öffentlicher Einrichtungen durch Regulierung	193
4. Fazit und Argumentationsmuster	194

III. Weitere Anregungen für den Abfallbereich 195
   1. Nutzen der Erkenntnisse im Rahmen der Diskussion um die Zuordnung gewerblicher Mischabfälle 196
      a) Das Problem 196
      b) Möglichkeiten eines neuen organisationsrechtlichen Ansatzes . . . 197
      c) Einordnung der Reformansätze 199
   2. Ermessensreduzierung zugunsten von Eigeninitiative bei der Übertragung und Beauftragung 201
   3. Förderung von Eigeninitiative im „beweglichen System" Wilburgs . . 201

IV. Fazit: Eigeninitiative als Leitbild des gesamten Abfallrechts 203

B. Abfallrechtliche Subsidiarität als Motor bürgergesellschaftlicher Organisationsformen 207

I. Abfallrechtliche Freiräume als Ausdruck des Subsidiaritätsprinzips . 208
   1. Leitgedanken der Subsidiaritätsdiskussion 208
   2. Konkretisierung durch verwandte Leitbegriffe 214
   3. Konkretisierende Umsetzung der Leitgedanken im Abfallrecht . . 221

II. Methodischer Nutzen für das Recht der öffentlichen Aufgaben 225
   1. Bestätigung der abfallrechtlichen Ergebnisse 225
   2. Subsidiarität als ein „Fast"-Verfassungsgut 228
   3. Subsidiarität als objektiv-teleologische Zweifelsregel 230
      a) Wertungsprobleme in der Jurisprudenz 230
      b) Legitimität von Leitformeln 233
      c) Subsidiarität als anerkannter Ausdruck sozialpragmatischer Klugheit 235
   4. Vergleichbare Regelungsbereiche als Anwendungsfeld 238
   5. Bürgerorientierte Subsidiarität und offensives Vorverständnis . . . 240

C. Ausblick: Potentieller Nutzen für weitere Regelungsbereiche 244

I. Freiraum für gemeinschaftliche Eigeninitiative im Abwasserbereich, insbesondere beim Betrieb dezentraler Ortskläranlagen 244
   1. Grundsätzliche Offenheit des Regelungsbereichs für Eigeninitiative und Subsidiarität 245
   2. Privilegierter Freiraum für Eigeninitiative in § 149 IV NWG 246
      a) Sprachliche Offenheit der Kleinkläranlagenermächtigung 246
      b) Verbandsrechtliche statt anlagenrechtliche Sichtweise 247
      c) Problembewußtsein und Leitgedanken des Gesetzgebers 249
      d) Förderung und Regulierung aus objektiv-teleologischer Sicht . 250

	aa) Subsidiarität als Zweifelsregel	250
	bb) Förderungswürdigkeit von Eigeninitiative	251
	cc) Wertung der Notwendigkeit von Daseinsvorsorge	253

       e) Sonderproblem: Einschränkungen durch Festlegung bestimmter Kleinkläranlagen   254
   3. Kommunaler Anschluß- und Benutzungszwang als Regulierungsinstrument   255
       a) Sprachlicher Vergleich mit der Interessenklausel   255
       b) Unklarheit der gesetzgeberischen Vorstellungen   257
       c) Objektiv-teleologische Erwägungen und Subsidiarität   258
       d) Sonderproblem: Anspruch auf Entlassung aus dem Anschluß- und Benutzungszwang   261
       e) Weitere Anregungen für das Abwasserrecht   262
   4. Fazit und Argumentationsmuster   263

II. Zulässige Eigeninitiative in sonstigen Regelungsbereichen   265
   1. Potentieller Nutzen der Erkenntnisse in weiteren Anwendungsfeldern des Anschluß- und Benutzungszwangs   266
   2. Potentieller Nutzen in weiteren umlagepflichtigen Aufgabenbereichen   268
   3. Potentieller Nutzen in haushaltsfinanzierten Versorgungsbereichen   270
   4. Neo-(privat-)kommunale Vision   273
   5. Potentieller Nutzen in sensiblen Wirtschaftsbereichen des Privatsektors   273

III. Allgemeine Maßstäbe und Regelungsmuster für die Förderung und Regulierung gemeinschaftlicher Eigeninitiative im Bereich der Daseinsvorsorge – Versuch einer Typologie   274

Zusammenfassung   288

Literaturverzeichnis   293

Abkürzungsverzeichnis

a.A.	anderer Ansicht
Abg.	Abgeordneter
a.F.	alter Fassung
Anm.	Anmerkung
AöR	Archiv für öffentliches Recht(Z)
Art.	Artikel
Ausschuß-E	Ausschußentwurf
Az.	Aktenzeichen
BAnz.	Bundesanzeiger
BauGB	Baugesetzbuch
BauNVO	Baunutzungsverordnung
BayVBl.	Bayerische Verwaltungsblätter(Z)
BB	Betriebsberater(Z)
BGB	Bürgerliches Gesetzbuch
BGBl.	Bundesgesetzblatt
BNVO	Baunutzungsverordnung
BImSchG	Bundes-Immissionsschutzgesetz
BSHG	Bundessozialhilfegesetz
BT-Drucks.	Bundestagsdrucksache
BVerfG(E)	Bundesverfassungsgericht(sentscheidung)
BVerwG(E)	Bundesverwaltungsgericht(sentscheidung)
bzw.	beziehungsweise
ca.	circa
ders.	derselbe
d.h.	das heißt
DIN	Deutsches Institut für Normung
DÖV	Die Öffentliche Verwaltung(Z)
DRiZ	Deutsche Richterzeitung(Z)
DVBl.	Deutsches Verwaltungsblatt(Z)
etc.	et cetera
f., (ff.)	folgende Seite(n)
Fn.	Fußnote
GBl.	Gesetzblatt
GG	Grundgesetz
ggf.	gegebenenfalls
GHH	Gemeindehaushalt(Z)
gem.	gemäß
GmbH	Gesellschaft mit beschränkter Haftung
GenG	Genossenschaftsgesetz
GVBl.	Gesetzes- und Verordnungsblatt
GewArch	Gewerbearchiv(Z)
Hrsg.	Herausgeber
Hs	Halbsatz

i.S.v.	im Sinne von
i.V.m.	in Verbindung mit
Kfz	Kraftfahrzeug
KG	Kommanditgesellschaft
KGst	Kommunale Gemeinschaftsstelle für Verwaltungsvereinfachung
KrW-/AbfG	Kreislaufwirtschafts- und Abfallgesetz
LT-Drucks.	Landtagsdrucksache
m^3/D	Kubikmeter Tagesdurchlauf
m.w.N.	mit weiteren Nachweisen
NAbfG	Niedersächsisches Abfallgesetz
n.F.	neuer Fassung
NGO	Niedersächsische Gemeindeordnung
NJW	Neue Juristische Wochenzeitschrift(Z)
NWG	Niedersächsisches Wassergesetz
Nr.	Nummer
NSchG	Niedersächsisches Schulgesetz
NSt-N	Niedersächsischer Städtetag – Nachrichten(Z)
NStrG	Niedersächsisches Straßengesetz
NuR	Natur und Recht(Z)
NdsVBl.	Niedersächsische Verwaltungsblätter(Z)
NVwZ	Neue Zeitschrift für Verwaltungsrecht(Z)
NWVBl.	Nordrhein-westfälische Verwaltungsblätter(Z)
PBefG	Personenbeförderungsgesetz
Reg-E	Regierungsentwurf
S.	Seite
s.o.	siehe oben
sog.	sogenannte
StuG	Stadt und Gemeinde(Z)
TASi	Technische Anleitung Siedlungsabfall
u.a.	unter anderem
u.ä.	und ähnlich
UPR	Umwelt und Planungsrecht(Z)
usw.	und so weiter
u.U.	unter Umständen
v.	von
VGH	Verwaltungsgerichtshof
vgl.	vergleiche
VG	Verwaltungsgericht
VR	Verwaltungsrundschau(Z)
VVDStRL	Veröffentlichungen der Vereinigung der Deutschen Staatsrechtslehrer(Z)
VwVfG	Verwaltungsverfahrensgesetz
WG	Wassergesetz
WiB	Wirtschaftsrechtliche Beratung(Z)
WiVerw	Wirtschaft und Verwaltung(Z)
WVG	Wasserverbandsgesetz
Z	Zeitschrift

z.B.	zum Beispiel
ZfW	Zeitschrift für Wasserrecht(Z)
ZG	Zeitschrift für Gesetzgebung(Z)
Ziff.	Ziffer
zit.	zitiert
ZfgG	Zeitschrift für das gesamte Genossenschaftswesen(Z)
ZögU	Zeitschrift für öffentliche und gemeinwirtschaftliche Unternehmen(Z)
ZRP	Zeitschrift für Rechtspolitik
ZUR	Zeitschrift für Umweltrecht(Z)

Einleitung

I. Problemstellung: Bürgergesellschaft und Abfallrecht

Forderungen nach mehr Eigeninitiative, Eigenverantwortung und Partizipation der Bürger haben seit einiger Zeit Hochkonjunktur. Sie finden sich wieder in der aktuellen gesellschaftspolitischen Diskussion über „Bürgergesellschaft/Zivilgesellschaft".[1] Dahinter steht ein Unbehagen gegenüber abgehobenen, bürokratischen Strukturen und einer Entfremdung der Bürger von der Bestimmung aber auch der Verantwortung bei wichtigen Aufgaben des Gemeinwesens. Es drückt sich aus in Schlagworten wie „faktische bürokratische Verkrustung" und „faktische korporative Vermachtung"[2]. Der bürgergesellschaftliche Diskurs führt regelmäßig zu einem Leitbild freiwilliger, autonomer Assoziationen.[3] So versteht auch der Bericht der Enquete-Kommission des Deutschen Bundestages „Zukunft des Bürgerschaftlichen Engagements" unter der Leitformel „Bürgergesellschaft" vor allem „Engagement in selbstorganisierten Vereinigungen" und den „Vorrang der kleinen Einheiten in ihrer Selbstbestimmung und Leistungskraft".[4] Der bürgergesellschaftliche Diskurs folgt also insgesamt dem Leitbild einer dezentralisierenden Subsidiarität oder – wie es auch genannt wird – „bürgerorientierten Subsidiarität"[5] Diesem Gedanken folgt im Grunde auch die Leitformel vom „aktivierenden Staat".[6] Hierin liegt ein strukturverändernder Ansatz, und so spricht auch die Enquete-Kommission von notwendigen Veränderungen bei staatlichen Institutionen und bei Verbänden und von der Übernahme öffentlicher Aufgaben durch bürgergesellschaftliche Organisationsformen.[7]

Da es sich beim Streben nach mehr Bürgergesellschaft/Zivilgesellschaft/aktivierendem Staat um einen bedeutenden gesellschaftspolitischen Trend handelt, der im Grunde von allen politischen Parteien im Munde geführt wird[8], steht es auch der Jurisprudenz gut an, ihn aufgeschlossen zur Kenntnis zu nehmen, wobei mit Aufgeschlossen-

---

1 Vgl. Buchstein, in: Breit/Massing (Hrsg), Bürgergesellschaft/Zivilgesellschaft/DritterSektor, 8.
2 Sachße, in: Enquete-Kommission „Zukunft des Bürgerschaftlichen Engagements" des Deutschen Bundestages, Schriftenreihe Bd I, 23.
3 Vgl. Waschkuhn, Subsidiarität, 73, 74, 111, 113, 114, unter Hinweis auf Dahrendorf und auf den Kommunitarismus.
4 Enquete-Kommission „Zukunft des Bürgerschaftlichen Engagements" des Deutschen Bundestages, Schriftenreihe Bd IV, Bericht, 59.
5 Baer, in: Enquete-Kommission Bd I, 178.
6 Vgl. Olk, in: Heinze/Olk (Hrsg.), 30, 31 f.; Schuppert, in: Enquete-Kommission Bd I, 193, 202, 204; Trott zu Solz, in: v. Alemann (Hrsg.), Bürgergesellschaft, 78.
7 Enquete-Kommission „Zukunft des Bürgerschaftlichen Engagements" des Deutschen Bundestages, Schriftenreihe Bd IV, Bericht, 59.
8 So Olk, in: Heinze/Olk (Hrsg.), 30, unter dem Stichwort „Aktivierender Staat"; als Beispiele für die übergreifende Befassung mit dem Stichwort „Bürgergesellschaft" vgl. auch: Bundesministerium des Innern, Wegweiser Bürgergesellschaft, 2002; Roland Koch (Hrsg.), Bürgergesellschaft, 1998; Hans Eichel, Bürgergesellschaft, 1999; Heide Simonis, Bürgergesellschaft, 1997; Guido Westerwelle(Hrsg.), Bürgergesellschaft, 1997; Alois Glück, Bürgergesellschaft, 2001.

heit nicht gleich Voreingenommenheit, sondern zunächst nur die Bereitschaft gemeint ist, neue zivile – d.h. bürgergesellschaftliche – Organisationsformen zur Kenntnis zu nehmen und das Recht der öffentlichen Aufgaben auch unter diesem neuen Blickwinkel zu betrachten.

Unterstützende Hinweise auf eine stärkere Berücksichtigung solcher Organisationsformen bei der Erledigung öffentlicher Aufgaben gibt es aus genossenschaftswissenschaftlicher Sicht, allerdings nur vereinzelt. So wurde bereits in den 70er und 80er Jahren die Frage nach der Genossenschaftsform als Alternative zur Privatisierung gestellt.[9] Die Problematik wurde z.B. anhand von Wohnungsbaugenossenschaften und Schlachthofgenossenschaften erörtert.[10]

Auch in einigen jüngeren Stellungnahmen wird beklagt, daß sich die Privatisierungsdiskussion in der Regel auf eine Verlagerung von öffentlichen auf private Monopolunternehmen beschränkt.[11] Dabei wird das Augenmerk auf – teilweise historische – Beispiele privater genossenschaftlicher Selbsthilfe im Bereich Krankenhaus, Müllabfuhr, Straßenreinigung, Wasserversorgung und Schulen gelenkt. Die Genossenschaft ist danach eine Alternative gegenüber der Abhängigkeit von der öffentlichen Hand oder von anderen Monopolbetrieben, da die Mitglieder gleichzeitig „Kunden" sind und eine rechtlich gesicherte Position zur Einflußnahme haben.[12] Ferner soll die genossenschaftliche Selbsthilfe „eine Antwort auf die Überforderung der öffentlichen Hand" sein.[13]

Teilweise wird der Genossenschaftsgedanke gleichsam als „Königsweg" bei der Entlassung öffentlicher Aufgaben in bürgerschaftliche oder private Verantwortung angepriesen.[14] Dabei wird auf zwei „Säulen" des Genossenschaftswesens hingewiesen, nämlich zum einen die Bündelung der Einzelinteressen und zugleich ihre Stärkung gegenüber beherrschenden (Quasi-)Monopolen und zum anderen die Vermeidung negativer Auswüchse egoistischer Interessendurchsetzung und Ineffizienz bürokratischer Verwaltung.[15] Gefordert wird aus diesem Grund eine Entfaltung des Genossenschaftsgedankens durch Freiraum, rechtsstaatlichen Schutz und gesellschaftspolitische Förderung.[16] Diese Forderung öffnet bereits den Blick auf drei denkbare Kategorien der Förderung von Eigeninitiative, und zwar (1.) durch Ermittlung bzw. Schaffung eines generellen Freiraums, (2.) durch Beachtung eines Kern- bzw. Mindestbereiches von Eigeninitiative und (3.) durch Privilegierung in Form von Zuschüssen.

Ebenfalls in einer genossenschaftlichen Zeitschrift findet sich ein aktueller Hinweis auf die Förderung des Genossenschaftsgedankens im Energiebereich. Danach bieten Liberalisierung und Deregulierung des Strommarktes jetzt die große Chance für mehr

---

9   Engelhardt, in: Brede (Hrsg.), 289 ff; Novy, in: Engelhardt/Thiemeyer (Hrsg.), Beiheft 11 zur ZögU, 102, 110; Höland, ZögU 1988, Beiheft 10, 98, 108; v. Loesch, ZögU 1988, Beiheft 10, 4, 9 ff.; Bierbaum/Riege, Selbsthilfe, 18 ff.,36 ff., 125 ff.
10 Vgl. Engelhardt, in: Brede (Hrsg.), 289, 294 f., 300 ff., 304 ff.
11 Bungenstock, Agrarrecht 1997, 347.
12 Bungenstock, Agrarrecht 1997, 348 f.
13 Bungenstock, Agrarrecht 1997, 349.
14 Rosskopf, ZfgG 2000, 102.
15 Rosskopf, ZfgG 2000, 105 f.
16 Rosskopf, ZfgG 2000, 112.

Selbsthilfe, Selbstverantwortung und Selbstverwaltung und damit für eine Umsetzung des Subsidiaritätsprinzips.[17] Damit werden bereits die zentralen Begriffe für die Kennzeichnung und Umsetzung von Eigeninitiative genannt. An gleicher Stelle wird auf eine weitere Nutzbarmachung des Genossenschaftsgedankens im Bereich der Erschließung hingewiesen.[18]

Aus betriebswirtschaftlicher Sicht betrachtet eine neuere Arbeit die Chancen für Genossenschaften im Zuge der Privatisierung. Anknüpfend an genossenschaftswissenschaftliche Untersuchungen geht sie davon aus, daß die genossenschaftliche Organisationsform einen Verzicht auf transaktionskostenintensive Regulierung gestattet und dadurch die „allokative Effizienz innerhalb monopolistischer Strukturen" verbessert.[19] Sodann setzt sich der Autor anhand von Fallstudien mit genossenschaftlichen Modellen im Bereich der Abwasserbeseitigung, der Stromverteilungsnetze, der Seniorenbetreuung, der Schulen und öffentlicher Wohnungsbestände auseinander, wobei er durchweg zu positiven Prognosen gelangt. Im Ausblick auf weitere Privatisierungsfelder zugunsten von Genossenschaften nennt er die öffentlichen Sparkassen, Museen, Theater, Schwimmbäder, Sportplätze, Personennahverkehr und – man höre – sogar das Schienennetz der Bahn und das Autobahnnetz.[20] Solche betriebswirtschaftlichen Erwägungen fördern die Bereitschaft, sich auch rechtlich mit den Chancen und Freiräumen auseinanderzusetzen.

Ein praktischer Gedankenanstoß der vorliegenden Untersuchung über gemeinschaftliche Eigeninitiative im Bereich der Daseinsvorsorge[21] sind denn auch Initiativen aus dem Bereich örtlicher Abwasserentsorgung. In vielen Ortschaften und Ortsteilen des ländlichen Raumes der Bundesrepublik Deutschland gab und gibt es Bestrebungen der Bürger, die Abwasserbeseitigung anstelle der Gemeinde gemeinsam selbst in die Hand zu nehmen. Auslöser für solche Ansätze sind meist die für ländliche Grundstücke hohen Baukostenbeiträge, die aus dem sog. Flächenmaßstab resultieren. Als wesentlicher Kostenfaktor gelten die langen Kanalwege von den einzelnen Ortschaften zur Zentralkläranlage. Es wurden private Abwassergenossenschaften gegründet. Zugleich wurden technisch neue Typen von kleinen Kläranlagen entwickelt, die auch als dezentrale Gemeinschaftsanlagen für ganze Ortsteile nutzbar gemacht werden können. Es handelt sich dabei um anschauliche Beispiele für bürgerliche Eigeninitiative aus ökonomischen und ideellen Motiven.[22] Die geschilderten Initiativen sind ein klassisches Beispiel für bürgerliche Eigeninitiative auf relativ überschaubarer, dezentraler Ebene. Ohne näher auf die Gründe einzugehen, darf man wohl sagen, daß es sich um nahezu jedermann sympathische Initiativen handelt. Sie haben etwas von Selbstbehauptung, unmittelbarem Nutzen,

---

17 Wagner, ZfgG 2001, 248.
18 Wagner, ZfgG 2001, 249.
19 Lüke, Chancen, 100.
20 Lüke, Chancen, 102 ff., 158 ff., 211 ff, 233 ff.,259 ff., 308 ff.
21 Daseinsvorsorge soll hier im Forsthoff'schen Sinne weit verstanden werden, als Gesamtheit der Leistungen zur Befriedigung der Bedürfnisse der Bürger für eine normale Lebensführung durch die öffentliche Hand, vgl. bei Hellermann, Daseinsvorsorge, 1, 266.
22 Das Modell findet kurze Erwähnung bei Bungenstock, Agrarrecht 1997, 347, 349, und kürzlich bei Lüke, Chancen, 141 f. Eine Aufarbeitung in der umwelt- oder kommunalrechtlichen Literatur ist nicht bekannt. Es kann lediglich auf die Erwähnung in der regionalen Presse verwiesen werden, vgl. z.B. Hannoversche Land und Forstwirtschaftliche Zeitung 1998, Heft 20, 68 f.; 1998, Heft 3, 33 f.; 1997, Heft 32, 58 f.

Gemeinschaft, Geborgenheit, Mitreden, und es stellt sich automatisch die Frage, ob es solche oder ähnliche Formen nicht häufiger geben sollte.

Die oben genannten Stimmen sind Signale und Appelle an die öffentliche Hand, genossenschaftliche oder ähnliche Initiativen in die Erledigung öffentlicher Aufgaben einzubeziehen. Auf diesem Wege ist die Umsetzung jedoch vom „guten Willen" der öffentlichen Hand abhängig. Angesichts typischer Besitzstände und Beharrungskräfte ist auf solche Weise keine wirkliche strukturverändernde Wirkung in Richtung Bürgergesellschaft zu erwarten. Diese Untersuchung geht von der Annahme aus, daß eine wirkliche Schubkraft für die Implementierung neuer ziviler Organisationsformen nur durch einen Anspruch auf Eigeninitiative oder eine anspruchsähnliche Stellung der Bürger entsteht. Es stellt sich daher die Frage, inwieweit es rechtliche Freiräume gibt, die eine Erledigung öffentlicher Aufgaben „auf eigene Faust" ohne kommunalen oder staatlichen Beauftragungs- bzw. Übertragungsakt ermöglichen.

Bei der Suche nach solchen „Freiräumen"[23] für „unmittelbare"[24] Eigeninitiative im Bereich der öffentlichen Aufgaben stößt man auf das Abfallrecht. Zwar ist die Problematik bürgerlicher Zusammenschlüsse im Bereich der Abfallentsorgung noch nicht ins Rampenlicht getreten, es gibt jedoch seit Inkrafttreten des Kreislaufwirtschafts- und Abfallgesetzes[25] unmittelbare Freiräume für Eigeninitiative der Verursacher[26]. Solche Freiräume bestehen umfassend für betriebliche Verwertungsabfälle, führen jedoch dort zu einer Ersetzung von Eigeninitiative durch Fremdinitiative der Entsorgungswirtschaft. In anderen Bereichen der Beseitigung und Verwertung wird unmittelbarer Freiraum durch die Begriffe „eigene Anlagen" und „zur Verwertung in der Lage" umschrieben und beschränkt.[27] Das Bundesabfallrecht enthält somit ein differenziertes System von Überlassungspflichten und Freiräumen. Es schafft ferner die Möglichkeit der Korrektur solchen Freiraums im Einzelfall wegen überwiegender öffentlicher Interessen.[28] Für besonders überwachungsbedürftige Abfälle beläßt es dem Landesgesetzgeber gesonderte Regelungsmöglichkeiten, die dieser meist für die Anordnung von Andienungspflichten genutzt hat, von denen wiederum Ausnahmen in Form von Freiräumen bestehen.[29]

---

23 So soll hier – im Gegensatz zur lediglich kulanten Einräumung von Möglichkeiten – eine zumindest anspruchsähnliche Stellung der Bürger bezeichnet werden.

24 So soll hier – im Gegensatz zu mittelbarer Eigeninitiative – die Möglichkeit bezeichnet werden, ohne zwischengeschalteten behördlichen Zuordnungsakt „auf eigene Faust" Aufgaben wahrzunehmen.

25 Gesetz zur Förderung der Kreislaufwirtschaft und Sicherung der umweltverträglichen Beseitigung von Abfällen vom 27.11 1994 (BGBl. I S. 2705), nachfolgend abgekürzt: KrW-/AbfG.

26 Den Begriff „Verursacher" verwenden z.B. auch Arndt/Walter, WiVerw 1997, 183 ff.; vgl. zur Verwendung in dieser Untersuchung unten S. 6.

27 Vgl. § 13 I 2 KrW-/AbfG, wo für die Beseitigung in „eigenen Anlagen" Ausnahmen von der Überlassungspflicht gemacht werden, und § 13 I 1 KrW-/AbfG, wo gleiches unter der Voraussetzung geschieht, daß die Erzeuger und Besitzer „zur Verwertung in der Lage" sind.

28 Vgl. § 13 I 2, III 1 Nr.3 KrW-/AbfG, wo die Überlassungspflicht angeordnet wird, soweit „überwiegende öffentliche Interessen entgegenstehen".

29 Vgl. z.B. § 16 II NAbfG (Niedersächsisches Abfallgesetz vom 14. 10. 1994 (GVBl. S. 467), zuletzt geändert 18. 02. 1999 (GVBl. S. 46).

Hervorzuheben ist § 13 I 2 KrW-/AbfG, weil er den Begriff „eigen", den Inbegriff jeglicher Zugehörigkeit, verwendet und gleichzeitig die Möglichkeit der Abwägung von – vornehmlich wirtschaftlichen – Interessen schafft. Dem Spannungsverhältnis zwischen Eigeninitiative und Daseinsvorsorge wird somit vergleichsweise intensiv Rechnung getragen. Unterstützt wird dies durch die Hervorhebung der Verbände in § 17 I KrW-/AbfG. Der Regelungsbereich der §§ 13 I, 17 I KrW-/AbfG könnte daher – wenn nicht praktisch, so doch zumindest vom Regelungsansatz her – richtungweisend sein.

Als Mustermaterie bietet sich das Abfallrecht schließlich auch an, weil die Argumentation in den Materialien des Kreislaufwirtschafts- und Abfallgesetzes und in der wissenschaftlichen Diskussion sich ausdrücklich auf die Förderung von Eigeninitiative und die Verantwortung und Selbstverwaltung der Abfallverursacher richtet.[30] So ist während und seit Entstehung des Kreislaufwirtschafts- und Abfallgesetzes immer wieder von Initiative, Verantwortung und Inpflichtnahme der Verursacher die Rede.[31] Die Diskussion wird vornehmlich unter dem Stichwort „Verursacherprinzip" geführt.[32] Ferner wird die Problematik der abfallwirtschaftlichen Steuerung durch Einbindung der Verursacher unter dem Stichwort „Kooperationsprinzip" thematisiert.[33] Die Diskussion geht von der Erkenntnis aus, daß die Steuerungsmacht des Staates gegenüber den „sachnäheren und fachkompetenten Verursachern" begrenzt ist und Daseinsvorsorge den komplexen Aufgaben daher nicht gerecht wird. Es wird angeregt, „das Spezialwissen und die Steuerungskräfte der beteiligten privaten Akteure für die umweltpolitischen Ziele fruchtbar zu machen"[34]. Unter anderem durch „Verlagerung der Entsorgung auf Entsorgungsverbände" soll sich der „Einfluß der Abfallproduzenten auf die Modalitäten der Entsorgung" erhöhen.[35] Positive Ergebnisse erhofft man sich auch durch den Einsatz „reflexiver Instrumente", wie z.B. Haftungsregelungen.[36] Die abfallrechtliche Diskussion über Verursacher- und Kooperationsprinzip steht somit in engem Zusammenhang mit der Erledigung und Steuerung von Entsorgung durch Verursacher und damit auch durch Verursachergemeinschaften. Dies gilt zum einen, wenn Verursachergemeinschaften als „für ihren eigenen Abfall" verantwortliche Entsorger auftreten, und zum anderen, wenn „Verursacherverbände" Aufgaben der Lenkung und Betreuung wahrnehmen.

Als geeigneter Resonanzboden für die Erörterung von Eigeninitiative erscheint das Abfallrecht auch deshalb, weil in der abfallrechtlichen und abfallwirtschaftlichen Diskussion sehr intensive Auseinandersetzungen über die Aufgabenverteilung zwischen öffentlicher und privater Entsorgung geführt werden. Das Abfallrecht ist hier noch auf

---

30 Vgl. Regierungsbegründung, BT-Drucksache 12/5672, 34 f.,44; Versteyl/Wendenburg, NVwZ 1994, 833, 839; Petersen/Rid, NJW 1995, 7, 8.
31 BT-Drucks. 12/5672, 37, 44, 127.
32 BT-Drucks. 12/7284, 17; vgl. z.B. Pippke, Abfallentsorgung, 38, 246 m.w.N.; Bree, Privatisierung, 26, 70; Paetow, in: Kunig/Paetow/Versteyl, KrW-/AbfG, § 11, 2.
33 Reese, ZUR 2001, 14 ff.; Fluck, UPR 2000, 281 ff., vgl. zur Diskussion um Eigenverantwortung und kooperative Steuerung: di Fabio, in: Huber (Hrsg.), 42 ff., danach ist Abfallrecht heute ein „Pionier staatlich gelenkter Kooperation".
34 Reese, ZUR 2001, 14 m.w.N.
35 Reese, ZUR 2001, 14, 15.
36 Reese, ZUR 2001, 14, 16 m.w.N.

der Suche nach dem richtigen Kurs, was sich in letzter Zeit vor allem im Streit um die Zuordnung von Mischabfällen zeigt.[37] Zum einen scheint klar zu sein, daß eine öffentliche Struktur zumindest als Reserve- oder Auffangsystem erhalten bleiben sollte.[38] Ebenso klar scheint aber zu sein, daß das Kreislaufwirtschafts- und Abfallgesetz den Übergang zu erheblich mehr privater Erledigung bezweckt.[39] Hinzu kommt, daß die Rahmenbedingungen sich im Jahre 2005 mit dem Ende der Übergangszeiten bei der Einführung der TA-Siedlungsabfall[40] möglicherweise erneut ändern.[41] In der Diskussion zeigt sich Unzufriedenheit mit öffentlicher Erledigung auf der einen und Mißtrauen gegenüber privaten Dienstleistungskonzernen auf der anderen Seite. Die abfallrechtliche Diskussion um Eigeninitiative und deren Gefahren ist daher nicht nur um ihrer selbst willen interessant, sondern kann als Argumentationsrahmen für die Erörterung von Fragen der Eigeninitiative insgesamt dienen.

Letztlich stellt sich die Frage, ob das neue Abfallrecht der rechtlichen und wirtschaftlichen Praxis nicht sogar den Auftrag erteilt, nach neuen Organisationsformen der Eigeninitiative zu suchen. Es ist ein gutes Beispiel dafür, daß sich im Bereich der Daseinsvorsorge nicht allein die Frage nach dem „Ob" eines Überganges zu mehr Eigeninitiative stellt, sondern auch die nach dem „Wie".[42] Die rechtlichen Auseinandersetzungen über Begriffe wie z.B. „eigene Anlagen" oder „zur Verwertung in der Lage" in § 13 I KrW-/AbfG wurden bisher allerdings vorwiegend unter dem Gesichtspunkt der Drittentsorgung durch Entsorgungsunternehmen geführt. Über die Vielschichtigkeit der Organisationsformen zwischen Eigen- und Fremdentsorgung, die darin liegenden Chancen und die fließenden Übergänge findet sich dagegen nicht viel.[43]

Es lohnt sich also im Bereich des Abfallrechtes die rechtlichen Möglichkeiten für Eigeninitiative auszuloten. Dazu muß allerdings klar sein, was unter Eigeninitiative zu verstehen ist.

---

37 Weidemann, GewArch 1997, 311, 312, spricht diesbezüglich von erheblicher Rechtsunsicherheit, jahrelangen rechtlichen Klärungsprozessen, ordnungspolitischer Orientierungslosigkeit und Rechtschaos. Zur Auseinandersetzung um die Zuordnung von Mischabfällen vgl. BVerwG, NVwZ 2000, 1178 f.; vgl. kurz zuvor Dolde/Vetter, NVwZ 2000, 21 ff. und 1104 ff.; vgl. kurz danach: Weidemann, NVwZ 2000, 1131 ff.; Kibele, NVwZ 2001, 42 ff. Zu den Änderungsbestrebungen der Länder vgl. Kreuzer, Müllmagazin 2000, 48 f.; Metzmann, Müllmagazin 2000, 50 ff. Zu den Effekten der neuen Gewerbeabfallverordnung vgl. Palschau, Müll und Abfall, 2002, 78 ff; Sircar/Ewert/Bohn, Müllmagazin, 2002, Heft 1, 16 ff.

38 gl. Schink, ZG 1996, 97, 99; Petersen, NJW 1996, 1114; siehe auch unten S. 136, 137, 138 m.w.N.

39 gl. u.a. Kahl, DVBl.1995, 1327, 1328 f.; Witthohn/Smeddinck, NdsVBl.2000, 77, 81.

40 Technische Anleitung zur Verwertung, Behandlung und sonstigen Entsorgung von Siedlungsabfällen vom 14.05. 1993 (BAnz. Nr.99a)

41 Vgl. Weidemann, NJW 1996, 2757, 2760, Kahl, DVBl. 1995, 1327, 1328 f.; Petersen/Faber/Herrmann, Müll und Abfall, 1999, 537, 540 f.

42 Vgl. Baum/Wagner, Müll und Abfall 2000, 330, 332: „...wie, durch wen, an welchen wie zu gestaltenden Ort...."

43 Etwas ausführlicher zu Organisationsformen: Walter, Entsorgungspflichten, 63 ff., 120 ff.; vgl. im Übrigen vereinzelte kurze Ausführungen zur Möglichkeit von gemeinschaftlichen Anlagen bei: Bartram/Schade, UPR 1995, 253, 255; Jungnickel/Bree, UPR 1996, 297, 298 f.; Arndt/Walter, WiVerw 1997, 183, 210 ff.; ausdrücklich über den herkömmlichen Betreiberbegriff hinausgehend nur Böning, UPR 1998, 371, 375.

Eine denkbare Organisationsform von Eigeninitiative wurde eingangs am Beispiel der dörflichen Abwassergemeinschaften bereits vorgestellt. Solche Modelle fallen unter die Kategorie gemeinschaftlicher „Eigenerledigung". Unter Eigenerledigung ist in dieser Arbeit die Durchführung der notwendigen Handlungen durch die üblicherweise von öffentlicher Erledigung betroffenen privaten Personen zu verstehen. Denkbar sind „persönliche" Modelle in Form alleiniger Erledigung und Erledigung in kleinen Gemeinschaften. Wie sich zeigen wird, gehören zur Eigenerledigung aber auch genossenschaftliche und genossenschaftsähnliche[44] Modelle in Form kollektiver Erledigung bis hin zu verbandsgestützten Kooperationsgesellschaften mit Entsorgern.

Unter Eigeninitiative soll demgegenüber jeder freiwillige Impuls verstanden werden, der zwecks Erledigung von den betroffenen Bürgern oder Betrieben ausgeht. Er kann auch in der Beauftragung von „fremden" Dienstleistungsunternehmen bestehen, so daß Eigenerledigung begrifflich nur einen Teil möglicher Eigeninitiative darstellt. Soweit von „echter" Eigeninitiative die Rede ist, sollen damit durch Einfluß und Verantwortung qualifizierte Formen der Initiative von schlichter Fremdbeauftragung unterschieden werden.

Die Akteure der Eigeninitiative werden in dieser Untersuchung allgemein als „Betroffene", „Problemverursacher" oder, soweit das Abfall- und Abwasserrecht betroffen ist, schlicht als „Verursacher" bezeichnet. Der letztgenannte Begriff faßt diejenigen Bürger bzw. Besitzer von Abfall- oder Abwasser zusammen, die nicht Dienstleister im jeweiligen Tätigkeitsbereich, wie z.B. Entsorger, sind.

Der Abfallbereich ist noch in einer weiteren Hinsicht als Argumentationsrahmen geeignet. Bei aller Sympathie für einen bürgergesellschaftlichen „dritten Weg"[45] darf man sich nämlich hinsichtlich der praktischen Relevanz gemeinschaftlicher Eigenerledigung nichts vormachen. Sie könnte sich in Grenzen halten. Es ist zum Beispiel fraglich, ob und wann es für Betriebe und Haushalte interessant wird, den organisatorischen Aufwand von Gemeinschaftseinrichtungen auf sich zu nehmen.[46] Immerhin scheint die Tendenz in der Wirtschaft im Moment eher zur Konzentration auf das Kerngeschäft und im übrigen zur Inanspruchnahme von Fremddienstleistungen zu gehen. Bei privaten Akteuren wiegt der Faktor Bequemlichkeit hoch, so daß auch hier die Relevanz zweifelhaft ist.[47]

Doch auch wenn die momentane Relevanz nur gering sein sollte, könnte es sein, daß sich in vielen Bereichen allmählich – wieder[48] – ein Bewußtsein für gemeinschaftliche dezentrale Bürgerselbstverwaltung entwickelt. Dies gilt zum Beispiel wegen ei-

---

44 Auf die Möglichkeiten genossenschaftlicher GmbH oder KG weist Wölfle, ZfgU 1997, 52 f., hin.
45 Kopytziok, Müllmagazin 2001, Heft 3, 55, 59, spricht von einem „dritten Glied" in der Entsorgungsbranche in Form von Verbänden, das es aufzubauen gelte. Zur Verwendung des Begriffs „Dritter Weg" zwischen Individualismus und Kollektivismus vgl. auch Nörr, in: Nörr/Oppermann (Hrsg.), 239, 246 f.
46 Rat von Sachverständigen für Umweltfragen, Umweltgutachten 2002, Ziff. 175; zu den notwendigen Größeneffekten vgl. Baum/Cantner, Regulierung, 22 f.; zu den Größengrenzen selbstverwalteter Betriebe vgl. v. Lösch, ZögU 1988, Beiheft 10, 4, 25.
47 So aus wirtschaftlichem Blickwinkel Baum/Wagner, Müll und Abfall, 2000, 330, 338.
48 Es sei hier nur an die „Gemeindearbeit" oder „Realgemeinden" in früheren Zeiten erinnert. Vgl. zur Erledigung von Gemeinschaftsaufgaben durch die sog. „freien Genossenschaften" in früherer Zeit den Hinweis von Glagow, in: Glagow(Hrsg.), 116 f.

ner ggf. zu befürchtenden Monopolisierung der Ver- und Entsorgungswirtschaft[49], verbunden mit der Gefahr erheblicher Preisanhebungen in der Zukunft.[50] Um solchen Bewußtseinsänderungen und Überlegungen eine praktische Grundlage zu geben, kann es nützlich und wichtig sein, den gesetzlichen Freiraum für gemeinschaftliche Eigenerledigung näher zu bestimmen. Es könnte ferner sein, daß sich das Bewußtsein für bürgerliche Eigeninitiative in der Politik verstärkt und Eigenerledigung zielgerichtet gefördert werden soll, z.B. durch Vorrangklauseln in den Gemeindeordnungen oder durch finanzielle Förderprogramme.[51] Dafür bedarf es praktikabler Maßstäbe hinsichtlich der Förderungswürdigkeit.

Derzeit fordern allerdings immer höhere technische Anforderungen eine hohe wirtschaftliche Schlagkraft. Eine Entsorgung in typischen vereins- oder genossenschaftsähnlichen Strukturen dürfte sich daher wohl auf Sammlung, Transport und Sortierung von Abfällen, die Vermarktung von Wertstoffen und ggf. auf die Auswahl und Kontrolle von Drittentsorgern beschränken.

Größere Investitionen oder gar ein Bau oder die Übernahme von Anlagen werden – jedenfalls nach derzeitigem Stand – durch dezentrale Organisationseinheiten kaum leistbar sein.[52] In gewissem Maße gilt dies auch für Sammlung, Transport und Sortierung. Entweder also es werden dafür überregionale Großgenossenschaften gebildet oder man muß sich Gedanken über eine kontrollierte Einbindung privatwirtschaftlicher Dienstleistungsstrukturen in die gemeinschaftliche Eigenerledigung bzw. Eigeninitiative machen. Die entscheidende Frage dabei ist, wie man gewachsene privatwirtschaftliche Strukturen und ihre Kosten- und Leistungsvorteile nutzen kann, ohne auf Eigeninitiative vollständig zu verzichten. Eine sich stetig zusammenschließende private Entsorgungswirtschaft muß gleichsam durch „das Nadelöhr verursachernaher Eigeninitiative" gezogen werden.

Dabei wird zwangsläufig die Problematik aufgeworfen, wie mehr Einfluß und Kontrolle der abliefernden Verursacher auf Entsorgungsbedingungen und Entsorgungsablauf angeregt und bei der Entsorgungswirtschaft durchgesetzt werden kann, ohne die wirtschaftlichen Vorteile der Beauftragung privater Entsorgungsunternehmen durch Überreglementierung zu neutralisieren.

Dies könnte z.B. durch den Einsatz von Entsorgern als Betriebsführer von Gemeinschaftseinrichtungen geschehen, was für die Entsorgungswirtschaft aber ggf. wenig attraktiv sein dürfte. Vorstellbar sind ferner „verbandsgestützte qualifizierte Beauftragungen", bei denen Einfluß, Kontrolle und Verantwortung der Verursacher durch entsprechende vertragliche und haftungsrechtliche Gestaltung effektiv erhalten bleiben. Eine starke Position der Verursacher könnte z.B. durch schlagkräftige Verursacherinteressenverbände geschaffen werden. Auch hier sind verschiedene Modelle denkbar. Verursacherverbände können z.B. Kooperationsgesellschaften mit der Entsorgungswirtschaft gründen (verbandsgestütztes Kooperationsmodell)[53]. Sie können ferner den Abfall ihrer Mitglieder annehmen und kompetent an geeignete Entsorger weiterleiten

---

49 Davon spricht z.B. Queitsch, UPR 1995, 412, 419 m.w.N.
50 Von Gefahren monopolistischer Preissetzung sprechen Baum/Cantner, Regulierung, 27.
51 Dafür z.B. Bierbaum/Riege, Selbsthilfe, 138 ff., 141 ff.
52 Vgl. Rat von Sachverständigen für Umweltfragen, Umweltgutachten 2002, Ziff. 175; zu den Größengrenzen selbstverwalteter Betriebe vgl. v. Lösch, ZögU 1988, Beiheft 10, 4, 25.
53 Die hier in Klammern gesetzten Begriffe sind Wortschöpfungen des Verfassers.

(Kommissionsmodell). Sie können schließlich ihre Mitglieder bei der Auswahl geeigneter und zuverlässiger Entsorger im Sinne der gesetzlichen Ziele betreuen (Betreuungsmodell). Gegenstand einer Untersuchung sollte somit nicht lediglich die Erledigung in Form der Genossenschaft sein, sondern alle Gestaltungen, die als Eigeninitiative bezeichnet werden können, wobei allerdings mitgliedschaftlich strukturierte – und daher genossenschaftsähnliche – Zusammenschlüsse bzw. Verbände als gebräuchlichste Form gemeinschaftlicher Eigeninitiative den Schwerpunkt bilden. Für all die beschriebenen Gestaltungen der Eigenerledigung und Eigeninitiative müssen Realisierungsmöglichkeiten ausgelotet werden, und zwar nach geltendem Recht und im Rahmen neuer gesetzgeberischer Ansätze.

Wenn nun der Einwand erhoben wird, daß überregionale Großgenossenschaften und verbandsgestützte qualifizierte Fremdbeauftragungen mit bürgerorientierter Subsidiarität nicht mehr viel zu tun haben, und zwar noch weniger als die kommunale Entsorgung, sei darauf gleich an dieser Stelle folgendes erwidert:

Der Einwand ist berechtigt, jedoch nur, wenn man von einem idealisierten Bild kommunaler Daseinsvorsorge ausgeht. Derzeit entsteht allerdings der Eindruck, daß sich die Kommunen, weil sie sich durch Fehlplanungen, Überalimentation und mangelnde Flexibilität selbst disqualifiziert haben, ihre Aufgaben nach und nach an die sich zunehmend monopolisierende private Entsorgungswirtschaft abgeben, sei es im Wege der Beauftragung oder der Übertragung. Gegenüber einer solchen „doppelt abgehobenen" Entsorgungslandschaft erscheint jede Form irgendwie verursachergesteuerter Eigeninitiative als Ausdruck von mehr Bürgergesellschaft und kann ggf. als Grundstock einer weiteren Entwicklung dienen.

Im Rahmen des Abfallrechts lassen sich somit nahezu alle Probleme abarbeiten, die im Zusammenhang der Zulassung und Förderung gemeinschaftlicher Eigeninitiative und Eigenverantwortung im öffentlichen Bereich stehen. Dies gilt für den Bedarf nach Eigeninitiative und zivilen Bürgergemeinschaften sowie deren Wirkung gegen Bedienungsmentalität und für mehr Rückkopplung zwischen Problem und Problemlösung und für gesellschaftliche Vielfalt und Innovation. Dies gilt ferner für die Probleme mit privaten Dienstleistungsstrukturen aufgrund von Monopolisierung, Machtmißbrauch und illegalen Praktiken. Erörtern lassen sich außerdem Probleme der effektiven Haftung und schließlich auch solche der öffentlichen Einrichtungen in Sachen Flexibilität, Bürokratie, Reserve- und Auffangfunktion und Planung.

Eine so intensive Erörterung der Möglichkeiten für Eigeninitiative in einem wichtigen Bereich der Daseinsvorsorge lädt dazu ein, erkannte Regelungs- und Argumentationsmuster in anderen, vergleichbaren Bereichen zu verwerten. Dafür ist es hilfreich, sie in übergeordnete gesellschaftstheoretische[54] Entwicklungen einzuordnen. Vor einem solchen Hintergrund erscheinen die Erkenntnisse als Bestandteil eines größeren Zusammenhangs, gleichsam einer Gesamtstrategie, und erlangen ggf. mehr Gewicht und Schubkraft in den gesamten Bereich der Daseinsvorsorge hinein.

Naheliegend erscheint zunächst die Einordnung in die Privatisierungsdiskussion. Letztere scheint nach jahrzehntelanger Abwägung von Kostenbewußtsein, Entpolitisierung, Flexibilisierung, Steuerung, Transparenz, Kostenrechnung, Haushaltsrecht,

---

54 Der Begriff „gesellschaftstheoretisch" soll hier eher untechnisch verstanden werden im Sinne von politologisch mit wirtschaftlichen, soziologischen und verfassungsrechtlichen Zügen.

Kreditaufnahmegrenzen, Vorsteuererstattung, Verlustausgleich, Vergaberichtlinien, Monopolisierungen, öffentlichem Dienstrecht etc. in eine Sackgasse der Ratlosigkeit und Ermattung geraten zu sein.[55] Die Diskussion scheint immer wieder auf folgenden zentralen Entscheidungskonflikt hinauszulaufen:

Je geringer der Abstand zur öffentlichen Verwaltung, desto unwirtschaftlicher die Erledigung. Je größer der Abstand zur öffentlichen Verwaltung, desto größer die Gefahr gemeinschädlichen Eigennutzes der Handelnden.

Demgegenüber versprechen bürgerliche Gemeinschaftsmodelle, diesem Gegensatz nicht in solcher Art ausgesetzt zu sein. Den Effekten von Dezentralisierung, Modellkonkurrenz, Kostenbewußtsein, externer Finanzierung, Lösung aus öffentlichem Dienst- und Tarifrecht, Entpolitisierung, Eigenleistung, etc. als typische Vorteile der Privatisierung[56] stehen nicht die Gefahren der Fixierung auf Gewinnerzielung und der Ausnutzung von Monopolstellungen entgegen. Im Gegenteil, es kommt ggf. zu verstärkter Partizipation und somit zu mehr Akzeptanz und kommunalem Bewußtsein. Dort, wo private Gemeinschaftsmodelle praktisch sinnvoll sind, könnten sie also für eine verantwortbare Rückführung öffentlicher Tätigkeit nutzbar gemacht werden.[57]

In der Privatisierungsdiskussion sind jedoch vor allem verwaltungs- und wirtschaftspraktische Kategorien und Ansätze gefragt. Für einen – in dieser Untersuchung angestrebten – typisch rechtswissenschaftlichen Ansatz, der sich darum bemüht, wie Normen auszulegen sind, welche Maßstäbe dahinter stehen und welche Regelungsmöglichkeiten es gibt, bedarf es der Einordnung in rechtsethische oder rechtsphilosophische Prinzipien bzw. Leitformeln. Wie sich bereits mehrfach andeutete, bietet sich dafür das Subsidiaritätsprinzip an. Es ist eng verknüpft mit dem Verursacherprinzip[58] und ist ein wesentlicher Teil des Leitbildes bürgergesellschaftlichen Strebens nach mehr Eigeninitiative und Eigenverantwortung. Es steht im übrigen in einem Spannungsfeld zu einer weit verstandenen Daseinsvorsorge, wobei sich die Frage stellt, ob sich seit den begriffsprägenden Untersuchungen FORSTHOFFS[59] die technischen und organisatorischen Rahmenbedingungen für Eigeninitiative nicht geändert haben und die Daseinsvorsorge somit nicht auf einen weit ursprünglicheren Bedeutungsinhalt zurückgeführt werden kann bzw. soll.[60] Gemeinschaftliche bzw. genossenschaftsähnliche Eigeninitiative könnte sich bei der Auflösung dieses Spannungsverhältnisses als willkommene Hilfe erweisen.

Die Einfügung von Erkenntnissen aus der abfallrechtlichen Privilegierung und Regulierung gemeinschaftlicher Eigeninitiative in den Kontext der gesellschaftstheoretischen Leitbegriffe von Subsidiarität, Selbstverwaltung, Dezentralisierung, Daseinsvor-

---

55 Zur Ermattung vgl. Baer, in: Enquete-Kommission Bd I, 167 Fn.1; zu den hinlänglich bekannten Privatisierungsmotiven vgl. z.B. Landsberg in: Fettig/Späth (Hrsg.), Privatisierung, 29 ff; Kahl, DVBl. 1995, 1332 m.w.N. in Fn. 71 ff.; KGSt- Bericht 7/86, 13 ff.; zum Dilemma im Abfallrecht kurzer Überblick bei Baum/Cantner, Regulierung, 42 ff.

56 Vgl. zu den immer wieder ins Feld geführten Kriterien der Rechtsformwahl z.B. Cronauge, Kommunale Unternehmen, 51 ff; Vest, ZögU 1998, Band 21, Heft 2, 189, 290 ff.

57 Engelhardt, in: Brede (Hrsg.), 289, 295.

58 Frenz, Verursacherprinzip, 202.

59 Forsthoff, Die Verwaltung als Leistungsträger, 1938; ders., Vortrag, 1958; zu den Wandlungen des Begriffs bei Forsthoff vgl. Scheidemann, Daseinsvorsorge, 172 ff.

60 Hinweis auf die ursprüngliche Beschränkung auf Befriedigung lebensnotwendiger Bedürfnisse vgl. bei Hellermann, Daseinsvorsorge, 1.

sorge, Verursacherprinzip u.ä. könnte es ermöglichen, gesellschaftspolitische oder rechtspolitische Anliegen der Bürgergesellschaft in rechtsethische, rechtlich verwertbare Regeln zu übersetzen, und in anderen Bereichen Auslegung und Regelung beeinflussen. So ist die Forderung nicht abwegig, daß der kommunale Vorhabenträger die Betroffenen grundsätzlich erst fragen sollte, ob sie die Maßnahme nicht in Selbstorganisation durchführen wollen. Eine solche Rücksichtnahmepflicht ergibt sich vielleicht bei gewisser Aufgeschlossenheit oder es bedarf ggf. nur kurzer gesetzlicher Klarstellungen in der Gemeindeordnung oder dem Kommunalabgabengesetz.

Freiräume für bürgerliche Eigeninitiative sind auch bei solchen kommunalen Aufgaben denkbar, die nicht aus Beiträgen sondern aus Steuermitteln finanziert werden. So ist es z.B. vorstellbar, daß Schulen oder Kindergärten durch Eltern genossenschaftlich betrieben werden. So könnten ihnen anstelle staatlicher oder konfessioneller Einrichtungen die notwendigen Zuschüsse gewährt werden. Auch dafür bedarf es einer Abgrenzung förderungswürdiger Eigeninitiative der Nutzer von der Fremdinitiative Dritter, für die eine detaillierte Untersuchung des § 13 I KrW-/AbfG ggf. etwas leisten kann.

Allerdings sind auch Probleme zu bedenken, die möglicherweise einer Relevanz verbandsgestützter Eigeninitiative abträglich sind. So sind z.B. wettbewerbsrechtliche Gesichtspunkte zu beachten oder Tendenzen der Bürokratisierung auch in Verbänden. Solche und sicherlich noch weitere Probleme bedürfen der gesonderten Untersuchung, ändern jedoch nichts an der vielfältigen Relevanz des geschilderten Ansatzes.

Der thematische Ansatz „Eigeninitiative/Eigenerledigung" bietet also ausreichend Denkanstöße für viele Untersuchungen und praktische Experimente, die natürlich hier nicht alle bewältigt werden können.

II. Ziele der Untersuchung

Die Untersuchung soll zeigen, daß sich – wenn man aus dem Blickwinkel gemeinschaftlicher bzw. genossenschaftlicher Eigeninitiative an Zuordnungsfragen[61] herangeht – neue Einsichten und Horizonte für die Verteilung von Aufgaben zwischen öffentlichen und privaten Akteuren ergeben, und zwar sowohl für die Auslegung geltenden Rechts als auch für die zukünftige Regelung. Es soll eine argumentative Schneise für einen „dritten – d.h. bürgergesellschaftlichen – Weg" bei der Erledigung öffentlicher Aufgaben geschlagen werden, als Ergänzung zu den bisher vorherrschenden Wegen der Erledigung durch Kommunen oder die öffentlich beauftragte Wirtschaft. „Dritter Weg" im Sinne dieser Untersuchung ist die Erledigung durch privatrechtliche, mitgliedschaftlich strukturierte Organisationen in Trägerschaft solcher Bürger und Betriebe, die als Problemverursacher ansonsten von öffentlicher Erledigung betroffen wären. Das Schlagen einer Schneise im obigen Sinne soll im Rahmen eines rechtswissenschaftlichen Ansatzes geschehen, indem aufgezeigt wird,

---

61 Unter Zuordnung ist in dieser Untersuchung die gesetzliche Zuweisung von Erledigung zu verstehen, gleich ob durch Normierung von Erledigungspflichten oder durch Schaffung von Freiräumen für die Übernahme der Erledigung.

(1.) inwieweit die autonome Aufgabenwahrnehmung durch neue zivile, genossenschaftsähnliche Organisationsformen in einem wichtigen Sektor der Daseinsvorsorge, nämlich der Abfallentsorgung, rechtlich zulässig ist,

(2.) welche Regelungs- und Argumentationsmuster sich aus dem Normsystem, der gesetzgeberischen Argumentation in den Materialien und deren objektiv-teleologischem Weiterdenken entnehmen lassen, die auch für die Auslegung und ggf. Neuregelung in anderen Bereichen fruchtbar gemacht werden könnten,

(3.) ob sich ein übergeordnetes Prinzip oder eine Leitformel finden läßt, das – gleichsam als Transmissionsriemen – eine juristisch-methodisch zulässige, analogieähnliche Übertragung von Regelungs- und Argumentationsmustern ermöglicht.

Auf diese Weise sollen die vielfältigen sozialwissenschaftlichen Ansätze in Sachen Bürgergesellschaft/Aktivierender Staat/Bürgerengagement in die Rechtspraxis hinein weitergedacht und insoweit konkretisiert werden.

Der Titel und die Ziele zeigen, daß es diese Untersuchung für wichtig erachtet, im jeweiligen Normsystem und der Gesetzesdiskussion immer wieder nach Regelungs- und Argumentationsmustern von potentiell übergreifendem Charakter zu suchen. Nur so läßt sich in einem komplexen Gemeinwesen eine Zerfaserung des Rechts in immer mehr unzusammenhängende Regelungs- und Denkmuster verhindern.

Für eine Forschung über Möglichkeiten privater Erledigung öffentlicher Aufgaben sind die Zuordnungsnormen im Abfallrecht richtungweisend.[62] Ziel der Untersuchung ist daher zunächst die Klärung, inwieweit gemeinschaftliche Eigeninitiative der Abfallverursacher im Rahmen der umstrittenen Begriffe „eigene Anlagen", „Verband" und „überwiegende öffentliche Interessen" i.S.d. §§ 13 I 2, 17 I KrW-/AbfG bei der Beseitigung betrieblicher Abfälle zulässig ist.[63] Weiteres Ziel ist dabei das Herausfiltern von Erkenntnissen von möglicherweise allgemeiner Bedeutung für die Zulässigkeit, Förderung und Regulierung von Eigeninitiative.

Durch die Anwendung der gewonnenen Erkenntnisse auf vergleichbare Problembereiche sollen dann auch dort Anregungen für neue Erledigungsmodelle gegeben und ggf. die übergreifende Bedeutung bestimmter Erkenntnisse bestätigt werden. Ein weiteres Ziel ist daher das Aufzeigen von Möglichkeiten, die aus der Untersuchung des § 13 I 2 KrW-/AbfG gewonnenen Erkenntnisse für die Klärung vergleichbarer Probleme im Entsorgungsrecht nutzbar zu machen, und zwar zunächst im Abfallrecht für die Auslegung der ebenfalls umstrittenen Begriffe

- „eigene, in einem engen räumlichen und betrieblichen Zusammenhang stehenden Anlagen" i.S.v. § 16 II NAbfG[64] bei der Entsorgung von besonders überwachungsbedürftigen Abfällen und

---

62 Nach Kahl, DVBl. 1995, 1327, 1328, kann die Bedeutung des Kreislaufwirtschafts- und Abfallgesetzes für die Weiterentwicklung des Umwelt- und Wirtschaftsverwaltungsrechtes insgesamt sehr hoch eingeschätzt werden; Weidemann, NJW 1996, 2757, bezeichnet das Abfallrecht als „Mustermaterie des öffentlichen Wirtschaftsrechts" in einer Umbruchsituation von der staatlichen Erledigung zur staatlichen Wirtschaftslenkung. Er meint dies zwar in anderem Zusammenhang, dies gilt jedoch auch für die hier bearbeitete Problematik.

63 So betrachten auch Baum/Cantner, Regulierung, 36, die Begriffe „eigene Anlagen" und „öffentliche Interessen" als nicht hinreichend geklärt.

64 Niedersächsisches Abfallgesetz vom 14.10.1994 (GVBL. S. 467), zuletzt geändert 20.11.2001 (GVBL. S.701).

- „zur Verwertung in der Lage" i.S.v. § 13 I 1 KrW-/AbfG bei der Verwertung häuslicher Abfälle.

Ferner ist beabsichtigt, durch Nutzbarmachung der gewonnenen Erkenntnisse neue Horizonte für Freiräume im Rahmen des kommunalen Anschluß- und Benutzungszwanges und anderer durch kommunale Satzung geregelter Aufgabenbereiche zu eröffnen. Dies soll am Beispiel der Zulässigkeit der Beseitigung von häuslichem Abwasser in „Kleinkläranlagen" i.S.v. § 149 NWG[65] geschehen. Dafür bedarf es eines grundlegenderen Ansatzes als er hier möglich ist. Im Vordergrund steht daher nicht die erschöpfende Klärung der Probleme, sondern das ausblickhafte Aufzeigen neuer Sichtweisen durch die Anwendung der zuvor im Abfallrecht gewonnenen Erkenntnisse.

Die Möglichkeiten der Eigeninitiative hängen häufig vom Vorliegen bzw. Fehlen überwiegender öffentlicher Interessen oder dringender öffentlicher Bedürfnisse ab. Besonders umstritten sind dabei die Auslastungsinteressen der kommunalen Einrichtungen. Zum Untersuchungsziel gehört daher auch die Klärung,
- welche öffentlichen Interessen und Bedürfnisse im Einzelfall zu beachten sind, wenn Eigeninitiative weitgehend ermöglicht wird,
- wie ihre Beachtung im Rahmen der Einzelfallentscheidungen nach § 13 I 2 und III Nr. 3 KrW-/AbfG umzusetzen ist und
- welche neuen Horizonte sich daraus für Satzungsentscheidungen nach § 8 Nr. 2 NGO[66] ergeben.

Als Zuspitzung des argumentativen Ansatzes in Richtung ggf. nachfolgender Untersuchungen sollen schließlich in Form eines Ausblicks neue Horizonte für rechtliche Freiräume in weiteren potentiellen Feldern für gemeinschaftliche Eigeninitiative angedeutet werden.

Schließlich ist es Ziel der Untersuchung, die gewonnenen Erkenntnisse in einem Argumentationsleitfaden für Maßstäbe und Regelungsmöglichkeiten bei der Förderung von Eigeninitiative zusammenzufassen.

III. Methodische Überlegungen und Gang der Darstellung

Die Untersuchung hat ihren Schwerpunkt in der Auslegung von Normen. Die Auslegung orientiert sich an einer – aufbauend auf klassischen Vorstellungen[67] – geläufigen Prüfungsfolge, beginnend mit Wortlaut und Systematik als sog. textinterner Interpretation[68] und weiterführend mit dem Willen des Gesetzgebers und objektivierten Norm-

---

65 Niedersächsisches Wassergesetz in der Fassung vom 25.03.98, (GVBl S. 347), zuletzt geändert 21.01.1999(GVBl. S. 10).
66 Niedersächsische Gemeindeordnung in der Fassung vom 22.08.1996 (GVBl. S. 382), zuletzt geändert 20.11.2001 (GVBl. S. 701).
67 Vgl. Kaufmann, in: Kaufmann/Hassemer (Hrsg.), Rechtsphilosophie, 134 ff., mit Schaubild zur Lehre von F.C. von Savigny.
68 Die Begriffe „textintern" und „textextern" werden in Loschelders/Roth, Methodik, 123 ff., 130 ff., und zur Vereinfachung auch an einigen Stellen in dieser Untersuchung verwendet. In ähnlicher Weise unterscheidet Müller, Methodik, 247, zwischen unmittelbar normtextbezogene und nicht direkt normtextbezogene Konkretisierungen.

zweckerwägungen als sog. textexterner Interpretation.[69] Die reformerische Zielrichtung führt jedoch zu besonderer Sensibilität für die Möglichkeiten der Eigeninitiative, die auch in der methodischen Herangehensweise spürbar wird. Auf einige Besonderheiten sei nachfolgend hingewiesen. Sie stellen allerdings keine neuen methodischen Ansätze dar, sondern sind nur eine Konkretisierung methodischer Instrumente auf den Untersuchungsgegenstand hin.

1. Ausnutzung des sprachlich-assoziativen Rahmens

Die sprachliche Auslegung bemüht sich in dieser Untersuchung intensiv um eine Typisierung der verwendeten vagen Begriffe, wie z.B. „eigene Anlagen" und „in der Lage", nach organisationsrechtlichen Maßstäben. Aufgrund der besonderen Vagheit der Begriffe ist sie dabei gezwungen, auf sprachlich-assoziative Vorstellungen zurückzugreifen und daraus einen Inbegriff abzuleiten. Durch die detaillierte Erörterung möglicher Bedeutungsvarianten wird bereits auf semantischer Ebene herausgearbeitet, welche Merkmale die Zugehörigkeit der Erledigung zu einer Person kennzeichnen, inwieweit gemeinsame und kollektive Zugehörigkeit vorstellbar ist und welche weiteren kooperativen Verbindungen in die Untersuchung miteinzubeziehen sind. Die sprachliche Analyse der denkbaren Wortbedeutungen nimmt daher einen sonst so nicht üblichen Umfang ein und übernimmt die Funktion einer kooperationsrechtlichen Einführung.

Die Prüfung des Wortlautes orientiert sich wie üblich am sog. allgemeinen Sprachgebrauch.[70] Bei intensiver grammatischer Analyse, wie sie in dieser Arbeit nötig wird, stellt sich jedoch die Frage, wessen Sprachhorizont maßgebend ist. Wer generelle Anordnungen trifft, wird sich dem ihm erkennbaren durchschnittlichen Verständnishorizont der Adressaten anpassen. Damit fördert er die Befolgung seiner Anordnungen.[71] Wenn sich der Gesetzgeber jedoch erkennbar an einen engeren Adressatenkreis richten will, wie z.B. in Normen, die dem Bürger in der Regel durch Juristen vermittelt werden, gewinnt deren Sprachgebrauch an Bedeutung.[72] Wenn der Adressatenkreis allerdings unklar ist, hat sich die Auslegung im Zweifel am überwiegenden Sprachgebrauch zu orientieren.[73]

Bei den in dieser Abhandlung zu untersuchenden Begriffen, wie z.B. dem Begriff „eigen" ist meist nicht klar, ob der Gesetzgeber eine juristisch bzw. wirtschaftlich fachlich vorgebildete Adressatenschaft vor Augen hatte oder eher den durchschnittli-

---

69 Für eine solche strikte Reihenfolge der Auslegungsmethoden Larenz, Methodenlehre, 313, 319 und – in Auseinandersetzung mit Kriele, Müller und Fikentscher – 151; Bydlinski 437, 453 f., Koch/Rüssmann, Begründungslehre, 182.
70 Larenz, Methodenlehre, 320; Koch/Rüssmann, Begründungslehre, 124 f. nennen es „unseren Sprachgebrauch".
71 Bydlinski, Methodenlehre, 438 f; weniger deutlich Larenz, Methodenlehre, 320 f.
72 Bydlinski, Methodenlehre, 439.
73 Bydlinski, Methodenlehre, 440; zunächst eher zur Interpretation im Sinne juristischer Fachsprache tendieren Koch/Rüssmann, Begründungslehre, 189, 190 f., um dann bei nicht eindeutiger Maßgeblichkeit juristischer Fachsprache doch wieder auf Wörterbücher der deutschen Sprache und einen in der eigenen Sprache vermuteten allgemeinen Sprachgebrauch zurückzugreifen.

chen Betriebsleiter. Die Auslegung orientiert sich daher im Zweifel am Sprachgebrauch des durchschnittlichen Betriebsleiters.

2. Konkurrenz zwischen Überlassungs- und Beauftragungsnormen

Die systematische Auslegung widmet sich in dieser Untersuchung der Prüfung von Bedeutungszusammenhängen mit anderen – auch gesetzesfremden – Normen.[74] Untersucht wird die Einbindung in das Normsystem insgesamt[75], und zwar nicht beschränkt auf grammatische Wechselwirkungen, sondern unter Einbeziehung offenkundiger Zwecksetzungen.[76]

Der Schwerpunkt liegt auf den Bedeutungszusammenhängen mit anderen organisationsrechtlichen Normen. Eine Besonderheit resultiert daraus, daß vor allem im Abfallrecht zuordnungsrechtlich relevante Normen ohne eindeutig bestimmbares Rangverhältnis nebeneinander stehen. Gemeint ist das Verhältnis zwischen Überlassungspflichten, Beauftragungsgestattungen und Verbandsgründungsvorschriften. Soweit solche Normen ohne feststellbaren Vorrang unterschiedliche Anordnungen treffen oder Akzente setzen, stellt sich im Rahmen der systematischen Auslegung die Frage, wie damit umzugehen ist.

Eine systematische Lösung solcher Konkurrenzen zwischen gleichrangig konkurrierenden Normen kann nur durch gegenseitige Anpassung erfolgen. Man kann diese Anpassung auch als „horizontale Normharmonisierung" bezeichnen.[77] Die Anpassung bzw. Harmonisierung ist so durchzuführen, daß jeder der gleichrangigen Normen ein real bedeutsamer Anwendungsbereich belassen wird.[78]

Im Rahmen der Harmonisierung von Überlassungspflichten und Beauftragungsgestattungen im Abfallrecht soll daher die Lösung gesucht werden, die dem Anwendungsbereich und dem Regelungsziel beider Normen am besten Rechnung trägt.

3. Unklare Vorstellungen der Gesetzgebungsorgane

Dem Willen des Gesetzgebers wird in dieser Untersuchung ein erheblicher Stellenwert eingeräumt.[79] Dies gilt zunächst für seinen ggf. erkennbaren konkreten Willen zum jeweiligen Auslegungsproblem. Dies gilt ferner für seine der Regelung zugrundeliegenden Leitgedanken. Die vielfach geäußerten Bedenken, es gäbe aufgrund verschiedenster Vorstellungen und Wünsche der einzelnen Abgeordneten und ihrer Gruppen keinen einheitlichen gesetzgeberischen Willen, der zur Grundlage von Auslegung ge-

---

74 In Anlehnung an die Begrifflichkeit bei Larenz, Methodenlehre, 324.
75 Loschelders/Roth, Juristische Methodik, 150 m.w.N.
76 Vgl. Hinweis darauf, daß sich die begriffliche Systematik erst durch die Beachtung der Regelungszwecke erreichen läßt, Larenz/Canaris, Methodenlehre, 148; Koch, Rechtsbegriffe, 91.
77 So Schmalz, Methodenlehre, 110, 49, der darauf hinweist, daß konkurrierende Normen mangels Vorrang auch nebeneinander anwendbar sein können und ggf. aufeinander abzustimmen sind.
78 Bydlinski, Methodenlehre, 463 f.
79 So auch Larenz, Methodenlehre, 344; Bydlinski, Methodenlehre, 449 f.

macht werden könne[80], führen hier nicht zum Verzicht auf eine Analyse. Soweit sich aus den Gesetzesmaterialien, namentlich den amtlichen Stellungnahmen und Begründungen[81], Erkenntnisse und Tendenzen für den Willen des Gesetzgebers ergeben, werden sie herangezogen und intensiv interpretiert.[82] Ergibt sich daraus für das Auslegungsproblem konkret nichts, wird versucht, den Materialien zumindest Stichworte und Leitlinien für die objektiv-teleologische Auslegung zu entnehmen. Auch wenn die Suche nach Hinweisen in den Materialien nicht selten in Mutmaßungen mündet, sind diese doch immer noch eine bessere Grundlage für Zweckerwägungen als vermeintlich objektive – aber meist doch subjektive – Erwägungen des Rechtsanwenders.[83]

Konkrete Aussagen der Materialien zur Zulässigkeit von Organisationsformen gibt es meist nicht. Man ist daher auf Indizien aus allgemeinen Aussagen angewiesen, die zu ordnen und zu gewichten sind. Im Falle des Kreislaufwirtschafts- und Abfallgesetzes sind die Indizien aus den Begründungen der jeweiligen Gesetzgebungsorgane komplex miteinander verknüpft. Es wird daher zunächst zusammengestellt, was jedes Organ unter verschiedenen Gesichtspunkten zu den jeweiligen Problemen gesagt hat, um anschließend die Standpunkte der jeweiligen Organe gegeneinander abzuwägen.

Die Untersuchung folgt dabei dem Gedanken, daß das Recht die Aufgabe hat, die Interessen der potentiell Beteiligten zu erfassen und zu berücksichtigen[84], wobei die Berücksichtigung nicht nach Gutdünken, sondern unter Bindung an die Konfliktentscheidungen des Gesetzgebers zu erfolgen hat.[85] Aus den Materialien sollen daher die wichtigsten Konflikte und mutmaßliche Kompromißlinien herausgearbeitet werden.

Die Materialien des Kreislaufwirtschafts- und Abfallgesetzes zeugen von Widersprüchen zwischen den Äußerungen der beteiligten Organe über die Einbeziehung von Dritten und Verbänden in die Entsorgung. Die Auflösung der Widersprüche wird dadurch erschwert, daß bei den Beratungen im Vermittlungsausschuß Formulierungsänderungen vorgenommen wurden, ohne daß dafür amtliche Begründungen vorliegen. Mögliche Beweggründe können daher auf Grundlage der vorangegangenen Äußerungen nur vermutet werden. Ergebnisse lassen sich nur durch die Herausarbeitung fiktiver Kompromißlinien erzielen. In Zweifelsfällen stellt sich dabei die Frage, welchem grundsätzlichen Denkansatz gefolgt werden soll. Die Untersuchung entscheidet sich für einen Vorrang der Leitvorstellung des Bundestages als zentralem Gesetzgebungsorgan und bürdet dem Bundesrat insoweit die Last der Klarstellung und Durchsetzung seiner Bedenken auf.[86]

---

80 Vgl. Koch/Rüssmann, Begründungslehre, 180, 210 ff.
81 Vgl. unter Hinweis auf die sog. Paktentheorie Engisch, Einführung, 120; Loschelders/Roth, Methodik, 158 m.w.N. Die Konzentration auf amtliche Stellungnahmen der Organe verhindert ein Ausufern der historischen Interpretation auf eine Vielzahl unautorisierter Stellungnahmen im Vorfeld und Umfeld der Gesetzesberatungen. Im übrigen wird der Auffassung von Larenz, Methodenlehre, 329, 344, gefolgt, daß konkrete Absichten, Zwecke und Wertungen für den Auslegenden zwar nicht zwingend bindend aber doch richtungsweisend sind.
82 Insoweit wird hier einer eher subjektiven Auslegungstheorie gefolgt, vgl. Engisch, Einführung, 120 f. m.w.N.
83 Loschelders/Roth, Methodik, 164.
84 Vgl. zur Interessenjurisprudenz Engisch, Einführung, 243 ff. m.w.N.
85 Engisch, Einführung, 245.
86 Dazu im einzelnen unten 1.Teil A.III.8.(mitte).

Von dieser methodischen Problematik zu unterscheiden ist diejenige eines nachträglichen „Wandels der Normsituation"[87], die aufgrund des Wandels von Unterkapazitäten in Überkapazitäten im Abfallbereich ebenfalls eine Rolle spielt.[88]

Neben den soeben beschriebenen „genetischen" Quellen, die in dieser Untersuchung als „Entstehungsgeschichte" bezeichnet werden, wird bei der Auslegung einiger Normen auch die „historische" Entwicklung aus vorhergehenden Vorschriften herangezogen und als „Herkunft" bezeichnet.[89]

Insgesamt liefern Entstehungsgeschichte und Herkunft die Stichworte und Kategorien für die ergänzende objektiv-teleologische Auslegung. Lücken und Unschlüssigkeiten erweisen sich als Einfallstor für gesellschaftstheoretische Leitgedanken[90], wie z.B. das Subsidiaritätsprinzip.

4. Leitfaden für die objektiv-teleologische Argumentation

Entstehungsgeschichte und Herkunft der Norm erbringen häufig nur Anstöße in Form von zentralen Leitgedanken für den Ausgleich der maßgeblichen Interessen. Es bedarf dann einer Weiterführung und Konkretisierung der Interessendiskussion unter der Frage, wie sich die gesetzgeberischen Leitvorstellungen unter Berücksichtigung der Interessen vernünftig umsetzen lassen. Dem dient die „objektiv-teleologische Auslegung"[91]. Sie beinhaltet eine Vielzahl denkbarer Kriterien, deren Berücksichtigung und Einteilung nicht einheitlich gesehen wird. Um nur einige Einteilungen vorzustellen, sei darauf verwiesen, daß z.B. LARENZ zwei Gruppen unterscheidet, und zwar zunächst die „tatsächlichen Strukturen und Gegebenheiten des geregelten Sachbereichs", die der Gesetzgeber vernünftigerweise bei der Regelung zu berücksichtigen hatte, und ferner „rechtsethische Prinzipien", die hinter der Regelung stehen.[92] BYDLINSKI stellt darauf ab, „welche Ziele Menschen im allgemeinen wohl verfolgen, die unter den vorliegenden Umständen eine rechtliche Anordnung wie die auszulegende Norm erlassen".[93] Solche Ziele will er durch reflexive Betrachtung ähnlicher Normbereiche[94] und der Verfassung[95] und ferner aus der Selbstverständlichkeit bestimmter Abläufe und Erwartungen[96] entnehmen.

Hinzu kommt eine vorgehensorientierte Komponente, die anhand obiger bzw. ähnlicher Kriterien den objektivierten Gedankengang des Gesetzgebers von der Wertfin-

---

87 Larenz, Methodenlehre, 350 f.; Zippelius, Methodenlehre, 22, spricht vom „Bedeutungswechsel des Gesetzes"
88 Dazu im einzelnen unten 1.Teil A.III.8. Fn. 268-274.
89 Auf die Trennung zwischen genetischer und historischer Auslegung weist z.B. Müller, Methodik, 205, hin.
90 Dazu im einzelnen unten 2.Teil B.II.4 u. 3.c) am Ende.
91 So bezeichnet bei Larenz, Methodenlehre, 303; Bydlinski, Methodenlehre, 453; Koch/Rüssmann, Begründungslehre, 222.
92 Larenz, Methodenlehre, 333.
93 Bydlinski, Methodenlehre, 454 ff.
94 „Teleologisch-systematische" Auslegung.
95 „Verfassungskonforme" Auslegung.
96 Auslegung nach „der Natur der Sache" und Folgenbetrachtung („argumentum ad absurdum").

dung über die Wertgewichtung bis hin zur Regelungsentscheidung nachzuvollziehen sucht.[97] Dieser Weg soll auch in der vorliegenden Untersuchung beschritten werden, weil dabei ein enger Bezug zum mutmaßlichen Willen des Gesetzgebers erhalten bleibt. Auf Basis von Argumenten aus der Natur der Sache, insbesondere der Folgenbetrachtung, und aus der Übereinstimmung mit gängigen Regelungsstrukturen, die möglichst durch Leitgedanken aus den Materialien unterstützt werden, soll daher der mutmaßliche Regelungswille des Gesetzgebers nachvollzogen werden.[98]

Ein solches Vorgehen folgt zum einen einer objektivierten Sichtweise, die in der Methodologie unter den Stichworten „Natur der Sache"[99], „Interessen"[100], „topische Rundumerörterung"[101], „Einbindung soziologischer Strukturerkenntnisse"[102] u.ä. umschrieben wird. Zum anderen bemüht sie sich um enge Anbindung an den Willen des historischen Gesetzgebers, indem die objektivierten Maßstäbe vor allem für ein Weiterdenken seiner Intention nutzbar gemacht werden.[103]

Da die objektiv-teleologische Untersuchung in dieser Arbeit als Nebenziel die Gewinnung von – möglicherweise übergreifenden – Argumentationsmustern hat, ist sie strukturiert wie eine rationale gesetzgeberische Entscheidung auf Basis seiner Leitgedanken. Das Vorgehen wird sich daher an folgendem fiktiven Gedankengang des Gesetzgebers orientieren, wie er sich aus den in der Gesetzesentstehung geäußerten Leitgedanken ergibt und wie er für eine Untersuchung zulässiger Eigeninitiative typisch sein könnte:

Der Gesetzgeber mußte sich zunächst die Frage stellen, welche Entscheidungsalternativen er bei der Zulassung von Eigeninitiative hatte. Der Prüfung vorangestellt wird daher eine Aufstellung der in Betracht kommenden Bedeutungsvarianten[104], meist in Form typisierter Organisationsformen bzw. Handlungsebenen der Eigeninitiative und daher auch „Privilegierungsvarianten" genannt. Dabei bauen die Varianten aufeinander auf, und jede neue Bedeutungsvariante umfaßt eine weitere umfassendere Form von Eigeninitiative. Mit einer solchen Aufstellung ist der Rahmen der Möglichkeiten abgesteckt, die der Gesetzgeber als Regelungsinhalt in Betracht gezogen haben kann.

---

97 Loschelders/Roth, Juristische Methodik, 120 ff.
98 Auf diese Weise wird auch den Bedenken gegenüber einer Verselbständigung der objektiv-teleologischen Auslegung gegenüber dem gesetzgeberischen Willen Rechnung getragen, vgl. z.B. Müller, Methodik, 208.
99 „Das tun, was die Dinge fordern" – allgemein dazu und zur Rolle als Vorverständnis vgl. Henkel, Rechtsphilosophie, 371 ff, 379, unter Berufung auf Gustav Radbruch.
100 Einführend dazu Kaufmann, in: Kaufmann/Hassemer(Hrsg.), Rechtsphilosophie, 145 f. unter Hinweis auf Philipp Heck. Vgl. auch Henkel, Rechtsphilosophie, 316, wonach die Interessenstrukturen als Realfaktoren Bauelemente der Norm sind als reale Zweckgebilde eine Eindruckskraft haben, die den Inhalt der zu findenden Norm maßgeblich beeinflußt.
101 Vgl. Larenz, Methodenlehre, 145, 146, unter Bezugnahme auf Theodor Viehweg.
102 Vgl. Henkel, Rechtsphilosophie, 269 ff., 272, 287, 296; vgl. auch Fuchs, Kulturkampf, 4, 117 f.; Moench, Freirechtsbewegung, 96.
103 Damit wird letztlich einer vermittelnden Position zwischen subjektiver und objektiver Theorie durch kumulative Anwendung beider Gesichtspunkte gefolgt, auch „Vereinigungslehre" genannt, vgl. dazu Larenz, Methodenlehre, 303; Koch/Rüssmann, Begründungslehre, 178; Bydlinski, Methodenlehre, 430 ff.
104 Diesen Begriff verwendet Larenz, Methodenlehre, 30 f., 180; bei Loschelders/Roth, Methodik, 167, auch als „Auslegungsvarianten" bzw. „Normvarianten" genannt; bei Bydlinsiki, Methodenlehre, 404, auch als „Normhypothesen" bezeichnet.

Anschließend mußte sich der Gesetzgeber fragen, welche Gesichtspunkte für ihn bei der Auswahl zwischen den Bedeutungsvarianten erheblich sein sollten. Dementsprechend werden aus der Entstehungsgeschichte, d.h. aus den Materialien, diejenigen Wertungsgesichtspunkte herausgefiltert, auf die sich die Beteiligten immer wieder berufen. Es handelt sich um Gesichtspunkte der Förderungswürdigkeit von Eigeninitiative und der Notwendigkeit von Daseinsvorsorge.

Daraufhin stellt sich die Frage, was diese Wertungsgesichtspunkte beinhalten und wie sie sich auf die Bedeutungsvarianten auswirken. Es folgt daher eine Analyse der einzelnen Wertungsgesichtspunkte mit jeweils isolierter Betrachtung ihres Inhaltes, des Maßes ihrer Berücksichtigung und dessen Auswirkung auf die Wahl der Bedeutungsvariante. Am Ende steht eine Aussage darüber, welche Bedeutungsvarianten/Privilegierungsvarianten im Lichte des jeweiligen Wertungsgesichtspunktes vorzugswürdig sind. Schließlich muß auf Grundlage der Erkenntnisse und Einzelergebnisse eine abschließende Regelungsentscheidung getroffen werden.[105]

Es ist nahezu unmöglich, im Rahmen der Auslegung die Wertungsgesichtspunkte eines Sachbereichs vollständig zu erfassen und abzuwägen. Um dennoch zu Ergebnissen zu kommen, bedarf es – zumindest im Abfallbereich – vereinfachter objektiv-teleologischer Fragestellungen. Es ist daher vorteilhaft, wenn lediglich zu fragen ist, ob bestimmte – bereits festgestellte – Tendenzen oder Vermutungen durch Erfordernisse des Sachbereichs widerlegt werden. Eine solche „voreingenommene" Fragestellung darf allerdings nicht unlegitimiert, allein aus subjektiver weltanschaulicher Wertung oder dem Rechtsgefühl heraus erfolgen. Sie wird aber hier durch das Abfallrecht ermöglicht, indem die Entstehungsgeschichte eine entsprechende „Argumentationslast"[106] vorgibt.

Die Annahme einer derartigen Zweifelswertung führt zu Erleichterungen bei der Erörterung der komplizierten und schwer überschaubaren abfallwirtschaftlichen Vorgänge und Wechselwirkungen. Es muß lediglich gefragt werden, ob gewichtige Gründe gegen eine Förderungswürdigkeit verschiedener Formen von Eigeninitiative sprechen. Im Ergebnis kann es daher für eine Förderungswürdigkeit ausreichen, wenn „nicht ausgeschlossen", „denkbar" oder „vorstellbar" ist, daß positive Effekte auftreten. Umgekehrt reicht es für die Neutralisierung der Gegengründe – z.B. der Notwendigkeiten der Daseinsvorsorge – aus, wenn „zwingend nichts dagegen spricht", gewisse Beeinträchtigungen zuzulassen, oder wenn befürchtete negative Entwicklungen „weder erwiesen noch ernsthaft erkennbar" sind.

An dieser Stelle ist noch folgendes hervorzuheben: Bei den soeben angekündigten Erwägungen über wünschenswerte Strukturen und Anreize sowie über Schutzbedürftigkeit und Schutzwürdigkeit von Einrichtungen handelt es sich um Realhypothesen auf der Grundlage von Diskussionsbeiträgen in der Literatur und allgemeiner kautelarjuristischer Erfahrungen. Sie erheben nicht den Anspruch einer Durchdringung entsorgungswirtschaftlicher Fragen, sondern stellen lediglich einen – allerdings logisch aufbereiteten – Abriß der aktuellen Argumentationen dar. Sie können daher nur als

---

105 Zur Bewältigung von Zielkonflikten in der Auslegung nach den Maßstäben von Wünschbarkeit, Interessengerechtigkeit, Konsensfähigkeit und der Gesamtwürdigung von Vor- und Nachteilen vgl. Zippelius, Methodenlehre, 54 f.

106 So soll hier die Last der argumentativen Beweisführung im Rahmen der objektiv-teleologischen Auslegung genannt werden.

kursorische Untersuchung und argumentativer Leitfaden angesehen werden, an dem sich notfalls ergänzende oder korrigierende Untersuchungen des Normzweckes orientieren mögen. Ohne solche – zumindest ansatzweisen – Erwägungen über Zweck und Praktikabilität kommt eine Untersuchung der bei der Zuordnung von Entsorgungsaufgaben verwendeten vagen bzw. unbestimmten Rechtsbegriffe allerdings auch nicht aus. Die Interpretation allein anhand des Normtextes und der Materialien droht angesichts der mangelnden Konkretheit dieser Quellen wichtige Aspekte außer Acht zu lassen.

5. Umgang mit unbestimmten Rechtsbegriffen

In der Untersuchung zeigt sich, daß auf dem Mittelweg zwischen gänzlicher organisatorischer Freiheit und vollständiger Überlassungspflicht organisationsrechtliche, d.h. gesellschafts- und kooperationsrechtliche, Beschreibungen zulässiger Organisationsformen nötig werden. Diese in kurzen Begriffen zusammengefaßten Beschreibungen erweisen sich als relativ unbestimmt. Daher rührt auch ihre Umstrittenheit. So muß bereits bei Begriffen, wie „eigene Anlagen" oder „in der Lage sein" i.S.v. § 13 I KrW-/AbfG auf wiederum unbestimmte Kriterien von Einfluß und Verantwortung zurückgegriffen werden. Die Übergänge zu immer mehr Vagheit[107] und Ausfüllungsbedürftigkeit sind fließend. Je mehr sich der Gesetzgeber zu einem gewissen Grad ganz bewußt aus der Bestimmung dessen, was richtig ist, zurückgezogen hat[108] und je weniger der Wortlaut zur Umschreibung des Gewollten beitragen kann, desto stärker wird die Ausfüllungsbedürftigkeit durch Kriterien, die aus dem Normzweck entwickelt werden müssen.[109]

Außerdem sind – wie die Diskussion im Abfallrecht zeigt – komplizierte strukturelle Probleme zu befürchten oder bestehen bereits, die – zumindest in Ansätzen – auch prognostische und gestaltende Wertungen und Abwägungen im Einzelfall erfordern. Es besteht also ein Bedarf nach Regulierungsmechanismen. Deren Einführung wiederum verlangt nach unbestimmten Rechtsbegriffen, die es ermöglichen, abstrakt-generelle Kriterien durch einzelfallbezogene Wertbildung zu ergänzen und auf diese Weise angemessen zu reagieren. So kann es sich z.B. im Rahmen der Folgenbeurteilung als wünschenswert erweisen, das genaue Maß der durch Eigeninitiative ausgelösten Schutzbedürfnisse erst anhand der konkreten Lage im Einzelfall festzulegen. In diesem Zusammenhang wird in der Untersuchung vereinfachend der Begriff „Regulierung" verwendet. Damit ist hier – zur Klarstellung gegenüber anderen Verwendungen dieses Begriffs[110]– ein abwägendes, planerisch-gestaltendes oder prognostisches Fest-

---

107 Zum Begriff der Vagheit vgl. Rüssmann, Begründungslehre, 194 ff.
108 Bydlinski, Methodenlehre, 583; Loschelders/Roth, Methodik, 198.
109 Bydlinski, Methodenlehre, 583; Loschelders/Roth, Methodik, 137.
110 Vgl. z.B. die Legaldefinition in §§ 3 Nr.13, 2 II TKG (Telekommunikationsgesetz vom 25.07.1996, BGBl. I 1120). Danach handelt es sich um Maßnahmen, durch die das Verhalten von Unternehmen beim Angebot und bei der Errichtung von Anlagen geregelt wird, und zwar zur Wahrung von Nutzerinteressen, zur Sicherstellung eines chancengleichen Wettbewerbs und zur Sicherstellung einer flächendeckenden Grundversorgung. Zur Regulierung als „Folge der Privatisierung und Instrument der Liberalisierung" vgl. Oertel, Regulierungsbehörde, 69 f. m.w.N.

legen bestimmter Präferenzen im Einzelfall zur Verhinderung unerwünschter Auswirkungen generell in Gang gesetzter Prozesse gemeint.

Es wird jeweils zu prüfen sein, wie die verwendeten unbestimmten Rechtsbegriffe auszufüllen sind und inwieweit sie erforderliche Bewertungen ermöglichen. Die Meinungen zur Typisierung und Behandlung unbestimmter Rechtsbegriffe sind kaum zu übersehen, und schon gar nicht läßt sich eine allgemein gebräuchliche Begrifflichkeit erkennen. In der methodischen Literatur gibt es eine Vielzahl von Klassifizierungen unbestimmter Rechtsbegriffe. Sie werden als vage Begriffe[111], Typusbegriffe[112], Wertbegriffe[113], ausfüllungsbedürftige Begriffe[114] und Generalklauseln[115] bezeichnet. Die rechtliche Behandlung unbestimmter Rechtsbegriffe und ihre dazu notwendige Einteilung soll sich deshalb zwar auf der Basis bevorzugter begrifflicher Einteilungen bewegen, sich aber vornehmlich nach den Erfordernissen der jeweiligen Regelungsmaterie richten. Daraus ergibt sich für diese Untersuchung folgende begriffliche Einteilung:

Es sind vornehmlich Begriffe zu prüfen, die keine naturwissenschaftlich faßbare Sache oder Beziehung beschreiben, sondern nur Zustände oder Vorgänge, die – weil erst durch intellektuelle Systembildung entstanden – allein im Geiste nachzuvollziehen sind. Sie sollen als „normative" Begriffe bezeichnet werden.[116] Viele solcher normativer Begriffe liefern häufig einen nur wenig eindeutigen sprachlichen Rahmen und lassen zwischen eindeutig subsumierbaren und eindeutig nicht subsumierbaren Sachverhalten einen beträchtlichen Raum der Ungewißheit. Solche Begriffe sollen als „vage" bezeichnet werden.[117] In der vorliegenden Untersuchung geht es im übrigen um die Klärung von Begriffen, deren Inhalt sich nicht durch einen Obersatz ausdrücken, sondern sich nur über eine Vielzahl von Ober- und Mittelsätzen erschließen läßt, die jeweils bestimmte Fallgruppen umschreiben. Es stellt sich also bei der Prüfung heraus, daß man sich dem Begriffsinhalt nur durch die Bildung typischer Fallgruppen auf Basis sprachlicher Assoziationen nähern kann, wobei die Fallgruppen durch Kriterien umschrieben werden, die nicht alle in jedem Fall vorliegen müssen. Solche Begriffe sollen hier als „Typusbegriffe" bezeichnet werden.[118] Im Gegensatz zum feststehenden Begriff, unter den idealerweise durch „wertungsfreien Denkvorgang" subsumiert werden kann[119], ähnelt die Subsumtion unter Typenbegriffe eher

---

111 Vgl. Koch/Rüssmann, Begründungslehre, 194 f.; Loschelders/Roth, Methodik, 135.
112 Vgl. Koch/Rüssmann, Begründungslehre, 209 f.; Bydlinski, Methodenlehre, 544 f.; Larenz, Methodenlehre, 218 ff., 301 ff., 460 ff.
113 Vgl. Bydlinski, Methodenlehre, 583 f.; Koch/Rüssmann, Begründungslehre, 201.
114 Vgl. Loschelders/Roth, Methodik, 198 ff.; Koch/Rüssmann, Begründungslehre, 201.
115 Larenz, Methodenlehre, 289, der sie auch als „ausfüllungsbedürftige Maßstäbe" bezeichnet; Bydlinski, Methodik, 582 ff.; Koch, Rechtsbegriffe, 32.
116 Vgl. dazu Schmalz, Methodenlehre, 71; Koch/Rüssmann, Begründungslehre, 201, der sie mit „wertausfüllungsbedürftigen Begriffen" gleichsetzt.
117 Vgl. Koch, Rechtsbegriffe, 33 ff.; Koch/Rüssmann, Begründungslehre, 194 f.
118 Koch, Rechtsbegriffe, 31 f., 53 ff, der sie unter Hinweis auf Wolff auch „klassifikatorische Begriffe" nennt; Larenz, Methodenlehre, 220 ff; Koch/Rüssmann, Begründungslehre, 73 ff.
119 Larenz, Methodenlehre, 222.

einer Zuordnung von Erscheinungen.[120] Bei ihrer Auslegung wird bereits auf sprachlicher Ebene eine Art „assoziativer Wertung" nötig.[121]

Die soeben beschriebenen Typusbegriffe sind daher eng verflochten mit den sog. Wertbegriffen[122]. Als „Wertung" bzw. „Bewertung" in diesem Sinne sollen besondere Anforderungen an die Konkretisierung bezeichnet werden. So enthält die hier untersuchte Rechtsmaterie Begriffe, deren Ausfüllung vom Rechtsanwender eine prognostische Einschätzung verlangt. Es geht dabei meist um die Vorhersage von äußeren und inneren Folgen bestimmter Entwicklungen, wie z.B. bezüglich wirtschaftlicher oder ideeller Anreize für Verhaltensweisen und bei kautelarjuristischen Erwägungen. Diese Anforderungen sollen als „prognostische" oder auch „kautelarjuristische" Bewertungen bezeichnet werden.

Manche der zu untersuchenden Begriffe verlangen eine gestalterische, planungsähnliche Betrachtung und daher eine Vorstellung davon, wie der betrachtete Teilausschnitt der Welt idealerweise aussehen sollte. Diese Anforderungen sollen als „planerische" oder auch „gestalterische" Bewertungen bezeichnet werden.

Schließlich verlangen einige Begriffe die Feststellung von Relativitätsbeziehungen, z.B. nach Maßstäben der Bedeutung, Entfernung oder Verantwortung. Sie erfordern daher einen Vergleich oder eine Gewichtung im Einzelfall. Diese Anforderungen sollen als „relativierende" oder auch „abwägende" Bewertungen bezeichnet werden.

Häufig vermag die „normale" abstrakt-generelle Auslegung für solche Bewertungen lediglich Bewertungsgrundlagen zu liefern und überläßt den Akt der wertenden Konkretisierung dem Rechtsanwender im Einzelfall.[123] Wie bereits oben bei den Typusbegriffen angedeutet, scheint es bei vielen unbestimmten Rechtsbegriffen „etwas" zu geben, was sich zwischen Auslegung und Subsumtion bewegt. Es geht zum einen um das Suchen, Konkretisieren und Korrigieren von Kriterien anhand der besonderen Umstände des Einzelfalls, woraus sich durch eine Vielzahl gleicher oder ähnlicher Sachverhalte abstraktere Leitsätze bilden lassen. Es geht zum anderen um subjektiv eingefärbte Wertbildungen der oben beschriebenen Art. Dieses Phänomen soll hier als „im Einzelfall wertausfüllungsbedürftig" bezeichnet werden.[124] Es bedarf stets der Klärung, wie weit jeweils diese Sphäre der „letzten normativen Wertbildung" reicht, wer dieses „Recht zur Letzterkenntnis" hat und wie er dabei kontrolliert werden kann.[125]

Sonderfälle der „im Einzelfall wertausfüllungsbedürftigen" Begriffe sind solche, bei denen es das Gesetz ganz bewußt auf Einzelbewertungen anlegt, um angesichts der

---

120 Dies erläutert Larenz, Methodenlehre, 220 f., am Beispiel des Begriffs „Tierhalter", der als Zuordnungsbegriff den in § 13 I KrW-/AbfG verwendeten Zuordnungsbegriffen vergleichbar ist.

121 Larenz, Methodenlehre, 222, spricht von einem „Verfahren wertorientierten Denkens" oder „typologischem Denken".

122 Vgl. dazu Koch, Rechtsbegriffe, 21 ff. m.w.N.; sehr allgemeine Verwendung des Begriffs bei Koch/Rüssmann, Begründungslehre, 201 f.

123 Vgl. dazu Koch, Rechtsbegriffe, 61 ff., 71 ff., der auf die Problematik einer Unterscheidung zwischen „normaler" abstrakt-genereller Auslegung und wertender Konkretisierung im Einzelfall hinweist.

124 Koch/Rüssmann, Begründungslehre, 201; Engisch, Einführung, 142; Loschelders/Roth, Methodik, 135, bezeichnen sie als „ausfüllungsbedürftige Wertbegriffe". Wird auch so beschrieben, daß nicht durch einen normkonkretisierenden Obersatz oder eine andere abstrakte Subsumtionsvorgabe erläutert werden kann.

125 Ossenbühl, DVBl. 1974, 309, 310.

Vielgestaltigkeit und Unüberschaubarkeit der Konstellationen angemessene Reaktionen zu ermöglichen.[126] Sie werden meist als „Generalklausel" bezeichnet und sollen hier zum besseren Verständnis auch „Bewertungsklausel" oder „Abwägungsklausel" genannt werden.[127] Solche Begriffe sollen in dieser Untersuchung von denen unterschieden werden, die irgendwie auch erst anhand des Einzelfalls konkretisiert werden können, aber bei denen nach dem semantischen Befehl möglichst eine – wenn auch nur typisierte – abstrakt-generelle Abgrenzung gewünscht ist, wie z.B. den Begriffen „Betreiber" oder „Halter". Durch diese Unterscheidung kann der Wertbildung im Einzelfall, dort wo sie bewußt gewollt erscheint, eine besondere Legitimation durch den mutmaßlichen gesetzgeberischen Willen verliehen werden[128], was im nachfolgenden Kontext von Bedeutung ist.

Im Kontext der Untersuchungen in dieser Arbeit zeigt sich die Unbestimmtheit und Wertausfüllungsbedürftigkeit nicht nur als Last, sondern zugleich als Chance. Es bietet sich nämlich die Möglichkeit zu regulierenden Bewertungen im Einzelfall nach Maßgabe wünschenswerter Entwicklungen, wie sie z.B. für einen verantwortbaren strukturellen Übergang von öffentlicher Erledigung zu mehr Eigeninitiative notwendig erscheinen. So kommt es, daß in dieser Untersuchung das praktische Bedürfnis nach Regulierung mit dem juristischen nach Wertausfüllung im Einzelfall einhergeht, so daß auch von Wertausfüllungs-„fähigkeit" eines Begriffes gesprochen werden könnte. Die „Natur der Sache" bzw. die „tatsächlichen Strukturen und Gegebenheiten des geregelten Sachbereichs"[129] rufen in solchen Fällen gleichsam nach einer „regulierungsähnlichen Wertausfüllung" im Einzelfall, und in dem „Ob", „Wie" und „Wer" liegen die zentralen Probleme der Untersuchung. So ensteht sogar eine gewisse Affinität zur Lehre vom „beweglichen System".[130]

Eine wichtige Frage ist daher häufig, inwieweit der im Gesetz verwendete Ausdruck Chancen zu einer regulierenden, bewertenden Betrachtung im Einzelfall eröffnet, z.B. ob er die Möglichkeit bietet, zu relativieren – also nach Gewichtung zu entscheiden –, zu gestalten oder zu prognostizieren. Eine in der Untersuchung immer wieder wichtige Grenzziehung folgt nach dem obigen Verständnis von Generalklausel folgendem Maßstab: Ist ein finaler Wille des Gesetzgebers dahingehend anzunehmen, daß im Einzelfall Regulierungen, Gestaltungen oder Prognosen vorgenommen werden sollen, ist der Begriff offen für vielfältige Problemlösungen durch regulierende Abwägung im Einzelfall. Stellt sich lediglich heraus, daß der Rechtsanwender – z.B. auch wegen immer neuer Besonderheiten von Fall zu Fall – ohne Bewertung nicht auskommt, ist möglichst durch abschließende Typisierung eine abstrakt-generelle Grenze zu ziehen.[131]

---

126 Vgl. Loschelders/Roth, Methodik, 198 m.w.N.
127 Zu den vielen Versuchen zur Erfassung des Begriffs „Generalklausel" vgl.: Engisch, Einführung, 157 ff. m.w.N.; Larenz, Methodenlehre, 288 ff.; Müller, Methodik, 224. Sie werden meist als Begriffe mit gesteigerter Unbestimmtheit beschrieben.
128 Auch Bydlinski, Methodenlehre, 583, spricht von einer „bewußten" Ermächtigung.
129 Zu den Begriffen vgl. oben Einl. III.4.; auch Bydlinski, Methodenlehre, 459 f.
130 Vgl. dazu im einzelnen unten 2. Teil A.III.3.
131 In dieser Unterscheidung liegt eine besondere Nuance des methodischen Verständnisses dieser Untersuchung.

Diese Fragen – sind sie erst einmal richtig gestellt – sind wie üblich nach dem semantischen Befehl und den sonstigen Auslegungsmethoden zu beantworten.

Soweit die Möglichkeit zu relativierenden, gestaltenden oder prognostischen Bewertungen im Einzelfall bejaht wird, stellt sich automatisch die Frage nach etwaigen Einschätzungsspielräumen. Auch diesbezüglich ist die Kasuistik und Begrifflichkeit unübersehbar. Ein Spielraum soll – insbesondere nach der Rechtssprechung – nur für bestimmte Prognosen und Kompetenzbewertungen gewährt werden.[132] Für Planungsentscheidungen sind spezielle Muster der Überprüfung entwickelt worden, die zu einer gewissen Kontrolldichte führen sollen.[133] Daneben gibt es Abwägungsklauseln, bei denen sich die Frage stellt, ob die Grundsätze der Planungsentscheidungen anzuwenden oder weitergehende Spielräume einzuräumen sind.[134] Schließlich gibt es Fallgruppen, in denen zwar ein Spielraum zugelassen wird, jedoch nur in eingeschränkter Form.[135]

Aufgrund der vielfältigen und verwirrenden Meinungen und Typisierungen soll in dieser Untersuchung bei der Zuweisung der Letztentscheidung bzw. Letztbewertung vornehmlich all das eine Rolle spielen, was der Gesetzgeber in den Materialien und durch sein Regelungssystem an Zielen erkennbar werden läßt. In Ermangelung brauchbarer Hinweise aus den Materialien bietet sich der vergleichende Blick zur Handhabung der Probleme in vergleichbaren Regelungsbereichen an. Ein solcher rechtsordnungsinterner Rechtsvergleich trägt Züge der entstehungsgeschichtlichen und der objektiv-teleologischen Interpretation. Zum einen ist nämlich davon auszugehen, daß der Gesetzgeber sich bei der Verwendung von Generalklauseln an gebräuchlichen Formulierungen orientiert. Zum anderen hat sich in anderen Bereichen über die Jahre mitunter ein zweckmäßiges Erkenntnisverfahren entwickelt, das als „Struktur des Sachbereichs"[136] objektiv-teleologische Wirkung entfaltet. Je nach Schwerpunkt sind solche Vergleiche daher in der entstehungsgeschichtlichen oder der objektiv-teleologischen Untersuchung anzusiedeln. Soweit der jeweilige Sachbereich besondere, untypische Anforderungen an die Wertung stellt, kann es zu eigenwilligen Lösungen kommen.

6. Vorgehen bei der Nutzbarmachung von Erkenntnissen in anderen Problemfeldern

Es wurde bereits mehrfach angedeutet, daß der Aufgabenverteilung im Abfallrecht, insbesondere in § 13 I 2 KrW-/AbfG, eine Art Musterrolle zugesprochen werden soll. Es wurde daher als Ziel der Arbeit beschrieben, Erkenntnisse übergreifender Art für andere Regelungsbereiche nutzbar zu machen. Eine solche Nutzbarmachung ist methodisch erläuterungsbedürftig.

Sie beginnt mit dem Herausfiltern von potentiell wichtigen Erkenntnissen, also einem normativen, prognostischen Vorgang. Erkenntnisse in diesem Sinne können bestehen (1.) in einer für bestimmte Phänomene und Interessen offenen sprachlichen und

---

132 Vgl. zum Diskussionsstand Ossenbühl, in: Erichsen/Martens (Hrsg.), § 10 III 3.
133 Zur planungsrechtlichen Abwägungsdogmatik vgl. Uerpmann, Interesse, 286 ff.;
134 S.u. 1. Teil B.IV.2.a) Fn. 426-430.
135 S.u. 1. Teil B.IV.2.b)
136 Vgl. dazu Larenz, Methodenlehre, 333, und oben Fn. 129.

systematischen Herangehensweise, (2.) in gesetzgeberischen Leitgedanken zur Lösung bestimmter Arten von Interessenkonflikten, (3.) in topischen Argumentationsmustern, wie z.B. Zweifelsgrundsätzen und der Verteilung der Argumentationslast, und (4.) in Maßstäben und Verfahrensweisen bei Wertung und Bewertung.

Die Nutzbarmachung solcher Erkenntnisse geschieht in erster Linie durch den Versuch, sie in die Auslegung weiterer Normen einzubringen.

Zunächst einmal ist es sinnvoll, die erkannten Maßstäbe und Argumentationsmuster innerhalb des gesamten Abfallrechts konsequent zu berücksichtigen. Dies geschieht, indem die aus dem neuen Blickwinkel heraus gewonnenen Erkenntnisse in weiteren Aufgabenzuordnungsnormen des Abfallrechts eingebracht und auf ihre Umsetzbarkeit hin untersucht werden. Darin liegt wohlgemerkt noch keine analogieähnliche Übertragung in andere Bereiche.

Eine solche beginnt erst mit der Nutzbarmachung in Sach- und Regelungsbereichen, die nicht durch die Leitgedanken des Gesetzgebers im neuen Abfallrecht und durch dessen Sachstrukturen und Steuerungsansätze geprägt sind. An dieser Stelle wird die Nutzbarmachung methodisch problematisch. Man kann nämlich nicht einfach pauschal Maßstäbe aus dem einen in den anderen Bereich hinein übertragen. Dafür braucht es eines vermittelnden Elements. Ein solches Element liegt zunächst einmal in der Vergleichbarkeit der Sach- oder Regelungsstruktur. Es ist nur logisch, in vergleichbaren Problemlagen ähnlich zu argumentieren und dazu Argumentationsmustern aus anderen Bereichen gegenüber aufgeschlossen zu sein. Eine solche Aufgeschlossenheit – ohne Präferenz – kann liegen in einer sprachlich-systematischen Offenheit für neue Ansätze und in einer genauen Hinterfragung des gesetzgeberischen Willens, inwieweit er für sie offen ist oder sich ihrer einfach noch nicht bewußt war.

Eine – über bloße Aufgeschlossenheit hinausgehende – methodische Obliegenheit zur Berücksichtigung entsteht erst, wenn es ein Prinzip oder eine Leitformel gibt, die beide Bereiche verklammert und dessen Berücksichtigung oder Konkretisierung im einen Bereich auch nach einer solchen im anderen drängt. Solche Prinzipien bzw. Leitformeln werden üblicherweise der Verfassung oder der Rechtsidee, d.h. dem Sinn des Rechts, zu entringen versucht. Soweit dies nicht gelingt, werden die Weichenstellungen meist – bewußt oder unbewußt – dem Rechtsgefühl von Gerichten überlassen.[137]

Eine vielversprechende Aufgabe könnte es daher sein, dieses Rechtsgefühl zu strukturieren und Regeln für die Berücksichtigung gesellschaftspolitischer Leitformeln zu entwickeln, z.B. durch Einordnung von Maßstäben und Regelungsmustern in Prinzipien und gesellschaftspolitische Trends sowie deren Übertragung in andere Bereiche.[138] Dadurch könnten auch positive Effekte auf die Reaktionsgeschwindigkeit der Jurisprudenz angesichts der gesellschaftlichen Komplexität und Langatmigkeit gesetzgeberischer Reaktion entstehen.

Eine solche analogieähnliche Schubkraft von Maßstäben und Regelungsmustern wird vornehmlich im Rahmen der objektiv-teleologischen Auslegung Berücksichtigung

---

137 Vgl. zu „Rechtsgefühl" und „Vorverständnis" Kaufmann, in: Kaufmann/Hassemer (Hrsg.), 147 f.; Ernst Fuchs, zit. und ausgeführt bei Moench, Freirechtslehre, 96, spricht von Rechtstatsachen in Form allgemeiner, tatsächlicher, sittlicher, wirtschaftlicher, kurz gesellschaftskundiger bzw. soziologischer Verhältnisse, die für das volle Verständnis der Rechtssätze erforderlich sind.

138 „Transformierung vorjuristischer, ethischer, sozialpolitischer Maßstäbe in Rechtswahrheiten", vgl. Engisch, Einführung, 259, unter Bezugnahme auf Esser.

finden können. Der Gesetzgeber läßt dafür nicht selten Freiräume, die als „Einfallstore" genutzt werden können. Dies beginnt bereits mit der Verwendung vager, unbestimmter, generalklauselartiger ermessenseinräumender Begriffe, durch die sich der Gesetzgeber aus der genauen Bestimmung dessen, was Recht sein soll, mehr oder weniger stark zurückgezogen hat. Er hat das Recht damit der näheren Bestimmung durch die Rechtsanwender aber auch dem Wandel und neuen Trends geöffnet, die von ihm selbst vielleicht noch nicht erahnt wurden.

Eine soeben geschilderte methodisch vertretbare Suche nach vermittelnden Elementen zur bereichsübergreifenden Berücksichtigung von Maßstäben, Regelungsmustern und gesellschaftspolitischen Trends ist methodisch nicht unbedenklich. Sie bewegt sich an der Schnittstelle zwischen objektiver Erwartung der Rechtsgemeinschaft und subjektiver gesellschaftlicher und politischer Anschauungen. Sie ist im übrigen nahe an einem Zirkelschluß, besteht doch stets der Verdacht, daß die Erkenntnis einer musterhaften Umsetzung überhaupt erst durch eine entsprechend gesellschaftstheoretisch voreingenommene Auslegung ermöglicht wurde. Insgesamt droht die noch oben befürwortete Bindung an den Willen des jeweiligen Gesetzgebers verloren zu gehen. Eine ständige Reflexion dieser Gefahren und der Möglichkeiten ihrer Vermeidung ist daher unerläßlich. Es bedarf somit einer sorgfältigen Erarbeitung. Ihr soll daher in der Untersuchung – am Beispiel des Subsidiaritätsprinzips – ein gesonderter Abschnitt gewidmet sein.

Soweit eine Herausarbeitung normativer Schubkraft in methodisch verbindlicher und vertretbarer Form nicht gelingt oder ihr nicht gefolgt wird, mag man diesen Versuch als argumentative Anregung ohne methodische Bindungswirkung und Anreiz zur weiteren Diskussion verstehen.

Schließlich soll aus den Erkenntnissen und den Erwägungen zu ihrer übergreifenden Nutzbarmachung bei der Auslegung möglichst auch ein Nutzen de lege ferenda gezogen werden. Es wird daher abschließend der Versuch unternommen, sie zu einem allgemeinen Argumentationsschema für die Förderung und Regulierung von Eigeninitiative zusammenzufassen. Dabei handelt es sich um einen wertenden Systematisierungsvorgang mit prognostischem Einschlag.

7. Schwerpunkte im Untersuchungsgang

Die Arbeit gliedert sich in einen untersuchungsbezogenen ersten Teil, in dem durch erschöpfende Untersuchung zweier für den reformerischen Ansatz zentraler Rechtsbegriffe Maßstäbe gesetzt und wichtige Erkenntnisse gewonnen werden, und einen anwendungsbezogenen zweiten Teil, in dem die Maßstäbe und Erkenntnisse exemplarisch und teilweise kursorisch und ausblickhaft für andere Regelungsbereiche nutzbar gemacht und schließlich zu einer Art „Argumentations- und Regelungsleitfaden" zusammengefaßt werden.

Im Ersten Teil der Untersuchung wird zunächst geprüft, welche Organisationsformen gemeinschaftlicher Eigeninitiative im Rahmen des § 13 I 2 KrW-/AbfG zulässig sind. Die Untersuchung dieser Norm als Prototyp und Muster für andere Bereiche gerät, um nicht in den Verdacht der Voreingenommenheit zu geraten, sehr ausführlich und ist vom

Bemühen durchdrungen, ein Auslegungsergebnis eng am – mutmaßlichen – Willen des Gesetzgebers zu erzielen.

Als typische prüfungsrelevante Formen gemeinschaftlicher Eigeninitiative kristallisieren sich heraus

- die Erledigung in kleinen Zusammenschlüssen von Bürgern bzw. Betrieben mit hohem Einfluß und Risiko des einzelnen,
- die Erledigung durch genossenschaftliche oder ähnliche Zusammenschlüsse,
- die Erledigung durch „Kooperationsgesellschaften" unter Beteiligung von betroffenen Verursachern und privaten Entsorgungsunternehmen,
- die Bündelung der Entsorgungswünsche und anschließende „Weitergabe" der Erledigung an Entsorgungsunternehmen durch Zusammenschlüsse der soeben genannten Art,
- die Betreuung und Vermittlung durch „Verursacherverbände" bei der Einbeziehung der Entsorgungswirtschaft, vornehmlich bei der „Weitergabe" der Erledigung.

Im Abschnitt A des Ersten Teils wird geprüft, inwieweit die obigen Formen an der Privilegierung durch das Begriffpaar „eigene Anlagen/Eigenerledigung" teilnehmen. Diese Prüfung bildet den Schwerpunkt der Arbeit. Zunächst werden sprachlich-assoziative Vorstellungen von Eigenerledigung, Eigeninitiative und verschiedenen Erledigungsstufen herausgearbeitet sowie systematische Verbindungen zum Verbandsgedanken hergestellt. Dazu gehört die Frage, inwieweit sich kollektive Gestaltungsformen und Kooperationen mit der Entsorgungswirtschaft darin einbeziehen lassen. Durch die Untersuchung wird denn auch der Betreiberbegriff selbst in seiner momentanen Ausprägung zur Disposition gestellt. Es entsteht eine sprachlich-systematische Offenheit für neue Ansätze, die nicht ohne Not abgeschnitten werden sollten.

Aus der Fülle der entstehungsgeschichtlichen Äußerungen und Stichworten werden Leitgedanken und mutmaßliche Kompromißlinien entwickelt, wobei im Ergebnis die objektiv-teleologische „Argumentationslast"[139] der öffentlichen Erledigung auferlegt wird.

Auf dieser Grundlage erfolgt eine „Rundumdiskussion" des zentralen Konflikts zwischen förderungswürdiger Eigeninitiative und schutzbedürftiger Daseinsvorsorge. Daraus ergeben sich Erkenntnisse über das Verhältnis von qualitativer und quantitativer Förderungswürdigkeit, über Argumentationsmuster für einen verantwortbaren Übergang zu öffentlicher Reservestruktur und über den engen Zusammenhang zwischen genereller Privilegierung und Einzelfallregulierung.

Damit ist der Übergang zum Abschnitt B vollzogen, wo die Interessenklausel des § 13 I 2 KrW-/AbfG als Regulierungsinstrument untersucht wird. Es werden drei typische Varianten der Interessenabwägung herausgearbeitet. Die Entscheidung zwischen den Varianten fällt durch Herleitung aus den Anforderungen des Sachbereichs und vergleichender Betrachtung ähnlicher Ansätze im Bau- und Personenbeförderungsrecht.

Am Ende jeder Auslegungsstufe steht der prognostische Versuch, aus den Erkenntnissen allgemeine Regelungs- und Argumentationsmuster herauszufiltern. Dadurch kommt zum Ausdruck, daß der tiefere Sinn der Arbeit nicht in der Klärung abfall-

---

139 So soll hier die Last der argumentativen Beweisführung im Rahmen der objektiv-teleologischen Auslegung genannt werden.

rechtlicher Fragen, sondern im Anstoß einer weitergehenden Diskussion über Eigeninitiative liegt.

Die Nutzbarmachung der im Ersten Teil gewonnenen Erkenntnisse im Zweiten Teil beginnt im Abfallrecht. Sie führt zu einer neuen Sicht auf lenkungsbezogene Formen der Eigeninitiative in den Bereichen der Andienung und Zuweisung von Sonderabfällen sowie der Verwertung häuslicher Abfälle und erweitert somit die Regelungsmuster um einige Modellvarianten. Dieser Abschnitt A endet mit Anregungen für die Diskussion um gewerbliche Mischabfälle und die Ermessensausübung bei der Übertragung und Beauftragung.

Im folgenden Abschnitt B wird untersucht, inwieweit im Abfallrecht das Subsidiaritätsprinzip verwirklicht ist und sich daraus „bürgerorientierter Subsidiaritätsgedanke" als allgemeine Klugheits- und Zweifelsregel entwickeln läßt.

Abschnitt C gibt einen Ausblick auf Möglichkeiten externer Nutzbarmachung der im Abfallrecht verwirklichten Subsidiaritätsvorstellungen. Dies geschieht wegen der richtungsweisenden Bedeutung relativ intensiv im Abwasserbereich in bezug auf das gemeindliche Satzungsermessen und auf die Freiräume und die Kontrolldichte beim Erlaß des Anschluß- und Benutzungszwangs.

Es folgt dann ein kurzer Abriß über etwaige weitere Anwendungsfelder und Einfallstore für den abfallrechtlichen Subsidiaritätsgedanken in typischen Bereichen der Daseinsvorsorge. Schließlich wird der Versuch unternommen, die gewonnenen Erkenntnisse zu allgemeinen Maßstäben und Regelungsmustern der Förderung und Regulierung von Eigeninitiative zusammenzufassen.

Insgesamt betritt die Untersuchung mit ihrer Schwerpunktsetzung auf Organisationsformen der Eigeninitiative Neuland im Rahmen der bisherigen Diskussion über Aufgabenzuordnung und Privatisierung und bewegt sich versetzt zu ihr. Die wesentlichen Gedankengänge finden daher keine Entsprechung und oft auch keine Bezugspunkte in Rechtsprechung und Literatur. In Bezug genommene Äußerungen in der Literatur passen häufig nur im übertragenen Sinne, so daß Zusammenhänge oft erst hergestellt und in den Fußnoten erläutert werden müssen. Durch Typisierung von Organisations- und Auslegungsmodellen entsteht zum Teil eine neue Begriffswelt. Es gibt teilweise lange, nicht selten prognostische Ausführungen über kautelarjuristische Gestaltungen und deren praktische Auswirkungen. Insgesamt fordert das Ziel einer argumentativen Schneise ein Vorpreschen über das Abfallrecht hinaus in andere Bereiche und in methodologische Erwägungen, weswegen mangels vollständiger Durchdringung noch Raum für ergänzende Untersuchungen bleibt.

Erster Teil

Freiraum gem. §§ 13 I 2, 17 I KrW-/AbfG als Prototyp der Privilegierung und Regulierung von Eigenerledigung

Wenn abfallverursachende Betriebe den Wunsch verspüren, ihre Beseitigungsabfälle nicht den öffentlichen Entsorgungsträgern zu überlassen, sondern in eigener Initiative anders zu entsorgen, bietet sich ein Spektrum an Möglichkeiten:

Sie können es höchstpersönlich selbst erledigen, was die absolute Ausnahme sein dürfte. Sie können sich mit anderen Betrieben zusammenschließen, was allerdings ebenfalls einiger Organisation und Investitionen bedarf. Häufig wird man die Rechtsform einer Kapitalgesellschaft, Genossenschaft, beschränkt haftenden Kommanditgesellschaft oder die Delegation innerhalb eines Konzerns anstreben.

Die abfallverursachenden Betriebe und ihre Zusammenschlüsse können auch die Einbeziehung der privaten Entsorgungswirtschaft anstreben, z.B. durch Betriebsführungs- oder Betreiberverträge und durch Beauftragung mit bestimmten Verrichtungen. Ob dies wiederum für die Entsorgungswirtschaft attraktiv ist, muß sich zeigen. Die Einbeziehung kann auch in der Weise geschehen, daß die Verursacher oder ihre Verbände gemeinsam mit Entsorgungsunternehmen eine Kooperationsgesellschaft gründen. Läßt man einmal etwaige kartellrechtliche Probleme beiseite[140], könnten solche Gestaltungen für beide Seiten attraktiv sein. Sie bedürfen aber immer noch einigen Aufwandes.

Die Verursacher könnten ferner – ggf. mit Unterstützung von Verbänden – einen Entsorgungsbetrieb mit der vollständigen Entsorgung beauftragen und sich dabei Bestimmungs- und Kontrollrechte vorbehalten. Dies wäre eine noch einigermaßen bequeme Lösung. Schließlich bleibt noch die Möglichkeit der einfachen Weitergabe des Abfalls gegen Vergütung als sicherlich beliebteste Gestaltung.

Der Wunsch nach Eigeninitiative kann sich auf die gesamte Beseitigungstätigkeit beziehen, aber auch auf Teilschritte, wie z.B. Sammlung, Transport und ggf. Sortierung.

Es soll untersucht werden, ob und inwieweit solche Gestaltungen – ohne Einbeziehung der Öffentlichen Hand – rechtlich zulässig sind.

---

140 Zur Einführung in die kartellrechtliche Problematik bei Beauftragungen, Verbänden und gemischtwirtschaftlichen Unternehmen vgl. Pippke, Abfallentsorgung, 213 ff.; Versteyl, in: Kunig/Paetow/Versteyl, § 17, 40 ff.. Es gibt gute Argumente, das Kartellrecht auf die hier untersuchten Kooperationen zwischen Verursachern und Entsorgern nicht anzuwenden, vgl. unten 1.Teil A.IV.3.c)cc).

A. Privilegierung von Eigeninitiative durch die Zulässigkeit der Beseitigung in „eigenen Anlagen" und „Verbänden"

Einziges rechtliches Hindernis für eine autonome Entsorgung ohne Beteiligung der öffentlichen Hand sind die Überlassungspflichten.[141] Maßgebend für die Zulässigkeit ist daher § 13 I 2 KrW-/AbfG. Nach dieser Norm müssen Erzeuger und Besitzer von betrieblichem Beseitigungsabfall diesen den Entsorgungsträgern überlassen, soweit sie ihn „nicht in eigenen Anlagen beseitigen oder überwiegende öffentliche Interessen eine Überlassung erfordern".

Das Wort „soweit" bringt zum Ausdruck, daß sich die Befugnis zur Eigenerledigung auch auf Teilschritte der Beseitigung i.S.v. § 10 II KrW-/AbfG bezieht, wie z.B. Sammlung, Transport und Sortierung.[142]

Es stellt sich daher zunächst die Frage, ob die eingangs beschriebenen Gestaltungsformen noch die Voraussetzungen einer „eigenen Anlage" i.S.v. § 13 I 2 KrW-/AbfG erfüllen.[143]

I. „Eigen"-erledigung nach dem Sprachgefühl

Es ist zu prüfen, was der maßgebende Sprachgebrauch unter einer „eigenen Anlage" versteht. Im Gesetz ist der Begriff nicht definiert. Er wird außerhalb des Abfallrechtes als Rechtsbegriff nicht verwendet.

Der Begriff „Anlage" wird vornehmlich im Immissionsschutzrecht und dort auf Grundstücke, Betriebstätten, ortsfeste und ortsveränderliche Einrichtungen, Maschinen und Geräte angewendet.[144] Es stellt sich die Frage, ob damit auch Beseitigungsmaßnahmen gemeint sind, die zwar mit Maschinen, Geräten u.ä. aber nicht „in" Anlagen durchgeführt werden, wie z.B. Sammlung und Transport. Diesbezüglich soll schon an dieser Stelle das Argument „a maiore ad minus" benutzt werden. Wenn nämlich Freiraum für Beseitigung in eigenen Anlagen besteht, hat dies erst recht für die gem. § 10 II KrW-/AbfG zur Beseitigung gehörenden Vorbereitungshandlungen zu gelten. Dieser Umstand wird später noch durch den Zusammenhang mit § 17 I KrW-/AbfG erhellt.[145] Man sollte sich also schon jetzt vor Augen halten, daß auch solche In-

---

141 Landesrechtliche Andienungspflichten werden hier zunächst außer Acht gelassen.

142 Zur Problematik der zumutbaren Herauslösung einzelner Teilschritte aus dem öffentlichen Regime vgl. unten bei Fn. 417.

143 Diese Frage stellt sich unabhängig davon, wie man das Verhältnis der beiden Begriffe „eigene Anlagen" und „öffentliche Interessen" sieht. So hat der Begriff „eigene Anlagen" nach der von Fluck/Giesberts, in: Fluck (Hrsg.), KrW-/AbfG, § 13, 133 ff, 115, vertretenen „offenen" bzw. „umgekehrten" semantischen Lösung, wonach grundsätzlich jede Fremdbeseitigung zulässig ist, es sei denn, überwiegende öffentliche Interessen fordern etwas anderes, sogar noch eine größere Bedeutung, weil er dadurch einen unantastbaren Freiraum beschreibt. Vgl. dazu unten S. 52 f.

144 Vgl. § 3 V BImSchG (Bundesimmissionsschutzgesetz vom 14.05.1990 (BGBl. I 880) zuletzt geändert 18.04.1997 (BGBl. I S. 805).

145 S.u. 1.Teil A.II.2.

itiative privilegiert ist, die sich lediglich auf Sammlung, Transport und Sortierung richtet, so daß der Begriff „eigen" bzw. „Eigenerledigung" maßgebend ist.

Der Begriff „eigen" ist sehr vielschichtig und gewinnt eine Bedeutung erst durch Verbindung mit einem Subjekt. So entstehen Begriffe wie Eigentum, Eigenbesitz, Eigenverantwortung, Eigennutz, Eigeninitiative, Eigenschaft, Eigengeschäftsführung, Eigenfinanzierung, Eigenleistung, Eigenbedarf, Eigenidee, etc. All diese Begriffe bemühen sich um eine Abgrenzung zu „fremd", und darin liegt denn auch die Aufgabe des Begriffs „eigen". Für die Beschreibung der Beziehung zwischen „eigen" und „Anlage/Erledigung" kommt jede der oben genannten Kategorien von „eigen" in Betracht, ggf. auch mehrere gemeinsam und sich ergänzend. Fest steht allein, daß die Beziehung von Handlung/Sache zur Person beschrieben wird, und zwar als irgendwie „ihr zugehörig".[146] Maßgebend ist somit die Zugehörigkeit. Aus Sicht des Normadressaten stellt sich dies als „Zugehörigkeitsgefühl" dar.

Jede der oben genannten qualitativen Kategorien von Zugehörigkeit ist auch als Beziehung von mehreren Personen zu einer Sache vorstellbar. Der Begriff „eigen" hat somit eine qualitative und eine quantitative Komponente.

In qualitativer Hinsicht lassen sich folgende Typen bilden: Vorstellbar ist eine Anknüpfung an Eigentum oder Besitz als sachenrechtliche Kategorie. Denkbar ist ferner eine Anknüpfung an eigene Finanzierung oder Haftung als Kategorie der Eigenverantwortung. Es könnte auch an eine Kategorie der Eigeninitiative gedacht werden, nach der auf eine eigene Idee oder einen eigenen Impuls abgestellt wird. Schließlich könnte man den Begriff „eigen" an der Durchführung aller notwendigen Tätigkeiten, mithin an der Eigenleistung, festzumachen suchen.

Die quantitative Komponente des Begriffs „eigen" betrifft demgegenüber die Anzahl derer, die eine Anlage ihr eigen nennen können und die Voraussetzungen an ihre Bindung und ihr Zusammengehörigkeitsgefühl untereinander. Ein solches Zusammengehörigkeitsgefühl ist vielschichtig und hängt davon ab, worum es geht. So wird z.B. das Haus des Vaters nicht als fremdes Haus bezeichnet, sondern eher als eigenes. Anders ist dies z.B. bei einem Buch. Hier entsteht meist kein familiäres Bewußtsein, sondern man weiß sehr wohl zwischen den eigenen Büchern des Sohnes und des Vaters zu unterscheiden. Eine andere Dimension tut sich bei Einrichtungen auf. So sprechen die Bewohner einer Ortschaft durchaus voller Stolz von ihrer eigenen Feuerwehr. Für manchen Bürger ist es wichtig, gemeinsam mit den anderen Staatsbürgern eine „eigene" Armee zu haben.

Es gibt somit eine Fülle von Möglichkeiten, den Begriff „eigene Anlagen/Erledigung" sprachlich zu aufzufassen. Alle oben genannten Komponenten und Kategorien von „eigen" haben allerdings gemeinsam, daß ihnen als Gegenpol „fremde" Erledigung durch Nichtverursacher, d.h. die öffentliche und private Entsorgungswirtschaft, gegenübersteht. Diese Unterscheidung ist von zentraler Bedeutung für eine Privilegierung von Eigeninitiative/Eigenerledigung und verdient daher eine ausführliche Erörterung. Es ist zu prüfen, inwieweit es für das Zugehörigkeits- und Zusammengehörigkeitsgefühl abstrakte Kriterien oder Typisierungen gibt, die sprachlich eine Unterscheidung zwischen „eigenen" und „fremden" Abfallbeseitigungsanlagen ermöglichen.

---

146 Vgl. Köbler, Juristisches Wörterbuch, S. 99.

1. Sachherrschaft und Bestimmungsmacht als Kriterium von Eigenerledigung

Anders als vielleicht der erste Eindruck vermitteln mag[147], hat „eigene Anlage/Eigenerledigung" nicht notwendig etwas mit Eigentum zu tun. Im Zivilrecht gibt es andere Anknüpfungen, wie z.B. Eigenbesitz oder Eigenbedarf.[148] Außerdem leuchtet nicht ein, warum ausgerechnet der zivilrechtliche Sprachgebrauch maßgebend sein soll, wo doch im öffentlichen Wirtschaftsrecht meist auf Inhaberschaft von Rechten und auf die Betreibereigenschaft abgestellt wird.[149]

Es stellt sich die Frage, welche anderen Kategorien darüber hinaus herangezogen werden können.

Von vielen Stimmen wird gefordert, daß eine Art von Verfügungsgewalt des Abfallverursachers über die Anlage besteht.[150] Meist ist von „alleiniger Verfügungsgewalt" die Rede. Leider ist die Verwendung dieses Begriffes selten eindeutig. Bei den meisten Stimmen, die diesen Begriff verwenden, scheint denn auch eine Art tatsächlicher Verfügungsgewalt gemeint zu sein.[151] Es könnte daher nach dem Sprachgebrauch auf die „tatsächliche Sachherrschaft" oder „tatsächliche Gewalt" ankommen. Die Ausübung der tatsächlichen Gewalt wird in § 854 I BGB mit dem Begriff „Besitz" umschrieben. Es ist also zu prüfen, welche Art von Besitz an der Anlage erforderlich ist, um nach dem Wortlaut von einer „eigenen Anlage" sprechen zu können. Besitz gibt es in verschiedenen Ausprägungen. Seine Dauer und Intensität hängt von der vertraglichen Ausgestaltung ab.

In Teilen des Schrifttums wird vertreten, daß „aufgrund vertraglicher Rechtspositionen gesicherte Nutzungsbefugnisse" für eine Beseitigung in „eigenen Anlagen" ausreichen.[152] So sprechen z.B. BARTRAM/SCHADE von einer „vertraglichen Vereinbarung mit einem Erzeuger und Besitzer von Abfällen, (*nach der*) diesem bestimmte Kapazitäten freizuhalten sind".[153] FLUCK/GIESBERTS halten „vertraglich geregelte Kontingente in Anlagen Dritter" für ausreichend, die dem Vertragspartner die „Dispositionsmöglichkeit" bzw. die „Regie"[154] über die Anlage einräumen.[155] Allerdings muß jeder Entsorgungsbetrieb für die ordnungsgemäße Beseitigung des angelieferten Abfalls Kapazitäten bereithalten. Ein Unterschied zur Fremdentsorgung und damit ein besonderes Zugehörigkeitsmerkmal wäre nicht erkennbar. So tendiert denn auch die sprachliche Assoziation in Richtung einer längerfristigen Nutzung.[156]

---

147 Arzt, in: Gaßner/Versmann, Neuordnung, 41; ähnlich auch Walter, Entsorgungspflichten, 86. Schink, ZG 1996, 96, 119; Queitsch, UPR 1995, 412, 416.
148 Vgl. § 872 und § 564 b BGB.
149 Auch Schink hält in späteren Veröffentlichungen (NVwZ 197, 435, 440) an eigentumsrechtlichen Voraussetzungen nicht mehr fest.
150 Vgl. Wendenburg, in: Büro für Umweltpädagogik (Hrsg.), 44; Walter, Entsorgungspflichten, 86.
151 So Bongen, WiB 1996, 716; VG Regensburg, NVwZ 98, 431, 433.
152 Bartram/Schade, UPR 1995, 253, 255; Fluck/Giesberts, in: Fluck (Hrsg.), KrW-/AbfG, § 13, 103.
153 Bartram/Schade, UPR, 1995, 253, 255.
154 Insoweit unter Verweis auf Frenz, KrW-/AbfG, § 13, 15.
155 Fluck/Giesberts, in: Fluck (Hrsg.), KrW-/AbfG, § 13, 106.
156 So auch Meins, BayVbl.1997, 66, 72, der vom „rechtlich gesicherten langfristigen Zugriff des Besitzers" spricht.

Es stellt sich die Frage, wie die Sachgewalt ausgestaltet sein muß, damit man von eigener Anlage sprechen kann. Besitz bzw. tatsächliche Sachherrschaft gibt es je nach Grundverhältnis in derartig vielen Ausgestaltungen, daß die sachenrechtliche Begrifflichkeit allein nicht weiterhilft. Im Anlagenrecht kennt man demgegenüber den Begriff des Betreibers, zu dem unter anderem, ein bestimmender Einfluß auf die Lage, die Beschaffenheit und den Betrieb der Anlage gehört.[157] Das Steuerrecht kennt den Begriff der unternehmerischen Initiative. Gem. EStR H 138[158] bedeutet dies vor allem Teilhabe an unternehmerischen Entscheidungen. Dazu gehören insbesondere auch die grundlegenden Weichenstellungen über den Einsatz der Anlage.

Weiterhin scheint auch eine gewisse Dauerhaftigkeit der Bestimmungsmacht oder zumindest die entsprechende Absicht von Bedeutung zu sein. Nach juristischen Maßstäben ist dieser Aspekt schwer greifbar. Notwendig ist jedenfalls eine Bestimmungsmacht über kurze Zeiträume und einzelne Erledigungen hinaus. Man könnte darauf abstellen, inwieweit die Anlage in betriebliche Planungen fest eingebunden ist und für den Planungszeitraum ausschließlich dem Betrieb zur Verfügung steht. Aber auch dies ist unbestimmt. Bei diesen Erwägungen und Schwierigkeiten zeigt sich die Ähnlichkeit zum bereits oben erwähnten anlagenrechtlichen Betreiberbegriff. Auch dieser verfügt über keine allen Einzelfällen gerecht werdende Umschreibung. So räumt der VGH MANNHEIM ein, daß die Betreibereigenschaft „nicht allein nach formalen rechtlichen Gesichtspunkten, sondern nur unter Berücksichtigung sämtlicher konkreten rechtlichen, wirtschaftlichen und sonstigen tatsächlichen Gegebenheiten entschieden werden kann".[159] Maßgebend sei die rechtliche und tatsächliche Verfügungsmacht, die es ermöglicht, im Hinblick auf die Anlage die notwendigen Entscheidungen selbst zu treffen.

Man kann also nach dem Sprachgebrauch lediglich festhalten, daß zu einer „eigenen Anlage/Erledigung" eine Bestimmungsmacht notwendig ist, die sich auf den Entsorgungsbetrieb und die Benutzung von Anlagen bezieht, mehr als nur vorübergehend ist und eine über einzelne Liefervorgänge hinausgehende Einbindung in die betriebliche Disposition[160] begründet. Näher ist die Komponente „Bestimmungsmacht" nicht zu bestimmen.

2. Übernahme von Verantwortung nach außen

Es stellt sich die Frage, ob neben der Bestimmungsmacht „von einiger Dauer" noch weitere Kriterien heranzuziehen sind.

Der VGH MANNHEIM beschreibt an oben zitierter Stelle seine Vorstellung zur Betreibereigenschaft näher.[161] Maßgebend sei auch die wirtschaftliche Stellung, die dem Betreiber einen zumindest nicht unwesentlichen Teil der Nutzungen überläßt und ihm gleichzeitig mindestens anteilig die Kosten auferlegt. Er führt weiter aus, daß

---

157 Jarass, BImSchG, § 3 Rn. 70; Laubinger, in: Ule/Laubinger, § 16 Rn. C 3.
158 Einkommensteuerrichtlinien, Beck´sche Textausgaben, Steuerrichtlinien 1 EStR.
159 VGH Mannheim, NVwZ 1988, 563, m.w.N.
160 Diesen Begriff verwenden Fluck/ /Giesberts, in: Fluck (Hrsg.), KrW-/AbfG, § 13, 106.
161 VGH Mannheim, NVwZ 1988, 563, m.w.N.

Betreiber regelmäßig auch derjenige sei, in dessen Namen und auf dessen Rechnung die Anlage geführt wird. Dieses Beispiel aus der anlagenrechtlichen Zuordnung deutet darauf hin, daß auch Verantwortlichkeit eine Rolle spielen könnte, und zwar diejenige im Außenverhältnis.[162] Es ist zu prüfen, inwieweit sie für das Zugehörigkeitsgefühl als „eigen" maßgebend ist.

Im Schrifttum gibt es Stimmen, die nach dem Wortlaut eine Besitzerstellung mit Bestimmungsmacht für ausreichend erachten.[163] Auffassungen, die mehr Einfluß und Verantwortung verlangen, werden meist auf andere Auslegungskriterien gestützt.[164] Bei JUNGNICKEL/BREE, den „Wegbereitern" des anlagenrechtlichen Betreiberbegriffs im Rahmen von § 13 I 2 KrW-/AbfG, wird nicht ganz deutlich, ob die Auffassung auch aus dem Wortlaut hergeleitet wird.[165] Demgegenüber weist ARNDT darauf hin, daß der Begriff „eigen" „ebenso unausweichlich mit Herrschafts- und Nutzungsbefugnissen wie mit Verantwortlichkeit verbunden" sei.[166] Ähnliches scheint auch QUEITSCH zu meinen, wenn er unter Berufung auf VG Minden[167] aus dem allgemeinen Sprachgebrauch eine auf den Abfallverursacher „zugelassene" Anlage fordert.[168] Im übrigen findet sich jedoch in der Diskussion zu diesen Problemen auf Basis des Wortlautes wenig.

Im Normalfall lohnt die Erörterung auch nicht, da die dauernde Bestimmungsmacht meist mit Verantwortung einhergeht. Jeder, der Verantwortung übernimmt, wird sich zugleich die Bestimmungsmacht sichern. Relevant ist dies Problem eigentlich nur, wenn jemand Besitz für einen anderen ausübt, der nach außen für den Betrieb haftet. Klassischer Fall ist der Besitzdiener i.S.v. § 855 BGB. Solange der Besitzdiener wie ein Angestellter fest in den Betrieb des Abfallerzeugers eingebunden ist, wird niemand ein Problem sehen. Je mehr sich die Besitzdienerschaft jedoch von einer jederzeitigen Weisungsgebundenheit entfernt und die Züge einer selbständigen Geschäftsbesorgung annimmt, desto weniger bilden Sachherrschaft und Verantwortung eine Einheit. Das ist z.B. bei der Betriebsführung durch einen Dienstleister der Fall. Dieser trägt je nach vertraglicher Gestaltung mehr oder weniger die Gesamtverantwortung im Innenverhältnis und unterliegt meist nicht mehr den Einzelweisungen des Geschäftsherrn. Er bestimmt, was in der Anlage geschieht. Die Sachherrschaft ist nahezu vollständig auf ihn übergegangen. Dennoch tritt er im Außenverhältnis nicht im eigenen Namen auf. Genehmigungen und Anlagen lauten auf den Namen des Geschäftsherrn.

Dem einigermaßen kundigen Betrachter ist ohne weiteres klar, daß der Betriebsführer im Außenverhältnis nicht auftritt, haftet oder sonst durch Einlagen finanziell betroffen ist, obwohl er das Geschehen in der Anlage je nach vertraglicher Abrede u.U. umfangreich bestimmt. Aus diesem Grunde wird er ihm die Anlage weder juristisch noch wirtschaftlich zuordnen. Der assoziative Inbegriff von „eigen". Sprachgebrauch

---

162 So für den Betreiberbegriff auch Laubinger, in: Ule/Laubinger, BImSchG, § 51 b, C1 ff.; Arndt/Walter, WiVerw 1997, 183, 217.
163 Arndt/Walter, WiVerw 1997, 183, 216 f.; Beckmann/Kersting, BB 1997, 165, 166.
164 Meist auf den Normzweck, vgl. Queitsch, UPR 1995, 412, 416; Schink, NVwZ 1997, 435, 440; VG Regensburg NVwZ 1998, 431.
165 Jungnickel/Bree, UPR 1996, 297, 298.
166 Arndt, Kreislaufwirtschaft, 43.
167 Beschluß v. 13 06.97, Az 8 L 438/97, S. 11,12.
168 Queitsch, KrW-/AbfG, 45.

bezieht somit das Kriterium der Verantwortung mit ein, und zwar als verantwortliches Auftreten nach außen.

Es zeigt sich somit, daß es bereits bei der Suche nach dem richtigen Zugehörigkeitsgefühl zu wertenden Betrachtungen kommt. Der Sprachgebrauch stellt auf Kriterien der Bestimmungsmacht und der Verantwortung ab, die – soweit sie überhaupt voneinander unabhängig zu betrachten sind – gewichtet werden müssen. Es ist daher sprachlich keine genaue Grenzziehung zwischen „eigen" und „fremd" möglich. Wenn z.B. alle Anlagegüter nur gepachtet sind, besteht keinerlei finanzielle Betroffenheit des Betreibers. Wenn bei solcher Gestaltung nicht irgendeine persönliche Haftung hinzukommt, bestehen Bedenken, ihm die Anlage als „eigene" zuzuordnen. Ähnliche Probleme entstehen, wenn der Betriebsführer selbst finanziell mit der Anlage verflochten ist, weil er z.B. zugleich Eigentümer und Verpächter der Anlage ist. Die Stellung des Geschäftsherrn und Auftraggebers droht bei solcher Gestaltung zu einer lediglich formellen zu degenerieren.

Es gibt somit sprachlich einen Grenzbereich zwischen „eigen" und „fremd", der bei komplizierten Gestaltungen zu Ungewißheiten bei der Zuordnung führt. Die Kriterien des Zugehörigkeitsgefühls als „eigen" und ihre verbleibende Unbestimmtheit decken sich insoweit mit dem anlagenrechtlichen Betreiberbegriff, wie er von der Rechtssprechung ausgestaltet worden ist. Grundsätzlich schadet jedenfalls nach dem Wortlaut auch eine Pachtung des Grundstückes oder der Verlust von Sachherrschaft durch die Betriebsführung eines Entsorgungsdienstleisters der Zurechnung als „eigen" nicht.

3. Gemeinsame Erledigung mit engagierter Beteiligung

Da viele entsorgungswillige Betriebe für eine alleinige Anlage nicht die nötige Finanzkraft und Auslastung erbringen können, werden sie sich nicht selten zu mehreren zusammentun wollen. Zu der Frage nach den qualitativen Anforderungen an die Zugehörigkeit gesellt sich nunmehr diejenige nach der quantitativen Zugehörigkeit, nachfolgend auch Zusammengehörigkeit genannt. Denkbar und naheliegend ist die Gründung einer Personengesellschaft oder einer GmbH, in der jeder beteiligte Verursacher erheblichen Einfluß und erheblichen Nutzen und erhebliches Risiko hat..

Der Wortlaut des § 13 I 2 KrW-/AbfG scheint solchen Erwägungen den Weg zu öffnen, indem er im Plural von „den Erzeugern und Besitzern" spricht. Nach QUEITSCH kommt jedoch jeder Fall, in dem der einzelne Abfallverursacher „auf die Mitwirkung Dritter (*z.B. durch Miteigentum*) bei dem Betrieb einer eigenen Entsorgungsanlage angewiesen ist" einer Fremdentsorgung gleich.[169] Er belegt dies mit Normzweckerwägungen, scheint dies aber auch begrifflich für geboten zu halten.[170] Diese Auffassung ist nach dem Sprachgebrauch bedenklich. So gibt es eine Fülle von Mitwirkungsmöglichkeiten anderer beim Betrieb einer Anlage. So kann zum Beispiel ein Dritter Kapital, Gerät, Personal, Know-how, Grundstück und Gebäude – ggf. ge-

---

169 Queitsch, UPR 1995, 412, 416.
170 Für eine Einbeziehung von Miteigentum und nur von Miteigentum Walter, Entsorgungspflichten, 87 f.

gen Entgelt – zur Verfügung stellen und trotzdem klar erkennbar die Initiative und Verantwortung beim Geschäftsherrn belassen.

JUNGNICKEL/BREE können sich Zusammenschlüsse von Verursachern im Rahmen von § 13 I 2 KrW-/AbfG wohl vorstellen und möchten „eigen" und „fremd" irgendwo zwischen Personen- und Kapitalgesellschaften abgrenzen.[171] Sie leiten dies aus dem Betreiberbegriff[172] und aus systematischen und teleologischen Erwägungen ab. Eine solche Abgrenzung von „eigen" und „fremd" ist aber auch nach dem Wortlaut vorstellbar. Immerhin sind Personengesellschaften anders als Kapitalgesellschaften, Vereine und Genossenschaften keine eigenständigen juristischen Personen. Die Gesellschafter als solche bleiben Ansprechpartner für Vertragspartner und Behörden.[173]

Der Übergang zu den Kapitalgesellschaften ist jedoch fließend. Dies verdeutlicht die Rechtsform der Kommanditgesellschaft. Aber auch die Kapitalgesellschaft muß sich in bezug auf Einfluß und Verantwortung der Gesellschafter nicht von der Personengesellschaft unterscheiden. Es ist daher fraglich, ob nach dem Wortlaut zwingend an der Grenze zur Kapitalgesellschaft Halt gemacht werden muß. So wird es nicht selten vorkommen, daß der Allein- oder Mehrheitsgesellschafter einer GmbH mit mehr Überzeugung von „seiner" Anlage spricht und sprechen kann, als einer von mehreren OHG- oder GBR-Gesellschaftern oder gar der Kommanditist einer KG. So kommt es nach BÖNNING auch nicht auf die formale Abgrenzung zwischen Personen- und Kapitalgesellschaft an. Maßgebend sei, daß der Abfallerzeuger für eine ordnungsgemäße Entsorgung Sorge tragen könne. Dafür komme es auf das Rechtsverhältnis der Gesellschafter untereinander an, wie es sich aus dem Gesellschaftsvertrag ergibt.[174]

Dies gilt jedenfalls, solange Bestimmungsmacht und Nutzen nur mit wenigen geteilt werden müssen. Nach assoziativem Verständnis von Einfluß und Verantwortung ist es gleichgültig, welche Rechtskonstruktion gewählt wurde. Dem Aspekt des Risikos wird meist dadurch Rechnung getragen, daß die Anlagenerrichtung bzw. Eigenerledigung durch wenige Beteiligte ohnehin zu hohen Einlagen des einzelnen führt. Mangelnde persönliche Haftung kann somit durch eine haftungsähnliche finanzielle Betroffenheit vom Schicksal der Investitionen ersetzt werden. Die Assoziation von Zugehörigkeit unterscheidet daher eher zwischen „engagierter" und „distanzierter" Beteiligung[175] als nach Rechtsformen. Nach dem Wortlaut spricht also nichts dagegen, zumindest bei kleineren Zusammenschlüssen zu Personen- oder Kapitalgesellschaften von „eigenen Anlagen/Eigenerledigung" der beteiligten Verursacher zu sprechen.

4. Kollektive Eigenerledigung

Für die Praxis sehr interessant ist die Frage, ob und inwieweit Bestimmungsmacht und Verantwortung gemeinschaftlich in verbandsähnlicher Form wahrgenommen werden können und ein gleichsam gemeinschaftliches Zugehörigkeitsgefühl vorstellbar ist.

---

171 Jungnickel/Bree, UPR 1996, 297, 298 f.
172 VGH Mannheim, NVwZ 1988, 563, m.w.N.
173 Jungnickel/Bree, UPR 1995, 297, 298 f.
174 Bönning, UPR 1998, 371, 374.
175 Dazu Rose/Glorius-Rose, Unternehmensformen, 105 f.

Typisch für solche Gestaltungen ist, daß der einzelne Verursacher Einfluß nur über sein Minderheitsstimmrecht oder über seine Wählbarkeit in Organe ausüben kann und höchstens in beschränktem Umfang persönlich haftet. Solche Gestaltung soll nachfolgend auch als „kollektive" Form der eigenen Anlage bezeichnet werden.

Auch diesbezüglich ebnet der Wortlaut des § 13 I 2 KrW-/AbfG den Weg, indem er von den Erzeugern und Besitzern im Plural spricht. Auch spricht er nicht etwa von betriebseigener oder einzelbetrieblicher Erledigung. An dieser Stelle der Untersuchung findet die wohl wichtigste Weichenstellung für die sprachlich-assoziativen Grenzen von Eigenerledigung statt. Es kommt darauf an, inwieweit ein kollektives Zugehörigkeitsgefühl zu einer gemeinschaftlichen Anlage bzw. Erledigung festgestellt werden kann. Es ist in der betrieblichen Realität üblich, daß z.B. die Mitglieder einer Genossenschaft von „unserer" Genossenschaft sprechen, auch wenn Einfluß und Verantwortung des einzelnen sehr gering sind. Sobald sich Verursacher zur gemeinsamen Entsorgung zusammenschließen, setzen sie sich ab von der üblichen Fremdentsorgung durch Kommunen oder Entsorgungsbetriebe. Sie können also mit Berechtigung von „eigener" Erledigung/Anlage sprechen.

Dieser Ansatz ist in Literatur und Rechtsprechung bisher noch nicht diskutiert worden. Es gibt nur unklare Hinweise. So ist z.B. nach ARNDT der Wortlaut bezüglich möglicher Zusammenschlüsse grundsätzlich offen. Nur wenn ein Unternehmen lediglich einen kapitalmäßigen Anteil an einer bereits bestehenden Entsorgungsanlage kauft, so ARNDT, dürften die Grenzen des Wortlautes „jedenfalls dann überschritten sein, wenn lediglich ein unbedeutender Anteil erworben wird".[176] Allerdings stehe der Begriff „Eigenanlage" „in untrennbarem Zusammenhang mit der Entsorgungsverantwortung des Unternehmers". Dieser könne er „nur dann gerecht werden, wenn ihm maßgebliche Einflußmöglichkeiten verbleiben". Damit wird – wenn auch nicht deutlich – die Grenze zur Kapitalgesellschaft in Frage gestellt. Vor allem bei Publikumskapitalgesellschaften beginnen die Bedenken.

Ein kollektives Zugehörigkeitsgefühl zu einer Anlage als „eigen" ist also grundsätzlich vorstellbar. Es bedarf allerdings, wie oben bereits angedeutet, einer Ergänzung des Zugehörigkeitsgefühls durch ein Zusammengehörigkeitsgefühl zwischen den Mitgliedern, das ihnen eine Identifikation als Einheit gegenüber „fremden" Anlagenträgern ermöglicht. Das macht dann zusammen das „kollektive" Zugehörigkeitsgefühl aus. Wo diesbezüglich die Grenzen liegen, bedarf weiterer Aufklärung.

Es ist zu überlegen, woran konkret sich das kollektive Zugehörigkeitsgefühl zu einer eigenen Anlage/Erledigung festmachen läßt. Wenn er sich als „Miteigner" fühlen soll, wird jeder Beteiligte erwarten, daß er gemeinsam mit allen anderen die Richtung bestimmen kann. Dies geht nur, wenn er den anderen gegenüber gleichberechtigt ist und daher wie jeder andere auch die Chance hat, seine Vorstellungen – ggf. durch Gruppen- und Mehrheitsbildung – durchzusetzen und sich ggf. selbst in den Vorstand wählen zu lassen. Diese Chance für jeden Beteiligten soll hier auch als Gleichgewichtigkeit der mitgliedschaftlichen Interessen bezeichnet werden. Von „eigener" Anlage/Erledigung werden die Beteiligten im Übrigen nur sprechen, wenn sie untereinander etwas verbindet, was sie von anderen abgrenzt. Es ist somit eine gewisse Homogenität erforderlich, die bei Eigenentsorgung darin liegen müßte, daß nur Abfallverursacher als solche zum Mitgliederkreis zählen und nicht etwa Entsorger. Diese Homogenität

---

[176] Arndt, Kreislaufwirtschaft, 43.

soll hier auch als Gleichgerichtetheit der mitgliedschaftlichen Interessen bezeichnet werden. Gleichgewichtigkeit und Gleichgerichtetheit begründen eine mitgliedschaftliche Struktur und führen somit zu einem Zusammengehörigkeitsgefühl, das die Annahme eines kollektiven Zugehörigkeitsgefühls als „eigen" rechtfertigt.

Typische Organisationsformen, in denen obige Kriterien vorliegen sind Genossenschaften oder genossenschaftsähnliche Zusammenschlüsse. Genossenschaftsähnlich sind natürlich Vereine als Grundform gemeinschaftlicher Initiative, aber z.B. auch eine GmbH & Co KG, in der gesellschaftsvertraglich sichergestellt ist, daß die Gesellschafterversammlung der KG über die Besetzung der Geschäftsführung bestimmt.

Die sprachliche und gefühlsmäßige Trennungslinie zwischen „eigen" und „fremd" bei Zusammenschlüssen verläuft somit jenseits von Organisationsformen, die in der vorliegenden Untersuchung als „mitgliedschaftlich strukturiert" bezeichnet werden sollen. Soweit dies nicht mehr der Fall ist, wie z.B. bei typischen Publikumskapitalgesellschaften mit unerheblichen, anonym veräußerbaren Anteilen oder Großverbänden mit vielfältigen Dienstleistungsangeboten, kann nur noch schwer von „Eigenerledigung" im Wortsinn gesprochen werden. Es gibt daher Gestaltungsformen, bei denen die Zuordnung jedenfalls aus sprachlicher Sicht unklar ist und die aufgrund ihrer praktischen Bedeutung nachfolgend eine gesonderte Erörterung erfahren sollen.

5. Besondere Formen von Zusammenschlüssen

Zwischen gemeinschaftlichen Erledigungsformen einerseits und kapitalistischen Beteiligungen andererseits gibt es weitere Formen, die sich nicht ohne weiteres zuordnen lassen, aber dennoch so gebräuchlich sind, daß sie bereits bei der Wortlautprüfung eine gesonderte Erörterung verdienen.

a) Zusammenschluß mehrerer Gemeinschaften zu Gemeinschaftsprojekten

Bei dem Wunsch mehrerer Entsorgungsgemeinschaften, sich ihrerseits zusammenzuschließen, entfernt sich die Erledigung nicht nur zusehens vom einzelnen Verursacher, sondern nunmehr auch aus der Alleinbestimmung und Verantwortung des jeweiligen Verursacherkollektivs. Es bereitet dem Sprachgefühl zunehmend Schwierigkeiten, auch hier noch von „Eigenerledigung" zu sprechen. Genauso wenig vermag man sich allerdings ohne weiteres dagegen zu entscheiden.

Im Wirtschaftsleben wird z.B. gegenüber übergeordneten Hauptgenossenschaften durch Vertretungsorgane noch Einfluß ausgeübt. Eine Möglichkeit des einzelnen Mitgliedes zur Einflußnahme besteht jedoch nur mittelbar. Auch die Verantwortung wird eine Ebene nach oben verschoben.

Soweit die Mitglieder dennoch von „ihrer Anlage/Erledigung" sprechen, dürfte dies daran liegen, daß hier einfach der Selbstverwaltungsgedanke auf höherer Ebene fortgeführt wird. Solche Gestaltungen sind somit zwar noch vom Wortlaut gedeckt, gehören jedoch bereits zum äußeren Begriffshof.

b) Kooperationsgesellschaften zwischen Verursachern und Entsorgungswirtschaft

Eine ähnliche Abweichung vom oben entwickelten „mitgliedschaftlichen Prinzip" ist die Gründung von Entsorgungsgesellschaften, an denen Verursacherverbände und Entsorgungsunternehmen beteiligt sind. Hier wird jedoch nicht die mitgliedschaftliche Struktur auf höherer Ebene fortgeführt, sondern es droht ihr eine Säule, nämlich die der Gleichgerichtetheit der Mitgliederinteressen, genommen zu werden.

Soweit die Beteiligung der „Verursacherseite" so ausgestaltet ist, daß sie das Geschehen und die Meinungsbildung beherrschen kann, kann ein Zugehörigkeitsgefühl zur Anlage als „eigen" trotz fehlender „Gesamtidentifikation" aller Beteiligter dennoch angenommen werden. Voraussetzung ist jedoch, daß nicht der einzelne Verursacher sich allein dem Partner aus der Entsorgungswirtschaft gegenübersieht, sondern daß die Verursacher in Form eines mitgliedschaftlich strukturierten Verbandes gemeinsam als zumindest gleichberechtigter Partner auftreten und dadurch Macht ausüben. Das geht nur, wenn der Verursacherzusammenschluß als homogene Organisationsform erhalten bleibt und für die Kooperation eine gesonderte Gesellschaft gegründet wird.

Unter diesen Voraussetzungen kann bei verbandsgestützter - auch lediglich paritätischer - Beteiligung an einer Kooperationsgesellschaft ein Zugehörigkeitsgefühl als „eigen" angenommen werden. Eine solche paritätische Gestaltung liegt allerdings genau auf der Grenze zwischen „eigen" und „fremd".

c) Exkurs: Verhältnisse im Konzern

Problematisch ist die Anwendung des Begriffes „eigene Anlagen/Erledigung" auf Verhältnisse in Konzernen. Es geht dabei um die Frage, inwieweit die Anlage/Erledigung eines Konzernunternehmens bei Entsorgung von Abfällen anderer Konzernunternehmen als „eigene" i.S.v. § 13 I 2 KrW-/AbfG gelten kann. Dies wird im Schrifttum stets dort bejaht, wo man sich zu einer Anerkennung gesellschaftsrechtlicher Beziehungen durchgerungen hat.[177] Diese Auffassungen stützen sich zwar nicht ausdrücklich auf den Wortlaut, müssen aber zwangsläufig davon ausgehen, daß der Wortlaut solche Gestaltungen mitumfaßt.

Es wird allerdings in der bisherigen Diskussion nicht genauer herausgearbeitet, daß Beziehungen innerhalb eines Konzerns sehr unterschiedlich sein können. Dies gilt insbesondere in Ansehung der oben entwickelten Kriterien der Eigenerledigung.

---

[177] So Arndt/Walter, WiVerw 1997, 183, 217 f. und Walter, Entsorgungspflichten, 97, die jedoch den Konzern als ein „Unternehmen" sehen und nicht die unterschiedlichen juristischen Personen berücksichtigen. Batram/Schade, UPR 1995, 253, 255 stellen darauf ab, ob besondere Nutzungsbefugnisse aufgrund „vertraglicher, dinglicher oder gesellschaftsrechtlicher Rechtsposition" bestehen und zählen den „Konzernverbund" dazu. Mit ähnlicher Begründung: Fluck/ Giesberts, in: Fluck (Hrsg.), KrW-/AbfG, § 13, 105a.
Donner/Smeddinck. in: Jarass/Ruchay/Weidemann, KrW-/AbfG, § 44, 18, stellen auf „eigentumsähnliche Berechtigungen dinglicher oder obligatorischer Art" ab, fordern eine „umfassende und dauerhafte Einflußnahme auf den Betrieb der Anlage" und halten dies bei Konzernanlagen, die im Eigentum einer Gesellschaft stehen, aber von mehreren Gesellschaften eines Konzernverbundes benutzt werden, für gegeben.

Man muß sich zunächst vor Augen halten, daß der Begriff „Konzern" eine bestimmte Fallgruppe unter verschiedenen Möglichkeiten von Unternehmensverbindungen beschreibt. Gem.§ 18 I AktG[178] kommt ein Konzern dadurch zustande, daß mehrere abhängige Unternehmen unter der einheitlichen Leitung eines herrschenden Unternehmens zusammengefaßt werden. Dies geschieht vornehmlich durch Beherrschungs- oder Gewinnabführungsverträge i.S.v.§ 291 AktG oder Eingliederung gem. § 319 AktG. Beides hat zur Folge, daß die Muttergesellschaft auf die Leitung ihrer Tochtergesellschaft beherrschenden Einfluß und deren Verluste auszugleichen hat. Es liegt also ein typischer Fall von Einfluß und Verantwortung vor, der über die Grenze zwischen Gesellschafter und Gesellschaft hinweg zur Verwendung des Begriffs „eigene Anlage" berechtigt. Dies gilt jedoch zunächst nur für den Fall, daß die Konzernmuttergesellschaft ihren Abfall bei der Anlage der Konzerntochter abliefert.

Problematisch wird dies beim – in der Praxis häufigeren – Entsorgungsverhältnis zwischen Konzernschwestern oder von Tochter zu Mutter. Konzernschwestern sind typischerweise nicht durch Beteiligung miteinander verbunden. Es besteht also keine Möglichkeit der direkten Einflußnahme, noch nicht einmal durch eine Minderbeteiligung. Es besteht darüber hinaus auch keine direkte finanzielle Betroffenheit durch Haftung oder drohenden Einlageverlust. Gleiches gilt auch für die Beziehung von Tochter- zu Muttergesellschaft. Eine auf individuellem Einfluß und individueller Verantwortung beruhende Zugehörigkeit zur Anlage liegt somit bei solchen Gestaltungen nicht vor.

Es ist zu prüfen, ob in solchen Fällen eine kollektive Zugehörigkeit denkbar ist. Voraussetzung dafür ist nach den oben erzielten Ergebnissen ein genossenschaftsähnlicher Zusammenschluß. Jedes Mitglied muß die Möglichkeit haben, sich mit den anderen gemeinsam gleichberechtigt und gleichgerichtet als Betreiber zu fühlen. Genossenschaftsähnlich ist die Beziehung im Konzern jedoch typischerweise nicht. Sie wird in den Entscheidungen dominiert durch die Muttergesellschaft. Die Schwestergesellschaften sind an der Anlage weder finanziell noch voluntativ beteiligt.

Es bestehen allerdings andersgeartete Verflechtungen, die ggf. das nötige Gemeinschaftsgefühl an der Anlage hervorrufen. Zum einen ist der Konzernverbund gekennzeichnet durch die gemeinsame Unterstellung unter eine Konzernleitung. Ferner sind die Schicksale der konzernverbundenen Unternehmen typischerweise in der Art miteinander verbunden, daß Wohl und Wehe eines Unternehmens auch jedes andere treffen kann. Die ordnungsrechtliche Inanspruchnahme und ein dadurch verursachter Verlust oder gar Konkurs wirkt sich zunächst auf das Ergebnis der Muttergesellschaft aus. Von der Schwäche der Muttergesellschaft sind aber auch die anderen Töchter betroffen, wird ihnen doch dann das maximal mögliche Kapital entzogen. Theoretisch kann dies im Falle des Konkurses der Muttergesellschaft soweit gehen, daß auch die anderen Töchter zerschlagen werden. Jedenfalls besteht eine gegenseitige finanzielle Betroffenheit.

Aus diesem Gedanken der Schicksalsgemeinschaft heraus ist es daher nach dem Sprachgebrauch vertretbar und in Konzernkreisen wohl auch üblich, von „unserer eigenen Anlage/Erledigung" zu sprechen. Diese Schicksalsgemeinschaft übertrifft aus Haftungsgesichtspunkten sogar die typische genossenschaftliche Organisationsform.

---

178 Aktiengesetz vom 06.09.1965 (BGBl. I S. 1089), zuletzt geändert (BGBl. I S. 1842).

Der Konzern ist, wie eingangs bereits bemerkt, nur eine – allerdings qualifizierte – Erscheinungsform verbundener Unternehmen. Es gibt daneben die einfachen Beziehungen von herrschenden zu abhängigen Unternehmen. Für sie ist charakteristisch, daß unmittelbar oder mittelbar beherrschender Einfluß ausgeübt werden kann, ohne daß die Leitung des abhängigen Unternehmens unmittelbar den Weisungen des herrschenden Unternehmens untersteht und ohne daß eine Verlustausgleichspflicht besteht. Ein solch geringerer Einfluß kann z.B. durch bloße Ausnutzung der Stellung des Mehrheitsgesellschafters geschehen, was wiederum bei der GmbH unmittelbarere Auswirkungen hat als bei der Aktiengesellschaft. Einfluß auf das Geschehen der Untergesellschaft ist in diesen Fällen also bereits individuell vorhanden. Auch eine individuelle finanzielle Betroffenheit durch drohenden Einlageverlust liegt typischerweise vor. Die Weitergabe des Abfalls von „oben nach unten" läßt sich also bereits nach den Grundsätzen der engagierten Beteiligung mit ihrer individuellen Bestimmungsmacht und Verantwortung[179] begründen.

Ein Zugehörigkeitsgefühl zwischen den abhängigen Unternehmen kann jedoch mangels finanzieller Schicksalsgemeinschaft oder genossenschaftsähnlicher Struktur nicht angenommen werden. Eine Weitergabe von Abfällen zwischen verbundenen Schwesterunternehmen ohne Konzernbindung ist daher nicht mehr vom Wortsinn des Begriffs „eigene Anlage/Erledigung" gedeckt.

6. Eigenentsorgung und Beauftragung von Entsorgungsunternehmen

Bisher wurde festgestellt, daß der Inbegriff von „Eigenerledigung" eine Bestimmungsmacht von einiger Dauer über das Geschehen und ein Verantwortung begründendes Auftreten nach außen voraussetzt. Es wurde ferner festgestellt, daß auch eine Partnerschaft von Verursachern mit der Entsorgungswirtschaft die Voraussetzungen erfüllt, soweit im Rahmen einer gemeinsamen Kooperationsgesellschaft zumindest ein paritätisches Verhältnis von Einfluß und Verantwortung gewährleistet ist.[180] Es ist zu prüfen, inwieweit nach obigen Grundsätzen eine Beauftragung der Entsorgungswirtschaft in Betracht kommt.

a) Einbeziehung „qualifizierter" Beauftragungen

Wie bereits in der Einleitung angedeutet, sind Gestaltungen vorstellbar, bei denen sich die Auftraggeber die Mitbestimmung und Kontrolle des Entsorgungsvorganges vorbehalten. Zusätzlich denkbar wäre eine Steigerung von Einfluß und Kontrolle durch die Mitgliedschaft in einem mitgliedschaftlichen Zusammenschluß, der den Abfall verantwortlich weitergibt. Sie ist ferner denkbar durch Mitgliedschaft in einem Verursacherinteressenverband, der eine Beauftragung eines Entsorgungsunternehmens betreut und die Praktiken des letzteren übersehen und sanktionieren kann. Eine stärkere Anlagenbindung könnte im übrigen dadurch erreicht werden, daß die Beseitigung vollstän-

---

179 S.o. bei Fn. 174, 175.
180 S.o. 1.Teil A.I.5.b).

dig beim Erstbeauftragten zu geschehen hat und nicht etwa weitervergeben werden darf. Es wäre dann nicht möglich, daß der Abfall über mehrere Stationen zu Anlagen und Inhabern kommt, die keinerlei Beziehung mehr zum Verursacher haben und deren Existenz ihm ggf. noch nicht einmal bekannt ist.

All die soeben genannten Gestaltungen beinhalten bezüglich Einfluß, Verantwortung, Zugehörigkeits- und Zusammengehörigkeitsgefühl mehr oder weniger wesentliche Fortschritte gegenüber der bisher üblichen Weitergabe des Abfalls an Fremdentsorger. Bei entsprechender Ausgestaltung können derartig „qualifizierte Beauftragungen" eine hohe Intensität von Einfluß und Verantwortung der Verursacher und ihrer Verbände erreichen. Es fehlt allerdings im Gegensatz zu den bisher erörterten Organisationsformen stets an einer unmittelbaren Herrschafts- und Verantwortungsbeziehung der Verursacher oder ihrer Verbände zum Entsorgungsvorgang. Die qualifizierte Beauftragung von Entsorgungsunternehmen bewegt sich daher in einer Zone zwischen Eigeninitiative, die hier sicher vorliegt, und Eigenerledigung, die nach dem Sprachgefühl etwas mehr voraussetzt.

Voraussetzung für eine Einbeziehung wäre, daß man den Begriff „eigen" lediglich als einen im Einzelfall wertausfüllungsbedürftigen Rechtsbegriff anzusehen, der eine generelle Grenzziehung nicht erfordert.[181] „Eigen" ist allerdings nach dem Sprachgefühl ein konsistenter Begriff, der etwas feststehendes suggeriert. Bei aller Vagheit und Typenhaftigkeit verlangt er – anders als Begriffe wie z.B. „geeignet" oder „zuverlässig" – nach möglichst abschließender Typisierung in Form einer verläßlichen abstraktgenerellen Grenzziehung. Insoweit bestätigt sich die bisher erarbeitete sprachlichassoziative Grenze bei paritätischen Kooperationsgesellschaften. Daran mögen Zweifel aufkommen, wenn bereits der Betreiberbegriff „ ... nicht nach formalrechtlichen Gesichtspunkten, sondern nur nach Berücksichtigung sämtlicher konkreten rechtlichen, wirtschaftlichen und sonstigen tatsächlichen Gegebenheiten ..."[182], abgegrenzt werden soll und daher eigentlich Generalklausel sein müßte. Dennoch muß der semantische Befehl zur weitestgehenden Grenzziehung hier wie dort beachtet werden. Die Grenze ist hier erreicht, wo der Entsorgungsvorgang und die nötigen Anlagen nicht mehr in zumindest paritätischer Trägerschaft der Verursacher stehen.

b) Die „offene Regulierungslösung" von Fluck[183]

Die Verknüpfung der beiden Einschränkungen von Eigeninitiative in § 13 I 2 KrW-/AbfG durch das Erfordernis der Beseitigung in „eigenen Anlagen" einerseits und das „Überwiegen öffentlicher Interessen" andererseits über das Wort „oder" ist sprachlich

---

[181] Bönning, UPR 1998, 371, 374, will anscheinend auf den Einzelfall abstellen und immer dann von einer „eigenen Anlage" sprechen, wenn sichergestellt ist, daß der Abfallerzeuger bzw. -besitzer für die ordnungsgemäße Beseitigung Sorge tragen kann.

[182] VGH Mannheim, NVwZ 1988, 562, 563.

[183] Diese Variante müßte eigentlich nach Fluck/Giesberts (s.u. übernächste Fn.) benannt werden, wird aber der Einfachheit halber – auch nachfolgend – nur nach Fluck benannt.

undeutlich.[184] So oft man den § 13 I 2 KrW-/AbfG auch liest, er wird nicht klarer, im Gegenteil: je öfter man ihn liest, desto vieldeutiger und verschwommener scheint die Verknüpfung zu werden. So könnte es auch FLUCK/GIESBERTS ergangen sein, als sie im Gegensatz zur gesamten Literatur den § 13 I 2 KrW-/AbfG wie folgt zu lesen empfahlen: „Satz 1 (*die Überlassungspflicht*) gilt auch für Erzeuger und Besitzer von Abfällen aus anderen Herkunftsbereichen, soweit überwiegende öffentliche Interessen eine Überlassung erfordern; überwiegende öffentliche Interessen bestehen nicht, soweit Abfälle in eigenen Anlagen zulässigerweise beseitigt werden."[185] Nach dieser Deutung bleibt es zwar beim Erfordernis einer abschließenden Typisierung des Begriffs „eigene Anlagen", der Begriff beschreibt jedoch nicht mehr den Rahmen der überhaupt zulässigen Organisationsformen, sondern nur noch einen unantastbaren absoluten Freiraum. Darüberhinaus wäre generell jede Organisationsform zulässig, es sei denn das konkrete Entsorgungsvorhaben widerspricht konkreten überwiegenden öffentlichen Interessen an einer Überlassung.

Man mag eine solche Deutung für übertrieben und gewollt halten; fest steht jedenfalls, daß der Gesetzgeber mit der – wie auch immer beabsichtigten – Verweisung überfordert war und dem Rechtsanwender eine in sich unverständliche Norm hinterlassen hat. Es soll daher versucht werden, durch semantische Annäherung im Wege der begrifflichen Vervollständigung für diese Grundfrage der Auslegung mögliche sprachliche Tendenzen herauszuarbeiten.

Da beide Alternativen durch das Wort „oder" verbunden sind, könnte man die Reihenfolge austauschen. Es hieße dann: „... verpflichtet ... zu überlassen, soweit überwiegende öffentliche Interessen eine Überlassung erfordern oder (und) soweit sie diese nicht in eigenen Anlagen beseitigen." Diese wenig aufwendige und sprachlich logische Umstellung kommt nahezu ohne Einfügung neuer Worte aus. Sie spricht tendenziell für die Fluck´sche Lösung.

Denkbar ist aber auch ein anderer semantischer Ansatz. Die Anordnung der Überlassungspflicht im Hauptsatz paßt zwar zur verneinenden Formulierung „soweit nicht" in der ersten Alternative, nicht aber zum Begriff „Überlassung erfordern" in der zweiten Alternative. Ersetzt man „Überlassung erfordern" durch eine ebenfalls verneinende Formulierung lautet die Formulierung: „... soweit nicht überwiegende öffentliche Interessen entgegenstehen." Auf dieser Grundlage läßt sich dann ohne große Änderungen der Satz bilden: „... verpflichtet ... zu überlassen, soweit sie diese nicht in eigenen Anlagen beseitigen und soweit dem nicht überwiegende öffentliche Interessen entgegenstehen." Diese Umstellung erfordert die Einfügung neuer Worte, ist aber ebenfalls wenig aufwendig und sprachlich logisch.[186] Sie spricht gegen die Fluck´sche Lösung.

Im Ergebnis dieser semantischen Analyse läßt sich festhalten, daß es sowohl für die „offene" Lösung von FLUCK als auch für diejenige der herrschenden Meinung Formu-

---

184 Weidemann, in: Jarass/Ruchay/Weidemann (Hrsg.), § 13, 78; Pippke, Abfallentsorgung, 71; Schink, ZG 1996, 97, 118; Krahnefeld, NUR 1996, 269, 273; a.A. Kunig, in: Kunig/Paetow/Versteyl, § 13, 24.
185 Fluck/Giesberts, in: Fluck (Hrsg.), KrW-/AbfG, § 13, 117.
186 So ähnlich auch der Vorschlag von Pippke, Abfallentsorgung, 71: „... verpflichtet ... zu überlassen, soweit sie diese nicht in eigenen Anlagen beseitigen, es sei denn, daß überwiegende öffentliche Interessen eine Überlassung erfordern."

lierungsalternativen gibt, die sich durch kleine Zusätze und Umstellungen erreichen lassen. Dabei kommt die der Fluck´schen Lösung zuneigende Formulierung fast ohne Zusätze aus und erfordert nur eine Änderung in der Reihenfolge der Alternativen. Für die Auffassung der herrschenden Lehre spricht, daß die Formulierungsreihenfolge des Gesetzes nun einmal so gewählt wurde und sich die Unklarheiten eher wie ein gesetzgeberisches Mißgeschick ausnehmen.

Es soll daher hier von einer sprachlichen Vermutung zugunsten einer generellen Beschränkung auf bestimmte Formen der Eigeninitiative ausgegangen werden, die allerdings aufgrund der mißverständlichen Formulierung eine Tendenz zur Einbeziehung auch sehr weitgehender Formen zuläßt. So kann man den Wortlaut auch so auffassen, daß zwar eine „offene Regulierungslösung" gemeint ist, jedoch mit dem Regelbeispiel „eigener Anlagen/Erledigung", von dem nur in Ausnahmefällen abgewichen werden darf.

Eigenerledigung im Gegensatz zu Fremderledigung bleibt somit ein zentrales Abgrenzungsmerkmal zulässiger Eigeninitiative im Rahmen von § 13 I 2 KrW-/AbfG. Erweiterungen, dort wo sie sich aufdrängen, sind jedoch denkbar.

7. Fazit und Regelungsmuster

Der Begriff „eigen" als zentrales Privilegierungsmerkmal des § 13 I 2 KrW-/AbfG ist ein Typusbegriff. Bei der Wortlautinterpretation ist daher auf den Inbegriff dessen zurückzugreifen, was üblicherweise mit „eigen" gleichgesetzt bzw. assoziiert wird. Dieser Inbegriff enthält eine qualitative Komponente in Form eines Zugehörigkeitsgefühls der Personen zur Erledigung. Er enthält ferner eine quantitative Komponente in Form des Zusammengehörigkeitsgefühls mehrerer Personen, die sich dann gemeinsam der Erledigung zugehörig fühlen. Es handelt sich dabei um psychologische Kategorien, deren assoziative Wirkungen durch Einfluß auf und Verantwortung für das Entsorgungsgeschehen und dessen wirtschaftliche Grundlagen hervorgerufen werden.

Der Inbegriff von „eigen" fordert qualitativ eine Bestimmungsmacht über das Geschehen, und zwar über konkrete Entsorgungsanlässe hinaus von einiger Dauer. Der Inbegriff fordert – in Abgrenzung zur Betriebsführung – ferner ein Verantwortung begründendes Auftreten des „Eigners" nach außen. Typischer sprachlicher Fall der ist die Alleinbetreiberschaft durch vollständige Bestimmungsmacht und Verantwortung. Allerdings zeigen sich bereits bei der Alleinbetreiberschaft Abgrenzungs- und Übergangsprobleme zur Fremderledigung, z.B. bei besonderen Formen der Betriebsführung oder Anlagenpacht.

Der Inbegriff von „eigen" läßt auch gemeinsame Formen der Bestimmungsmacht und Verantwortung zu, bis hin zu größeren Gemeinschaften. Es kommt dabei nicht vorrangig auf die Gesellschaftsform an. Voraussetzung für das notwendige Zusammengehörigkeitsgefühl ist jedoch, daß mangelnde individuelle Bestimmungsmacht und Verantwortung der einzelnen Verursacher durch eine mitgliedschaftliche und homogene Verbindung, wie z.B. in einer Genossenschaft, mit Gleichgerichtetheit der Interessen und Gleichgewichtigkeit der Einflußmöglichkeiten ergänzt wird. Bei mitgliedschaftlicher Ausgestaltung kann auch der gemeinschaftliche Betrieb durch Abfallverursacher in Form einer GmbH & Co KG dem Inbegriff „eigener Anlagen/Erledigung" entsprechen.

Zum Inbegriff von Eigenerledigung der Verursacher gehören auch Zusammenschlüsse mehrerer Gemeinschaften als Fortsetzung privater Selbstverwaltung auf höherer Ebene. Dazu gehören ferner Kooperationsgesellschaften von Verursacherverbänden mit der Entsorgungswirtschaft mit zumindest paritätischer Beteiligung der Verursachergemeinschaft. Dies gilt im übrigen – aufgrund der einheitlichen Leitung und Haftungsverflechtung und der dadurch bestehenden „Schicksalsgemeinschaft" – auch für die Entsorgung innerhalb eines Konzerns i.S.v. § 16 AktG.

Der Begriff „eigen" ist vage und nur durch Typisierung bestimmbar. Auch beruht seine Typisierung auf kautelarjuristischen Vorstellungen, die naturgemäß gestaltend-prognostische Züge haben. Gleichwohl ist eine möglichst abschließende Typisierung gefordert. Erledigung in eindeutig „fremder" Trägerschaft, wie z.B. solche der Entsorgungswirtschaft oder von ihr dominierter Zusammenschlüsse, sind daher sprachlich nicht mehr „eigene Anlagen/Erledigung" i.S.v. § 13 I 2 KrW-/AbfG. Dies gilt auch für „qualifizierte Beauftragungen" unter Wahrung eines gewissen Maßes an Einfluß und Verantwortung der Verursacher.

Allerdings ist der Wortlaut des § 13 I 2 KrW-/AbfG unabhängig vom Begriff „eigene Anlagen" auch dahingehend verstehbar, daß generell jede Organisationsform zulässig ist, soweit nicht im Einzelfall überwiegende öffentliche Interessen eine Überlassung erfordern. Aufgrund der mißverständlichen Formulierung wird die „Eigenerledigung" zum Regelbeispiel, von dem jedoch in Ausnahmefällen abgewichen werden darf.

Insgesamt bemerkenswert ist, daß der Wortlaut des § 13 I 2 KrW-/AbfG eine Mehrzahl von Varianten der abstrakt-generellen Zulassung von Eigeninitiative anbietet. Eine besteht darin, die organisatorischen Möglichkeiten nicht generell auf bestimmte Erledigungsformen zu beschränken, sondern die Eigeninitiative lediglich von der Abwesenheit öffentlicher Regulierungsinteressen abhängig zu machen. Man könnte es als „offenes Regulierungsmodell" bezeichnen. Dieses Fluck´sche Modell wird ergänzt durch Schaffung eines absoluten Freiraums für Eigenerledigungsformen.

Das andere, von der herrschenden Meinung bevorzugte Grundmodell besteht in der generellen Beschränkung der Eigeninitiative auf bestimmte Organisationsformen. Mit der zusätzlichen Einschränkung durch öffentliche Regulierungsinteressen. Man könnte es als „beschränktes Privilegierungsmodell" bezeichnen.

Von übergreifender Bedeutung können auch die bei der sprachlichen Grenzziehung zutage getretenen verschiedenen Typen von Eigeninitiative sein. Dazu gehören
- der anlagenrechtliche Typus, d.h. persönliche Eigenerledigung,
- der Typus einer Eigenerledigung in geschlossener mitgliedschaftlicher Struktur, - unter Einschluß genossenschaftsähnlicher Zusammenschlüsse,
- der Typus einer Eigenerledigung in partnerschaftlich-mitgliedschaftlicher Struktur, - d.h. unter Einschluß von paritätischen Kooperationsgesellschaften, und
- der Typus verbandsgestützter Eigeninitiative, d.h. unter Einschluß auch von qualifizierter Fremdbeauftragung.

Bemerkenswert ist auch, wie fließend die verschiedenen Typen ineinander übergehen.

Die Begriffe „eigene Anlagen" und „Eigenerledigung" ermöglichen somit eine weitgehende Einbeziehung von Organisationsformen und sind zugleich von bestechender Kürze. Zur Klarstellung und zur Vermeidung von Verwechslungen mit anlagenrechtlichen Begriffen erscheint die Wahl des Begriffs „Eigenerledigung" vorzugswürdig. Soweit ausdrücklich eine Beschränkung auf persönliche Erledigung erfolgen soll, bietet sich die Verwendung der Begriffe „persönlich" oder „höchstpersönlich" oder „selbst" an.

Im Hinblick auf eine wörtliche Auslegung vergleichbarer Regelungen ist ferner deutlich geworden, daß sich – wenn man mit sprachlicher Offenheit für denkbare Formen der Eigeninitiative an die Untersuchung der Aufgabenzuordnung herangeht – sich eine Fülle von Möglichkeiten offenbaren, die durch eine vorzeitige Verkürzung auf anlagenrechtliche Assoziationen abgeschnitten würden.

II. Einbeziehung von Verursacherverbänden

Nachdem der Wortlaut einen Rahmen geschaffen hat und Fragen offen läßt, stellt sich die Frage, ob sich aus dem systematischen Zusammenhang mit anderen Normen eine Konkretisierung ergibt, entweder durch Bestätigung oder durch Einschränkung des sprachlich-assoziativen Normbereichs. Dabei rücken vor allem Normen ins Blickfeld, die sich mit der Erledigung in Verbänden oder mit der Umschreibung von Anlagenverantwortung befassen. Beide Normgruppen stehen in bezug auf zulässige Eigeninitiative in einem systematischen Spannungsverhältnis.

1. Aufgabenzuordnung und anlagenrechtliche Normen

Anlagenrechtliche Kategorien werden z.B. durch § 44 I KrW-/AbfG betont. Diese Norm befreit diejenigen Erzeuger und Besitzer besonders überwachungsbedürftiger Abfälle, die ihre Abfälle in „eigenen, in einem engen räumlichen und betrieblichen Zusammenhang stehenden Anlagen" beseitigen von formalisierten Nachweispflichten. Verschiedene Stimmen schließen aus den ähnlichen Formulierungen auf einen gleichen Begriffsinhalt auch in § 13 I 2 KrW-/AbfG.[187] Einige führen diese Auffassung auf Äußerungen des Bundesministeriums für Umwelt und der obersten Abfallbehörden der Länder zurück.[188] Genauer begründet wird dies allerdings nicht. Anscheinend werden zwischen beiden Regelungsbereichen Gemeinsamkeiten gesehen, die eine gleiche rechtliche Behandlung nahelegen.[189]

Da der Sprachgebrauch innerhalb eines Gesetzes im Zweifel gleich ist[190], kommt man jedoch eher zum gegenteiligen Schluß. Gerade weil § 13 I 2 KrW-/AbfG anders als § 44 KrW-/AbfG keinen engen betrieblichen oder räumlichen Zusammenhang for-

---

187 Wendenburg, in: Büro für Umwelt-Pädagogik (Hrsg.), 44; für eine „standortbezogene" Sicht auch Krahnefeld, in: Büro für Umwelt-Pädagogik (Hrsg.), 55.
188 Versteyl/Wendenburg, NVwZ 1996, 937, 943, unter Verweis auf Wendenburg NSt-N 1996, 124, 125.
189 So wohl Wendenburg, in: Büro für Umwelt-Pädagogik (Hrsg.), 44. Zum „argumentum e simile" vgl. Loschelders/Roth, Methodik, 100.
190 So grundsätzlich Bydlinski, Methodenlehre, 447 f.

dert, muß es auch eigene Anlagen geben, die diese Kriterien nicht erfüllen.[191] Im übrigen ist dem Begriff „eigen" keinerlei räumliche Komponente zu entnehmen.

Der besondere räumliche und betriebliche Zusammenhang ist daher eine Sonderform der Eigenerledigung und nicht etwa ihr Ausdruck.

Nach einer weit verbreiteten Auffassung soll es gleichwohl für die Abgrenzung zwischen eigener und fremder Entsorgung allein auf den anlagenrechtlichen Betreiberbegriff ankommen. Nur wer nach Anlagenrecht „formal" Betreiber der Anlage ist und als solcher Adressat von anlagenbezogenen Verwaltungsakten sein kann, soll die Erledigung „sein eigen" nennen dürfen.[192] Folgt man dem, dürfte ein Zusammenschluß mehrerer abfallverursachender Betriebe zu einer juristischen Person im Rahmen von § 13 I 2 KrW-/AbfG wohl ausgeschlossen sein, weil die einzelnen Verursacher nicht Adressat von anlagenbezogenen Verwaltungsakten wären.[193]

Diese Auffassung wird damit begründet, daß es um öffentlich-rechtliche Regelungsbereiche geht und daher öffentlich-rechtliche Vorstellungen über die Zurechnung von Anlagen maßgebend seien, wie sie in den anlagenbezogenen Bestimmungen des Bundesimmissionsschutzgesetzes und des Wasserhaushaltsgesetzes zum Ausdruck kommen. Dort würde auf den Inhaber der Anlage abgestellt. Als Inhaber werde der Betreiber angesehen. Betreiber wiederum sei, wer die tatsächliche und rechtliche Verfügungsgewalt über die Anlage ausübe, für die Anlage verantwortlich sei und Nutzen aus ihr ziehe.[194] Der Betreiberbegriff sei im übrigen durch umfangreiche Literatur und Rechtsprechung hinreichend konkretisiert und anwendbar gemacht worden, so daß man einfach darauf verweisen könne. Die o.g. Auffassung ist im Gegensatz zu den schwierigen Diskussionen um Eigentum, Besitz und allerlei wirtschaftliche Begriffe auf den ersten Blick von bestechender Einfachheit und Klarheit. Darum greift die wohl herrschende Meinung auf den Betreiberbegriff zurück.[195]

Auf den zweiten Blick allerdings ist der anlagenrechtliche Betreiberbegriff lediglich eine durch Literatur und Rechtsprechung entwickelte Mixtur aus Einfluß und Verantwortung zur Festlegung desjenigen, dem die Genehmigungs- und Aufsichtsbehörden ihre Bescheide schicken und den sie für Störungsbeseitigung haftbar machen können. Man hat sich dabei – vielleicht der Einfachheit halber – dazu entschlossen, im wesentlichen an zivilrechtliche Haftungs- und Vertretungsgrundsätze anzuknüpfen. So kommt es, daß nach Anlagenrecht bei der OHG die Gesellschafter gesamtschuldnerisch bzw. gesamthänderisch Adressaten und Verpflichtete sind und bei der GmbH nur die juristische Person als solche.[196] Obwohl sie zivilrechtliche Assoziationen für verfehlt erachten, greifen die o.g. Autoren also mittelbar auf sie zurück, indem sie gesellschaftsrechtliche Strukturen übernehmen.

---

191 Arndt/Walter, WiVerw 1997, 183, 219 f; Bartram/Schade, UPR 1995, 253, 255; Pippke, Abfallentsorgung, 73 m.w.N.
192 Jungnickel/Bree, UPR 96, 297, 298; Bree, Privatisierung, 100 f.
193 Jungnickel/Bree, UPR 96, 297, 298 f.
194 Jungnickel/Bree, UPR 96, 297, 298 f., unter Berufung auf Jarass, BImSchG, § 3, 70, und Laubinger, in: Ule/Laubinger, BImSchG, § 16 C 3.
195 Arndt/Walter, WiVerw 1997, 183, 219 f; Bartram/Schade, UPR 1995, 253, 255; Pippke, Abfallentsorgung, 73 m.w.N.; Schink, NVwZ 1997, 435, 440; Versteyl/Wendenburg, NVwZ 1996, 937, 943; demgegenüber differenzierend: Versteyl, in Kunig/Paetow/Versteyl, KrW-/AbfG, § 13, 20.
196 Vgl. im einzelnen zum Betreiberbegriff: Jarass, BImSchG, § 3, 70.

Dabei ist der Betreiberbegriff bei besonderen Kooperationsgestaltungen alles andere als klar. Darüber kann auch die Verwendung von Begriffen wie „Verfügungsgewalt", „Verantwortlichkeit" oder „Nutzenziehung" nicht hinweghelfen.[197] Sie sind relative Begriffe, die beschreiben, worauf es bei der Bewertung tendenziell ankommt. Verfügungsgewalt haben u.U. auch und gerade die GmbH-Gesellschafter, bestimmen sie doch Geschäftstätigkeit bis hin zu Einzelanweisungen. Verantwortlichkeit trifft auch den GmbH-Geschäftsführer; dennoch ist er nicht Betreiber. Die Ziehung des Nutzens paßt gleichermaßen auf Geschäftsführung und Gesellschafter, während es daneben für die juristische Person selbst eigentlich gar keinen Nutzen gibt. Der Betreiberbegriff hätte bei anderer Gewichtung also durchaus anders ausfallen können. Er bringt somit nicht mehr Klarheit und Sinnhaftigkeit in die Diskussion um die Grenzen der Eigeninitiative als andere Kriterien.

Man muß sich im übrigen die Frage stellen, ob es einen erheblichen oder gar zwingenden Grund gibt, gerade den Betreiberbegriff auf § 13 I 2 KrW-/AbfG zu übertragen.

§ 13 I 2 KrW-/AbfG, so JUNGNICKEL/BREE[198], sei die „Wiederherstellung des gesetzlichen Normalfalls in § 11 I KrW-/AbfG" und somit Ausdruck des Verursacherprinzips. Daraus folge, daß jeder in eigenen Anlagen beseitigen dürfe, für deren Betrieb er selbst im öffentlich-rechtlichen Sinne verantwortlich ist. Das heißt aber noch lange nicht, daß solche Gesichtspunkte eine Übernahme des Betreiberbegriffs erfordern. Es ist durchaus zweifelhaft, welchen organisatorischen Rahmen der „gesetzliche Normalfall" setzt. Man wird sich stets vor Augen halten müssen, warum nicht genauso gut irgendein anderes Konglomerat aus Einfluß und Verantwortung, wie z.B. der ertragssteuerlichen Mitunternehmerbegriff, heranzuziehen ist. Es gibt im übrigen eine Menge anderer Zweckmäßigkeitsgesichtspunkte, deren einseitige Hervorhebung zu völlig anderen Ergebnissen führen würde. Der anlagenrechtliche Betreiberbegriff ist haftungsorientiert. § 13 I 2 KrW-/AbfG dagegen ist Ausdruck des Spannungsverhältnisses von Eigeninitiative und Daseinsvorsorge, bei dessen Auflösung z.B. auch Gesichtspunkte der Partizipation eine große Rolle spielen können. Aus systematischen Gründen ist die Übernahme somit nicht geboten.

Daß die Herleitung des Ergebnisses aus Haftungserwägungen so zwingend nicht ist, merkt man außerdem daran, daß viele Vertreter der betreiberorientierten Auffassung die Beseitigung innerhalb eines Konzerns für zulässig erachten[199], obwohl eindeutig nur das einzelne Konzernunternehmen Betreiber der Anlage ist.

Es gibt daher keinen systematisch zwingenden Anlaß, den Betreiberbegriff des Anlagenrecht auf die Aufgabenzuordnung in § 13 I 2 KrW-/AbfG zu übertragen. Die zulässige Eigenerledigung gem. § 13 I 2 KrW-/AbfG erfordert eine eigene Wertung von Einfluß und Verantwortung. Es verbietet sich die einfache Gleichsetzung allein aus systematischen Gründen oder solchen der Vereinfachung.

---

197 Vgl. VGH Mannheim, NVwZ 1988, 562, 563, m.w.N.
198 Jungnickel/Bree,UPR 1996, 297, 298.
199 So Schink, NVwZ 1997, 435, 440 f.; Arndt/Walter, WiVerw 1997, 189, 217 f.

2. Beauftragung eigener Verbände

Gem. § 17 I 1 KrW-/AbfG können „Erzeuger und Besitzer von Abfällen aus gewerblichen (...) Einrichtungen Verbände bilden, die von den Erzeugern und Besitzern von Abfällen mit der Erfüllung ihrer Verwertungs- und Beseitigungspflichten beauftragt werden können". Die Rechtsfolge des § 17 I 1 KrW-/AbfG ist der des § 16 I 1 KrW-/AbfG ähnlich, allerdings mit dem Unterschied, daß nicht jegliche Dritte, sondern nur Verbände beauftragt werden können.
Es könnte also sein, daß § 17 I 1 KrW-/AbfG den Freiraum des § 13 I 2 KrW-/AbfG näher konkretisiert.[200]

a) Anwendbarkeit des § 17 I KrW-/AbfG auf den Adressatenkreis von § 13 I KrW-/AbfG

Es ist zunächst zu prüfen, ob ein Konkurrenzverhältnis zu § 13 I 2 KrW-/AbfG vorliegt. Eine Einwirkung von § 17 I 1 KrW-/AbfG erfordert somit seine Anwendbarkeit auf die Adressaten des § 13 I 2 KrW-/AbfG.

§ 17 I 1 KrW-/AbfG hat nach seinem Wortlaut zwei Adressatenkreise. Zunächst spricht er in § 17 I 1 1.Hs KrW-/AbfG die „Erzeuger und Besitzer von Abfällen aus gewerblichen sowie sonstigen wirtschaftlichen Unternehmen oder öffentlichen Einrichtungen" an. Ihnen erlaubt er, Verbände zu bilden. Diese Verbände wiederum können gem. § 17 I 1 2.Hs KrW-/AbfG von „den Erzeugern und Besitzern von Abfällen" mit der „Erfüllung ihrer Verwertungs- und Beseitigungspflichten" beauftragt werden. Wörtlich genommen sind sowohl zu Gründern als auch zu Auftraggebern die Erzeuger und Besitzer berufen, und zwar ohne Rücksicht auf Art und Umfang ihrer Verpflichtungen.
Der Tatbestand des § 17 I 1 KrW-/AbfG – d.h. die Bezeichnung der Akteure – spricht also dafür, daß Erzeuger und Besitzer unabhängig davon angesprochen werden, in welcher Weise sie zur Entsorgung verpflichtet sind.
Zu berücksichtigen ist ferner der Formulierungsunterschied zu § 16 I 1 KrW-/AbfG. Beide Normen setzen ähnliche Rechtsfolgen und stehen im Gesetz nebeneinander im selben Regelungsteil. Es spricht daher eine Vermutung dafür, daß § 17 I 1 KrW-/AbfG einen anderen Adressatenkreis von Auftraggebern anspricht, als § 16 I 1 KrW-/AbfG. Da letzterer nur die Entsorgungsträger und die „freien" Verursacher anspricht[201], führt diese Vermutung dazu, daß § 17 I 1 KrW-/AbfG auch an die potentiell Überlassungspflichtigen adressiert ist. Es ist anzunehmen, daß das Gesetz bei gleicher

---

200 So betont z.B. der Bundesverband kommunaler Spitzenverbände, zit. bei Doose, Der Städtetag, 1997, 234, 235, daß § 17 nur deshalb nicht auf Haushalte i.S.v. § 13 I 1 KrW-/AbfG anwendbar sei, weil in ihm nur Betriebe als Adressaten genannt sind.
201 Queitsch, KrW-/AbfG, Anm. 56; Queitsch, UPR 1995, 412, 416; Arndt, Kreislaufwirtschaft, 39, 77; Arndt/Walter, WiVerw 1997, 183, 210; Bongen, WiB 1996, 713, 715; Schink, NVwZ 1997, 435, 436; Arzt, in: Gaßner/Versmann, Neuordnung, 33, 41; Bree, Privatisierung, 103 f; Weidemann, in: Jarass/Ruchay/Weidemann, KrW-/AbfG, § 13, 84; zweifelnd: Pippke, Abfallentsorgung, 74 f.; a.A.: Frenz, KrW-/AbfG, § 13, 15.

Zielrichtung dieselbe Formulierung verwendet hätte wie in § 16 I KrW-/AbfG, anstatt dies derart umständlich und abweichend auszudrücken.

Nach Wortlaut und Systematik spricht also eine Vermutung dafür, daß § 17 I KrW-/AbfG allen Erzeugern und Besitzern – zumindest denen von betrieblichen Abfällen – die Beauftragung von Verbänden gestattet. Beide Normen wenden sich somit mit ähnlichen Rechtsfolgen an einen teilweise gleichen Adressatenkreis und konkurrieren.

b) Rangverhältnis zwischen den §§ 13 I 2 und 17 I KrW-/AbfG

Da beide Normen konkurrieren, ist zu prüfen, welcher der Vorrang gebührt. Im Schrifttum wird bezüglich der Ausnahmen von der Überlassungspflicht immer wieder die Bedeutung des § 13 II KrW-/AbfG diskutiert. Es stellt sich daher zunächst die Frage, ob diese Norm etwas für die Rangfolge hergibt.

aa) Sperrwirkung für Beauftragungen durch § 13 II KrW-/AbfG

§ 13 II KrW-/AbfG ordnet an, daß die Überlassungspflicht nicht besteht, soweit „Dritten oder privaten Entsorgungsträgern Pflichten zur Verwertung und Beseitigung nach §§ 16, 17 oder 18 übertragen worden sind". Es stellt sich die Frage, ob diese Anordnung für die Ausnahmen von der Überlassungspflicht abschließenden Charakter hat und somit Sperrwirkung für weitere Ausnahmen, auch für die Beauftragung, entfaltet.

Darüber herrscht im Schrifttum Unklarheit. So meint KUNIG zu § 13 II KrW-/AbfG, daß sich die bloße Beauftragung von Dritten oder anderen Einrichtungen auf die Überlassungspflichten des § 13 I KrW-/AbfG nicht auswirkt.[202] Im Anschluß daran sagt er aber, dadurch sei nicht ausgeschlossen, daß gem. § 13 I 1 KrW-/AbfG Dritte mit der Verwertung beauftragt werden. Er verweist dabei auf seine Ausführungen zur Drittbeauftragung bei der Hausmüllverwertung.[203] Dort allerdings bringt er unmißverständlich zum Ausdruck, daß § 13 II KrW-/AbfG „allein den Wegfall der Überlassungspflicht aufgrund einer Pflichtenübertragung regelt" und verweist zurück auf seine Ausführungen zu § 13 II KrW-/AbfG. Damit stellt KUNIG – wenn auch auf Umwegen – klar, daß er dem § 13 II KrW-/AbfG keinerlei Sperrwirkung beimißt. FLUCK/GIESBERTS betonen ebenfalls, daß die Beauftragung nicht zu den Ausnahmen des § 13 II KrW-/AbfG zählt.[204] Allerdings meinen auch sie, daß § 13 II KrW-/AbfG keine Sperrwirkung für die Einschaltung Dritter bei der Verwertung entfaltet, und berufen sich dabei auf obige Ausführungen bei Kunig. Nach WEIDEMANN sind Beauftragungsfälle „von vornherein nicht als institutionelle Ausnahme von den auf bundesrechtlicher Ebene zwingend vorgeschriebenen Überlassungspflichten konstruiert".[205] Nur bei „Eigenverwertung von Einzelteilen" aus dem Hausmüll bestünden gegen eine

---

202 Kunig, in: Kunig/Paetow/Versteyl, KrW-/AbfG, § 13, 27.
203 Kunig, in: Kunig/Paetow/Versteyl, KrW-/AbfG, § 13, 15.
204 Fluck/Giesberts, in: Fluck (Hrsg.), KrW-/AbfG, § 13, 128a.
205 Weidemann, in: Jarass/Ruchay/Weidemann, KrW-/AbfG, § 13, 89.

"punktuelle Einschaltung von privaten Verwertungsbetrieben durch den einzelnen Privathaushalt" keine Bedenken.

Es wird deutlich, welche Unsicherheiten allgemein im Umgang mit dem Verhältnis zwischen Beauftragung und Überlassung bestehen. Maßgebend ist allein, ob sich nachweisen läßt, daß das Gesetz durch den § 13 II KrW-/AbfG die Beauftragung ausschließen will. Man kann diese Norm jedoch auch so verstehen, daß sie lediglich den Übergang des Überlassungsanspruches auf neue Entsorgungsträger bei der Pflichtenübertragung gewährleisten will. § 13 II KrW-/AbfG muß daher nicht als abschließende Ausnahmeregelung für alle Fälle von Übertragung und Beauftragung angesehen werden. Eine Sperrwirkung des § 13 II KrW-/AbfG besteht somit nicht.

bb) Spezieller Adressatenkreis

Es könnte sein, daß sich ein Vorrang von § 13 I 2 KrW-/AbfG aus einem spezielleren Adressatenkreis ergibt.

Die Gestattung zur Beauftragung in § 17 I KrW-/AbfG richtet sich nach seinem Wortlaut an alle Erzeuger und Besitzer von Abfällen. § 13 I 2 KrW-/AbfG wendet sich an die „Erzeuger und Besitzer von Abfällen zur Beseitigung aus anderen Herkunftsbereichen (*als privaten Haushalten*)". § 13 I 2 KrW-/AbfG erscheint also insoweit spezieller, als er lediglich eine Teilmenge der Adressaten von § 17 I KrW-/AbfG anspricht. Das Gesetz würde nicht für einen Teil einer Personengruppe gesonderte Rechtsfolgen anordnen, wenn diese nicht gesondert und vorrangig zu gelten hätten.[206] Dies spricht zunächst für einen Vorrang von § 13 I 2.

Bei genauerer Betrachtung zeigen sich jedoch auch bei § 17 I KrW-/AbfG betreffend seines Adressatenkreises spezielle Merkmale:

Der Wortlaut des § 17 I 1 2.Hs KrW-/AbfG spricht allgemein von Erzeugern und Besitzern. Aber bei dem insoweit identisch formulierten § 18 I KrW-/AbfG ging der Gesetzgeber wie selbstverständlich davon aus, daß es sich um eine Selbstverwaltungsaufgabe der Kammern handelt.[207] Auch sonst wird in bezug auf die §§ 17 und 18 KrW-/AbfG immer wieder von „Selbstorganisation der Wirtschaft gesprochen."[208] Voraussetzung für die Möglichkeit einer Beauftragung nach § 17 I 1 2.Hs KrW-/AbfG ist somit, daß sich zuvor ein Verband aus dem Kreis potentieller Mitglieder gem. § 17 I 1 1.Hs KrW-/AbfG gegründet hat. Ein solcher besonderer Vorgang ist in § 13 I KrW-/AbfG nicht vorgesehen und könnte daher § 17 I KrW-/AbfG hervorheben.

Als weitere Einschränkung des Adressatenkreises kommt in Betracht, die Möglichkeit der Beauftragung eines Verbandes nach § 17 I KrW-/AbfG davon abhängig zu machen, daß die Auftraggeber Mitglieder eben dieses Verbandes sind. Der Adressatenkreis wäre dadurch auf konkrete Personen beschränkt, die persönlich aktiv werden müssen. Er wäre insoweit gegenüber § 13 I 2 KrW-/AbfG speziell. Der komplizierte Wortlaut des § 17 I KrW-/AbfG mit seinen zwei Adressatenkreisen und der Verbindung der beiden Halbsätze kann zu einer solchen Annahme verleiten. Zwingend ist sie

---

206 Zur Spezialität vgl. Schmalz, Methodenlehre, 46 f.
207 Vgl. BT-Drucks. 12/7284, 18.
208 Vgl. BT-Drucks. 12/7284, 18.

jedoch nicht. Folgt man streng dem Wortlaut, gebietet § 17 I 1 KrW-/AbfG eine solche Beschränkung nicht. Hätte er sie gewollt, hätte er sich im übrigen einfacher ausdrücken können, indem er in seinem 2.Halbsatz einfach gesagt hätte: „ ..., die von ihnen mit (...) beauftragt werden können".

Trotzdem drängt sich die Frage auf, warum § 17 I KrW-/AbfG derartig umfangreich und vielsagend formuliert ist, wenn er – genauso wie § 16 I 1 KrW-/AbfG – hinter § 13 I 2 KrW-/AbfG zurücktreten soll. Man gelangt zwangsläufig zu der Frage, welchen Sinn § 17 I KrW-/AbfG im Falle gleicher Zielrichtung neben § 16 I KrW-/AbfG überhaupt hätte. § 16 I KrW-/AbfG ermöglicht den nicht überlassungsberechtigten Erzeugern und Besitzern die Beauftragung von Dritten. Was unter dem Begriff „Dritter" fällt, ist unklar. Es mag sein, daß nur „echte" Dritte gemeint sind, mithin solche, die sich von den Verursachern organisatorisch eindeutig unterscheiden, wie z.B. für private Entsorgungsbetriebe. Möglich ist ferner, daß auch Zusammenschlüsse von Verursachern, insbesondere in körperschaftlicher Verfassung, als Dritte anzusehen sind. Die Begriffe „fremd" und „Dritte" wären dann nicht identisch. Im letzten Fall würde § 16 I KrW-/AbfG die Beauftragung aller potentiellen Auftragnehmer einschließlich der Verbände abdecken und somit die Rechtsfolge des § 17 I KrW-/AbfG miteinschließen. Würde § 17 I KrW-/AbfG bei einer solchen Konstellation hinter § 13 I KrW-/AbfG zurücktreten, könnte er auch tatbestandlich nur für „echte" Verpflichtete Wirkung erzeugen. Er wäre neben § 16 I KrW-/AbfG gänzlich überflüssig.[209] Es ist daher wahrscheinlicher, daß zwischen Dritten und Verbänden zu trennen ist. § 17 I KrW-/AbfG ist dann eine selbständige Parallelnorm des § 16 I KrW-/AbfG für Verbände. Dies wird im übrigen dadurch bekräftigt, daß auch § 17 III KrW-/AbfG extra noch einmal für Verbände die Übertragungsmodalitäten ausführlich und teilweise abweichend regelt.

Die entscheidende Frage für die Bestimmung des Regelungsgehaltes von § 17 I KrW-/AbfG ist nun, wie Verbände von Dritten abzugrenzen sind. Nur für solche Verbände, die nicht zugleich Dritte i.S.v. § 16 I KrW-/AbfG sind, hat § 17 I KrW-/AbfG eine Funktion. Nur darauf kann sich sein eigentlicher Regelungsgehalt beziehen. Zu den Erzeugern und Besitzern, die nach § 17 I KrW-/AbfG einen Verband gründen und sich als solcher beauftragen lassen können, gehören beispielsweise auch die typischen privaten Entsorgungsbetriebe, soweit sie betrieblichen Abfall entsorgen. Sie könnten dies im übrigen auch, wenn es § 17 I KrW-/AbfG nicht gäbe.[210] Aus Sicht der Abfallverursacher macht es allerdings keinen Unterschied, ob ihnen ein einzelner Entsorgungsbetrieb oder ein Zusammenschluß von ihnen gegenübersteht. Solche Verbände aus Entsorgern sind also im Verhältnis zu den Verursachern „echte" Dritte i.S.v. § 16 I KrW-/AbfG.

Zu den Erzeugern und Besitzern, die nach § 17 I KrW-/AbfG einen Verband gründen und sich als solcher beauftragen lassen können, gehören ferner betriebliche Abfallverursacher. Soweit sie sich von Nichtmitgliedern beauftragen lassen, sind sie für die Verursacher genauso ein fremder Entsorgungsbetrieb wie ein typisches Entsorgungsunternehmen. Es ist unwahrscheinlich, daß für solche Fälle neben § 16 I KrW-/AbfG eine weitere Beauftragungsnorm geschaffen wurde.

---

209 So auch Fluck, in: Fluck (Hrsg.), KrW-/AbfG, § 17, 57.
210 Dies ergibt sich aus der allgemeinen Handlungsfreiheit, vgl. dazu Bree, Privatisierung, 172.

Der eigentliche Regelungsgehalt des § 17 I KrW-/AbfG kann also nur darin bestehen, daß betrieblichen Verursachern erlaubt wird, „eigene" Verbände zu beauftragen und sich auf diese Weise selbst zu verwalten. Voraussetzung für solche Selbstverwaltung ist, daß nur solche Abfallverursacher beauftragen können, die zuvor einen Verband gegründet oder sich an einem solchen beteiligt haben.[211] Nur für solche Erzeuger und Besitzer stellt § 17 I KrW-/AbfG somit eine echte Regelung dar. Die Mitgliedschaft in einem solchen Verband ist eine besondere persönliche Voraussetzung, durch die der „eigentliche" Tatbestand des § 17 I KrW-/AbfG gegenüber dem des § 13 I 2 KrW-/AbfG speziell wird.

§ 13 I KrW-/AbfG und § 17 I KrW-/AbfG sind somit jeweils auf ihre eigene Weise gegenüber der anderen Norm speziell. § 13 I KrW-/AbfG, insbesondere § 13 I 2, erscheint spezieller in den Merkmalen der Herkunft und des Entsorgungsweges von Abfällen. § 17 I KrW-/AbfG erscheint spezieller in bezug auf eine besondere Organisationsform und deren tatsächlicher Durchführung. Einerseits könnte man versucht sein, § 17 I KrW-/AbfG mit seinem besonderen Regelungsgehalt den Vorrang zu geben.[212] Er ist insoweit gleichsam eine Mustervorschrift der gemeinschaftlichen Eigenerledigung. Andererseits hat auch § 13 I KrW-/AbfG seinen speziellen Charakter und eine wichtige Aufgabe. Ein Vorrang einer der beiden Normen kann somit nicht festgestellt werden. Jede ist auf ihre eigene Weise speziell. Sie stehen gleichberechtigt nebeneinander. Beide Normen sind daher aufeinander abzustimmen.

c) Harmonisierung der konkurrierenden Rechtsfolgen

§ 17 I KrW-/AbfG gestattet die Beauftragung von Verbänden. Er steht nur insoweit gleichberechtigt neben § 13 I 2 KrW-/AbfG, als es sich um „selbstverwaltete Verbände" betrieblicher Abfallerzeuger handelt. Nur insoweit entfaltet er „überlassungsdurchbrechende" Wirkung. § 13 I 2 KrW-/AbfG verlangt die Überlassung, soweit nicht in eigenen Anlagen beseitigt wird. Eine Harmonisierung beider Vorschriften ist somit nur möglich, soweit beides, nämlich „Verbände" und „eigene Anlagen/Eigenerledigung", miteinander in Einklang zu bringen ist.

Der Wortlaut des § 13 I 2 KrW-/AbfG läßt die Entsorgung in mitgliedschaftlich strukturierten Zusammenschlüsse zu, notfalls bis hin zu paritätischen Kooperationsgesellschaften mit der Entsorgungswirtschaft.[213] Er ist somit offen für eine Vielzahl von Verbandsgestaltungen. Demgegenüber sorgt § 17 I KrW-/AbfG dafür, daß dieser Rahmen vollständig ausgefüllt wird. Es entsteht auf diesem Wege eine textliche Ver-

---

211 So auch Fluck, in: Fluck (Hrsg.), KrW-/AbfG, § 17, 57. Nach seiner Auffassung umfaßt § 17 I nur den Fall, daß Verbandsmitglieder den Verband beauftragen, anderenfalls § 17 I neben § 16 I KrW-/AbfG schlichtweg überflüssig wäre.
212 So ähnlich auch Arndt/Walter, WiVerw 1997, 183, 211, 224, 231, die ebenfalls den Selbstverwaltungsgedanken bei § 17 I KrW-/AbfG betonen, die §§ 17 I u. 18 I KrW-/AbfG diesbezüglich für speziell halten und dies aus einem Umkehrschluß zu § 17 IV KrW-/AbfG ableiten. Dagegen anscheinend Schink, NVwZ 1997, 435, 436. Er scheint u.a. wegen §§ 16 I 2, 17 I 2 KrW-/AbfG eine Überlassungsdurchbrechung abzulehnen. Wie dies im einzelnen begründet wird, bleibt unklar. Er scheint darauf abzustellen, daß nur solche Pflichten durch Beauftragung weitergegeben werden können, die man selbst bereits hat.
213 S.o. 1.Teil A.I.4.,5.b).

mutung dahingehend, daß die Erledigung in „eigenen" mitgliedschaftlich strukturierten Organisationsformen von der Überlassungspflicht befreit ist.

Ferner beinhaltet die Eigenerledigung in Verbänden zweifellos auch die isolierte Übernahme von vorbereitenden Teilschritten, wie z.B. Sammlung, Transport und Sortierung. Hier bestätigt sich somit die bereits bei § 13 I 2 KrW-/AbfG aufgestellte Hypothese, daß Freiräume für jegliche Eigenerledigung geschaffen werden.

Darüber hinaus leistet § 17 I KrW-/AbfG etwas zur Konkretisierung der Kriterien mitgliedschaftlicher Struktur. „Verband" ist nach allgemeinem Sprachgebrauch ein Zusammenschluß von Personen zur Förderung gemeinsamer Interessen.[214] Man könnte geneigt sein, nur öffentlich-rechtliche oder zumindest körperschaftliche Formen als Verband anzusehen. Eine Beschränkung auf öffentlich-rechtliche Organisationsformen ist jedoch durch nichts zu rechtfertigen.[215] Im Gegenteil, es würde zu einer Überschneidung mit § 18 I KrW-/AbfG kommen, weil dieser einen Sonderfall von öffentlich-rechtlichen Verbänden regelt und diesen gleichsam heraushebt. Ferner besteht zur Zeit keine Ermächtigungsgrundlage für die Gründung öffentlich- rechtlicher Abfallwirtschaftsverbände.[216]

Fraglich ist, ob ein Verband i.S.v. § 17 I KrW-/AbfG eine körperschaftliche Form haben muß. Dies wird teilweise unter Hinweis auf § 17 III KrW-/AbfG bejaht, weil nur juristische Personen Adressaten einer Pflichtenübertragung sein könnten.[217] Diese Begründung leuchtet nicht ein. Es gibt keinen Grund, warum nicht auch eine Personengesellschaft bzw. ihre Gesellschafter Übertragungsadressat sein sollen.[218] Immerhin kennt z.B. das Wasserrecht sogar die Übertragung der Entsorgungspflicht auf den einzelnen Verursacher.[219] Doch selbst wenn man den Verbandsbegriff auf juristische Personen beschränken würde, wäre es gleichwohl unter keinem vernünftigen Gesichtspunkt zu rechtfertigen, andere Gesellschaftsformen, die einer Alleinbetreiberschaft noch näherkommen, von der Eigenentsorgung auszuschließen. § 13 I 2 KrW-/AbfG würde stets eine Harmonisierung dahin gebieten, daß solche, dem Begriff von „eigenen Anlagen" näherliegenden Gestaltungen ebenfalls zulässig sind.

Fraglich ist ferner, ob in der Befugnis zur Verbandsbeauftragung gem. § 17 I KrW-/AbfG gleichzeitig eine solche zur „Weiterbeauftragung" an die Entsorgungswirtschaft enthalten ist. Der Wortlaut sagt dazu nichts, spricht also nicht dagegen. Dafür spricht, daß typischerweise ein Auftrag nicht höchstpersönlich zu erbringen ist und daß eine Kettenbeauftragung jedenfalls nach einer Überlassung an Entsorgungsbetriebe oder an Kommunen nichts Außergewöhnliches ist. Ein Verbot der Kettenbeauftragung wurde auch noch nirgends diskutiert. Eine Weiterbeauftragung ist daher im Rahmen des § 17 I KrW-/AbfG grundsätzlich zulässig. Sie ist jedoch mit dem Wortlaut des Begriffs „eigene Anlagen/Erledigung" nicht mehr vereinbar. Eine Harmonisierung

---

214 Creifelds, Rechtswörterbuch, 15. Auflage 1999.
215 Bree, Privatisierung, 152, m.w.N; Pippke, Abfallentsorgung, 104 f., m.w.N.
216 Hölscher, ZUR 1995, 176, 180; Bree, Privatisierung, 152.
217 Arndt/Walter, WiVerw 1997, 185 ff, 231; Pippke, Abfallentsorgung, 105.
218 Die überwiegende Meinung geht ohne weitere Begründung davon aus, das alle Gesellschaftsformen in Betracht kommen; vgl. Versteyl, in: Kunig/Paetow/Versteyl, KrW-/AbfG, § 17, 13; Frenz, KrW-/AbfG, § 17, 2; Fluck, in: Fluck (Hrsg.), KrW-/AbfG, § 17, 55.
219 So z.B. § 149 VIII NWG, der die Übertragung an den Inhaber eines abwasserproduzierenden Gewerbebetriebes ermöglicht.

kann nun auf zweierlei Weise vorgenommen werden. Zum einen könnte als Kompromiß die qualifizierte Beauftragung zugelassen werden. Zum anderen könnte die Anpassung einseitig auf Kosten des § 17 I KrW-/AbfG vorgenommen und nur Eigenerledigung zugelassen werden. Die genaue Grenze bleibt auch nach der systematischen Auslegung offen.

Schließlich könnte das bei der Untersuchung des Wortlautes von § 13 I 2 KrW-/AbfG entwickelte Kriterium der Gleichgewichtigkeit praktisch zu einem Problem werden, weil die Mitgliedsbetriebe häufig unterschiedliche Größen und Liefermengen haben werden. Ein Betrieb mit kleinen Abfallmengen wird keine großen Investitionsanteile übernehmen wollen. Der große Betrieb wird demgegenüber für ein höheres Einlagerisiko ein entsprechendes Stimmrecht beanspruchen. Der Grundsatz der Gleichgewichtigkeit legt demgegenüber nahe, daß jeder – jedenfalls formell – einen ähnlichen Einfluß auf die Entscheidungen und insbesondere den Ausgang von Wahlen hat. Nur so ist gewährleistet, daß verschiedene Meinungen in gleicher Weise darauf angewiesen sind, Anhänger hinter sich zu bringen. Wenn einzelne Mitglieder ganze Blöcke von Anteils- und Stimmrechten halten, werden sich andere einzelne Mitglieder kaum noch mit der Anlage als „eigener" identifizieren können. Diesem Umstand ist bei der Harmonisierung Rechnung zu tragen. Fraglich ist, ob dennoch eine Differenzierung von Beträgen und Stimmrechten auf Grundlage des jeweiligen „Entsorgungsinteresses" möglich ist.

Das Verbandsrecht kennt in diesem Zusammenhang den Vorteilsmaßstab. Es wählt als Maßstab für Beteiligung und Stimmrecht der Mitglieder den Vorteil, den sie von der Durchführung der Verbandsaufgaben zu erwarten haben.[220] Das Verbandsrecht trägt der Unentbehrlichkeit von Differenzierungen somit ausdrücklich Rechnung. Die Harmonisierung führt daher dazu, daß der Schwerpunkt auf die Gemeinsamkeit der Verursachereigenschaft gelegt wird und etwaige Überlegenheiten einzelner Mitglieder aufgrund des Vorteilsprinzips hingenommen werden. Der Vorteilsmaßstab ist somit nicht als Verstoß gegen eine Gleichgewichtigkeit zu werten.

In dem Moment allerdings, in dem ein Mitglied Anteile über das Maß des Ablieferungsvorteils hinaus erwirbt, ist die Beteiligung wie eine rein kapitalistische anzusehen. Sie ist mit dem Wortlaut des § 13 I 2 KrW-/AbfG nicht mehr zu vereinbaren und wird auch durch Harmonisierung nicht zulässig. Dies hat zum einen die Folge, daß das jeweilige Mitglied an den öffentlichen Entsorgungsträger überlassen muß. Für die Dauer einer solchen Beteiligung erfüllt auch der gesamte Verband nicht mehr die Voraussetzungen der Selbstverwaltung und alle anderen ebenfalls überlassungspflichtig werden.

Insgesamt ergibt sich somit eine systematische Vermutung dahingehend, daß § 17 I KrW-/AbfG den Rahmen vollständig ausfüllt, den der Wortlaut des § 13 I 2 KrW-/AbfG zu geben in der Lage ist. Soweit die oben für den Begriff „eigene Anlagen" vorgenommene weite Wortlautinterpretation mit ihrer Einbeziehung verschiedenster Konstruktionen Bedenken geweckt hat, wird sie nunmehr über die Zulässigkeit der Verbandsbeauftragung systematisch bekräftigt.

---

220 Vgl. §§ 13 II, 48 III, 30 I WVG.

3. Fazit und Regelungsmuster

Das Ergebnis der Wortlautinterpretation wird durch systematische Betrachtungen wie folgt ergänzt:

Anlagenrechtliche Kategorien sind bei der Aufgabenzuordnung nicht zwingend maßgebend. So ist der von der Rechtsprechung entwickelte anlagenrechtliche Betreiberbegriff nur eine der Möglichkeiten einer Zuordnung von Anlagen und Erledigung. Er ist aus Kriterien von Einfluß und Verantwortung zu einem von vielen denkbaren Konglomeraten entwickelt worden. Letztlich scheint er sich in der Aussage zu erschöpfen, daß derjenige, der zivilrechtlich haftet, auch öffentlich-rechtlich haften soll.

Die Gestattung der Verbandsbeauftragung in § 17 I KrW-/AbfG steht in einem kontextualen Spannungsverhältnis zu § 13 I 2 KrW-/AbfG, so daß beide Normen in Übereinstimmung zu bringen sind. Soweit es um Verursacherverbände geht, spricht eine systematische Vermutung dafür, daß beide Normen sich gleichrangig gegenüberstehen. Ihre Rechtsfolgen lassen sich durch gegenseitig wohlwollende Auslegung harmonisieren. Auf diesem Wege wird der vom Begriff „eigene Anlagen/Eigenerledigung" gesetzte weite Rahmen vollständig ausgefüllt. Es besteht somit eine textinterne Vermutung für die generelle Zulässigkeit der Beauftragung „eigener" Verbände im Rahmen von § 13 I 2 KrW-/AbfG, bis hin zu paritätischen Kooperationsverbänden mit der Entsorgungswirtschaft.

Das Merkmal „Verband" hilft bei der Konkretisierung dessen, was unter „eigen" zu verstehen ist. Es kann an die Verhältnisse in Interessenverbänden, Genossenschaften, Vereinen und insbesondere den Wasser- und Bodenverbänden angeknüpft werden. Die assoziative Typenbildung bei der Wortlautinterpretation des § 13 I 2 KrW-/AbfG wird dadurch bestätigt. Sie wird konkretisiert durch die Geltung des Vorteilsmaßstabs bei der Beteiligung und durch den Umstand, daß im Bereich der Verbände und Kommunen Kooperationsgesellschaften mit Privatunternehmen, soweit zumindest paritätische Beteiligung vorliegt, zulässig und auch üblich sind. Inwieweit eine Weiterbeauftragung Dritter durch Verbände zulässig ist, ggf. in Form qualifizierter Beauftragung, bleibt offen.

Im allgemeinen Zusammenhang der Förderung bürgerlicher Eigeninitiative erweist sich § 17 I KrW-/AbfG als wichtige Norm, die klarstellt, was alles unter den Begriff „Eigenerledigung" zu fassen ist, und die insoweit der Eigeninitiative gegenüber etwaigen Überlassungspflichten zum Durchbruch verhilft. Indem § 17 I KrW-/AbfG mit großem verbalen Aufwand die betriebliche Selbstverwaltung in Verbänden regelt, hebt er sie ausdrücklich hervor. Er schafft dadurch neben dem bisherigen Dualismus zwischen Entsorgungswirtschaft und Kommunen einen weiteren Typus schlagkräftiger Entsorgung, der aufgrund seiner engen Bindung an die Verursacher gegenüber beiden eine zumindest gleichwertige Stellung einnehmen könnte. Zusammen mit § 18 I KrW-/AbfG bildet er ein Signal für die Möglichkeiten der gemeinschaftlichen Eigeninitiative, auch in ähnlichen Regelungsbereichen. Der in solcher Weise angestoßene Selbstverwaltungs- bzw. Verbandsgedanke beeinflußt auf diese Weise die Auslegung von Aufgabenzuordnungsnormen. Um sprachlich mehr Klarheit zu schaffen, könnte man erwägen, anstatt der Begriffe „in eigenen Anlagen" oder „Verbänden" den Begriff „Erledigung in eigenen Verbänden" zu verwenden.

III. Leitbild der Eigeninitiative in der Entstehungsgeschichte

Es ist nunmehr zu prüfen, inwieweit Entstehungsgeschichte und Herkunft die nach Wortlaut und Systematik festgestellte Vermutung für die Zulässigkeit der Verbandserledigung widerlegen oder modifizieren und weitere Aufschlüsse über die Möglichkeiten qualifizierter Beauftragungen von Entsorgungsunternehmen geben.

Bundesregierung, Bundesrat und Bundestag machten im Gesetzgebungsprozeß jeweils Aussagen zur Auslegung einzelner Normen und den hinter dem Gesetz stehenden Zielen. Es soll nunmehr untersucht werden, welche Hinweise für die Auslegung sich aus den amtlichen Stellungnahmen der einzelnen Beteiligten ergeben und mit welchem Ergebnis die Auffassungen im Vermittlungsausschuß zusammengeführt wurden.

Da auf diese Weise erforscht wird, was der Gesetzgeber sich bei seinen Regelungen im einzelnen gedacht hat, wird diese Prüfung der „Dreh- und Angelpunkt" der abfallrechtlichen Auslegung. Entsprechend detailliert werden daher die Äußerungen der beteiligten Gesetzgebungsorgane vorgestellt. Auf diese Weise wird im übrigen der Rechtsanwender in die Lage versetzt, sich jeweils sein eigenes Bild zu machen.

1. Wertentscheidungen des Regierungsentwurfs

Die Bundesregierung begründete die hier zu untersuchenden Normen eher zurückhaltend. Es findet sich daher zu ihrer Bedeutung im einzelnen nicht viel. Dafür werden allgemeine Ziele sehr wortreich beschrieben.

a) Aussagen zur Überlassungspflicht und ihren Ausnahmen

Der Regierungsentwurf wählte zunächst einen anderen Wortlaut für die Umschreibung der Eigenentsorgungsmöglichkeiten als der jetzige Gesetzestext. § 9 I 2 Reg-E[221] forderte eine Überlassungspflicht, soweit „der Erzeuger und Besitzer zur Eigenentsorgung nicht in der Lage ist."[222] Es fällt dabei auf, daß § 9 I Reg-E die Adressaten noch im Singular anspricht. Im übrigen erweckt die Formulierung „zur Eigenentsorgung in der Lage" allerdings den Eindruck, als wollte der ursprüngliche Gesetzesentwurf einen weiten Freiraum lassen, der nicht an die Zuordnung von Anlagen, sondern an die Kompetenz des Verursachers anknüpft.

Bemerkenswert ist, daß § 9 I 2 Reg-E – anders als die spätere Gesetzesfassung – ausdrücklich eine Ausnahme von der Überlassungspflicht für betrieblichen Abfall macht, soweit eine Entsorgung nach Maßgabe der §§ 11 und 12 Reg-E (jetzt §§ 17, 18) nicht erfolgt.[223] Dies spricht auf den ersten Blick dafür, daß die Entsorgung durch Beauftragung oder Übertragung an Verbände und Kammern von der Überlassungspflicht ausgenommen werden sollte. In der Begründung dazu heißt es allerdings, daß

---
221 Regierungsentwurf vom 15.09.93, BT-Drucks. 12/5672.
222 BT-Drucks. 12 / 5672, 11.
223 BT-Drucks. 12 / 5672, 11.

die Verbände/Kammern „an die Stelle" der Erzeuger und Besitzer treten[224], was gegen eine Beauftragung sprechen könnte. Diese Passage gibt somit ebenfalls keinen Aufschluß über die beabsichtigte Regelung und wurde im übrigen später durch den Bundestag herausgenommen.

Von Interesse ist ferner, inwieweit Regierungsentwurf und Regierungsbegründung sich zum Verhältnis zwischen Überlassungspflicht und Verbandsbeauftragung äußern. Unter diesem Gesichtspunkt spricht die Regierungsbegründung davon, den Verursacher „in die Verantwortung" zu nehmen, ihm aber „begrenzt die Wahlmöglichkeit zu belassen, wie er dieser Verantwortung gerecht wird."[225] Man muß sich fragen, was dies heißen soll. Die Wendung selbst sagt nicht viel aus. Man weiß nicht, ob die Übertragung oder auch die Beauftragung gemeint ist. Man weiß im übrigen nicht, ob §§ 11, 12 Reg-E auch den Überlassungspflichtigen Wahlmöglichkeiten zur Verfügung stellen sollten. Jedenfalls scheint dem Regierungsentwurf an einer Einbeziehung der Verursacher in die Entsorgung gelegen zu sein. Dabei sollen sie Verantwortung übernehmen, d.h. tatsächlich durch finanzielle Risiken oder Haftung vom Entsorgungsgang betroffen sein. Man darf dies als Indiz für die Zulässigkeit aller Eigenentsorgungsformen nehmen, die als verantwortungsvolles eigenes Handeln der Verursacher angesehen werden können.

b) Allgemeine Aussagen zu den Zielen des Gesetzes

In ihren allgemeinen Ausführungen zu den Zielen des Gesetzes gibt die Regierung einige Stichworte, die vielleicht weiteren Aufschluß geben.

Der Regierungsentwurf hatte nach eigenem Bekunden vornehmlich das Ziel, zur Sicherung der Inlandsentsorgung einen Entsorgungsnotstand zu beseitigen,[226] der sich in verstärkten Abfallausfuhren Bahn brach.[227] Dies sollte u.a. durch mehr Eigenverantwortung der Wirtschaft für die Vermeidung, Verwertung und Beseitigung[228] geschehen. Das Gesetz sollte erreichen, daß Wirtschaft und Verbraucher mehr „vom Abfall her denken".[229] Wenn und soweit Wirtschaftsunternehmen oder öffentliche Einrichtungen nicht in der Lage sind, dieser Verantwortung selbst gerecht zu werden, so die Bundesregierung, räumt ihnen das Kreislaufwirtschafts- und Abfallgesetz die Möglichkeit ein, über Verbände oder Kammern in Eigenverantwortung den Pflichten dieses Gesetzes nachzukommen.

Im Interesse der angestrebten Kreislaufwirtschaft dürften, so die Begründung, Eigeninitiativen nicht überbürokratisch behindert, sondern es müsse die Innovationskraft der Wirtschaft und des einzelnen genutzt werden. Dafür gewähre das Gesetz die not-

---

224 BT-Drucks. 12 / 5672, 44.
225 BT-Drucks. 12 / 5672, 44.
226 BT-Drucks. 12/5672, 2.
227 BT-Drucks. 12/5672, 34 f.
228 Es wird zur besseren Verständlichkeit hier bereits die später vom Bundestag eingeführte Begrifflichkeit der Beseitigung (anstelle Entsorgung) verwendet.
229 Ausführlich zu den entstehungsgeschichtlichen Vorstellungen zum Abfallbewußtsein vgl. Versteyl/Wendenburg NVwZ 1994, 833, 833 f.

wendigen Handlungsspielräume.[230] Insgesamt folge der Entwurf dem Grundsatz, die Eigenverantwortung zum Ausbau der Kreislaufwirtschaft zu verstärken und Eingriffs- und Überwachungsmöglichkeiten insoweit auf das notwendige Maß zu beschränken.[231]

Die Begründung führt weiter aus, daß die Grundpflichten in abgestufter Form jeden Abfallerzeuger oder -besitzer treffen. Dies folge dem Prinzip, daß der jeweilige Verursacher, soweit ihm die Erfüllung der Grundpflichten nach Maßgabe des Gesetzes möglich und zumutbar sei, auch in Anspruch genommen werden müsse.[232] Die Länder könnten in Ausfüllung des Verursacher- und Eigenverantwortungsprinzips anstelle der Erzeuger auch auf freiwilliger Basis gegründete Verbände der Wirtschaft in Anspruch nehmen. Die entsorgungspflichtigen kommunalen Gebietskörperschaften blieben primär auf die Verwertung und Entsorgung von Rückständen aus den Haushaltungen beschränkt.

Nicht ganz klar wird, was die Regierungsbegründung mit „Verantwortung" oder „in die Verantwortung nehmen" der Verursacher meint. Mehr Verantwortung müßte eigentlich dazu führen, daß ihnen Überlassungsmöglichkeiten genommen werden. Diesen Schritt vollzieht der Entwurf und später auch das Gesetz jedoch nur für betrieblichen Abfall, der wirtschaftlich zumutbar zu verwerten ist. Da immer wieder die Kreislaufwirtschaft in den Vordergrund gestellt wird, könnte man insgesamt zu dem Schluß kommen, daß mit all den Rufen nach Verantwortung und Handlungsspielräumen eigentlich nur die Verwertung, genauer die betriebliche Verwertung, gemeint ist.[233] Der Verwertungsbereich in Form von Wirtschaftsgütern war aber bereits vorher freigestellt. Es ist schwer vorstellbar, daß ein derartiger verbaler Aufwand um Eigenverantwortung, Eigeninitiative, Handlungsspielraum, Grundpflichten, Abfallbewußtsein, Beschränkung kommunaler Entsorgung etc. betrieben wird, um im Grunde alles beim Alten zu lassen. Die permanente Hervorhebung dieser Begriffe spricht also dafür, daß die Regierung auch im Bereich der Abfallbeseitigung Freiräume für Eigeninitiative schaffen wollte, und zwar in Form freiwilliger Übernahme von Entsorgungsverantwortung im Wege der Eigenerledigung.

Die besondere Bedeutung, die der Entsorgung durch Verbände beigemessen wurde, soll abschließend noch einmal anhand der speziellen Ausführungen der Regierungsbegründung zu den §§ 11 und 12 (jetzt 17 u.18) verdeutlicht werden. Wörtlich heißt es:

„§§ 11 und 12 liegt der Gedanke zugrunde, den Verursacher von Rückständen in die Verantwortung zu nehmen, ihm jedoch begrenzt die Wahlmöglichkeit zu belassen, wie er dieser Verantwortung gerecht wird. Ziel der Vorschriften ist es, Eigeninitiativen der Wirtschaft zu fördern, um deren Innovationskräfte und die Initiative des einzelnen zu nutzen zum beschleunigten Ausbau der Kreislaufwirtschaft. Dies kann einerseits durch die freiwillige Bildung von Verbänden durch die Besitzer von Rückständen aus gewerblichen oder anderen wirtschaftlichen Unternehmen (...) geschehen (§11), andererseits dadurch, daß die Aufgaben der Verwertung und Entsorgung (*gemeint:Beseitigung*) freiwillig durch Selbstverwaltungskörperschaften wahrgenommen

---

230 BT-Drucks. 12 /5672, 35.
231 BT-Drucks. 12 /5672, 37.
232 BT-Drucks. 12 /5672, 37.
233 Vgl. zum „Zwei-Säulen-Modell" in Form öffentlicher Zuständigkeit für die Beseitigung und privater Zuständigkeit für die Verwertung: Weidemann, GewArch 1997,311.

werden, soweit und solange der Besitzer nicht selbst zur Verwertung oder Entsorgung in der Lage ist (§12)".[234]

Man beachte, mit welchem Nachdruck hier Eigeninitiative und Selbstverwaltung hervorgehoben wird. Es ist daher kaum vorstellbar, daß dennoch von der Regierung eine enge Auslegung der Eigenbeseitigungsmöglichkeiten beabsichtigt war. Die Gesamtschau der Ausführungen berechtigt vielmehr zu der Annahme, daß jede von Verbänden ausgehende Eigeninitiative, soweit sie mit der Übernahme von Verantwortung verbunden ist, von der Regierung als wünschenswert erachtet wurde. Es ist dabei zu berücksichtigen, daß die Regierung sich über die Möglichkeiten, insbesondere Organisationsformen, von Eigeninitiative mit hoher Wahrscheinlichkeit nicht im Klaren war.

2. Kritische Stellungnahme des Bundesrates

Der Bundesrat sagt speziell zur Eigenentsorgung nichts. Zur Drittbeauftragung speziell sagt er ebenfalls nichts. Er fordert jedoch, daß jegliche Übertragungsmöglichkeiten gestrichen werden sollen. Nach seiner Auffassung dürfe es nicht soweit kommen, daß die Grundpflichten der Verursacher erlöschen und dadurch bezüglich der Verantwortlichkeit unklare Zustände geschaffen würden.[235] Dies deutet darauf hin, daß dem Bundesrat vornehmlich die Übertragungsmöglichkeiten ein Dorn im Auge waren, nicht aber eine Beauftragung unter Wahrung der Verantwortlichkeit.

Der Bundesrat fordert jedoch die komplette Streichung der §§ 11 und 12 (jetzt §§ 17 u. 18). Er differenziert nicht zwischen Übertragung und Beauftragung. Allerdings begründet er auch diese Streichung allein mit Bedenken gegen die Übertragungsmöglichkeiten. Die vorgesehene Übertragung von Besitzerpflichten auf Verbände und Kammern schaffe Rechtsunsicherheit. Die Sicherheit der Abfallentsorgung könne trotz der Rücksichtnahme auf Abfallwirtschaftspläne der Länder bei der Übertragung nicht gewährleistet werden. Gescheiterte Übertragungsversuche würden die entsorgungspflichtigen Körperschaften zusätzlich belasten. Die Regelung stehe ferner in Widerspruch zur Organisation der Abfallentsorgung in einigen Bundesländern und drohe bestehende Entsorgungsstrukturen zu zerschlagen.[236]

Im übrigen stellt der Bundesrat einige allgemeine Anforderungen an ein modernes Abfallgesetz auf, die vielleicht weiterhelfen. Das Gesetz soll danach ohne eine Erweiterung des Kreises der Entsorgungspflichtigen und ohne Bildung von Zwangsverbänden auskommen. Anschließend sagt er jedoch, daß Möglichkeiten der Aufgabenverlagerung auf private Dritte berücksichtigt werden sollen.[237] An dieser Stelle muß man sich fragen, ob der Bundesrat eigentlich wußte, was er wollte. Im Anschluß daran stellt er jedenfalls klar, daß er private Initiativen und Verantwortung stärken will.

Die Aussagen der Bundesratsstellungnahme sind also für die hier zu behandelnde Problematik zwiespältig. Ihre Tendenzen sind jedoch wichtig, weil daraus ggf. auf

---

234 BT-Drucks. 12/5672, 44.
235 BT-Drucks. 12/5672, 68.
236 BT-Drucks. 12/5672, 68.
237 BT-Drucks. 12/5672, 58 f.

seine Intentionen im Vermittlungsausschuß geschlossen werden kann. Zusammengefaßt ergibt sich folgendes Bild:

Nach seinen textlichen Vorstellungen will der Bundesrat besondere Vorschriften für die Erledigung in Verbänden und Kammern verhindern. Er möchte daher auch keine gesonderte Ausnahmebestimmung von den Überlassungspflichten. Er begründet dies mit Gefahren, die von einer Übertragung auf private Entsorgungsträger ausgehen.

In seiner Schilderung der Zielvorstellungen wehrt sich der Bundesrat gegen eine Erweiterung des Kreises der Entsorgungspflichtigen und die Bildung von Zwangsverbänden. Gleichzeitig will er private Initiativen und Verantwortung stärken. Auch hält er es durchaus für legitim, Aufgaben auf private Dritte zu verlagern.

Insgesamt scheint es so, als ob sein Unwille sich ausschließlich auf die Übertragung an Verbände und Kammern bezieht. Er spricht von Zwangsverbänden und scheint dabei öffentlich-rechtliche Gebilde vor Augen zu haben, für die ggf. sogar § 11 Reg-E (jetzt 17) Gründungsvorschrift werden könnte. Er scheint vor allem zu befürchten, daß solche Gebilde, wenn sie auch noch Aufgaben übertragen bekommen können, eine gleichartige und gleichwertige Konkurrenz zu den Kommunen darstellen könnten, zumindest aber für Kompetenzüberschneidungen, Gerangel und erhebliche Verwirrung im öffentlich-rechtlichen Lager sorgen.

Jedenfalls ergibt sich aus der Stellungnahme des Bundesrates nicht mit hinreichender Deutlichkeit, daß er auch die Eigenerledigung in Verursachergemeinschaften einschränken wollte.

3. Die Erwiderung der Bundesregierung

Die Bundesregierung weist in ihrer Erwiderung die vom Bundesrat gewünschte Streichung der §§ 11 und 12 Reg-E (jetzt 17, 18) zurück. Sie äußert sich jedoch wiederum nicht klar zum Zusammenhang von Überlassungspflicht und Verbandsbeauftragung. Sie beruft sich darauf, daß die Vorschriften der §§ 11, 12 Reg-E (jetzt 17,18) die Eigenverwertung oder Eigenbeseitigung leistungsfähiger Erzeuger oder Besitzer unberührt lasse. Dies ergebe sich aus der Bezugnahme auf die eingeschränkten Überlassungspflichten des § 9 Reg-E. Dahinter ist in Klammern der Begriff „Verursacherprinzip" gesetzt.[238] Diese Ausführungen knüpfen an die Hervorhebung von Verursacherinitiative in der Entwurfsbegründung an.

§§ 11 und 12 Reg-E (jetzt 17 u.18) enthalten, so die Erwiderung weiter, zunächst ein Angebot an Verbände und Selbstverwaltungskörperschaften, sich im Bereich der Verwertung solcher Rückstände zu engagieren, die ansonsten mangels Leistungsfähigkeit des einzelnen Erzeugers oder Besitzers, z.B. fehlender Vermarktungsmöglichkeiten, Gefahr laufen, als Abfall beseitigt zu werden. Betroffen seien insoweit der mittelständische Industrie- und Gewerbebereich aber auch Handwerksbetriebe.[239] Diese Passage betont zwar die Bedeutung der Verbände und Kammern als Erweiterung der Möglichkeiten einzelner Verursacher, allerdings nur im Rahmen der Verwertung.

---

238 BT-Drucks. 12/5672, 127.
239 BT-Drucks. 12/5672, 127.

Darüber hinaus, so sagt die Erwiderung jedoch, werde „auch" eine stärkere Beteiligung im Rahmen der „Abfallbeseitigung" zugelassen. Das könne auch durch Zusammenarbeit von kommunalen Körperschaften und Selbstverwaltungskörperschaften der Wirtschaft erfolgen. Mit diesem Hinweis auf § 11 I 2 Reg-E (jetzt § 17 II) und der Verwendung des Wörtchens „auch" wird klargestellt, daß auch die Beseitigung von Abfällen Teil der gewünschten stärkeren Verbandsbeteiligung sein sollte. Sie bekräftigt also die bereits oben über den Willen der Regierung angestellten Erwägungen.

Die Mitwirkungsmöglichkeiten der Verbände werden von der Regierung als „Mittelstandskomponente"[240] bezeichnet, die Eigeninitiativen und Innovationskräfte der Wirtschaft[241] – insbesondere im Industrie und Handwerksbereich[242] – fördern soll. Sie sind nach ihrer Auffassung nicht verhandelbar. Dies ist ein deutlicher Hinweis darauf, daß mittelständische Betriebe von den Möglichkeiten durch Gründung und Beauftragung von Verbänden profitieren sollten.

Schließlich weist die Regierung noch darauf hin, daß die Übertragung nicht, wie offenbar vom Bundesrat befürchtet, zur „Rosinenpickerei" führe, weil eine Übereinstimmung mit den Abfallwirtschaftsplänen und notfalls eine Entsorgung aller Abfälle erzwungen werden könne.[243] Inwieweit solche Gefahren der „Rosinenpickerei" auch von der Verbandsbeauftragung ausgehen könnten, wurde nicht – auch nicht vom Bundesrat – diskutiert.

Allerdings erkennt die Regierung in ihrer Erwiderung ausdrücklich das Interesse der Kommunen im Hinblick auf ihre Planungen an und signalisiert Offenheit für Verbesserungsvorschläge, allerdings nur soweit, als ausreichende Kooperationsmöglichkeiten für den Mittelstand erhalten bleiben.[244] Dies ist ein weiteres Indiz für die hohe Einschätzung betrieblicher Kooperationsmöglichkeiten durch die Regierung. Sie verweist noch einmal ausdrücklich auf die Möglichkeiten und Vorteile durch Initiativen aus dem Mittelstand. Insgesamt bekräftigt die Bundesregierung in ihrer Erwiderung somit den Selbstverwaltungsgedanken, auch im Bereich der Abfallbeseitigung und insbesondere als Kooperationsform des Mittelstandes.

Mit ihrem Verständnis für die Planungsprobleme der Kommunen deutet die Regierung jedoch ferner an, daß diese nicht außen vor bleiben sollen. Dort, wo solche Probleme akut werden, müssen sie demnach einschränkend berücksichtigt werden. Diesbezüglich sei bedacht, daß § 9 I 2 Reg-E als Einzelfallkorrektiv eine „Allgemeinwohlklausel" enthält, durch die ggf. allzu große Probleme gemildert werden können. Generelle Einschränkungen bezüglich bestimmter Organisationsformen der Eigeninitiative ergeben sich daraus jedenfalls nicht. Man darf somit annehmen, daß die Bundesregierung bei ihrer aufgeschlossenen Haltung gegenüber allen Formen verantwortungsvoller Eigeninitiative der Verursacher blieb, allerdings nunmehr mit einer gewissen Sensibilität gegenüber kommunalen Planungsproblemen.

---

240 BT-Drucks. 12/5672, 128.
241 BT-Drucks. 12/5672, 44.
242 BT-Drucks. 12/5672, 127.
243 BT-Drucks. 12/5672, 127.
244 BT-Drucks. 12/5672, 128.

4. Konkretisierung durch den zuständigen Bundestagsausschuß

Der zuständige Bundestagsausschuß stellte den Entwurf der Regierung um und änderte auch in den hier untersuchten Normen teilweise den Wortlaut. Es ist zu prüfen, inwieweit dies für die Möglichkeiten der Eigeninitiative von Bedeutung ist.

In § 13 I Ausschuß-E, der an die Stelle des § 9 I Reg-E tritt, wird die Formulierung der Eigenentsorgungsfreiräume vereinheitlicht. Nunmehr heißt es auch für häusliche Verwertungsabfälle, daß die Verursacher zur Verwertung „in der Lage" sein müssen.[245] Ein kleiner Unterschied zum betrieblichen Abfall bleibt jedoch. Der betriebliche Verursacher in § 13 I 2 Ausschuß-E muß zur „Eigen"-entsorgung in der Lage sein, um die Überlassungspflicht zu vermeiden. Dieser Unterschied könnte darauf hindeuten, daß bei der betrieblichen Beseitigung ein Verursacherbezug der Erledigung bestehen muß und bei der häuslichen Verwertung nicht. Vielleicht sollte dadurch dem Umstand Rechnung getragen werden, daß die Verwertung typischerweise auf die Weitergabe im Wirtschaftskreislauf angewiesen ist, während die Beseitigung eher statisch erfolgt.

Eine begriffliche Erleichterung ergibt sich auch daraus, daß die später auch Gesetzestext gewordene Formulierung des § 44 II Ausschuß-E den Begriff „Eigenentsorgung" synonym zu „eigenen Anlagen" in § 44 I Ausschuß-E verwendet.[246] In seiner Begründung beider Absätze bezeichnet der Ausschuß denn auch beides als Eigenentsorgung.[247] Dies ist für die spätere Formulierungsänderung im Vermittlungsausschuß von Bedeutung, bei der die Begriffe ausgetauscht werden.[248]

Wichtig ist, daß § 13 I Ausschuß-E die Erzeuger und Besitzer erstmals im Plural anspricht. Wie immer man dies bewerten mag, paßt doch der Wortlaut durch die Formulierungsänderung besser zu gemeinschaftlicher Eigenerledigung.

Organisatorisch deutlicher wird der Bundestagsausschuß bei der Erläuterung des Verhältnisses zwischen § 16 I Ausschuß-E und § 13 I Ausschuß-E, indem er folgendes ausführt:

„§ 13 fordert eine Überlassung von Rückständen nur insoweit, als der Erzeuger oder Besitzer zur Verwertung oder Entsorgung selbst – auch unter Einschaltung eines Dritten (§16)[249] – nicht in der Lage ist, die Aufgaben nicht von Verbänden oder Selbstverwaltungskörperschaften der Wirtschaft (§§ 17, 18) wahrgenommen werden oder keine Rücknahmepflicht von Herstellern oder Vertreibern (§ 24) besteht".[250]

Diese Äußerung des Ausschusses stellt den wichtigsten Hinweis auf seinen Willen dar. Das gilt insbesondere für den Hinweis auf die Einschaltung von Dritten gem. § 16 Ausschuß-E im Rahmen der „Selbst"-entsorgung. Er bezieht sich ausdrücklich auf Verwertung und Entsorgung, wobei mit Entsorgung nach dem Sprachgebrauch des Entwurfes Beseitigung gemeint ist. Grundsätzlich ist dieser Hinweis so zu verstehen, daß im Rahmen des „zur Eigenbeseitigung in der Lage sein's" ohne Einschränkung

---

245 BT-Drucks. 12/7240, 10.
246 „Eigenentsorgung" ist im Zusammenhang mit der späteren Änderung der Begrifflichkeit im Vermittlungsausschuß als „Eigenbeseitigung" zu lesen.
247 BT- Drucks. 12/7284, 25.
248 S.u. III. 7. bei Fn. 260.
249 Ausdrücklicher Hinweis auf § 16 im Text der Begründung.
250 BT-Drucks. 12/7284, 17.

Dritte beauftragt werden können. Dies käme einer wahrhaftigen Umkehr der Entsorgungszuständigkeiten gleich. Private Verwertung und Beseitigung wären nur dann nicht erlaubt, wenn deren Ordnungsgemäßheit nicht sichergestellt ist oder wenn landesrechtliche Andienungspflichten etwas anderes gebieten. Die Überlassungspflichten des § 13 I KrW-/AbfG wären kein Instrument zur vorbeugenden Lenkung von Stoffströmen, sondern lediglich eines zur Sicherung der ordnungsgemäßen Durchführung.

Angesichts solcher Aussichten könnte man versucht sein, den Hinweis des Ausschusses auf § 16 als redaktionelles Versehen abzutun. Bevor man dies tut, sollte man allerdings die oben zitierte Passage insgesamt betrachten. Bei näherem Hinsehen erweist sich diese Erläuterung nämlich als zusammenfassende Kommentierung aller Ausnahmen von der Überlassungspflicht in den drei Absätzen des § 13 Ausschuß-E mit jeweiligem Hinweis auf die anzuwendenden Ausnahmevorschriften. Der Hinweis in der Erläuterung auf die Rücknahmepflicht von Herstellern und Vertreibern nach § 24 erläutert die wichtigste Ausnahme des § 13 III Ausschuß-E. Der Hinweis auf die Wahrnehmung durch Verbände und Kammern gem. §§ 17, 18 ist eine Erläuterung des § 13 II Ausschuß-E. Es liegt daher nahe, daß der Hinweis auf die Einschaltung von Dritten gem. § 16 die Möglichkeiten bei der Eigenentsorgung i.S.v. § 13 I Ausschuß-E verdeutlichen soll. Es ist daher davon auszugehen, daß der Bundestagsausschuß seinen Hinweis auf die Einbeziehung von Drittentsorgern im Rahmen der Eigenbeseitigung ernst meint.

In den allgemeinen Ausführungen zur Neuformulierung des § 13 durch den Ausschuß heißt es weiter wie folgt:

„Die Beschränkung der Überlassungspflicht auf den Bereich der notwendigen Daseinsvorsorge trägt dem Verursacherprinzip Rechnung; darüber hinaus wird ein Motivationsanreiz sowie der erforderliche Freiraum für Eigeninitiativen zur Entwicklung der Kreislaufwirtschaft und Sicherung der Inlandsentsorgung[251] geschaffen."[252]

Die Überlassungspflichten sollen also nach der Vorstellung des Bundestages auf die notwendige Daseinsvorsorge beschränkt werden. Es ist zwar nicht ohne weiteres klar, welche Daseinsvorsorge als notwendig angesehen wird.[253] Betrachtet man die Ausführungen im Zusammenhang, wird allerdings deutlich, daß damit all das gemeint ist, was nicht durch Eigeninitiativen geleistet werden kann. Alles andere folgt dem – teils freiwilligen – Verursacherprinzip. Motivationsanreiz und Freiraum für Eigeninitiativen sollen Hand in Hand gehen, und zwar bei Kreislaufwirtschaft und Inlandsbeseitigung gleichermaßen. Auch dadurch wird bekräftigt, daß der Ausschuß der Eigeninitiative weitestgehende organisatorische Möglichkeiten offenhalten wollte.

5. Zusammenfassung der Vorstellungen von Regierung und Bundestag

Die Wertvorstellungen von Bundesregierung und Bundestag stimmen weitestgehend überein und bauen im übrigen aufeinander auf. Sie stehen, wenn wie im vorliegenden Fall die Bundesratsmehrheit bei der Opposition liegt, typischerweise gemeinsam der

---

251 „Entsorgung" bedeutet nach der Sprachregelung des BT- Entwurfes „Beseitigung".
252 BT-Drucks. 12/7284, 17.
253 Dazu unten 1.Teil A.IV.3.a).

Auffassung des Bundesrates gegenüber.[254] Für das hier erörterte Problem kann man die Regelungs- und Wertentscheidungen beider Organe, wie sie sich aus Ausschußentwurf, Ausschußbericht und der Anknüpfung an Entwürfe und Stellungnahmen der Regierung ergeben, wie folgt zusammenfassen:

Die Bundesregierung hatte mit ihrem Entwurf eine Vielzahl von allgemeinen Wertentscheidungen vorgegeben, die auch den Untersuchungsgegenstand betreffen. Sie ging von einem Entsorgungsnotstand aus. Sie wollte die Kreislaufwirtschaft und die Inlandsentsorgung fördern. Zu diesem Zweck wollte sie das Verursacherprinzip und das Abfallbewußtsein verstärken, die Verursacher in die Verantwortung nehmen, insbesondere die Eigenverantwortung der Wirtschaft erhöhen, Verbandsgründungen und die Beteiligung der Kammern ermöglichen. Immer wieder werden in den Regierungsbegründungen die Eigenverantwortung, das Verursacherprinzip, die Kooperationsmöglichkeiten des Mittelstandes und der Freiraum für Selbstverwaltung hervorgehoben, allerdings fast immer im Zusammenhang mit Eigenverantwortung oder „Inpflichtnahme". Im übrigen wollte die Regierung insgesamt eine Privatisierung vorantreiben, dabei aber nicht planerische Bedürfnisse der Kommunen außer acht lassen. Die Regierungsauffassung war somit geprägt von Offenheit für verantwortungsvolle Eigeninitiative der Verursacher, wobei von den konkreten organisatorischen Möglichkeiten offenbar keine Vorstellung bestand. Die Umsetzung der Ziele in konkrete organisatorische Vorgaben ist daher nur schwer nachvollziehbar.

Der Bundestagsausschuß widerspricht den Wertentscheidungen der Regierung nicht. Er konkretisiert sie und trifft deutlichere Regelungsentscheidungen. Er möchte durch Freiraum für Eigeninitiativen mehr Motivationsanreize zur Weiterentwicklung von Kreislaufwirtschaft und Inlandsentsorgung schaffen. Deshalb will er die Überlassungspflichten die Überlassungspflicht auf notwendige Daseinsvorsorge beschränken. Er äußert dies in konkreten Regelungsentscheidungen, indem er im Rahmen der Eigenentsorgung auf die Einbeziehung von Dritten nach § 16 hinweist und § 17 I Ausschuß-E (Verbandsbeauftragung) grundsätzlich für alle Erzeuger und Besitzer öffnet. Dies deutet darauf hin, daß auch die Beauftragung privater Entsorgungsunternehmen mit der Verwertung und Beseitigung zugelassen werden sollte. In der Normsetzung selbst dokumentiert der Ausschuß dies durch den Begriff „zur Eigenentsorgung in der Lage" in § 9 I Reg-E.

Zusammenfassend läßt sich festhalten, daß sich Regierung und Bundestag zwar über die vielfältigen organisatorischen Möglichkeiten von Eigeninitiative nicht ganz im klaren waren, aber grundsätzlich für jede Form von Eigeninitiative Offenheit bekundeten. Dies darf als deutliches Signal für die Zulässigkeit einer Eigenerledigung in Verursacherverbänden gewertet werden. Es werden ferner Signale für die Zulässigkeit einer Drittbeauftragung der Entsorgungswirtschaft gesetzt.

Als Voraussetzung schwingt jedoch stets die Übernahme von Verantwortung durch die Verursacher mit. Dies spricht für eine Beschränkung der Eigeninitiative auf Eigenerledigung, allein oder in „eigenen" Verbänden, und auf solche Formen der Drittbeauftragung, die eine effektive Übernahme eigener Verantwortung durch die Verursacher gewährleisten.

---

254 Loschelders/Roth, Juristische Methodik, 158 f., weisen unter Hinweis auf staatsrechtliche Literatur auf die Deckungsgleichheit zwischen Regierung und der sie tragenden Parlamentsmehrheit hin.

Ferner ist der Hinweis der Regierung zu beachten, daß für Planungsprobleme der Kommunen eine gewisse Aufgeschlossenheit vorhanden sei. Dies wirkt sich angesichts der Allgemeinwohlklausel in § 13 I 2 Ausschuß-E jedoch nicht zwingend auf die generelle Zulässigkeit von Eigeninitiative aus.

Die amtlichen Äußerungen Regierung und Bundestag bekräftigen somit die systematische Vermutung zugunsten der Zulässigkeit von Eigenerledigung in selbstverwalteten privaten Verbänden bis hin zu paritätischen Kooperationsgesellschaften mit der Entsorgungswirtschaft. Sie lassen darüber hinaus Freiraum für die Beauftragung der Entsorgungswirtschaft, allerdings wohl nur in Strukturen, die eine effektive Übernahme von Verantwortlichkeit gewährleisten.

6. Zustimmungsversagung durch den Bundesrat

Der Bundesrat versagte dem Gesetz die Zustimmung. Den hier maßgeblichen Bereich berührt dies nur durch die weitere Ablehnung der §§ 17, 18 Ausschuß-E und dort speziell der Übertragung an Verbände und Kammern.[255] Die Übertragung nach den §§ 17, 18 sei neben § 16 II sinnlos, so der Bundesrat. Es seien räumliche und stoffliche Rosinenlösungen zu befürchten und ferner Planungsunsicherheit, Doppelplanungen und Doppelkapazitäten. Abfallwirtschaftspläne allein würden da nicht weiterhelfen, weil es bei deren Aufstellung stets Schwierigkeiten gebe. Die Planungsunsicherheit führe zu höheren Kosten für die Kommunen. Die Pflichtenübertragung an Verbände und Kammern erschwere die Überwachung. Es gäbe ferner Bedenken gegen Monopolisierungstendenzen in der Entsorgungswirtschaft durch Verbandslösungen.

Es stellt sich die Frage, welche Befürchtungen der Bundesrat mit den von ihm beschworenen Monopolisierungstendenzen verband. Solche Tendenzen sind nur vorstellbar, wenn sich Unternehmen der Entsorgungswirtschaft zusammenschließen. Die Möglichkeit solcher Zusammenschlüsse hängt jedoch grundsätzlich nicht davon ab, ob es die §§ 17, 18 Ausschuß-E gibt. Im übrigen wird ihr Handlungsrahmen vornehmlich durch die Übertragungsmöglichkeiten erhöht. Eine Übertragung an einen Verband von Entsorgungsunternehmen ist aber eigentlich auch nach § 16 II Ausschuß-E möglich.[256] Er unterscheidet sich im Verhältnis zu Verursachern und öffentlichen Entsorgungsträgern grundsätzlich nicht von einem „typischen" Dritten i.S.v. § 16 Ausschuß-E. Die Übertragung nach § 16 II Ausschuß-E wurde jedoch nicht angegriffen.

Einziger Unterschied zwischen den §§ 17 III, 18 II und dem § 16 II Ausschuß-E ist das fehlende Zustimmungsbedürfnis der Entsorgungsträger für eine Übertragung. Allein gegen diesen Umstand durfte sich die Ablehnung also vernünftigerweise richten.

Insgesamt kann man die Regelungs- und Wertentscheidungen des Bundesrates, wie sie sich aus seinen Stellungnahmen ergeben, wie folgt zusammenfassen:

Auf der Wertentscheidungsebene zeigt sich der Bundesrat gegenüber einer Stärkung privater Initiativen und Aufgabenverlagerung auf Dritte aufgeschlossen. Was er nicht möchte, ist eine unkontrollierte Erweiterung von Entsorgungsträgern, insbesondere,

---

255 BT-Drucks. 12/7672, 2.
256 Die herrschende Meinung zählt zu „Dritten" i.S.v. § 16 II KrW-/AbfG jede rechtsfähige Person des privaten oder öffentlichen Rechts, vgl. Versteyl, in: Kunig/Paetow/Versteyl, KrW-/AbfG, § 16, 9 m.w.N.

wenn sich daraus Zwangsverbände entwickeln. Dies erschwert nach seiner Auffassung die Überwachung und schafft Planungsunsicherheit für die Kommunen. Er stört sich somit vornehmlich an einer Institutionalisierung von Parallelstrukturen und an einer Marktkonzentration bei der Entsorgungswirtschaft.

7. Kompromiß im Vermittlungsausschuß

Der Vermittlungsausschuß änderte den § 13 I 2 KrW-/AbfG in einem für diese Untersuchung erheblichen Umfang. Die Formulierung „zur Eigenentsorgung in der Lage" in § 13 I 2 1.Alt. Ausschuß-E wurde geändert in den Begriff „in eigenen Anlagen beseitigen". Es folgten weitere Änderungen im unmittelbaren Umfeld. Die Formulierung „zwingende Gründe des Allgemeinwohls" in § 13 I 2 2.Alt. Ausschuß-E wurde geändert in „überwiegende öffentliche Interessen". Die Übertragung an Verbände und Selbstverwaltungskörperschaften wurde – wie die Übertragung auf Dritte gem. § 16 II Ausschuß-E – von der Zustimmung der öffentlich-rechtlichen Entsorgungsträger abhängig gemacht. Es stellt sich die Frage, welcher mutmaßliche Kompromiß sich daraus ablesen läßt.

Es lassen sich unterschiedliche Schlüsse ziehen. Zunächst spricht viel dafür, daß die Änderung auf Wünschen des Bundesrates beruht und als Kompromißformel[257] zwischen den unterschiedlichen Auffassungen von zulässiger Eigeninitiative diente. So könnte es sein, daß damit die vom Bundestagsausschuß wohl als zulässig erachtete private Fremdentsorgung verhindert, Gemeinschaftslösungen von Verursachern aber weiterhin möglich werden sollten. Dafür spricht, daß auch der Bundesrat stets Eigeninitiativen gefördert wissen wollte und sich ausdrücklich nur gegen die Übertragungsmöglichkeiten wendete. Dafür spricht ferner, daß er ausdrücklich nur durch die Übertragung an sog. Zwangsverbände die Planungssicherheit der Kommunen gefährdet sah und vor allem dadurch verstärkte Monopolisierungstendenzen in der Entsorgungswirtschaft befürchtete.[258]

Außerdem wurde den Bedenken des Bundesrates durch Änderungen außerhalb des § 13 I Ausschuß-E erheblich Rechnung getragen. In § 13 I 2 2.Alt KrW-/ AbfG wurde die Einzelfallkorrektur durch „überwiegende öffentliche Interessen" eingeführt und somit die ursprüngliche Allgemeinwohlklausel zu Lasten der Eigeninitiative erweitert. Ferner wurde die Übertragung an Verbände und Kammern von der Zustimmung der kommunalen Entsorgungsträger abhängig gemacht, wodurch diesbezüglich erhebliche Schranken eingebaut sind.[259] Einer Einschränkung der Eigenerledigungsmöglichkeiten bedurfte es daher aus Sicht des Bundesrates nicht notwendig.

Es könnte daher sein, daß nach den Vorstellungen der Beteiligten die Änderungen der Formulierung in § 13 I 2 Ausschuß-E keinerlei Auswirkungen haben. Aufgrund

---

257 Zum Kompromißcharakter des Kreislaufwirtschafts- und Abfallgesetzes vgl. Versteyl/ Wendenburg, NVwZ 1994, 937, 938, m.w.N.; Witthohn/Smeddinck, NdsVBl. 2000, 77, 81.
258 So anscheinend Versteyl/Wendenburg, NVwZ 1994, 833, 834.
259 Auch Kahl, DVBl. 95, 1327, 1331, kommt zu dem Ergebnis, daß sich die Länder mit der Kompromißformel deshalb abfanden, weil der Zustimmungsvorbehalt für die Übertragung aufgenommen wurde. Hintergrund seien Befürchtungen einer Unplanbarkeit und Sicherung des Aufgabenbereiches gewesen.

der allgemeinen Änderung der Terminologie von „Entsorgung" zu „Beseitigung" konnte es beim Begriff „Eigenentsorgung" ohnehin nicht bleiben. Dieser Begriff hätte eigentlich durch „Eigenbeseitigung" ersetzt werden müssen.[260] Diesen Begriff gab es auch bereits in § 44 Ausschuß-E. Er wurde dort jedoch synonym mit „eigenen Anlagen" verwendet. Zumindest aus Sicht des Bundestages könnte es sich somit um eine lediglich redaktionelle Änderung gehandelt haben.[261]

Andererseits kann nicht ausgeschlossen werden, daß der Bundesrat die Abschaffung der gesamten §§ 17, 18 Ausschuß-E wünschte, sich damit nicht durchsetzte und zum Ausgleich wenigstens die Eigenentsorgung eingeschränkt wurde.[262]

Auch die Suche nach dem – fiktiven – Kompromiß zwischen Bundesregierung/Bundestag auf der einen und Bundesrat auf der anderen Seite endet mit der Feststellung, daß im Rahmen verantwortungsvoller Eigeninitiative alles möglich erscheint und die Appelle und Aussagen in den Materialien eigentlich eine Aufforderung zur Suche nach geeigneten Organisationsformen und Abgrenzungsmustern sind.

8. Grundsätzliche Fragen zur neuen Denkrichtung

Anschließend sollen einige Fragen zum grundsätzlichen gesetzgeberischen Ansatz gesondert beleuchtet werden. Es geht zunächst um das Verhältnis zwischen unmittelbarer und mittelbarer Eigeninitiative, anschließend darum, ob dem Gesetzgeber wirklich eine neue Denkrichtung in Sachen Eigeninitiative zugerechnet werden kann, und schließlich um Fragen des Wandels der Normsituation durch die abfallwirtschaftliche Entwicklung von Unter- zu Überkapazitäten.

Zunächst stellt sich spätestens an dieser Stelle die Frage, warum der Gesetzgeber in den §§ 16 II, 17 III KrW-/AbfG vielbeachtete Übertragungsvorschriften mit komplizierten Voraussetzungen und Vorbehalten geschaffen hat, wenn möglicherweise im Wege der Beauftragung von Verbänden und Dritten bereits ein ähnliches Ergebnis erzielt wird.

Diesbezüglich ist auf die Unterschiede beider Privatisierungsinstitute zu verweisen. Die Übertragung ist als Entlastungsmöglichkeit der Entsorgungsträger gedacht.[263] Letztere einigen sich also typischerweise mit einem Entsorgungsunternehmen oder einem Verband über den Übergang der Entsorgungstätigkeit und -verantwortung. Der Übergang selbst wird durch aufsichtsbehördlichen Akt dokumentiert. Es handelt sich um die Übertragung von Aufgaben, Pflichten und damit Macht der öffentlichen Hand

---

260 So BayOLG, UPR 1998, 396, 397.

261 Fluck/Giesberts, in: Fluck (Hrsg.), KrW-/AbfG, § 13, 117, betonen, daß eine Erweiterung der Überlassungspflichten weder vom Bundesrat noch von der Opposition im Bundestag gefordert worden war.

262 So anscheinend BayOLG, UPR 1998, 396,397: Das Gericht meint, daß angesichts des Kompromisses die Auffassung des Bundestagsausschusses (über die Drittbeauftragung) nicht mehr zugrundegelegt werden kann. Da im übrigen anstatt „eigene Anlagen" auch „Eigenbeseitigung" hätte formuliert werden können, deute dies auf eine Beschränkung hin. Das Gericht wendet sich jedoch allein gegen die herkömmliche Drittbeauftragung und läßt die Problematik gesellschaftsrechtlicher Verbindungen von Verursachern bewußt offen.

263 BT-Drucks. 12/7284, 18.

gegenüber dem Bürger, und sie ist daher mit Sensibilität vorzunehmen. Die Beschränkungen der Übertragung sind daher auch Schutzvorschriften für den Bürger.

Anders verhält sich dies bei der Schaffung von Freiraum für Eigeninitiative. Die Verursacher als eigentlich Betroffene und finanzielle Träger können „auf eigene Faust" und Verantwortung die Erledigung in die Hand nehmen. Ihnen wird nicht ein fremder Dienstleister aufgezwungen. Sie haften für ihr eigenes Tun. Diese Form der Privatisierung hat eine andere Qualität, muß dann aber auch so ausgestaltet sein, daß Initiative und Verantwortung tatsächlich bei den Verursachern liegt. Beide Privatisierungsformen sind somit voneinander unabhängig zu betrachten. Sie können sich allerdings gegenseitig ergänzen. So kann dort, wo keine Eigeninitiative stattfindet, die öffentliche Hand sich aber gleichwohl nicht selbst engagieren möchte, eine Reservebeauftragung oder –übertragung an Dritte erfolgen.

Insgesamt kann die Entsorgungswirtschaft je nach Lage von zwei Seiten, den Verursacherverbänden oder den Kommunen, miteinbezogen oder ausgegrenzt werden. Auf diese Weise besteht nicht die Gefahr, daß Kommunen und Privatwirtschaft ein Bündnis zulasten der Verursacher eingehen

Weiterhin gilt es zum immer wieder beschworenen neuen organisationsrechtlichen Ansatz des Gesetzes etwas zu bemerken. Unabhängig von der Stichhaltigkeit der erarbeiteten Kompromißlinien zwischen den Auffassungen der beteiligten Organe ist jedenfalls im Abfallrecht eine bemerkenswerte neue Denkrichtung festzustellen, die zumindest Auswirkungen auf die Gewichtung objektiv-teleologischer Argumente hat.[264] Diese Denkrichtung geht im Grundsatz von weitgehender Eigeninitiative aus und erklärt die Daseinsvorsorge zur Ausnahme.[265] Bereits damit ist somit ein Regel-Ausnahme-Verhältnis begründet, daß die objektiv-teleologische „Argumentationslast" für ihre Notwendigkeit der Daseinsvorsorge auferlegt.

Diese Denkrichtung wird zwar in den Materialien so nicht ausdrücklich geäußert. Sie läßt sich allerdings aus den Bekenntnissen zu mehr Eigeninitiative, Eigenverantwortung, Verursacherprinzip, Selbstorganisation, und Einbindung Privater ziemlich deutlich herausfiltern. Man kann sich diesbezüglich – auch aus methodischer Sicht – nicht einfach darauf zurückziehen, der Bundesrat habe im Vermittlungsausschuß diese neue Richtung gekippt.[266] Zum einen handelte es sich um kein Zustimmungsgesetz. Der Bundestag war also nicht zwingend auf die Mitwirkung des Bundesrates angewiesen, auch wenn er das Gesetz möglichst noch in der laufenden Legislaturperiode verabschieden wollte. Zum anderen muß man dem Bundesrat zur Last legen, daß er – wenn er sich gegen eine auf Eigeninitiative gerichtete neue Denkrichtung hätte stemmen wollen – dies jedenfalls nicht deutlich zum Ausdruck gebracht hat. So hätte er weiter darauf bestehen können, die §§ 17, 18 Ausschuß-E zu streichen, um deren sy-

---

264 Auch als „Paradigmenwechsel" bezeichnet; vgl.: Kahl, DVBl. 1995, 1327, 1328, 1335; Hölscher, ZUR 1995, 176, 178; Schink, NVwZ 1997, 435; Weidemann, in: Jarass/Ruchay/Weidemann, KrW-/AbfG, § 4, 6; Müggenborg, NVwZ 1998, 1121; im Umweltgutachten 1998 des Rates von Sachverständigen für Umweltfragen, BT-Drucks. 13/10195, Ziff. 408, wird auf Stimmen hingewiesen, die von „Neuorientierung", „Systembruch" und sogar „Revolution" sprechen.

265 Schink NVwZ 1997, 435, spricht vom Grundsatz der Zuordnung zum Privaten und der verursachergerechten Selbstentsorgung und Selbstorganisation.

266 So ähnlich aber z.B. Reese, ZUR Sonderheft 2000, 57, 60, der den Paradigmenwechsel als Wortspiel bezeichnet, oder auch BayOLG, UPR 1998, 396, 397.

stematische Wirkungen zu vermeiden. Um der methodischen Klarheit willen muß im übrigen in Fällen der vorliegenden Art die Bundestagsmeinung überwiegende Berücksichtigung finden. Immerhin ist der Bundestag das zentrale Gesetzgebungsorgan im Bereich der ausschließlichen und konkurrierenden Gesetzgebung. Wenn der Bundesrat zustimmt und dennoch fundamentale Abweichungen vom Ansatz des Bundestages gesichert wissen möchte, muß er für eine deutliche Umsetzung Sorge tragen, da sonst im Zweifel die Leitgedanken des Bundestages bevorzugt werden. Wollte man auf solche Schlüsse verzichten, würde das Vermittlungsverfahren zu einer Instanz der konsensbedingten Verschleierung des gesetzgeberischen Willens, die den Vollzug vor große Probleme stellt.

Auch wenn also den Willensäußerungen der Gesetzgebungsorgane keine konkrete Festlegung der organisatorischen Aufgabenverteilung entnommen werden soll, darf man ihnen insgesamt für die objektiv-teleologische Argumentation den Grundsatz entnehmen: „Soviel Eigeninitiative wie möglich bei nur soviel Daseinsvorsorge wie nötig, vor allem soweit bei den Verursachern wesentliche Initiativmacht und Verantwortung verbleibt und ein verantwortbarer Übergang von der vollständigen zur notwendigen Daseinsvorsorge gewährleistet ist."

Damit ist auch der Kritik derjenigen Stimmen abgeholfen, die wegen des Kompromißcharakters des Gesetzes einen Wandel in der Abfallphilosophie bezweifeln und meinen, die Konzeption sei weiterhin im alten Denken verhaftet.[267] Dieser Einwand gilt nämlich nur, soweit man in den herkömmlichen dualistischen Strukturen denkt und die vorgestellte Privilegierung privater Selbstverwaltungs- und Kooperationsformen der Verursacher nicht berücksichtigt.

Eine andere Frage ist, ob etwaige spätere, von den Erwartungen abweichende Entwicklungen methodisch eine Korrektur der festgestellten Leitvorstellungen gebieten oder nahelegen. Ein wichtiger Ausgangspunkt der gesetzgeberischen Überlegungen war die Befürchtung eines „Müllnotstandes" durch Kapazitätsmangel.[268] Auch deshalb wollte er wohl Anreize zu mehr Eigeninitiative schaffen. Nach Erlaß des Gesetzes – möglicherweise auch schon während der Beratungen – zeigte sich ein Rückgang der Müllmengen und damit die Gefahr einer Unterauslastung öffentlicher Entsorgungskapazitäten.[269] Diese Entwicklung ist Ursache für eine Vielzahl von Steuerungs- und Auslastungsproblemen.[270] Es stellt sich die Frage, ob eine solche Entwicklung eine Korrektur der soeben ermittelten gesetzgeberischen Wertentscheidung bzw. Denkrichtung im Wege der Auslegung gebietet oder nahelegt.

Grundsätzlich kann sich eine gesetzgeberische Wertentscheidung überholen und sie wird daher im Wandel der Zeiten durchaus dynamisch verstanden.[271] Voraussetzung für eine Anpassung der Auslegung an geänderte Verhältnisse ist allerdings, daß letzte-

---

267 Weidemann/Beckmann, Organisation, 34 f.; Weidemann, NVwZ 1995, 631 ff.
268 Enders, DVBl. 1995, 189, 190; Baum/Cantner, Regulierung, 13; Petersen/Faber/Herrmann, Müll und Abfall 1999, 537; Bonberg/Kiefer, UPR 2001, 381.
269 Vgl. Petersen/Faber/Herrmann, Müll und Abfall, 1999, 538, 540 ff.; Baum/Cantner, Regulierung, 13; Bonberg/Kiefer, UPR 2001, 381.
270 Vgl. Kopytziok, Müllmagazin 2001, Heft 3, 55, 58.
271 Vgl. u.a. Zippelius, Methodenlehre, 6. Aufl., 22 f.; Larenz, Methodenlehre, 350 f.; Bydlinski, Methodenlehre, 577; Loschelders/Roth, Methodik, 234 m.w.N.

re von maßgeblicher Bedeutung sind und der Gesetzgeber angesichts von Konstellationen der aktuell zu beurteilenden Art mutmaßlich eine andere Bewertung getroffen hätte.[272] Die Relevanz der Veränderung ist nach strengen Maßstäben zu beurteilen. Insbesondere eine Neubewertung, die Grundkonzeption verändert, soll eigentlich dem Gesetzgeber vorbehalten bleiben.[273] Im übrigen spielt der Zeitfaktor eine Rolle, so daß ein Wandel der Normsituation vornehmlich bei älteren Gesetzen diskutiert wird.[274]

Bezüglich des hier untersuchten Regelungsbereichs ergibt sich daraus folgendes: Zunächst ist fraglich, ob man wirklich von einem Wandel der Situation nach Gesetzeserlaß sprechen kann. Es ist möglich, daß die Entwicklungen sich bereits bei Erlaß des Kreislaufwirtschafts- und Abfallgesetzes zeigten[275] und möglicherweise bewußt hinten angestellt oder für nicht erheblich erachtet wurden. Im übrigen ist unklar, ob der Gesetzgeber nicht auch bei Kenntnis der Entwicklungen Eigeninitiative hätte fördern wollen. Die Überkapazitäten beruhen maßgeblich auf einer plötzlichen flächendeckenden Abdrift von Abfällen in öffentliche und private Billigentsorgung.[276] Eine Förderung „echter" gemeinschaftlicher Eigeninitiative hat solche plötzlichen Folgen gerade nicht, sondern beschreitet einen vergleichsweise behutsamen Mittelweg. Ferner ist der Zeitraum zwischen Gesetzeserlaß und den beschriebenen Entwicklungen derartig kurz, daß es an Erkenntnissen zur Ernsthaftigkeit des Wandels fehlt. Die derzeitigen Überkapazitäten haben verschiedenste Ursachen und können schnell verschwunden sein. So wird bereits wieder davor gewarnt, daß es bei Umsetzung der TASi[277] im Jahre 2005 gar nicht genügend Verbrennungskapazitäten geben könnte.[278] Bereits jetzt von einem Wandel der Normsituation, der eine geänderte Sicht der organisationsrechtlichen Grundkonzeption des Gesetzgebers nahelegt, zu sprechen, erscheint daher überhastet.

Insgesamt fehlt es somit an der für eine Anpassung des historischen gesetzgeberischen Willens notwenigen Deutlichkeit und Erheblichkeit von Veränderungen. Es bleibt bei der festgestellten, an Förderung von Eigeninitiative orientierten neuen Denkrichtung des Gesetzgebers.

Insgesamt entsteht der Eindruck, daß angesichts anstehender Strukturveränderungen der Gesetzgeber zwar vieles ändern will, sich dann aber nicht traut, zu sagen, was dies im einzelnen bedeutet, schon gar nicht denen gegenüber, für die sich etwas zum Nachteil ändert, und schon überhaupt nicht, wenn es sich dabei um bürokratische Akteure handelt.

---

272 Larenz/Canaris, Methodenlehre, 170 f., verlangen „Evidenz"; vgl. auch Loschelders/Roth, Methodik, 233 f.
273 Vgl. Loschelders/Roth, Methodik, 233 m.w.N.
274 Larenz/Canaris, Methodenlehre, 171; Larenz, Methodenlehre, 350; Bydlinski, Methodenlehre, 577.
275 Umweltgutachten 1998 des Rates von Sachverständigen für Umweltfragen, BT-Drucks. 13/10195, Ziff. 449.
276 Baum/Cantner, Regulierung, 13.
277 Dritte Allgemeine Verwaltungsvorschrift zum Abfallgesetz – Technische Anleitung zur Verwertung, Behandlung und sonstigen Entsorgung von Siedlungsabfällen vom 14.05.1993 (BAnz. Nr. 99a)
278 Umweltgutachten 2002 des Rates von Sachverständigen für Umweltfragen, Ziff. 160.

9. Fazit und Denkmuster

Zur Reichweite des Begriffs „eigen", seiner Beziehung zur Verbandsbeauftragung und dem Verhältnis zur Interessenklausel machen die Materialien konkret keine Aussagen. Sie enthalten insoweit nur unklare und widersprüchliche Andeutungen. Es entsteht der Eindruck, daß dem Gesetzgeber nicht klar war, welche Formen der Eigeninitiative er zulassen wollte, bzw. daß – soweit es den einzelnen Organen klar war – sie sich jedenfalls nicht deutlich geeinigt haben. Der Rechtsanwender ist daher darauf angewiesen, auf Leitgedanken und mutmaßliche Kompromisse zurückzugreifen.

Die Bundesregierung setzt sich mit großem verbalen Aufwand für Eigeninitiative, Mittelstandskooperationen und Selbstverwaltung ein und formuliert dadurch die wichtigsten Leitbegriffe. Der Bundestag unterstützt und konkretisiert diese Leitgedanken. Er fordert eine Beschränkung auf notwendige Daseinsvorsorge und eine Zulassung von Drittbeauftragung im Rahmen des § 13 I KrW-/AbfG. Der Bundesrat wendet sich gegen Monopolisierungsgefahren, öffentlich institutionalisierte Parallelstrukturen durch die Übertragung von Pflichten auf Verbände und eine Zerschlagung bestehender Strukturen. Er gab sich schließlich mit Abwägungsklauseln und Zustimmungsrechten der Kommunen zufrieden. Im übrigen herrschte – aus Konsensgründen vielleicht bewußt – ein gewisses Maß an begrifflicher Unschärfe.

Aufgrund der eindeutigen Aufforderungen zu mehr Eigeninitiative und den gleichzeitigen Bedenken gegen eine umfassende Privatisierung zugunsten der Entsorgungswirtschaft kann das Gesetz durchaus als – unbewußte – Aufforderung aufgefaßt werden, nach neuen Organisationsformen der Entsorgung zu suchen und sie zu versuchen.

Der für diese Suche entscheidende Leitgedanke des Gesetzgebers, wie er sich aus den Materialien zum Kreislaufwirtschafts- und Abfallgesetz entwickeln läßt, lautet:

„Soviel Eigeninitiative wie möglich bei nur soviel Daseinsvorsorge wie nötig, vor allem soweit bei den Verursachern wesentliche Initiativmacht und Verantwortung verbleibt und ein verantwortbarer Übergang von der vollständigen zur notwendigen Daseinsvorsorge gewährleistet ist."

Damit ist die Richtung vorgegeben und daran kann die objektiv-teleologische Klärung anknüpfen, welche Eigeninitiative als förderunwürdig, welche Daseinsvorsorge als notwendig anzusehen und welche Bedeutungsvariante von § 13 I 2 KrW-/AbfG dem am besten gerecht wird.

Der soeben genannte zentrale Leitgedanke offenbart ein Prinzip der „echten" Eigeninitiative und der Notwendigkeit von Fremdfürsorge. Mit einer solchen Sichtweise wird die bisher vorherrschende Gegenüberstellung von öffentlicher und privater Erledigung in Frage gestellt. Sie wird durch eine solche von Eigenverantwortung und Fremdfürsorge ergänzt. Es scheint sich am Beispiel des Abfallrechts am Horizont eine neue Interessenlinie zu zeigen, nämlich die zwischen einer schwächelnden Bürokratie im Bunde mit monopolisierter Wirtschaft auf der einen Seite und den Bürgern und der kleinen Wirtschaft, organisiert in dezentralen Strukturen, auf der anderen Seite. Solche Visionen sind zwar in den Materialien nicht ausdrücklich zu entnehmen. Die Hervorhebung von Eigeninitiative, Eigenverantwortung und Selbstverwaltung der Verursacher, verbunden mit der Beschränkung auf notwendige Daseinsvorsorge und einer Skepsis gegen die Ablieferungsmentalität und Monopolisierungstendenzen in der Privatwirtschaft rechtfertigen allerdings solche Erwägungen. Auch wenn also die am Gesetzgebungsprozeß und der ihn begleitenden Diskussion beteiligten Akteure und Organe es gar nicht zielgerichtet wollten, könnte die Mixtur aus Problembeschreibungen und Leitgedanken insoweit eine tiefere Wahrheit über Fehlentwicklungen unseres Wirtschaftssystems beinhalten. Dadurch könnte die Einführung des neuen Abfallrechts wahrhaft zu einem musterhaften Vorgang und Signal für neue Entwicklungen in anderen Regelungsbereichen werden.

Diese Leitgedanken könnten überall Anwendung finden, wo der Gesetzgeber auch in anderen Regelungsbereichen Strukturveränderungen plant oder sie zumindest Gegenstand der Diskussion oder Beratung sind. In Anlehnung an das Abfallrecht rücken insbesondere Tätigkeitsfelder ins Blickfeld, in denen sich durch eine stärkere Beteiligung und Verantwortung des Bürgers positive Effekte für Allgemeinwohlgüter ergeben können, wie z.B. für mehr Bewußtsein und Akzeptanz gegenüber bestimmten öffentlichen Bedürfnissen oder auch für vermehrte private Kapazitäten zur finanziellen Entlastung der öffentlichen Haushalte.

Im Hinblick auf zukünftige Kodifikationen hat sich gezeigt, daß sich das gewünschte Maß an Eigeninitiative und Daseinsvorsorge nicht ohne weiteres aus dem Begriff „eigen" entnehmen, sich aber in gebotener Kürze auch nicht anders ausdrücken läßt. Außerdem handelt es sich um juristisches Neuland. Die am Gesetzgebungsprozeß beteiligten Organe sollten sich daher, wenn es um die Zulässigkeit von Eigeninitiative – oder auch die Zuordnung von Aufgaben insgesamt – geht, durchaus bemühen, in ihren amtlichen Stellungnahmen genauer zum Ausdruck zu bringen, welche Organisationsformen sie für förderungswürdig halten. Sie laufen sonst Gefahr, daß Streitigkeiten über die Zuordnung der Erledigung wegen ihrer wirtschaftlichen Bedeutung die eigentlich für wichtig erachteten Regelungsziele des Gesetzes überlagern.[279] So wird denn auch vom Kreislaufwirtschafts- und Abfallgesetz als einem „unvollkommenen Legislativakt" mit Unklarheiten und Formelkompromissen[280] und von einem „Rechts- und Kreislaufchaos" gesprochen[281], das die Investitionsbereitschaft der Wirtschaft behindert.[282] Der Gesetzgeber muß sich vorwerfen lassen, keine „trennscharfen Demarkationen für die Zugehörigkeit von Stoffströmen" entwickelt zu haben, was zur Verunsicherung der gesamten Entsorgungsbranche führt, weil quasi jede unternehmerische und behördliche Entscheidung mit Unsicherheiten behaftet ist.[283]

Für eine größere Klarheit in den Gesetzgebungsorganen über die Bandbreite und Privilegierung von Organisationsformen, die sich dann auch in den Materialien niederschlagen könnte, bedarf es eines teleologischen Argumentationsmusters, anhand dessen sich das „Für und Wider" von Eigeninitiative konsequent abarbeiten läßt.

---

279 Weidemann, NJW 1996, 2757, 2758, bemängelt, daß durch Steuerungsdefizite der „politische Kampf in den Vollzug hineingetragen" wird.
280 Vgl. Bergjohann, Entsorgungssicherheit, 209 m.w.N.
281 Vgl. Bergjohann, Entsorgungssicherheit, 210 m.w.N.
282 Vgl. Bergjohann, Entsorgungssicherheit, 210 m.w.N.
283 Vgl. Bergjohann, Entsorgungssicherheit, 213, 220 m.w.N.

IV. Objektiv-teleologisches Argumentationsmuster bei der Privilegierung von Eigeninitiative

Die bei der Untersuchung der Entstehungsgeschichte des § 13 I 2 KrW-/AbfG erarbeitete gedankliche Leitlinien stützen sich auf allgemeine Zielvorstellungen und ziemlich unkonkrete Regelungsvorstellungen der Gesetzgebungsorgane. Ihnen ließ sich letztlich nur der Auftrag entnehmen, verantwortliche Eigeninitiative der Verursacher zu fördern und insoweit die Daseinsvorsorge auf das Notwendige zu beschränken.

Diese Vorgabe, verbunden mit weiteren Anstößen des Gesetzgebers, soll daher in ein rationales Argumentationsmuster gefaßt und als mutmaßlicher Wille des Gesetzgebers in die Auslegung Eingang finden.

1. Entscheidungskategorien

Bei einer rationalen Entscheidung in vorliegender Frage sind denkbare Formen zulässiger Eigeninitiative mit den abfallwirtschaftlichen Vorstellungen in Einklang zu bringen.

a) Abfallwirtschaftliche Wertungsgesichtspunkte

Im Gesetzgebungsverfahren zum Kreislaufwirtschafts- und Abfallgesetz waren simultan verschiedene Feststellungen zu treffen: Es war zu entscheiden,

was alles als Abfall zählen und wie, durch wen und an welchen wie zu gestaltenden Ort er kommen sollte,

wie und von wem dies finanziert und organisiert werden sollte,

wie eine Trennung in Rückführung zum Wirtschaftskreislauf und Entschleusung aus demselben vor sich gehen und welche Adressaten dafür zuständig sein sollten.[284]

Es handelt sich somit um ein „komplexes Beziehungsnetz", in dem jede Änderung der Antwort in einer Einzelfrage Rückwirkungen auf alle anderen Bereiche hat und jeder einzelne Aspekt im Schrifttum kontrovers diskutiert wird.[285] Deshalb ist es notwendig, den Entscheidungsprozeß gedanklich zu ordnen.

Voraussetzung für eine rationale Regelungsfindung ist also, daß der Gesetzgeber sich über die wichtigsten Leitgedanken bzw. Wertkategorien im Klaren ist, an denen die Bedeutungsvarianten zu messen sind.

Aus den Materialien läßt sich zwar keine eindeutige Entscheidung über die hinter dem § 13 I 2 KrW-/AbfG stehenden Wert- und Regelungsentscheidungen entnehmen. Man kann jedoch die wesentlichen Leitgedanken erkennen, die in den Prozeß eingeflossen sind. Es ist immer wieder die Rede von Freiraum für Eigeninitiativen, Abfallbewußtsein, Kreislaufwirtschaft, Selbstverwaltung, Mittelstands- und Kooperationsförderung, Inlandskapazitäten, Verantwortung der Verursacher, Aufgabenverlagerung,

---

[284] Baum/Wagner, Müll und Abfall 2000, 330, 332, mit einer Einführung in die ökonomischen Fragestellungen
[285] Baum/Wagner, Müll und Abfall 2000, 330, 332.

Entsorgungsstrukturen, die nicht zerschlagen werden sollen, Rosinenpickerei, Planungsunsicherheit, Monopolisierungstendenzen, notwendige Daseinsvorsorge, Reservegewährleistung und Überwachungsschwierigkeiten.[286]

Diese immer wieder geäußerten Leitgedanken lassen sich in Kategorien einteilen, unter denen auch in der wissenschaftlichen Diskussion das Für und Wider von Eigenentsorgung erörtert wird. Unabhängig davon ergeben sie sich logisch aus den typischen Problemen beim Übergang von öffentlicher Daseinsvorsorge zu mehr Eigeninitiative.

(1) Wenn der Gesetzgeber schon Eigeninitiative zuläßt, muß ihm dies nützlich erscheinen. Diese Kategorie „Nützlichkeit der Eigeninitiative" betrifft vornehmlich die Wertungen über Abfallbewußtsein, Förderung der Kreislaufwirtschaft, Flexibilisierung, Inlandskapazitäten, Selbstverwaltung, Verursacherverantwortlichkeit, Mittelstandsförderung und Verhinderung von Monopolmacht der Entsorgungswirtschaft. Die diesbezüglich zu treffende Wertentscheidung beruht auf der Frage, welche Formen von Eigeninitiative für nützlich und damit förderungswürdig zu erachten sind.

(2) Wenn der Gesetzgeber es für nötig erachtet, daß die öffentliche Hand Entsorgungsleistungen bereithält, muß er auch dies für wichtig halten. Wenn es ferner für nötig erachtet, zusätzlich noch Überlassungspflichten anzuordnen, wird er auch dafür Gründe gehabt haben. Diesbezüglich berufen sich die am Gesetzgebungsverfahren beteiligten Organe vor allem auf den Schutz der Funktionsfähigkeit öffentlicher Einrichtungen. Diese Kategorie betrifft also die Gesichtspunkte der notwendigen Reservegewährleistung, der Planungs- und Übergangsprobleme und sonstiger Steuerungsprobleme. Die diesbezüglich zu treffende Wertentscheidung beruht auf der Frage, inwieweit notwendige Daseinsvorsorge und ihre Funktionsfähigkeit eine an sich förderungswürdige Eigeninitiative einschränken.

b) Typische Organisationsformen als Varianten privilegierter Eigeninitiative

Der Gesetzgeber hat sich entschlossen, für die Zulässigkeit betrieblicher Eigenentsorgung gem. §§ 13 I 2, 17 I KrW-/AbfG organisatorische Kriterien zu wählen. Nach Wortlaut, Systematik und Entstehungsgeschichte kristallisieren sich Abgrenzungsmuster heraus, die im wesentlichen durch den Gegensatz zwischen Eigenentsorgung und Fremdentsorgung bzw. Eigeninitiative und Fremdinitiative geprägt sind. Bei rationalem Vorgehen bei der Regelung mußte der Gesetzgeber sich somit entscheiden, welche Organisationsformen er noch als „eigene" der Verursacher zulassen und welche er als „fremde" an der Überlassungspflicht scheitern lassen wollte. Dazu mußte er sich zunächst einmal darüber klar werden, welche typischen Organisationsformen in Erwägung zu ziehen sind.

Dafür lassen sich aus den bisherigen Auslegungsschritten bereits vielfältige Hinweise entnehmen. Als maßgebende Kriterien des sprachlichen Inbegriffs von „eigen" wurden Bestimmungsmacht und Verantwortung herausgearbeitet. Je nachdem, ob sie zu- oder abnehmen, betrachtet der maßgebliche Sprachgebrauch eine Anlage mehr oder weniger als eine „eigene" der Abfallverursacher. Soweit ein Zusammenschluß

---

286 S.o. 1.Teil A.III.1-6.

von Verursachern tätig werden will, kommen die Kriterien der Gleichgerichtetheit der Interessen und Gleichgewichtigkeit der Beteiligung der Mitglieder hinzu.

Die soeben genannten Kriterien sind daher auch die Grundlage der Typisierung der maßgebenden Bedeutungs- bzw. Gestaltungsvarianten. In gesellschaftsrechtliche Begriffe übersetzt, lassen sich obige Kriterien wie folgt bezeichnen: Teilhabe an der Geschäftsführung, Mitbestimmungsrechte, Kontrollrechte, persönliche Haftung, Beschränkung des Mitgliederkreises. Je nach Zu- oder Abnahme dieser kooperationsrechtlichen Merkmale lassen sich typische Handlungsformen bilden. Dies ist durch Typenbildung bei der Wortlautinterpretation bereits geschehen und soll hier durch typische kautelarjuristische Erkenntnisse ergänzt werden

Persönliche Erledigung

Die Organisationsform, in der die oben genannten Kriterien von Einfluß und Verantwortung am meisten zur Geltung kommen, ist die höchstpersönliche Erledigung durch den Abfallerzeuger, ganz gleich in welcher Rechtsform er selbst organisiert ist. Sie führt zu uneingeschränkter und ungeteilter Geschäftsführung[287], Bestimmung und Kontrolle, allerdings auch persönlicher Verantwortung bzw. Haftung.

Meist wird allerdings untergeordnete Unterstützung in Anspruch genommen, so z.B. durch Handwerkerleistung, sonstige Arbeitsdienstleistungen, Geräte- und Anlagenvermietung, Beratung, Hingabe von Darlehen und ähnlichem. Dies kann soweit gehen, daß bereits Herrschafts- und Entscheidungsrechte weitergegeben werden, allerdings unter Wahrung der Oberhoheit des abfallverursachenden Betriebes. Klassischer Fall ist der Betriebsführungsvertrag. Der Betriebsführer hat den Auftrag, selbständig für eine reibungslose Erledigung der ihm überantworteten Arbeitsabläufe zu sorgen und haftet dafür im Innenverhältnis zum Geschäftsherrn. Geschäftsführung und laufende Kontrolle durch den Geschäftsherrn sind nahezu ausgeschlossen und beschränken sich auf enumerativ vereinbarte Möglichkeiten zu Einzelanweisungen und Stichproben. Die Bestimmung grundsätzlicher Abläufe bleibt beim Geschäftsherrn, unterliegt aber meist einer genauen vertraglichen Vereinbarung.

Die persönliche Verantwortung im Außenverhältnis trifft allerdings weiterhin und ausschließlich den Geschäftsherrn, der sich aber durch Rückgriff beim Betriebsführer schadlos halten kann. Diese Organisationsform ist somit bereits von einer komplizierten Entscheidungs- und Verantwortungsverteilung gekennzeichnet.

Die Übergänge von der höchstpersönlichen Erledigung über die Inanspruchnahme typischer Unterstützung bis hin zur erheblichen Unterstützung durch Betriebsführung sind fließend. Je nach vertraglicher Gestaltung ist eine Vielzahl von Zwischenformen denkbar.

Die Beschränkung auf Organisationsformen der persönlichen Erledigung soll in der weiteren Untersuchung auch als „Privilegierungsvariante 1" bezeichnet werden.

---

287 Damit soll hier die Durchführung der notwendigen Tätigkeiten gemeint sein.

Gemeinsame Erledigung unter engagierter Beteiligung

Die nächste Stufe der Zusammenarbeit wird dadurch erreicht, daß man sich mit anderen Verursachern zusammenschließt. Dies geschieht durch Gesellschaftsvertrag, gleich ob schriftlich, mündlich oder konkludent.

Als „engagiert" kann man eine solche Beteiligung bezeichnen, wenn der einzelne Beteiligte – ggf. gemeinsam mit einem oder wenigen anderen Beteiligten – bestimmenden Einfluß ausüben kann und vom Schicksal der Gemeinschaft finanziell erheblich betroffen ist. Auch hier kann es Abstufungen geben. So kann bestimmender Einfluß durch Stimmenmehrheit, durch eine sonstige hohe Beteiligungsquote und ggf. auch über ein Vetorecht ausgeübt werden. Eine persönliche Haftung im Außenverhältnis kann gesamtschuldnerisch oder durch Vereinbarung auf Quoten beschränkt sein. Die finanzielle Betroffenheit kann im Verlust von Einlagen bestehen. Gemeinsames Kennzeichen bleibt ein wesentlicher Einfluß und eine erhebliche Betroffenheit im Außenverhältnis.

Typische Beispiele sind Personengesellschaften und GmbH mit wenigen Gesellschaftern. Bei solchen Gestaltungen gilt für fast alle wichtigen Geschäfte noch ein Zustimmungsvorbehalt der Gesellschafter. Jeder Beteiligte wirkt meist in irgendeiner Form an der Geschäftsführung mit und hat somit in etwa den Überblick über das Geschehen.

Die Beschränkung auf persönliche Erledigung und engagierte Beteiligung soll nachfolgend als „Privilegierungsvariante 2" bezeichnet werden.

Gemeinschaftliche Erledigung unter mitgliedschaftlicher Beteiligung

Eine weitere Stufe der Zusammenarbeit wird erreicht, wenn nicht mehr die individuelle, sondern die kollektive Einflußnahme und Verantwortung maßgebend ist. Sie ist gekennzeichnet durch eine mitgliedschaftliche Struktur der Gemeinschaft. Typische Formen mitgliedschaftlich strukturierter Zusammenschlüsse sind Vereine und Genossenschaften, im betrieblichen Bereich vornehmlich letztere. Wie bereits bei der Prüfung von Wortlaut und Systematik ausführlich erörtert, zeichnen sich diese Gestaltungsformen durch Gleichgerichtetheit auf bestimmte Interessen, durch Gleichgewichtigkeit von Anteilen bzw. Stimmrecht aber auch durch eine – bis auf die gewählten Organe – unerhebliche persönliche Haftung aus. So ist eine Teilnahme jedes einzelnen Mitgliedes an der Geschäftsführung ausgeschlossen. Kontrollrechte kann es nur über die Vertretungsorgane geltend machen. Die Höhe der haftenden Einlage nimmt mit zunehmender Mitgliederzahl ab und wird irgendwann marginal.

Obige Merkmale können mit einigen Abweichungen auch in Form von Publikumsgesellschaften erfüllt werden, z.B. einer GmbH & Co KG. Wichtig ist dabei allerdings, daß der Mitgliederkreis aus gleichberechtigten Verursachern besteht, der Vorstand sich aus ihnen zu rekrutieren hat und seine Berufung und Abberufung durch die Mehrheit der Mitglieder vorgenommen werden kann.

Die Beschränkung auf persönliche Erledigung und engagierte oder mitgliedschaftliche Beteiligung soll nachfolgend auch als „Privilegierungsvariante 3" bezeichnet werden.

Gemeinschaftliche Erledigung mit Fremdbeteiligung

Mitgliedschaftliche Zusammenschlüsse von Abfallverursachern können sich ggf. mit Entsorgungsunternehmen zu „Kooperationsgesellschaften" verbinden. Es kommt somit gleichsam zu einem „public-private-partnership" ohne Beteiligung öffentlicher Körperschaften, das man auch als „citizen-private-partnership" bezeichnen könnte.

Soweit die Stimmrechtsmehrheit auf Verursacherseite liegt und auch tatsächlich umgesetzt werden kann, darf diese Organisationsform noch der Privilegierungsvariante 3 zugeordnet werden. Soweit diesbezüglich Parität herrscht, steht die Organisationsform genau auf der Grenze zwischen mitgliedschaftlicher Beteiligung und Fremdentsorgung. Die Einbeziehung von Kooperationsgesellschaften soll zur besseren Unterscheidung gegenüber der „geschlossenen" mitgliedschaftlichen Struktur als Variante 3a bezeichnet werden.

Es hat sich in der bisherigen Untersuchung bereits abgezeichnet, daß für eine beherrschende oder paritätische Stellung der Verursacher eine Bündelung ihrer Macht und Kompetenz in Verursacherverbänden wichtig ist. Bei einer typischen „verbandsgestützten Kooperationsgesellschaft" fungiert somit auf Verursacherseite ein mitgliedschaftlich strukturierter Verband als Gesellschafter.

Lose Zusammenschlüsse

Jenseits der Beherrschung oder der paritätischen Mitbestimmung und Mitverantwortung durch mitgliedschaftlich strukturierte Verursachergemeinschaften sind eine Vielzahl von Zusammenschlüssen denkbar, die dem Ideal privater Selbstverwaltung mehr oder weniger nahe kommen. Denkbar ist, daß sich Zusammenschlüsse von Verursachern zwar der gemeinschaftlichen Entsorgung verschrieben haben, jedoch nicht die Merkmale mitgliedschaftlicher Beteiligung erfüllen. Dies kann daran liegen, daß nicht alle Mitglieder zugleich Abfallverursacher sind, daß Anteile und Stimmrecht nicht nach Köpfen oder Vorteil verteilt sind oder daß nicht alle Mitglieder das Recht haben, sich in alle Organe wählen zu lassen.

Soweit in solchen Gestaltungen nicht eindeutig und nachhaltig mitgliedschaftlich verbundene Verursacher „das Sagen" haben, soll nachfolgend von der „Privilegierungsvariante 4" die Rede sein. Beispiele sind z.B. typische Aktiengesellschaften oder andere typische Publikumsgesellschaften. Solche eher „kapitalistisch" strukturierten Zusammenschlüsse lassen sich zwar anhand der Merkmale mitgliedschaftlicher Beteiligung negativ ausgrenzen. Die Abgrenzung ist jedoch nicht immer einfach, so daß auch hier die Übergänge fließend sein können.

Qualifizierte Fremdbeauftragung

Als letzte und von der persönlichen Erledigung am weitesten entfernte Kategorie bleibt die Erledigung durch „Fremde". Als „Fremde" werden in dieser Untersuchung Personen bezeichnet, mit denen sich die Verursacher nicht in zumindest mitgliedschaftlicher oder paritätischer Weise zu gemeinschaftlicher Erledigung verbunden haben. Hierbei kann man verschiedene Gruppen bilden.

Zum einen kann auch bei Fremderledigung noch eine besondere Verbindung zwischen Verursacher und Entsorger bestehen. Dies kann in Form einer „qualifizierten Beauftragung" geschehen, bei der den Verursachern im Innenverhältnis Kontroll- und Mitspracherechte vorbehalten bleiben, die ihnen eine effektive Einwirkungsmöglichkeit aber auch Haftung verschaffen. Denkbar ist eine qualifizierte Fremdbeauftragung, bei der zwar keine Mitbestimmung im eigentlichen Sinne vorliegt, aber Entsorgungsvorgänge, Entsorgungswege erheblich mitbeeinflußt werden. Dies kann z.B. dadurch geschehen, daß aufgrund hohen Geschäftsvolumens für den Entsorger die Beauftragung trotz einschränkender Vorgaben attraktiv ist und die Verursacher durch ihre Verbände zur Durchsetzung und Kontrolle in der Lage sind. Eine solche Qualifizierung kann beispielsweise durch ein „Kommissionsmodell" erreicht werden, bei dem der Abfall dem „eigenen" Verband übergeben und von ihm verantwortlich an einen Entsorger weitergegeben wird. Der Einfluß auf das Entsorgungsgeschehen kann durch entsprechende Mitbestimmungs- und Kontrollklauseln in den Entsorgungsverträgen erzielt werden.

Eine Qualifizierung anderer Art in der Beziehung zwischen Verursacher und „Fremdem" kann z.B. bei der Entsorgung durch einen Vermieter für seine Mieter angenommen werden.[288] Verfügen letztere über eigene Anlagen oder Erledigungsmöglichkeiten, kann von einer natürlichen Aufgabenverlagerung gesprochen werden, die solche Anlagen aus Sicht der Wohnungsinhaber nicht eigentlich als „fremd" erscheinen lassen.

Soweit obige oder vergleichbare Formen der qualifizierten Fremdbeauftragung in die zulässige Eigeninitiative einbezogen werden, soll daher – in Anerkennung „echter" Eigeninitiative – nachfolgend auch von der „Privilegierungsvariante 5" die Rede sein.

Demgegenüber gibt es die typische Form der Fremderledigung gegen Lästigkeitsprämie. Der Abfall wird an das Entsorgungsunternehmen weitergegeben. Formal für die Entsorgung, eigentlich aber für die Abnahme, wird eine Vergütung entrichtet.

Durch die dargestellten Leitgedanken und Privilegierungsvarianten ergibt sich eine gedankliche Matrix rationaler Entscheidungskategorien, die sowohl für die Auslegung weiterer Normen als auch für beabsichtigte Neuregelungen bedeutsam sein können.

2. Argumentationsmuster zur Förderungswürdigkeit von Eigeninitiative

Die organisatorische Komponente des Verursacherprinzips[289] ist die Eigeninitiative der Verursacher.[290] Es ist zu prüfen, welches Maß an Eigeninitiative bei rationaler Betrachtung unter Berücksichtigung der gesetzgeberischen Vorgaben zu fördern ist und welche Bedeutungsvariante dem am nächsten kommt.

---

288 Ein ähnliches Beispiel sind Bau- oder Siedlungsgenossenschaften, vgl. Klages, ZfW 2001, 1, 6.
289 Zur Zugrundelegung dieses Prinzips in den Materialien vgl. oben S. 83.
290 Vgl. Kahl, DVBl. 1995, 1327, 1334 m.w.N., der dem Verursacherprinzip neben reiner Kostenzurechnung auch die Komponente der Verhütungs- und Beseitigungspflicht zuordnet; Petersen/Rid, NJW 1995, 7, 13; Versteyl/Wendenburg, NVwZ 1994, 833, 839.

a) Maßstäbe der Förderungswürdigkeit

Für eine Auslegungsentscheidung bedürfen die vom Gesetzgeber bezüglich der Eigeninitiative geäußerten allgemeinen Ziele und Wünsche der Konkretisierung. Es ist zu prüfen, welche Maßstäbe bei der Beurteilung der Förderungswürdigkeit von Eigeninitiative anzulegen sind. Aus den Materialien lassen sich die wichtigsten Aspekte in Form von Stichworten entnehmen. Die einzelnen Aspekte sollen zunächst daraufhin untersucht werden, inwieweit sie auch aus objektiver Sicht beachtenswert sind und Eigeninitiative sich auf sie auswirkt.

aa) Ziel der Steigerung von Bewußtsein und Rückkopplung

Angesichts der ausdrücklichen Zweckbestimmung in § 1 KrW-/AbfG steht grundsätzlich außer Zweifel, daß die Steigerung des Bewußtseins für die Kreislaufwirtschaft einen nach dem Gesetzeszweck zu fördernden Wert darstellt. Auch in der Literatur gibt es dazu viele Bekundungen. Eine der meistgeschmähten Verhaltensweisen ist danach die „Ablieferungsmentalität".[291] Die Stärkung von Eigenverantwortlichkeit, Selbstinitiative und Ideenreichtum sei in vielen Bereichen sinnvoll. Dies gelte für alle Tätigkeiten im Bereich der Produktverantwortung, aber auch für die „High-Tech-Entsorgung".[292] Bemerkenswert ist diesbezüglich ein Hinweis von KAHL, wonach „die Möglichkeit der Abfallerzeuger zur Subdelegation der Pflichten" die Zielsetzung des Gesetzes konterkariert. Ein „ökologischer Ablaßhandel" sei an die Stelle „wirklich verursacherbezogener Eigenentsorgung" getreten.[293]

Ferner wird darauf hingewiesen, daß die Entsorgungsbranche insgesamt kein originäres Interesse an einer Reduzierung der anfallenden Abfallmengen habe, weil der Müll „Lebenselixier" des etablierten Systems sei.[294] Diese Feststellung klingt nur allzu logisch und eignet sich als zentrales Argument für mehr Bewußtsein und Partizipation der wirtschaftlich ernsthaft an der Beseitigung des Problems interessierten Akteure.

Zusammenfassend kann man von einem Bedürfnis nach Rückkopplung[295] zwischen Problemverursachern und Problemlösern sprechen, weil nur so das Problem effektiv bekämpft wird.

Wichtig ist daher, inwieweit Abfallbewußtsein und Eigeninitiative funktional zusammenhängen. Es stellt sich die Frage nach der Eignung von Eigeninitiative zur Steigerung von Bewußtsein und Rückkopplung.

---

291 Petersen, NJW 1998, 1114; Petersen/Rid NJW 1995, 7, 8; Schink, ZG 1996, 97; Kahl, DVBl. 1995, 1327, 1333.
292 Kahl, DVBl. 1995, 1327, 1333.
293 Kahl, DVBl. 1995, 1327, 1336.
294 Kahl, DVBl. 1995, 1327, 1336 m.w.N., wonach dadurch nicht nur der Grundsatz der Eigenentsorgung weitgehend leerläuft, sondern auch das aus ökonomischen wie ökologischen Gründen gleichermaßen gebotene oberste Ziel einer spürbaren Reduzierung des Abfallaufkommens verfehlt wird; vgl. auch Kopytziok, Müllmagazin 2001, Heft 3, 55, 59, wonach vor allem bei allein privatwirtschaftlicher Erledigung die Gefahr besteht, daß die Preisgestaltung das Entstehen großer Abfallmengen begünstigt.
295 Kopytziok, Müllmagazin 2001, Heft 3, 55, 60 m.w.N.

Dazu wird im Schrifttum z.B. vorgebracht, daß das Interesse des einzelnen an der Vermeidung in dem Maße steigt, in dem er selbst zur Entsorgung verpflichtet ist. Dadurch entstünden finanzielle Anreize, die Produktionsverfahren so zu konzipieren, daß die Entsorgung nach Menge und Schädlichkeit günstiger wird. Auf diese Weise fördere ein verstärktes Verursacherprinzip die Innovationsfreudigkeit und unternehmens- und brancheninterne Forschungsprojekte.[296] Allein das zusätzliche Wissen des verantwortlichen Personenkreises und seine Kenntnisse versetzen ihn nach verbreiteter Auffassung in die Lage, die Nutzung, Herstellung und Verwertung des Produktes „unter Abwägung aller in Konflikt stehenden Ziele zu optimieren" und dabei die Umweltbelastungen zu minimieren. Eine solche „vorausschauende Eigeninitiative" drohe durch Überlassungspflichten von vornherein erstickt zu werden.[297]

Aus diesen Gründen wolle man das Engagement und die Innovationskraft des einzelnen beim „Kampf um das Gemeinwohl" zunutze machen. Dies sei Ausfluß des umweltrechtlichen Kooperationsgrundsatzes, welcher ein ausgewogenes Verhältnis zwischen individueller Freiheit und gesellschaftlichen Bedürfnissen vor Augen habe.[298] Eigeninitiative sei daher zuzulassen, weil positive Bewußtseinsänderungen[299] im Umgang mit Abfällen zu erwarten seien. Man spricht auch von einer Grundentscheidung des Gesetzgebers dahingehend, daß nicht mehr der Staat, sondern in erster Linie die Abfallerzeuger für die Entsorgung ihres Abfalls verantwortlich sein sollen.[300] Daß der hinter dem Gesetz stehende Gedanke von mehr Eigenverantwortung der Produzenten grundsätzlich zu mehr Abfallbewußtsein führt, wird im übrigen auch von der kommunal- und überlassungsfreundlichen Literatur anerkannt.[301]

Soweit zu einigen allgemeinen Ausführungen aus der Literatur. Es ist in der Tat logisch nachvollziehbar, daß Eigeninitiative im Umgang mit Abfällen im Vergleich zu bloßer Ablieferung an Entsorgungsträger zu einer intensiveren Befassung mit den Problemen der Abfallentsorgung führt. Es leuchtet ein, daß zusätzliches Wissen um Zusammenhänge die Optimierung von Vorgängen fördert. Im Vergleich zur Überlassungspflicht schafft also allein die Möglichkeit, andere Wege zu gehen, mehr Bewußtsein der Verursacher für unterschiedliche Verfahren im Umgang mit Abfall.[302] Es spricht daher alles dafür, daß die Möglichkeit zur Eigeninitiative grundsätzlich zur Bewußtseinsförderung über die Kreislaufwirtschaft geeignet ist.

Allerdings gilt es in bezug auf Beseitigungsabfälle folgendes zu bedenken: Kreislaufwirtschaft entsteht durch Verwertung. Es stellt sich daher die Frage, ob Eigeninitiative im Bereich der Abfallbeseitigung positive Auswirkungen auf das Bewußtsein für die Kreislaufwirtschaft haben kann. Partizipation im Beseitigungsbereich führt

---

296 Arndt/Walter, WiVerw 1997, 183, 212.
297 Bartram/Schade, UPR 1995, 253.
298 Kahl, DVBl. 1995, 1327, 1334.
299 So insbesondere Petersen, NJW 1998, 1114; Petersen/Rid, NJW 1995, 7, 8; Schink, ZG 1996, 97.
300 Weidemann, GewArch 1997/98, 311, 312; Hölscher, ZUR 1995, 176, 178 f.
So ausdrücklich auch Wittbohm/Smeddinck, NdsVBl. 2000, 77, 81, die allerdings betonen, daß trotzdem – wegen des Kompromißcharakters – keine klare Linie gefunden wurde.
301 Vgl. Queitsch, UPR 1995, 412.
302 Allgemein zum einzelwirtschaftlichen Kalkül vgl. Baum/Wagner, Müll und Abfall 2000, 330, 335 ff.

nicht zwingend zu betrieblichem Umdenken in Richtung Vermeidung und Verwertung. Es wird allenfalls durch mehr Bewußtsein die Chance dazu erhöht.[303] So werden eigene Beseitigungsoptionen regelmäßig zu mehr Vermeidung und Verwertung führen, wenn dadurch zugleich wirtschaftlich interessante Vermeidungs- oder Verwertungswege entstehen oder bekannt werden.[304] Positive Wirkungen sind daher zu erwarten. Die oben allgemein prognostizierten positiven Effekte der Eigeninitiative gelten somit – wenn auch in etwas abgeschwächter Form – auch für eine solche im Bereich der Abfallbeseitigung.

Für eine Berücksichtigung auch des Beseitigungsbereiches spricht ferner der Umstand, daß die Verwertung schon immer organisatorisch freigestellt war und damit trotz des neuen Gesetzes die „Außengrenze öffentlicher Entsorgungszuständigkeit" erhalten bleibt.[305] Wenn also Eigeninitiative mehr gefördert werden sollte, dann konnte dies eigentlich nur im Bereich der Beseitigung geschehen.

Es gibt allerdings Grenzen der Eignung. Eigeninitiative fördert zwar das Bewußtsein grundsätzlich auch, wenn daneben Fremdinitiative beteiligt ist. Zweifelhaft sind solche Effekte jedoch, wenn fremde Initiative überwiegt. Es besteht die Gefahr, daß an die Stelle eines öffentlichen einfach ein privater Abnehmer tritt, ohne daß es zu mehr Abfallbewußtsein und Rückkopplung kommt.[306] Sobald wesentliche Impulse von außen gesetzt werden, setzt häufig eine Haltung ein, die mit „Laß die nur machen" umschrieben werden kann. Zwar ist vorstellbar, daß sich allein durch die Wahlmöglichkeit zwischen Entsorgern das Wissen um denkbare Entsorgungsalternativen erhöht, was wiederum einen Einstieg in weitere eigene Entsorgungsüberlegungen bedeuten kann. Die Auswahl wird sich jedoch in aller Regel schlicht nach dem Preis richten, so daß die „Ablieferungsmentalität" bleibt.

Zur Förderung des Abfall- bzw. Kreislaufbewußtseins muß also neben der Fremdinitiative ein erhebliches Maß an eigener Bestimmung und Verantwortung der Verursacher verbleiben. Die Verantwortung der Verursacher muß so ausgestaltet sein, daß auch bei einer gewissen Überlegenheit der Fremdinitiative hinreichende Anreize zur Wahrnehmung von Mitbestimmungs- und Informationsrechten besteht. Die Beteiligung der einzelnen Verursacher sollte ferner so organisiert sein, daß eine Rückkopplung von den Entsorgungsmodalitäten auf das betriebliche Verhalten möglich ist.

Von vornherein nicht förderungswürdig sind somit Gestaltungen, bei denen lediglich an die Stelle der öffentlichen eine private Fremdfürsorge tritt.

Bisher wurde die Förderungswürdigkeit lediglich unter dem Gesichtspunkt größtmöglicher Bewußtseinssteigerung beim einzelnen Verursacher betrachtet. Es gibt allerdings einen weiteren Aspekt. Wenn nämlich Bewußtsein, Partizipation und Rückkopplung so wichtig sind, sollte eine möglichst flächendeckende Förderung erfolgen. Es

---

303 So Petersen, NJW 1996, 1113, 1114, der Effekte auch bei der Beseitigung sieht, jedoch nur eingeschränkt.
304 Vgl. auch Weidemann, GewArch 1997/98, 311, 318, der eine Verzahnung zwischen Entsorgungsbereich und Produktion für förderungswürdig erachtet.
305 Petersen, NJW 1996 1113, 1114.
306 Kahl, DVBl. 1995, 1336, spricht von „ökologischen Ablaßhandel" und „Subdelegation der eigenen Verpflichtungen" der das Ziel, Vermeidungsanreize bereits auf Produktionsebene zu schaffen, konterkariert.

bedarf somit auch einer quantitativen Schaffung von Bewußtsein. Das erreicht man nur durch Gestaltungen mit eher geringen Partizipationsvorteilen. Sie können von einer großen Anzahl von Betrieben wahrgenommen werden, weil die persönlichen Anforderungen nicht hoch sind. Die „Einstiegsschwelle" in ein eigenes Abfallbewußtsein ist dann niedrig. Einem sehr niedrigen qualitativen steht ein hoher quantitativer Wirkungsgrad gegenüber.

Von diesem Punkt aus wachsen Bewußtsein und Möglichkeiten der Verursacher im Maße ihrer Beteiligung an den Entscheidungen über Art und Weise der Entsorgung. Je höher sein Einfluß, desto höher die Wahrscheinlichkeit betrieblichen Nachdenkens und Umdenkens. Je mehr sie die entsprechenden Maßnahmen selbst in eigener Regie durchführen können, werden sie intensiv darüber nachdenken und ihr betriebliches Verhalten daran ausrichten.[307]

Möglichkeiten zur alleinigen Verwirklichung gibt es aber nur für große Betriebe, so daß der Wirkungsgrad der Partizipation zwar qualitativ hoch aber quantitativ niedrig ist. Bereits wenn ein Betrieb mit wenigen anderen zusammen eigene Maßnahmen der Abfallentsorgung durchführen kann, nimmt der Wirkungsgrad qualitativ ab, weil der Betriebsleiter selbst nicht mehr so intensiv an Lösungen feilt, sondern das Denken teilweise der Gemeinschaft überläßt. Dafür nimmt der Wirkungsgrad quantitativ zu, indem immer mehr Betrieben die Möglichkeit zu einer Partizipation gegeben wird. Der Kreis schließt sich, wenn die Möglichkeit zur Eigeninitiative – wie oben beschrieben – in die schlichte Abgabe an privaten Entsorgungsbetrieben mündet.

Aus dem Blickwinkel der Bewußtseinsänderung und Partizipation wird ein erheblicher Wirkungsgrad also nur möglich, wenn sowohl qualitativ als auch quantitativ Mitwirkung möglich ist.[308] Mittelpunkt und Schnittstelle ist also die Zusammenarbeit möglichst vieler mit möglichst hohen Einflußmöglichkeiten.

Im Zentrum der Überlegungen müssen also Gestaltungen stehen, die zwar Einfluß gewähren, aber auch einer möglichst großen Anzahl von Betrieben zugänglich sind. Daß daneben auch kleinere und engere Zusammenschlüsse förderungswürdig sind, versteht sich von selbst.

bb) Ziel der Steigerung von Verursacherverantwortung

Ein weiterer in den Materialien genannter Maßstab für die Förderungswürdigkeit ist die Verantwortlichkeit. Es ist zu prüfen, wie dieser Maßstab auszufüllen ist.

Die Verantwortung gewinnt ihren Wert aus der Abschreckungswirkung gegen Illegalität. Das Abfallrecht bringt für den Bürger Unbequemlichkeiten mit sich. Er kann nicht mehr wie früher seinen Abfall einfach kostenlos auf einer Müllhalde abkippen. Sobald die Entsorgungskosten merklich über den Transportkosten liegen, entstehen

---

307 So Baum/Wagner, Müll und Abfall 2000, 400, 408, wonach mit zunehmendem finanziellen Umfang der Mitunternehmerschaft wegen stärkerer Betroffenheit ein wachsendes Interesse des Investors an unternehmerischen Entscheidungen und deren Konsequenzen zu erwarten ist.
308 Der sonst wenig beachtete quantitative Effekt wird auch bei Bartram/Schade, UPR 1995 253, 255, erwähnt. Sie plädieren aus diesem Grund für eine weite Auslegung des § 13 I 2 KrW-/AbfG und finden, daß „Zusammenschlüsse sich lohnen" können.

starke einzelwirtschaftliche Anreize für Ausweichreaktionen durch wilde Ablagerung und Scheinverwertung.[309]

Abschreckung vor solchen illegalen Handlungen entsteht durch das Risiko der Bestrafung durch den Staat oder das der persönlichen Haftung mit dem eigenen Vermögen. Wer für die Folgen illegalen Tuns oder Unterlassens finanziell einzustehen hat, dessen Rechtstreue steigt naturgemäß. Typisch für den Entsorgungsbereich – und nicht nur dort – ist jedoch, daß durch eine Sanktion oft nicht der wirtschaftliche Nutznießer, sondern andere, ggf. vorgeschobene Personen getroffen werden. Diese wiederum sind oft aufgrund persönlicher Umstände sanktionsresistent. So nutzt es oft wenig, gegen einen nicht anwesenden ausländischen Geschäftsführer einer Entsorgungs-GmbH strafrechtliche oder haftungsrechtliche Schritte einzuleiten. Wirkungslos sind häufig auch staatliche Maßnahmen gegen „mit allen Wassern gewaschene" Manager, die ggf. sogar noch durch Konzernstrukturen und enge Verbindungen in die Politik hinein gedeckt und von Schaden frei gehalten werden.

Es ist daher ein Ansetzen auch bei einer anderen Gruppe von Nutznießern wünschenswert. Wirtschaftlicher Nutznießer ist in jedem Fall der Verursacher. Sie sind durch Delegation an die öffentliche und private Abfallwirtschaft im wesentlichen der Verantwortung enthoben, wofür sie allerdings zur Kasse gebeten werden. Wenn man die Verursacher wirksam abschreckt, Geschäfte mit windigen Entsorgern zu machen, entzieht man möglicherweise vielen illegalen Strukturen die Grundlage. An einer solchen Abschreckung fehlt es, solange die Verursacher vom Weg der Entsorgung und von umweltschädlichen Maßnahmen nicht in irgendeiner Form betroffen sind. Wirksamkeit entfaltet vor allem eine finanzielle Betroffenheit.[310] Die Verursacher sind zwar oft nicht selbst die unmittelbar Handelnden. Sie sind jedoch als Auftraggeber in der Lage, Maßstäbe zu setzen und durch die Auswahl von Entsorgern zu bekräftigen. Dies gilt auch im Rahmen der Eigeninitiative oder Eigenerledigung. Dort steuern die Verursacher als Unternehmer oder Anteilseigner das Entsorgungsprojekt und setzen Maßstäbe für ein gesetzestreues Klima.[311]

Verantwortung beeinflußt wegen der dadurch entstehenden Anspannung ferner das Bewußtsein für die Entsorgungsvorgänge. Sie führt automatisch zu einer intensiveren Befassung mit den Vorgängen und dadurch gleichzeitig zu mehr Kenntnis über Abläufe und Möglichkeiten. Die Verantwortung wirkt sich insoweit ergänzend zur Möglichkeit von Initiative positiv auf Abfallbewußtsein und Rückkopplung aus.[312] Andersherum ist Bewußtseinsförderung ganz ohne Verantwortung kaum vorstellbar. Verantwortung in Form finanzieller Betroffenheit von den Folgen des Tuns ist daher eine Voraussetzung für eine Förderungswürdigkeit von Eigeninitiative, wenn auch die Anforderungen bei Vorliegen anderer Vorteile nicht zu hoch gesetzt werden sollten.

---

309 Baum/Wagner, Müll und Abfall 2000, 330, 342.
310 Optimale Anreize entstehen nach Reese/Schütte, ZUR 1999, 136, beim Erzeuger nur dann, wenn ihm Kosten voll angelastet werden.
311 Vgl. zur ähnlichen Problematik genossenschaftlicher Haftungskollektive Heidenescher, ZfgG 2001, 3 ff., 10.
312 So beklagt Kahl, DVBl. 1995, 1327, 1336, die Möglichkeiten der Subdelegation von Verpflichtungen. Hier sei ein „ökologischer Ablaßhandel" an die Stelle wirklich verursacherbezogener Eigenentsorgung getreten.

Erzielt werden kann finanzielle Betroffenheit der Verursacher durch Verlust von Gewinnen und Einlagen oder durch Haftung. Voraussetzung für einen empfindlichen Verlust von Einlagen ist die Erbringung von Einlagen in erheblicher Höhe. Der Einlagenverlust verliert also mit zunehmender Größe und Anonymität von Zusammenschlüssen an abschreckender bzw. bewußtseinsfördernder Wirkung. Gleiches gilt für Gewinneinbußen, weil der „Gewinn" des Verursachers bei großen Zusammenschlüssen vornehmlich in der Entsorgungsmöglichkeit besteht.

Eine wichtige Kategorie finanzieller Betroffenheit ist daher die Haftung, insbesondere für die Folgen öffentlich-rechtlicher Umweltstörungen. Eine solche Haftung kann unmittelbar durch das Gesetz ausgelöst werden, wenn die Abfallverursacher als persönlich haftende Gesellschafter für Sanktionen einzustehen haben. Sie kann durch organschaftliche Delegation entstehen, wenn z.B. innerhalb von körperschaftlichen Zusammenschlüssen der Vorstand haftet.

Es ist daher zu prüfen, inwieweit die Abfallverursacher grundsätzlich als öffentlich-rechtliche Störer in Anspruch genommen werden können, wenn durch fehlerhafte Art und Weise der Entsorgung eine Beseitigung von Störungen nötig wird.

Soweit die Abfallverursacher nicht unmittelbar als allein oder gemeinsam Handelnde haften, kommt eine Haftung nur aus §§ 16 I 2, 17 I 2 KrW-/AbfG in Betracht. Nach beiden Normen bleibt die Verantwortlichkeit des Auftraggebers trotz Beauftragung unberührt, so daß der Auftraggeber für die ordnungsgemäße Durchführung des Auftrages haftet. Unklar ist allerdings, ob es sich um eine Verschuldens- oder Erfüllungshaftung handelt und wann die Sorgfaltspflichten erfüllt sind.[313] Dies kann jedoch hier dahingestellt bleiben, da es für eine Sensibilisierung des Verursachers allein darauf ankommt, ob er in der Praxis in irgendeiner Weise mit persönlicher Inanspruchnahme rechnen muß. Dies ist auf der Grundlage der bisherigen Rechtsprechung und wissenschaftlichen Diskussion eher unwahrscheinlich.[314] Sobald nämlich die angelieferten Abfälle vermischt werden, ist eine Zuordnung zum konkreten Verursacher nur noch im Ausnahmefall möglich.

Diese faktische Hürde könnte nur genommen werden, wenn irgendeine Form von Mithaftung für Handlungen des abnehmenden Entsorgers bestünde, ohne zugleich die Haftung ins Bodenlose zu erweitern. § 16 I 2 KrW-/AbfG gibt dies unter Umständen her. Es heißt wörtlich: „Ihre (*der Auftraggeber*) Verantwortlichkeit für die Erfüllung der Pflichten bleibt hiervon (*von der Beauftragung*) unberührt." Diese Formulierung kann durchaus so verstanden werden, daß nicht nur formal-rechtlich, sondern auch faktisch die Haftung so erhalten bleiben soll, wie wenn keine Beauftragung erfolgt wäre. Auch die Entstehungsgeschichte spricht nicht gegen eine solche Sicht. Immerhin war die Beauftragung ursprünglich nur für Entsorgungsträger gedacht. Es ging meist um Gesamtabnahme- und Betreiberverträge, und es war daher klar, wem der Abfall des Beauftragten zuzurechnen war. Die Regelung wurde dann reflexartig auf bestimm-

---

313 Vgl. Überblick bei Fluck, in: Fluck (Hrsg.), § 16, 89 ff.; Reese/Schütte, ZUR 1999, 136, gehen von „Garantenstellung" des Erzeugers bis zum Abschluß der Entsorgung aus, die dem Verursacherprinzip entspreche. Als Verursacher des Risikos müsse er auch die Verantwortung und Kostenlast tragen. Optimale Anreize entstünden nur, wenn ihm die Risiken voll angelastet werden.

314 Die Diskussion betrifft lediglich formal-rechtliche Probleme der Haftung von Erzeugern und Besitzern und widmet sich nicht den Problemen der effektiven Haftung, vgl. zuletzt Müggenborg, NVwZ 1998, 1121 ff.; Reese/Schütte, ZUR 1999, 136 ff.

te Abfallverursacher erweitert, ohne die Folgen für eine Haftbarmachung zu bedenken.

Auch aus Sinnhaftigkeitsgesichtspunkten stellt sich die Frage, wozu es eine Haftungsnorm geben soll, die nur im Ausnahmefall praktisch durchgreift. Problematisch ist allerdings, wie die „Unberührtheit" der Haftung angemessen ausgestaltet werden soll.

Eine weitergehende Haftung darf nicht davon abhängig sein, daß der Aufsichtsbehörde der konkrete Herkunftsnachweis gelingt, sondern kann faktisch nur erreicht werden, wenn zumindest eine irgendwie geartete Haftungsvermutung für denjenigen eingreift, der an den Entsorgungsbetrieb geliefert hat. Damit nun die Haftungsgefahr nicht uferlos und Eigeninitiative dadurch zum unberechenbaren Risiko wird, muß man die Haftungsvermutung einschränken. Sie darf nur gelten, soweit eine Beteiligung mit eigenen Abfällen an der Störung räumlich und zeitlich in Betracht kommt. Sie sollte ferner nicht als Gesamtschuld, sondern nur als Teilschuld nach Anteilen der insgesamt in Betracht kommenden Mitverursacher gelten. Ferner kann die Vermutung natürlich durch Gegenbeweis widerlegt werden.

Eine solche Haftungslösung schafft ggf. einen brauchbaren Ausgleich zwischen Kontrollanreiz und Attraktivität von Eigeninitiative. Die Haftungsgefahr hält sich praktisch in Grenzen. Dennoch drohen im schlechten Fall erhebliche Einstandspflichten.

Eine soeben vorgeschlagene Lösung im Rahmen der Auslegung des § 16 I 2 KrW-/AbfG erscheint zwar vertretbar bzw. nicht abwegig. Es ist aber zweifelhaft, ob sie sich de lege lata angesichts des hohen konstruktiven Aufwandes gegen die „formale" Auslegung durchsetzt. Es stellt sich daher die Frage, ob eine effektive Mithaftung der Verursacher und ihrer Verbände auf andere Weise erreicht werden kann.

Denkbar sind vertragliche Regelungen. Vertragliche Haftungsklauseln in Entsorgungsverträgen gelten jedoch nur im Innenverhältnis. Eine Mithaftung gegenüber dem Staat für öffentlich-rechtliche Verbindlichkeiten läßt sich dadurch nicht erreichen. Es kommen allerdings vertragliche Haftungsvereinbarungen mit dem Staat, d.h. dem Land, vertreten durch die zuständige Behörde, in Betracht. Solche Vereinbarungen sind öffentlich-rechtliche Verträge i.S.d. §§ 54 ff. VwVerfG[315], die ohne weiteres schriftlich geschlossen werden können. Sie können zu einer hinreichenden Bindung der Eigenentsorger an das Entsorgungsgeschehen führen und damit die gesetzlichen Voraussetzungen zulässiger Eigeninitiative schaffen. Ähnliche Vereinbarungen im Erschließungsrecht in Form von Folgekostenverträgen sind allgemein als zulässig anerkannt.[316] Gegen die Zulässigkeit der geschilderten Haftungsvereinbarungen ist somit grundsätzlich nichts einzuwenden.

Die Durchführung könnte so gestaltet werden, daß nur solche Entsorgungsverhältnisse privilegiert werden, bei denen die Verursacher oder Verursacherzusammenschlüsse eine allgemein vorformulierte „Haftungserklärung" bei der Behörde abgeben, die dann nur noch gegengezeichnet wird. Über eine solche Erklärung könnte – besser als durch Auslegung von § 16 I 2 KrW-/AbfG – genau festgelegt werden, für welche Fälle eine Haftungsvermutung, in welcher Weise eine Mithaftung und welche Exculpationsmöglichkeiten bestehen sollen. Dies gilt insbesondere auch für die Haftung von Verbänden und ihrer Organe. Es könnte ein abgestuftes System etabliert werden, nach

---

315 Verwaltungsverfahrensgesetz vom 25.05.1976 (BGBl. I 1253).
316 Hennecke, in: Knack, VwVfG, § 57, 7; Kopp, VwVfG, § 54, 57, § 56, 18.

dem die Verursacherverbände im Rahmen der oben geschilderten Haftungsvermutung und Exculpationsmöglichkeiten haften, die Organe und Bevollmächtigten daneben im Falle unterlassener Mitwirkung oder Kontrolle und die Mitglieder nach Anteilen für den Ausfall. Auf diese Weise ist jeder zumindest ein wenig eingespannt, so daß gegenseitige interne Kontrolle stattfindet.

Eine Ergänzung bzw. Ersetzung der gesetzlichen Haftung durch Haftungsvereinbarungen mit der öffentlichen Hand ist somit vorstellbar und umsetzbar. Sie kann auch immer dann angemessen sein, wenn bei Gestaltungsformen ein Abgleiten in Fremdinitiative zu besorgen ist.

cc) Ziel der Flexibilisierung, Vielfalt und Kooperationsförderung

In den Materialien wird die Förderung von inländischen Beseitigungskapazitäten hervorgehoben. Die bloße Steigerung von Kapazitäten kann angesichts der derzeitigen abfallwirtschaftlichen Entwicklung allerdings nicht als Gesichtspunkt der Förderungswürdigkeit angesehen werden. Es könnte jedoch eine besondere Ausgestaltung der Kapazitäten wünschenswert sein.

Abfallmengen sind nicht immer konstant und präzise prognostizierbar. Es sind somit flexible Reaktionen notwendig.[317] Eine Vielfalt der Organisationsformen führt zu Modellkonkurrenz und zur Entwicklung kleinerer Anlagen.[318] Dies trägt dazu bei, daß nicht zwingend großflächig die gleiche Entsorgungslösung vorherrscht. Dort, wo gesonderte Lösungen zweckmäßig sind, können sie sich auch entwickeln. Auf diese Weise ist wiederum eine stärkere Rückkopplung mit individuellen Möglichkeiten der Vermeidung und Verwertung vorstellbar. Insgesamt kann die Struktur dadurch wahrscheinlich besser auf Veränderungen von Stoffströmen reagieren. Flexibilität und Vielfalt von Entsorgungsstrukturen erhöhen somit die Reaktionsmöglichkeiten und die Rückkopplung. Förderungswürdig sind also organisatorische Gestaltungen, aus denen sich vielfältige Anlagenstrukturen und auch Steuerungsstrukturen entwickeln können.

In engem Zusammenhang mit dem Wunsch nach Flexibilisierung und Vielfalt steht die Besorgnis hinsichtlich einer Monopolmacht der Entsorgungswirtschaft. In der allgemeinen Privatisierungsdiskussion sind Befürchtungen bezüglich einer monopolähnlichen Stellung von gewinnorientierten Betrieben ein geläufiges Schlagwort.[319] Es ist auch logisch nachvollziehbar, daß ein privater Betrieb, der keinen Konkurrenten hat, zur Gewinnmaximierung die Preise anhebt, Herrschaftswissen für sich behält und ggf. in der Leistung nachläßt. Dieselben Effekte sind zu befürchten, wenn eine ganze Branche oder Teile davon sich zusammenzuschließen beginnen. Im übrigen hat der Bundesrat im Gesetzgebungsverfahren ausdrücklich vor solchen Gefahren gewarnt.[320]

---

317 Kahl, DVBl. 1995, 1327 1334.
318 Vgl. Kahl, DVBl. 1995, 1327, 1334, mit vielen weiteren Nachweisen in Fn 96.
319 Nach Baum/Cantner, Regulierung, 27, führen Monopole zu Ineffizienzen und monopolistischer Preissetzung. Monopolisierungsgefahren werden auch häufig im Zusammenhang mit der Privatisierung im Abwasserbereich beschworen, vgl. z.B. Gruneberg, GHH 1998, 80, 82 f.; Bellafonte, GHH 1988, 265, 269 f.
320 Vgl. oben 1.Teil A.III.6.

Die Verhinderung von Monopolmacht der Entsorgungswirtschaft ist somit ein beachtenswerter Gesichtspunkt.

Ein weiterer in den Materialien angesprochener Gesichtspunkt ist die Mittelstandsförderung durch Kooperationsmöglichkeiten. Man kann sich darüber streiten, ob eine Förderung mittelständischer Betriebe ein stets zu beachtendes Anliegen ist. Eine solche Annahme soll hier deshalb auch nicht zugrunde gelegt werden. Einen beachtenswerten Maßstab, der auch im Gesetzgebungsprozeß ausdrücklich betont wurde[321], könnte allerdings die Bestrebung darstellen, die Möglichkeiten mittelständischer Betriebe denen der Großbetriebe anzunähern, insbesondere wenn dies durch Ermöglichung von Kooperationen erreicht werden kann.

Für kleinere Betriebe ist es typisch, daß sie sich zur Erledigung aufwendiger Vorhaben zusammenschließen müssen. Dies geschieht beispielsweise in der Bauwirtschaft in Form von Arbeitsgemeinschaften. Auch in anderen Branchen findet man allerlei Kooperationen in Form von Bezugs-, Absatz-, Transportgemeinschaften etc. Die partielle Zusammenarbeit ist ein wichtiges Mittel kleiner und mittlerer Betriebe, um gegen Großbetriebe konkurrenzfähig zu bleiben.[322]

So wird in Erörterungen des § 17 KrW-/AbfG auch immer wieder darauf hingewiesen, daß auch im Bereich kleinerer Unternehmen, die zu einer autonomen Beseitigung wirtschaftlich oder technisch nicht in der Lage sind, durch Selbstorganisation gleichermaßen eine geordnete Entsorgung sichergestellt werden kann.[323]

Diese wirtschaftliche Komponente der Eigenbeseitigung wird auch bei DONNER/SMEDDINCK deutlich.[324] Nach ihrer Auffassung beachtet die einschränkende Auslegung[325] des Begriffs „eigene Anlagen" zu wenig die tatsächliche Entwicklung im Wirtschaftsleben. Wirtschaftsunternehmen reorganisierten sich heute in loseren Unternehmensverbünden, so daß auch Konzernanlagen mitumfaßt seien. Tatsächlich ist es nicht sinnvoll, die Selbsterledigungskompetenz auf einzelbetriebliche Vorhaben zu beschränken. Zur Wahrung der notwendigen Flexibilität der Betriebe werden überall im Wirtschaftsleben Kooperationen für bestimmte Erledigungen gegründet. Diese Form der Zusammenarbeit wird von der Beratung empfohlen und durch eine Fülle von Institutionen gefördert. Zur Wahrung der hinreichenden Flexibilität und zur Konzentration auf Kernkompetenzen ist es sogar an der Tagesordnung, Großbetriebe in Einzelbetriebe aufzuteilen oder ganze Teilbereiche im Wege des Outsourcing zu vergeben. Die Förderung von Mittelstandskooperationen durch Möglichkeiten der Eigeninitiative stellt somit einen beachtenswerten Maßstab dar.

Es liegt auf der Hand, daß Eigeninitiative durch die Verursacher – auch und gerade gemeinschaftlich – die soeben genannten Ziele fördert. Sie führt grundsätzlich zu ver-

---

[321] BT-Drucks. 12/5672, 127; vgl. auch oben bei Fn. 240.
[322] Darauf weisen ausdrücklich Bartram/Schade, UPR 1995, 253, 255, und Bongen, WiB 1996, 713, 716, hin, speziell im Hinblick auf bessere Kalkulationsmöglichkeiten. So ähnlich auch Kahl, DVBl. 95, 1327, 1330, wonach es Sinn des § 17 KrW-/AbfG ist, kleinen Unternehmen, die zur autonomen Beseitigung ihrer Abfälle aus wirtschaftlichen oder finanziellen Gründen nicht in der Lage sind, gleichermaßen eine Sicherstellung zu ermöglichen.
[323] Vgl. Kahl, DVBl 95, 1327, 1330; Walter, Entsorgungspflichten, 120.
[324] Donner/Smeddinck, in: Jarass/Ruchay/Weidemann, KrW-/AbfG, § 44, 17 f.
[325] Verweis auf Queitsch, UPR 1995, 412, 416.

hältnismäßig kleinen und dezentralen Einrichtungen. Daraus ergibt sich in aller Regel mehr Flexibilität und Vielfalt der Strukturen.

Sobald die Eigeninitiative jedoch nicht mehr in der Erledigung, sondern nur noch in der Mitbestimmung und Mitverantwortung besteht, werden solche Effekte unwahrscheinlicher. Die beteiligte Entsorgungswirtschaft wird sich stets um einheitliche Beteiligungsmuster und um Auslastung zentraler Einrichtungen bemühen. Die beteiligten Verursacher werden davon – zumindest vordergründig – durch niedrigere Entsorgungskosten profitieren und daher eine solche Tendenz mittragen. Dezentralität und Vielfalt entstehen also am besten ohne oder mit geringer Beteiligung der Entsorgungswirtschaft.

Es stellt sich ferner die Frage, ob Eigeninitiative der Verursacher auch ein geeignetes Instrument zur Verhinderung monopolähnlicher Stellung bestimmter Akteure ist. Eigeninitiative im Entsorgungsbereich ist ein „Sonderweg" zwischen den beiden Erledigungswegen über die Kommunen und die Entsorgungswirtschaft. Man kann sich gut vorstellen, daß sie als Korrektiv dienen kann, wenn sich private oder öffentliche Wirtschaft monopolisieren.

Allerdings bestehen solche Möglichkeiten bereits seit langem im Bereich der Verwertung betrieblicher Abfälle, ohne daß bisher merklich davon Gebrauch gemacht wurde. Dies läßt sich jedoch dadurch erklären, daß die Kommunen in diesem Bereich zurückgedrängt wurden und die Entsorgungswirtschaft momentan verhältnismäßig günstigere Entsorgungspreise bietet. Es kann durchaus sein, daß sich die Entsorgungswirtschaft derzeit noch in einer Phase der Markteroberung und des Zusammenschlusses befindet und anschließend in eine Richtung steuert, die ein stärkeres Bedürfnis nach Eigeninitiative hervorruft. Wenn ein solcher Zustand eintreten sollte, wäre es gut, wenn sich wenigstens in Ansätzen bereits eine Struktur und Kultur von Eigeninitiative gebildet hätte. Ansonsten gibt es im entscheidenden Moment keine Basis, auf der man aufbauen kann. Solche Basisstrukturen entstehen jedoch naturgemäß nur dort, wo der Wunsch nach Wechsel besteht, also derzeit vor allem in bisher noch öffentlich dominierten Entsorgungsbereichen. Eine effektive Förderung des Aufbaus von Eigeninitiative als Prävention gegen mögliche Monopolisierungstendenzen kann daher organisationsrechtlich nur im Beseitigungsbereich, im Mischabfallbereich und im Bereich häuslicher Verwertungsabfälle geschehen.

Es spricht somit viel dafür, aus Gründen der Monopolisierungsgefahr verstärkt Eigeninitiative der Betriebe bei der Beseitigung von Abfällen zu ermöglichen.

b) Umsetzung der Maßstäbe in Privilegierung von Organisationsformen

Unter dem Gesichtspunkt der Eigeninitiative und ihrer soeben erörterten Aspekte können die persönlichen Erledigungsformen und die Erledigung in Zusammenschlüssen mit engagierter Beteiligung ohne detaillierte Begründung als förderungswürdig angesehen werden. Sie führen zu einer sehr engen Verbindung zwischen Betrieb und Entsorgung und steigern somit ohne Zweifel das Abfall- und Kreislaufbewußtsein, die Flexibilisierung und Vielfalt der Struktur und die Systemakzeptanz. Sie können ferner zu einer relativ hohen finanziellen Betroffenheit führen, sei es durch Haftung oder durch erhebliche Einlagen- bzw. Gewinneinbußen.

Allerdings sind solche Gestaltungen die Ausnahme und insbesondere engagierte Beteiligungen für größere Zusammenschlüsse ungeeignet. Merkliche Auswirkungen auf die Struktur hin zu mehr Verursacherselbstverwaltung werden davon kaum ausgehen.

Die tiefere Auseinandersetzung mit dem Für und Wider der Organisationsformen und Bedeutungsvarianten beginnt daher mit den Modellen mitgliedschaftlicher Zusammenschlüsse.

aa) Förderungswürdigkeit mitgliedschaftlicher Zusammenschlüsse

Gegenüber engagierten Beteiligungsverhältnissen läßt bei genossenschaftsähnlichen Zusammenschlüssen das Maß an Bestimmungsmacht und Verantwortung des einzelnen Mitgliedes nach. Bestimmungsmacht besteht nur noch über ein Minderheitsstimmrecht, und die Verantwortung beschränkt sich auf die Haftsumme und ideelle Gesichtspunkte.

Andererseits wird die Bestimmung und Verantwortung innerhalb des Mitgliederkreises delegiert, und zwar an Vorstand und Aufsichtsrat, in den jeder wählbar ist. Diese Umstände führen zur Identifikation und tragen in der Praxis dazu bei, daß sich die Mitglieder regelmäßig für die Vorgänge innerhalb der Genossenschaft interessieren und an der Gestaltung der wirtschaftlichen Modalitäten mitwirken. Es kommt in der Praxis nicht selten vor, daß Anregungen für Neuerungen aus dem Kreise der einfachen Mitglieder kommen und über Vorstands- oder Aufsichtsratsmitglieder des Vertrauens vorangetrieben werden. Es besteht daher auch bei genossenschaftsähnlicher Gestaltung noch ein derartig enger Zusammenhang zwischen Mitgliedsbetrieb und Entsorgung, daß die Kenntnis der Mitglieder von den Entsorgungsvorgängen erhöht wird und eine Rückkopplung auf das betriebliche Verhalten gut vorstellbar ist.

Hervorzuheben ist, daß es durch genossenschaftsähnliche Gestaltungen – anders als bei engagierten Beteiligungen – zu hohen quantitativen Wirkungen kommen kann und dadurch die Chance auf eine insgesamt merkliche Förderung des Abfall- und Kreislaufbewußtseins besteht.

Eine solche Ausweitung der Möglichkeiten darf jedoch nicht dazu führen, daß eine Fremdbestimmung einsetzt. Gestaltungen, durch die z.B. die Entsorgungswirtschaft erheblichen Einfluß auf die Willensbildung erlangt, sind daher mit Zurückhaltung zu betrachten. Dies gilt ganz besonders, wenn es sich um verdeckte Fremdinitiative, d.h. nicht offenkundige Beteiligungen, Betriebsführungsverhältnisse und Finanzierungsklauseln handelt. In solchen Fällen spricht nämlich eine Vermutung dafür, daß die – grundsätzlich nicht unbedingt schädliche – Mitwirkung von Entsorgern einer Umgehung und ungebührlicher Einflußnahme dienen soll.

Förderungswürdig nach dem Maßstab der Bewußtseinssteigerung und Rückkopplung ist daher die eingetragene Genossenschaft. Sie ist die typische Form mitgliedschaftlichen Zusammenschlusses auf wirtschaftlichem Gebiet und gewährleistet daher alle soeben genannten Vorteile.[326] Förderungswürdig sind ferner alle anderen mitgliedschaftlich strukturierten bzw. genossenschaftsähnlichen Gestaltungen, wie sie z.B.

---

[326] Voraussetzung ist allerdings eine Ausrichtung des Genossenschaftswesens auf kleine und neue Genossenschaften und deren Autonomiebedürfnissen. Kritisch zu der Entwicklung Höland, ZögU 1988, Beiheft 10, der von „Clubmentalität" spricht.

auch in Form einer GmbH & Co KG erreicht werden können.[327] Nicht mehr förderungswürdig sind nach obigem Maßstab Gestaltungen mit erheblicher verdeckter Fremdinitiative aus der Entsorgungswirtschaft.

Nach den Maßstäben der Flexibilität und Vielfalt von Strukturen ist es wichtig, daß nicht durch Beteiligung der Entsorgungswirtschaft vereinheitlichte und zentral gesteuerte Einheiten entstehen. Dafür bietet die Erledigung innerhalb mitgliedschaftlich strukturierter Zusammenschlüsse hinreichend Gewähr. Zwar kann es durch Unterstützung und Betriebsführung der Entsorgungswirtschaft zu gleichartigen Modellen in verschiedenen Regionen kommen. Die Verursacher sind jedoch in der Lage, den Entsorgungsbetrieb nach den jeweiligen wirtschaftlichen Besonderheiten ihrer Gemeinschaft auszurichten. Der Gefahr eines starren Einheitssystems wird daher durch solche Zusammenschlüsse begegnet.

Durch eine solche Förderung von Flexibilität und Vielfalt wird zugleich etwaigen Monopolisierungstendenzen entgegengewirkt. Fraglich ist allerdings, ob genossenschaftsähnliche Strukturen eine derartige Kraft entwickeln, daß – über vereinzelte dezentrale Sondermodelle hinaus – eine präventive strukturelle Basis für eine umfassende Entsorgung durch Eigeninitiative geschaffen wird. Ohne strukturelle Basis wird Eigeninitiative womöglich immer ein Kümmerdasein führen, weil sie auch in entscheidenden Momenten, wenn sie gebraucht wird, nicht durchstarten kann. Man sollte daher auch Gestaltungen in Betracht ziehen, die Gemeinschaftsinitiativen möglichst jetzt schon attraktiv machen.

An dieser Stelle rücken die Möglichkeiten zu übergeordneten Zusammenschlüssen ins Blickfeld. Sie verringern zwar die Intensität von Einfluß und Verantwortung, erleichtern jedoch die notwendigen Investitionen und ermöglichen so im Abfallrecht häufig erst den Einstieg in Eigeninitiative. Solche Möglichkeiten kommen sowohl der quantitativen Bewußtseinsänderung als auch der Verhinderung von Monopolmacht entgegen und sind daher nach diesen Maßstäben förderungswürdig.

Eine weitere Erleichterung der Eigeninitiative und damit ein attraktivitätssteigernder Faktor ist die Einbeziehung von Entsorgungsbetrieben als Betriebsführer.

Die Weiterführung obiger Gedanken führt zu den verbandsgestützten Kooperationsgesellschaften. In ihnen wird der soeben noch als Betriebsführer untergeordnete Entsorger zum gleichberechtigten Partner der Verursacher. Die Gefahr der Fremdbestimmung steigt dadurch weiter. Die Bereitschaft der Entsorgungswirtschaft zur Mitwirkung wird jedoch ebenfalls wahrscheinlicher. Solange zumindest eine effektive Parität gewahrt bleibt, entfernt sich solche Gestaltung nicht wesentlich von den bereits oben erörterten Modellen der Einbeziehung von Entsorgern. Auch sie ist daher nach den Maßstäben der Bewußtseinsänderungen und Monopolverhinderung noch förderungswürdig. Unter Umständen muß mit dem oben vorgestellten Instrument der Haftungsvereinbarung gearbeitet werden.

Auch aus dem Blickwinkel der Förderung von Mittelstandkooperationen ist die Privilegierung von Organisationsformen der hier genannten Art nötig und förderungswürdig.

Insgesamt gibt es somit keinen Maßstab, nach dem mitgliedschaftlich strukturierte Zusammenschlüsse von Abfallverursachern im Sinne der Privilegierungsvariante 3 nicht förderungswürdig sind. Große Zusammenschlüsse, ggf. auf übergeordneter Ebe-

---

327 Vgl. Wölfle, ZfgG 1997, 52 ff.

ne, führen zwar zu qualitativ geringeren Rückkopplungen und Bewußtseinssteigerungen, bieten dafür jedoch die Chance zu quantitativ höheren Effekten verbunden mit strukturellen Auswirkungen. Gleiches gilt für die Einbeziehung von Entsorgungsunternehmen als Betriebsführer oder als gleichberechtigte Partner einer Kooperationsgesellschaft, so daß auch die Privilegierungsvariante 3a förderungswürdig ist.

bb) Förderungswürdigkeit qualifizierter Fremdbeauftragung

Es ist nun zu prüfen, inwieweit qualifizierte Formen der Fremdbeauftragung nach den entwickelten Maßstäben förderungswürdig sind. Merkmale einer qualifizierten Fremdbeauftragung sind Kontroll- und Mitspracherechte der auftraggebenden Verursacher bezüglich des Entsorgungsvorganges durch Unterstützung ihrer Verbände.

Soweit die Mitglieder von ihren Verbänden bei der Ausübung von Mitsprache und Kontrollrechten lediglich auf freiwilliger Basis beraten werden, wird die Erhöhung von Kompetenz und Steigerung des Bewußtseins beim Verursacher eher die Ausnahme bleiben. Der Unterschied zur typischen „schlichten" Fremdbeauftragung und damit auch die Förderungswürdigkeit wäre marginal.

Ein klarer Fortschritt ist demgegenüber das „Kommissionsmodell" bzw. „Andienungs- und Zuweisungsmodell", bei dem der Verursacherverband den Abfall seiner Mitglieder eigenverantwortlich an die Entsorgungsunternehmen weiterleitet.

Es stellt sich die Frage, ob sich durch eine solche Qualifizierung der Fremdbeauftragung ein verstärktes Abfall- und Kreislaufbewußtsein und mehr Rückkopplung erreichen läßt. Für eine unmittelbare Rückkopplung von den Möglichkeiten und Vorgängen bei der Entsorgung auf die einzelbetrieblichen Verhaltensweisen fehlt es an einer direkten Beziehung zwischen Verursacher und Betrieb. Sie muß also auf mittelbarem Wege erfolgen.

Erstens muß eine effektive Mitsprache und Kontrolle des Verursacherverbandes bei der Festlegung des Entsorgungsvorganges und des Entsorgungsweges gewährleistet sein. Es bedarf also entsprechender Verträge. Darin sollte geregelt sein, welcher Entsorgungsweg für die einzelnen Abfallarten vorgesehen ist und wie die Verbände bzw. anliefernden Betriebe in eine kreislaufgerechte Entsorgung eingebunden werden, z.B. durch Rücknahme von Wertstoffen, durch Umstellung der Produktionsweise oder durch Bonussysteme. Solche Vereinbarungen und ihre positiven Auswirkungen auf das Kreislaufbewußtsein sowohl von Entsorgern als auch Verursachern sind vorstellbar.

Zweitens müssen die abfallwirtschaftlichen Belange der Mitgliedsbetriebe in die Entscheidungen des Verbandes einfließen. Dazu bedarf es einer mitgliedschaftlichen Struktur.

Drittens muß der Verband in der Lage sein, die Bedürfnisse der Mitglieder bei der Entsorgungswirtschaft und die Möglichkeiten und Probleme der Entsorgung bei den Mitgliedern deutlich zu machen und umzusetzen. Dazu bedarf es einer hinreichenden abfalltechnischen und abfallwirtschaftlichen Kompetenz in den Verbänden. Es muß verhindert werden, daß „Alibi-Verbände" installiert und instrumentalisiert werden. So kann es z.B. nicht sein, daß sich einfach drei kleine Betriebe zusammenschließen und über diesen „Verband" einen Entsorger beauftragen. Es bedarf somit einer gewissen „Kompetenz- und Zuverlässigkeitsprüfung" anhand bestimmter Kriterien, ggf. in Anlehnung an die Entsorgungsfachbetriebsverordnung.[328] Auch solche Vorgaben erscheinen umsetzbar.

Viertens müssen sich rechtswidrige kreislaufschädliche Verhaltensweisen beim Entsorger ebenso spürbar auf die Verursachergemeinschaft auswirken wie bei Eigenerledigung. Dazu bedarf es einer Mitverantwortung durch Haftung, entweder aufgrund Gesetz oder aufgrund von Haftungserklärungen. Aufgrund der Delegation von Kompetenz und Bestimmung von den Verursachern auf den Verband sollten etwaige Haftungserklärungen so ausgestaltet sein, daß in erster Linie der Verband haftet. Um angesichts seiner körperschaftlichen Struktur eine hinreichende Ernsthaftigkeit zu gewährleisten, sollten auch die Organe – zumindest subsidiär – persönlich für unterlassene Mitwirkung und Kontrolle haften. Entsprechend wirkende Haftungserklärungen sind vorstellbar.

Soweit obige vier Vorgaben für qualifizierte Beauftragungen umgesetzt werden, ist eine Förderung des Abfall- und Kreislaufbewußtseins auf Seiten der „Verursacherschaft" vorstellbar. Es bietet sich im übrigen die Chance durch staatliche Zuschüsse für die Vermittlung und Förderung bestimmter Vermeidungs- und Verwertungsmechanismen bei den Mitgliedern weitere positive Effekte zu erzielen. Da nicht eigens Anlagen zur Eigenerledigung errichtet werden müssen, sondern auf solche der Entsorgungswirtschaft zurückgegriffen werden kann, stellt die qualifizierte Fremdbeauftragung im übrigen einen möglicherweise für breite Kreise attraktiven Einstieg in die Eigeninitiative dar.

Dem Maßstab der Flexibilisierung und Vielfalt von Entsorgungsstrukturen wird die qualifizierte Fremdbeauftragung unmittelbar nicht gerecht. Auch die akzeptanzfördernde Wirkung von Selbstverwaltung und Partizipation wird bei solchen Gestaltungen nachlassen.

Im Gegenzug sind von der verbandsgestützten qualifizierten Fremdbeauftragung einfach umsetzbare Effekte im Sinne einer Verhinderung von Monopolmacht zu erwarten. Die „Einstiegsschwelle" für die Verursacher ist relativ gering. Sie müssen sich nicht an eine „Finanzierungsgemeinschaft" binden, sondern sich lediglich einem Verband anschließen. Wenn sich solche „Verursacherinteressenverbände" zusammenfinden, können sie schon bald einen großen Umfang einnehmen. Wenn es darüber hinaus gelingt, angemessene Anerkennungs-, Zuverlässigkeits- und Haftungskriterien zu entwickeln und umzusetzen, kann bereits kurzfristig eine Marktmacht der Verursacher entstehen, die sowohl der öffentlichen Hand als auch der Entsorgungswirtschaft Paroli bieten kann.

Darüber hinaus bilden sich auf diese Weise Ansprechpartner für die Durchführung vielfältigster Formen von Eigeninitiative im gesamten Entsorgungsbereich, aber auch darüber hinaus. Es besteht die Chance, daß sich übergreifende „Verbände zur Förderung bürgerlicher Eigeninitiative" bilden.

Allerdings gibt es Eigenschaften, die eine Förderungswürdigkeit problematisch erscheinen lassen:

So lassen sich die beschriebenen Voraussetzungen „qualifizierter Beauftragung" nicht mehr praktikabel typisieren, sondern erfordern komplizierte Bewertungen im

---

[328] Verordnung über Entsorgungsfachbetriebe vom 10.09.1996 (BGBl. I 1421), zuletzt geändert 09.09.2001 (BGBl. I 2331).

Einzelfall. Eine Abgrenzung zu nicht förderungswürdigen Formen könnte nur annäherungsweise geleistet werden und wäre ein sehr prognostischer Akt.

Auch droht die Gefahr, daß durch Umgehung und sonstige Mechanismen Eigeninitiative kaum noch vorhanden ist und die das Ganze zu einer „Alibi-Veranstaltung" wird. Besonders problematisch ist, daß durch eine Einbeziehung solcher Organisationsformen in die Privilegierung die vorgenannten, noch förderungswürdigeren Modelle praktisch verdrängt bzw. an einer Etablierung gehindert würden.

Qualifizierte Fremdbeauftragung kann daher nur als privilegierungswürdig angesehen werden, wenn der jeweilige Sachbereich oder die Regelung dies erkennbar nahelegt.

Im Rahmen des § 13 I 2 KrW-/AbfG wird bereits durch eine Einbeziehung von Meta-Zusammenschlüssen und „citizen-private-partnership" ein Rahmen geschaffen, in dem betriebliche Eigeninitiative sich – auch praktisch – weitgehend verwirklichen kann, zumal auch Teilerledigung von Sammlung, Transport und Sortierung möglich ist. Damit ist eine Grundlage für die Entwicklung von Eigeninitiative geschaffen, die Möglichkeiten zur organisatorischen, institutionellen und auch technischen Weiterentwicklung gibt, so daß die weitergehende Einbeziehung von Fremderledigung nicht erforderlich ist.

Außerdem müßte man bei Zulassung von Fremdbeauftragung auf die Fluck'sche Wortlautvariante zurückgreifen und die Bestimmung förderungswürdiger Eigeninitiative nach Maßgabe „überwiegender öffentlicher Interessen" vornehmen. Eine solche Konstruktion paßt nicht in das Gesamtbild des § 13 I 2 KrW-/AbfG, das auf typisierende Privilegierung zugeschnitten ist. Grundsätzlich mag qualifizierte Beauftragung daher zwar begrüßenswert und damit förderungswürdig sein, im Rahmen der Privilegierung durch § 13 I2 KrW-/AbfG spricht jedoch eine Vermutung dagegen.

c) Fazit

Der Gesetzgeber des Kreislaufwirtschafts- und Abfallgesetzes liefert in den Materialien Stichworte, unter denen die Förderungswürdigkeit von Eigeninitiative erörtert werden kann. Es handelt sich dabei um die Steigerung des Bewußtseins für die Kreislaufwirtschaft und die Ziele der Abfallwirtschaft insgesamt, um die damit verbundene Rückkopplung, die Übernahme von Verantwortung, die Erhöhung von Flexibilität, Vielfalt und mittelständischen Kooperationsmöglichkeiten sowie um die Verhinderung von Monopolstrukturen. Diese Stichworte sind als Maßstäbe der Förderungswürdigkeit anzusehen.

Gemeinschaftliche Eigeninitiative der Verursacher ist nach obigen Maßstäben in jeder Organisationsform vorteilhaft, wobei auch der quantitative Wirkungsgrad, d.h. die Einbindung einer möglichst großen Zahl von Verursachern in Bewußtsein und Verantwortung, zu beachten ist. Sie führt im Umgang mit Abfällen – im Gegensatz zur schlichten Überlassung oder Ablieferung – zu einer intensiveren Befassung mit den Problemen der Entsorgung und zu zusätzlichem Wissen um Zusammenhänge und somit zur Optimierung von Entsorgungsvorgängen.

Problemtisch wird es allerdings, wenn Eigeninitiative in – ggf. verdeckte – Fremdinitiative überzugehen droht, wenn nicht die Verursacher, sondern z.B. die Entsorgungswirtschaft eigentlich Träger der Organisationsform ist oder sonst bestimmenden Einfluß ausübt.

Ein besonderer Faktor bei der Förderung von Bewußtsein und Rückkopplung ist die Verantwortlichkeit der Verursacher für den Entsorgungsvorgang. Sie entsteht vor allem durch Haftung. Soweit bei bestimmten Gestaltungen ein Übergang zu Fremdinitiative droht, sind besondere Haftungsvereinbarungen mit der öffentlichen Hand wünschenswert, die für ein Mindestmaß haftungsrechtlicher Anspannung der Verursacher sorgen.

Flexibilität und Vielfalt der Strukturen dient der besseren Reaktion auf sich ändernde Bedürfnisse und der Vermeidung von Monopolmacht. Sie wird durch neue schlagkräftige Strukturen der Eigeninitiative gefördert, allerdings nur, wenn sie nicht an die Strukturen einer sich zusammenschließenden Entsorgungswirtschaft anknüpfen.

Vor diesem Hintergrund sind mitgliedschaftlich strukturierte Zusammenschlüsse von Abfallverursachern förderungs- und privilegierungswürdig. Sie führen zu einer Identifikation mit der Aufgabe. Es besteht die Möglichkeit der Mitbestimmung, notfalls durch Gruppenbildung, bis hin zur Chance, sich selbst in die Leitungsebene wählen zu lassen. Die Haftung für illegale, umweltschädliche Praktiken wird zwar an Vorstand und Aufsichtsrat delegiert, bleibt aber auf diesem Wege im Kreise der Mitglieder. Problematisch ist daher die Fremdorganschaft.

Aus Gründen der notwendigen Effektivität bei der Erledigung von Beseitigungsaufgaben sind auch Kooperationen der Verursachergemeinschaften mit Entsorgungsbetrieben privilegierungswürdig, soweit erstere zumindest paritätisch beteiligt sind.

Qualifizierte Fremdbeauftragungen sind zwar gegenüber schlichter Ablieferung vorteilhaft im Sinne obiger Maßstäbe. Sie sind jedoch schwer zu typisieren und abzugrenzen und ihre Privilegierung entwertet praktisch diejenige der vorgenannten Organisationsformen, die – wie z.B. „citizen-private-partnership" – auch einen weitgehenden Rahmen schaffen. Da im Übrigen eine Förderung durch Sachbereich und Regelung nicht erkennbar nahegelegt wird, spricht eine starke Tendenz gegen die Förderungswürdigkeit im Rahmen des § 13 I 2 KrW-/AbfG.

Aus dem Blickwinkel der Förderungswürdigkeit verdient daher die Privilegierungsvariante 3 bzw. 3a den Vorzug.

Insgesamt bietet § 13 I 2 KrW-/AbfG ein System der Förderung von Eigeninitiative an, in dem zunächst Überlassungspflichten begründet und dann davon Ausnahmen zugelassen werden. Auf diese Weise werden durch Exklusivität Anreize geschaffen.

Dabei hat der Gesetzgeber hat im Abfallrecht Maßstäbe für die Förderungswürdigkeit gesetzt, die auch bei der Förderung von Eigeninitiative in anderen Regelungsbereichen Beachtung verdienen. Es handelt sich um die Steigerung des Problembewußtseins und der Verantwortung, der Selbstverwaltung, Akzeptanz und Innovation, der Flexibilität und Vielfalt von Strukturen und der Chancengleichheit durch mittelständische Kooperationen. Für ihre rationale Berücksichtigung kann die vorgenommene Untersuchung und ihre Gliederung als Argumentationsrahmen dienen.

Die für die Förderungswürdigkeit erarbeiteten Kriterien bieten sich vor allem dann zur Bestimmung und Abgrenzung zulässiger Organisationsformen an, wenn – wie im Abfallbereich – Ablieferungsmentalität bekämpft und Rückkopplung zwischen Problemverursachung und Problemlösung gefördert werden soll. Solche Forderungen treten meist auf, wenn der Regelungsgegenstand sensibel ist, eine hohe Dynamik und ggf. Monopolisierungstendenz privater Erledigungsstrukturen vorliegt oder das Problem als Lebenselixier der Problemlöser funktionalisiert und seine Lösung deshalb nicht eigentlich vorangetrieben zu werden droht.

Es zeigt sich ein sehr förderungswürdigen Bereich, in dem Qualität und Quantität der Partizipation nahezu ideal miteinander verbunden sind, nämlich geschlossene genossenschaftsähnliche Zusammenschlüsse.

Es zeigt sich ferner ein Bereich von Organisationsformen, der zur möglichen Eigeninitiative gehören sollte, um in Wettbewerbssituationen eine merkliche quantitative Wirkung zu erzielen. Er umfaßt die partnerschaftliche Einbeziehung der Wirtschaft in paritätischen Kooperationsgesellschaften.

Von möglicherweise allgemeiner Bedeutung sind auch die aufgezeigten Möglichkeiten der Verantwortungsübernahme durch persönliche Haftung, durch kollektive Haftung mit Haftungsdelegation auf den Vorstand und durch Haftungsvereinbarungen mit dem Staat.

Die nähere Betrachtung des § 16 I 2 KrW-/AbfG unter dem Gesichtspunkt der effektiven haftungsrechtlichen Betroffenheit der Auftraggeber eröffnet neue Horizonte für das Haftungssystem im Wirtschaftsverwaltungsrecht und ggf. im Wirtschaftsrecht allgemein. Indem nämlich darüber nachgedacht wird, ob nicht im Abfallrecht der Auftraggeber grundsätzlich intensiver haften soll, stellt sich diese Frage auch in anderen sensiblen Tätigkeitsfeldern. Es muß ferner kein Dogma sein, daß z.B. beim Betrieb einer gefährlichen Anlage in der Rechtsform einer GmbH auch die öffentlich-rechtliche Haftung beschränkt ist und nicht durch Gesetz oder Auflage Haftungserweiterungen, ggf. durch Haftungsverpflichtungen, verlangt werden.

3. Argumentationsmuster zu Notwendigkeit und Schutz öffentlicher Daseinsvorsorge

Nachdem soeben die betriebliche Eigeninitiative sehr weitreichend bis hin zu Kooperationsgesellschaften für förderungswürdig erachtet wurde, stellt sich die Frage, was aus der öffentlichen Entsorgung werden soll. Immerhin erachtete der Gesetzgeber es für nötig, Entsorgungspflichten für und Überlassungspflichten an die öffentlichen Entsorgungsträger festzulegen.

Der Bundestagsausschuß verwendete im Gesetzgebungsverfahren den Begriff der „notwendigen Daseinsvorsorge".[329] Der Bundesrat ließ an einer Stelle seiner allgemeinen Ausführungen erkennen, daß er die „bestehende Entsorgungsstruktur" nicht zerschlagen wissen wollte.[330] Ferner lag die Funktionssicherheit öffentlicher Anlagen dem Bundesrat besonders am Herzen. Ihm war es wichtig, daß Entsorgungsstrukturen nicht zerschlagen, keine Doppelkapazitäten geschaffen und die öffentlichen Entsorgungsträger nicht durch Rosinenpickerei, Planungsunsicherheit und Monopolisierung der Entsorgungswirtschaft an einer wirtschaftlichen Durchführung ihrer Aufgaben gehindert werden.[331] Es wird deutlich, daß der Bundesrat allzu ungehemmte private Konkurrenz mit Sorge betrachtete.

---

329 Vgl. oben bei Fn. 252.
330 Vgl. oben bei Fn. 236.
331 Vgl. oben III.2.6.

Die Bundesregierung signalisierte in ihrer Replik auf diese Bedenken Verhandlungsbereitschaft über die Belange der Planbarkeit.[332] Daraus darf man schließen, daß sie für Belange der Funktionssicherheit öffentlicher Anlagen offen war.

Die diesbezüglich zu treffende Wertentscheidung beruht also auf der Frage, inwieweit notwendige Daseinsvorsorge und ihre Funktionsfähigkeit eine an sich förderungswürdige Eigeninitiative einschränken.

a) Maßstäbe der Notwendigkeit von Daseinsvorsorge

Man kann darüber streiten, wo die Grenzen der Daseinsvorsorge liegen, insbesondere ob nur notwendige oder auch andere für sinnvoll erachtete Vorsorge zu treffen ist. Leitgedanke des Gesetzgebers im Kreislaufwirtschafts- und Abfallgesetzes war laut Materialien jedenfalls die Beschränkung auf „notwendige" Daseinsvorsorge. Sie kann normalerweise nicht zur Einschränkung von Eigeninitiative führen, da – soweit Wille und Kompetenz zur Selbsthilfe vorhanden ist – Fremdfürsorge schon logisch nicht notwendig ist.

Es könnte aber sein, daß die Entsorgung nach der Natur der Sache nicht weitgehend der Selbsthilfe überlassen werden sollte, sondern einer öffentlichen Struktur vorzubehalten ist, deren Funktionsfähigkeit durch umfangreichen Kontrahierungszwang zu schützen ist. So jedenfalls war – unter Ausklammerung des Verwertungsbereichs – der organisatorische Grundansatz des alten Abfallrechts. Daseinsvorsorge wurde umfassend für notwendig erachtet, es sei denn, die Kommune selbst schloß sie für bestimmte Abfälle aus. Es stellt sich die Frage, inwieweit ein solches Verständnis von „Notwendigkeit" unter dem Kreislaufwirtschafts- und Abfallgesetz noch maßgebend ist.

aa) Leistungsfähigkeit und Zuverlässigkeit der privaten Entsorgungswirtschaft

Unabhängig davon, wer die Entsorgung durchführt, gilt folgender Grundsatz: Es muß eine ausreichende Anlagenverfügbarkeit und -kapazität zur Sicherstellung einer umweltverträglichen Entsorgung vorhanden sein, und zwar sowohl qualitativ als auch quantitativ und auch für den künftigen Bedarf.[333] Fraglich ist, ob dazu ein umfassender Beitrag der öffentlichen Daseinsvorsorge notwendig ist.

In diesem Zusammenhang wird häufig angezweifelt, ob nach einer „Durchbrechung des staatlichen Monopols noch eine koordinierte umweltverträgliche Entsorgung möglich ist.[334] Das Vertrauen in die Leistungsfähigkeit und Leistungsbereitschaft der privaten Entsorgungswirtschaft ist allerdings gestiegen, insbesondere aufgrund positiver Erfahrungen in anderen Branchen und mit der bisherigen Einbindung als Beauftragte von

---

332 Vgl. oben III.3.
333 Vgl. Bergjohann, Entsorgungssicherheit, 35 f., unter Hinweis auf den Rat von Sachverständigen für Umweltfragen, Umweltgutachten 1998; Arndt/Walter, WiVerw 1997, 185, 222.
334 Vgl. Bergjohann, Entsorgungssicherheit, 191; Bree, Privatisierung, 201 f; Kahl, DVBl. 1995, 1327, 1334 f.

Kommunen.[335] Man kann nicht ernsthaft an ihrer Leistungsfähigkeit zweifeln, wenn bereits große Teile der öffentlichen Entsorgung über sie erledigt werden. Nach dem jetzigen Stand der Technik und Dynamik in der Entsorgungswirtschaft spricht also viel dafür, daß öffentliche Entsorgung nicht mehr die Regel sein muß, sondern als Reserve nur noch die Ausnahme sein kann.[336]

Allerdings hält der Sachverständigenrat für Umweltfragen in seinem Jahresgutachten 2002 die Verbrennung und Deponierung für weitgehend nicht privatisierungserheblich. Er begründet dies mit den notwendig langen Vertragslaufzeiten und den damit verbundenen Wettbewerbsausschlüssen.[337] Das spricht allerdings nicht gegen eine entsprechende Leistungsfähigkeit der Entsorgungswirtschaft, sondern nur gegen Wettbewerbseffekte durch ihre Einbeziehung. Im übrigen scheint der Sachverständigenrat ausschließlich von einer Privatisierung durch öffentliche Beauftragung auszugehen, ohne andere Modelle zu berücksichtigen.

Man darf daher insbesondere für betriebliche Abfälle annehmen, daß sich im Bereich Eigeninitiative und Privatwirtschaft ausreichend Kompetenz und finanzielle Schlagkraft entwickeln kann, um allein, durch Zusammenschluß oder in Kooperation mit privaten Entsorgern eine ordnungsgemäße Entsorgung sicherzustellen.[338] Jedenfalls steht auch das Gegenteil nicht fest.

Im Schrifttum wird allerdings auch immer wieder auf Gefahren einer Dominanz der privaten Entsorgungswirtschaft hingewiesen. Die primär ökonomischen Interessen gehen – so diese Hinweise – zu Lasten der Aufgabenerfüllung.[339] So sei Gestaltungsspielraum nicht automatisch Anreiz zur Vermeidung. Im Gegenteil: Die Entsorgungswirtschaft habe ein existentielles Interesse an umfangreichen Abfallströmen, seien sie doch gleichsam das „Lebenselixier des gesamten Systems".[340] Auch die notwendige Zuverlässigkeit im Hinblick auf eine ordnungsgemäße Entsorgung wird bezweifelt.[341] Unter Hinweis auf den Verwertungsbereich beklagt man unter den Stichworten Etikettenschwindel, Öko-Dumping, Scheinverwertung, Bergversatz, Zementfabriken etc. die Nutzung von Schlupflöchern und Umgehungsmöglichkeiten.[342] Diese Bedenken sind

---

335 Vgl. Bergjohann, Entsorgungssicherheit, 121.

336 So hält es Joran, Müll und Abfall 1999, 537, 542, für außer Frage stehend, daß die Aufgabe von der Privatwirtschaft inzwischen genauso gut gelößt werden kann. Er hält es aber auch für richtig, daß die öffentliche Hand immer in einer Auffangposition für den Fall stehen muß, daß der jeweilige private Entsorger ausfällt.

337 Umweltgutachten 2002 des Rates von Sachverständigen für Umweltfragen, Ziff 175.

338 Weidemann, NJW 1996, 2757, 2759 f., hält Daseinsvorsorge zwar für den Hausmüllbereich für vertretbar, dies aber auf den wirtschaftsnahen Bereich für nicht übertragbar. Nach Baum/ Wagner, Müll und Abfall 2000, 400 ff. soll sich das Maß der Daseinsvorsorge danach richten, ob der „citizen value" oder der „shareholder value" dominieren soll. Für die Entsorgung betrieblicher Abfälle sei es nicht unangemessen, den „shareholder value" zu bevorzugen.

339 Vgl. Bergjohann, Entsorgungssicherheit, 191; Bree, Privatisierung, 201 ff; Kahl, DVBl. 1995, 1327, 1334 ff.

340 Kahl, DVBl. 1995, 1327, 1336.

341 So verweist Kahl DVBl. 1995, 1327, 1335 unter Hinweis auf Peine auf Bedenken wegen einer Gefahr der Umweltverschmutzung durch gewissenlose Private hin, unter Hinweis auf Klöpfer auf solche wegen durch Überakzentuierung ökonomischer Interessen und ferner auf einen drohenden Verlust der Steuerungsfähigkeit der öffentlichen Aufgabenerfüllung.

342 Vgl. Weidemann, NJW 1996, 2757, 2758; Schink, ZG 1996, 96 108 f.; Bergjohann Entsorgungssicherheit, 230 m.w.N. unter dem Stichwort „Bergversatz".

nachvollziehbar. Es stellt sich allerdings die Frage, ob aus diesen Gründen eine umfassende Daseinsvorsorge erforderlich ist.

Voraussetzung dafür wäre zunächst, daß die öffentlichen Einrichtungen es besser machen. Doch auch ihnen wird ein Umgang mit überlassenen Abfällen ohne Berücksichtigung ökologischer Gesichtspunkte vorgeworfen, so z.B. daß sie sich bei der Verfüllung eigener Deponien am „Ausverkauf ökologischer Knappheiten" beteiligen.[343] Auch die öffentlichen Einrichtungen scheinen also auf ökonomische Signale zu reagieren. Es klingt zwar plausibel, daß private Entsorger weniger Scheu vor ökologisch zweifelhaften aber ökonomisch günstigen Entsorgungsarten haben. Es ist allerdings nicht sicher, ob der Gesetzgeber einen gewissen Überhang ökonomischer Ausrichtung privater Erledigung bewußt in Kauf genommen hat, zugunsten einer dynamischeren, anpassungsfähigeren Struktur.

Unabhängig davon wäre weitere Voraussetzung für ein hohes Maß an Daseinsvorsorge, daß die Fehlsteuerungen vornehmlich aus der Tatsache privater Erledigung entstehen. Sie werden jedoch häufig auf andere Ursachen zurückgeführt. Als Grund für die Mißstände wird die nicht gelungene Abgrenzung zwischen den Entsorgungszuständigkeiten entlang der Scheidelinie zwischen Verwertung und Beseitigung genannt.[344] Insgesamt findet man im Schrifttum ein nahezu undurchdringliches Dickicht von Begründungen für die aktuellen Fehlsteuerungen, die teils dem Gesetzgeber, teils der Mengenentwicklung, teils den Privaten und schließlich auch der öffentlichen Hand die Schuld geben.[345] So bezeichnet WEIDEMANN das entstandene Überangebot an Entsorgungskapazitäten als nicht das eigentliche Übel. Dies seien vielmehr die Abfallbürokratien der Länder mit ihrer falschverstandenen Autarkiepolitik. Gerade wegen der Überkapazitäten sei Wettbewerb das Gebot der Stunde. Es müsse zu einer Aufhebung kleinräumiger Begrenzungen von Einzugsbereichen kommen. Insgesamt gäbe es nämlich auf Bundesebene keineswegs zu große Kapazitäten, wie die Lage in den neuen Bundesländern dokumentiere. Ein wichtiger Grund für Überkapazitäten bei hochwertigen Anlagen sei im übrigen eine rechtlich nicht zwingende großzügige Ausnahmepraxis der Länder bei der Umsetzung der TA Siedlungsabfall. Der Deponiestopp würde nicht rigoros durchgeführt, obwohl ausreichend Verbrennungskapazitäten vorhanden seien. Die staatliche Intervention führe sich auf diesem Wege selbst ad absurdum.[346]

Es steht somit nicht fest, daß allein wegen einseitig ökonomischer Ausrichtung der Entsorgungswirtschaft wesentliche Aufgaben weiterhin durch öffentliche Daseinsvorsorge erledigt werden sollten. Angesichts der erreichten Leistungsfähigkeit und Zuverlässigkeit privater Entsorgung ist somit ein Verzicht auf umfassende Daseinsvorsorge im Abfallbereich und ein Rückzug auf eine Reservegewährleistung nicht per se ausge-

---

343 Weidemann, NJW 1996, 2757, 2760 f; Petersen/Faber /Herrmann, Müll und Abfall 1999, 541, 545.
344 Willand/Bechtolsheim/Jänicke, ZUR Sonderheft 2000, 74, 77.
345 Vgl. z.B. Petersen, NVwZ 1998, 1113, 1114; Weidemann, NJW 1996, 2757, 2758 ff; Willand/ Bechtolsheim/Jänicke, ZUR Sonderheft 2000, 74, 75 ff.; Bienroth/Schneider, Müllmagazin 2000, 75, 78, unter Hinweis auf Steinmetz StuG 1998, 20, 22, schlagen vor, zur Verminderung der interkommunalen Steuerungsdefizite ferner vor, eine „Grundgebühr" für gewerbliche Unternehmen oder eine allgemeine „steuerliche Abgabe" für ungedeckte Kosten zu erheben. Petersen/Faber/ Herrmann, Müll und Abfall 1999, 541 544, erwägen interkommunale Zwangszuweisungen.
346 Weidemann, NJW 1996, 2757, 2760.

schlossen. Es ist insgesamt ein System entstanden, das eine Auflockerung der Daseinsvorsorge vertretbar erscheinen läßt, insbesondere im Bereich der Eigeninitiative. Die Gesamtschau der Anforderungen und Strukturen spricht für eine solche Sicht, jedenfalls aber nicht zwingend dagegen.

bb) Notwendige Reservegewährleistung durch die Öffentliche Hand

Es soll nun erörtert werden, welches Maß an Daseinsvorsorge als notwendig zu erachten ist. Die Frage lautet: Wieviel öffentliche Anlagen mit welchem Standard brauchen wir? Bezogen auf die obigen Erkenntnisse lautet die Frage: Wie weit soll die Auflockerung der Daseinsvorsorge gehen dürfen?

Die Daseinsvorsorge wird teilweise als ursprünglich weniger verfestigt beschrieben. „Man tat, was nötig war, und zwar im wesentlichen aus eigener Initiative und mit eigenen Mitteln. Das setzte Grenzen und gebot den Rückzug, sobald die Notwendigkeit entfallen war."[347] Diese Umstände lassen den Schluß zu, daß Daseinsvorsorge eigentlich subsidiär gemeint[348] und grundsätzlich als Angebot an den Bürger und als dessen Unterstützung angelegt ist. Damit wäre nur schwer vereinbar, wenn sinnvolle Eigeninitiative unterdrückt und dem Ausbreitungsbedürfnis der öffentlichen Hand die Tür geöffnet würde.

Es soll an dieser Stelle nicht geklärt werden, inwieweit der Daseinsvorsorge eine Subsidiarität immanent ist.[349] Der Gesetzgeber hat sich jedoch höchstselbst in den Materialien zum Notwendigkeitsgedanken bekannt. So wird denn auch – soweit sich das abfallrechtliche Schrifttum überhaupt näher mit der Problematik befaßt – der öffentlichen Abfallentsorgung überwiegend eine „Reservegewährleistungsfunktion"[350], eine Auffangzuständigkeit"[351] oder eine „Lückenbüßerfunktion zur Förderung des Umweltschutzes"[352] zugewiesen bzw. ihre Rolle als „Abfallausputzer"[353] oder „Reserveentsorger"[354] beschrieben.[355]

Es stellt sich somit die Frage, für welche außerordentlichen Problemlagen Reservekapazitäten vorgehalten werden müssen. Häufig wird vor den Gefahren einer völligen Privatisierung gewarnt, insbesondere vor der Gewissenlosigkeit Privater, vor einer Überakzentuierung ökonomischer Interessen und einem Verlust an Steuerungsfähigkeit.[356] Deshalb sehe das Kreislaufwirtschafts- und Abfallgesetz einen Rückzug der öf-

---

347 Seele, NdsVbl. 1995, 217.
348 So in bezug auf die Abfallentsorgung Petersen/Rid, NJW 1995, 7,8.
349 Vgl. dazu unten 2.Teil B.I.3. bei Fn. 652-663, B.II.2.
350 Weidemann, GewArch 1997, 311, 314; Schink, ZG 1996, 97, 99.
351 Petersen, NJW 1996, 1114 m.w.N.; Petersen/Rid, NJW 1995, 7,8; Krahnefeld, NUR 1996, 274.
352 Baum/Wagner, Müll und Abfall 2000, 330, 343.
353 Krahnefeld, NUR 1996, 274.
354 Klöck, NUR 1999, 441, 443.
355 Witthohn/Smeddinck, NdsVBl. 2000, 77, 81, bezeichnen es als Intention des Gesetzes, die Verantwortung an den einzelnen Bürger zu übertragen. Trotzdem seien die Abfallbehörden verpflichtet, die Entsorgung durchzuführen,, sofern die Privaten ihre Pflichten vernachlässigen. In dieser Zwitterstellung liege im übrigen der Defekt der derzeitigen Regelung.
356 Überblick bei Kahl, DVBl 1995, 1227, 1335 m.w.N.

fentlichen Hand lediglich aus der Primärverantwortung unter Aufrechterhaltung einer Sekundärverantwortung vor, welche eine „Residual- bzw. Subsidiärverantwortlichkeit" einschließe.[357] Letztere lebe auf, wenn sich die Erfüllung der Sachaufgabe durch Private als untauglich erweisen sollte. Eine solche umfassende Gesamtverantwortung des Staates folge aus den Grundsatzentscheidungen der Verfassung für einen ökologisch-sozialen, demokratischen Rechtsstaat.[358] Vor diesem Hintergrund handele es sich bei dem Lösungsansatz des Kreislaufwirtschafts- und Abfallgesetzes um einen Grenzfall dessen, was an staatlichem Rückzug möglich sein dürfte.[359] Diese Grenze sei allerdings in Anbetracht der „erfolgversprechenden Sicherungsmechanismen" nicht überschritten.[360] Nach all diesen Auffassungen muß also dafür Sorge getragen werden, daß eine öffentliche Reserveverantwortung bestehen bleibt,[361] wobei nicht klar wird, in welchem genauen Umfang.

Aus praktischer Sicht kommen folgende Reservenotwendigkeiten in Betracht:

(a) Zunächst kann es sein, daß – wie oben bereits angedeutet – in bestimmten Entsorgungsbereichen die privatwirtschaftliche Tätigkeit wegen zu hohen Aufwands oder Risikos uninteressant ist. Dies erscheint z.B. bei der Deponierung denkbar. Eine solche Reservefunktion würde jedoch mangels Konkurrenz ohnehin nicht angetastet und müßte daher nicht geschützt werden.

(b) Eine weitere Reservefunktion könnte darin liegen, im Falle des Zusammenbruches privater Einrichtungen bereitzustehen. Inwieweit diese Auffangbereitschaft in der Praxis nötig werden kann, ist unklar. Üblicherweise steht für jeden insolventen Unternehmer ein anderer bereit, der den Betrieb weiterführen und übernehmen will.

(c) Ein Ausfall privater Kapazitäten kann sich – wenn auch weniger plötzlich – dadurch ergeben, daß die Privatwirtschaft sich aufgrund veränderter Rahmenbedingungen unversehens aus bestimmten Entsorgungsbereichen zurückzieht und Entsorgungsverträge mit den Verursachern nicht mehr verlängert. Für solche Fälle erscheint es notwendig, daß die öffentliche Hand wenigstens noch eine Grundkompetenz und Grundausstattung in Sachen Entsorgung unterhält, auf die im Notfall aufgebaut werden kann. Dies ist gegebenenfalls nicht mehr gewährleistet, wenn sich die öffentliche Hand vollends aus der Entsorgung zurückgezogen hat.

(d) Schließlich könnte man sich vorstellen, daß sich die Entsorgungswirtschaft auch bei Wegfall öffentlicher Konkurrenz weiter monopolisieren und schließlich die Preise nach oben treiben wird.[362] Die öffentliche Hand hätte dann ggf. keine eigene Struktur mehr, auf die sie aufbauen und für einen Wettbewerb sorgen könnte. Unzumutbare

---

357 Kahl, DVBl. 1995, 1227, 1335 m.w.N.

358 Kahl, DVBl. 1995, 1227, 1335 unter Verweis auf Ossenbühl, VVDStRL 29, 137, 153 f.

359 Kahl, DVBl. 1995, 1227, 1335 unter Verweis auf Jarass u.a., Umweltgesetzbuch, BT 1994, 1008 ff, wo eine völlige Aufgabenprivatisierung „mit dem Gebot der staatlichen Letztverantwortlichkeit auch für den Zustand der Umwelt" für unvereinbar erachtet werde.

360 Kahl, DVBl. 1995, 1227, 1335.

361 Hoffmann-Riem, AöR 119 (1994), 590, 607 ff., spricht von „Staatsentlastung durch regulierte Privatverantwortung mit Auffangnetz". Bornberg/Kiefer, UPR 2001, 381, 384, halten die Auffassung für vertretbar, den Staat als „aktivierenden Staat" nur im Rahmen der Gewährleistungsfunktion einsetzen. Für einen „aktivierenden Staat" – allerdings unklarer – auch der Rat von Sachverständigen für Umweltsachen, Umweltgutachten 2002, Ziff. 16.

362 Vgl. Hinweis von Baum/Cantner, Regulierung, 27.

Preisanstiege sind im übrigen auch ohne Monopolisierung vorstellbar, z.B. bei Ausnutzung von Notsituationen der oben geschilderten Art.

Es scheint daher eine Vorsorge für einen Ausfall oder Rückzug der privaten Entsorgungswirtschaft aus bestimmten Entsorgungsbereichen oder wichtigen Standorten notwendig zu sein. Es ist jedoch schwer zu prognostizieren, wie wahrscheinlich solche Szenarien sind und welche öffentliche Struktur dafür vorgehalten werden muß. Nach ARNDT/WALTER sind die Anforderungen an die Errichtung aufgrund der Baukosten, Grundstücke, Gutachten etc. derartig hoch, daß der Private bemüht sein wird, sie solange wie möglich in Betrieb zu halten. Sollte ein Privater ausfallen, werde im Zweifel die öffentliche Hand die Anlage übernehmen, um dem § 15 I KrW-/AbfG gerecht zu werden. Es sei daher nicht zutreffend, daß eine öffentliche Reserve vorgehalten werden müsse.[363]

Diese Ausführungen mögen insoweit richtig sein, als ein Rückzug der privaten Entsorgungswirtschaft die Ausnahme sein dürfte. Im übrigen widersprechen sie jedoch den wirtschaftlichen Notwendigkeiten. Man kann auch der öffentlichen Hand nicht zumuten, heruntergewirtschaftete private Anlagen zu übernehmen. Wenn sie eingreifen soll, muß ihr die Möglichkeit bleiben, notfalls auf eigene Entwicklungsmöglichkeiten zurückzugreifen. Dies wiederum geht nur, wenn eine gewisse Grundkompetenz und ein gewisses strukturelles Grundgerüst vorhanden ist.

Ferner sind die Gefahren monopolistischer oder sonstiger Preistreiberei durch die Entsorgungswirtschaft erörterungswert. Es ist zwar nicht zu prognostizieren, wie wahrscheinlich solche Befürchtungen angesichts von Markt und Konkurrenz sind. Immerhin wies aber der Bundesrat in seiner Zustimmungsverweigerung auf die Gefahr von Monopolisierungstendenzen in der Entsorgungswirtschaft hin.[364] Daß solche Befürchtungen nicht unbegründet sind, zeigen im übrigen die Tendenzen auf dem Energiemarkt, wobei besondere Beachtung verdient, daß sich Energiekonzerne seit einiger Zeit zunehmend im Bereich Ver- und Entsorgung engagieren. Eine gewisse – zumindest drohende – Konkurrenz durch öffentliches Engagement wäre daher wünschenswert.

All die soeben erörterten Reservebedürfnisse sind im einzelnen schwer nachweisbar. Im Grunde ist die gewerbliche Wirtschaft nicht fürsorgebedürftig. Allerdings kann man sich auch den Gefahren nicht ohne weiteres verschließen. Dies gilt z.B. für Gefahr des Ausfalls oder Rückzugs privater Entsorgungsunternehmen und der Preistreiberei. Es erscheint daher nach dem gesunden Menschenverstand nicht unangemessen, wenn die öffentliche Hand ein regionales Grundgerüst von Entsorgungsanlagen bereithält und betreibt, das es ihr möglich macht, im Notfall durch Aufstockung weitere Abfälle aufzunehmen.

Fraglich ist, wie genau die öffentliche Grundstruktur aussehen soll. Man könnte sich z.B. vorstellen, daß sich die öffentliche Hand vornehmlich mit Deponierung befaßt, und dies auch nur in einem groben regionalen Raster. So könnte es ausreichen, wenn die Kommunen gemeinsam im Regierungsbezirk eine Deponie betreiben, die im Notfall als Auffangreserve dienen kann. Vorstellbar wäre, daß zusätzlich auf Ebene des Regierungsbezirks oder der Metropolregion eine Verbrennungsanlage der öffentlichen Hand vorhanden ist, damit im Notfall übergangsweise darauf zurückgegriffen

---

363 Arndt/Walter, WiVerw 1997, 183, 214.
364 S.o. III.2.u.6.

werden kann. Es ist im übrigen vorstellbar, daß im Notfall übergangsweise Zwischenlager angelegt oder Verwertungsabfälle abgelagert werden, bis neue Kapazitäten geschaffen sind. Man muß auch berücksichtigen, daß über geraume Zeit auch der Transport zu weiter entfernt liegenden öffentlichen oder privaten Anlagen in Kauf genommen werden kann.[365]

Im Ergebnis steht somit nicht fest, daß der bisherige quantitative Standard öffentlicher Entsorgungsstruktur aus Gründen der Daseinsvorsorge erhalten bleiben muß. Es spricht viel für eine Beschränkung auf Reservekapazitäten.

BAUM/WAGNER drücken dieses Ergebnis wie folgt aus: „Die Bereitstellung von Entsorgungssicherheit muß sich am Spitzenbedarf und nicht am Normalbedarf orientieren. Dafür muß von jedem Erzeuger eine Prämie für die Nutzungsoption erhoben werden, die in jeder Vergütung enthalten ist.[366] Es könnte sein, daß eine solche Verantwortung von der Privatwirtschaft mangels Abnahmepflicht und aus Gründen des Preiswettbewerbs nicht übernommen wird. Für die Abdeckung bestimmter Kapazitätsrisiken kann sich somit eine öffentliche Reserve als nützlich erweisen. Dies rechtfertigt jedoch nicht ein darüber hinausgehendes allgemeines öffentliches Engagement. Der Wunsch öffentlicher Verantwortungsträger, auch wirklich für alle Eventualitäten jederzeit gerüstet zu sein, führt nämlich häufig zu Überdimensionierungen."[367]

Vor diesem Hintergrund läßt sich also vertreten, daß die öffentliche Hand lediglich eine Grundkompetenz für die Entsorgung behält, die es ihr im Notfall ermöglicht, wieder Aufgaben zu übernehmen. Dazu ist zwar auch ein regionales Grundgerüst erforderlich. Unter dem Gesichtspunkt der Notwendigkeit darf man allerdings der Auffassung sein, daß die jetzige Dichte öffentlicher Anlagen dazu bei weitem nicht erforderlich ist. Eine umfassende Ausdünnung öffentlicher Kapazitäten und ihre Ersetzung durch Eigeninitiative kollidiert daher nicht automatisch mit der notwendigen Daseinsvorsorge. Die Frage lautet also: Wie kann eine Ausdehnung öffentlicher Daseinsvorsorge über den Reservebedarf hinaus und gleichzeitig ihr vollständiger Abbau verhindert werden?

b) Maßstäbe der Funktionserhaltung notwendiger öffentlicher Einrichtungen

Wenn man die Problematik der Ausdünnung öffentlicher Daseinsvorsorge weiterdenkt, stellt sich bereits nach gesundem Menschenverstand ein weiteres Problem. Es spricht nämlich viel dafür, daß sich Eigeninitiative in den jeweiligen Regionen nur teilweise etablieren wird und ein erheblicher Anteil von Betrieben und Bürgern sich solchen Initiativen nicht anschließen wollen. In den Regionen bilden sich dann möglicherweise parallele konkurrierende Strukturen. Es stellt sich dann die Frage, welche Anlagen und Einrichtungen aufrechterhalten werden müssen, um eine Reserve- bzw. Auffangfunktion außerhalb von privater Entsorgung ausüben zu können. Es wird so-

---

365 Donner/Smeddinck, in: Jarass/Ruchay/Weidemann, KrW-/AbfG, § 44, 25 f., sprechen von einer „Vergrößerung der Aktionsräume" in der Abfallwirtschaft, die eine neue Betrachtung erlauben. Arndt/Walter, WiVerw 1997, 185, 214, plädieren für überörtlich Kooperationen. Es sei weder notwendig noch erwünscht, daß jeder Landkreis eigene Anlagen für alles vorhalte.
366 Dazu Baum/Wagner, Müll und Abfall 2000, 400, 407.
367 Baum/Wagner, Müll und Abfall 2000, 400, 408.

gar fraglich, ob eine Auffangfunktion überhaupt durchführbar ist oder ob Daseinsvorsorge nur ganz oder gar nicht zu gewährleisten ist. Diese und ähnliche Probleme sollen hier unter dem Stichwort „Funktionserhaltung öffentlicher Einrichtungen" erörtert werden.

In diesem Zusammenhang stellen sich zunächst zwei zentrale Fragen: Wie soll ein verantwortbarer Übergang hin zu einer Reservestruktur geschaffen werden und welchen Schutz braucht eine Reservestruktur, um als solche wirtschaftlich lebensfähig zu sein? Erst daran anschließend kann geklärt werden, inwieweit die verschiedenen Varianten der Eigeninitiative bedrohlich sind.

Auch wenn ein „Abschmelzen" öffentlicher Kapazitäten billigend in Kauf genommen wird, muß zumindest für eine Übergangszeit der Betrieb der bestehenden Anlagen in vernünftiger wirtschaftlicher Weise gewährleistet sein. Dies heißt im Grunde, daß die für richtig erkannte Beschränkung auf notwendige Daseinsvorsorge und die entsprechende Auslegung von Normen nicht zu einem – wenn auch nur vorübergehenden – Entsorgungschaos führen darf.

Bei solchen Umstellungen sollte also darauf geachtet werden, daß die bestehenden öffentlichen Anlagen nicht sofort durch private Konkurrenz „aus dem Rennen geworfen" werden und leerlaufen.[368] Andererseits sollten durch den Schutz öffentlicher Einrichtungen vor Leerlauf nicht Tatsachen geschaffen werden, die eine Anpassung der Entsorgungsstruktur an eine Reservefunktion vereiteln. Die bestehende Zahl und Ausstattung öffentlicher Anlagen sollte daher nicht durch Gewährleistung von Auslastung zementiert werden. Gefragt ist daher ein „kontrolliertes, verantwortbares und einzelfallbezogenes Entlassen der Abfallentsorgung in den Privatbereich".[369]

aa) Übergangsprobleme wegen frustrierter Aufwendungen

Ein typisches und erhebliches Problem in der Übergangsphase von umfassender Daseinsvorsorge zu einer Reservegewährleistung ist das Schicksal der vorgehaltenen öffentlichen Anlagen, namentlich die Vermeidung „frustrierter" Aufwendungen. Es ist zweifellos einzelbetrieblich schädlich, wenn sich getätigte Investitionen im Nachhinein als nutzlos erweisen. Aus diesem Grund wird seitens der Kommunen häufig argumentiert, daß private Entsorgung nicht zu mangelnder Auslastung öffentlicher Anlagen führen dürfe. Dies Argument ist verständlich, geht es doch immerhin um Ausgaben, die vom Abgaben- und Steuerzahler finanziert worden sind.

Ein wichtiger Gesichtspunkt ist allerdings in der Diskussion bisher noch nicht beleuchtet worden. Man muß sich nämlich vor Augen halten, daß frustrierte Aufwendungen im Wirtschaftsleben nichts Außergewöhnliches sind. Täglich aufs Neue werden überall in der Wirtschaft Investitionen vorgenommen, die sich ganz oder teilweise als nutzlos erweisen, weil nicht ausreichend Bedarf oder zu große Konkurrenz vorhanden ist. Im Gegenteil – es ist gerade die Gefahr vergeblicher Investitionen, die ein Wirtschaftssubjekt dazu zwingt, möglichst exakte Bedarfsanalysen vorzunehmen und

---

368 Jaron, Müll und Abfall 2000, 740, 742 stellt die Frage: „Wie erreiche ich Innovationen (...), ohne die vorgefundenen Strukturen über Gebühr zu belasten?"
369 Kahl, DVBl. 1995, 1327, 1331.

die Investition möglichst flexibel zu halten. Die Gefahr frustrierter Investitionen ist somit ein wichtiger und heilsamer Bestandteil des Wirtschaftslebens.[370]

Auch die kommunalen Abfallentsorgungsbetriebe haben selbstverständlich mit der Gefahr fehlgeschlagener Investitionen umzugehen. Dies muß nicht an privater Konkurrenz und fehlenden Überlassungspflichten liegen. Bereits durch vermeidungsbedingten Rückgang von Abfall oder durch Erschließung neuer Verwertungsmöglichkeiten können jederzeit Kapazitätsüberhänge entstehen.

Angesichts solcher allgemeiner Umstände stellt sich grundsätzlich die Frage, warum öffentliche Aufwendungen schützenswerter sein sollen als private. Wie oben angedeutet, sind frustrierte Aufwendungen der Privatwirtschaft ein verhältnismäßig normaler Vorgang, und niemand käme auf den Gedanken, die Privatbetriebe durch Gesetze vor diesem Risiko zu schützen. Dagegen beanspruchen kommunale Betriebe wie selbstverständlich den vollständigen Schutz durch Kontrahierungszwang. Vom Grundsatz ist daher eigentlich ein solcher Schutz abzulehnen, es sei denn, es besteht dafür eine besondere Rechtfertigung.

Eine solche Rechtfertigung für die gewünschte Bevorzugung könnte man z.B. darin sehen, daß die Kommune im Rahmen der Daseinsvorsorge tätig werden muß. Die Notwendigkeit und Intensität kommunalen Engagements wird jedoch – zumindest im Entsorgungsbereich – im wesentlichen von der Kommune selbst bestimmt. Sie ist daher im Einzelfall nicht selten umstritten. Im übrigen stehen meist private Entsorger bereit. Soweit sich die Kommune auf sog. Daseinsvorsorge einläßt, obwohl auch andere Anbieter bereitständen oder keine zwingende Notwendigkeit der Tätigkeit vorliegt, geht sie also ohne Not ein wirtschaftliches Risiko ein, für das sie logischerweise auch haften sollte. Selbst wenn sie bereits Anlagen hat, steht es ihr bei entsprechendem privaten Interesse jederzeit frei, ein Betreiberverhältnis oder zumindest ein public-private-partnership einzugehen, um ihr wirtschaftliches Risiko zu begrenzen. Jedenfalls erscheint eine grundsätzliche Besserstellung öffentlicher gegenüber privaten Investitionen nicht gerechtfertigt. Es bedarf dafür einer intensiven Prüfung im Einzelfall. Eine generelle Schutzwürdigkeit rechtfertigt sich deshalb jedenfalls nicht.

Ein anderes Argument für einen generellen Schutz öffentlicher Einrichtungen könnte aber der Umstand sein, daß es um die Einlagen von Bürgern geht, die diese nicht freiwillig erbracht haben, sondern die ihnen aufgrund von Satzungen auferlegt wurden. Dies Argument hat etwas für sich, vermag aber letztlich auch nicht zu überzeugen. Zum einen sind für den Bürger seine „Einlagen" ohnehin verloren, gleich ob die öffentliche Einrichtung weiterarbeitet oder durch private Konkurrenz verdrängt wird. Zum anderen sollte der Umstand, daß es um Einlagen der Bürger geht, eigentlich zu mehr Vorsicht bei Investitionen und Vermögensbetreuungsbewußtsein bei den kommunalen Akteuren führen, anstatt als Freibrief für unvorsichtige Gigantomanie zu dienen.

Aus diesem Grunde könnte man es für genauso wertvoll erachten, die Kommunalpolitik mit den Folgen unvorsichtiger Überdimensionierung und mangelnder Flexibilität zu konfrontieren.[371] Dies würde auch zu mehr Problembewußtsein der kommunalen

---

370 Vgl. Baum/Cantner, Regulierung, 28 f.
371 Küppers/Wollny, Müllmagazin 1999, 60, 61, schlagen vor, die Verantwortlichen für Fehlinvestitionen in Regreß zu nehmen, auch um in Zukunft mehr Vorsicht zu bewirken.

Wählerschaft führen. Immerhin ist sie es, die letztlich das Verhalten ihrer Vertreter zu bestimmen hat. Das Argument des Schutzes von Einlagen der Bürger gebietet somit keinen umfassenden Schutz vor frustrierten öffentlichen Aufwendungen.

Insgesamt kann das Argument der Schutzbedürftigkeit öffentlicher Einrichtungen vor Auslastungsproblemen somit nicht generell, sondern nur im Einzelfall durchgreifen.

Man muß das soeben erzielte Ergebnis nicht teilen. Man darf genauso gut zu dem Schluß kommen, daß frustrierte Aufwendungen der öffentlichen Hand grundsätzlich zu vermeiden sind.[372] Doch selbst dann stellt sich die Frage, wie weit dieser Schutz gehen muß, insbesondere ob stets Vollauslastung gewährleistet sein soll. Es liegt in der Natur von Dienstleistungsangeboten, daß der Bedarf schwankt. Auslastungsprobleme sind daher grundsätzlich hinzunehmen.

So kommt es doch wieder auf den Einzelfall an, nämlich ob wesentliche – für die Erhaltung einer Reservestruktur notwendige – Kapazitäten nicht mehr ausgelastet sind, so daß wichtige Einrichtungen oder Anlagen funktionslos zu werden drohen. In solchen Fällen läßt sich ein Schutzbedürfnis nicht verneinen. Der Schutz darf anderseits nicht dazu führen, daß eine Dauersicherung bestehender öffentlicher Kapazitäten und damit eine Zementierung bestehender Strukturen eintritt. Es muß die Möglichkeit offen bleiben, daß sich in absehbarer Zeit wirtschaftlichere private Konkurrenzmodelle durchsetzen.

Ein sinnvoller Kompromiß könnte darin liegen, daß lediglich übergangsweise die Gefährdung wichtiger Anlagenkapazitäten verhindert wird. Die Übergangszeit könnte sich z.B. nach der noch offenen Abschreibungszeit bemessen, sollte jedoch nur einen Teil davon umfassen. Ein weiteres Kriterium sollte die Bedeutung der Anlage für die Sicherstellung ordnungsgemäßer Entsorgung sein. Inwieweit solche Voraussetzungen erreicht sind, läßt sich nicht generalisieren.

Da ein Schutz vor frustrierten Aufwendungen besonderer Voraussetzungen bedarf, ist er die Ausnahme und nicht die Regel. Die entsprechende Darlegung obliegt somit dem Betreiber im Einzelfall. Das Problem der frustrierten Aufwendungen ist somit nicht angemessen durch abstrakt-generelle Beschränkung der Eigeninitiative zu lösen.

Klages, ZfW 2001, 3, 12, weist aus Sicht des Gebührenrechts darauf hin, daß Fehlplanungen nur erheblich seien, wenn sie vorhersehbar und eine Auslastung in absehbarer Zeit nicht zu erwarten gewesen sei. Zugleich sei die Kommune allerdings verpflichtet, umzuplanen, wenn dies möglich und zumutbar ist.

Baum/Wagner, Müll und Abfall 2000, 400, 402, 408, weisen darauf hin, daß im Rahmen des öffentlichen „citizen-value-Konzeptes" häufig eine Übererfüllung von Standards erfolgt und die Folgen für die Rentabilität nicht wahrgenommen werden.

372 Baum/Wagner Müll, und Abfall 2000, 400, 410 warnen demgegenüber vor einer Entwertung kommunaler Anlagen. Ehemalige Festlegungen könnten nicht einfach ausgeblendet werden, weil ansonsten Vermögenswerte in großem Umfang abgewertet bzw. entwertet würden. Allerdings fordern die Autoren gleichzeitig ein „strategisches Anpassungsinstrument" und Übergangslösungen durch andere Organisations- und Rechtsformen und relativieren damit den Schutz.

bb) Zumutbarkeit von Auslastungs- und Planungsproblemen

Im abfallwirtschaftlichen Schrifttum wird zum Thema „Auslastung öffentlicher Anlagen" immer wieder vor „Rosinenpickerei" der privaten Anbieter, Gebührenerhöhungen zulasten des kleinen Mannes und fehlender Planungssicherheit gewarnt. Solche Probleme sind zum einen typisch für die Übergangsphase zu einer Reservegewährleistung und Vorstufen der oben erörterten Frustration öffentlicher Aufwendungen. Sie sind allerdings in allen Phasen zu erwarten und somit auch nach abgeschlossener Rückführung der Daseinsvorsorge auf eine Reservestruktur. Es ist daher gesondert zu prüfen, inwieweit diese Probleme die Entscheidung über die Zulässigkeit von Eigeninitiative beeinflussen.

Häufig wird darauf verwiesen, daß sich die privaten Akteure bei verstärkter Eigeninitiative das heraussuchen würden, was problemlos zu verwerten und zu entsorgen sei und auf diese Weise für die Entsorgungsträger nur noch der schwer und aufwendig zu entsorgende Müll übrig bliebe.[373] Dadurch wiederum werde die kommunale Entsorgung teurer, das würde noch mehr Anreize zur privaten Entsorgung geben und dies alles ginge zu Lasten der privaten Haushalte, die sich nicht aus der kommunalen Entsorgung lösen könnten.[374] Große Fixkostenblöcke, wie z.B. die Nachsorgekosten für Deponien, lassen sich – so diese Auffassungen – nicht umgehen und müßten auf diejenigen umgelegt werden, die den Entsorgungsträgern als Anlieferer verbleiben.[375]

Diesen Argumenten ist zunächst zuzugeben, daß unzumutbare Gebührenerhöhungen zu verstärktem Ausweichen in illegale Praktiken führen können. Allerdings können Gebührenerhöhungen solange nicht beanstandet werden, wie sie zu einer gerechten Gebührenverteilung im Sinne des Verursacherprinzips beitragen. Erhöhungen zum Zwecke der Beendigung von Quersubventionen zwischen den Herkunftsbereichen und Fraktionen sind somit grundsätzlich nicht zu beanstanden.[376]

Bezüglich des immer wieder erhobenen Einwandes der „Rosinenpickerei" müßte daher erst einmal geklärt werden, wie es überhaupt zu für die Kommune unprofitablen Bereichen kommen kann. Bei verursachungsgerechter Gebührenkalkulation kann es eigentlich weder „Rosinen" noch „saure Gurken" geben, weil jeder Abfall nach dem Aufwand seiner Beseitigung zu vergüten ist. Bei logischer Betrachtung entstehen Rosinen nur bei Mischkalkulationen zugunsten umständlich zu entsorgender Abfälle. Wenn dann die „gewinnträchtigen" Abfälle wegfallen, steigen naturgemäß plötzlich die Gebühren für schwierige Abfälle. Nach dem Äquivalenzprinzip wäre es jedoch wünschenswert, wenn die Kosten verursachungsgerecht verteilt würden, auch wenn darunter ggf. die Hausmüllerzeuger leiden müßten.[377]

---

373 So z.B. Queitsch, UPR 1995, 412, 419.
374 Überblick bei Bienroth/Schneider, Müllmagazin 2000, 75, 76 ff.. Weiterhin zu dieser Problematik Petersen, NJW 1998, 1113, 1114, m.w.N. in Fn 4. Weitere Literaturhinweise bei Kahl, DVBl. 1995, 1327, 1335 Fn. 104.
375 Vgl. weiter Arndt/Walter, WiVwerw 1997, 185, 221, Kern/Frohne/ Wiemer, in: Büro für Umweltpädagogik (Hrsg.), 112 f., Versteyl/ Wendenburg, NVwZ 1996, 937, 943; Schink, DÖV 1995, 881, 884.
376 Zur Möglichkeit der Zurechnung von Aufwendungen zum jeweiligen Teilbereich, vgl. Hinweis bei Stuer/Hönig, DVBl. 2000, 1189, 1192.
377 Nach Schmittmann/Lönnies, VR 1997,3,6, liegen die Probleme des Entsorgungsbereichs auch in nicht verursachergerechter Kostenanlastung im Bereich der Konsumabfälle der Haushalte. Schink,

Ähnlich könnte es sich auch mit den hohen Fixkosten der Deponierung verhalten. Sie sind zwar nicht zu bestreiten. Wenn aber, wie wohl wahrscheinlich, öffentliche Deponierung die Regel bleiben wird, muß für die Deponierung eben eine kostendeckende Vergütung genommen werden.

Es erscheint nicht abwegig, daß solche Zusammenhänge, Möglichkeiten und ggf. Versäumnisse bei der Regelung kostendeckender Vergütung aufgeklärt und ggf. im Einzelfall geprüft werden sollten, bevor wegen drohender Rosinenpickerei generelle Überlassungspflichten gefordert werden.

Wie die soeben erörterte Problematik klingt auch die Beschwörung von Planungsproblemen zunächst plausibel. Man kann sich gut vorstellen, daß die unberechenbare private Konkurrenz bei herkömmlicher öffentlicher Bewirtschaftung in vielen Fällen zum Problem für die Planung wird.[378] Damit ist aber nicht gesagt, daß es bei der herkömmlichen Bewirtschaftungsweise bleiben muß. Vor einer Beschwörung von Planungsproblemen ist also zu prüfen, inwieweit es Reaktionsmöglichkeiten der öffentlichen Hand gibt, welche die Auswirkungen von Auslastungsschwankungen zu dämpfen vermögen.

Es stellt sich also stets die Frage, ob nicht flexiblere und vorsichtigere Strukturen möglich sind.[379] So erscheint es den öffentlichen Entsorgungsträgern zumutbar, sich soweit möglich ähnlich privaten Entsorgern ein Maximum an Flexibilität zu erhalten.[380] Dies gilt für Investitionen wie für Personalkosten. Dem kann auch nicht ohne weiteres öffentliches Dienst- oder Tarifrecht entgegenhalten werden. Notfalls muß seitens des öffentlichen Dienstes selbst auf eine Lockerung des Kündigungsschutz- und Tarifsystems gedrängt werden.[381] Er hat seine Konkurrenzfähigkeit und damit auch seine Auslastung insoweit selbst in der Hand.

Man kann dies sicherlich anders sehen. Die Vermutung, daß die Möglichkeiten der Flexibilisierung nicht ausgeschöpft sind, dürfte jedoch genauso gut vertretbar sein, wie die Beschwörung von Planungsproblemen.[382] Die Ausschöpfung aller Möglichkeiten ist daher zumindest überschlägig und im Einzelfall zu prüfen, bevor generelle Schutzmaßnahmen gefordert werden.

Insgesamt sind kommunale Probleme mit der Auslastung und Planung also nur zu berücksichtigen, soweit sie unzumutbar, d.h. zur kurzfristigen Zerschlagung von Einrichtungen führen, die auch durch flexible Reaktionen nicht vermeidbar sind, und

---

NVwZ 1997, 435, 437, äußert Zweifel an der Vereinbarkeit von Quersubventionen mit dem Äquivalenzprinzip.

378 Nach Schink ZG 96, 97, 110 z.B. ist häufig die Auslastung nicht mehr sichergestellt und damit stünde auch der Weiterbetrieb in Frage.

379 Baum/Cantner, Regulierung, 29 f., weisen darauf hin, daß kommunale Einrichtungen häufig unter Ausblendung des Fehlinvestitionsrisikos entstanden.

380 So weisen z.B. Baum/Wagner, Müll und Abfall 2000, 400, 408, auf neue Modelle der Planung durch Lieferoptionen und Garantiemengen hin.

381 So weisen Stede/Wittmann, Müll und Abfall 2001, 538, 540, darauf hin, daß nicht derjenige, der die höchsten Kosten verursacht, am besten bezahlt werden darf. Pieper, VR 1996, 12, 14, hält es für bewiesen, daß Staatsmonopole zu zuviel Personal und im Vergleich mit dem privaten Sektor besseren Entlohnungsbedingungen führen.

382 Zu möglichen Reaktionen gehört ggf. auch eine Anpassung von Gebühren bei Fehldimensionierung durch Teilwertabschreibung auf den niedrigeren beizulegenden Wert, vgl. bei Baum/Cantner, Regulierung, 30, vgl. auch Oebbeke, zit. und ausgeführt bei Pfundt, DVBl. 2001, 1041, 1043.

auch dann nur, soweit keine vermeidbaren Überkapazitäten betroffen sind und durch den Schutz ein allmählicher Übergang zu Reservestrukturen nicht verhindert wird.

Die Forderung nach Auslastungsschutz fordert somit eine Auseinandersetzung mit den konkreten Einrichtungen und Zahlen, so daß sich eine generalisierte Überlassungspflicht betrieblichen Abfalls damit kaum rechtfertigen läßt. Dies gilt insbesondere, soweit damit die Beschränkung von Eigeninitiative gerechtfertigt werden soll.

c) Umsetzung der Maßstäbe in Privilegierung von Organisationsformen

Nachdem soeben Maßstäbe für einen Schutz von öffentlichen Entsorgungseinrichtungen erarbeitet wurden, sollen nun die verschiedenen Organisationsformen nach diesen Maßstäben bewertet werden.

Die persönlichen Erledigungsformen und die Erledigung in Zusammenschlüssen mit engagierter Beteiligung können auch unter diesem Gesichtspunkt ohne detaillierte Begründung als unbedenklich angesehen werden. Sie sind auf einzelne Betriebe bezogen und werden daher Randerscheinungen bleiben, die eine wie auch immer ausgestaltete Daseinsvorsorge nicht wesentlich beeinträchtigen. Die tiefere Auseinandersetzung mit dem Für und Wider der Organisationsformen und Bedeutungsvarianten beginnt daher auch hier mit den Modellen mitgliedschaftlicher Zusammenschlüsse.

aa) Auswirkungen der Entsorgung in genossenschaftsähnlichen Zusammenschlüssen

Es ist zu prüfen, ob eine generelle Zulässigkeit der Entsorgung in mitgliedschaftlich strukturierten Zusammenschlüssen sich nach den Maßstäben der Schutzwürdigkeit und Schutzbedürftigkeit öffentlicher Entsorgungsstrukturen verbietet. Dabei soll zunächst lediglich auf Gestaltungen ohne wesentliche Mitwirkung und Beteiligung der Entsorgungswirtschaft eingegangen werden.

Man muß sich vor Augen halten, welche Entwicklungen von solchen Gestaltungsmöglichkeiten zu erwarten sind bzw. drohen. Die Erledigung von Entsorgungsvorgängen in Genossenschaften oder ähnlichen Rechtsformen erfordert Investitionen, insbesondere im Beseitigungsbereich. Abfallbeseitigungsanlagen werden in solcher Form wahrscheinlich nur rentabel errichtet und betrieben werden können, wenn sich bereits größere Verbände oder übergeordnete Zusammenschlüsse verschiedener Verbände zusammengefunden haben. So etwas dauert seine Zeit. Im übrigen besteht dafür im Moment flächendeckend wohl kein akuter Anreiz. Die Gefahren halten sich also in Grenzen und sind überschaubar und hinnehmbar. Die Zulässigkeit solcher Gestaltungen bedeutet daher keine erhebliche Gefahr für die öffentliche Entsorgungsstruktur und deren Auslastung.

In regionalen Einzelfällen werden sich ggf. solche Zusammenschlüsse bilden und Anlagen errichten. Dies wird u.U. gerade dort geschehen, wo die Kommunen hohe Investitionskosten neuer Anlagen auf die Betriebe umlegen. Wo solche Entwicklungen zur Zerschlagung wichtiger öffentlicher Einrichtungen führen, ohne daß es Reaktionsmöglichkeiten des Trägers gibt oder gab, sollte es eine Möglichkeit geben, die „Notbremse zu ziehen".

Ein solches Bedürfnis rechtfertigt jedoch nicht ein generelles Verbot, jedenfalls nicht, soweit eine „rechtliche Notbremse" vorhanden ist. An dieser Stelle der Untersuchung wird erstmals die enge Verknüpfung innerhalb des § 13 I 2 KrW-/AbfG zwischen der generellen Zulässigkeit der Beseitigung in „eigenen Anlagen" und dem Korrektiv der „überwiegenden öffentlichen Interessen" deutlich. Man kann dieses Korrektiv weit oder eng auslegen, in jedem Fall steht es jedoch als Notbremse zur Verfügung, wenn eindeutig und unabweisbar eine Zerschlagung wichtiger öffentlicher Einrichtungen droht.[383] In allen anderen – nicht so eindeutigen – Fällen ist vor dem Hintergrund, daß eine Zementierung der bestehenden Verhältnisse nicht beabsichtigt ist, ein gewisser Mut zur Konkurrenz angebracht. In vielen Fällen führt allein die Ankündigung von Konkurrenzmodellen zu einer Besinnung der bisherigen Anbieter auf neue Angebote und Kooperationen.

Es hieße also, das Kind mit dem Bade auszuschütten, wenn aufgrund vereinzelt drohender Probleme die Entsorgung in mitgliedschaftlich strukturierten Zusammenschlüssen generell verboten würde.

bb) Auswirkungen der Entsorgung in verbandsgestützten Kooperationen

Sobald im Rahmen mitgliedschaftlicher Erledigung die Entsorgungswirtschaft erheblich miteinbezogen wird, könnte es aufgrund deren Dynamik und Expansionsdrang zu weitergehenden Auswirkungen kommen. Die Auswirkungen von Betriebsführungsmodellen und Kooperationsgesellschaften auf die öffentliche Entsorgungsstruktur sollen daher gesondert erörtert werden.

Auch hier muß man sich vor Augen halten, welche Entwicklungen von solchen Gestaltungsmöglichkeiten zu erwarten sind bzw. drohen. Im Gegensatz zu den „reinen" Gemeinschaftsmodellen bietet sich bei Betriebsführung und Kooperation die Möglichkeit, sich Know-how und Initiative der Entsorgungswirtschaft zunutze zu machen. Es erscheint auch durchaus möglich, daß die Entsorgungswirtschaft sich zur Verfügung stellt und solche Modelle sogar aggressiv propagiert, wenn sie dadurch ihr Tätigkeitsfeld erweitern kann.

Es muß allerdings berücksichtigt werden, daß solche Gestaltungsformen noch immer einen großen Investitions- und Transaktionsaufwand erfordern. Gemeinsame Anlagen müssen errichtet oder bestehende Anlagen in die Betreiberschaft der Verursacherverbände oder der Kooperationsgesellschaften überführt werden. Die Verursacher müssen Finanzierungsanteile erbringen oder erwirtschaften. Es muß eine ständige Konsultation der Verursacher in allen betrieblichen Dingen erfolgen, bis hinein in sensible Gebiete wie die Höhe und die Verwendung von Gewinnen.

Es stellt sich daher die Frage, ob die Entsorgungswirtschaft so etwas derzeit überhaupt nötig hat und sich zumuten wird. Immerhin gehen im Moment ohnehin wesentliche Anteile des Abfalls durch ihre Hände, einmal aufgrund der aktuellen Rechtsprechung zu gewerblichen Mischabfällen und zum anderen im Wege der Zusammenarbeit und Kooperation mit Kommunen. Die Auswirkungen werden daher wohl nicht so groß sein, wie die Möglichkeiten es hergeben. Es ist somit nicht mit plötzlichen Umbrü-

---

383 Vgl. zur „strengen Allgemeinwohlvariante" unten B.III.2.u.3.,IV.

chen zu rechnen, so daß insgesamt ein allmählicher, verantwortbarer Umstellungsprozeß möglich bleibt und eine Grundstruktur der Reservegewährleistung nicht gefährdet erscheint. Ein generelles Verbot solcher Gestaltungen aus Gründen des vorbeugenden Schutzes öffentlicher Daseinsvorsorge wäre daher nicht gerechtfertigt.

Dennoch sollte berücksichtigt werden, daß in Einzelfällen erhebliche Verwerfungen auftreten können. Aufgrund der höheren Schlagkraft von Kooperationen mit der Entsorgungswirtschaft könnte in einzelnen Regionen für die öffentlichen Einrichtungen eine kritische Situation entstehen, und zwar ohne lange Vorwarnzeiten und Rücksichtnahmen auf die öffentliche Hand. Es erscheint daher nicht gerechtfertigt, sich im Zweifel stets für die Eigeninitiative zu entscheiden und die Feinheiten den Selbstregulierungskräften zu überlassen. Anhand der oben erarbeiteten Maßstäbe wäre zu prüfen,
– ob konkrete – und zumindest übergangsweise wichtige – Einrichtungen von erheblichen Auslastungsrückgängen betroffen sind,
– ob diese Rückgänge zu unangemessenen und unzumutbaren Gebührenerhöhungen führen,
– ob seitens der Kommunen alle Reaktionsmöglichkeiten bis hin zu einer Lockerung dienst- und tarifrechtlicher Bindung ausgeschöpft sind,
– ob die Probleme nicht auf Versäumnissen oder Fehlplanungen in der Vergangenheit beruhen,
– ob die Auslastungsprobleme angesichts eines beabsichtigten Wandels zu mehr Eigeninitiative nicht dennoch hinnehmbar sind.

Es sind daher unvoreingenommene Entscheidungen mit abfallwirtschaftlichem Sachverstand und mit Prognosecharakter gefordert. Nur wenn – zumindest in Ansätzen – die Möglichkeit zu solchen Einzelfallkorrekturen besteht, kann man mit Rücksicht auf öffentliche Strukturen guten Gewissens eine generelle Zulässigkeit kooperativer Gestaltungen mit der Entsorgungswirtschaft befürworten. Die endgültige Bewertung nach den hier angelegten Maßstäben hängt somit von den Möglichkeiten im Rahmen der „Interessenklausel" des § 13 I 2 KrW-/AbfG ab und somit von deren Auslegung.

cc) Hinweis: Kooperationsmodelle und Wettbewerbsrecht

Gesonderte Fragen der Relevanz kooperativer Zusammenschlüsse zwischen einzelnen Entsorgern und Verursacherverbänden stellen sich aus wettbewerbsrechtlicher Sicht. Im Zusammenhang mit Verbänden i.S.v. § 17 KrW-/AbfG finden sich vereinzelt Hinweise auf etwaige kartellrechtliche Probleme. So empfiehlt VERSTEYL bereits bei Gründung einfacher Erzeugerverbände die präventive Konsultation des betroffenen Landeskartellamtes und die Beachtung spezieller Vergabemodalitäten, Höchstlaufzeiten und Mitwirkungsverbote.[384] Gleiches müßte dann erst recht für Kooperationen zwischen Verursacherverbänden und Entsorgern gelten.[385] Die Problematisierung erfolgt meist im Zusammenhang mit derjenigen bei gemischtwirtschaftlichen Unterneh-

---

384 Versteyl, in: Kunig/Paetow/Versteyl, KrW-/AbfG, § 17, 40 f. m.w.N.
385 Vgl. dazu den Hinweis bei Pippke, Abfallentsorgung, 223 m.w.N.

men[386], und tatsächlich gibt es eine Ähnlichkeit zwischen den öffentlich-privaten und den hier vorgestellten Kooperationsmodellen.

Allerdings gibt es auch Unterschiede. Wenn sich Entsorgungsunternehmen und Verursacherverbände in einer Kooperationsgesellschaft zusammenschließen und sich durch gemeinsame Errichtung und Betrieb von Anlagen langfristig binden, lösen sie den Tätigkeitsbereich überhaupt erst aus dem öffentlichen Regime. Ein ggf. wichtiger Unterschied der vorliegenden Problematik zu wettbewerbsrechtlichen Kategorien liegt somit darin, daß durch die Gestaltungsmodelle nicht in einen bestehenden Wettbewerb eingegriffen wird, sondern Bereiche überhaupt erst für eine private Tätigkeit geöffnet werden. Die wettbewerbsrechtliche Zulässigkeit kann und soll hier allerdings nicht umfassend erörtert werden. Der Hinweis mag genügen, um zu zeigen, daß ggf. auch das Wettbewerbsrecht die Möglichkeit eines Übergangs von Daseinsvorsorge zu Eigeninitiative berücksichtigen und unterstützen sollte.

dd) Auswirkungen der Zulässigkeit qualifizierter Fremdbeauftragung

Obwohl unter dem Gesichtspunkt der Förderungswürdigkeit bereits tendenziell ausgeschieden, bleibt noch zu prüfen, wie sich die Zulässigkeit qualifizierter Fremdbeauftragung der Entsorgungswirtschaft über Verursacherverbände auf die öffentliche Struktur auswirkt.

Während man bei den zuvor erörterten Gestaltungsformen wenigstens teilweise noch von Entsorgungsaktivitäten der Verursacher sprechen kann, die zwar die öffentliche Struktur berühren, aber nicht umfassend bedrohen, würde die qualifizierte Fremdbeauftragung geradezu darauf angelegt sein, den zügigen Abgang aus der öffentlichen Entsorgung auf breiter Front zu ermöglichen.

Bei ihrer Zulässigkeit ist ein Hin- und Herwechseln zwischen Verbänden und Entsorgern möglich, so daß zur jeweiligen Anlage und ihrem Betrieb in der Regel nur eine lose Bindung besteht. Auch wettbewerbsrechtlich ist der Verzicht auf „eigene" Erledigung zugunsten einer Bündelung der Beauftragungen weniger problematisch. Die Einstiegsschwelle ist insgesamt geringer. Die Schaffung der oben entwickelten Voraussetzungen bezüglich Mitbestimmung und Kontrolle, staatlicher „Anerkennung" und Haftung bedarf zwar einigen Aufwandes. Es gibt jedoch keinerlei Probleme mit der gemeinsamen Finanzierung und Errichtung von Anlagen. Sie bleiben in der Hand der Entsorgungswirtschaft, und es gibt keine grundstücks-, steuer- und gesellschaftsrechtlichen Probleme.

Es ist daher gut vorstellbar, daß die Entsorgungswirtschaft sofort nach Bekanntwerden solcher Möglichkeiten lebhafte Aktivitäten bei der „Akquisition" von Verbänden entwickeln wird. Ebenfalls vorstellbar ist, daß solche Aktivitäten kurzfristig zu einer erheblichen Umsteuerung weg von der öffentlichen Entsorgung führen. Es könnte sein, daß öffentliche Anlagen plötzlich in großem Umfang leerlaufen. Durch eine solche abrupte Überführung der Abfallbeseitigung in die Privatwirtschaft wird somit ein verantwortlicher Übergang zu einer Reservegewährleistung gefährdet. Auch aus dem Blickwinkel der Notwendigkeit und Schutzwürdigkeit öffentlicher Daseinsvorsor-

---

386 Vgl. Pippke, Abfallentsorgung, 213 ff.

ge spricht eine starke Tendenz gegen die Privilegierung qualifizierter Fremdbeauftragung.

Unabhängig davon wären im besonderen Maße ausgewogene Korrekturmöglichkeiten durch regulierungsähnliche Einzelfallentscheidungen nötig. Es müßte rechtlich möglich sein, eine Art Regulierungsgremium zu bilden, das – versehen mit einem umfangreichen Bewertungsspielraum – am laufenden Band unvoreingenommene und sachverständige Entscheidungen trifft, und zwar auf Grundlage selbst entwickelter planungsähnlicher Strategien. Die Erfüllung dieser objektiv-teleologischen Vorgabe hängt zwar von der – noch folgenden – Auslegung der Interessenklausel in § 13 I 2 KrW-/AbfG ab, erscheint aber bereits jetzt problematisch.

d) Fazit

In den Materialien des Kreislaufwirtschafts- und Abfallgesetzes ist die Beschränkung auf „notwendige Daseinsvorsorge" vorgegeben, allerdings verbunden mit der Sorge um den Verbleib bisheriger öffentlicher Einrichtungen.

Die Notwendigkeit von Daseinsvorsorge hängt davon ab, inwieweit auch ohne sie eine ausreichende Anlagenverfügbarkeit und -kapazität zur Sicherstellung einer umweltverträglichen Entsorgung vorhanden ist. Dies wiederum hängt zunächst davon ab, ob es leistungsfähige private Strukturen gibt. Davon darf man im Bereich „normaler" betrieblicher Abfälle ausgehen, so daß jedenfalls ein umfassendes Maß an Daseinsvorsorge nicht erforderlich erscheint.

Die Notwendigkeit von Daseinsvorsorge hängt ferner vom Bedürfnis nach Reservekapazitäten ab. Nach Einschätzung denkbarer Szenarien erscheint es vertretbar, nur eine Grundkompetenz und ein regionales Grundgerüst der öffentlichen Hand für notwendig zu erachten, so daß ein Abschmelzen öffentlicher Strukturen hinnehmbar ist.

Ein verantwortbarer Übergang zu der soeben beschriebenen beschränkten Daseinsvorsorge verlangt, daß bestehende öffentliche Anlagen zwar abgebaut werden aber nicht in unzumutbarer Weise wegen privater Konkurrenz leerlaufen. Nicht jede Frustration öffentlicher Aufwendungen ist jedoch unzumutbar, weil es keinen zwingenden Grund gibt, öffentliche Investitionen für schutzwürdiger zu erachten als private, die ständig der Gefahr von Frustration ausgesetzt sind. Eine eindeutige Schutzwürdigkeit öffentlicher Anlagen und Einrichtungen liegt daher erst dann vor, wenn umfangreiche Kapazitäten übergangslos leerzulaufen drohen oder wesentliche, für die Erhaltung einer Reservestruktur wichtige Einrichtungen gefährdet sind.

Aber selbst in diesen Fällen darf man einen Schutz durch Überlassungspflichten verweigern, solange nicht alle Möglichkeiten der Flexibilisierung und wirtschaftlicher Anspannung ausgeschöpft sind oder soweit in der Vergangenheit fahrlässig Überdimensionierungen vorgenommen wurden. Im übrigen darf ein Schutz nicht dazu führen, daß der Übergang zu einer lediglich eingeschränkten Daseinsvorsorge durch Zementierung der bestehenden Strukturen vereitelt wird.

Das Vorliegen der soeben genannten Voraussetzungen der Schutzwürdigkeit und Schutzbedürftigkeit läßt sich nur im Einzelfall feststellen. Ein generelles Verbot bestimmter Organisationsformen aus solchen Gründen ist daher grundsätzlich nicht angebracht.

Bereits in genereller Hinsicht gilt die Vermutung, daß die Zulässigkeit der Erledigung in mitgliedschaftlichen Zusammenschlüssen in der Regel keine Gefahr für Bestand und Funktionsfähigkeit notwendiger Daseinsvorsorge darstellt. Sobald allerdings in Form verbandsgestützter Kooperationen die Entsorgungswirtschaft effektiv mit einbezogen werden kann, bedarf es der Korrekturmöglichkeit im Einzelfall durch Interessenabwägung anhand obiger Kriterien der Schutzwürdigkeit und Schutzbedürftigkeit, und zwar nach der „Interessenklausel" des § 13 I 2 KrW-/AbfG.

In abstrakt-genereller Hinsicht bleibt es somit bei der Privilegierungswürdigkeit der Bedeutungsvarianten 3 bzw. 3a.

Ein rational denkender Gesetzgeber wird auch in anderen Bereichen zu entscheiden haben, ob er die Daseinsvorsorge zum Grundsatz erhebt oder auf das Notwendige beschränken will. Soweit er dies nicht – wie im Abfallrecht – deutlich zum Ausdruck bringt, muß nach anderen Indizien oder aus der Geschichte und dem Zweck der Daseinsvorsorge entnommen werden, ob die Daseinsvorsorge auf das Notwendige beschränkt sein soll.

Die obigen Erkenntnisse zur Schutzwürdigkeit und -bedürftigkeit von Einrichtungen der Daseinsvorsorge verdienen somit übergreifende Beachtung. Danach hängt die Notwendigkeit öffentlicher Erledigung zunächst davon ab, ob Art und Weise der Erledigung die Öffentlichkeit überhaupt etwas angeht, z.B. weil sie Allgemeinwohlbelange berührt. Wenn dies – wie im Bereich der Beseitigung betrieblicher Abfälle – der Fall ist, ist zu prüfen, ob die Leistungsfähigkeit und Zuverlässigkeit privater Erledigung im jeweiligen Tätigkeitsbereich eine Beschränkung auf Reservegewährleistungen zuläßt. Ist dies ebenfalls der Fall, kann sich der Schutz öffentlicher Kapazitäten auf notwendige Reservegewährleistungen beschränken. So wurde am Beispiel des Abfallrechts festgestellt, daß eine öffentliche Grundkompetenz und eine regionale Grundstruktur, auf die im Krisenfall „aufgesattelt" werden kann, als ausreichend angesehen werden kann und daß alle anderen Anlagen oder Einrichtungen nur bei erhöhter Wichtigkeit und nur übergangsweise zur Vermeidung grober Fehlinvestitionen schutzwürdig sind.

Doch selbst wenn eine Schutzwürdigkeit vorliegt, ist stets zu prüfen, ob auch eine Schutzbedürftigkeit aufgrund von Auslastungs- oder Planungsproblemen gegeben ist. Für den Bereich betrieblicher Abfallbeseitigung wurde angenommen, daß die öffentlichen Einrichtungen alle Möglichkeiten der Flexibilisierung und Anspannung ausgeschöpft haben müssen, bevor sie Schutz durch Überlassungspflichten beanspruchen können.

Eine solche Sichtweise zwingt den Gesetzgeber dazu, anstelle genereller Einschränkungen von Eigeninitiative effektive Korrekturmöglichkeiten im Einzelfall zu schaffen, die auf möglichst unabhängiger, sachverständiger Abwägung beruhen.

Zusammenfassend und möglicherweise übergreifend für andere Regelungsbereiche sind immer wieder folgende typische Fragen zu untersuchen:
- Wie ist die strukturelle Lage und die Leistungsfähigkeit privater Erledigungsstrukturen? Läßt sie eine Beschränkung der Daseinsvorsorge zu?
- Für welche Reserve- bzw. Auffangfunktionen muß die Daseinsvorsorge gerüstet bleiben? Wie sind sie zu bestimmen? Reicht eine Grundstruktur und Grundkompetenz?
- Was ist den bestehenden Strukturen im Rahmen eines Überganges zur Reservegewährleistung zumutbar? Inwieweit sind frustrierte Aufwendungen, Planungspro-

bleme und Reaktionsmöglichkeiten aber auch Fehler der öffentlichen Hand zu beachten?
- Welche generell zulässige Eigeninitiative erscheint bezüglich der obigen Probleme verträglich? Inwieweit bedarf sie der regulierenden Abwägung im Einzelfall?

V. Fazit zur Privilegierung von Eigenerledigung

Die Eigeninitiative im Bereich betrieblicher Beseitigungsabfälle ist geprägt durch die §§ 13 I 2, 17 I KrW-/AbfG. § 13 I 2 KrW-/AbfG ordnet die Überlassungspflicht an und beschränkt somit Eigeninitiative. § 17 I 1 KrW-/AbfG erlaubt die Gründung und Beauftragung von Verbänden und fördert somit Eigeninitiative. Hinzu kommt § 16 I 1 KrW-/AbfG, der zusätzlich noch die Beauftragung fremder Entsorgungsbetriebe erlaubt. Es besteht somit eine begriffliche Trias von Eigenerledigung über Verbandserledigung bis hin zu Fremderledigung. Die zentrale Frage dieses Untersuchungsabschnittes besteht darin, in welchem Verhältnis die drei Organisationsbegriffe zueinander stehen. Dabei ist von § 13 I 2 KrW-/AbfG als „Grundnorm" auszugehen, weil dort Überlassungspflichten geregelt werden, von deren Reichweite die zulässige Eigeninitiative abhängt.

Im Ergebnis wird durch die §§ 13 I 2, 17 I KrW-/AbfG die Erledigung von Aufgaben durch mitgliedschaftlich strukturierte Zusammenschlüsse von Abfallverursachern privilegierend von der Überlassungspflicht ausgenommen, einschließlich paritätischer Kooperationsgesellschaften in Form des „citizen-private-partnership" gemäß der „Privilegierungsvariante 3a". Dies ergibt sich aus den nachfolgenden Erwägungen:

Der sprachliche Inbegriff von „eigenen Anlagen" umfaßt auch gemeinschaftliche Formen der Erledigung durch Verursacher. Die dabei wohl wichtigste Erkenntnis liegt darin, daß „Eigen"-erledigung auch in genossenschaftsähnlicher Form vorliegen kann. Wichtig ist ferner, daß auch die Einbeziehung der Entsorgungswirtschaft als Betriebsführer oder als Partner einer paritätischen Kooperationsgesellschaft zwischen Verursachergenossenschaften und Entsorgern dem Inbegriff von „Eigen"-erledigung nicht entgegensteht.

Eine systematische Anknüpfung an den anlagenrechtlichen Betreiberbegriff und seine speziellen Ausformungen in Definitionsnormen ist mangels eines Zweckzusammenhangs nicht angezeigt.

Wohl aber bedarf es einer systematischen Klarstellung des Verhältnisses zu den Beauftragungsgestattungen der §§ 17 I 1 und 16 I 1 KrW-/AbfG. § 16 I 1 KrW-/AbfG mit seiner uneingeschränkten Gestattung der Fremdbeauftragung tritt hinter § 13 I 2 KrW-/AbfG zurück. Für § 17 I 1 KrW-/AbfG gilt dies aufgrund seiner Selbstverwaltungskomponente nicht. Er füllt vielmehr im Wege der horizontalen Harmonisierung den Begriff der „eigenen Anlagen" in § 13 I 2 KrW-/AbfG zugunsten weitestgehender Zulässigkeit von „Eigen"-erledigung aus.

Damit sind durch sprachliche Assoziationen und systematische Vermutungen bereits wesentliche Weichen gestellt. Fremdbeauftragung ist danach regelmäßig nicht zulässig. Die Erledigung innerhalb von Genossenschaften, Verbänden und ähnlichen Organisationsformen ist regelmäßig zulässig. Für Vermutungen zugunsten der Zulässigkeit von Zwischenformen zwischen Verbandserledigung und Fremdbeauftragung geben sprachliche und systematische Erwägungen zu wenig her.

Es deutet sich bereits durch Analyse des Gesetzestextes ein Regelbereich von Eigeninitiative an, der in der Erledigung durch mitgliedschaftlich-strukturierte Zusammenschlüsse besteht und der sprachlich-assoziativ selbstverständlich zu den Möglichkeiten eigener Erledigung – und damit auch Anlagen – gehört.

Die Entstehungsgeschichte der §§ 13 – 18 KrW-/AbfG offenbart einen Mangel an Bewußtsein über denkbare Organisationsformen und eine konsensorientierte Flucht in unklare Formulierungen. Es muß daher auf allgemeine gesetzgeberische Leitlinien und Zweckbetrachtungen zurückgegriffen werden.

Als entscheidender Leitgedanke läßt sich den Materialien des Kreislaufwirtschafts- und Abfallgesetzes der Wunsch nach „so viel Eigeninitiative wie möglich" bei „nur soviel Daseinsvorsorge wie nötig" entnehmen, jedenfalls soweit bei den Verursachern wesentliche Initiativmacht verbleibt und ein verantwortungsvoller Übergang von der vollständigen zu einer auf Reserve beschränkten Daseinsvorsorge gewährleistet ist. Auf Basis einer fiktiven Kompromißlinie zwischen den unterschiedlichen Schwerpunkten von Bundestag und Bundesrat erscheint eine weitgehende Einbeziehung von Eigeninitiative möglich, wobei die Begriffswelt der Materialien zur Suche nach neuen zivilen Organisationsformen auffordert.

Die objektiv-teleologische Auslegung muß den Mangel an konkreten gesetzgeberischen Gedankenäußerungen ersetzen. Für die Entwicklung eines rationalen Argumentationsgebäudes in Fragen des Überganges von umfassender Daseinsvorsorge zu mehr Eigeninitiative erweist sich ein Vorgehen als nützlich, das zunächst danach fragt, welche Eigeninitiative als förderungs- bzw. privilegierungswürdig anzusehen ist und inwieweit Gesichtspunkte der Daseinsvorsorge und Entsorgungssicherheit Einschränkungen gebieten.

Förderungswürdig in diesem Sinne sind alle Organisationsformen, die das Abfallbewußtsein, die Rückkopplung zwischen Problem und Problemlösern, die Vielfalt und Entmonopolisierung der Strukturen sowie die Verantwortlichkeit der Verursacher zu steigern vermögen, wobei auch quantitative Effekte eine Rolle spielen.

Daseinsvorsorge ist wiederum nur notwendig als Reservestruktur in Form einer Grundkompetenz und eines beschränkten regionalen Grundgerüstes der öffentlichen Hand. Die Feststellung der Schutzbedürftigkeit bestehender Einrichtungen während des Überganges dahin erfordert zum Teil wertende Prognosen mit wirtschaftlichem Einschlag.

Es zeigte sich, daß im untersuchten Regelungsbereich der Förderungsgedanke, der Anspruchsgedanke, der Verbandsgedanke, der Notwendigkeitsgedanke und der Regulierungsgedanke eine besondere Rolle spielen.

Angesichts des neuen Blickwinkels hat es sich als sinnvoll erwiesen,
- mit sprachlich-assoziativer Offenheit für Eigeninitiative,
- ohne vorschnelle Anknüpfung an anlagenrechtliche Kategorien,
- mit einer genauen Beachtung verbandsrechtlicher Normen,
- mit einer Hinterfragung der gesetzgeberischen Organisationsvorstellungen und
- mit der Herausarbeitung und dem Weiterdenken seiner Leitgedanken

an die Auslegung herangeht.

In der Gesamtschau der Prüfung lassen sich die Varianten der zulässigen Eigeninitiative in einen Mindestbereich, der die Erledigung in kleinen genossenschaftsähnlichen

Zusammenschlüssen umfaßt und einen Regelbereich, der auch größere Zusammenschlüsse und paritätische Kooperationsgesellschaften mitumfaßt, und in einen erweiterten Bereich der Eigeninitiative einteilen, der sonstige Formen von Initiative, vor allem die qualifizierte Fremdbeauftragung, miteinschließt.

Da im letztgenannten Bereich Typisierung, Abgrenzung und positive Effekte problematisch und zweifelhaft sind, ist er nur bei einer besonderen Ausrichtung des Sach- und Regelungsbereiches privilegierungswürdig. Dies ist im Rahmen des § 13 I 2 KrW-/AbfG nicht der Fall. Damit scheidet die „offene Regulierungslösung" nach Fluck'scher Lesart hier aus. Sie bleibt aber gleichwohl eine stets erwägenswerte Option. § 13 I KrW-/AbfG folgt also für die Privilegierung von Eigeninitiative einem „Eigenerledigungsmodell", das auch als „Regelbereich" bezeichnet werden kann.

Soweit darin auch die Zulassung von Gestaltungsformen über kleinere genossenschaftsähnliche Zusammenschlüsse hinaus enthalten ist, sind bestimmte Möglichkeiten flexibler Abwägung und Regulierung im Einzelfall teils notwendig, teils wünschenswert. Die Privilegierung steht somit im engen Zusammenhang mit der „Interessenklausel" des § 13 I 2 KrW-/AbfG.

B. Regulierung von Eigeninitiative durch Abwägung mit „überwiegenden öffentlichen Interessen"

Bei der Untersuchung im vorangegangenen Abschnitt A hat sich gezeigt, daß weitgehende Formen der Eigeninitiative, insbesondere unter Einbeziehung der Entsorgungswirtschaft, aus teleologischer Sicht nur zugelassen werden sollten, wenn Korrekturmöglichkeiten im Einzelfall vorhanden sind. Es hat sich teils als notwendig, teils als wünschenswert erwiesen, daß im Rahmen einer Interessenabwägung
– regulierungsähnliche Bewertungen über die Schutzbedürftigkeit und Schutzwürdigkeit öffentlicher Einrichtungen sowie
– wertende Einschätzungen von Einfluß und Verantwortung bei der Abgrenzung zwischen Eigen- und Fremdinitiative und insbesondere bezüglich der Notwendigkeit und Wirkung von Haftungserklärungen möglich werden.

I. Sprachliche Offenheit für regulierende Bewertungen

Bei der Auslegung des § 13 I 2 2.Hs. 2.Alt KrW-/AbfG, hier auch „Interessenklausel" genannt, kann zwischen dem unterschieden werden, was der Begriff materiell enthält und was er über das Verfahren der Einzelfallentscheidung aussagt. Beide Gesichtspunkte stehen jedoch in einem engem Zusammenhang, weil durch die Vagheit der Begrifflichkeit Verfahrensfragen an Bedeutung gewinnen.

Zunächst stellt sich die Frage, was unter „überwiegenden öffentlichen Interessen" sprachlich zu verstehen ist. Der Ausdruck „Interesse" beschreibt einen Anreiz, sich geistig mit etwas auseinanderzusetzen. Er wird aber meist durch eine bestimmte Zielrichtung verstärkt, so daß Interesse zugleich als Wunsch nach einem bestimmten Geschehensablauf bezeichnet werden kann.[387]

Der Ausdruck „öffentlich" beschreibt den Unterschied zu privat.[388] „Öffentlich" kann auch synonym mit „allgemein" oder „gemein" verwendet werden[389] und ist danach alles, was über die Privatsphäre des einzelnen hinaus von Bedeutung ist.[390] Das Nachdenken über den Begriff der „öffentlichen" Interessen führt den Betrachter zwangsläufig in demokratietheoretische Erwägungen.[391] Es zeigt sich allerdings deutlich ein begriffliches Verhältnis zwischen öffentlichem Interesse und Allgemeinwohl.[392] Es ist jedoch unklar, inwieweit beide Begriffe übereinstimmen, ineinander übergehen oder abzugrenzen sind. Mangels ausdrücklicher Einschränkung ist zunächst ein weites Verständnis angebracht. Das Interesse an der Auslastung kommunaler Anlagen ist daher „öffentlich", jedenfalls soweit nicht private Gründe, wie z.B. die persönliche Beschäftigungssicherung dahinterstehen. Gleiches gilt die Verhinderung drohender Gestaltungsmißbräuche.

Der Begriff „überwiegen" drückt eine höhere Gewichtung eines Interesses gegenüber einem anderen aus. Es sollen daher zwei unterschiedliche potentielle Geschehensabläufe gewichtet werden, von dem das eine nicht privater Natur ist. Zum einen müssen also verschiedene öffentliche Interessen untereinander, zum anderen öffentliche gegen private Interessen gewichtet werden.[393] Dies kann naturgemäß nur im Einzelfall geschehen.[394]

Da der Wortlaut von hoher Beliebigkeit und Offenheit zeugt, soll untersucht werden, inwieweit methodische Leitlinien bei der Bestimmung des Normbefehls weiterhelfen.

Eine generalisierende semantische Bestimmung des Begriffs „öffentliche Interessen" hat sich als nur sehr begrenzt möglich herausgestellt. Unter den Begriff fallen sprachlich alle Interessen, die nicht aus privaten Beweggründen öffentlicher Organe entstehen, und ferner auch Interessen privater Akteure, die zugleich allgemeinwohlfördernd sind. Der Begriff enthält außerdem keinen semantischen Befehl zur abschließenden Typisierung. Er läßt die Möglichkeit offen, aufgrund wertender Einschätzungen im Einzelfall zu konkretisieren, welche Interessen „öffentlich" sind. Eine solche Bewertung ist zum Teil relativierender Natur, indem gewisse Anliegen noch als relativ öffentlich, andere als schon nicht mehr öffentlich genug bewertet. Sie ist überwiegend gestaltender Natur, weil der Gemeinwohlbegriff ausgefüllt wird.

---

387 Es wird auch von „Gefühlsdisposition" oder „Begehren" bezeichnet, vgl. Uerpmann, Interesse, 23 m.w.N.
388 Vgl. Uerpmann, Interesse, 28.
389 Vgl. Uerpmann, Interesse, 28.
390 Allgemein zur Problematik von öffentlichen und privaten Interessen im Rahmen von Amt und Person vgl. Uerpmann, Interessen, 47 ff.
391 Zur Problematik der Interessen von Allgemeinheit und Staat vgl. Uerpmann, Interessen, 28 ff.
392 Überblick über die vielfältigen Standpunkte und Blickwinkel im Rahmen der Begriffe „Wohl", „Interesse", „Belang", „öffentlich", „Allgemeinheit" u.ä. bei Uerpmann, Interessen, 23 ff., 27 ff.
393 So wird teilweise von einem Gespinst verschiedenartiger, vielfach miteinander verwobener, öffentlicher und privater, teils gleichgerichteter und teils gegenläufiger Interessen gesprochen, vgl. bei Wissing, Gemeinwohlinteressen, 32 f., unter Verweis auf Breuer.
394 So auch Wissing, Gemeinwohlinteressen, 35.

Der Begriff „überwiegend" ist ein ausdrücklicher semantischer Befehl zur Bewertung in Form der Gewichtung. Zunächst muß prognostiziert und ggf. gestaltend erwogen werden, inwieweit bestimmte – hinter den öffentlichen und privaten Interessen stehende – Entwicklungen gewollt sind oder verhindert werden sollen. Dadurch wird den Interessen mehr oder weniger Gewicht verliehen. Sodann sind die Interessen gegenüberzustellen, und es ist relativierend zu bestimmen, inwieweit ein Interesse den Vorzug vor einem anderen verdient. Der Begriff „überwiegend" ist in Verbindung mit dem der „öffentlichen Interessen" daher das Muster einer Generalklausel bzw. Bewertungs- oder Abwägungsklausel mit dem Ziel der Wertbildung im Einzelfall. Er öffnet daher eindeutig den Weg für eine wertende Steuerung von Entwicklungen. Dies gilt für die Bestimmung und den Schutz von Reservestrukturen, für die Bestimmung, Förderung und Abgrenzung bestimmter Formen von Eigeninitiative und für die Durchsetzung von Erfordernissen der Praktikabilität.

Der Begriff „erfordern" ist ebenfalls ein vager Begriff. In genereller Hinsicht kann nur festgestellt werden, daß sich in ihm eine gewisse Zwanghaftigkeit oder Unausweichlichkeit verbirgt. Eine darüber hinaus gehende Auslegung verlangt Typisierungen anhand der gesetzgeberischen Leitgedanken. Die Typisierung verlangt prognostische und gestaltende Bewertungen und öffnet daher ebenfalls den Weg zur wertenden Steuerung von Entwicklungen.

Problematisch ist allerdings das Verhältnis zum Begriff „überwiegend". Eines von beidem geht logisch eigentlich nur: Entweder eine relativierende Gewichtung und somit ein Übergewicht führt zur angeordneten Rechtsfolge oder die prognostisch-gestaltende Ermittlung einer Zwanghaftigkeit bzw. Unausweichlichkeit. In jedem Fall scheint dem Gesetzgeber das Überwiegen allein nicht ausreichend gewesen zu sein. Ein logischer Kompromiß zwischen beiden Merkmalen kann darin gefunden werden, daß die Gewichtung und Abwägung aus dem Blickwinkel der Erforderlichkeit vorgenommen und umgekehrt eine Erforderlichkeit nicht vorschnell ohne sorgfältige Abwägung bejaht werden soll.

Die semantische Analyse öffnet daher den Weg zur umfassenden Regulierung im Einzelfall, wie sie für die generelle Zulassung weitestgehender Eigeninitiative nötig ist. Das schließt allerdings nicht aus, daß aus systematischen, historischen oder objektiv-teleologischen Gründen
– Einschränkungen bezüglich der einzubeziehenden Interessen,
– grundlegende Gewichtungen als Vorgabe für die Einzelfallgewichtung
– und Verfahrensregeln für die Abwägung
vorgegeben werden, die notwendige oder wünschenswerte Regulierungsmöglichkeiten ausschließen.

II. Problematik landesrechtlicher Konkretisierungen

Es ist nun zu prüfen, inwieweit sich aus textinternen Zusammenhängen zu anderen Normen weiterer Aufschluß über die Voraussetzungen der Interessenklausel gewinnen läßt.

Interessenklauseln kommen auch an anderen Stellen des Kreislaufwirtschafts- und Abfallgesetzes zur Anwendung. So sind z.B. gewerbliche Sammlungen und Pflichtübertragungen an Dritte nur zulässig, wenn öffentliche Interessen nicht entgegenstehen. An diesen Stellen steht der Rechtsanwender jedoch vor denselben Problemen, wie bei § 13 I 2 KrW-/AbfG. Ein gesetzesinterner Vergleich führt daher insoweit nicht weiter.

Für den Bereich des Landes Niedersachsen heißt es in § 11 I 2 NAbfG, daß ein überwiegendes öffentliches Interesse i.S.v. § 13 I 2 KrW-/AbfG vorliegt, wenn „ohne die Überlassung eine geordnete Beseitigung nicht sichergestellt wäre oder der Bestand, die Funktionsfähigkeit oder die wirtschaftliche Auslastung der vorhandenen oder in Abfallwirtschaftsplänen vorgesehenen Einrichtungen der öffentlichen Entsorgungsträger gefährdet wäre".

Nach seinem Wortlaut definiert § 11 I NAbfG den Begriff der öffentlichen Interessen umfassend und abschließend. Die von ihm genannten Gesichtspunkte sollen also die einzigen nach § 13 I 2 KrW-/AbfG zu beachtenden öffentlichen Interessen sein. Sein Schutz bezieht sich nicht lediglich auf den Bestand der öffentlichen Anlagen, sondern auch auf deren Funktionsfähigkeit und ihre „wirtschaftliche Auslastung". Die Formulierung deutet darauf hin, daß eine weitestgehende und dauerhafte Vollauslastung angestrebt wird. Als eine weitere wichtige Entscheidung des § 11 I NAbfG darf man die Ausweitung des Schutzes auf die „in kommunalen Abfallwirtschaftskonzepten vorgesehenen" Anlagen vermerken. Es wird also nicht nur den bereits bestehenden öffentlichen Anlagen ein Schutzstatus zugebilligt, sondern auch noch die Planung der Kommunen zementiert. Diese Anordnungen stehen zwar möglicherweise in Widerspruch zu bundesrechtlichen Leitgedanken, sind jedoch streng genommen lediglich eine Wertausfüllung der bundesrechtlichen Generalklausel.

Eine weitere, ganz entscheidende Bestimmung des § 11 I 2 NAbfG liegt darin, daß er nicht nur sagt, was als öffentliches Interesse i.S.v. § 13 I 2 KrW-/AbfG anzusehen ist, sondern gleichzeitig anordnet, daß ein Vorhandensein solcher Interessen gleichzeitig zu deren Überwiegen führt. Die begründete Besorgnis mangelnder Auslastung bestehender oder vorgesehener öffentlichen Abfallbeseitigungsanlagen vermag also nach § 11 I 2 NAbfG durch kein anderes öffentliches oder privates Interesse aufgewogen zu werden. Eine Abwägung entgegenstehender Belange mit der abschließenden Feststellung eines „Überwiegens" wäre von vornherein nicht möglich. Das Überwiegen würde antizipiert und fingiert. Eine solche „Fiktion des Überwiegens" widerspricht eindeutig dem Wortlaut der Interessenklausel, weil diese einen semantischen Befehl zur relativierenden Gewichtung bzw. Abwägung der öffentlichen mit anderen Interessen und zwischen öffentlichen Interessen im Einzelfall enthält.

Es ist zu prüfen, inwieweit eine solche Ausfüllung und Abweichung kompetenzrechtlich zulässig ist. Die Kompetenz des Bundes im Abfallrecht ergibt sich aus Art 74 I Ziff. 24, 72 I GG. Danach haben die Länder eine Gesetzgebungsbefugnis nur, solange und soweit der Bund von seinem Gesetzgebungsrecht keinen Gebrauch gemacht hat. Es stellt sich daher die Frage, ob § 13 I 2 2.Hs. 2.Alt KrW-/AbfG mit seinem Merkmal der „überwiegenden öffentlichen Interessen" eine erschöpfende Regelung[395] darstellt. Dies würde eine Ausfüllung bzw. Konkretisierung durch Landesrecht nicht zulassen.

Für eine Sperrwirkung spricht allgemein der Charakter generalklauselartiger Rechtsbegriffe. Sie werden gewählt, um relativierende, prognostische, gestalterische

---

395 Vgl. dazu Jarass, NVwZ 1996, 1041, 1044.

und abwägende Bewertungen im Einzelfall und somit eine flexible Handhabung des geregelten Problems zu ermöglichen.³⁹⁶ Das geht nur, wenn man die Ausfüllung dem jeweiligen Rechtsanwender im konkreten Fall überläßt und nicht einem anderen Normgeber.³⁹⁷ Bereits deshalb spricht eine Tendenz dafür, daß das Bundesgesetz ganz bewußt keine detaillierten Vorgaben macht. Es hätte nämlich statt dessen auch zwanglos selbst eine Konkretisierung, wie sie in § 11 I 2 NAbfG vorgesehen ist, vornehmen können.

Für eine Sperrwirkung spricht auch und vor allem der fließende Übergang zwischen vagen, wertausfüllungsbedürftigen und generalklauselartigen Rechtsbegriffen.³⁹⁸ Wollte man die „Interessenklausel" für eine Ausgestaltung durch den Landesgesetzgeber öffnen, müßte man dies u.U. auch für die ebenfalls einigermaßen unbestimmten Begriffe „eigene Anlagen", „in der Lage sein" oder weiterer unklarer Begriffe zulassen. Das Fehlen einer grundsätzlichen Sperrwirkung für die untergesetzliche Ausfüllung unbestimmter Rechtsbegriffe käme somit einer Generalermächtigung des Landesgesetzgebers zur verbindlichen Auslegung von Bundesrecht nahe. Zumindest wären Unsicherheiten und Streitigkeiten über die Abgrenzung von Generalklauseln zu anderen unbestimmten Begriffen die Folge. Insgesamt besteht somit eine systematische Vermutung zugunsten einer Sperrwirkung und somit für die nahezu vollständige Wirkungslosigkeit des § 11 I 2 KrW-/AbfG.

III. Hinweise aus Herkunft und Entstehung der Norm

Nachdem die textinternen Erwägungen wenig Aufschluß über Art und Weise der Ausfüllung geben, kommt es nicht unwesentlich auf historische Erkenntnisse an.

1. Entstehungsgeschichte der Interessenklausel

Zunächst ist zu prüfen, ob sich speziell aus der Entstehungsgeschichte der „Interessenklausel" Näheres über berücksichtigungsfähige Interessen, Gewichtung und Abwägungsverfahren ergibt.

Nach der Regelung § 9 I 2 Reg-E (jetzt § 13 I 2 KrW-/AbfG) kam es noch darauf an, ob „zwingende Gründe der Wahrung des Wohles der Allgemeinheit die Überlassung erfordern".³⁹⁹ Anstelle der „überwiegenden öffentlichen Interessen" standen also anfangs „zwingende Gründe des Allgemeinwohls". Zweck und Inhalt der Allgemeinwohlklausel werden in der Regierungsbegründung nicht näher erläutert. Man darf aber davon ausgehen, daß mit dem Allgemeinwohlbegriff an den des § 5 II Reg-E (jetzt

---

396 Vgl. Wulfhorst, NVwZ 1997, 975, 976.
397 Für Wissing, Gemeinwohlinteressen, 91, stellt die Verwendung unbestimmter Gesetzesbegriffe durch den Bundesgesetzgeber grundsätzlich eine Regelung dar, die nicht durch den Landesgesetzgeber zu konkretisieren ist.
398 Vgl. dazu oben Einl. III.5.
399 BT-Drucks. 12/5672, 11.

§ 10 IV KrW-/AbfG) angeknüpft werden sollte. Dort ist von „Belangen des Wohles der Allgemeinheit" die Rede, von denen die wichtigsten aufgezählt werden.[400]

Man muß aber auch davon ausgehen, daß der Regierungsentwurf zwischen „Belangen" in § 5 II Reg-E und „zwingenden Gründen" des Allgemeinwohls in § 9 I 2 Reg-E unterscheiden wollte. Die Allgemeinwohlklausel des § 9 I 2 Reg-E verlangt also mehr, als nur eine Beeinträchtigung der genannten Schutzgüter. Ansonsten hätte § 9 I 2 Reg-E, ähnlich wie § 10 IV Reg-E, den Begriff der „beeinträchtigten Belange" verwenden können. Der Ausdruck „zwingend" zeugt vielmehr von einer Art Unausweichlichkeit.

Der Bundestag übernahm die Formulierung des Regierungsentwurfes.[401] Im Vermittlungsausschuß wurde dann allerdings die jetzige Fassung gefunden. Den Materialien läßt sich nicht entnehmen, welche Beweggründe hinter der Änderung standen. Naheliegend erscheint die Möglichkeit, daß der Bundesrat erweiterte Abwägungsmöglichkeiten zugunsten einer Überlassungspflicht wollte und sich damit durchsetzte.[402] In der Tat gibt es keine einleuchtende Begründung dafür, daß der Vermittlungsausschuß die Formulierung änderte, gleichwohl aber an der Bedeutung des bisherigen Begriffes festhalten wollte.[403]

Es spricht somit einiges dafür, daß über die Allgemeinwohlgründe des § 5 II Reg-E hinaus auch andere „öffentliche" Interessen miteinbezogen werden sollten. Die Entstehungsgeschichte spricht also tendenziell gegen einen auf Verhinderung unvorhersehbarer und gefährlicher Sonderprobleme beschränkten Zweck der Interessenklausel und für eine offenere Abwägung.

2. Anknüpfung an § 1 III Nr. 7 AbfG v. 1986

Eine Interessenklausel gab es bereits in § 1 III Nr. 7 AbfG 1986. Es spricht eine gewisse Vermutung dafür, daß der Gesetzgeber an diese Klausel anknüpfen wollte. Daher ist zu prüfen, was die Klausel nach altem Recht beinhaltete und in welcher Weise sie übernommen wurde.

Die „Interessenklausel" des § 1 III Nr.7 AbfG diente – wie auch jetzt noch in § 13 III Nr. 3 KrW-/AbfG[404] – zur Korrektur der Zulässigkeit gewerblicher Sammlungen. Bereits damals waren Inhalt und Entscheidungsverfahren bei der Feststellung überwiegender öffentlicher Interessen umstritten. Man ging seinerzeit davon aus, daß das Verbot gewerblicher Sammlungen wegen öffentlicher Interessen sich auf „enge Ausnahmen" beschränken sollte.[405] Eine solche Ausnahmesituation sollte z.B. dann vorliegen, wenn bei einer privaten Verwertung die ordnungsgemäße Abfallentsorgung im übrigen nicht oder nur unter unzumutbaren Kosten möglich wäre.[406]

---

400 BT-Drucks. 12/5672, 10.
401 BT-Drucks. 12/7284, 10.
402 Insgesamt zu den Intentionen des Bundesrates im Vermittlungsausschuß vgl. oben A.III.7.
403 Vgl. Zandonella/Thärichen, NVwZ 1998, 1160, 1160 f.
404 Vgl. unten 2.Teil A.II.3.c).
405 Schwermer, in: Kunig/Schwermer/Versteyl, KrW-/AbfG, § 1a, 79.
406 Schwermer, in: Kunig/Schwermer/Versteyl, KrW-/AbfG, § 1a, 79.

Teilweise klangen die Meinungen aber auch anders. Danach wurde ein überwiegendes öffentliches Interesse bereits bejaht, wenn eine „flächendeckende kostengünstige Entsorgung" ohne die Überlassung nicht möglich wäre[407] oder eine geordnete Entsorgung dadurch nicht mehr gewährleistet sei, daß kommunalen Müllverbrennungsanlagen besonders heizwertes Material entzogen wird.[408] Von gleicher Seite wurde dann aber eingeräumt, daß die Unterbindung privater Verwertung durch öffentliche Interessen sich auf sehr enge Ausnahmen beschränken müsse.[409] Auf keinen Fall sollte ein bloßes wirtschaftliches Interesse des Entsorgungspflichtigen ausreichen.[410] Es widersprach sich also einiges. Letztlich wurde jedoch immer wieder der Ausnahmecharakter betont. Die Übernahme dieser Grundsätze führt somit zu einem verhältnismäßig engen Anwendungsbereich der Interessenklausel. Diese Erkenntnisse gehen somit eher in Richtung einer zurückhaltenden Berücksichtigung von Auslastungsinteressen.

Die oben zitierten Meinungen sind allerdings vor dem Hintergrund zu sehen, daß es in § 1 III Nr. 7 AbfG 1986 Ausnahmen von der Überlassungspflicht für Stoffe machte, die einer Verwertung zugeführt werden konnten, deshalb nach altem Recht gar nicht unter den Abfallbegriff fielen und damit ohnehin nicht überlassungspflichtig waren. Man fragte sich daher zu Recht, was der § 1 III Nr. 7 AbfG 1986 überhaupt bezwecken sollte.[411] Mangels anderer Erklärungsmöglichkeiten wurde der Regelungsinhalt der Norm überwiegend auf die Interessenklausel reduziert und als ausnahmsweiser Schutz öffentlicher Sammlungen verstanden.[412] Es ist wahrscheinlich, daß der Gesetzgeber des Kreislaufwirtschafts- und Abfallgesetzes sich über die Feinheiten der Auslegung von § 1 III Nr. 7 AbfG 1986 keine tiefschürfenden Gedanken gemacht hat, sondern die damals geläufige Betrachtung im Auge hatte.

Insgesamt spricht die Herkunft der Norm daher für einen eher beschränkten Schutz öffentlicher Auslastungsinteressen und auch sonst für hohe Anforderungen an das Überwiegen öffentlicher Interessen.[413] Sie tendiert zu einer Einengung des Interessenbegriffs auf eindeutige Beeinträchtigungen. In jedem Fall spricht die Historie aber gegen die Lösung des in eine andere Richtung gehenden Regelung des § 11 NAbfG.

3. Gesamtschau der Indizien

Entstehungsgeschichte und Herkunft liefern sowohl Hinweise gegen eine strenge Allgemeinwohlbindung als auch gegen eine kommunalfreundliche Sichtweise ähnlich dem § 11 I 2 NAbfG. Dadurch wird der Mittelweg einer offenen Abwägung aller Interessen argumentativ gestärkt, bedarf aber noch einer objektiv-teleologischen Prüfung.

---

407 Bergmüller, BayVBl. 1987, 193, 194; vgl. auch Lange GewArch 1996, 217,219.
408 Kersting, Abgrenzung, 112; vgl. auch Lange, GewArch 1996, 217,219.
409 Kersting, Abgrenzung, 112 f.
410 Schwermer, in: Kunig/Schwermer /Versteyl, KrW-/AbfG, § 1a, 79.
411 Vgl. Kersting, Abgrenzung, 106 ff, 112 f.; Backes, DVBl. 1987, 333, 335.
412 So muß man wohl letztlich die Schlußfolgerungen von Kersting, Abgrenzung, 106 ff, 112 f., Backes, DVBl. 1987, 333, 335, Schwermer, in: Kunig/Schwermer /Versteyl, KrW-/AbfG, § 1a, 79, auffassen
413 So auch Wissing, Gemeinwohlinteressen, 123 f.

Hinsichtlich des Verfahrens konnte der Gesetzgeber bei der Verwendung des Begriffes „überwiegende öffentliche Interessen" an herrschende Anschauungen anknüpfen. Danach handelt es sich beim Begriff des öffentlichen Interesses oder einem verwandten Ausdruck im Zweifel um einen gerichtlich voll überprüfbaren unbestimmten Rechtsbegriff.[414] Diese Erkenntnis begründet eine Vermutung für eine volle Überprüfbarkeit.

Es gibt allerdings auch Interessenklauseln, in dessen Rahmen die Rechtssprechung der Verwaltung ausnahmsweise Einschätzungsspielräume zubilligt und Zwischenlösungen kreiert.[415] Die Frage nach dem mutmaßlich gewollten Verfahren orientiert sich somit auch an Zweckmäßigkeitsgesichtspunkten und vergleichbaren Vorbildern aus anderen Regelungsbereichen. Es bedarf somit auch diesbezüglich noch einer objektiv-teleologischen Untersuchung.

IV. Zweckmäßige Abwägungsmaßstäbe und -verfahren

Der Gesetzgeber stand bei der Kodifizierung der Interessenklausel vor der Frage, welche Art und Weise der Konfliktbewältigung im Einzelfall bei der Gestaltung von Freiräumen für Eigeninitiative zu wählen ist. Nach den bisherigen Erkenntnissen kristallisieren sich folgende Varianten heraus:

Zunächst ist zwischen drei typischen Abwägungsvarianten zu entscheiden. Die Interessenklausel des § 13 I 2 KrW-/AbfG kann als „strenge Allgemeinwohlklausel" gemeint sein, die für eine Korrektur des generell gewährten Freiraums eine evident unzumutbare Beeinträchtigung der ordnungsgemäßen Entsorgung voraussetzt.

Sie kann auf der anderen Seite ähnlich der niedersächsischen Lösung in § 11 I 2 NAbfG als „kommunalfreundliche Auslastungslösung" verstanden werden, bei der sich nahezu jedes kommunale Auslastungssinteresse gegen die Eigeninitiative durchsetzt. In diesen beiden ersten Fällen bedarf es keiner umfassenden Abwägung, sondern der Schwerpunkt liegt auf der Feststellung der mehr oder weniger hohen Voraussetzungen.

Schließlich ist eine Lösung in Form einer „offenen Interessenabwägung" denkbar, bei der nahezu alle Interessen der Beteiligten berücksichtigt, gewichtet und gegeneinander abgewogen werden. Dazu können je nach Lage umfassende Erhebungen und Bewertungen nötig sein. Es handelt also um die wohl anspruchsvollste der drei Varianten.

Nach den bisherigen Mutmaßungen über den Willen des Gesetzgebers besteht eine Tendenz zur „offenen Abwägung". Sie bedarf jedoch der Überprüfung und ggf. Konkretisierung durch objektivierte Gesichtspunkte über die Anforderungen an die Entscheidung und die Praktikabilität des Verfahrens.

Es bedarf ferner einer Festlegung, wie das Verfahren der Abwägung ablaufen soll. So ist fraglich, inwieweit gerichtliche Überprüfung möglich ist und ob bzw. in welcher Weise ein Einschätzungsspielraum zu gewähren ist. Es ist ferner über Pflichten

---

414 Uerpmann, Interesse, 226 f., 243 f.
415 Vgl. Uerpmann, Interesse, 240 ff.

zur Darlegung und zum Nachweis von Interessen und über sonstige Regeln für den Akt der „letzten normativen Wertbildung" zu entscheiden.

Maßgebend für die folgende Untersuchung ist daher,
- welche Anforderungen an die Interessenprüfung sich aus den Leitgedanken und Bedeutungsvarianten im Abschnitt A ergeben,
- inwieweit sich bezüglich des Abwägungsverfahrens Hinweise oder denkbare Anknüpfungen an übliche Verfahrensweisen in vergleichbaren Problembereichen finden lassen.

1. Regulierungsanforderungen des Sachbereichs

Im Abschnitt A wurde auf Basis der gesetzgeberischen Leitgedanken bereits herausgearbeitet, in welchem Maße Eigeninitiative gefördert und Daseinsvorsorge erhalten werden soll. Daraus ergaben sich bei bestimmten Varianten Anforderungen an die Interessenklausel, die nunmehr zu konkretisieren sind.

a) Abwägungsbedarf bezüglich des Schutzes öffentlicher Daseinsvorsorge

In Abschnitt A wurde festgestellt, daß notwendige Daseinsvorsorge sich auf eine öffentliche Grundkompetenz und regionale Grundstruktur beschränken und – bei entsprechender Bereitschaft zur Eigeninitiative – eine Ausdünnung bestehender öffentlicher Kapazitäten durch Eigeninitiative hingenommen werden kann. Es wurde ferner festgestellt, daß auch bei drohenden Beeinträchtigungen der Auslastung öffentlicher Anlagen eine Überlassungspflicht nicht angeordnet werden muß, soweit der öffentlichen Hand Anspannungen und Reaktionen zumutbar sind oder waren, die solche Beeinträchtigungen entschärfen. Auswirkungen auf die Entsorgungsstruktur wurden vor allem bei Zulassung einer Einbeziehung größerer Verbände oder der Entsorgungswirtschaft gesehen, insbesondere verbandsgestützter Kooperationen. Es ist zu prüfen, welche Anforderungen sich daraus an die Abwägung im Rahmen der Interessenklausel ergeben.

Zunächst ist durch die Behörde zu prüfen, ob von der Zulassung der beabsichtigten Eigeninitiative überhaupt eine Beeinträchtigung der Wirtschaftlichkeit öffentlicher Einrichtungen ausgeht, die von Belang ist. Eine solche Prüfung erfordert abfallwirtschaftliche Kenntnisse und Erkenntnisse über die Entsorgungssituation vor Ort und die grundsätzlichen Auswirkungen neuer Entsorgungskapazitäten. Die Prüfung erfordert Kompetenz, dürfte aber auch durch Gerichte nachvollziehbar sein.

Anschließend ist zu prüfen, inwieweit durch die Beeinträchtigung die öffentliche Reservegewährleistung oder ein verantwortbarer Übergang zu einer solchen beschränkten Daseinsvorsorge betroffen ist. Diese Prüfung würde vereinfacht, wenn bereits eine planerische Vorstellung von dem bestünde, was alles für die Reservefunktion notwendig ist und wie in etwa der Übergang dahin ablaufen soll, und zwar im Rahmen einer „Reserveplanung", die ernsthaft einen Wandel in Kauf nimmt. Liegt eine solche Planung vor, kann sich die Prüfung daran orientieren. Es verbleibt jedoch in jedem Fall die Notwendigkeit einer summarischen Überprüfung der „Reserveplanung" dahingehend, ob sie diesen Namen auch verdient oder lediglich bestandswahrend ist. Dazu gehört ggf. die Frage, ob die im Abschnitt A bereits erörterten Reservebedürfnisse seitens der Planung überzogen bewertet wurden.[416]

Liegt keine oder nur eine scheinbare Reserveplanung vor, besteht zum einen die Möglichkeit, diesen Umstand sanktionsähnlich zulasten der öffentlichen Hand zu gewichten und eine Beeinträchtigung der öffentlichen Struktur zu verneinen. Zum anderen besteht die Möglichkeit, daß die prüfende Behörde eigene Gedanken über den Übergang zur notwendigen Reserve anstellt, was einem planerisch-gestaltendem Akt nahekäme, umfassende Bewertungen erfordern und möglicherweise in bestehende Planungszuständigkeiten eingreifen würde. Insgesamt ist die Interessenabwägung also immer mit gestalterisch bewertender Betrachtung und planerischem Einschlag verbunden.

Soweit von Seiten des Entsorgungsträgers die Gefahr einer Zerschlagung durch plötzliche Abwanderung beschworen wird, ist zu prüfen, ob alle oben in Abschnitt A vorgestellten Reaktionsmöglichkeiten ausgeschöpft sind, um die Rentabilität zu erhalten und Flexibilität zu gewährleisten, z.B. durch interkommunale Lösungen, Angleichung von Beschäftigungsverhältnissen, Teilstillegungen oder Teilprivatisierungen und andere Maßnahmen. Jeder Angriff des Entsorgungsträgers auf geplante Eigeninitiative führt dadurch auch zu einer Selbstbetrachtung. Es handelt sich um einen wertenden Akt mit teilweise prognostischem Charakter. Eine solche Prüfung erfordert betriebswirtschaftliche Kenntnisse. Soweit solche Kompetenz in der abwägenden Behörde geschaffen ist, erscheint eine Umsetzung obiger Maßstäbe – ggf. anhand von Musterkennzahlen – vorstellbar. Im übrigen wird der private Vorhabenträger seinen Teil dazu beitragen, solche Erkenntnisse an das Tageslicht zu bringen. In diesem Zuge ist ggf. auch festzustellen, ob verschuldete Überdimensionierung zum bestehenden Dilemma des Entsorgungsträgers beigetragen hat. Dies führt zu einem weiteren interessanten Ansatz öffentlicher Selbstkontrolle im Rahmen bevorstehender Eigeninitiative der Bürger.

Die danach noch als erheblich verbleibende Beeinträchtigung muß abschließend noch auf ihre Zumutbarkeit hin überprüft werden, was einen wertenden abwägenden Akt in sich darstellt.

Das Ergebnis aus den obigen Bewertungen ist mit dem Interesse an der beabsichtigten Eigeninitiative abzuwägen, das seinerseits teilweise ein öffentliches sein kann. Die Gewichtung dieses Interesses dürfte nicht ganz einfach sein, da sie von subjektiven Wertungen abhängig ist. Soweit allerdings die Prüfung der öffentlichen Interessen in der oben beschriebenen restriktiven Weise vorgenommen wird, besteht eine Überwiegensvermutung zu ihren Gunsten, die die Abwägung, weil sie bereits die Prüfung der öffentlichen Interessen hinein verlagert wurde, erleichtert.

An dieser Stelle verdient das Regulierungsbedürfnis bei teilweiser Eigeninitiative, z.B. beschränkt auf Sammlung, Transport und ggf. Sortierung, Beachtung.[417] So könnte es für die öffentlichen Einrichtungen zu unzumutbaren Beeinträchtigungen führen, wenn die Verursacher in Teilbereichen plötzlich das Sammeln, und Transportieren in Eigenregie übernehmen und dafür entsprechende Gebührenerleichterungen oder -rückerstattungen gewährt haben möchten. Hier ist stets zu prüfen, inwieweit solche In-

---

416 Vgl. oben A.IV.3.a)bb),b).
417 Vgl. auch oben bei Fn. 142.

itiativen den öffentlichen Einrichtungen wirtschaftlich und kalkulatorisch zumutbar sind. Die Anforderungen gleichen den bisher beschriebenen.

Nachdem nun eine Vorstellung von den Abwägungsinhalten besteht, stellt sich die Frage, wer solche Abwägungen vornehmen soll. Die soeben beschriebenen Anforderungen sind hoch. Bedienen sich Behörde oder Gericht bei der Prüfung jedoch des Interesses der Beteiligten an der Offenbarung der jeweils günstigen Tatsachen und Berechnungen, entfällt wenigstens schon einmal erheblicher Ermittlungsbedarf, so daß im wesentlichen bei der Bewertung verbleiben kann.

Doch auch dafür ist ein hoher abfallwirtschaftlicher Sachverstand erforderlich. Die zuständige Behörde müßte sich entsprechend verstärken, sei es intern oder extern. Eine solche Verstärkung ist vorstellbar und erscheint realisierbar. Dennoch darf nicht verkannt werden, daß der Entscheidung stets ein subjektiver Planungs- und Prognoseanteil innewohnen wird. Das erfordert eine Unabhängigkeit, die man von der Behörde – auch von der oberen Aufsichtsbehörde[418] – nicht erwarten kann. Immerhin geht es nicht wie üblich „nur" um Abwägungen zwischen Allgemeinwohlinteressen und privaten Interessen. Es ist auch öffentliche Beschäftigung betroffen, und es wäre blauäugig, die diesbezüglichen solidarischen Beharrungskräfte zu unterschätzen.[419]

Demgegenüber dürfte es dem Gericht naturgemäß an fachlicher Bewertungskompetenz fehlen, um eine Entscheidung vollständig an sich ziehen zu können. Diesem Dilemma könnte durch folgende Verfahrensweisen begegnet werden:

Zum einen könnte ein Beurteilungsspielraum eingeräumt werden, und zwar zugunsten eines extra zu berufenen unabhängigen sachverständigen Gremiums ähnlich einer Regulierungsbehörde. Das wäre eine mit dem Gesetzestext kaum zu vereinbarende Lösung.

Zum anderen könnten an die Darlegungen der entscheidenden Behörde, soweit sie die Möglichkeit der Eigeninitiative versagen will, hohe Anforderungen gestellt werden. Die Anforderungen sollten darin bestehen, daß die Behörde die überwiegenden öffentlichen Interessen schlüssig und durch Zahlen darzulegen und ferner darzutun hat, woher sie die Kompetenz für die einzelnen Erwägungen nimmt. Das Gericht sollte sich auf die Prüfung von Schlüssigkeit und Kompetenz konzentrieren und bei ernsthaften Zweifeln unabhängigen Sachverstand hinzuziehen. Nebenbei: auch in diesem Zusammenhang bliebe es sinnvoll, ein unabhängiges sachverständiges Gremium zu berufen, dessen vorsorgliche Einbeziehung in schwierigen Fällen der Behörde – wenn sie von vornherein Rechtsstreitigkeiten vermeiden will – anheimgestellt werden könnte. Die Berufung eines solchen Gremiums könnte z.B. durch das Landesparlament erfolgen oder durch den Sachverständigenrat für Umweltfragen.

Es gibt somit Möglichkeiten einer Ausgestaltung des Abwägungsverfahrens im Rahmen der Interessenklausel, die auch den Anforderungen einer generellen Zulässigkeit verbandsgestützter Kooperationsgesellschaften gerecht werden.

---

418 Sie dürfte gem. § 42 IV NAbfG für die Entscheidung zuständig sein.
419 Zur Problematik, wenn der Staat gleichzeitig Mitspieler und Schiedsrichter ist, vgl. Oertel, Regulierungsbehörde, 109 f. m.w.N., und zur Notwendigkeit von Unabhängigkeit aus verwaltungsrechtlichen Gründen 116 ff.

b) Abwägungsbedarf bei der Feststellung unerlaubter Fremdinitiative

Bei den Untersuchungen in Abschnitt A zeigte sich, daß die Abgrenzung von Eigeninitiative und Fremdinitiative, insbesondere bei Gestaltungsmißbräuchen, Probleme bereiten kann. Der Begriff „eigen" mit seiner in Abschnitt A vorgenommenen Konkretisierung ermöglicht zwar eine weitgehende abstrakt-generelle Abgrenzung, es sind jedoch eine Vielzahl von Gestaltungen denkbar, die zu einer Umgehung oder Verwässerung der Voraussetzungen führen.

Der Begriff „eigen" kann im übrigen nicht als im Einzelfall wertausfüllungsfähiger Begriff angesehen werden, der ähnlich einer Generalklausel verschiedenste Wertungen erlaubt. Wenn also im Einzelfall besondere Gesichtspunkte vorliegen, die insgesamt die Annahme von überwiegender Fremdinitiative nahelegen, wäre es wünschenswert, wenn aufgrund überwiegender öffentlicher Interessen an einer Beschränkung auf Eigenerledigung eine Untersagung erfolgen oder – a maiore ad minus – Haftungserklärungen verlangt werden könnten.

Soweit es um die Umgehung der Voraussetzungen von Eigen-„erledigung" in Zusammenschlüssen oder Kooperationsgesellschaften geht, ist somit eine kautelarjuristisch wertende Betrachtung nötig. Dies gilt insbesondere für die Bewertung von Haftungserklärungen als Abgrenzungsvehikel zur verdeckten Fremdinitiative. Allerdings sind Haftungsvereinbarungen bzw. -erklärungen grundsätzlich standardisierbar. Die Bewertung kann von der Behörde vorgenommen und von den Gerichten überprüft werden, wie es z.B. derzeit schon beim öffentlich-rechtlichen Betreiberbegriff geschieht.

Sobald – wie bei der qualifizierten Fremdbeauftragung – keine eindeutigen abstrakten Grenzziehungen mehr möglich sind, verlagert sich die Entscheidung noch mehr auf eine Bewertung im Einzelfall. Um einen solchen umfassenden Abwägungsauftrag bewältigen zu können, müssen vom Entscheider Kriterien der Vertragsgestaltung und der Haftungsanforderungen entwickelt und den jeweils neuen Erkenntnissen angepaßt werden. Die notwendigen Bewertungen sind im übrigen sehr komplex. Das Gesamtbild von vertraglichem Einfluß, Kompetenz und Verantwortung der Verursacherverbände muß dahingehend bewertet werden, ob förderungswürdige „echte" Eigeninitiative vorliegt. So stellt sich ganz besonders die Frage, wann Haftungserklärungen bzw. Haftungsvereinbarungen verlangt werden sollen, um das Vorliegen von Eigeninitiative sicherzustellen. Maßgebendes Kriterium könnte sein, daß mangels eigener Investitionen des Verbandes oder wegen besonderer Illegalitätsgefahr keine ausreichende finanzielle Betroffenheit von etwaigen Stillegungen oder anderen Maßnahmen gegeben ist. Die gerichtliche Kontrolle wird sich zum Teil auch hier auf die Schlüssigkeit von Darlegungen und einen hinreichenden Kompetenznachweis konzentrieren müssen.

Es gibt somit Möglichkeiten, im Rahmen der Interessenklausel förderungswürdige Eigeninitiative von verdeckter Fremdinitiative abzugrenzen, notfalls durch Anordnung von Haftungserklärungen.

2. Anknüpfung an vergleichbare Abwägungsverfahren

Die Anforderungen des Sachbereichs verlangen nach den obigen Erkenntnissen vor allem
- Bewertungen von Reserveplanungen und Reservestrukturen auf Basis abfallwirtschaftlicher Kenntnisse,
- Bewertungen von Reaktionsmöglichkeiten der öffentlichen Hand auf Basis betriebswirtschaftlicher Kenntnisse.

Die Bewertungen haben prognostischen, gestaltenden und relativierenden Charakter und daher subjektiven Einschlag. Die Behörden sind in der Lage, sich entsprechende Kompetenz zu verschaffen, es sind jedoch Zweifel an ihrer Objektivität angebracht. Die Gerichte sind demgegenüber objektiv, jedoch mit der Bewertung überfordert.

Es ist nunmehr zu erörtern, wie der Gesetzgeber sich angesichts der geschilderten Bewertungsnotwendigkeiten die Abwägung im Rahmen der Interessenklausel mutmaßlich vorgestellt haben könnte. In Ermangelung näherer Hinweise soll diese Frage in Anlehnung an vergleichbare Abwägungsnormen der Rechtsordnung, an die möglicherweise auch der Gesetzgeber anknüpfen wollte, beantwortet werden.

a) Öffentliche Belange gem. § 35 I BauGB

Bei der Suche nach vergleichbaren Normen fällt zunächst der § 35 I BauGB auf. Danach sind Bauvorhaben im Außenbereich nur zulässig, wenn öffentliche Belange nicht entgegenstehen und es sich um bestimmte privilegierte Vorhaben handelt. Die von ihm geregelten Interessenlagen sind ähnlich denjenigen des § 13 I 2 KrW-/AbfG. So geht es in beiden Fällen um beabsichtigte Investitionsvorhaben, die aus Gründen der Umweltbeeinträchtigung grundsätzlich unzulässig aber ausnahmsweise unter bestimmten abstrakt-generellen Voraussetzungen zulässig sind. Sicherheitshalber – quasi aus Mißtrauen gegen die generelle Privilegierung – wird durch Generalklausel eine Korrektur im Einzelfall aufgrund öffentlicher Belange ermöglicht.

Auch die Formulierungen sind vergleichbar. Die Begriffe „öffentliche Belange" und „öffentliche Interessen" werden im juristischen Sprachgebrauch weitgehend synonym verwendet.[420] Der Begriff „entgegenstehen" in § 35 I BauGB entspricht spiegelbildlich dem Begriff „erfordern" in § 13 I 2 KrW-/AbfG. Beide Begriffe verlangen – anders als z.B. „beeinträchtigen" – eine Unausweichlichkeit bzw. Nichthinnehmbarkeit. Einzig der Begriff des „Überwiegens" fehlt in § 35 I BauGB. Dennoch ist unumstritten, daß eine Abwägung zwischen den privaten Interessen des Bauwilligen und den öffentlichen Belangen vorzunehmen ist.[421]

Aufgrund dieser Ähnlichkeiten in Interessenlage, Normaufbau und Formulierung bietet es sich an, das zur Abwägung im Rahmen des § 35 BauGB entwickelte Verfahren für die Abwägung gem. § 13 I 2 KrW-/AbfG zu übernehmen. Daraus ergeben sich folgende Grundsätze:

---

420 Battis/Krautzberger/Löhr, BauGB, § 1, 101; Uerpmann, Interessen, 25 m.w.N. Fn 17.
421 Battis/Krautzberger/Löhr, BauGB, § 35, 6.

Bei der Abwägung zwischen dem beabsichtigten Vorhaben und den von ihm berührten öffentlichen Belangen ist zu beachten, daß der Gesetzgeber den privilegierten Vorhaben in planähnlicher Weise den Vorrang eingeräumt hat.[422] Es ist somit durch das Gesetz selbst eine planerische Grundentscheidung zugunsten solcher Vorhaben getroffen und eine negative Berührung mit öffentlichen Belangen in Kauf genommen worden.[423] So führt nicht bereits eine Beeinträchtigung zur Unzulässigkeit des Vorhabens, sondern es muß eine Abwägung stattfinden, bei der die Privilegierung zugunsten einer Zulässigkeit ins Gewicht fällt.[424]

Die Möglichkeit zur Entsorgung in eigenen Anlagen i.S.v. § 13 I 2 KrW-/AbfG ist eine Privilegierung in diesem Sinne. In Anlehnung an § 35 I BauGB spricht somit eine Vermutung für die Zulässigkeit des privilegierten Vorhabens, und entgegenstehende Interessen müssen ein erhebliches Gewicht haben. Dadurch wird eine Entscheidung gegen die kommunalfreundliche „Auslastungslösung" und zugunsten einer „offenen Abwägung" nahegelegt, verbunden mit einer Vermutung zugunsten der Zulässigkeit jeglicher Eigenerledigung.

Für die Abwägung im Baurecht wird ferner allgemein angenommen, daß sie vollständiger richterlicher Kontrolle zugänglich ist.[425] Damit wird auch im Abfallrecht eine grundsätzliche Entscheidung zugunsten gerichtlicher Überprüfbarkeit auch für die Interessenabwägung nahegelegt.

Es gibt einen weiteren Anknüpfungspunkt: Für die Interessenabwägung im Abfallrecht wurde weiter oben festgestellt, daß die Entscheidung über öffentliche Auslastungsinteressen häufig in engem Zusammenspiel mit der Abfallwirtschaftsplanung steht. Zum einen muß bei der Interessenabwägung eine Vorstellung über notwendige Reservestrukturen und einen verantwortbaren Übergang dahin bestehen. Ferner gibt es die Möglichkeit einer Verbindlicherklärung von Planungsinhalten gem. § 29 IV Nr. 2 KrW-/AbfG und daher auch von Konflikten zwischen Plan und gewünschter Eigeninitiative. Schließlich dürfen gem. § 32 I Nr. 4 KrW-/AbfG Anlagengenehmigungen nur erteilt werden, wenn die für verbindlich erklärten Feststellungen eines Abfallwirtschaftsplanes dem Vorhaben nicht entgegenstehen.

Auch im Rahmen des § 35 I BauGB sind Konflikte mit bestehender Außenbereichsplanung denkbar, namentlich mit einem Flächennutzungsplan. Es ist daher von Interesse, wie das Baurecht solche Konflikte löst. Nach der Rechtsprechung im Baurecht können Aussagen im Flächennutzungsplan die Privilegierung nur überwinden, wenn es sich um „qualifizierte Standortzuweisungen" handelt.[426] Es müssen aufgrund besonderer Umstände, die solche Aussagen nötig machen, konkrete standortbezogene Aussagen vorliegen.[427] Das heißt: Privilegierung vor allgemeiner Planung.

Ähnliche Anforderungen an die Bindungswirkung von Planung werden denn auch im Schrifttum zu den §§ 29, 32 I Nr. 4 KrW-/AbfG gestellt. ERBGUTH verweist ausdrücklich auf die Ähnlichkeit zur Durchsetzungskraft privilegierter Bauvorhaben in

---

422 Battis/Krautzberger/Löhr, BauGB, § 35, 6.
423 Battis/Krautzberger/Löhr, BauGB, § 35, 45.
424 Battis/Krautzberger/Löhr, BauGB, § 35, 45.
425 Vgl. Uerpmann, Interessen, 226 f., 276 m.w.N.
426 Battis/Krautzberger/Löhr, BauGB, § 35, 50.
427 Vgl. Stuer, Handbuch, Rnr. 1523.

§ 35 I BauGB gegenüber der Fachplanung.[428] So soll trotz Verbindlicherklärung noch eine Abwägung nötig und dabei maßgebend sein, ob durch das Vorhaben die Gesamtentsorgungskonzeption des Planes gefährdet wird.[429]

Für den Konflikt der Abfallwirtschaftsplanung mit Eigenerledigung gem.§ 13 I 2 KrW-/AbfG sind noch höhere Anforderungen an die Planung angemessen. Das Kreislaufwirtschafts- und Abfallgesetz beabsichtigt nämlich nachdrücklich die Förderung von Eigeninitiative, wozu insbesondere die Eigenerledigung gehört. Eine Planung, die dies nicht berücksichtigt und keine Freiräume zuläßt, sondern auf umfassende Daseinsvorsorge ausgelegt ist, ist unausgewogen. Nach der allgemeinen Abwägungsfehlerlehre, die wie im Bauplanungsrecht auch im Abfallplanungsrecht Anwendung findet[430], muß jeder erhebliche Belang in die Abwägung eingestellt werden. Dazu gehören auch Belange der Eigeninitiative. Es wurde daher oben vorgeschlagen, daß eine „Reserveplanung" vorgenommen wird, die notwendige Grenzen für die Ausbreitung von Eigeninitiative enthält.[431] Soweit die Planung solchen Grundanliegen des Kreislaufwirtschafts- und Abfallgesetzes nicht gerecht wird, kann man darin einen Abwägungsfehler sehen.

Das Verhältnis zwischen Zulassung von Eigeninitiative und Anforderungen an die Abfallwirtschaftsplanung läßt sich also in der Art lösen, daß in der Planung dem oben festgestellten Erfordernis des Übergangs zur beschränkten Daseinsvorsorge Genüge getan wird.

b) Öffentliche Verkehrsinteressen gem.§ 13 IV PBefG

Eine weitere interessante Parallele zeigt sich zu § 13 IV PBefG[432]. Nach dieser Vorschrift ist die Genehmigung für einen Betrieb von Taxenverkehr zu versagen, wenn die öffentlichen Verkehrsinteressen dadurch beeinträchtigt werden, daß das örtliche Taxengewerbe in seiner Funktionsfähigkeit bedroht würde. Auch diese Norm ist dem § 13 I 2 KrW-/AbfG nach Intention und Formulierung ähnlich, nur daß in ihr – in Ergänzung der Parallele zu § 35 I BauGB – die Problematik des wirtschaftlichen Wettbewerbs und der Funktionsfähigkeit bestehender Erledigungsstrukturen besonders hervorgehoben wird. § 13 IV PBefG ist daher für einen vergleichenden Blick ebenfalls in hohem Maße geeignet.

Nach Ansicht des BUNDESVERWALTUNGSGERICHTS unterliegt die Prognose, welche Entwicklung das Taxengewerbe nehmen würde, nur eingeschränkter Kontrolle, weil es sich um eine „prognostische Entscheidung wertenden Charakters mit wirtschaftlichem Einschlag" handelt.[433] Gleichzeitig ermahnt das Gericht allerdings zu einer eingehenden Prüfung der Schlüssigkeit des behördlichen Entscheidungsgangs. Das Gericht befaßt sich intensiv mit der Aussagekraft bestimmter wirtschaftlicher Kenn-

---

428 Erbguth, Abfallwirtschaftsplanung, 34.
429 Erbguth, Abfallwirtschaftsplanung, 34.
430 Erbguth, Abfallwirtschaftsplanung, 31 m.w.N., 82 ff.
431 S.o. Fn. 416.
432 Personenbeförderungsgesetz vom 08.08.1990 (BGBl. I S. 1690), zuletzt geändert 27.12.1993 (BGBl. I S. 2378).
433 BVerwGE 64, 239, 242.

zahlen und meint, daß die Vorinstanz hätte prüfen und klären müssen, aus welchen Gründen die Behörde die von ihr geschätzte Höhe der „Aufstockungszahl" zulässiger Betriebe für angemessen erachtet hat. Es wird ferner geprüft, ob und inwieweit Vergleiche zu anderen Städten heranzuziehen und Angleichungen vorzunehmen waren, und schließlich die Sache zur näheren Ermittlung der „kritischen Bereichs der Wettbewerbsgrenze" an das Berufungsgericht zurückverwiesen.[434] An dieser Entscheidung zeigt sich, welch intensive Kontrolldichte das BUNDESVERWALTUNGSGERICHT trotz grundsätzlicher Einräumung eines Einschätzungsspielraums zu erreichen versucht.

In einer anderen Entscheidung spricht das Gericht denn auch von einer „Reduzierung des Prognosespielraums". Zwar stünde den Gerichten eine Prognose darüber, wie viele Taxen ohne konkrete Gefährdung öffentlicher Verkehrsinteressen letztlich zugelassen werden können, nicht zu, weil zur Festlegung der genauen Zahl als Grenze für eine Bedrohung der Funktionsfähigkeit des örtlichen Taxengewerbes nur die Behörde ermächtigt sei. Gleichwohl könne aber dem Gericht je nach den Umständen des Einzelfalls bereits die Feststellung möglich sein, daß eine rechtmäßige behördliche Prognose eine bestimmte Mindestzahl neu zugelassener Bewerber keinesfalls unterschreitet. Darüber hinaus könne es eine „sich dem Gericht aufdrängende Grauzone" für eine Aufstockung des bisher zu geringen Kontingents geben, die die Funktionsfähigkeit des örtlichen Taxengewerbes noch nicht offensichtlich bedroht.[435]

Die vom BUNDESVERWALTUNGSGERICHT bei der Auslegung des § 13 IV PBefG angestellten Erwägungen offenbaren das Ringen zwischen notwendigen Einschätzungsspielräumen und den Anforderungen einer sachlich gerechtfertigten Entscheidung bei wirtschaftlich geprägten Bewertungen. Das Gericht beschränkt die Einschätzungsprärogative auf Unsicherheiten in der Tatsachenentwicklung[436], stellt hohe Anforderungen an die Schlüssigkeit der behördlichen Entscheidung und ermächtigt bzw. zwingt die Gerichte zu einer intensiven Kontrolle der Schlüssigkeit. Insgesamt entsteht der Eindruck, daß die Rechtsprechung sich nach den praktischen Bedürfnissen des Regelungsbereiches und den Erkenntnismöglichkeiten der Beteiligten richtet.[437] Diese Entscheidungen sind ein gutes Beispiel für die Lösung wirtschaftlicher Konkurrenzfragen im Rahmen einer Interessenklausel, und die obergerichtlichen Vorgaben sind aufgrund hoher sachlicher Nähe zur Interessenabwägung gem. § 13 I 2 KrW-/ AbfG dahin übertragbar.

Es liegt somit nahe, auch im Rahmen von § 13 I 2 KrW-/AbfG die Einschätzung wirtschaftlicher Entwicklungen der Behörde zu überlassen und zugleich eine in hohem Maße schlüssige Darlegung öffentlicher Interessen unter Erläuterung der maßgebenden Zahlen und Prognosen zu verlangen.

---

434 BVerwGE 64, 239, 243 f.
435 BverwGE 82, 295, 300.
436 Vgl. Uerpmann, Interessen, 240 m.w.N.
437 Vgl. die weiteren erörterten Fallgruppen bei Uerpmann, Interessen, 223 ff.

c) Besondere Anforderungen bei der Privatisierung öffentlicher Aufgaben

Mit den obigen Anknüpfungen ist allerdings dem praktischen Abwägungsbedürfnis im Rahmen des § 13 I 2 KrW-/AbfG noch nicht hundertprozentig Rechnung getragen. Als wünschenswert wurde eingangs noch die Gewährleistung eines gewissen Maßes an Bewertungskompetenz und Unabhängigkeit erachtet. Dieses Bedürfnis wird auch durch einen näheren Vergleich mit § 13 IV PBefG gerechtfertigt. Bei der Zulassung von Taxenbetrieben steht die öffentliche Hand in Form der Behörde den privatwirtschaftlichen Initiativinteressen auf der einen und den gleichfalls privatwirtschaftlichen Auslastungs- bzw. Beharrungsinteressen auf der anderen Seite unbefangen gegenüber. Die Interessenabwägung im Rahmen der Beseitigung betrieblicher Abfälle betrifft demgegenüber nicht allein private Auslastungs- und damit Beharrungsinteressen, sondern vornehmlich solche der öffentlichen Hand. Wie oben bereits angedeutet, stehen im Rahmen von § 13 I 2 KrW-/AbfG nicht „lediglich" private Interessen untereinander oder mit Allgemeinwohlinteressen in Konkurrenz. Es sind wirtschaftliche Interessen der öffentlichen Hand und Beschäftigungsinteressen der Organe und Mitarbeiter maßgeblich betroffen. Das unterscheidet den Abfallbereich vom Regelungsbereich des § 13 IV PBefG, des § 35 I BauGB und von vielen weiteren Bereichen.

Es erscheint daher gerechtfertigt, eine individuelle Lösung zu entwickeln und – soweit wegen der Notwendigkeit fachlicher prognosehaltiger Bewertungen eine gerichtliche Überprüfbarkeit nicht möglich ist – über erhöhte Pflichten der Behörde zur Darlegung einer schlüssigen Prognose hinaus eine Darlegung der dazu notwendigen eigenen oder externen Kompetenz zu verlangen. Die Behörde muß somit darlegen, woher sie die Kompetenz nimmt, im jeweiligen Fall mit der nötigen Unvoreingenommenheit und Sachkenntnis zu entscheiden. Dies kann soweit führen, daß die Behörden zu besonderen internen Maßnahmen gezwungen werden, wie z.B. die Einsetzung speziell ausgebildeter und auf Unabhängigkeit vergatterter Entscheider oder die Hinzuziehung externer Sachverständiger. Eine solche Forderung ist zwar etwas Neues, rechtfertigt sich aber aus dem Bedürfnis des hier behandelten Sachbereichs. Sie bewegt sich daher im Strom des Bemühens der Rechtsprechung um sachgerechte Lösungen und liegt nicht wesentlich außerhalb der bisherigen Umsetzung von Generalklauseln. Über die schlüssige Darlegung der öffentlichen Interessen hinaus kann somit im Rahmen der Interessenklausel des § 13 I 2 KrW-/AbfG auch die Darlegung von Kompetenz und einer gewissen Unvoreingenommenheit des entscheidenden Organs verlangt werden. Damit wird § 13 I 2 KrW-/AbfG auch den Regulierungsbedürfnissen einer weitgehenden generellen Zulässigkeit von Eigenerledigung gerecht.

Die Anforderungen an die Abwägung gehen allerdings bei der Zulassung qualifizierter Fremdbeauftragung über das soeben beschriebene Maß hinaus. Es bedarf Entscheidungen ähnlich denen einer Regulierungsbehörde, wobei die Grundentscheidung des Gesetzgebers für einen voll überprüfbaren Rechtsbegriff zu beachten ist. Eine Lösung in Form eines verwaltungsintern berufenen kompetenten und unabhängigen Gremiums, das gerichtlich als solches anerkannt wird, wurde bereits vorgestellt.[438] Eine derartige Ausfüllung einer Generalklausel ist praktisch vorstellbar und bewegt sich im

---

438 S.o. B.IV.1.a) am Ende.

sprachlichen und teleologischen Rahmen. Es stellt sich die Frage, ob es auch dafür Beispiele gibt, an die angeknüpft werden könnte.

Ähnliche Interessenverhältnisse finden sich nur im Rahmen der regulierten Neuordnung im Zuge der Liberalisierung ehemals öffentlicher Monopole, z.B. im Telekommunikationssektor.[439] Die Ähnlichkeit zu den Interessenverhältnissen bei Zulässigkeit qualifizierter Fremdbeauftragung liegt darin, daß der Gesetzgeber hier wie dort einen kurzfristigen umbruchartigen Übergang von öffentlicher zu privater Erledigung billigend in Kauf nimmt, der einer laufenden Regulierung bedarf. Der Unterschied besteht darin, daß im einen Fall der privaten Struktur durch Regulierung der Markteinstieg und im anderen Fall der öffentlichen Struktur ein verantwortbarer, interessengerechter Marktausstieg ermöglicht werden soll. Dieser Unterschied wiegt jedoch nicht schwer, weil es sich im Grunde um zwei Seiten derselben Medaille handelt.

Eine Regulierung, wie sie durch die Zulassung qualifizierter Fremdbeauftragung nötig würde, ist somit nichts Außergewöhnliches. Sie müßte gleichsam in die Interessenabwägung gem. § 13 I 2 KrW-/AbfG implantiert werden. Dazu bedürfte es eines weitgehenden Einschätzungsspielraums, der dann allerdings durch ein gesondert gebildetes Regulierungsgremium innerhalb der Verwaltung oder durch verbindliche Einbeziehung eines externen Gremiums ausgefüllt werden müßte.

Eine solche Konstruktion wäre etwas gänzlich Neues. Ein entsprechender mutmaßlicher Wille sollte daher nur angenommen werden, wenn er nach den sonstigen Erkenntnissen nicht nur möglich ist, sondern wenn sich für ihn deutlich erkennbare Tendenzen ergeben. Dies ist hier nicht weiter erörterungsbedürftig, weil qualifizierte Fremdbeauftragungen im Rahmen des § 13 I 2 KrW-/AbfG bereits im Ersten Teil als nicht privilegierungswürdig ausschieden.

Insgesamt legt die Anknüpfung an vergleichbare Privilegierungs- und Interessenklauseln also ein Abwägungsverfahren nahe, in dem im Zweifel die Privilegierung Vorrang hat und entgegenstehende öffentliche Interessen detailliert, wirtschaftlich schlüssig und von kompetenter, möglichst unvoreingenommener Seite darzulegen sind und vor allem daraufhin gerichtlich überprüft werden.

Damit wird § 13 I 2 KrW-/AbfG auch den Regulierungsbedürfnissen einer weitgehenden generellen Zulässigkeit von Eigenerledigung gerecht.

V. Fazit zur Regulierung

Die Interessenklausel des § 13 I 2 KrW-/AbfG ermöglicht eine umfangreiche, ausgewogene Abwägung und Berücksichtigung des Interesses an einem verantwortbaren Übergang zu öffentlichen Reservestrukturen ohne Zementierung der bisherigen Strukturen, so wie dies bei einer weitgehenden Privilegierung von Eigenerledigung wünschenswert erscheint. Das ergibt sich aus folgenden Erwägungen:

Die Interessenklausel besteht aus drei unbestimmten Rechtsbegriffen. Es muß entschieden werden, welche Interessen „öffentlich" sind, welche Interessen „überwiegen" und welche eine Überlassung „erfordern". Der Begriff „überwiegen" ist nach dem Wortlaut final auf eine relativierende Bewertung ausgerichtet und daher eine Ge-

---

[439] Vgl. § 2 II i.V.m. § 3 Nr. 13 TKG (Telekommunikationsgesetz vom 25. 07.1996, BGBl. I 1120).

neralklausel bzw. Bewertungsklausel, die eine abwägende Regulierung aufgrund der Umstände des Einzelfalls ermöglicht.

Der Begriff „öffentliche" Interessen umfaßt nach dem Wortlaut jedes nicht privat veranlaßte Interesse der öffentlichen Hand und solches von Privatpersonen, wenn es zugleich dem Allgemeinwohl dient. Dazu gehört das Interesse am Schutz notwendiger Daseinsvorsorge und auch das Interesse an einer Beschränkung des Freiraums auf „echte" Eigeninitiative. Denkbar sind weitere Fallgruppen verschiedenster Art. Reine Beschäftigungs- und Erhaltungsinteressen der öffentlichen Hand scheiden als im Grunde privat veranlaßte Interessen aus. Eine abschließende Typisierung ist aufgrund der Vielgestaltigkeit nicht möglich. Die Wertbildung hat im Einzelfall zu erfolgen.

Der Begriff „erfordern" vermittelt zwar eine Unausweichlichkeit und damit eine enge Auslegung. Gleichwohl ist er auf prognostische Bewertungen ausgelegt und daher generalklauselartig. Er ist eine Ergänzung zum Begriff „überwiegen" und stellt klar, daß bei der Festlegung öffentlicher Interessen und bei der Abwägung die Notwendigkeit öffentlicher Daseinsvorsorge eine zentrale Rolle spielt. Eine abschließende Typisierung von „erforderlich" ist ebenfalls nicht möglich, so daß auch hier die Wertbildung im Einzelfall zu erfolgen hat.

§ 11 I 2 NAbfG vermag die Auslegung der Interessenklausel – obwohl so gewollt – nicht zu beeinflussen. Eine solche Kompetenz liefe letztlich auf eine Generalermächtigung des Landesgesetzgebers zur verbindlichen Auslegung unklaren Bundesrechts hinaus und scheidet daher aus. Die Wertbildung hat durch den Rechtsanwender anhand der Ziele des Gesetzes zu erfolgen.

Die Erkenntnisse aus der Entstehungsgeschichte und Herkunft führen zu einer Tendenz sowohl gegen die strenge Allgemeinwohllösung als auch gegen die kommunalfreundliche Auslastungslösung und somit für die offene Abwägungslösung. Verfahrensmäßig wird der Begriff „überwiegende" oder „entgegenstehende öffentliche Interessen" allgemein als gerichtlich überprüfbarer unbestimmter Rechtsbegriff betrachtet, so daß eine entsprechende Tendenz auch hier anzunehmen ist.

Zwischen der generellen Privilegierung der Beseitigung in „eigenen Anlagen" und der Einzelfallregulierung aufgrund „überwiegender öffentlicher Interessen" besteht ein teleologisch-systematisch enges Verhältnis. Manche Ausgestaltungen der Privilegierung sind ohne die Möglichkeit der Regulierung nicht vertretbar. Bei den anderen Ausgestaltungen dagegen ist eine Regulierungsvorschrift überflüssig. Das Verhältnis ist wie folgt zu lösen: Zunächst wird festgelegt, welche Regulierung bei weitgehender Eigeninitiative nötig ist. Anschließend wird geprüft, inwieweit solche Regulierungen praktisch möglich und vom Gesetzgeber mutmaßlich so gewollt sind.

Im Falle der Interessenklausel des § 13 I 2 KrW-/AbfG führt obiger Gedankengang zur Notwendigkeit umfangreicher Bewertungsmöglichkeiten. Es entsteht dabei ein Konflikt zwischen der Sachkenntnis der Behörde und der Unvoreingenommenheit der Gerichte.

Dieser Konflikt kann bei einer auf Eigenerledigung beschränkten Privilegierung in Anlehnung an bekannte Abwägungsmuster aus § 35 I BauGB und § 13 IV PBefG gelöst werden, indem sich im Zweifel die Privilegierung durchsetzt und die gerichtliche Überprüfung abfallwirtschaftlicher Prognosen auf die Sicherstellung detaillierter schlüssiger Darlegung der Interessen und ausreichender Bewertungskompetenz und Unvoreingenommenheit beschränkt und zugleich konzentriert wird.

Eine generelle Zulässigkeit qualifizierter Fremdbeauftragung würde zu hohen und komplexen Regulierungsanforderungen führen. Ideal wäre eine Regulierung durch von der Behörde abgesetzte, anerkannt objektive und sachverständige Gremien ähnlich einer Regulierungsbehörde. Eine solche oder ähnliche Konstruktion ist im Rahmen der bekannten Generalklauseln unüblich. Es kommt letztlich darauf an, ob angesichts des Regelungsgegenstandes der Schwerpunkt eher auf Vorsicht oder auf Dynamik gelegt wird.

Im Ergebnis erlaubt die im Kreislaufwirtschafts- und Abfallgesetz verwendete Interessenklausel als typische Generalklausel umfangreiche Abwägungen anhand der besonderen Umstände des Einzelfalles auf Basis der gesetzgeberischen Leitgedanken. Das Abwägungsverfahren richtet sich nach den Notwendigkeiten des Sachbereichs, so daß auch beschränkte Einschätzungsspielräume der Behörde möglich werden. Generalklauseln dieser Art sind also grundsätzlich geeignet, dem Regulierungsbedürfnis weitgehender Eigeninitiative gerecht zu werden und auf diese Weise eine generelle Beschränkung von Eigeninitiative auf kleine Einheiten überflüssig zu machen.

Zweiter Teil

Bedeutung der erkannten Regelungs- und Argumentationsmuster für die gesamte Daseinsvorsorge

Die im Ersten Teil durchgeführte sehr ausführliche Untersuchung der §§ 13 I 2, 17 I 1 KrW-/AbfG gewinnt vor allem dadurch an Sinn und Gewicht, daß sie Beispiel und ggf. Vorbild für Auslegung und Regelung in anderen Bereichen ist.

An verschiedenen Stellen der Untersuchung im Ersten Teil wurde bereits auf eine allgemeine Relevanz von Erkenntnissen und Ergebnissen hingewiesen. Es soll nunmehr untersucht werden, inwieweit sie für die Auslegung in vergleichbaren Problembereichen, und zwar zunächst im Entsorgungsrecht, nutzbar gemacht werden können.

A. Bedeutung für den gesamten Abfallbereich

Im Abfallrecht gibt es weitere Regelungsbereiche, in denen Eigeninitiative ausdrücklich zugelassen wird. Es soll daher untersucht werden, inwieweit die gewonnenen Erkenntnisse für die Auslegung solcher Normen von Nutzen sind.

I. *Freiraum für gemeinschaftliche Eigeninitiative bei der Beseitigung besonders überwachungsbedürftiger Abfälle*

Das auf Basis der Erkenntnisse des Ersten Teils erarbeitete argumentative Schema aus verallgemeinerungsfähigen Erkenntnissen soll nunmehr auf das Tätigkeitsfeld „Beseitigung besonders überwachungsbedürftiger Abfälle in Niedersachsen" angelegt werden.

1. Grundsätzliche Offenheit des Regelungsbereiches für Eigeninitiative

Es ist zunächst zu prüfen, ob in dem zu untersuchenden Regelungsbereich rechtliche und praktische Möglichkeiten für Eigeninitiative der Betroffenen in Betracht kommen und somit eine diesbezüglich sensibilisierte Herangehensweise angezeigt ist.

Für die organisationsrechtliche Regelung der Beseitigung besonders überwachungsbedürftiger Abfälle gibt es je nach Bundesland verschiedene Modelle. Soweit es für diese Abfälle nach Landesrecht keine Andienungs- und Überlassungspflichten gibt, richtet sich deren Beseitigung nach § 13 I 2 KrW-/AbfG.[440] Dort gelten die obigen Ergebnisse somit vollständig auch für gefährliche Abfälle, wodurch die umfangreichen Ausführungen im Ersten Teil zu Haftung, Nachvollziehbarkeit und Einzelfallbewertung weiteren Sinn bekommen. Soweit Andienungs- oder Überlassungspflichten in einigen Bundesländern ohne jede Ausnahme vorgesehen sind[441], gibt es keinen Raum für Eigeninitiative, es sei denn, man konstruiert einen nahezu übergesetzlichen Mindestbereich von Eigeninitiative.

In Niedersachsen sind besonders überwachungspflichtige Abfälle zur Beseitigung gem. § 16 I, II NAbfG i.V.m. § 13 IV KrW-/AbfG andienungspflichtig. Es ist somit nicht die Erledigung der Entsorgung der öffentlichen Hand zugewiesen, sondern die Zuweisung des Abfalls. Da die Zuweisung jedoch regelmäßig an öffentliche oder immer die gleichen privaten Einrichtungen erfolgt, ähnelt sie der öffentlichen Erledigung, verbunden mit teilweiser Einbeziehung der Entsorgungswirtschaft.

Die Andienungspflicht gilt gem. § 16 II 1 NAbfG jedoch nur, soweit die Erzeuger die Abfälle nicht in „eigenen, in einem engen räumlichen und betrieblichen Zusammenhang stehenden Anlagen" entsorgen. Auch hier ist somit ein Fenster für Eigeninitiative geöffnet. Dabei besteht im Begriff „eigen" ausdrücklich eine Parallele zur Privilegierung der Eigenerledigung in § 13 I 2 KrW-/AbfG. Zusätzlich gibt es in § 16 II 2 NAbfG die Möglichkeit einer Freistellung von der Andienungspflicht im Einzelfall. Es gibt also auch hier eine Zuordnungskonkurrenz zwischen Verursachern und öffentlicher Hand.

Eigeninitiative im Bereich der besonders überwachungsbedürftigen Abfälle dürfte zwar praktisch aufwendiger sein als bei anderen Abfällen[442], gleichwohl ist sie grundsätzlich vorstellbar. So ist es denkbar, daß auch die Erzeuger solcher Abfälle die Beseitigung in gemeinschaftlichen Anlagen, insbesondere in Kooperation mit Entsorgungsunternehmen anstreben. Der Regelungsbereich „Beseitigung besonders überwachungsbedürftiger Abfälle in Niedersachsen" bietet somit Möglichkeiten und Freiraum für Eigeninitiative der Problemverursacher. Der Regelungsbereich ähnelt insoweit dem des § 13 I 2 KrW-/AbfG. Es ist daher angemessen, ihn unter dem neuen Blickwinkel zu betrachten.

2. Sprachliche Offenheit des Begriffs „enger räumlicher und betrieblicher Zusammenhang"

Bei der Untersuchung des § 13 I 2 KrW-/AbfG wurde erkannt, daß der sprachliche Rahmen der Begriffe „eigene Anlagen" bzw. „Eigenentsorgung" bei genauer Betrachtung weit ist und selbst über genossenschaftliche Konstruktionen noch hinaus geht.[443]

---

440 Z.B. nach dem Abfallwirtschafts- und Altlastengesetz für Mecklenburg-Vorpommern in der Fassung vom 15.06.1997 (GVBl. S.44); vgl. zu den Modellen auch Pippke, Abfallentsorgung, 91 ff.

441 Z.B. Art 10 I BayAbfG (Gesetz zur Vermeidung, Verwertung und sonstigen Entsorgung von Abfällen in Bayern in der Fassung vom 09.08.1996 (GVBl. S. 396), zuletzt geändert 23.02.1999 (GVBl. S.36); vgl. zu den Modellen auch Pippke, Abfallentsorgung, 91 ff.

442 Vgl. Weidemann/Beckmann, Sonderabfallentsorgung, 36 f.

443 Vgl. oben 1.Teil A.I.4.5.

Dabei zeigte sich, daß es einen gewissen assoziativen Regelbereich von Selbsterledigung gibt, der als ziemlich selbstverständlich angesehen wird.[444]

Die Zulässigkeit von Eigeninitiative richtet sich hier nach der Bedeutung des Begriffs „eigene, in einem engen, räumlichen und betrieblichen Zusammenhang stehenden, Anlagen". Bezüglich des Begriffes „eigene Anlagen" kann vollständig auf die Erkenntnisse und Ergebnisse des Ersten Teils dieser Untersuchung verwiesen werden. Danach gehören dazu auch solche Anlagen, die von den Verursachern in mitgliedschaftlich strukturierten Zusammenschlüssen, ggf. auch in verbandsgestützten Kooperationsgesellschaften, betrieben werden.

Es bleibt daher zu prüfen, welche Besonderheiten sich aus dem geforderten „engen räumlichen und betrieblichen Zusammenhang" ergeben. Insbesondere stellt sich die Frage, ob der „sprachlich-assoziative Regelbereich" in Form mitgliedschaftlich strukturierter Eigenerleidung dadurch beeinträchtigt wird.

a) Relativität räumlicher Zusammenhänge

Abfallverursachender Betrieb und eigene Anlage sollen gem. § 16 II NAbfG räumlich zusammenhängen. Das klingt nach dem ersten Eindruck einschränkend, und man könnte auf den ersten Blick darunter eine unmittelbare Nachbarschaft verstehen. Dies hieße jedoch unter Umständen, auf vorschnellen einseitigen Vorstellungen aufzubauen.

Sowohl der Begriff „Zusammenhang" als auch der Begriff „eng" und daher erst recht beide zusammen sind vage. Sie erwecken den Eindruck von Typusbegriffen. Die Bildung von Fallgruppen, insbesondere abschließenden Fallgruppen, erweist sich als schwierig. Der Begriff „Zusammenhang" sagt eigentlich nur aus, daß irgendeine Verbindung oder Wechselwirkung zwischen zwei Dingen besteht. Welcher Art dieser Zusammenhang sein soll, bestimmt sich nach der Natur der zusammenhängenden Dinge und dem teleologischen Hintergrund. Der räumliche Zusammenhang mehrerer Handlungen jedenfalls bemißt sich nach dem Horizont der Beteiligten. So kann bei einer weltweit tätigen Organisation ein enger räumlicher Zusammenhang zwischen verschiedenen Handlungen bereits darin bestehen, daß sie in einem Staat vorgenommen werden. Der Sprechende denkt sich bei gleicher Begrifflichkeit je nach Hintergrund also etwas anderes. Gleiches gilt auch für den räumlichen Zusammenhang von Betrieben und Abfallbeseitigungsanlagen. Denkt der Betrachter in weltweiten Entsorgungskategorien, wird ihm schon die Belegenheit in einem Staat oder in einem Bundesland als eng zusammenhängend vorkommen.[445]

Einigermaßen feststehende typenbildende Assoziationen, wie z.B. beim Begriff „eigen", gibt es für den Begriff „enger räumlicher Zusammenhang" somit nicht. Es könnte daher bei seiner Ausfüllung im wesentlichen auf Wertungen im Einzelfall ankommen. Es stellt sich somit die Frage, ob der Begriff einen semantischen Befehl zur abschließenden Typisierung enthält, mit der Wirkung, daß eine abstrakt-generell eine

---

444 Vgl. oben 1.Teil A.I.4.5.7.
445 Vgl. Donner/Smeddinck, in: Jarass/Ruchay/Weidemann, KrW-/AbfG, § 44, 26, die auf eine „allgemeine Vergrößerung der Aktionsräume" hinweisen.

räumliche Grenze zu ziehen ist. Ein solcher Befehl wird nicht deutlich. Es ist aus semantischer Sicht genauso gut denkbar, daß es sich um eine Aufforderung zu wertender, relativierender Abwägung anhand der Gesamtumstände des Einzelfalls handelt.

Nach dem Wortlaut ist der Begriff „enger räumlicher Zusammenhang" somit auch als generalklauselartige Bewertungsklausel verstehbar. Er schränkt somit den für § 13 I 2 KrW-/AbfG festgestellten sprachlichen Inbegriff von „eigenen Anlagen" nicht ein.

b) Vielschichtigkeit betrieblicher Zusammenhänge

Ähnliche Schwierigkeiten bereitet der geforderte „enge betriebliche Zusammenhang".

Auch dieser Begriff ist schwer zu typisieren. Es kommen organisatorische und technische Verknüpfungen vielschichtiger Art in Betracht. Sie können sich auf technische, finanzielle, bilanzielle, personalstrukturelle, marketingstrategische und sicher noch viele weitere Gesichtspunkte stützen. Nahezu alle diese Kriterien wirken auf die Abfallkonzeption des Betriebes ein. Es kann gemeint sein, daß die Anlage in besonderer Weise in den Betriebsablauf eingebunden ist, z.B. durch betriebszugehörige Arbeitskräfte oder technische Besonderheiten. Es kann gemeint sein, daß eine besondere organisatorische Verbindung besteht, z.B. einheitliche Aufsicht oder gemeinsame, aufeinander abgestimmte Planungen. Es kann gemeint sein, daß die Finanzierung in besonderer Weise durch den Betrieb geschieht oder die Anlagennutzung ein erheblicher Faktor bei der betrieblichen Kalkulation ist.

Auch hier gibt es somit keine feststehenden typenbildenden Assoziationen wie beim Begriff „eigen", so daß es bei der Ausfüllung im wesentlichen auf Wertungen im Einzelfall ankommen könnte. Auch dieser Begriff enthält keinen deutlichen semantischen Befehl zur abschließenden Typisierung in Form abstrakt-genereller Grenzziehung. Aus semantischer Sicht ist genauso gut denkbar, daß es sich um eine Aufforderung zu wertender, relativierender Abwägung anhand der Gesamtumstände des Einzelfalls handelt.

Nach dem Wortlaut ist somit auch der Begriff „enger betrieblicher Zusammenhang" als generalklauselartige Bewertungsklausel denkbar. Er schränkt somit den für § 13 I 2 KrW-/AbfG festgestellten sprachlichen Inbegriff von „eigenen Anlagen" nicht ein. Es hat sich somit auch hier gezeigt, daß vorschnelle sprachliche Verengung zu einer nicht gebotenen Einschränkung von Eigeninitiative führt. Ferner konnte dem Gedanken Ausdruck verliehen werden, anstelle einer generellen organisatorischen Einschränkung zunächst alle Möglichkeiten der bewertenden Regulierung zu nutzen.

3. Verbandsrechtliche statt anlagenrechtliche Sichtweise

Bei der Untersuchung des § 13 I 2 KrW-/AbfG wurde erkannt, daß Anknüpfungen an anlagenrechtliche Definitionen oder Begriffe nicht zwingend sind[446], und daß das Vorhandensein von Verbandsnormen im Regelungsbereich auf eine Zulässigkeit von der

---

446 Vgl. oben 1.Teil A.II.1.

Eigenerledigung in Verbänden hindeutet.[447] Es wurde daher eine systematische Vermutung zugunsten der Zulässigkeit jeglicher Eigenerledigung in Verbänden und verbandsgestützten Kooperationsgesellschaften angenommen.

Es soll nun untersucht werden, inwieweit die für § 13 I 2 KrW-/AbfG erarbeiteten Erkenntnisse auch für § 16 II NAbfG von Nutzen bzw. welche anderen Aspekte zu berücksichtigen sind.

a) Anlagenrechtliche Begriffe und Assoziationen

Bei der Untersuchung im Ersten Teil hat sich gezeigt, daß eine vorschnelle Anknüpfung an anlagenrechtliche Definitionen oder Begriffe ohne Beachtung des Zweckzusammenhangs problematisch ist. Auch bei der Auslegung des § 16 II NAbfG gibt es solche Anknüpfungspunkte.

§ 1 III 4. BImSchV[448] enthält eine Definition für den Begriff des „engen räumlichen und betrieblichen Zusammenhangs". Er verlangt unter anderem, daß „die Anlagen (...) mit gemeinsamen Betriebseinrichtungen verbunden sind und einem vergleichbaren technischen Zweck dienen". Dies würde dazu führen, daß Gemeinschaftsanlagen praktisch unmöglich werden. FLUCK weist allerdings darauf hin, daß es die von § 1 III 4. BImSchV geforderte Verbundenheit bei Abfallbeseitigungsanlagen typischerweise gar nicht gäbe und der technische Zweck zwischen Betrieb und Beseitigungsanlage stets verschieden sei.[449] Es ist somit zwar denkbar aber nicht zwingend, allein der Definition wegen diese auch auf § 16 II 1 NAbfG anzuwenden. Vielmehr ist zu prüfen, ob eindeutige Regelungszusammenhänge es nahelegen.

Durch die 4. BImSchV wird klargestellt, welche Anlagen nach dem Bundesimmissionsschutzgesetz genehmigungsbedürftig sind. Zu diesem Zweck wird der Anlagenbegriff konkretisiert. Es wird insbesondere der Begriff der „gemeinsamen Anlage" geschaffen, die aus mehreren zusammenhängenden Anlagen besteht. Hintergrund ist also die Betriebsgenehmigung und somit eine technische Anschauung.

Einen solchen Hintergrund kann man bei § 16 II 1 NAbfG nicht so einfach feststellen. Mag sein, daß technische Gesichtspunkte eine Rolle spielen. Genauso gut kommt aber auch eine Überwachungsfunktion oder Lenkungsfunktion in Betracht. Allein aus systematischen Gesichtspunkten ohne entsprechenden Hinweis auf eine entsprechende Zwecksetzung des Gesetzgebers kann also die Definition nicht übernommen werden.

Die Erkenntnisse über eine nicht zu vorschnelle Anknüpfung an anlagenrechtliche Definitionsnormen führen auch hier dazu, daß die Norm weiterhin für alle Formen von Eigenerledigung offen bleibt.

Ein weiterer Anknüpfungspunkt für systematische Erkenntnisse ist die Verwendung des Begriffes „eigene, in einem engen räumlichen und betrieblichen Zusammenhang stehende Anlagen" in § 44 I KrW-/AbfG. Dieser Begriff ist Merkmal für Ausnahmen von den Nachweispflichten für besonders überwachungsbedürftige Abfälle. Im Ersten

---

447 Vgl. oben 1.Teil A.II.4.
448 Vierte Verordnung zur Durchführung des Bundes- Immissionsschutzgesetzes in der Fassung vom 14.03.1997 (BGBl. I S. 504), zuletzt geändert 19.03.1997 (BGBl. I S. 545).
449 Fluck, in: Fluck (Hrsg.), KrW-/AbfG, § 44, 50 f.

Teil wurde bereits festgestellt, daß der Begriff auch in § 44 I KrW-/AbfG unklar ist, daß er in einem anderen Zweckzusammenhang steht und somit systematische Rückschlüsse auf § 13 I 2 KrW-/AbfG nicht möglich sind.[450] Es ist zu prüfen, ob dies auch für das Verhältnis zu § 16 II NAbfG gilt.

§ 44 KrW-/AbfG betrifft wie § 16 II NAbfG besonders überwachungsbedürftige Abfälle. Beides sind Ausnahmen, zum einen von der Nachweispflicht und zum anderen von der Andienungspflicht. § 44 I KrW-/AbfG geht davon aus, daß der überwachungsrechtliche Unterschied zwischen dem obligatorischen Nachweisverfahren und den Abfallwirtschaftskonzepten bzw. Abfallbilanzen durch einen engen räumlichen und betrieblichen Zusammenhang ausgeglichen werden kann. Welcher räumliche oder betriebliche Zusammenhang für eine solche „Ersetzungswirkung" nötig wird, ist unklar, zumal man eigentlich nicht die erst später geschaffene Nachweisverordnung als zwingenden Maßstab nehmen darf, sondern den gesetzlichen Spielraum des Verordnungsgebers für eine mehr oder weniger intensive Nachweisregelung beachten muß. Zwingender Maßstab der Ersetzungswirkung ist daher die denkbar liberalste Nachweisverordnung.

Als einziger deutlicher Unterschied zwischen Nachweisverfahren und Konzepten bzw. Bilanzen ist eine fehlende sofortige Nachvollziehbarkeit bei der Kontrolle von weiträumigen Transporten auszumachen. Daraus rechtfertigt sich höchstens eine räumliche Beschränkung auf den Aufsichtsbezirk der zuständigen unteren oder oberen Abfallbehörde. Weitere „betriebliche" Zusammenhänge, beispielsweise in Form gesellschafts- oder vertragsrechtlicher Einschränkungen, sind damit nicht zu begründen.

So ist nach FLUCK eine Ersetzungswirkung dadurch erreicht, daß in Abfallwirtschaftskonzepten Angaben über die geplante Art, die Menge und den Verbleib, über die geplanten Verwertungs- und Beseitigungsmaßnahmen und bei Eigenentsorgern über die notwendige Standort- und Anlagenplanung zu machen sind. Dies werde noch dadurch ergänzt, daß in den Abfallbilanzen Aussagen über Art, Menge und Verbleib zu treffen wären, die dem Verbleibnachweis nach § 42 II 1 Nr. 2 KrW-/AbfG nahekämen. Ein ausreichender betrieblicher Zusammenhang läge danach bereits vor, wenn die Anlage „aufgrund der unternehmensinternen Planung, die im Abfallwirtschaftskonzept darzustellen ist, zumindest auch der Sicherstellung der Eigenentsorgung dient".[451] FRENZ prüft ebenfalls die Ersetzungswirkung von Konzepten, Bilanzen und Standortnähe gegenüber den sonst üblichen Nachweisverfahren. Nach seiner Auffassung variiert die Schärfe der Anforderungen mit dem Gefahrenpotential der Abfälle. Bei ungefährlichen Abfällen könne daher auch eine über mehrere Straßenzüge entfernt gelegene Anlage genügen, sofern nur ein organisatorischer Zusammenhang bestehe. Bei anderen, noch weiter entfernten Anlagen bestehe eine größere Gefahr, daß Abfälle verschwinden bzw. anderweitig nicht ordnungsgemäß beseitigt werden.[452] Die Heranziehung der Ersetzungswirkung führt somit zu keinen klaren Ergebnissen. Sie gibt jedenfalls für eine gesellschaftsrechtliche Beschränkung nichts her.

Im übrigen gibt es keinen eindeutigen Zweckzusammenhang zwischen den §§ 44 I KrW-/AbfG und § 16 II NAbfG. Obwohl es in beiden Fällen um besonders überwachungsbedürftige Abfälle geht, ist nicht sicher, ob § 16 II NAbfG wie § 44 I KrW-/

---

450 S.o. bei Fn. 190, 191.
451 Fluck, in: Fluck (Hrsg.), KrW-/AbfG, § 44, 50 ff.
452 Frenz, KrW-/AbfG, § 44, 4 ff.

AbfG einen überwachungsrechtlichen Hintergrund hat. Ferner besteht keine Vermutung dafür, daß der Inhalt gleicher Begriffe in verschiedenen Gesetzen derselbe ist. Näherer Aufschluß muß daher in Entstehungsgeschichte, Herkunft oder mutmaßlichem Normzweck gesucht werden.

Eine zurückhaltende, vom Zweckzusammenhang ausgehende Anknüpfung an ähnliche Formulierungen in anderen Normen führt somit auch hier dazu, daß der sprachliche Rahmen nicht eingeschränkt wird.

Auch hier ist daher eine vorschnelle Anknüpfung auf den anlagenrechtlichen Betreiberbegriff oder andere allein haftungsorientierte Begriffe zu vermeiden. Damit wird dem Umstand Rechnung getragen, daß die Aufgabenzuordnung nicht unbedingt final und allein auf Sicherstellung von Haftung, sondern ggf. auf eine sinnvolle Aufgabenverteilung im demokratischen Gemeinwesen gerichtet ist.

b) Beachtung von Verbands- und Beauftragungsnormen im Regelungsbereich

Nach den Erkenntnissen aus der Untersuchung im Ersten Teil ist die Erwähnung von Verbänden im Gesetz Indiz für eine Zulässigkeit verbandsgestützter Eigenerledigung. Speziell für das Verhältnis zwischen den §§ 13 I 2 und 17 I KrW-/AbfG wurde eine Gleichrangigkeit angenommen, woraus sich das Bedürfnis nach Harmonisierung ergab.[453] Es stellt sich die Frage, inwieweit diese Erkenntnisse auch für das Verhältnis zu § 16 II NAbfG nutzbar gemacht werden können.

§ 17 I 1 KrW-/AbfG gestattet den Verursachern die Beauftragung von Verbänden. Er wurde oben als wichtiger Hinweis auf die besondere Förderung privater überbetrieblicher Selbstverwaltung angesehen. Dies ergab sich u.a. daraus, daß diese Norm neben § 16 I 1 KrW-/AbfG nur Sinn macht, wenn sie sich eben auf diese Aufgabe konzentriert. Im Ergebnis wurde ein gleichrangiges Verhältnis zu § 13 I 2 KrW-/AbfG angenommen, so daß sich der Begriff „eigene Anlage" auf mitgliedschaftliche Zusammenschlüsse erweiterte. Es ist zu prüfen, ob eine solche Wirkung auch auf § 16 II 1 NAbfG stattfindet. In diesem Fall könnte der geforderte „enge betriebliche Zusammenhang" nicht mehr verlangen, als mitgliedschaftliche Zusammenschlüsse von Verursachern.

Der Bundesgesetzgeber hat im Rahmen der konkurrierenden Gesetzgebung in den §§ 16 I, 17 I, 18 I KrW-/AbfG Beauftragungsmöglichkeiten geregelt. Diese Möglichkeiten werden im Landesrecht weder aufgehoben noch modifiziert. Allerdings hat der Bundesgesetzgeber in § 13 IV KrW-/AbfG dem Landesgesetzgeber ausdrücklich die Regelung von Andienungspflichten erlaubt. So steht außer Zweifel, daß auch eine Andienungspflicht ohne Ausnahmen für Eigeninitiative angeordnet werden könnte. In diesem Falle hätte § 17 I KrW-/AbfG keinerlei Einfluß. Von dieser Möglichkeit hat das Landesgesetz – da es Eigenerledigung grundsätzlich zulassen wollte – jedoch keinen Gebrauch gemacht. Das Landesrecht verschließt sich somit einem übergreifenden Einfluß der Beauftragungsgestattungen des Bundesrechts nicht. Ferner besteht zwischen den Tätigkeitsfeldern eine hohe strukturelle und praktische Ähnlichkeit. Die Etablierung der Verbandsbeauftragung und ihr Stellenwert im Bereich der betriebli-

---

453 Vgl. oben 1.Teil A.II.2.b),c).

chen Abfallbeseitigung ist als übergreifendes Indiz für die Zulässigkeit zu werten und kann somit systematisch-teleologisch auch auf den im Landesrecht geregelten Sonderbereich wirken.

§ 17 I KrW-/AbfG steht also den Andienungspflichten des Landesrechtes genauso gegenüber wie oben den Überlassungspflichten des Bundesrechtes. Daraus ergibt sich folgerichtig ein Bedürfnis nach Harmonisierung. Es besteht somit eine systematische Tendenz dahin, daß auch im Rahmen der Sonderabfallbeseitigung die unmittelbare Einbeziehung „eigener" Verursacherverbände zur Entsorgung zulässig sein soll. Insoweit sind die Erkenntnisse aus dem Ersten Teil also übernehmbar. Bei der Harmonisierung ist zwar zu berücksichtigen, daß § 16 II NAbfG zusätzlich zur Formulierung in § 13 I 2 KrW-/AbfG einen „engen betrieblichen Zusammenhang" fordert. Das ändert jedoch nichts an der Vermutung für eine generelle Zulässigkeit der Verbandserledigung.

4. Problembewußtsein und Leitgedanken des Gesetzgebers

Bei der Untersuchung der Materialien des Kreislaufwirtschafts- und Abfallgesetzes im Ersten Teil wurde eine Grundstruktur für die Lösung des Konflikts zwischen Eigeninitiative und Daseinsvorsorge erkennbar. Danach ist Eigeninitiative wegen vieler Bewußtseins- und Steuerungsvorteile erwünscht[454] und Daseinsvorsorge auf das Notwendige zu beschränken.[455] Es zeigte sich ferner, daß der Gesetzgeber sich der Bandbreite und Chancen verschiedener Organisationsformen nicht bewußt gewesen war und daher anhand der Leitgedanken auf seinen mutmaßlichen Willen geschlossen werden muß. Als „natürlicher Kompromiß" wurde die Zulässigkeit jeder Form von verbandsgestützter Eigenerledigung angenommen.[456] Die Begriffswelt der Materialien wurde ferner als Aufforderung zur Suche nach neuen zivilen Organisationsformen aufgefaßt.

Es ist zu prüfen, inwieweit diese Erkenntnisse auf die Auslegung des § 16 II NAbfG Einfluß nehmen bzw. welche anderen Aspekte zu berücksichtigen sind. Dabei ist zu beachten, daß § 16 II NAbfG durch Gesetzesänderung vom 17.12.1997 seine jetzige Fassung bekam. Zuvor befreite § 16 V NAbfG 1994 bei einer Entsorgung in „betriebseigenen Anlagen" von der Andienungspflicht.

a) Übernahme der Leitgedanken aus dem neuen Bundesrecht

Zunächst soll geprüft werden, inwieweit das Niedersächsische Abfallgesetz die dem im Kreislaufwirtschafts- und Abfallgesetz innewohnenden Leitlinien zum Verhältnis von Eigeninitiative und Daseinsvorsorge übernommen hat.

Bereits der Titel des Änderungsgesetzes 1997 deutet auf eine Übernahme der Grundsätze hin. Er lautet: „Gesetz zur Änderung des Niedersächsischen Abfallgeset-

---

454 Vgl. oben 1.Teil A.III.5.
455 Vgl. oben bei Fn. 252.
456 Vgl. oben 1.Teil A.III.7.

zes und zur Anpassung anderer Regelungen an das Kreislaufwirtschafts- und Abfallgesetz."

Gleich am Anfang der Regierungsbegründung zum Änderungsgesetz wird auf die „primäre Entsorgungsverantwortung der Privaten im neuen Kreislaufwirtschafts- und Abfallgesetz" hingewiesen. Zugleich wird klargestellt, daß das Änderungsgesetz den geänderten bundesrechtlichen Vorgaben nachkommt.[457] Dies geschieht auch in ausdrücklichem Bezug zu den Andienungspflichten. Es solle, so die Regierungsbegründung, nicht erneut über Sinn und Notwendigkeit von Andienungspflichten diskutiert werden. Es sei lediglich die Anpassung an das neue Bundesrecht vorgesehen.[458] Diesbezüglich gibt es Aussagen des Regierungsentwurfes, wonach mit der Gesetzesänderung nur notwendige Anpassungen und im übrigen keine Änderungen beabsichtigt waren. In den Vorberatungen hatten sich IHK und VCI[459] für eine Abschaffung der Andienungspflicht insbesondere bei Verwertungsabfällen ausgesprochen. Dem habe man nicht entsprochen, so die Begründung, weil im Rahmen dieses Gesetzes nicht erneut über Sinn und Notwendigkeit von Andienungspflichten diskutiert werden sollte. Es sei lediglich die Anpassung an das neue Bundesrecht vorgesehen.[460]

Die einzige notwendige Anpassung, die man sich im Zusammenhang mit Andienungs- und Überlassungspflichten vorzustellen vermag, ist diejenige an die im Kreislaufwirtschafts- und Abfallgesetz propagierte verstärkte Eigeninitiative der Verursacher.

Gleichzeitig wird jedoch betont, daß keine wesentlichen Änderungen des Landesrechtes erforderlich seien, daß die Garantenstellung der öffentlich-rechtlichen Entsorgungsträger gesichert werde und daß die bisherige Praxis der Sonderanfallentsorgung auch nach dem Übergang auf besonders überwachungsbedürftige Abfälle gewährleistet sein solle.[461] In bezug auf die Andienungspflichten wird erklärt, daß der neue § 13 IV KrW-/AbfG die bisherige landesrechtliche Praxis auch bundesrechtlich absichere.

An dieser Stelle zeigt sich ein erstaunlicher Konflikt, der bereits bei der Untersuchung der „Interessenklausel" des § 13 I 2 KrW-/AbfG und des § 11 I 2 NAbfG deutlich wurde.[462] Der Landesgesetzgeber beruft sich vollmundig auf eine Anpassung an neues Bundesrecht, legt es aber einseitig so aus, daß alles beim Alten bleiben kann. Es ist in solchen Fällen schwierig, den Willen des Gesetzgebers festzustellen. Zum einen muß man den Landesgesetzgesetzgeber an das binden, was er in bezug auf die gewollte Anpassung in amtlichen Dokumenten äußert. Zum anderen muß man berücksichtigen, daß es sich bei seinem Anpassungswillen vermutlich um einen „Bluff" handelte, um die Beharrungstendenzen positiv zu verpacken.

Es ist also auch hier nach – allerdings inneren – Kompromißlinien zu suchen. Die vernünftigste gedankliche Kompromißlinie liegt bezüglich des hier untersuchten Problembereiches darin, daß der Eigeninitiative soweit wie möglich zum Durchbruch verholfen wird, ohne das System der Andienung und Zuweisung in Frage zu stellen.

---

457 LT-Drucks. 13/2930, 15.
458 LT-Drucks. 13/2930, 21.
459 Industrie-und Handelskammer und Verband Chemischer Industrie.
460 Den Zweck der Anpassung heben auch v.d.Lühe/Werner, NVwZ 2000, 1126, hervor.
461 LT-Drucks. 13/2930, 21.
462 S.o. 1.Teil B.II.,III.1.

Die Leitgedanken zur Förderung von Eigeninitiative und Notwendigkeit von Daseinsvorsorge und die damit verbundene Argumentationslast dürfen jedoch als übernommen gelten.[463]

b) Mangelndes Bewußtsein über denkbare Organisationsformen

Eine den soeben genannten Leitgedanken entgegenstehende Intention des Landesgesetzgebers könnte sich aus einer Anknüpfung an den Begriff der „betriebseigenen Anlagen" ergeben.

Die Regierungsbegründung sagt zum Thema „eigene Anlagen" folgendes: Die Unternehmerverbände hatten sich in den Vorberatungen dafür eingesetzt, den im noch geltendem Recht verwendeten Begriff „betriebseigene Anlagen" durch „eigene Anlagen" zu ersetzen. Dem sei man aber nicht gefolgt, weil gem. § 13 IV KrW-/AbfG uneingeschränkt Überlassungspflichten festgelegt werden könnten und „eine automatische Befreiung besonders überwachungsbedürftiger Abfälle von der Andienungspflicht nur bei der betriebseigenen Abfallentsorgung bestehen (solle)".[464] Später bringt die Regierungsbegründung zum Ausdruck, daß sie unter betriebseigenen Anlagen solche in einem engen räumlichen und betrieblichen Zusammenhang mit der Produktionsstätte versteht.[465] Es kommt somit zum Ausdruck, daß eine Unterscheidung zum Begriff der „eigenen Anlagen" gewünscht war. Weitere Klarheit wird nicht geschaffen. Es werden lediglich betriebseigene Anlagen mit solchen in engem räumlichen und betrieblichen Zusammenhang gleichgesetzt.

Aus diesen Erörterungen ergibt sich somit lediglich, daß der „räumliche und betriebliche Zusammenhang" bewußt dem Begriff der „eigenen Anlagen" hinzugefügt wurde und daß damit anscheinend eine Anknüpfung an den früheren Ausdruck „betriebseigen" erreicht werden sollte. Offen bleibt, warum man dann nicht gleich bei der alten Begrifflichkeit geblieben ist. Die Ausführungen zeugen insgesamt von einer gewissen begrifflichen Verwirrung und nicht von Bewußtsein über die Bandbreite und Möglichkeiten von Organisationsformen. Es darf insoweit von einer Lückenhaftigkeit der gesetzgeberischen Vorstellungen ausgegangen werden.

Eine ähnliche Problematik besteht bezüglich einer etwaigen Anknüpfung an § 44 I KrW-/AbfG. Dazu finden sich in der Regierungsbegründung Anhaltspunkte. Zum Vorschlag des Oberbergamtes, betriebseigene Anlagen auch über Ländergrenzen hinweg zuzulassen, sagt die Regierungsbegründung, ein solcher Fall könne gar nicht auftreten, weil unter einer betriebseigenen Anlage solche im engen räumlichen und betrieblichen Zusammenhang zur Produktionsstätte zu verstehen sei. Diese Auslegung entspreche „den in §§ 44 I, 47 I KrW-/AbfG genannten Sachverhalten". Die landesrechtliche Andienungspflicht sei zwar unabhängig von bundesrechtlichen Regelungen, in beiden Fällen handele es sich aber um Regelungen zur abfallrechtlichen Überwachung. Dabei sollten nur die Fälle von förmlichen Verfahren befreit werden, in denen

---

[463] So meint auch Ossenbühl, DVBl. 1996, 19, 22, – wenn auch in anderem Zusammenhang – daß die bundesrechtlichen Grundprinzipien auf das Landesrecht ausstrahlen.
[464] LT-Drucks. 13/2930, 20 ff.
[465] LT-Drucks. 13/2930 21 (am Ende).

„durch einen direkten Zusammenhang von Produktion und Entsorgung gewährleistet ist, daß die Entsorgung bereits durch die Anlagenüberwachung ausreichend überwacht wird". Dies sei nur gewährleistet, wenn Produktion und Entsorgung „von derselben Behörde und im Rahmen einer Gesamtbeurteilung der Anlage geprüft werden".[466]

Aus der soeben wiedergegebenen Passage der Materialien ergibt sich ohne Zweifel, daß eine Anpassung an §§ 44 I, 47 I KrW-/AbfG beabsichtigt war, und zwar allein deshalb, weil nach Auffassung des Gesetzgebers auch durch § 16 II KrW-/AbfG Regelungen zur abfallrechtlichen Überwachung getroffen werden. Er trifft also seine Regelungsentscheidung über den Bedeutungsinhalt des § 16 II 1 NAbfG auf der Grundlage seiner Auslegung der §§ 44 I, 47 I KrW-/AbfG und seiner Vorstellungen über die Anpassungsbedürftigkeit. Es stellt sich die Frage, ob der Gesetzgeber dabei von zutreffenden Voraussetzungen ausging.

Zunächst einmal ist die Auslegung des § 44 I KrW-/AbfG umstritten. Dies gilt sowohl für den räumlichen wie für den betrieblichen Zusammenhang.[467] Viele der Stimmen gehen mittlerweile davon aus, daß für den engen räumlichen Zusammenhang die Belegenheit im selben Aufsichtsbezirk ausreicht, während für den engen betrieblichen Zusammenhang eine Einbeziehung in die unternehmerische Planung genügen soll.[468] Wenn der Gesetzgeber des Niedersächsischen Abfallgesetzes sich also an die Auslegung des § 44 I KrW-/AbfG anlehnen wollte, hat er sich diesen Meinungsstreit quasi „mit ins Haus geholt".

Ferner ist eine Übertragung der Auslegung des § 44 I KrW-/AbfG auf § 16 II NAbfG problematisch. Es könnte nämlich sein, daß der Gesetzgeber bei seiner Annahme, § 16 II NAbfG habe eine Überwachungsfunktion und müsse daher begrifflich an § 44 I KrW-/AbfG angepaßt werden, von falschen und sogar unzulässigen Voraussetzungen ausgegangen ist.

Zunächst einmal ist im Grundsatz fraglich, ob Andienungspflichten eine Überwachungsfunktion haben. WEIDEMANN z.B. betrachtet Andienungspflichten vornehmlich als „Vollzugs- und Lenkungsinstrumente" im Sinne der Daseinsvorsorge.[469] Immerhin gibt es im Kreislaufwirtschafts- und Abfallgesetz bereits einen in sich abgeschlossenen Regelungskomplex der Überwachung. Die darin geregelten Nachweispflichten sind insbesondere auf besonders überwachungsbedürftige Abfälle zugeschnitten. So kommt auch das BUNDESVERWALTUNGSGERICHT in einer älteren Entscheidung zur Abfall- und Reststoffüberwachungsverordnung zu dem Schluß, daß die darin bundesrechtlich geregelten Nachweispflichten nicht lückenhaft und somit erschöpfend die Überwachung regeln. Für landesrechtliche Überwachungsregelungen sei somit kein Raum mehr.[470] Mit dieser Begründung weist das Gericht die Auffassung der Vorinstanz zurück, die ihre Entscheidung auf eine Überwachungsfunktion der landesrechtlichen An-

---

466 LT-Drucks. 13/2930, 22.
467 Enge Auslegung vgl. Paetow in: Kunig/Paetow/Versteyl, KrW-/AbfG, § 44, 7; weite Auslegung vgl. Fluck, in: Fluck (Hrsg.), KrW-/AbfG, § 44, 52; ebenfalls weit Donner/Smeddinck in: Jarass/Ruchay/Weidemann, KrW-/AbfG, § 44, 22 ff.
468 Vgl. Fluck, in: Fluck (Hrsg.), KrW-/AbfG, § 44, 50 ff; Donner/Smeddinck in: Jarass/Ruchay/Weidemann, KrW-/AbfG, § 44, 22 ff.
469 Weidemann, in: Jarass/Ruchay/Weidemann, § 13, 105 ff.; Weidemann/Beckmann, Sonderabfallentsorgung, 26 f., für Baden-Württemberg.
470 BVerwG, NVwZ 1995, 273, 274.

dienungsverordnung gestützt hatte. Diese Entscheidung ist auf die obige Frage und auf die jetzigen Vorschriften übertragbar.[471] Das Kreislaufwirtschafts- und Abfallgesetz regelt die Überwachungsbedürftigkeit und über die Nachweisverordnung das Verfahren im einzelnen. Es bestehen somit zumindest ernsthafte Zweifel an der Zulässigkeit einer Überwachungsfunktion landesrechtlicher Andienungspflichten.[472]

Im übrigen würde selbst eine wie auch immer geartete Überwachungsfunktion von Andienungspflichten nicht eine vollständige Anpassung der Begrifflichkeit erfordern. Es gibt keinen Anlaß, obligatorische Nachweispflicht und Andienungspflicht unter den gleichen Voraussetzungen entfallen zu lassen wie die Andienungspflicht. Es ist durchaus vorstellbar und vielleicht sogar zweckmäßig, daß die Nachweispflicht für bestimmte Fallgruppen noch gilt, während eine Andienungspflicht bereits nicht mehr besteht.[473]

Aus der beabsichtigten Anknüpfung an den identischen Begriff in § 44 I KrW-/AbfG läßt sich somit für den eigentlichen Willen des Landesgesetzgebers nichts entnehmen. Er ging von einem Zwang zur Anknüpfung und damit von völlig falschen Voraussetzungen aus. Es bleibt daher dabei, daß eigentlich eher Verwirrung denn Klarheit über die organisatorischen Möglichkeiten und Wünsche herrschte. Jedenfalls wird die Übernahme der organisationsrechtlichen Leitgedanken aus dem Kreislaufwirtschafts- und Abfallgesetz nicht in Frage gestellt.

c) Anknüpfung an die bisherige Rechtslage im Landesrecht

Anknüpfend an das soeben erzielte Ergebnis stellt sich die Frage, wie der Gesetzgeber wohl formuliert hätte, wenn er nicht fälschlicherweise von einem Zwang zur Anpassung an die §§ 44, 47 KrW-/AbfG ausgegangen wäre.

Legt man den eigentlichen Willen des Landesgesetzgebers zugrunde, wie er sich aus den Materialien ergibt, sollte hinsichtlich der Ausnahmen von der Andienungspflicht alles beim alten bleiben, allerdings mit einer verstärkten Tendenz zur Ermöglichung von Eigeninitiative. Es stellt sich somit die Frage, wie gemeinschaftliche Eigeninitiative nach altem Recht behandelt wurde.

Nach altem Recht waren Sonderabfälle von der Andienungspflicht ausgenommen, wenn sie in einer in Niedersachsen belegenen „betriebseigenen Anlage" des Abfallbesitzers entsorgt wurden. Wenn man feststellen will, welcher Freiraum für Eigeninitiative sich daraus in der damaligen Rechtspraxis ergab, hält man sich in Ermangelung einschlägiger Rechtsprechung am besten an die maßgebliche Kommentierung, aus der sich zum Begriff „betriebseigene Anlagen" folgendes ergab:

Die Privilegierung solle, so die Kommentierung, nur solchen Unternehmen zugute kommen, die die von ihnen erzeugten Abfälle aufkommensnah entsorgen. Dies gelte nicht für Abfälle aus weiteren Standorten. Die Einbeziehung von Anlagen Dritter

---

[471] Umstritten, nach Weidemann, in: Jarass/Ruchay/Weidemann, KrW-/AbfG, § 13, 114, greift eine solche Sperrwirkung höchstens für Andienungspflichten, die als bloße Überwachungsmaßnahme ausgestaltet sind.
[472] Vgl. auch Versteyl/Wendenburg, NVwZ 1996, 937, 942 m.w.N.
[473] Auf bestehende Doppelregulierungen im Bereich der Überwachung besonders überwachungsbedürftiger Abfälle weisen Mroß/Hoffmann, Müll und Abfall 2000, 81, 82, hin.

scheide aus. Der Begriff des Dritten dürfe jedoch nicht zu eng gefaßt werden. So könne man Tochterunternehmen, die die Abfallentsorgung im Rahmen eines Unternehmensverbundes standortnah wahrnehmen, noch nicht als Dritte ansehen. Insoweit sei die sachliche Nähe zum Abfallerzeuger noch hinreichend gegeben. Dies sei nicht mehr der Fall, wenn der Abfallerzeuger keinen bestimmenden Einfluß auf das die Abfallentsorgung betreibende Unternehmen ausübt. Reine Beteiligungsgesellschaften würden deshalb nicht betriebseigene Anlagen vorhalten können.[474]

Die Kommentatoren gehen also davon aus, daß „Standortnähe" räumlich ausreicht. Auch dieser Begriff ist jedoch relativ. Am Beispiel eines Tochterunternehmens im Unternehmensverbund sollen nach Auffassung der obigen Kommentierung standortnahe Verbundunternehmen von weiter entfernten Standorten abgegrenzt werden. Anhand solcher Vorgaben kann man nur schwer einen räumlichen Bereich festlegen, aus dem die Abfälle kommen dürfen. Im übrigen muß beachtet werden, daß der alte § 16 V NAbfG es ausdrücklich für nicht selbstverständlich hielt, daß betriebseigene Anlagen in Niedersachsen belegen waren. In Anknüpfung daran kann man als engen räumlichen Zusammenhang durchaus auch die Belegenheit in Niedersachsen verstehen.

In bezug auf betriebliche Nähe wird in der alten Kommentierung eine Entsorgung innerhalb von Unternehmensverbindungen für grundsätzlich zulässig erachtet. Ein Konzern besteht typischerweise aus mehreren im Außenverhältnis selbständigen juristischen Personen. Wenn man Beseitigung innerhalb eines Konzerns ohne Rücksicht auf Personenidentität zuläßt, müßte dies auch für Gemeinschaftsanlagen anderer abfallverursachender Betriebe gelten, auch solche in mitgliedschaftlich strukturierten Zusammenschlüssen der Verursacher.

Gemeinschaftliche Eigeninitiative wird also bereits nach altem Recht nicht zwingend ausgeschlossen. Berücksichtigt man ferner die nunmehr gewünschte Anpassung an die neue Zielrichtung des Kreislaufwirtschafts- und Abfallgesetzes, gelangt man zur Zulässigkeit von Eigenbeseitigung in mitgliedschaftlich strukturierten Zusammenschlüssen und verbandsgestützter Kooperationsgesellschaften.

Auch dieser Gesichtspunkt führt somit nicht zu einem deutlichen Willen des Gesetzgebers, der einer Übernahme des in § 13 I 2 KrW-/AbfG konkretisierten Subsidiaritätsgrundsatzes entgegensteht. Es gilt also der Grundsatz: „Soviel Eigeninitiative wie möglich und nur soviel Daseinsvorsorge wie nötig." Dadurch wird der von § 13 I 2 KrW-/AbfG gesetzte generelle Rahmen bekräftigt, lediglich ergänzt durch eine Einzelfallregulierung nach den Maßstäben räumlicher Nähe und betrieblichen Zusammenhangs.

Es bleibt zu prüfen, inwieweit objektiv-teleologische Gesichtspunkte, insbesondere solche des Schutzes notwendiger Strukturen, dagegen sprechen.

5. Förderung und Regulierung aus objektiv-teleologischer Sicht

Bei der Untersuchung des § 13 I 2 KrW-/AbfG im Ersten Teil wurden aus der Entstehungsgeschichte Gesichtspunkte entwickelt, nach denen die Frage nach der zulässigen Eigeninitiative zu prüfen war. Es handelte sich um die Nützlichkeit und Förderungs-

---

[474] Wendenburg, in: Kix/Nernheim/Wendenburg, NAbfG, Stand 1996, § 16, 15.

würdigkeit von Eigeninitiative und um die Notwendigkeit und Funktionsfähigkeit öffentlicher Tätigkeit.[475] In Ermangelung anderer oder weiterer Gesichtspunkte in den Materialien des Änderungsgesetzes zum Niedersächsischen Abfallgesetz von 1997 und aufgrund der erheblichen strukturellen Vergleichbarkeit der Sach- und Regelungsbereiche sind diese Gesichtspunkte zu übernehmen.

Bei der Untersuchung im Ersten Teil kristallisierten sich ferner typische Gestaltungsformen heraus, die zu Privilegierungsvarianten zusammengefaßt wurden.[476] Die erarbeiteten Gestaltungsformen einschließlich ihrer Einteilung in Bedeutungsvarianten sind wertungsunabhängig und können vollständig hierher übernommen werden.

In § 16 II NAbfG kommt allerdings eine Bedeutungsvariante hinzu, nach der der notwendige räumliche und betriebliche Zusammenhang im Einzelfall wertend festzustellen ist.

a) Förderungswürdigkeit von Eigeninitiative

Zum Gesichtspunkt Förderungswürdigkeit von Eigeninitiative wurden im Ersten Teil verschiedene Maßstäbe entwickelt und auf die Gestaltungsformen angelegt. Daraus ergab sich eine Förderungswürdigkeit jeglicher Eigeninitiative, die einen gewissen Grad an Einfluß und Verantwortung der Verursacher ermöglicht.[477] Es soll untersucht werden, inwieweit die Erkenntnisse hierher übertragbar bzw. welche anderen Aspekte zu berücksichtigen sind.

§ 1 KrW-/AbfG gilt für alle Abfälle. Wie bei anderen Abfällen auch, ist also bei der Beseitigung besonders überwachungsbedürftiger Abfälle die Steigerung des Abfall- und Kreislaufbewußtseins ein beachtenswerter Maßstab. Zusätzliches Wissen um Entsorgungsvorgänge bietet auch hier die Chance zu mehr Rückkopplung zwischen Produktion und Entsorgung.

Es spricht jedoch viel dafür, daß die praktische Umsetzung der anlagenrechtlichen Voraussetzungen schwieriger ist. Soweit die Eigeninitiative durch Eigenentsorgung stattfinden soll, werden aufgrund der besonderen Gefährlichkeit höhere Investitionen erforderlich werden.[478] Daraus wiederum ergibt sich ein höheres Bedürfnis nach großen Zusammenschlüssen und Einbeziehung der Entsorgungswirtschaft. Eigenentsorgung besonders überwachungsbedürftiger Abfälle wird somit wahrscheinlich erst durch eine volle Ausschöpfung aller genossenschaftlichen Möglichkeiten attraktiv.

Es ist ferner zu prüfen, inwieweit die Maßstäbe der Flexibilität, Vielfalt und Verhinderung von Monopolmacht auch für besonders überwachungsbedürftige Abfälle beachtlich sind. Grundsätzlich spricht nichts dagegen, daß die Vorteile dezentraler privater Strukturen für die technische Entwicklung und eine selbstständige Machtposition der Verursacher auch hier gelten. Dasselbe gilt für die Gleichstellung des Mittelstandes. Nur dürfen wohl angesichts der zu erwartenden hohen Anforderungen und Investitionen an die Dezentralität nicht zu hohe Anforderungen gestellt werden.

---

475 Vgl. oben 1.Teil A.IV.1.a).
476 Vgl. oben 1.Teil A.IV.1.b)
477 Vgl. oben 1.Teil A.IV.2.c).
478 Vgl. Weidemann/Beckmann, Sonderabfallentsorgung, 36 f.

Bei der Umsetzung der soeben genannten Maßstäbe in die Zulässigkeit von Organisationsformen ist somit ein höherer Kooperationsbedarf zu berücksichtigen. Dies ändert – im Vergleich zur Auslegung des § 13 I 2 KrW-/AbfG – zunächst nichts daran, daß genossenschaftsähnliche Gestaltungen förderungswürdig sind und hier gleichsam einen Mindestbereich bürgerlicher Eigeninitiative bilden. Es kommt jedoch die besondere Bedeutung der Einbeziehung von Entsorgungsunternehmen hinzu. Betriebsführungsmodelle und verbandsgestützte Kooperationsgesellschaften sind somit hier zur Umsetzung von Eigeninitiative nötig und können nicht lediglich eine Ausnahme bilden. Solche Gestaltungsformen müssen also zugelassen werden, wenn Eigeninitiative im Bereich Sonderabfall nicht nur eine Randerscheinung bleiben, sondern quantitative Effekte erzielen soll.

Aus den soeben genannten Gründen spielt auch die qualifizierte Fremdbeauftragung über Verbände bei der vorliegenden Problematik eine wichtige Rolle. Die im Ersten Teil als „Kommissionsmodell" oder als verbandsgestützte qualifizierte Fremdbeauftragung" bezeichnete Gestaltung ist geradezu die privatrechtliche Entsprechung zum öffentlichen Andienungs- und Zuweisungssystem. An die Stelle der „Zentralen Stelle" tritt einfach nur der jeweilige Verursacherverband. An ihn erfolgt die Andienung und über ihn die Zuweisung an einen geeigneten Entsorger. Durch die im Ersten Teil erarbeiteten vier Merkmale bezüglich (1.) Mitsprache und Kontrolle bei Beauftragung, (2.) mitgliedschaftlicher Struktur, (3.) anerkannter Kompetenz und (4.) Haftungserklärungen gewährleistet die qualifizierte Fremdbeauftragung eine Anspannung und Verantwortung, die derjenigen bei der Zuweisung über die öffentliche Hand zumindest gleichkommt. Privatisiert wird nicht die Erledigung, sondern die Zuweisung. Die Akzeptanz würde steigen, weil nicht mehr der Eindruck entstünde, die zuweisende Stelle arbeite Hand in Hand mit überteuerten Anlagenstrukturen. Es käme sogar noch eine haftungsrechtlich höhere Anspannung der zuweisenden Stelle im Vergleich zum öffentlichen System hinzu.

Ein solches Modell „verbandsgestützter Selbststeuerung" entspricht in hohem Maße einem auf Lenkung ausgerichteten Steuerungsansatz, wie er im Landesabfallrecht bevorzugt wird. So läßt der Regelungsbereich erkennen, daß eine Erledigung durch die Privatwirtschaft nicht ausgeblendet werden soll. Nur die Lenkung ist eigentlich von Verstaatlichung betroffen. Soweit also im Sonderabfallrecht der Gedanke an mehr Eigeninitiative eine Rolle spielt, müßte damit bei der Lenkung angesetzt werden. Folgt man also dem Leitgedanken einer Stärkung von Eigeninitiative, sind verbandsgestützte Selbststeuerungsmodelle willkommen. Unter dem Gesichtspunkt der Förderungswürdigkeit von Eigeninitiative ist die qualifizierte verbandsgestützte Fremdbeauftragung somit im höheren Maße förderungswürdig als im Rahmen von § 13 I 2 KrW-/AbfG.

Insgesamt sind die Erkenntnisse aus dem Ersten Teil über die Förderungswürdigkeit somit zu übernehmen, jedoch ergänzt durch ein hohes Maß an Förderungswürdigkeit auch für Kooperationsmodelle mit der Entsorgungswirtschaft. Aufgrund ihrer Nähe zum gesetzlichen Andienungsmodell gilt dies auch für die verbandsgestützte qualifizierte Fremdbeauftragung.

b) Notwendigkeit von Daseinsvorsorge und des verantwortbaren Übergangs

Zu dem Problem eines verantwortbaren Überganges von einer umfassenden Daseinsvorsorge zu mehr Eigeninitiative wurden im Ersten Teil Maßstäbe entwickelt und auf die relevanten Organisationsformen angelegt. Es zeigte sich ein sehr differenziertes Bild notwendiger Reservestrukturen und zumutbarer Auslastungsrückgänge.[479] Es soll nun untersucht werden, inwieweit diese Erkenntnisse auf den Bereich der Entsorgung besonders überwachungsbedürftiger Abfälle anwendbar sind bzw. welche anderen Aspekte zu berücksichtigen sind.

aa) Daseinsvorsorge im Bereich der Andienung und Zuweisung

Zuvor bedarf es erneut eines besonderen Hinweises. Die öffentliche Daseinsvorsorge im Andienungssystem des Landesrechtes hat im Grunde zwei Ausformungen. Formal gesehen findet sie durch Zuweisung an eine dafür zugelassene und aufnahmebereite Entsorgungsanlage statt, die dem jeweiligen Stand der Technik entspricht und eine dauerhafte Entsorgungssicherheit gewährleistet, wobei auch die Grundsätze der Entsorgungsnähe, des Vorrangs der Verwertung und der Autarkie berücksichtigt werden sollen.[480] Die vorsorgende Tätigkeit ist also kommunikativ lenkender Art. Es stellt sich die Frage, inwieweit die öffentliche Tätigkeit im Bereich der Zuweisung schutzbedürftig und schutzwürdig ist.

Im Gegensatz zur Erledigung der Entsorgung bedarf es für die Zuweisung keiner Reservestruktur. Soweit die Zuweisung durch private Organisationen für ihre Mitglieder vorgenommen wird und dies nicht zufriedenstellend abläuft, kann der Staat praktisch jederzeit die Zuweisung wieder übernehmen. Dazu bedarf es keiner regionalen Struktur, die es aufrechtzuerhalten gelte. Soweit es also um die Zuweisungstätigkeit geht, gibt es keine Schutzwürdigkeit öffentlicher Einrichtungen, wie etwa der Zentralen Stelle i.S.v. § 16 NAbfG.

Hinter dem Zuweisungssystem verbirgt sich jedoch möglicherweise eine weitere – eigentliche – Ausformung von Daseinsvorsorge in Form einer „Erledigungsstruktur". Es haben sich öffentliche und private Spezialeinrichtungen gebildet, die sich auf eine Zuweisung verlassen und in der Vergangenheit verlassen konnten.[481] Soweit ihnen die Abfälle regelmäßig zugewiesen werden, handelt es sich letztlich um eine faktische Überlassungspflicht an bestimmte Einrichtungen. Es ist zu prüfen, inwieweit die Erkenntnisse des Ersten Teils auf eine solche Entsorgungsstruktur anwendbar sind.

WEIDEMANN weist in diesem Zusammenhang darauf hin, daß der Staat, wenn er Spezialanlagen vorschreibt, auch dafür sorgen muß, daß sie gebaut und genutzt werden.[482] Er sieht eine Verpflichtung der Länder, an einer Entsorgungsinfrastruktur vor-

---

479 Vgl. oben 1.Teil A.IV.3.a)bb),b)bb).
480 § 16 a I 2 NAbfG
481 Weidemann/Beckmann, Sonderabfallentsorgung, 36 f.
482 Weidemann/Beckmann, Sonderabfallentsorgung, 36 f.; Weidemann, in: Jarass/Ruchay/Weidemann, § 13, 105.

sorgend mitzuwirken und die Abfallentsorgung im Inland sicherzustellen.[483] Soweit ein Land über geeignete Anlagen verfüge, seien landesrechtliche Andienungs- und Überlassungspflichten „ein zulässiges Instrument zur Sicherstellung des Anschluß- und Benutzungszwanges für bestimmte zentrale Einrichtungen der öffentlichen Entsorgungsinfrastruktur". Anders seien allerdings Konstruktionen zu beurteilen, wo die landeseigenen Sonderabfallgesellschaften ohne eigene Entsorgungseinrichtungen als reine Abfallmakler auftreten.[484] Diese Auffassungen sprechen für eine zumindest ebenso starke Berücksichtigung notwendiger öffentlicher Strukturen wie im Rahmen der Entsorgung anderer Beseitigungsabfälle. Es ist allerdings fraglich, ob man damit den unterschiedlichen Regelungsansätzen in der Bundes- und Landesgesetzgebung gerecht wird.

bb) Bedürfnis nach einem Schutz von Entsorgungsstrukturen

Nach den obigen Ausführungen stellt sich also – wie im Ersten Teil – auch hier die Frage, inwieweit es einer öffentlichen Struktur bedarf. Mit mangelnder Leistungsfähigkeit der privaten Entsorgungswirtschaft dürfte man sie wohl nicht begründen. Die Sonderabfallentsorgung ist von jeher (auch) privat geprägt.[485] Es spricht somit viel dafür, daß der gesamte Anlagenbedarf – soweit nötig – grundsätzlich auch privat abgedeckt werden könnte.[486] Allerdings könnte es in Ausnahmesituationen zu einem Wegbrechen einzelner Kapazitäten kommen. Es wäre daher auch im Bereich der Sonderabfallentsorgung wünschenswert, wenn eine gewisse Grundstruktur und Grundkompetenz bei der öffentlichen Hand verbleibt. Insoweit sind die im Ersten Teil gewonnenen Erkenntnisse übernehmbar.

Fraglich ist allerdings, ob der Gesetzgeber solche Vorsorge wollte und in solchem Fall nicht Überlassungspflichten anstatt Andienungspflichten angeordnet hätte. Zumindest das niedersächsische Modell beläßt die Entsorgungspflicht grundsätzlich beim Abfallbesitzer, dem durch die Zentrale Stelle lediglich ein Entsorgungsweg zugewiesen wird.[487] Daher handelt es sich bei Sondermüll nicht um den klassischen Bereich der Daseinsvorsorge, sondern um einen Wirtschaftsbereich, in dem es den Betrieben zumutbar ist, bei der Produktion selbst die Entsorgungsmöglichkeiten mit im Auge zu behalten. So gilt eine Abnahmepflicht der öffentlichen Hand gem. § 15 I KrW-/AbfG hier nicht, weil die Abfälle in der Regel gem. § 15 III KrW-/AbfG von der Entsorgung ausgeschlossen sind. Dies sind eindeutige Indizien für einen anderen strukturellen Ansatz des Gesetzgebers. In diesem Zusammenhang muß man sich auch vor Augen halten, daß einige Bundesländer ohne eigene Anlagen auskommen.[488] Das letztgenannte Argument läßt sich zwar damit entkräften, daß diese Bundesländer von einer

---

483 Weidemann, in: Jarass/Ruchay/Weidemann, § 13, 119.
484 Weidemann, in: Jarass/Ruchay/Weidemann, § 13, 120.
485 Reese, ZUR Sonderheft 2000, 57, 58.
486 Ossenbühl, DVBl. 1996, 19, 21, spricht von „überkommenen Infrastrukturen der Länder, mit denen handfeste Interessen vertreten werden", und von einem „materiell begründeten Bestandsschutzdenken".
487 Unruh, ZUR Sonderheft 2000, 83, 84.
488 Weidemann, in: Jarass/Ruchay/Weidemann, § 13, 120.

ausgeprägten Struktur in anderen Bundesländern profitieren und daß eine länderübergreifende Zusammenarbeit zum Zwecke der Kapazitätsauslastung und -einsparung grundsätzlich positiv beurteilt werden sollte. Es verbleibt jedoch der Eindruck eines anderen Grundansatzes.

Insgesamt bleiben – im Gegensatz zu den Erkenntnissen zu § 13 I 2 KrW-/AbfG – im landesrechtlich geregelten Sonderabfallbereich erhebliche Zweifel am Dogma des Schutzes einer öffentlichen Grundstruktur. Die Andienungspflichten heben sich nach Formulierung und Verfahren derartig von den Überlassungspflichten an öffentliche Anlagen ab, daß man von einem Grundvertrauen des Gesetzgebers auf private Erledigungsstrukturen ausgehen darf.

Aber auch wenn man davon ausgeht, daß private Strukturen im Bereich der Sonderabfallentsorgung ausreichen sollen, stellt sich angesichts der hohen Investitionen die Frage nach ihrer Funktionserhaltung und Auslastung. Auch sie benötigen zur Errichtung aufwendiger Spezialanlagen ggf. eine gewisse Planungssicherheit. Wie im Ersten Teil für den Schutz öffentlicher Anlagen angenommen, könnte somit auch hier ein Schutz vor unzumutbaren Frustrationen angemessen sein. Eine solche Auffassung wäre auch insgesamt sinnvoll. Der Umstand, daß im Sonderabfallbereich ggf. etwas mehr Wettbewerb herrschen soll, wird nämlich dadurch ausgeglichen, daß die Sicherstellung einer ordnungsgemäßen Entsorgung durch entsprechende Anlagen hier besonders wichtig ist.

Ganz gleich also, ob öffentliche oder private Einrichtung, beide sind unzumutbar betroffen, wenn sie sich in investitionsintensiven Spezialgebieten engagieren (sollen), bei Beginn der Investition auf eine tragfähige Auslastung vertrauen durften und nunmehr trotz aller erdenklichen Anspannung in bedrohlicher Weise durch Auslastungsrückgänge gefährdet werden. Derartige Feststellungen sind allerdings nur im Einzelfall möglich. Die im Ersten Teil entwickelten Maßstäbe für die Prüfung unzumutbarer Beeinträchtigung sind daher hierher zu übernehmen, einzig mit dem Unterschied, daß aufgrund des anderen gesetzgeberischen Ansatzes im Zweifel noch etwas mehr Wettbewerb zugelassen werden kann.

cc) Bedürfnis nach Einzelfallkorrektur

Es ist zu prüfen, inwieweit es auch hier einer Einzelfallregulierung bedarf. Bezüglich der generellen Zulassung genossenschaftsähnlicher Zusammenschlüsse sind die Erkenntnisse des Ersten Teils vollständig übernehmbar.[489] Solche Gestaltungen werden – vor allem im Sonderabfallbereich – zunächst Randerscheinungen bleiben und stellen daher keine erhebliche Gefahr für die bisherige Struktur dar.

Bezüglich der generellen Zulässigkeit verbandsgestützter Kooperationen sind die Erkenntnisse des Ersten Teils ebenfalls richtungweisend.[490] Die Dynamik dieser Organisationsformen kann grundsätzlich zu erheblichen strukturellen Veränderungen führen. Anders als bei der Entsorgung sonstigen Abfalls führen höhere Anforderungen jedoch zu einer Begrenzung der Attraktivität und damit der Auswirkungen. Ihre gene-

---

489 Vgl. oben 1.Teil A.IV.3.c)aa).
490 Vgl. oben 1.Teil A.IV.3.c)bb).

relle Zulässigkeit läßt somit ein Einzelfallkorrektiv zwar wünschenswert, jedoch nicht zwingend notwendig erscheinen. Geringere Attraktivität und höhere Gefährlichkeit gleichen sich also aus und führen letztlich zum gleichen Ergebnis wie bei § 13 I 2 KrW-/AbfG, auch ohne Interessenklausel. Sie ist daher als Zugeständnis an eine Entwicklung von Eigeninitiative dennoch zuzulassen.

Die Zulassung verbandsgestützter Zuweisung an Fremdentsorger scheidet jedoch in Ermangelung einer Regulierungsklausel aus.

c) Räumlicher und betrieblicher Zusammenhang als Haftungskategorie

Die Überwachung der Entsorgung besonders überwachungsbedürftiger Abfälle ist umfassend geregelt, so daß es dazu der Andienungspflicht eigentlich nicht bedarf.[491] Gleichwohl bekommt das Merkmal des „engen räumlichen Zusammenhangs" in § 16 II NAbfG nur unter Überwachungs- und Haftungsgesichtspunkten einen Sinn. Das Gesetz versucht anscheinend den Wegfall der Andienungspflicht bei Eigenentsorgung durch eine solche Voraussetzung zu kompensieren. Es soll hier nicht erneut die Frage erörtert werden, ob Andienungspflichten überhaupt einen überwachungsrechtlichen Zweck haben dürfen.[492] Es ist allerdings offenkundig, daß der Wegfall von Andienungspflichten mit engen räumlichen Zusammenhängen eigentlich nichts zu tun haben kann. Die Andienungspflicht verhindert nämlich nicht Transporte. Sie sorgt auch nicht für eine Entsorgung im selben Landkreis oder Regierungsbezirk, sondern allenfalls in Niedersachsen.

Es zeigt sich somit, daß das Merkmal des „engen räumlichen Zusammenhangs" keinen einsehbaren Zweck verfolgt. Um es gleichwohl nicht entgegen dem Wortlaut vollständig ignorieren zu müssen, muß ihm wenigstens eine geringe Bedeutung eingeräumt werden. Sie kann auf genereller Ebene nur darin bestehen, die Entsorgung vorrangig in Niedersachsen zu halten, oder -besser noch- darin, im Einzelfall wertend eine Beachtung des Näheprinzips herbeizuführen, wenn große überregionale Verbände in Kooperation mit der Entsorgungswirtschaft in Konkurrenz zu naheliegenden Anlagen treten wollen.

Eine solche wertende Betrachtung im Einzelfall ermöglicht der Wortlaut des Begriffs „enger räumlicher Zusammenhang", wenn er als generalklauselartige Bewertungsklausel aufgefaßt wird. Dabei muß die Bewertung nicht dem Grundsatz huldigen, daß Eigeninitiative nur zulässig ist, wenn in der Nähe keine andere Anlage vorhanden ist. Sie muß nur die Verhinderung von nicht hinnehmbaren räumlichen Konstruktionen im Auge haben.

Ähnliches gilt für den „engen betrieblichen Zusammenhang". Bei der Untersuchung des § 13 I 2 KrW-/AbfG im Ersten Teil wurde es für wünschenswert erachtet, daß Haftungserklärungen im Rahmen einer Abwägung öffentlicher Interessen flexibel verlangt werden könnten, wenn konkrete Umgehungsgefahren dies erfordern.[493] Dafür fehlt es allerdings in § 16 II NAbfG an einer entsprechenden Interessenklausel.

---

491 Zur umfassenden Überwachung im Sonderabfallbereich vgl. Mroß/Hoffmann, Müll und Abfall 2000, 736 ff, 741.
492 Dazu oben 2.Teil A.I.4.b) bei Fn. 470.
493 Vgl. oben 1.Teil A.IV.2.a)bb),B.IV.1.b).

An dieser Stelle hilft die Qualifizierung des „engen betrieblichen Zusammenhangs" als im Einzelfall wertausfüllungsfähige Generalklausel weiter. Er könnte durch Anordnung von Haftungserklärungen – auch schon bei genossenschaftlicher Entsorgung – in einem Akt wertender Erkenntnis im Einzelfall festgestellt und festgelegt werden. Das Instrument der persönlichen Haftung bzw. der Haftungserklärungen bietet sich somit geradezu an, dem geforderten betrieblichen Zusammenhang durch Bewertung Ausdruck zu verleihen, ohne förderungswürdige Eigeninitiative generell auszuschließen.

Insgesamt erlangt das Merkmal des engen räumlichen und betrieblichen Zusammenhanges also nur unter den Gesichtspunkten der Überwachung und Haftung – wenn auch keine teleologische Notwendigkeit – so doch einen gewissen Sinn. Er liegt in der Möglichkeit zu einer wertenden Einbeziehung der Gesichtspunkte ursprungsnaher Entsorgung und effektiver Verantwortung.

6. Fazit und Argumentationsmuster

Die Erledigung in genossenschaftsähnlichen Zusammenschlüssen ist auch im Sonderabfallbereich als zulässig anzusehen. Sie bietet ein vergleichsweise hohes Maß an qualitativer und zugleich quantitativer Partizipations- und Bewußtseinssteigerung. Von ihrer Zulässigkeit sind gleichwohl keine erheblichen strukturellen Auswirkungen zu erwarten. Der höheren Gefährlichkeit der Abfälle und den damit verbundenen Umgehungsgefahren kann man im Einzelfall durch die Forderung von beschränkten Haftungserklärungen gerecht werden und sich dabei auf eine wertende Betrachtung des Merkmals „enger betrieblicher Zusammenhang" stützen.

Im Ergebnis gelangt man also auf einem teilweise unterschiedlichen Weg zum gleichen Ergebnis wie bei der Auslegung des § 13 I 2 KrW-/AbfG, nur mit etwas mehr Einschränkungsmöglichkeiten bei Haftung und räumlicher Ausdehnung. Eine solche Auslegung wird sowohl den Leitgedanken des Kreislaufwirtschafts- und Abfallgesetzes als auch den sprachlichen und teleologischen Besonderheiten der landesrechtlichen Andienungspflicht gerecht. Sie ist daher insgesamt angemessen.

Sprachlich kann der Rahmen des § 13 I 2 KrW-/AbfG übernommen werden. Der Wortlaut der Ausnahme in § 16 II NAbfG ist zwar enger formuliert als derjenige des § 13 I 2 KrW-/AbfG. Die Einschränkung des „engen räumlichen und betrieblichen Zusammenhangs" ist jedoch sprachlich nahezu völlig unbestimmt. Sie ist somit auch als im Einzelfall wertausfüllungsbedürftige Bewertungsklausel verstehbar und führt daher nicht zwingend zu einer generellen Beschränkung auf bestimmte Organisationsformen.

Eine Anknüpfung an den gleichlautenden aber anlagenrechtlichen Begriff des engen räumlichen und betrieblichen Zusammenhanges in § 44 I KrW-/AbfG oder in § 1 III 4. BImSchV ist nicht zwingend. Wenn man nämlich – anstatt vorschnell eine Verknüpfung herzustellen – nach dem Zweckzusammenhang fragt, ergeben sich starke Zweifel an einer systematischen Wechselwirkung.

Der Verbandsgedanke findet im niedersächsischen Abfallrecht ausdrücklich keine Erwähnung. Folgt man allerdings dem Gedanken aus dem Ersten Teil, daß auch Verbandsnormen in verwandten Regelungsbereichen ein Indiz für einen entsprechen-

Freiraum sein können, liegt ein Rückgriff auf § 17 I KrW-/AbfG nahe. Und tatsächlich spricht viel dafür, daß die §§ 16 – 18 KrW-/AbfG auch für das Landesrecht gelten und dessen Freiräume für Eigeninitiative ähnlich beeinflussen wie im Ersten Teil. Wenn auch nicht so deutlich wie im Ersten Teil, so führt § 17 I KrW-/AbfG doch auch in § 16 II NAbfG zu einer Tendenz in Richtung der Zulässigkeit der Erledigung in Verbänden.

Auch die im Ersten Teil gewonnen Erkenntnisse über die Lückenhaftigkeit des gesetzgeberischen Willens und den Rückgriff auf seine mutmaßlichen Leitgedanken über Eigeninitiative verdienen hier Beachtung. Die Entstehungsgeschichte des § 16 NAbfG n.F. offenbart im besonderen Maße Fehler und Unschlüssigkeiten im Gedankengang des Gesetzgebers. So wollte er eine Anpassung an das neue Kreislaufwirtschafts- und Abfallgesetz, fühlte sich dabei jedoch allem Anschein nach zu Anpassungen gezwungen, für die gar kein Zwang – ja noch nicht einmal ein Anlaß – bestand.

Die im Ersten Teil erarbeiteten objektiv-teleologischen Entscheidungskategorien, bestehend aus Förderungswürdigkeit und Schutzbedürfnissen, sind auch hier als grundlegende Regelungsgedanken zugrunde zu legen.

Hinsichtlich der Förderungswürdigkeit der verschiedenen Organisationsformen und der zugrundeliegenden Maßstäbe sind die Erkenntnisse des Ersten Teils übernehmbar. Jede „echte" Eigeninitiative ist daher förderungswürdig. Allerdings erweist sich hier die qualifizierte verbandsgestützte Fremdbeauftragung als adäquater Ersatz für das öffentliche Andienungs- und Zuweisungssystem und gewinnt daher an Bedeutung.

Auch die im Ersten Teil erarbeiteten Maßstäbe der Beurteilung von Schutzwürdigkeit und Schutzbedürftigkeit bestehender Strukturen können grundsätzlich übernommen werden. Es ergeben sich allerdings zwei Abweichungen. Zum einen müssen schutzwürdige private Strukturen der Sonderabfallentsorgung mit berücksichtigt werden. Zum anderen darf man den mutmaßlichen Willen des Gesetzgebers und das Bedürfnis nach Schutz bestehender Anlagen und Strukturen als geringer einschätzen als beim typischen öffentlich geprägten Entsorgungssystem. Trotz fehlender „Interessenklausel" und damit fehlender Möglichkeit der Einzelfallkorrektur ist somit die Zulässigkeit gemeinschaftlicher Eigenbeseitigung bis hin zu paritätischen Kooperationsgesellschaften mit der Entsorgungswirtschaft hinnehmbar. Die Zulässigkeit qualifizierter verbandsgestützter Fremdbeauftragung scheidet demgegenüber – sei sie auch noch so förderungswürdig – wegen fehlender Möglichkeit der Einzelfallabwägung öffentlicher Interessen aus.

Die Einschränkungen durch den Begriff „enger räumlicher und betrieblicher Zusammenhang" ist nur unter dem Gesichtspunkt der Illegalitätsvorbeugung verstehbar. Ein im Vergleich zu § 13 I 2 KrW-/AbfG besonderer Sinn eines „engen betrieblichen Zusammenhangs" liegt nach Gesamtabwägung aller Aspekte darin, durch Bewertung im Einzelfall besondere Anforderungen an die Verantwortlichkeit, z.B. durch Haftungserklärungen, verlangen zu können, und zwar bei allen Organisationsformen gemeinschaftlicher Eigenbeseitigung.

II. Freiraum für gemeinschaftliche Eigeninitiative bei der Verwertung häuslicher Verwertungsabfälle

Es soll nunmehr untersucht werden, inwieweit der bisher erarbeitete argumentative Rahmen für den Regelungsbereich „Verwertung häuslicher Abfälle" nutzbar gemacht werden können bzw. welche weiteren Aspekte zu berücksichtigen sind.

1. Grundsätzliche Offenheit des Regelungsbereiches für Eigeninitiative

Es ist zunächst zu prüfen, ob in dem zu untersuchenden Regelungsbereich überhaupt rechtliche und praktische Möglichkeiten für Eigeninitiative der Betroffenen in Betracht kommen und somit eine diesbezüglich sensibilisierte Herangehensweise angezeigt ist.

Die Verwertung häuslicher Abfälle ist ein geeignetes Tätigkeitsfeld für Eigeninitiative jeder Art. Dies gilt zum einen für die Bürger selbst, die „im Kleinen" Verwertung betreiben können. Dies gilt zum anderen für eine Einbindung der Entsorgungswirtschaft, die seit jeher im Verwertungsbereich engagiert ist.

§ 13 I 1 KrW-/AbfG unterwirft häusliche Verwertungsabfälle der Überlassungspflicht, soweit die Verursacher nicht zu einer Verwertung in der Lage sind oder sie nicht beabsichtigen. Er schafft dadurch ausdrücklich einen Freiraum für Eigeninitiative. Es gibt somit eine Zuordnungskonkurrenz zwischen Verursachern und öffentlicher Hand.

Der Regelungsbereich bietet also rechtliche und praktische Möglichkeiten für Eigeninitiative der Betroffenen. Es ist daher angemessen, mit einer Sensibilität für Eigeninitiative an die Auslegung heranzugehen.

2. Sprachliche Offenheit des Begriffs „in der Lage"

Der Begriff „zur Verwertung in der Lage" in § 13 I 1 KrW-/AbfG fordert Kompetenz der Verursacher im Hinblick auf die Verwertung. Fraglich ist, ob diese „Verwertungskompetenz" praktischer, intellektueller, finanzieller oder sonstiger Art zu sein hat. Es ist ferner fraglich, worauf genau die Kompetenz sich beziehen muß. Sie könnte anlagen- bzw. handlungsbezogen, ergebnisbezogen oder nutzenbezogen gemeint sein.

a) Anknüpfung an Erledigungskompetenz

Bei anlagen- bzw. handlungsbezogener Sichtweise des Begriffs „in der Lage" ist eine persönliche Beziehung zum Verwertungsablauf erforderlich.

Für eine solche Sichtweise könnte der Wortlaut des für den Verwertungsbegriff maßgebenden § 4 III, IV KrW-/AbfG sprechen. Danach ist Verwertung der Einsatz als Ersatzbrennstoff, die Gewinnung von Sekundärrohstoffen oder die erneute Nutzung für einen bestimmten Zweck geschehen. Formuliert man den § 13 I 1 KrW-/

AbfG nach Maßgabe des § 4 II, IV KrW-/AbfG um, heißt es: „soweit sie (die Erzeuger und Besitzer) zu einer Gewinnung von Rohstoffen, einer Nutzung der stofflichen Eigenschaften oder zum Einsatz als Ersatzbrennstoff (nicht) in der Lage sind". Nach dem Formulierungszusammenhang der §§ 13 I 1 und 4 II, IV KrW-/AbfG verwertet also nur derjenige, der Rohstoffe gewinnt, Eigenschaften nutzt oder Ersatzbrennstoffe einsetzt. Die Verursacher müssen danach zu Gewinnung, Nutzung oder Einsatz in der Lage sein, um der Überlassungspflicht zu entgehen.

Verfeuerung und Rohstoffgewinnung geschieht in Anlagen. In diesem Sinne ist auch ein privater Ofen oder Komposthaufen eine Verwertungsanlage. Soweit es um Verfeuerung und Rohstoffgewinnung geht, führt der Begriff „selbst verwerten" also zum Begriff „eigene Anlagen". Die denkbaren Bedeutungsvarianten sind also diesbezüglich identisch mir denjenigen bei § 13 I 2 KrW-/AbfG.

Soweit es um die Verwertung durch erneute Nutzung geht, kommt es darauf an, inwieweit sie innerhalb eines dem Verursacher zurechenbaren organisatorischen Rahmens stattfindet. Auch die Weiternutzung erfolgt im weitesten Sinne in Anlagen, die jemandem zurechenbar sind. Eine private Anlage in diesem Sinne wäre auch ein Gartengrundstück, auf dem der gewonnene Kompost ausgebracht wird. Auch hier stellt sich somit die Frage nach der Organisationsform, in der dem Verursacher die Nutzung Eigennutzung zugerechnet werden kann, und auch hier geht es im weitesten Sinne um die Zurechnung von Anlagen.

Der anlagen- bzw. handlungsbezogene Verwertungsbegriff ist somit identisch mit dem Begriff der „eigenen Anlagen" in § 13 I 2 KrW-/AbfG.[494] Die dortigen Ausführungen sind vollständig hierher übertragbar.[495] Die sprachliche Grenze wäre also bei verbandsgestützten Kooperationsgesellschaften erreicht.

Im Rahmen des soeben eröffneten Spektrums gibt es eine verbreitete Auffassung, die aus dem Wortlaut des § 13 I 1 KrW-/AbfG einen Zwang zur höchstpersönlichen Erledigung abzuleiten scheint. Sie fügt stillschweigend das Wörtchen „selbst" hinzu und führt dahin, daß die Einbeziehung von anderen Beteiligten als dem konkreten Verursacher selbst ausgeschlossen ist.[496] Es ist allerdings zweifelhaft, ob der Ausdruck „zur Verwertung in der Lage sein" vom Verursacher verlangt, die notwendigen Handlungen zur Gewinnung von Rohstoffen oder Weiternutzung allein und persönlich vorzunehmen. Zum einen steht das Wörtchen „selbst" eben nicht im Gesetz.[497] Zum anderen muß „selbst" nicht zwingend mit „höchstpersönlich" gleichgesetzt werden.

Nach der anlagen- bzw. handlungsbezogenen Betrachtungsweise ist somit das ganze Spektrum der bei § 13 I 2 KrW-/AbfG eröffneten Varianten hierher übertragbar.

---

494 Für einen anlagenbezogenes Verständnis auch Versteyl/Wendenburg, NJW 1996, 937, 943; Wendenburg, in: BUP, Band 8, 43; nach VGH Mannheim, ZUR 1999, 34 unter Hinweis auf Queitsch, StuG 1997, 332, 334, sprechen Wortlaut und insbesondere das „Kriterium der persönlichen Befähigung" soweit die fehlende Erwähnung Dritter dafür, daß der Pflichtige selbst verwertend tätig sein muß.

495 Arndt/Walter WiVerw 1997, 183, 190, meinen, man könne § 13 I 2 in § 13 I 1 KrW-/AbfG „hineinlesen".

496 Vgl. Pippke, Abfallentsorgung, 65 m.w.N.; Arndt, Kreislaufwirtschaft, 76; v.Lersner/Wendenburg, Kz 0113, 15; Bree, Privatisierung, 112.

497 Anders der Entwurf Länderarbeitsgemeinschaft vom 29.06.2000 zur 54. Umweltministerkonferenz vom 29.06.2000, vgl. Beschluß der 54. Umweltministerkonferenz vom 6./7.4. 2000, Protokoll TOP 4.31.4 (Änderung des Kreislaufwirtschafts- und Abfallgesetzes), Beschluß Nr.5.

b) Anknüpfung an Lenkungskompetenz

Bei ergebnisbezogener Betrachtung besteht die Verwertung darin, den Gegenstand oder Stoff irgendeiner vernünftigen Verwendung zuzuführen. Dies geschieht in der Praxis sehr häufig durch Weitergabe an jemanden, der ihn gebrauchen oder bearbeiten kann. Man könnte daher meinen, daß dem Begriff „Verwertung" die Weitergabe immanent ist, insbesondere in der heutigen arbeitsteiligen Gesellschaft. Nach einer solchen ergebnisbezogenen Betrachtung wäre der Abfallverursacher „zur Verwertung in der Lage", wenn er in der Lage ist, durch ordnungsgemäße Auswahl von abnahmebereiten Verwertungsbetrieben ein Verwertungsverfahren herbeizuführen.[498] Diese Variante schließt also die Auswahl und Weitergabe an Verwertungsbetriebe mit ein.

Es wäre allerdings zu überlegen, ob bereits nach sprachlicher Assoziation bestimmte Voraussetzungen an die Kompetenz der Verursacher zur Auswahl und Kontrolle zu stellen sind. Dies ist zu bejahen, weil anderenfalls von einer Verwertungskompetenz nicht gesprochen werden könnte. Unter diesem Gesichtspunkt müßte bereits nach dem Wortlaut eine Beschränkung auf „qualifizierte Beauftragungen" oder die Mitgliedschaft in kompetenten Verursacherinteressenverbänden vorgenommen werden.

c) Anknüpfung an Nutzenziehungskompetenz

Es gibt eine weitere und bemerkenswerte Möglichkeit des sprachlichen Verständnisses von § 13 I 1 KrW-/AbfG, die mit den bisher erörterten Kategorien nicht erfassen läßt. Verwertung heißt nach dieser von BREE vertretenen Ansicht, irgendeinen Nutzen aus der Behandlung, Verwendung oder Weitergabe zu ziehen, der über den bloßen Entledigungsnutzen hinausgeht.[499] Auch dieser Ansatz verdient eine genauere Betrachtung. Zur Verwertung wäre demnach „in der Lage", wer die Sache – ggf. nach Behandlung durch einen Dritten – selbst weiter nutzen kann oder bei Weitergabe ein Entgelt, auch in Form von veredeltem Wirtschaftsgut, erhält. Eine solches Verständnis bedeutet zwar die Rückkehr zur Abgrenzung zwischen Wirtschaftsgut und Abfall im Bereich der Hausmüllentsorgung. Sie ist jedoch sprachlich vertretbar und gehört damit zum Spektrum der möglichen Wortbedeutungen.

Diese Lösung führt noch weiter. Wenn der Besitzer solchermaßen Nutzen aus der Sache zieht, könne er, so BREE, auch Dritte einschalten. Folglich bestünde auch für die Mieter eines Wohnkomplexes die Möglichkeit, „ihre Verwertungsabfälle gemeinsam zu sammeln und zu verwerten, ohne daß es darauf ankäme, ob z.B. der Grund-

---

[498] So Kunig, in: Kunig/Paetow/Versteyl, KrW-/AbfG, § 13, 15; im Ergebnis auch Weidemann, in: Jarass/Ruchay/Weidemann, KrW-/AbfG, § 13, 69; im übrigen auch Fluck, in: Fluck (Hrsg.), KrW-/AbfG, § 13, 82; Klöck, NUR 1999, 441, 443; Frenz, KrW-/AbfG, § 13, 10; Versteyl/Wendenburg, NJW 1996, 939, 943 sprechen von „Verwertung bewirken", entscheiden sich aber im Ergebnis anders; unbestimmt Weidemann, GewArch 1997, 311, 313 f.; Reese, NuR 1999,36, Anm. zu VGH Mannheim, interpretiert Weidemann, a.a.O., so, daß § 13 I 1 KrW-/AbfG nur den Entsorgungsanspruch des Bürgers hervorhebe; vgl. im übrigen auch Petersen, NJW 1998, 1115 f. m.w.N.

[499] Bree, Privatisierung, 111 f.

stückseigentümer als Dritter miteinbezogen" wird.[500] Diese Auffassung öffnet den Blick in zwei Richtungen.

Zum einen betont er die Einbeziehung von im weitesten Sinne „nachbarschaftlichen" Verwertungsverhältnissen, die typischerweise mit Eigenverwertung assoziiert werden.[501] Die Einbeziehung könnte auf alle Fälle der direkten und unmittelbaren Verwertung durch irgendeinen Verwertungspartner erstreckt werden, so daß lediglich eine „Kettenbeauftragung" ausgeschlossen wäre. Ferner könnten solche unmittelbaren Verwertungswege über Zusammenschlüsse organisiert werden.

Zum anderen wird der Blick für eine Kombination der nutzenbezogenen mit der handlungsbezogenen Sichtweise geöffnet, so daß auch eine Erlös- oder Nutzenerzielung durch einen Zusammenschluß von Verursachern privilegiert wäre. Es müßte somit nicht jeder einzelne Verursacher den Nutzen ziehen. Verwertungsgüter könnten somit z.B. in Genossenschaften gesammelt, sortiert und ggf. auf andere Art vorbereitet und dann „verkauft" werden. Damit hierbei der Gedanke der Nutzenziehung „durch die Verursacher" erhalten bleibt, müßte sie zumindest in mitgliedschaftlich strukturierten Zusammenschlüssen erfolgen.

Es gibt somit eine Fülle von Gestaltungen zur Erlös- und Nutzenziehung, die alle von mehr Kompetenz im Umgang mit Verwertungsabfällen zeugen als eine schlichte Weitergabe. Sie sind daher ebenfalls vom Wortlaut umfaßt.

d) Offene Kompetenzbeurteilung anhand des Einzelfalls

Vorstellbar wäre ferner, die Kompetenzproblematik von der abstrakt-generellen auf die Einzelfallebene zu verschieben. Hier lassen sich die bei der Auslegung der §§ 13 I 2 KrW-/AbfG und 16 II NAbfG gewonnenen Erkenntnisse zu General- bzw. Bewertungsklauseln anwenden. „In der Lage sein" ist ein vager Typusbegriff. Die Typisierung fällt schwer, weil an eine Vielzahl von Kompetenzen und deren Umfang angeknüpft werden kann. Es besteht in dieser Hinsicht eine Ähnlichkeit zu den ebenfalls Kompetenz ausdrückenden Begriffen „Eignung" und „Zuverlässigkeit".[502] Diese Begriffe wiederum sind als typische unbestimmte Rechtsbegriffe, deren normativer Inhalt anhand der Gesamtumstände des Einzelfalles zu ermitteln ist, bekannt und vermitteln teilweise sogar Einschätzungsspielräume.

Der Begriff „in der Lage" enthält keinen semantischen Befehl zu einer abschließenden Typisierung und läßt die Möglichkeit zur Wertausfüllung anhand des Einzelfalls offen. Er ist daher nach dem Wortlaut auch als generalklauselartige Bewertungsklausel verstehbar, nach dem im Einzelfall bewertet – ggf. sogar relativierend beurteilt – wird, ob noch von Verwertungskompetenz gesprochen werden kann. Dabei wären alle oben genannten Kriterien anwendbar. So könnte z.B. an die Fähigkeit angeknüpft werden, einen „unmittelbaren" Verwerter zu finden, ggf. über Verwertungs-

---

500 Bree, Privatisierung, 111 f.
501 Vgl. dazu mit einigen Beispielen Schink, NVwZ 1997, 435, 437, und Meyer, UPR 2000, 135, 136.
502 Klages, ZfW 2001, 3, 6, bezeichnet den Begriff „in der Lage" als „Kriterium persönlicher Befähigung", kommt aber letztlich zu anderen Schlüssen.

börsen, und zugleich deren hinreichende Zuverlässigkeit und Kompetenz bewertet werden.

e) Kooperationsrechtliche Zusammenfassung der Wortlautinterpretation

Dem Begriff „in der Lage" wohnt eine Kompetenzorientierung inne, die ihn von der bloßen Freigabe der Entsorgung, wie z.B. bei betrieblichen Verwertungsabfällen, unterscheidet. Worin diese Kompetenz im einzelnen bestehen und worauf sie sich beziehen muß, bleibt nach dem Wortlaut unklar.

Denkbar ist zunächst eine anlagen- bzw. handlungsbezogene Sichtweise, die ähnlich dem Begriff „eigene Anlagen" § 13 I 2 KrW-/AbfG Herrschaft über den Entsorgungsvorgang verlangt und die Grenze bei mitgliedschaftlich strukturierten Zusammenschlüssen und verbandsgestützten Kooperationsgesellschaften zieht.

Denkbar ist ferner eine Kompetenz bei der qualifizierten Auswahl des passenden Entsorgers. Sie kann grundsätzlich vom einzelnen Haushalt nur mit Unterstützung durch Verursacherverbände geschaffen werden. Vorstellbar wäre das im Ersten Teil erörterte „Kommissionsmodell"[503] mit einer - zumindest rechtlichen - Übernahme der Abfälle durch den Verband. Denkbar wäre auch das im Ersten Teil lediglich angedeutete „Betreuungsmodell"[504] mit einer mehr oder weniger verbindlichen Zuweisung oder Beratung. Die Verstärkung der Kompetenz durch einen Zusammenschluß, sei es auch nur durch einen Verursacherinteressenverband, wäre somit nach dieser Interpretation des Wortlautes ausreichend.

Ferner kommt ein „nutzenbezogenes" Verständnis in Betracht. Danach ist in Erweiterung der soeben geschilderten Möglichkeiten auch eine „ganz normale" Weitergabe des Verwertungsabfalls an Entsorgungsunternehmen zulässig, jedoch nur unter der Voraussetzung, daß die Verursacher einen Nutzen daraus ziehen. Die Kompetenz der Verursacher wird also darin gesehen, daß sie für die Abgabe des Verwertungsabfalls „etwas erlangen", sei es auch nur eine Vergütung oder Veredelung.

Das nutzenbezogene kann im übrigen mit dem handlungsbezogenen Verständnis kombiniert werden, indem nicht eine Nutzenziehung durch den einzelnen Verursacher verlangt, sondern eine solche durch mitgliedschaftliche Zusammenschlüsse für ausreichend erachtet wird.

Schließlich könnte eine Kompetenz noch darin bestehen, daß man direkt einen Verwertungspartner findet, der den Verwertungsabfall selbst verwerten kann, ohne ihn ganz oder teilweise, veredelt oder unverarbeitet an Dritte weiterzugeben. Man kann dies als „nachbarschaftliche" Sichtweise der Verwertungskompetenz betrachten. Auch diesbezüglich ist eine Kombination mit der handlungsbezogenen Sichtweise denkbar. Es würde danach ausreichen, wenn ein mitgliedschaftlich strukturierter Zusammenschluß solche Verwertungspartner sucht und findet. Vorstellbar wären ferner großflächige „Verwertungsbörsen", die von den Verursachern bzw. ihren Interessenverbänden getragen, Verwertungsgüter zur direkten, unmittelbaren Verwertung vermitteln.

---

503 Vgl. oben 1.Teil A.IV.1.b) am Ende.
504 Vgl. oben Einl. I. bei Fn. 53.

Für die genannten Kategorien steht im übrigen nicht fest, ob sie anhand genereller Kriterien oder im Einzelfall zu prüfen sind. Der Begriff „in der Lage" kann auch als unbestimmter, generalklauselartiger Rechtsbegriff verstanden werden, auf dessen Grundlage im Einzelfall eine hinreichende Kompetenz zur ordnungsgemäßen Auswahl von Entsorgern festgestellt wird. Dabei könnte dann für bestimmte Gestaltungen eine entsprechende Kompetenz vermutet werden.

All die soeben aufgezählten Organisationsmöglichkeiten führen, soweit sie tatsächlich funktionieren, zu einer Erhöhung der Verwertungskompetenz der Verursacher und sind somit vom Wortlaut gedeckt. Sie erweitern den organisationsrechtlichen Typenkatalog.

3. Verbandsrechtliche statt anlagenrechtliche Sichtweise

Bei der Untersuchung des § 13 I 2 KrW-/AbfG wurde erkannt, daß Anknüpfungen an anlagenrechtliche Definitionen oder Begriffe nicht zwingend sind[505] und daß das Vorhandensein von Verbandsnormen im Regelungsbereich auf eine Zulässigkeit von der Eigenerledigung in Verbänden hindeutet.[506] Es wurde daher eine systematische Vermutung zugunsten der Zulässigkeit jeglicher Eigenerledigung in Verbänden und verbandsgestützten Kooperationsgesellschaften angenommen.

Es soll nun untersucht werden, inwieweit die für § 13 I 2 KrW-/AbfG erarbeiteten Erkenntnisse auch für § 13 I 1 KrW-/AbfG anwendbar bzw. welche anderen Aspekte zu berücksichtigen sind.

a) Regelungszusammenhang zwischen § 13 I 2 und 1 KrW-/AbfG

Zunächst gilt es auf folgenden systematischen Aspekt hinzuweisen: Die oben als sprachliche Bedeutungsvariante erwogene anlagenbezogene Sichtweise des Begriffs „in der Lage" würde zu einem Gleichlauf zwischen den Freiräumen in § 13 I 1 und 2 KrW-/AbfG führen. Ein solches Ergebnis ist systematisch nur in Ausnahmefällen hinnehmbar, weil dem Gesetzgeber damit unterstellt würde, daß er unnötigerweise für die gleiche Regelungsentscheidung verschiedene Ausdrücke verwendet hat.

Es spricht somit eine systematische Vermutung dafür, daß etwas anderes gemeint ist, als in § 13 I 2 KrW-/AbfG.[507] Entweder ist somit eine stärkere Einschränkung des Freiraums geboten oder eine Ausweitung nach der ergebnis- oder nutzenbezogenen Lösung.

---

505 Vgl. oben 1.Teil A.II.1.
506 Vgl. oben 1.Teil A.II.4.
507 Kunig, in: Kunig/Paetow/Versteyl, KrW-/AbfG, § 13, 15; Krahnefeld, NUR 1996, 269, 273; Bundesverband kommunaler Spitzenverbände, Schreiben vom 14.01.97, zit. bei Doose, Städtetag 1997, 234, 236.

b) Beachtung und Verbands- und Beauftragungsnormen

Bei der Untersuchung des § 13 I 2 KrW-/AbfG im Ersten Teil wurde den Beauftragungsgestattungen der §§ 17 I 1, 16 I 1 KrW-/AbfG eine bedeutende Rolle zugewiesen. Es ist zu prüfen, inwieweit dies auch für das Verhältnis zu § 13 I 1 KrW-/AbfG gilt.

Die Verbandsgestattung in § 17 I 1 KrW-/AbfG bezieht sich nur auf Betriebe, hat also formal-systematisch keinen Einfluß auf die Eigeninitiative häuslicher Verursacher. Allerdings bedurfte es einer Klarstellung der Gestattung in § 17 I KrW-/AbfG auch nur für Betriebe, da nur diese durch § 13 I 2 KrW-/AbfG sprachlich auf bestimmte organisatorische Formen der Eigeninitiative beschränkt sind. Bezüglich der Verwertung könnte demgegenüber die Möglichkeit zu Zusammenschlüssen als selbstverständlich empfunden worden sein. Auch § 13 I 1 KrW-/AbfG ist daher grundsätzlich offen für die Strahlkraft des § 17 I KrW-/AbfG. Die besondere Hervorhebung des privatrechtlichen Verbandswesens in § 17 I 1 KrW-/AbfG führt somit zu einer Tendenz der Zulässigkeit auch im Rahmen der Verwertung häuslicher Abfälle.

Beim Verhältnis des § 13 I 1 zu § 16 I 1 KrW-/AbfG bestehen Probleme der Konkurrenz und des Vorrangs, die denen zwischen § 13 I 2 und § 17 I KrW-/AbfG gleichen. Nur werden sie seltsamerweise bei der häuslichen Verwertung intensiver diskutiert. So ist umstritten, ob der Begriff „zur Entsorgung Verpflichtete" in § 16 I 1 KrW-/AbfG dessen Anwendbarkeit auf „überlassungsfreie Verursacher" und auf Entsorgungsträger beschränkt[508] oder ob er auch solche Verursacher anspricht, die grundsätzlich zur Überlassung verpflichtet sind.[509] Entscheidend ist letztlich der Kontext zu den Nachbarnormen. Zunächst einmal hätte sich § 16 I 1 KrW-/AbfG auch einfacher ausdrücken können, wenn er alle Erzeuger und Besitzer ansprechen will. Wie in den §§ 11 I, 13 I, 17 I KrW-/AbfG geschehen, hätte er sie als solche benennen können. Auffallend ist insbesondere der Aufbau- und Formulierungsunterschied zu den ansonsten ähnlichen §§ 17 I und 18 I KrW-/AbfG. Er spricht dafür, daß § 16 I 1 KrW-/AbfG einen anderen – und zwar besonderen – Kreis anspricht. Diese Besonderheit kann sich nur auf eine besondere Art von Verpflichtung beziehen, bei der keine Überlassungsoption besteht. Aus diesem Grund spricht eine Vermutung dafür, daß § 16 I 1 KrW-/AbfG nur „echte" Verpflichtete anspricht, nicht aber die Adressaten von § 13 I 2 KrW-/AbfG.[510]

Wenn man dennoch eine Konkurrenz und Gleichrangigkeit beider Normen annehmen wollte, fiele allerdings die Harmonisierung leicht. In den Wortlaut des § 13 I 1 KrW-/AbfG läßt sich eine Fremdbeauftragung in qualifizierter Form viel besser einfügen. Der Meinungsstreit über die Zulässigkeit von Fremdbeauftragung ließe sich auf

---

508 So z.B. Schink, NVwZ 1997, 435, 438; Queitsch KrW-/AbfG, S 43, Rnr 56; nicht ganz klar Schink, ZG 1996, 96, 114; vgl. im übrigen die bereits oben im Ersten Teil (Fn 228) zitierten Stimmen.

509 So Weidemann in: Jarass/Ruchay/Weidemann, KrW-/AbfG, § 13, 69; mit nicht ganz klarer Begründung Beckmann/Kersting, BB 197, 161, 166.

510 Queitsch, KrW-/AbfG, S.43 Anm. 56; Queitsch, UPR 1995, 412, 416; Arndt, Kreislaufwirtschaft, 39, 77; Arndt/Walter, WiVerw 1997, 183, 210; Bongen, WiB 1996, 713, 715; Schink, NVwZ 1997, 435, 436; Arzt, in: Gaßner/Versmann, Neuordnung, 33, 41; Bree, Privatisierung, 103 f; Weidemann, in: Jarass/Ruchay/Weidemann, KrW-/AbfG, § 13, 84; zweifelnd: Pippke, Abfallentsorgung, 74 f.; a.A.: Frenz, KrW-/AbfG, § 13, 15.

diese Weise möglicherweise erheblich entschärfen. Eine zwingende Erkenntnis für eine mehr oder weniger weite Auslegung des § 13 I 1 KrW-/AbfG läßt sich jedoch aus solchen Erwägungen nicht entnehmen. § 16 I KrW-/AbfG führt somit systematisch nicht zu einer Zulässigkeit jeglicher Drittbeauftragung im Rahmen des § 13 I 1 KrW-/AbfG. Gleichwohl bleibt die Möglichkeit der Einbeziehung von Dritten offen.[511]

c) Sperrwirkung der Ausnahmeregelung für Sammlungen gem. § 13 III 1 Nr. 2, 3 KrW-/AbfG

In § 13 III 1 Nr. 2, 3 KrW-/AbfG ist geregelt, daß die Überlassungspflicht nicht für Abfälle besteht, die durch gemeinnützige oder gewerbliche Sammlung einer ordnungsgemäßen und schadlosen Verwertung zugeführt werden. Wenn auf diese Weise bestimmte Fälle der Weitergabe von Abfall an Dritte ausdrücklich von der Überlassung ausgenommen werden, stellt sich zwangsläufig die Frage, ob damit eine abschließende Regelung und ein negativer Umkehrschluß für weitere Fälle der Weitergabe beabsichtigt ist. Bei den bisherigen Untersuchungen wurde festgestellt, daß angesichts der begrifflichen Unschärfen im Gesetz und des mangelnden gesetzgeberischen Bewußtseins für die verschiedenen Organisationsformen bei einer Herleitung von Umkehrschlüssen Vorsicht geboten ist.[512] So wurde bereits für die identische Vorgängernorm des § 13 III Nr. 3 KrW-/AbfG, den § 1 III Nr. 7 AbfG 1986 ein nahezu unauflöslicher Widerspruch zum restlichen System der Überlassungspflichten festgestellt.[513] Es stellt sich daher auch die Frage, inwieweit diese Erkenntnisse sich auswirken.

Feststeht, daß § 13 III Nr. 2, 3 KrW-/AbfG überflüssig wäre, wenn ohnehin jede Weitergabe von häuslichen Verwertungsabfällen an Dritte erlaubt wäre. Er hätte dann nur deklaratorischen Charakter, was im Zweifel nicht der Fall ist. So wird auch in Rechtsprechung und Schrifttum immer wieder auf die abschließende Wirkung dieser Norm hingewiesen und daraus auf eine grundsätzliche Unzulässigkeit der Drittbeauftragung geschlossen.[514]

Andere Autoren versuchen diese Folge argumentativ zu umgehen, indem § 13 III Nr. 2, 3 KrW-/AbfG auf Sonderfälle beschränkt wird.[515] Doch selbst wenn § 13 III KrW-/AbfG nur spezifische Sonderfälle betrifft, so hat er es doch für nötig befunden, sie von der Überlassungspflicht auszunehmen. Das müßte er nicht, wenn jede Form

---

511 Vgl. zur allgemeinen Handlungsfreiheit bei der Einschaltung von Verwaltungshelfern: Bree, Privatisierung, 172; Peine, DÖV 1997, 353, 357 m.w.N.
512 Vgl. oben bei Fn. 190, 191.
513 Vgl. oben 1.Teil B.III.2.
514 VGH Mannheim, NUR 1999, 34, 35, unter Hinweis auf: Hoesel/v.Lersner, KrW-/AbfG, § 13, 15; Schink, DÖV 1995, 881, 882 f.; Schink, in: Jarass/Ruchay/Weidemann, KrW-/AbfG, § 15, 73; Versteyl/Wendenburg NVwZ 1996, 937, 943; Queitsch UPR 1995, 412, 416; Hölscher, ZUR 1995, 176, 179; Arndt/Walter, WiVerw 1997, 183, 190 f; unklar Beckmann/Kersting, BB 1997, 161, 166.
515 Weidemann, in: Jarass/Ruchay/Weidemann, KrW-/AbfG, § 13, 69; Kunig in: Kunig/Paetow/Versteyl, KrW-/AbfG § 13, 15; Bundesverband kommunaler Spitzenverbände, Schreiben vom 14.01.97, zit. bei Doose, Städtetag 1997, 234, 236, sieht als Adressaten des § 13 III KrW-/AbfG nur die Sammler oder Rücknahmepflichtigen, nicht aber die privaten Haushalte.

von Drittbeauftragung zulässig wäre.[516] Es bedarf somit einer näheren Prüfung, inwieweit Drittbeauftragung und ggf. noch andere Organisationsformen durch Umkehrschluß aus § 13 III KrW-/AbfG ausgeschlossen werden.

Kennzeichen für die Ausschlußwirkung durch Umkehrschluß ist zum einen die abweichende Regelung von Sachverhalten, die gegenüber einer sie sonst einschließenden Sachverhaltsgruppe spezielle Merkmale aufweisen, und zum anderen der negative Rückschluß auf diese Obergruppe. Denkbar sind mehrere Stufen von Obergruppen. So ist vorstellbar, daß § 13 III KrW-/AbfG nur von einem Verbot der schlichten Weitergabe an einen Entsorger Ausnahmen macht. Man könnte also die Fremdentsorgung in schlichte Weitergabe mit oder ohne Vergütung und in qualifizierte Beaufragung unterteilen. Wäre allein die schlichte Weitergabe generell verboten, hätten die Ausnahmeregelungen des § 13 III KrW-/AbfG nach wie vor ihren Sinn. Die Ausnahmen sind nämlich allesamt Fälle der schlichten Weitergabe, die ausnahmsweise und unter bestimmten Voraussetzungen von der Überlassungspflicht befreit werden. Zwingend ausgeschlossen werden durch einen Umkehrschluß aus § 13 III KrW-/AbfG somit nur die typischen schlichten Ablieferungen an die Entsorgungswirtschaft, nicht aber gemeinschaftliche Entsorgungsinitiativen und qualifizierte Beaufragungen.

Ähnliches gilt für den Fall, daß „in der Lage sein" lediglich als generalklauselartiger unbestimmter Rechtsbegriff angesehen wird, dessen Kompetenzvoraussetzungen nur im Einzelfall zu prüfen sind. § 13 III KrW-/AbfG würde dann eben für seine Fallgruppen einen Dispens von der Einschränkung durch solche Einzelfallprüfungen erteilen. Der Umkehrschluß aus § 13 III KrW-/AbfG schließt also systematisch zwingend nur die typische herkömmliche Drittbeauftragung von Entsorgungsunternehmen aus. Die Zulässigkeit der anderen Organisationsformen bleibt unberührt.

Von § 13 III Nr.3 KrW-/AbfG geht somit insgesamt keine systematische Wirkung aus, die zwingend oder als rechtliche Vermutung die Bandbreite der nach Wortlaut zulässigen Organisationsformen einschränkt.

4. Problembewußtsein und Leitgedanken des Gesetzgebers

Die sprachlichen und systematischen Erwägungen schaffen keine Klarheit über den genauen Bedeutungsgehalt der Vorschrift. Insbesondere die systematischen Erwägungen zum Verhältnis zu § 13 III KrW-/AbfG bedürfen der weiteren Bestätigung oder Korrektur durch Erkenntnisse aus Herkunft und Entstehungsgeschichte.

a) Vorstellungen von Bundsregierung und Bundesrat

Im Regierungsentwurf wurde anfangs eine Ausnahme von der Überlassungspflicht gemacht, „soweit eine Verwertung durch den Überlassungspflichtigen nicht möglich oder nicht beabsichtigt ist".[517] Diese Formulierung deutet noch auf eine eher objektive technisch-wirtschaftliche Vorstellung hin und weniger auf organisationsrechtliche Ein-

---

516 So ausdrücklich auch Reese, ZUR 1999, 36 f.
517 BT Drucks. 12/5672, 11, (§ 9 I 1 Reg-E).

schränkungen. In ihrer Begründung deutet die Regierung ferner an, daß bestimmte Abfälle, darunter die häuslichen, „wie bisher" der Überlassungspflicht unterliegen.[518] Dies könnte bedeuten, daß man an die alte Rechtslage anknüpfen wollte. Nach alter Rechtslage waren allerdings Verwertungsabfälle, für die es einen Markt gab, als sog. „Wirtschaftsgüter" nicht überlassungspflichtig. Dies spricht dafür, daß die Regierung nicht beabsichtigte, hinter diesen Stand an Privatisierung zurückzufallen.[519] Aus diesen Umständen ergibt sich eine Tendenz für eine Zulassung von Drittbeauftragung bei häuslichen Verwertungsabfällen.

In ihrer Entwurfsbegründung verwendet die Regierung auch in bezug auf Haushaltsabfälle den Begriff „Eigenentsorgung". Speziell zur Verwertung wird als Beispiel für die Möglichkeit, „selber" zu verwerten, die Eigenkompostierung genannt.[520] Dies deutet darauf hin, daß eine organisationsrechtliche Komponente in den Begriff der Eigenentsorgung einfließen sollte und zumindest schlichte Drittbeauftragung damit nicht gemeint war.

Der Entwurf und die Äußerungen der Bundesregierung in den Materialien verschaffen also keine Klarheit. Sie sind in bezug auf die Einbeziehung Dritter eher widersprüchlich und lassen offen, ob und inwieweit organisatorische Einschränkungen beabsichtigt waren.

Der Bundesrat geht in seiner Stellungnahme auf die Reichweite der Überlassungspflicht bei der Hausmüllverwertung nicht ausdrücklich ein. Er befaßt sich fast ausschließlich mit der Erhaltung von landesrechtlichen Andienungs- und Überlassungspflichten für Sonderabfall und mit den Vorschriften über Verbände.[521]

In bezug auf die Zulässigkeit bestimmter Organisationsformen im Rahmen von § 13 I 1 KrW-/AbfG äußern sich Bundesregierung und Bundesrat somit unklar bzw. in sich widersprüchlich.

b) Änderungen und Vorstellungen im zuständigen Bundestagsausschuß

Der zuständige Bundestagsausschuß änderte die Formulierung und begründete die Regelung des § 13 I 1 KrW-/AbfG detaillierter.

Der Begriff „eine Verwertung durch den Überlassungspflichtigen nicht möglich" wurde im Ausschuß durch die Gesetzesfassung „zur Verwertung nicht in der Lage" ersetzt. Die neue Formulierung könnte auf den ersten Blick als eine mehr persönlich orientierte Sichtweise von Eigenverwertung gedeutet werden. Ebensogut ist jedoch auch ein entgegengesetztes Sprachgefühl denkbar. Im übrigen gab es den Ausdruck „in der Lage" vorher schon in § 9 I 2 Reg-E in bezug auf die Eigenbeseitigung betrieblichen Abfalls.[522] Es spricht daher viel dafür, daß die Formulierungen lediglich

---

518 BT Drucks. 12/5672, 44.
519 Reese, NuR 1999, 36, Anm. zu VGH Mannheim; Beckmann/Kersting, BB 97, 161, 166; Krahnefeld, NUR 96, 269, 274; Bundesverband kommunaler Spitzenverbände, Schreiben vom 14.01.97, zit. bei Doose, Städtetag 1997, 234, 236.
520 BT-Drucks 12/5672, 44
521 BT-Drucks. 12/5672, 68.
522 BT-Drucks. 12/5672, 11.

vereinheitlicht werden sollten. Daraus lassen sich jedoch keine bedeutsamen Schlüsse für den jetzigen Bedeutungsinhalt ziehen.

Eine wichtige Aussage des zuständigen Ausschusses ist der bereits oben bei § 13 I 2 KrW-/AbfG[523] ausführlich behandelte ausdrückliche Hinweis auf die Einbeziehung von Dritten. Danach fordert § 13 Ausschuß-E eine Überlassung nur, wenn der Erzeuger oder Besitzer zur Verwertung oder Entsorgung[524] selbst – auch unter Einschaltung von Dritten(§16) – nicht in der Lage ist.[525] Dies ist eine für den häuslichen Verwertungsabfall genauso eindeutige Aussage zugunsten der Drittbeauftragung, wie bereits für den betrieblichen Beseitigungsabfall.[526]

Im Anschluß daran erläutert der Ausschuß speziell für die Hausmüllverwertung, daß sich die Ausnahmen von der Überlassungspflicht auf die Eigenverwertung von Sekundärrohstoffen beziehen, und nennt dabei die Beispiele der Eigenkompostierung und der Altkleiderspenden der Caritas.[527] Dieser Hinweis auf Eigenkompostierung scheint nun wieder darauf hinzudeuten, daß eben doch eine Beziehung zwischen Verursacher und Verwertungsvorgang bestehen muß. Das Beispiel der Altkleiderspenden ist jedoch gerade nicht ein Beispiel für Eigenentsorgung, sondern eines für Fremdentsorgung. Solche widersprüchlichen Ausführungen des Ausschusses könnten ein Zeichen dafür sein, daß ihm die feinen Unterschiede zwischen Eigen- und Fremdentsorgung gar nicht bewußt waren, daß er ggf. zur Eigenverwertung selbstverständlich auch die Weitergabe an Fremdentsorger zählte oder daß er Eigenkompostierung und Sammlungen doch als abschließende Ausnahmen ansah, dabei jedoch unglücklich mit den Begriffen hantierte.

Es entsteht insgesamt der Eindruck, daß der Ausschuß, wie allerdings auch die anderen Beteiligten, in den Materialien unreflektiert mit der Begrifflichkeit umging. Die Erwägungen vermögen daher die Erkenntnisse aus Wortlaut und Systematik nur wenig zu ergänzen. Die Erkenntnisse des Ersten Teils über die mangelnde Klarheit bei der Umschreibung der gewünschten Organisationsformen gelten also auch hier. Auch für die Auslegung des § 13 I 1 KrW-/AbfG muß somit auf etwaige Leitgedanken des Gesetzgebers zurückgegriffen werden.

c) Rückgriff auf Leitgedanken

Leitgedanken des Gesetzgebers ergeben sich z.B. aus den Ausführungen des Bundestages zum Verhältnis zwischen den §§ 13 I 1 und III Nr. 2,3 KrW-/AbfG.

In der Begründung zu § 13 II, III führt der Ausschuß aus, daß die Absätze 2 und 3 dem Grundgedanken entsprächen, Überlassungspflichten nur auf den erforderlichen Bereich der notwendigen Daseinsvorsorge zu beschränken. Hiervon würden nur Aus-

---

523 Vgl. oben bei Fn. 250.
524 Nach der Terminologie der Gesetzesfassung: „Beseitigung".
525 BT- Drucks. 12/7284, 17.
526 So Weidemann, in: Jarass/Ruchay/Weidemann, KrW-/AbfG, § 13, 69; a.A. VGH Mannheim ZUR 1999, 34, 35 unter Hinweis auf die Antwort der Bundesregierung auf eine große Anfrage am 18.12.95, die allerdings erst nach Verabschiedung des Gesetzes erfolgte und damit für die gesetzgeberische Willensbildung nicht mehr maßgebend ist.
527 BT-Drucks. 12/7284, 17.

nahmen gemacht, soweit dies aus Gründen des Allgemeinwohls notwendig sei. Anhand dieser Passage wird deutlich, daß auch im Verwertungsbereich Überlassungspflichten nur soweit reichen sollten, wie sie im Rahmen notwendiger Daseinsvorsorge erforderlich sind. Es wird ferner deutlich, daß von der Beschränkung auf notwendige Daseinsvorsorge nur in Ausnahmen abgewichen werden soll.

Die Leitgedanken öffnen somit den Weg für Eigeninitiative überall dort, wo Daseinsvorsorge nicht notwendig ist. Auch wenn man davon ausgeht, daß der durchschnittliche Privathaushalt nicht zu einer ordnungsgemäßen Auswahl und Kontrolle in der Lage ist[528], gilt dies jedenfalls für qualifizierte Weitergabeformen mit Unterstützung von kompetenten Verbänden nicht. Die in den Materialien ausdrücklich erwähnte Beschränkung auf notwendige Daseinsvorsorge führt somit zu einer tendenziellen Bestätigung einer weiten Auslegung. Insoweit besteht im Ergebnis eine Parallele zu den Erkenntnissen im Ersten Teil.

Hinzu kommt ein bereits erwähnter Gesichtspunkt aus dem alten Recht. Wertstoffe fielen bereits unter Geltung des Abfallgesetzes 1986 nicht unter das öffentliche Regime.[529] Jede Einschränkung der organisatorischen Freiheit der Verursacher würde somit einen Rückschritt hinter die alte Rechtslage bedeuten, was vom Gesetzgeber mutmaßlich nicht beabsichtigt war.[530] Bereits die Einschränkung der Drittbeauftragung bedeutet einen solchen Rückschritt. Aus Sicht der mutmaßlich gewünschten Eigeninitiative sind somit organisatorischen Einschränkungen mit Zurückhaltung vorzunehmen.

5. Förderung und Regulierung aus objektiv-teleologischer Sicht

Da auch nach Untersuchung auf Grundlage von Herkunft und Entstehungsgeschichte noch keine endgültige Klarheit herrscht, ist zu prüfen, welche Auslegung sich aus objektiv-teleologischer Sicht ergibt und inwieweit die im Ersten Teil erarbeiteten Erkenntnisse dabei übernommen werden können.

a) Entscheidungskategorien

Bei der Untersuchung des § 13 I 2 KrW-/AbfG im Ersten Teil wurden aus der Entstehungsgeschichte Gesichtspunkte entwickelt, nach denen die Frage nach der zulässigen Eigeninitiative zu prüfen war. Es handelte sich um die Nützlichkeit und Förderungswürdigkeit von Eigeninitiative und um die Notwendigkeit und Funktionsfähigkeit öffentlicher Tätigkeit.[531]

---

528 VGH Mannheim, NUR 1999, 34, 35, spricht von einer entsprechenden Regelvermutung.
529 Schink, ZG 1997, 435, 436 m.w.N.
530 Reese, NuR 1999,36, Anm. zu VGH Mannheim; Beckmann/Kersting, BB 97, 161, 166; Krahnefeld, NUR 96, 269, 274; Bundesverband kommunaler Spitzenverbände, Schreiben vom 14.01.97, zit. bei Doose, Städtetag 1997, 234, 236.
531 Vgl. oben 1.Teil A.IV.1.a).

Als Bedeutungsvarianten stehen auch hier zunächst diejenigen Gestaltungsformen zur Verfügung, die bereits bei der Prüfung des Begriffs „eigene Anlagen" i.S.v. § 13 I 2 KrW-/AbfG herausgearbeitet wurden. Dort wurde je nach Einfluß und Verantwortung der Verursacher nach persönlicher Erledigung, engagierter Beteiligung, mitgliedschaftlicher Beteiligung, kapitalistischer Beteiligung und qualifizierter Fremdbeauftragung unterschieden.[532] Diese Bedeutungsvarianten ergeben sich für § 13 I 1 KrW-/AbfG aus der „anlagen- bzw. handlungsbezogenen" Deutung des Begriffes „in der Lage". Die Bezeichnung als „Privilegierungsvarianten 1 bis 3a" kann übernommen werden.

Im Rahmen des § 13 I 1 KrW-/AbfG kommt zusätzlich eine „lenkungsbezogene bzw. ergebnisorientierte" Sicht in Betracht. Da eine schlichte Ablieferung bereits nach dem Wortlaut ausscheidet, ist jedoch zumindest die Kompetenz zur richtigen Auswahl und Kontrolle erforderlich. Eine solche Kompetenz wird sich der einzelne Verursacher, z.B. durch Mitgliedschaft in einem anerkannten Verursacherinteressenverband, nur verschaffen, wenn er einen Anreiz verspürt, Mitglied zu werden und auf die Ratschläge des Verbandes zu hören. Derartige Anreize können durch eine – auch faktisch bestehende – Haftungsgefahr erzeugt werden. Damit würde sich die ergebnisbezogene Betrachtung mit der weitesten anlagenbezogenen Auslegung decken, die als „Privilegierungsvariante 5" bezeichnet wurde.

Es ist aber auch ein weniger strenger Maßstab denkbar. So könnte es für ausreichend erachtet werden, daß – anders als die Variante 5 – keine Haftungserweiterung, sondern lediglich die Mitgliedschaft in einem anerkannten Verursacherinteressenverband vorliegt, der erkennbaren Einfluß auf das Verhalten seiner Mitglieder hat. Diese Gestaltung kann man mit dem Stichwort „Verwertungsvereine/Verwertungsbörse" umschreiben, deren Einbeziehung als „Privilegierungsvariante 5a" bezeichnet wird.

Bei nutzenbezogener Betrachtung würde auch die „schlichte" Beauftragung von Entsorgungsunternehmen miteinbezogen, wenn ein irgendwie gearteter Erlös dabei erzielt wird. Dazu gehört auch die gemeinschaftliche Erlöserzielung im Rahmen eines mitgliedschaftlichen Zusammenschlusses. Die Einbeziehung solcher Formen kann als „Privilegierungsvariante 6" bezeichnet werden.

Denkbar ist ferner eine „nachbarschaftliche" Betrachtungsweise. Dabei darf der Verwertungsabfall nur an solche Dritte weitergegeben werden, die ihn selbst verwerten und nicht – ggf. nach Veredelung – erneut weitergeben. Hierzu gehört auch die Variante, daß der Abfall zunächst durch Zusammenschlüsse der Verursacher gesammelt und dann weitergegeben wird. Hierzu gehört ferner die Variante, daß der Abfall an den Vermieter weitergegeben wird und von ihm anlagenbezogen, ergebnisbezogen oder nutzenbezogen verwertet wird. Diese Formen sollen als „Variante 7" bezeichnet werden.

Schließlich ist noch eine einzelfallbezogene „Variante 8" zu erwägen. Ihr zufolge ist der Begriff „zur Verwertung in der Lage" ein wertausfüllungsbedürftiger Rechtsbegriff, in dessen Rahmen im Einzelfall anhand der zuvor genannten erledigungs-, lenkungs- oder unmittelbarkeitsbezogenen Kriterien bewertet und entschieden wird. Dabei ist vorstellbar, daß für gewisse Gestaltungen von einer Kompetenzvermutung ausgegangen wird.

---

532 Vgl. oben 1.Teil A.IV.1.b).

Die Bedeutungsvarianten 1 bis 5a stehen in einem Stufenverhältnis. Die nächstfolgende Variante schließt somit die Zulässigkeit der vorhergehenden Varianten mit ein. Die Variante 6 richtet sich nach einer anderen Kategorie, steht also außerhalb des Zusammenhanges von Variante 1 bis 5a. Läßt man allerdings nach Variante 6 eine Nutzenziehung durch Zusammenschlüsse ausreichen, impliziert dies erst recht eine Zulässigkeit der Erledigung in den vorgenannten Organisationsformen. Gleiches gilt für die Weitergabe zur unmittelbaren Verwertung nach der Variante 7.

b) Förderungswürdigkeit von Eigeninitiative

Zum Gesichtspunkt Förderungswürdigkeit von Eigeninitiative wurden im Ersten Teil verschiedene Maßstäbe entwickelt und auf die denkbaren Gestaltungsformen angelegt. Daraus ergab sich eine Förderungswürdigkeit jeglicher Eigeninitiative, die einen gewissen Grad an Einfluß und Verantwortung der Verursacher ermöglicht. Es soll untersucht werden, inwieweit die Erkenntnisse hierher übertragbar sind bzw. welche anderen Aspekte zu berücksichtigen sind.

Die bei der Untersuchung von § 13 I 2 KrW-/AbfG erörterten objektiven Maßstäbe der Förderung von Eigeninitiative gelten auch hier, namentlich die Förderung von Kreislaufbewußtsein und Rückkopplung, die Vielfältigkeit und Flexibilisierung von Entsorgungsstrukturen und die Mittelstandsförderung.[533]

Auch im Bereich der Hausmüllverwertung ist Eigeninitiative grundsätzlich zur Förderung des Abfall- und Kreislaufbewußtseins geeignet. Es gibt jedoch zwei wichtige Unterschiede zur betrieblichen Abfallbeseitigung. Einerseits führt mehr Wissen und Selbstverantwortung im Bereich der Verwertung unmittelbar zu mehr Kreislaufbewußtsein und ggf. anderem Verbraucherverhalten. Anderseits wirkt sich ein solches Bewußtsein der Haushalte nur über Umwege auf die Beachtung der Ressourcenschonung in Produktion und Handel aus. Die Unterschiede gleichen sich somit aus. Man gelangt also zu einem ähnlichen Ergebnis wie im Ersten Teil.

Allerdings beginnt die „Einstiegsschwelle" für eine merkliche Umsetzung von Eigeninitiative bei der Hausmüllverwertung wohl erst, wenn sich Verwertungsvereine oder Verwertungsbörsen bilden können, die nicht selbst Verwertungshandlungen durchführen, sondern Abnehmer suchen. Auch ist der Verwertungsbereich grundsätzlich mehr auf Weitergabe von Gütern angewiesen. Verwertungen erfolgen mitunter Schritt für Schritt. Dadurch werden auch qualifizierte Formen der Weitergabe und Beauftragung förderungswürdig, was auch durch die kompetenzbezogene Tendenz des Wortlautes deutlich wird.

Aus dem Blickwinkel des Abfallbewußtseins und der persönlichen Kompetenzsteigerung sind also die Privilegierungsvarianten 1 bis 3 und 5 förderungswürdig. Sie beinhalten die Entsorgungstätigkeit durch mitgliedschaftliche Zusammenschlüsse und die Verwertung über anerkannte Verursacherinteressenverbände. Insoweit kann auf die Erkenntnisse bei der Untersuchung des § 13 I 2 KrW-/AbfG verwiesen werden.[534]

---

533 Vgl oben Fn. 286.
534 Vgl oben 1.Teil A.IV.2.c).

Auch die Privilegierungsvariante 5a, die man verkürzt mit dem Begriff „Verwertungsvereine" umschreiben könnte, ist grundsätzlich zu begrüßen, wenn durch interne Mechanismen sichergestellt ist, daß die Empfehlungen der anerkannten Interessenverbände von den Verursachern auch umgesetzt werden.[535] Anderenfalls würde es sich lediglich um „Alibi-Initiativen" handeln, die nicht förderungswürdig sind.

Die nutzenbezogene Privilegierungsvariante 6 trägt nur wenig zur näheren Befassung der Verursacher mit den Problemen der Kreislaufwirtschaft bei. Dennoch wird die „Nutzenlösung" im Schrifttum nicht selten vertreten. Dies geschieht jedoch eher in Anlehnung an den Wortlaut ohne ausdrücklichen Hinweis auf den abfallwirtschaftlichen Nutzen.[536] Die Initiative zur Weitergabe wird in der Regel von Entsorgungsunternehmen ausgehen, die einen bestimmten Preis anbieten. Dies könnte nur anders werden, wenn man sich im Sinne der Varianten 6a-c zur gemeinsamen Nutzenziehung in Verwertungsgemeinschaften zusammenschließt, weil dann eigene Kompetenz und Marktmacht entsteht. Eine Hervorhebung der gemeinschaftlichen Nutzenziehung führt somit zu dem außergewöhnlichen Ergebnis, daß weniger Partizipation des einzelnen zu mehr Förderungswürdigkeit führt.

Demgegenüber kann man sich bei der direkten Weitergabe zur unmittelbaren Verwertung im Sinne der Bedeutungsvariante 7 eindeutige Kompetenzerhöhungen vorstellen. Es handelt sich geradezu um den Idealfall der Verwertung. Der Abfallverursacher sucht sich direkt einen Verwertungspartner, der mit dem Abfall persönlich etwas anfangen kann. Diese Variante ist daher zweifellos förderungswürdig. Dies gilt auch für die Weitergabe zur unmittelbaren Verwertung über Zusammenschlüsse oder Verwertungsbörsen.

Die Privilegierungsvariante 8 läßt auch außerhalb von Verwertungsvereinen und Verursacherverbänden, im Einzelfall bei entsprechender Kompetenz Eigeninitiative zu. Soweit solche Einzelfallbewertungen praktisch möglich sind, entsteht dadurch ebenfalls förderungswürdige Eigeninitiative.

Unter dem Stichwort „Kreislaufbewußtsein" sind somit alle Privilegierungsvarianten grundsätzlich förderungswürdig, bis auf die nutzenbezogene Variante 6 und die Variante 4, die bereits im Ersten Teil als unübersichtlich und ohne Nutzen ausgeschieden wurde.

Aus dem Blickwinkel der Strukturvielfalt und Flexibilisierung sind die Privilegierungsvarianten 1 bis 3 und 7 besonders hervorzuheben. Ihre Zulässigkeit wirkt Entsorgungsmonopolen entgegen.

Die Mittelstandsförderung spielt bei Hausmüll nur insoweit eine Rolle, als regionalen mittelständischen Entsorgungsdienstleistern mehr Chancen eröffnet werden. Sie deckt sich daher mit der Förderung vielfältiger Strukturen.

---

535 So geht auch Weidemann, GewArch 1997, 311, davon aus, daß im Bereich der Verwertung ein Verlust an Lenkungseffizienz hingenommen werden kann.

536 Vgl. Bree, Privatisierung, 111; Frenz, KrW-/AbfG, § 13, 11, der neben anderen Kriterien auf die „Marktgängigkeit" abstellen will und im übrigen wohl auf eine allgemeine Bewertung im Einzelfall setzt, er fordert ferner, daß der Private rechtlich(?), tatsächlich, organisatorisch, finanziell und personell in der Lage sein muß, den Verwertungsabfall „abzusetzen", wobei ein konkretes Angebot einer zur Verwertung bereiten und fähigen Person vorliegen müsse; Krahnefeld, NUR 1996, 269, 273 f; Birn, § 13 S.2; a.A.: Schink, DÖV 95, 881, 882 f; ders., NVwZ 1997, 435, 437 f.; Versteyl/Wendenburg, NVwZ 1996, 937.

Neben den bis hierher erörterten qualitativen sind auch die quantitativen Gesichtspunkte zu bedenken. Ähnlich wie bei der Beseitigung betrieblichen Abfalls, wird Eigeninitiative bei der Verwertung häuslichen Abfalls quantitativ erst relevant, wenn die Bemühungen der einzelnen Verursacher in größeren Einheiten zusammengeführt werden. Wegen der im Vergleich zur Beseitigung relativ hohen Transaktionskosten[537] bleibt die Eigeninitiative ansonsten auf Ausnahmefälle, wie z.B. die Kompostierung auf dem eigenen Grundstück, beschränkt. Eine allgemeine quantitative Verstärkung von Eigeninitiative im Hausmüllbereich erfordert somit die Zusammenarbeit mit vielen anderen Verursachern oder mit der Entsorgungswirtschaft. Durch diese Schlußfolgerung wird die Förderungswürdigkeit von Zusammenschlüssen jeder Art bekräftigt.

Insgesamt ergibt sich zur Förderungswürdigkeit folgendes Bild:

Alle Organisationsformen, in denen der Hausmüllverursacher nicht lediglich abliefert, sondern irgendwie, allein oder über Zusammenschlüsse, an Entscheidungen oder Auswahlvorgängen beteiligt und zur Kontrolle fähig ist, bedeuten einen Fortschritt, den es zu fördern gilt. Die Förderungswürdigkeit geht aufgrund der geringeren Gefährlichkeit und den geringeren wirtschaftlichen Möglichkeiten von Haushalten über das Maß bei § 13 I 2 KrW-/AbfG hinaus. Es sind auch Verwertungsvereine zu fördern, die kompetent die Abfälle auf bestimmte Verwertungswege bringen oder Abfälle zur unmittelbaren Verwertung weiterleiten. Es sind außerdem besondere Gestaltungen im Einzelfall förderungswürdig – und nach dem Wortlaut auch in Betracht zu ziehen –, wie z.B. die Verwertung über den Vermieter oder bei besonderer Kompetenz des einzelnen Verursachers im Ausnahmefall. Nur die allein erlösbezogene Variante 6 ist nicht förderungswürdig.

Es sind somit alle Varianten für privilegierungswürdig zu erachten, bis auf die Variante 6. Am besten erscheint die Variante 8, weil sie dem offenen Wortlaut gerecht wird und zugleich alle Gesichtspunkte berücksichtigt. Das heißt: Die Behörde bewertet im Einzelfall die Kompetenz des Verursachers, wobei unter den Voraussetzungen der Varianten 1–5a, 7 eine Vermutung für die Kompetenz gilt.

c) Notwendigkeit von Daseinsvorsorge und eines verantwortbaren Übergangs

Zu dem Problem eines verantwortbaren Überganges von einer umfassenden Daseinsvorsorge zu mehr Eigeninitiative wurden im Ersten Teil Maßstäbe entwickelt und auf die relevanten Organisationsformen angelegt. Es zeigte sich ein sehr differenziertes Bild notwendiger Reservestrukturen und zumutbarer Auslastungsrückgänge.[538] Es soll nun untersucht werden, inwieweit diese Erkenntnisse auf den Bereich der Verwertung häuslicher Abfälle anwendbar bzw. welche anderen Aspekte zu berücksichtigen sind.

---

537 Vgl. im einzelnen Baum/Wagner, Müll und Abfall 2000, 330, 338, die im übrigen darauf hinweisen, daß die Beseitigung seiner Abfälle den Haushalt durchschnittlich zwei Zigaretten pro Tag kostet und er daher wenig Neigung verspürt, sich mit komplizierten Entsorgungswegen zu befassen.
538 Vgl. oben bei Fn. 538.

aa) Notwendigkeit von Daseinsvorsorge

Bereits im Ersten Teil wurde festgestellt, daß der Gesetzgeber eine Beschränkung auf notwendige Daseinsvorsorge anstrebt. Es gibt keinen eindeutigen Hinweis, daß der Gesetzgeber dies bei häuslichem Verwertungsabfall anders sah.[539]

Objektiv-teleologisch ist jedoch zu prüfen, ob Haushalte im Gegensatz zu Betrieben nicht stärker der öffentlichen Fürsorge bedürfen. Dies hängt zum einen davon ab, für wie leistungsfähig man die Entsorgungswirtschaft in diesem Bereich halten darf. Diesbezüglich darf allerdings ohne weiteres eine hohe und flächendeckende Leistungsfähigkeit angenommen werden. Immerhin hat sich die Privatwirtschaft bereits unter dem Abfallgesetz 1986 umfassend auf die Übernahme der Verwertungsaufgaben eingestellt.[540] Man darf im übrigen unterstellen, daß der Gesetzgeber einen Rückschritt hinter den erreichten Standard privater Verwertung nicht wollte.[541]

Die Schutzwürdigkeit hängt zum anderen davon ab, inwieweit eine Reservegewährleistung für notwendig erachtet wird. Eine Reservegewährleistung bedarf es nur für Fälle, in denen die private Struktur versagen sollte, wobei dies im Verwertungsbereich die absolute Ausnahme sein dürfte. Übergangsprobleme könnten wahrscheinlich durch die für die Hausmüllbeseitigung ohnehin vorzuhaltende öffentliche Struktur mitbewältigt werden. Voraussetzung ist allerdings, daß die öffentliche Struktur nicht vollends kollabiert, wenn man ihr auch noch den häuslichen Verwertungsabfall teilweise entzöge. Es ist allerdings gut vorstellbar, daß auch ausgedünnte und auf eine regionale Grundstruktur zurückgefahrene öffentlichen Strukturen – notfalls durch kurzfristige Erweiterung – etwaige kurzfristige Kapazitätsausfälle auffangen können.[542] Es steht jedenfalls nicht fest, daß es eigens für die Hausmüllverwertung einer engmaschigen öffentlichen Struktur bedarf. Die Erkenntnisse des Ersten Teils sind somit hierher übertragbar.

Öffentliche Daseinsvorsorge im Bereich der Verwertung häuslicher Abfälle wird im übrigen häufig deshalb gefordert, weil die Hausmüllverursacher regelmäßig nicht in der Lage seien, die mit Eigeninitiative verbundene Verantwortung auszufüllen.[543] Dies wird teilweise auch abfallwirtschaftlich detailliert begründet. So gehen BAUM/WAGNER davon aus, daß bei Privathaushalten die Transaktionskosten der Verwertung für Privathaushalte in der Regel viel zu hoch seien. Am geeignetsten sei daher eine kommunale Verwertung, da sie beim Bürger mehr Akzeptanz erzeugen würde und dies wichtiger sei als Kostendeckung. Es sei im übrigen schwierig, Abnehmer für geringe Mengen zu finden, so daß ein funktionierender freier Markt unwahrscheinlich wäre.

---

539 So meinen z.B. Beckmann/Kersting, BB 1997, 161, 166, daß der Sinn und Zweck nicht darin liegen könne, alles beim alten zu lassen bzw. den alten Zustand gesetzlich zu zementieren.
540 Schink, NVwZ 1996, 435, 436; Reese, NuR 1999, Anm. zu VGH Mannheim, 37.
541 Reese, NuR 1999, Anm. zu VGH Mannheim, 36 f.; Beckmann/Kersting, BB 1997, 161, 166; Krahnefeld, NUR 1996, 269, 274; Bundesverband kommunaler Spitzenverbände, Schreiben vom 14.01.97, zit. bei Doose, Städtetag 1997, 234, 236.
542 Schink, ZG 1996, 97, 116 geht davon aus, daß zwar Restkapazitäten für die Verwertung durch die öffentliche Hand vorhanden sein sollten, aber auch über vertragliche Vereinbarungen mit privaten Betreibern sichergestellt werden könnten.
543 Schink, ZG 1996, 97, 115; VGH Mannheim, NUR 1999, 34, 35; Kahl, DVBl. 1995, 1327, 1329.

Im gleichen Zuge meinen die Autoren allerdings, daß die Durchführung der praktischen Tätigkeiten in die Privatwirtschaft transformiert werden könne.[544]

Solche Erwägungen mögen zwar die bisherige Regel wiedergeben, schließen jedoch nicht aus, daß sich andere Verhaltensweisen herausbilden. Die Regelvermutung der Überforderung besteht jedenfalls nicht für all die oben als förderungswürdige Eigeninitiative angesehenen Gestaltungen. Wenn sich nämlich Haushalte zur gemeinschaftlichen Verwertung zusammenschließen, zeigen sie gerade, daß sie eben nicht die Regel bilden und vor Transaktionsaufwand zurückschrecken. Man muß ihnen nur die Möglichkeit dazu geben.

Insgesamt ist also auch im Bereich der Hausmüllverwertung zweifelhaft, ob und inwieweit eine Reservestruktur für die praktische Durchführung der Verwertung notwendig ist. Soweit man sich auf den Schutz von Daseinsvorsorge berufen möchte, bedarf es einer Feststellung im Einzelfall. Zwingende Argumente gegen eine generelle Zulassung der oben als förderungswürdig erachteten Eigeninitiative ergeben sich daraus jedenfalls nicht.

bb) Funktionserhaltung öffentlicher Einrichtungen durch Regulierung

Auch im Bereich der Verwertung häuslicher Abfälle spricht viel dafür, daß die Auslastung öffentlicher Verwertungseinrichtungen zumindest übergangsweise eines gewissen Schutzes bedarf. Insoweit können die diesbezüglichen Ausführungen im Ersten Teil hierher übernommen werden. Auch hier kann damit argumentiert werden, daß ein ausreichender Nutzungsgrad für kommunale Entsorgungseinrichtungen nicht mehr sichergestellt sei, daß es wegen des zu geringen Nutzungsgrades zwangsläufig zu höheren Gebühren kommen müsse und daß im Ergebnis öffentliche Anlagen nicht mehr finanzierbar wären und aufgegeben werden müßten.[545] Dem steht allerdings auch hier das Argument entgegen, daß so etwas nur im Einzelfall festgestellt werden kann und im übrigen der sorgfältigen Abwägung von Zumutbarkeit und Reaktionsmöglichkeiten bedarf.[546]

Es bedarf somit – wie schon im Ersten Teil festgestellt – einer Einschätzung der Schutzbedürftigkeit im Einzelfall, am besten im Wege unvoreingenommener, sachverständiger Regulierung. Eine solche Einzelfallabwägung ordnet das Gesetz in § 13 III Nr. 3 KrW-/AbfG durch eine „Interessenklausel" ausdrücklich an. Für die Möglichkeiten zur Wertung und Regulierung im Rahmen dieser Interessenklausel sind die im Ersten Teil gewonnenen Erkenntnisse vollständig übertragbar.[547] § 13 III Nr. 3 KrW-/AbfG bezieht sich jedoch nur auf gewerbliche Sammlungen; ansonsten fehlt es – anders als in § 13 I 2 KrW-/AbfG – an einer solchen Klausel. Wertstoffsammlungen stellen allerdings von jeher den Schwerpunkt kommunaler Verwertungstätigkeit dar und es ist davon auszugehen, daß der Schutz auf sie konzentriert werden sollte. Dem Regulierungsbedürfnis wird somit Genüge getan.

---

544 Baum /Wagner, Müll und Abfall 2000, 330, 344, 335 f.
545 Bundesverband kommunaler Spritzenverbände, Schreiben vom 30.09.1996, zit. bei Doose, Städtetag 1997, 234 f.
546 Vgl 1.Teil A.IV.3.c),B.IV.1.a).
547 Vgl. oben 1.Teil B.V.

Insgesamt führen Gesichtspunkte der Daseinsvorsorge und Funktionssicherheit somit nicht zu Einschränkungen förderungswürdiger Eigeninitiative. Für die Schutzwürdigkeit von Daseinsvorsorge sind die Gesichtspunkte des Ersten Teils übernehmbar. Größerer Fürsorge bedarf es nicht, weil die Privatwirtschaft sich umfassend auf Verwertung eingestellt hat. Das Argument, die Haushalte seien regelmäßig überfordert, gilt für Zusammenschlüsse gerade nicht. Die „Interessenklausel" im Verwertungsbereich gilt für Wertstoffsammlungen. Diese Beschränkung könnte aber vom Gesetzgeber so gewollt sein. Daran scheitert somit die Zulässigkeit von Organisationsformen nicht.

4. Fazit und Argumentationsmuster

Die Regelungsmaterie ist grundsätzlich für Eigeninitiative geeignet. Zum einen ist es praktisch vorstellbar, daß Hausmüllerzeuger allein oder in Gemeinschaft Verwertungshandlungen durchführen. Zum anderen bietet § 13 I 1 KrW-/AbfG ausdrücklich einen Freiraum für Eigeninitiative an.

In sprachlich-assoziativer Hinsicht führt die im Ersten Teil erarbeitete organisationsrechtlich detaillierte Herangehensweise zu erheblichen Freiräumen. Man kann den Wortlaut des Begriffs „zur Verwertung in der Lage" nämlich nicht nur wie in § 13 I 2 KrW-/AbfG erledigungsbezogen sondern auch so verstehen, daß er lediglich eine hinreichende Kompetenz verlangt, den Abfall einer ordnungsgemäßen Verwertung zuzuführen. Ein solches Verständnis schließt qualifizierte Beauftragungen grundsätzlich mit ein. Es ist im übrigen denkbar, den Begriff „in der Lage" als sprachlich unbestimmt und somit als im Einzelfall wertausfüllungsbedürftig zu erachten. Danach verböte sich jede generelle Einschränkung von Organisationsformen.

Auch aus dem Formulierungsunterschied zu § 13 I 2 KrW-/AbfG ergibt sich eine Tendenz zu einer weitergehenden Auslegung der Organisationsmöglichkeiten. Der Wortlaut des Begriffs „in der Lage" erweist sich somit als geeignet zur Beschreibung all dessen, was unter Eigeninitiative verstanden wird. Dies gilt auch für verbandsgestützte Erledigung und Beauftragung. Dies gilt ferner für Formen einer unmittelbaren Kreislaufwirtschaft zwischen Bürgern.

Anders als in § 13 I 2 gibt es in § 13 I 1 KrW-/AbfG wegen seiner Kompetenzorientierung für einen Rückgriff auf anlagenrechtliche Begriffe oder Definitionen wenig Versuchung. Allerdings bezieht sich die zentrale Verbandsnorm des Abfallrechts, der § 17 I KrW-/AbfG, ausdrücklich nicht auf die Entsorgung von Abfällen häuslicher Herkunft. An dieser Stelle helfen jedoch die im Ersten Teil entwickelten allgemeinen Gedanken weiter. Allein der Umstand, daß im Regelungsbereich Verbandserledigung hervorgehoben wird, führt zur Erwägung der Verbandserledigung auch im Rahmen der Hausmüllverwertung.

Ein Umkehrschluß zulasten von Eigeninitiative aus der Ausnahmeregelung § 13 III Nr. 2, 3 KrW-/AbfG ist aus systematischer Sicht nicht zwingend und aufgrund seiner Herkunft aus § 1 III Nr. 6,7 AbfG v. 1986 eher unwahrscheinlich.

Im übrigen gelten die Erkenntnisse des Ersten Teils zur Lückenhaftigkeit und Widersprüchlichkeit der gesetzgeberischen Vorstellungen zur Reichweite von Eigeninitiative auch hier. Der Rückgriff auf die geäußerten Leitgedanken führt zu den selben zentralen

Grundsätzen und Entscheidungskategorien wie in § 13 I 2 KrW-/AbfG. Hinzu kommen allerdings weitere denkbare Bedeutungsvarianten, namentlich die nutzenbezogene, die nachbarschaftliche und die einzelfallbezogene Sichtweise des Begriffs „zur Verwertung in der Lage".

Hinsichtlich der Förderungswürdigkeit der verschiedenen Organisationsformen und der zugrundeliegenden Maßstäbe sind die Erkenntnisse des Ersten Teils übernehmbar. Aufgrund des im Verhältnis zum Nutzen hohen Transaktionsaufwandes der Haushalte bei Eigeninitiative im Bereich der Verwertung sollte Kompetenzerhöhung sehr weitgehend als förderungswürdig erachtet werden, selbst wenn sie nur in losen „Verwertungsvereinen/Verwertungsbörsen" erfolgt oder sich im Einzelfall erarbeitet wird.

Grundsätzlich übernahmefähig sind auch die Maßstäbe und Erkenntnisse des Ersten Teils zum Schutz öffentlicher Daseinsvorsorge. Das Gesetz bringt in § 13 III Nr. 3 KrW-/AbfG allerdings zum Ausdruck, daß es öffentliche Strukturen lediglich im Bereich der Wertstoffsammlungen für schutzwürdig erachtet. Damit ist aber wohl der wesentliche Bereich häuslicher Verwertung erfaßt, zumal der Begriff „Sammlung" jede kostenlose Abnahme erfaßt. Da es diesbezüglich eine „Interessenklausel" gibt, sind nach den Erkenntnissen des Ersten Teils generelle Einschränkungen nicht notwendig. Durch die im Ersten Teil befürworteten Bewertungs- und Darlegungspflichten und Einbeziehungsmöglichkeiten von Regulierungsgremien kann nämlich im Einzelfall ein verantwortbarer Übergang von öffentlicher Entsorgung zu mehr Eigeninitiative gewährleistet werden.

Bei zusammenfassender Betrachtung aller Gesichtspunkte ist es angebracht, zumindest aber vertretbar, den Begriff „in der Lage" als unbestimmten Rechtsbegriff anzusehen, in dessen Rahmen im Einzelfall bewertet wird, ob der oder die Verursacher ausreichend Kompetenz und Zuverlässigkeit für eine ordnungsgemäße Verwertung - gleich in welcher Organisationsform - gewährleisten. Für bestimmte Organisationsformen, namentlich die mitgliedschaftliche Eigenerledigung, die qualifizierte Fremdbeauftragung und die Weitergabe zur unmittelbaren Verwertung kann von einer entsprechenden Zulässigkeitsvermutung ausgegangen werden.

Der Begriff „zur (...) in der Lage" erweist sich insgesamt als Musterformulierung für eine weitestgehende generelle Zulassung von Organisationsformen bei gleichzeitiger Wertausfüllungsfähigkeit bzw. -möglichkeit im Einzelfall. § 13 I 1 KrW-/AbfG eröffnet bei Nutzbarmachung der Erkenntnisse aus den §§ 13 I 2 KrW-/AbfG und § 16 II NAbfG neue Horizonte für „offene Privilegierungen" nach dem Maßstab von Kompetenz und für eine lenkungsbezogene Daseinsvorsorge.

III. Weitere Anregungen für den Abfallbereich

Nachdem in der bisherigen Untersuchung anhand bestimmter Normen, die ausdrücklich und unmittelbar Möglichkeiten zur Eigeninitiative schaffen, Zulässigkeit, Maßstäbe und Regelungsmöglichkeiten erörtert wurden, bedarf es nunmehr einer Abrundung des im Abfallrecht gewonnenen Bildes. Dies soll hier in einer eher ausblickhaften kursorischen Art geschehen.

1. Nutzen der Erkenntnisse im Rahmen der Diskussion um die Zuordnung gewerblicher Mischabfälle

Die bisher erzielten Erkenntnisse und Ergebnisse beziehen sich auf Abfälle zur Beseitigung aus Betrieben und Abfälle zur Verwertung aus Haushalten. Ein erhebliches Problem in der abfallrechtlichen Diskussion besteht jedoch in der organisationsrechtlichen Zuordnung gemischter Abfälle. Es soll kurz untersucht werden, ob die bisher gewonnenen Erkenntnisse auch für diesen Bereich nutzbar gemacht werden können.

a) Das Problem

Gewerbliche bzw. betriebliche Abfälle zur Verwertung sind keiner Überlassungspflicht unterworfen. Bei ihrer Verwertung besteht somit die Möglichkeit zu jeder Art von Eigen- oder Fremdinitiative bis hin zur schlichten Ablieferung an einen Entsorger. Für betriebliche Abfälle zur Beseitigung herrscht demgegenüber grundsätzlich eine Überlassungspflicht, und die Ausnahmen für „eigene Anlagen" wurden in der bisherigen rechtlichen Diskussion vernachlässigt oder eher restriktiv ausgelegt. Für Abfallgemische gibt es keine gesonderte Zuordnungsregelung, so daß es für den Entsorgungsweg auf die Qualifizierung als Beseitigungs- bzw. Verwertungsabfall ankommt. Da sowohl die öffentlichen als auch die privaten Entsorgungsbetriebe um Beschäftigung kämpfen, will natürlich jede Seite den jeweiligen Abfall so qualifiziert wissen, daß er ihr zugeführt wird.[548] Es entbrannte somit eine intensive und schon fast unübersehbare rechtliche Diskussion über die Abgrenzung zwischen Verwertungs- und Beseitigungsabfall.[549] Das BUNDESVERWALTUNGSGERICHT hat die Auseinandersetzung zugunsten einer Qualifikation als Verwertungsabfall und somit zugunsten der Entsorgungswirtschaft entschieden.[550] Daran knüpfen sich erhebliche Bedenken in Teilen der Literatur, weil eine „Abdrift" der im Gemisch enthaltenen Beseitigungsanteile in eine „Scheinverwertung" jedenfalls aber in eigentlich nicht zuständige öffentliche Anlagen, ggf. Billigdeponien, drohe.[551] Es wurden bereits Gegenmaßnahmen erwogen, Mischabfälle (wieder) der Überlassungspflicht zu unterwerfen.[552] Solchen Rekommunalisierungstendenzen wird wiederum entgegengehalten, sie seien mit der konzeptionellen Grundentscheidung des Gesetzes nicht vereinbar und ferner europarechts-

---

548 Für Baum /Wagner Müll und Abfall 2000, 330, 336, sind dies zwangsläufige Folgeprobleme der Zuordnung der Kreislaufwirtschaft zur Privatwirtschaft und der Beseitigung zur öffentlichen Hand.
549 Vgl. stellvertretend Überblick bei Canik, BayVBl. 2000, 711 f., 713 f.
550 BVerwG, NVwZ 2000, 1178 f.; zu den Auswirkungen vgl. Rühl, NUR 2001, 671, 672.
551 Kibele, NVwZ 2001, 42 f.; Gaßner/Willand/Pippke, Gutachten September 2000, 6 ff., 10 ff.; vgl. ferner oben Fn. 29.
552 Beschluß der 54. Umweltministerkonferenz vom 6./7.4. 2000, Protokoll TOP 4.31.4 (Änderung des Kreislaufwirtschafts- und Abfallgesetzes), Beschluß Nr.5.; zur Entwicklung der Änderungsbestrebungen vgl. Zeschmar-Zahl, Müllmagazin 2001, Heft 4, 8 ff.; zum Schicksal des Entwurfes Länderarbeitsgemeinschaft der 54. Umweltministerkonferenz vgl. Bornberg/Kiefer, UPR 2001, 381, 382 f.

und verfassungswidrig⁵⁵³, woraufhin von den jeweilgen Seiten sofort interessengerechte europarechtliche Gutachten vorgelegt wurden.⁵⁵⁴

Derzeit sind zwei Lösungsmodelle zu unterscheiden, zum einen der organisationsrechtliche Ansatz durch Erweiterung der Überlassungspflichten auf Mischabfälle und zum anderen der ordnungsrechtliche Ansatz durch strenge Getrennthaltungs- und Verwertungspflichten.⁵⁵⁵

b) Möglichkeiten eines neuen organisationsrechtlichen Ansatzes

Neue organisationsrechtliche, auf Eigeninitiative gerichtete Ansätze im Bereich betrieblicher Mischabfälle sind nur unter zwei Voraussetzungen denkbar.

Erstens könnte man die Drittbeauftragung grundsätzlich einer erweiterten, auch faktischen Haftung der Verursacher unterwerfen. Dafür können die entsprechenden Anregungen im Ersten Teil nutzbar gemacht werden.⁵⁵⁶ Es geht um eine Umsteuerung durch „Anpassung" öffentlicher und privater Entsorgungswege bezüglich ihrer Attraktivität. Instrument wäre die Verkomplizierung bzw. Verteuerung der privaten Entsorgung durch eine allgemeine Haftungserweiterung bei der Beauftragung gem. § 16 I 1, 2 KrW-/AbfG. Durch eine solche Auslegung wären die Verursacher gezwungen, sich wegen drohender Haftung zu organisieren und die ihnen eigentlich zugedachte Verantwortung auch auszufüllen. Das der Entsorgungswirtschaft gegenüber den öffentlichen Entsorgern immer wieder vorgehaltene Sorgfaltsdefizit könnte auf diese Weise durch Eigeninitiative ausgeglichen werden. Es könnte dann auch sein, daß die öffentliche Entsorgung angesichts solcher „Waffengleichheit" automatisch und ohne Zwang eine Rolle behält, die ihr zumindest die Reservegewährleistung ermöglicht. Diese Möglichkeit ist von einer weiten Auslegung des § 16 I 2 KrW-/AbfG abhängig⁵⁵⁷, die oben zwar als erörterungswürdig angesehen, sich jedoch mangels entsprechender Anhalte im gesetzgeberischen Willen nur schwer durchsetzen wird. Allerdings läßt sich eine – gerade im Abfallrecht viel propagierte – Eigenverantwortung der Problemverursacher nur bei effektiver Mithaftung umsetzen. Vor diesem Hintergrund spricht die neue organisatorische Schwerpunktsetzung im Kreislaufwirtschafts- und Abfallgesetz für eine Erweiterung der Haftung nach obigem Muster. Jedenfalls ist ein entsprechender Hinweis de lege ferenda angebracht.

Als zweite Möglichkeit bliebe nur, die betrieblichen Mischabfälle – durch Rechtsprechungs- oder Gesetzesänderung – einer grundsätzlichen Überlassungspflicht zu unterwerfen. Dabei können die Erkenntnisse des Ersten Teils insoweit von Nutzen sein, als – quasi als Ausgleich – weitgehende Ausnahmen für Eigeninitiative zugelassen werden.

Als Ziel einer ausgewogenen Lösung ist zu beachten, daß der Abfall (1.) zunächst von den Verursachern getrennt gehalten, (2.) im übrigen von der privaten Entsor-

---

553 Weidemann NVwZ 2000, 1131, 1133.
554 Tettinger, Rechtsgutachten September 2000; Gaßner/Willand/Pippke, Gutachten September 2000.
555 Vgl. Paschlau, Müll und Abfall 2002, 78.
556 Vgl. oben bei Fn. 313, 314.
557 Vgl. oben bei Fn. 313, 314.

gungswirtschaft entmischt und vorbehandelt und soweit möglich einer Verwertung zugeführt wird, während (3.) der Beseitigungsanteil – wo dies mangels zulässiger Eigeninitiative oder wegen öffentlicher Interessen nötig ist – den zuständigen Entsorgungsträgern zufließen sollte.[558]

Ein Weg zur Erreichung dieses Ziels könnte sein, die Abfallgemische (wieder) verstärkt als Beseitigungsabfall zu qualifizieren.[559] Unter Anwendung der Erkenntnisse des Ersten Teils könnten sie dann trotz grundsätzlicher Überlassungspflicht in Kooperationsgesellschaften zwischen Verursacherverbänden und Entsorgungsunternehmen entmischt werden, wobei anschließend der Verwertungsanteil für alle Optionen frei würde und der Beseitigungsanteil entweder innerhalb der Kooperationsgesellschaft beseitigt oder an die öffentliche Hand weitergeleitet würde.

Vor diesem Hintergrund gewinnt die von FLUCK vertretene Wortlautvariante des § 13 I 2 KrW-/AbfG an Relevanz[560], und zwar in einer besonders auf Eigeninitiative ausgerichteten Form. Durch eine solche Auslegung würde eine Einbeziehung und zugleich auch eine Beschränkung auf qualifizierte Formen der Fremdbeauftragung möglich.

Die Umsetzbarkeit einer solchen Regelungsvariante setzt allerdings voraus, daß die öffentlichen und privaten Standorte einigermaßen beieinander liegen, damit der Abfall nicht über weite Strecken zunächst zur privaten Sortierung hin und zur öffentlichen Beseitigung wieder zurück transportiert werden muß. Hier zeigt sich im besonderen Maße, daß in zuordnungsrechtliche Erwägungen Gesichtspunkte der Standortplanung miteinfließen. Es könnte sein, daß der im Ersten Teil u.a. angedachte Weg einer umfangreichen Abwägung aller Interessen durch eine verwaltungsinterne oder -externe sowie unvoreingenommene und sachverständige Regulierungsstelle dabei hilfreich ist.[561] Die Regulierungsstelle könnte im Wege der Interessenabwägung gem. § 13 I 2 KrW-/AbfG darüber befinden, ob die Entsorgungswege hinnehmbar sind oder ob den zuständigen Entsorgungsträgern unzumutbar Potential entzogen wird. Dabei wird sie zu berücksichtigen haben, inwieweit sowohl die kommunale Standortplanung durch Zentralisierung als auch die private Entsorgungswirtschaft durch Dezentralisierung das ihr Mögliche getan hat, um eine solche Arbeitsteilung zu ermöglichen. Die Interessenabwägung wird ferner zu gewährleisten haben, daß Beseitigungsanteile auch wirklich in den vorgesehen öffentlichen Anlagen landen.

Der bisherige „Kampf um den Mischabfall"[562], der hier nicht im einzelnen erörtert werden soll, könnte somit durch die im Ersten Teil erörterte weite Auslegung des § 13 I 2 KrW-/AbfG entschärft werden. Auch für betriebliche Beseitigungsabfälle wäre dann der private Entsorgungsweg geöffnet. Voraussetzung wäre allerdings, daß zumindest der Beseitigungsanteil am Abfallgemisch von vornherein wieder vermehrt der

---

558 Nach Weidemann, GewArch 1997/98, 311 315, ist die Entmischung Aufgabe der von der privaten Entsorgungswirtschaft entwickelten und bereitgestellten Sortier- und Trennungsanlagen.
559 Vgl. ältere Rechtssprechung bei Canik, BayVBl. 2000, 711 Fn. 6.; Dolde/Vetter, NVwZ 2000, 21 ff.; BayVGH, NVwZ 1998, 1205; Diekmann, ZUR Sonderheft 2000, 70, 71 ff.
560 Vgl. oben 1.Teil A.I.6.b).
561 Vgl. oben 1.Teil B.IV.1.a)
562 „Tauziehen um den Gewerbeabfall" nach Zeschmar-Zahl, Müllmagazin 2001, Heft 4, 8; „Streit um den Abfall" nach Reker, Müllmagazin 1999, Heft 3, 74; vgl. auch Baum/Cantner; Regulierung, 12.

grundsätzlichen Überlassungspflicht unterliegt. Nur unter dieser Voraussetzung hätten Verursacher und Entsorgungswirtschaft ein Interesse an gemeinschaftlicher Eigeninitiative i.S.v. § 13 I 2 KrW-/AbfG. Es würde durch die „Drohkulisse Überlassungspflicht" erzeugt.

Die Erkenntnisse des Ersten Teils führen somit zu neuen Perspektiven für die Zuordnung von Mischabfällen. Ähnliche Lösungen und Wege sind auch für häusliche Mischabfälle denkbar, indem z.B. die Entmischung durch Verursachergemeinschaften organisiert wird.

Anhand der Problematik „Mischabfälle" und ihrer neueren Entwicklung zeigt sich anschaulich das Problem der Wirkungen völliger Privatisierung. Eine Hervorhebung bzw. Bevorzugung „echter" Eigeninitiative könnte sich als „Puffer" zwischen den beiden Extremen erweisen. Die Privatwirtschaft müßte sich in neue Organisationsformen einbinden lassen. Die Kommunen wären nicht so schnell von den Auswirkungen betroffen. Das Problem ist somit vielleicht auch zugleich Chance für die Umsetzung von Eigeninitiative.

Angesichts der Komplexität abfallwirtschaftlicher Bedürfnisse – gerade im Bereich des Mischabfalls – hat sich allerdings auch gezeigt, daß in der Beurteilung dessen, was jeweils als Eigeninitiative zugelassen werden soll, ein gewisses Maß an Flexibilität wünschenswert ist. Am besten wäre, man dürfte die in dieser Untersuchung bei den jeweiligen Abfallfraktionen für Recht erachteten Privilegierungs- und Regulierungsformen als „Regelinhalt" nehmen, von dem, wenn die nach den gesetzgeberischen Leitgedanken gewünschte Förderung von Eigeninitiative dies erfordert, im Einzelfall abgewichen werden kann.

c) Einordnung der Reformansätze

In einem Änderungsentwurf hat eine von der Umweltministerkonferenz der Länder berufene Arbeitsgemeinschaft im Jahre 2000 einen Reformentwurf ausgearbeitet, der von der Umweltministerkonferenz beschlossen wurde.[563] Er betrifft die Überlassungspflichten sowohl bei betrieblichen als auch bei häuslichen Abfällen und ist immer noch aktuell.[564]

Nach diesem Entwurf sind Erzeuger und Besitzer von allen betrieblichen Abfällen dann – und nur dann – überlassungspflichtig, wenn die Abfälle in einer als Anhang beigefügten „Anlage III" aufgeführt sind. Dies gilt jedoch wie nach geltendem Recht nur, soweit sie diese nicht „in eigenen Anlagen" entsorgen und keine „überwiegenden öffentlichen Interessen" eine Überlassung erfordern.

Bei den im Anhang III aufgeführten Abfällen handelt es sich im wesentlichen um alle häuslichen und hausmüllähnlichen Abfälle, einschließlich derjenigen, die mit ihnen vermischt sind. Kritiker befürchten, daß bei Durchsetzung dieser Vorschläge au-

---

563 Entwurf der Länderarbeitsgemeinschaft der 54. Umweltministerkonferenz vom 29.06.2000, vgl. Beschluß der 54. Umweltministerkonferenz vom 6./7.4. 2000, Protokoll TOP 4.31.4 (Änderung des Kreislaufwirtschafts- und Abfallgesetzes), Beschluß Nr.5.
564 Vgl. Entwurf der SPD-Fraktion im Deutschen Bundestag, zit. bei Paschlau, Müll und Abfall 2002, 78.

ßerhalb der Überlassungspflicht für die privaten Entsorger nur noch eine Abfallrestmenge verbleibt.[565]

Wenn dies so ist, gewinnt die weiterhin bestehende Ausnahme zugunsten der Entsorgung in eigenen Anlagen einschließlich Rückausnahme bei überwiegenden öffentlichen Interessen zusätzlich an Bedeutung. Der Begriff der „eigenen Anlagen" wird beibehalten. Es bliebe somit bei dem weiten Begriffshof, der auch Zusammenschlüsse von Abfallverursachern und Kooperationsgesellschaften miteinschließt. Auch das Spezialitätsverhältnis und das Harmonisierungsbedürfnis zwischen den §§ 13 I 2 und 17 I 1 KrW-/AbfG ändert sich nach dem Entwurf nicht. Da auch die bisherige Grundausrichtung des Kreislaufwirtschafts- und Abfallgesetzes durch ihn nicht in Frage gestellt wird, kommt der Entwurf den obigen Vorschlägen für einen neuen organisationsrechtlichen Ansatz auf Basis einer Privilegierung jeglicher „echter" Eigeninitiative" bei Androhung subsidiärer Assistenz durch Überlassungspflicht recht nahe, wenn die Möglichkeiten subsidiaritätsorientierter Auslegung genutzt werden.

Er wurde zwischenzeitlich in etwas veränderter Form als Gesetzentwurf vorbereitet, dann aber zugunsten der Gewerbeabfallverordnung fallengelassen.[566]

Durch die kürzlich vorgelegte Gewerbeabfallverordnung ändert sich organisationsrechtlich nichts. Es wird allerdings ordnungsrechtlich in den Ablauf von Anfall, Sammlung, Transport und Vorbehandlung bei Siedlungsabfällen eingegriffen.[567] Wenn die neu begründeten Getrennthaltungspflichten in der Praxis tatsächlich umgesetzt werden sollten, wird es idealerweise kaum noch zu gemischten gewerblichen Siedlungsabfällen kommen, so daß Verwertungs- und Beseitigungsanteile ihren eigenen Weg gehen können, wobei nach den Erkenntnissen des Ersten Teils auch für die Beseitigung umfangreiche Möglichkeiten der Eigenerledigung bestehen. Die Verordnung enthält jedoch ein hohes Maß an zusätzlicher Bürokratie.[568] Ein für die Förderung von Eigeninitiative wichtiges praktisches Anliegen könnte darin liegen, bei bestimmten Formen der Eigeninitiative Abstriche von den erheblichen bürokratischen Anforderungen der Gewerbeabfallverordnung machen zu können. Auf diese Weise könnte es zu echten Anreizen für Eigeninitiative kommen. Die vorgesehenen Getrennthaltungspflichten gelten zweifellos unabhängig von der Organisationsform.[569] Anders könnte sich dies bei den Kontroll- und Dokumentationspflichten der „Sammler und Beförderer" und auch der „Betreiber der Vorbehandlungsanlagen" verhalten.[570] Die Verordnung scheint davon auszugehen, daß die genannten Akteure stets unabhängig voneinander sind. Bei Eigeninitiative, insbesondere gemeinschaftlicher Eigenerledigung, gelten diese Voraussetzungen jedoch nicht. Dies könnte dazu Anlaß geben, bestimmte bürokratische Pflichten für Eigenerledigung nicht anzunehmen oder jedenfalls de lege ferenda Ausnahmen für bestimmte Formen der Eigeninitiative in die Verordnung mit aufzunehmen.

---

565 Metzmann, Müll und Abfall 2000, Heft 4, 50.
566 Vgl. Paschlau, Müll und Abfall 2002, 78.
567 Vgl. Sircar/Ewert/Bohn, Müllmagazin 2002, Heft 1, 16 f.
568 Vgl Paschlau, Müll und Abfall 2002, 78, 81.
569 § 3,4,5,6,7,8 der VO.
570 §§ 10, 11, 12 der VO schreiben eine durchgehende Dokumentationspflicht, Sichtkontrollen, Ausgangskontrollen, Fremdkontrollen, Betriebstagebücher usw. vor, die von den Sammlern und Beförderern sowie von den Betreibern von Vorbehandlungsanlagen durchzuführen sind.

2. Ermessensreduzierung zugunsten von Eigeninitiative bei der Übertragung und Beauftragung

Nur ein kurzer Hinweis, der wegen seiner wegweisenden Bedeutung gleichwohl einen gesonderten Abschnitt wert erscheint, soll dem Ermessen bei der behördlichen Übertragung und Beauftragung gewidmet sein. Dabei soll hier nicht über die Frage entschieden werden, ob bei der Übertragung oder Beauftragung gem. §§ 16, 17, 18 KrW-/AbfG ein Anspruch auf ermessensfehlerfreie Entscheidung besteht.[571] Wenn man allerdings diese Frage bejaht, kommt nach den Erkenntnissen dieser Untersuchung eine weitere Ermessensrichtlinie in Betracht. Die Leitlinien des Gesetzgebers in den Materialien über Förderung von Eigeninitiative und Verursacherprinzip sind nämlich auch im Rahmen des Ermessens zu berücksichtigen. Es ist daher zu erwägen, ob nicht das Auswahlermessen derart eingeschränkt ist, daß – wenn eine Übertragung oder Beauftragung beabsichtigt ist – die hier als privilegiert angesehenen Organisationsformen den Vorzug genießen.

Ähnliches gilt auch für das Entschließungsermessen. Da nach der hier vorgenommenen Untersuchung die Verursacher bereits einen „echten" Freiraum haben, werden sie zwar meist auf eine Übertragung oder Beauftragung nicht angewiesen sein. Ausnahme ist allerdings der Bereich häuslicher Beseitigungsabfälle, wo die Ermessensregel dafür sorgen könnte, daß – wenn schon andere Bereiche in Eigenerledigung bewältigt werden – auch die Übernahme dieses Bereiches noch möglich ist.

Außerdem sollte für den Fall, daß man den Ergebnissen dieser Untersuchung mit ihren weitgehenden Freiräumen nicht folgen mag, dem gesetzgeberischen Wunsch nach mehr Eigeninitiative und Eigenverantwortung der Verursacher wenigstens bei der Übertragung und Beauftragung Rechnung getragen werden. Im Rahmen des Ermessens könnten die erarbeiteten Leitgedanken, Maßstäbe und Argumentationsmuster die Richtung weisen. Auch hier wäre es wünschenswert, wenn in der Beurteilung dessen, was jeweils als Eigeninitiative zugelassen werden soll, ein gewisses Maß an Rechtssicherheit und zugleich Flexibilität durch Regelfreiräume und Sonderbeurteilungen gewährleistet würde.

3. Förderung von Eigeninitiative im „beweglichen System" Wilburgs

Im Verlaufe der Untersuchung hat sich gezeigt, daß bei der Umsetzung der gesetzgeberischen Leitgedanken zur Förderung von Eigeninitiative immer wieder umfangreiche Typisierungen und Bewertungen erforderlich wurden, die man am liebsten anhand der konkreten Fallgestaltung und Sachlage vorgenommen hätte. Dies zeigte sich zunächst bei der Bestimmung von Freiräumen bei den einzelnen Abfallfraktionen. So mußte bei der Abwägung zwischen qualitativer und quantitativer Förderungswürdigkeit darüber befunden werden, welche Gestaltungsformen als „Einstiegsschwelle" für Eigeninitiative nötig sind und ab welcher Privilegierungsvariante die Funktionsfähig-

---

[571] Vgl. zu den unterschiedlichen Auffassungen: Pippke, Abfallentsorgung, 118 f., 127 m.w.N.; Bree, Privatisierung, 135, 158; wobei überwiegend wohl ein Anspruch auf ermessensfehlerfreie Entscheidung angenommen wird.

keit notwendiger Daseinsvorsorge gefährdet wird. Der Zwang zu abstrakten Abgrenzungen erwies sich insbesondere bei der Mischabfallproblematik als hinderlich, bei der eine komplexe Verknüpfung der unterschiedlichen Freiräume entsteht. Ähnliche komplexe Verknüpfungen entstehen bei nahezu jedem abfallrechtlichen Vorhaben außerhalb von Nischen, da aus Synergie- und Auslastungserwägungen häufig Abfälle aus verschiedenen Herkunftsbereichen und Fraktionen gemeinsam gesammelt, transportiert, entmischt und einer Verwertung oder Beseitigung zugeführt werden müssen; dies gilt auch für Vorhaben gemeinschaftlicher Eigeninitiative. So kann es sich als nötig erweisen, abweichend von strikten Abgrenzungsmustern und Einteilungen in bestimmten Teilschritten eines Entsorgungskonzepts nur reine mitgliedschaftliche Strukturen zu privilegieren, in anderen auch qualifizierte Beauftragungen zuzulassen, während bei dritten das Übertragungsermessen bei Entschließung und Auswahl in bestimmter Weise determiniert sein muß.

Es würde die Förderung und Regulierung von Eigeninitiative nach den Leitgedanken des Gesetzgebers in der konkreten Sachlage daher erheblich erleichtern, wenn der Zwang zu abstrakt-genereller Abgrenzung privilegierter Eigeninitiative gelockert würde. Dabei bietet es sich an, die im Gesetzestext vorgegebenen vagen Typenbegriffe etwas mehr in die Nähe von im Einzelfall wertausfüllungsbedürftiger und generalklauselartiger Begriffe zu rücken. Dies ist teilweise in der Untersuchung bereits geschehen. Musterhaftes Beispiel ist die sprachliche Auslegung der Begriffe „in der Lage" in § 13 I 1 KrW-/AbfG und „enger räumlicher und betrieblicher Zusammenhang" in § 16 II NAbfG. Hier wurde ein gesetzlicher Auftrag zur Wertausfüllung im Einzelfall anhand der allgemeinen gesetzgeberischen Leitlinien angenommen, der erst die Einbeziehung weitergehender Eigeninitiative möglich machte. Gleiches gilt für die Auslegung der abfallrechtlichen „Interessenklausel", die nur bei umfassenden Bewertungsspielräumen und neuer Kompetenz- und Schlüssigkeitsanforderungen die Probleme eines zügigen aber zugleich verantwortungsvollen Übergangs zu mehr Eigeninitiative lösen hilft.

Wie im Rahmen des § 13 I 1 KrW-/AbfG bereits geschehen, sollte daher in der jeweiligen Norm von einem „Regelinhalt bzw. Grundtypus" der Privilegierung aber auch Regulierung ausgehen, für den eine rechtliche Vermutung spricht, von dem aber unter besonderen Umständen abgewichen werden darf, wenn die nach den gesetzgeberischen Leitgedanken gewünschte Förderung von Eigeninitiative dies unter den konkreten Anforderungen des Sachbereichs erfordert.

Eine solche Sicht bedarf der methodologischen Unterfütterung, und dafür bietet sich die Lehre vom „beweglichen System" an, die auf WALTER WILBURG zurückgeht.[572] Sie strebt eine beweglichere Gestaltung des Rechts an, bei der rechtliche Erscheinungen, d.h. Tatbestände und Rechtsfolgen, nicht zwingend in feste Körper gezwängt, sondern als etwas freieres Ergebnis einer Betrachtung grundlegender Wertungsrichtlinien gesehen werden.[573] Voraussetzung sind graduell abstufbare Typenbegriffe, die ausgehend von einer „Basiswertung" nach den erkannten Richtlinien im Einzelfall mehr in die eine oder die andere Richtung ausgelegt werden.[574] Diese methodische Variante hat für die Auslegung allzu vager oder generalklauselartiger Be-

---

572 Vgl. dazu im Überblick Bydlinski, Methodenlehre, 529 ff.
573 Vgl. Bydlinski, Methodenlehre, 529, 530, 532.
574 Vgl. Bydlinsiki, Methodenlehre, 531, unter Hinweis auch auf Schilcher und Otte.

griffe weitgehende Beachtung und wohl auch Anerkennung erfahren.[575] Sie untermauert daher die bisherigen Untersuchungsergebnisse und auch die obigen Anregungen für die „offensive" Bewältigung komplexer Vorhaben und Sachprobleme nach den gesetzgeberischen Leitgedanken.

Daraus ergibt sich für die Förderung von Eigeninitiative im Wege der Privilegierung ein wichtiger Vorteil, der hier abschließend gesonderte Erwähnung finden soll. Bei der Beurteilung der Förderungswürdigkeit kann für jedes typische oder konkrete Entsorgungskonzept eine Bewertung erfolgen, inwieweit einzelne Teilschritte, z.B. Entmischung, Verbrennung, eine weitgehende Privilegierung von Eigeninitiative unter mehr oder weniger starker Einbeziehung der Entsorgungswirtschaft bedürfen oder andere Teilschritte, wie z.B. Sammlung, Transport, Sortierung, bereits durch reine genossenschaftsähnliche Gemeinschaften vorgenommen werden können und deshalb die Privilegierung – damit nicht nur größere Einheiten zum Zuge kommen – grundsätzlich oder bei Bedarf nur diese unteren Stufen umfaßt.

IV. Fazit: Eigeninitiative als Leitbild des gesamten Abfallrechts

Nach den Erkenntnissen dieser Untersuchung zieht sich der Gedanke der Eigeninitiative durch das gesamte Abfallrecht. Grundlage ist eine neue Denkrichtung des abfallrechtlichen Gesetzgebers, die in der Wissenschaft als Paradigmenwechsel, Neuorientierung, Systembruch oder gar Revolution bezeichnet wird[576] und einen Grundsatz der Zuordnung zum Privaten und der verursachergerechten Selbstentsorgung und Selbstorganisation enthalten soll[577]. Die neue Denkrichtung wird dokumentiert in den Materialien zum Kreislaufwirtschafts- und Abfallgesetz, wo immer wieder die Eigeninitiative, Eigenverantwortung und Selbstorganisation der Verursacher und eine Beschränkung auf notwendige Daseinsvorsorge hervorgehoben wird.[578] Sie wird gerechtfertigt mit fehlendem Abfallbewußtsein und einer daraus entstehenden Ablieferungsmentalität, die gleichzeitig zum Lebenselixier einer sich zunehmend monopolisierenden Entsorgungswirtschaft geworden sei.[579]

Eine solche Denkrichtung zeigt sich in gesetzlichen Freiräumen für Eigenerledigung bzw. Eigeninitiative und wirkt sich auf die Auslegung der dabei verwendeten unbestimmten Rechtsbegriffe aus.

Vollständige Freiheit von staatlicher Zwangsbewirtschaftung herrscht im Bereich betrieblicher Verwertungsabfälle. Dies ist insoweit logisch als die Verwertung naturgemäß auf Weiterverarbeitung und Warenverkehr angewiesen und insgesamt wohl auch weniger gefahrenträchtig ist als die Beseitigung. Hinzu kommt, daß abfallverursachenden Betrieben eine gewisse Fähigkeit zur Bewältigung von Problemen am Markt unterstellt werden darf. Eine Kumulation wirtschaftlicher Bedürfnisse und geringen Gefahrengrades führt hier also zu einer völligen Freigabe des Tätigkeitsberei-

---
575 Vgl. Bydlinsiki, Methodenlehre, 533 m.w.N.
576 S.o. Fn. 264.
577 S.o. Fn. 265.
578 S.o. 1.Teil A.III.5.
579 S.o. 1.Teil A.III.1.b); s. ferner Fn. 293, 294.

ches. Gleichzeitig wird aber auch die Kommune aus der Übernahmepflicht entlassen, soweit nicht die private Verwertung unzumutbar ist, wodurch im privaten Sektor ein Zwang zur Eigeninitiative entsteht. Gefördert wird somit die Eigeninitiative des privaten Sektors insgesamt, was allerdings dazu führt, daß sie in ausschließliche Initiative der Entsorgungswirtschaft übergeht. Typische Formen verursacherdominierter Trägerschaft kommen auf diese Weise am Markt (noch) nicht zum Zuge. Eine Privilegierungswirkung zu ihren Gunsten entsteht somit nicht. Allerdings wäre ein stärkerer Zwang der Verursacher zu Bestimmung und Kontrolle denkbar, indem man die Haftungsnorm in § 16 I 2 KrW-/AbfG strenger auslegen und zu einer beschränkten Mithaftung für den beauftragten Entsorger ausweiten würde[580], so daß sich flugs verursachergesteuerte Kontrollverbände gründen würden.

Etwas anders ist das Regelungsmuster im Bereich häuslicher Verwertungsabfälle. Hier müssen die Verursacher – um Freiraum zu genießen – dartun, daß sie „in der Lage sind", eine ordnungsgemäße Verwertung auf den Weg zu bringen. Diese ausdrücklich hervorgehobene Kompetenzanforderung entsteht aus der Befürchtung, daß normale Haushalte mit einer Eigeninitiative im Bereich der Entsorgung regelmäßig überfordert sind.[581] Hier ist es also durchaus sinnvoll, sich zu größeren Einheiten zusammenzuschließen, um für nötige Kompetenz und Marktmacht zu sorgen. Daher ist es nur logisch, wenn der Gesetzgeber sich hier für ein erweitertes, lenkungsbezogenes Privilegierungsmodell entschieden hat, das verbands-, genossenschafts- oder vereinsgestützte Andienungs- und Zuweisungsmodelle mitumfaßt. Erst hier ist nämlich die Schwelle zu einem merklichen Einstieg der häuslichen Verursacher in Eigeninitiative erreicht. Dafür ist der Begriff „in der Lage" eine gelungene Musterformulierung, ermöglicht sie doch nach Art einer Generalklausel umfangreiche Kompetenzbewertungen im Einzelfall.

Mehr auf Eigenerledigung zugeschnitten ist demgegenüber der Freiraum für betriebliche Beseitigungsabfälle. Dies resultiert wohl daraus, daß die Beseitigung irgendwie noch mehr der Öffentlichen Hand zugewiesen ist und sie dafür Auffangkapazitäten zur Verfügung stellen oder doch vermitteln muß. Privilegiert wird hier jedenfalls nur „Eigenerledigung" durch die Verursacher, gleichsam als Regelbereich, der den Bürgern für Eigeninitiative stets zur Verfügung stehen sollte. Bereits die gefühlsmäßigen Assoziationen von Zugehörigkeit und Zusammengehörigkeit führen zu einer Einbeziehung mitgliedschaftlich strukturierter Zusammenschlüsse. Die Hervorhebung der Verbandserledigung bestätigt dies und rechtfertigt auch die Einbeziehung von Kooperationsgesellschaften nach dem Modell „citizen-private-partnership"[582] Außerdem befindet sich hier die Schwelle zu einem merklichen Einstieg der Verursacher in die Eigeninitiative. Privilegiert wird somit ein Regelbereich erledigungsbezogener Eigeninitiative, und zwar sowohl gegenüber öffentlicher als auch gegen privater Fremdfürsorge.

Ein ähnlicher Privilegierungsansatz ist den niedersächsischen Regelungen zur Beseitigung besonders überwachungsbedürftiger Abfälle zu entnehmen. Hier wird allerdings zusätzlich noch eine strengere Bewertung des haftungsrechtlichen und räumli-

---

580 Vgl. oben 1.Teil A.IV.2.a)bb), 2.Teil A.I.5.c).
581 Vgl. oben bei Fn. 543.
582 Vgl. oben 1.Teil A.I.5.b),IV.1.b).

chen Zusammenhangs zwischen Verursachern und ihren Zusammenschlüssen ermöglicht.

Vollständig unter öffentlicher Regie verbleibt die Entsorgung häuslicher Beseitigungsabfälle. Das Gesetz sieht für eine Eigeninitiative in diesem Bereich keinen autonomen Freiraum vor. Mag sein, daß man den Haushalten nicht zutraut, sich adäquat zu organisieren oder auch daß der Öffentlichen Hand ein gewisser unentziehbarer Grundstock verbleiben sollte. Wahrscheinlicher ist, daß man sich über genossenschaftsähnliche Modelle in diesem Bereich einfach keine Gedanken gemacht hat. Dieser „Mangel" kann im Einzelfall behoben werden, indem die Aufgabe einer Verursachergemeinschaft gem. § 17 III KrW-/AbfG übertragen wird, worauf ggf. ein Anspruch auf ermessensfehlerfreie Entscheidung unter Berücksichtigung des gesetzgeberischen Leitgedankens der Eigeninitiative besteht.

Unmittelbar mit dem Leitbild der Eigeninitiative verbunden ist der Leitsatz einer Beschränkung auf notwendige Daseinsvorsorge, wie er ebenfalls in den Materialien und der wissenschaftlichen Diskussion zum Ausdruck kommt.[583] Dieser Leitsatz steht allerdings in ständiger Reibung mit den Problemen der Reservegewährleistung und der Schutzwürdigkeit und Schutzbedürftigkeit bestehender öffentlicher Einrichtungen.[584] Immerhin aber wird durch diesen Leitsatz eine Zweifelsregel für den verantwortungsvollen Übergang und die dabei nötige Abwägung der Interessen vorgegeben. Danach hat die Daseinsvorsorge ihre Notwendigkeit und Schutzbedürftigkeit zu beweisen, ist ggf. auf eine weitmaschige Auffangstruktur zu verweisen, und es darf von ihr – ähnlich einem Privaten – eine gewisse Leidensfähigkeit in Sachen Flexibilität, Beschäftigungsbedingungen, frustrierter Aufwendungen und vorsichtiger Planung verlangt werden. Diesem Regulierungsbedarf kann nur durch prognostisch abwägende Bewertungen im Einzelfall Rechnung getragen werden. Dafür stellt das Gesetz für die Bereiche betrieblicher Beseitigung und häuslicher Verwertung Regulierungsklauseln zur Verfügung und rundet dadurch das Leitbild vom Übergang zu mehr Eigeninitiative ab.

Ein so weitgehendes Leitbild bzw. System von Eigeninitiative im Abfallrecht ist für den an die bisherige Diskussion gewohnten Betrachter vielleicht neu und gewöhnungsbedürftig. Man muß allerdings nur den Gesetzgeber beim Wort nehmen mit seinen Aussagen in den Materialien und textlichen Begriffen. Immerhin verwendet er mit dem Begriff „eigen" den Inbegriff von wirtschaftlicher Trägerschaft, mit dem Begriff „Verband" den Inbegriff privater Selbstverwaltung in Vereinen, Genossenschaften und Interessenverbänden und mit dem Begriff „in der Lage" den Inbegriff von Kompetenz und Lenkung.

Die Alternative wäre das Leitbild einer weitgehenden öffentlichen Daseinsvorsorge mit individualistisch geprägten Freiräumen, die lediglich marginale Wirkung hätten. Ausgenommen wären nur betriebliche Verwertungsabfälle, die schon nach altem Recht freigestellt waren. Die Eigenbeseitigung würde sich auf Großunternehmen oder große Konzerne beschränken, so daß diese gegenüber dem Mittelstand privilegiert wären. Eigene Verwertungskompetenz könnten häusliche Verursacher nur bilden, indem sie im Garten einen Komposthaufen anlegen. Es würde mit Recht zu fragen sein, wo-

---

583 Vgl. oben bei Fn. 252, 350-355.
584 Vgl. dazu oben 1.Teil A.III.2.u.6.,IV.3.

zu solche Beschränkungen nutze sein sollen und welchem Steuerungs- oder Leitgedanken sie folgen.

Auch ein allein auf die Entsorgungswirtschaft fokussiertes Leitbild von Eigeninitiative wird dem Regelungsbereich nicht gerecht. Es läßt die Sorge über Monopolisierungsgefahren außer Acht. Ferner ignoriert es die mit großem textlichen Aufwand geschaffenen Verbandsnormen und die in den Materialien enthaltenen Forderungen nach Verursacherprinzip und Verursacherselbstorganisation.

Die neue Denkrichtung und die darin enthaltene Privilegierung bestimmter Formen von Eigeninitiative bzw. Eigenerledigung ist somit insgesamt nachweisbar und schlüssig. Das Abfallrecht bietet erstmals im Bereich der öffentlichen Aufgaben einen solchen Privilegierungs- und Regulierungsansatz. Er fordert vom Verwaltungsrecht ein Umdenken hin zu organisationsrechtlicher Sichtweise mit kautelarjuristischen Bewertungen und regulierungsähnlichen Abwägungen. Ferner fordert er steuerungspsychologisch einen gewissen „Mut zum Sprung" in eine weitere Variante der Aufgabenerledigung neben den bisher etablierten Formen. Bedenkt man jedoch, daß es seine Zeit brauchen wird, bis sich gemeinschaftliche Eigeninitiative wirtschaftlich sinnvoll etablieren kann, erscheint der Sprung kaum nennenswert.

Das Leitbild der Förderung von Eigeninitiative läßt sich methodisch am besten umsetzen, wenn – nach Art eines „beweglichen Systems" – in der jeweiligen Norm von einem „Regelgehalt bzw. Grundtypus" der Privilegierung oder Regulierung ausgegangen wird, für den eine rechtliche Vermutung spricht, von dem aber unter besonderen Umständen abgewichen werden darf, wenn die nach den gesetzgeberischen Leitgedanken gewünschte Förderung von Eigeninitiative dies unter den konkreten Anforderungen des Sachbereichs erfordert. Dies gilt besonders dort, wo zu prüfen ist, ab welcher Privilegierungsvariante den Verursachern in den verschiedenen Tätigkeitsfeldern überhaupt ein wirtschaftlich vernünftiger Einstieg in die Eigeninitiative ermöglicht wird und wo durch zu weitgehende Privilegierung die unteren Ebenen ggf. nicht genug von ihr profitieren.

Die Möglichkeiten einer praktischen Umsetzung der privilegierten Organisationsformen werden dadurch beschränkt, daß es sich bei der Abfallentsorgung um ein bürokratisch kompliziertes und technisch anspruchsvolles Tätigkeitsfeld handelt. Jedoch werden durch die weitgehende Privilegierung von Eigenerledigung und Eigeninitiative potentielle Reaktionsmöglichkeiten auf Mißstände geschaffen, z.B. wenn es durch Monopolisierung, Bürokratisierung, Fehldimensionierung oder Vetternwirtschaft zu unvertretbaren Preis- bzw. Gebührenerhöhungen kommt. Auch kann sich bereits jetzt ein gewisser Grundstock an Initiativen und Institutionen bilden, an den im Krisenfall angeknüpft wird. Allein die Gefahr solcher Entwicklungen führt vielleicht schon zu mehr Anspannung und Rücksicht bei Kommunen und Entsorgungswirtschaft, die derzeit auf dem Wege in eine Symbiose zu sein scheinen. Die Möglichkeit eines dritten Weges schränkt somit die Auswirkungen von Mißständen in beiden Sektoren und deren Kumulation durch Zusammenwirken beider Sektoren ein. Sie kommt aber auch beiden Sektoren ein Stück entgegen. Die öffentliche Hand muß nicht die vollends entfesselte Konkurrenz der privaten Dienstleistungswirtschaft fürchten. Letztere wiederum hat eine zusätzliche Option der Zusammenarbeit mit den Problemverursachern.

Schon jetzt realisierbare Ansätze sind im ländlichen Raum landwirtschaftliche Maschinenringe, die vereinsmäßig organisiert Entsorgungsaufgaben übernehmen, zunächst im Bereich Sammlung, Transport, Sortierung, Verwertung. Ähnliches könnte auch in den größeren Städten geschehen, indem sich Bürgervereine einen regionalen Dienstleister als Kooperationspartner wählen und mit ihm eine Gesellschaft nach dem Muster „citizen-private-partnership" gründen. In diesem Zusammenhang ist übrigens zu erwägen, ob nicht Verursacherverbände in einem angemessenen Verhältnis auch für Nichtmitglieder mitentsorgen dürfen. Legt man den Schwerpunkt der systematischen Gesetzesbetrachtung auf § 17 I KrW-/AbfG und schöpft seinen Rahmen etwas mehr aus – was methodisch durchaus vertretbar ist – läßt sich dies rechtfertigen.

Soweit sich dann von kommunaler Seite gegen solche zarten Anfänge Widerstand regt oder schlicht Beharrung einsetzt, gibt es immerhin einen rechtlichen Ansatz, um Druck auszuüben. Da die Etablierung von Eigeninitiativmodellen ohnehin schwer genug ist, wirkt jeder Gegendruck der Öffentlichen Hand doppelt schwer, und dann tut das Wissen um rechtliche Förderung durch das Kreislaufwirtschafts- und Abfallgesetz gut.

De lege ferenda sollten nicht sprachlich-textliche Änderungen im Vordergrund stehen. Der derzeitige Wortlaut erweist sich als einigermaßen flexibel, soweit der Vollzug und z.B. auch der Sachverständigenrat einem solchen Weg Nachdruck verleihen. Empfehlenswert sind Maßnahmen eher institutioneller Art. So bedarf es der Gründung von Verursacherinteressenverbänden, die das Interesse an Eigeninitiative wecken und fördern. Sie sollten in enger Anlehnung an umweltpolitische Ziele gehalten und daher durch Impulsgebung des Staates angestoßen und wissenschaftlich begleitet werden.

Als wichtige Kategorie für die Steuerung hat sich die Verantwortung durch Haftung oder andere finanzielle Betroffenheit erwiesen. Wenn also Gesetzesänderungen ins Auge gefaßt werden, dann ist ein Nachdenken über die Erweiterung der Haftung bei Beauftragung und gesellschaftsrechtlicher Trägerschaft in sensiblen Aufgabenfeldern angebracht. Sie erspart möglicherweise einigen Regelungsaufwand und sorgt für Verantwortung und Selbstorganisation auf allen Ebenen. Dabei muß allerdings ein Zwischenweg gefunden werden, um Privatinitiative nicht durch überzogene Haftung zu ersticken. Er könnte wie vorgeschlagen in einer zeitlich beschränkten, widerlegbaren Mithaftungsvermutung liegen[585], ggf. mit Exculpierungsmöglichkeiten über Verursacherkontrollverbände.

B. Abfallrechtliche Subsidiarität als Motor bürgergesellschaftlicher Organisationsformen

Wenn die im Bereich des Abfallrechts erarbeiteten Erkenntnisse als Anregung und Muster für weitere Bereiche öffentlicher Daseinsvorsorge nutzbar gemacht werden sollen, ist es hilfreich, sie in übergeordnete gesellschaftstheoretische Leitgedanken und Entwicklungen einzuordnen, um ihnen ggf. als Bestandteil eines größeren Zusammenhangs, gleichsam einer Gesamtstrategie, mehr Gewicht zu verleihen.

---

585 Vgl. oben 1.Teil A.IV.2.a)bb).

Soll eine solche Nutzbarmachung möglichst schon bei der Auslegung geltenden Rechts und nicht nur de lege ferenda erfolgen, gilt dies im besonderen Maße, wobei der übergeordnete gesellschaftstheoretische Leitgedanke zugleich die Qualität eines rechtsethischen Prinzips oder einer ähnlich methodisch beachtlichen Formel erreichen muß.

I. Abfallrechtliche Freiräume als Ausdruck des Subsidiaritätsprinzips

Bereits in der Einleitung wurde angedeutet, daß die Diskussion um das Subsidiaritätsprinzip als der am besten geeignete Resonanzboden für die Erörterung gemeinschaftlicher Eigeninitiative erscheint. Es dürfte also von Interesse sein, was sich hinter diesem Prinzip verbirgt und wie es bei der reformerischen Zielrichtung dieser Arbeit weiterhelfen könnte.

Es soll daher in gebotener Kürze beleuchtet werden, welche Leitgedanken die Subsidiaritätsdiskussion prägen und welche normative Schubkraft für die Auslegung und Regelung in anderen Bereichen sich aus ihrer Wechselwirkung mit den im Abfallrecht gewonnenen Erkenntnissen ergibt. Soweit in diesem Zusammenhang vom „Subsidiaritätsgedanken" die Rede ist, soll damit das Denken an und Erwägen von Subsidiarität gemeint sein, während unter dem „Subsidiaritätsgrundsatz" bzw. „Subsidiaritätsprinzip" bereits die Verfestigung zu einer subsidiaritätsorientierten Argumentationsweise und -struktur verstanden werden soll.

1. Leitgedanken der Subsidiaritätsdiskussion

Es soll nun durch Wiedergabe einiger typischer Auffassungen eine Vorstellung von dem geschaffen werden, was sich hinter dem Subsidiaritätsgrundsatz bzw. -prinzip verbirgt.

Der Subsidiaritätsgrundsatz wird vielfach als staats- bzw. sozialphilosophisches Ordnungsprinzip bezeichnet.[586] Geordnet wird die Kompetenzverteilung und Kompetenzausübung[587] im Rahmen eines mehrstufigen, vielgliedrigen Gesellschafts- und Staatsaufbaus[588], angefangen beim Individuum, über gesellschaftliche Organisationen, kommunale Selbstverwaltung bis hin zum Staat und überstaatlichen Zusammenschlüssen. Differenzierungskriterium ist die Nähe zum Individuum.[589] Selbsthilfe geht vor Fremdhilfe, Fremdhilfe des eigenen Verbandes vor Fremdhilfe des weiteren Verbandes.[590]

Das Prinzip liegt zum einen darin, daß der Staat bzw. die übergeordnete Gemeinschaft nicht tätig werden soll, solange die zu lösende Aufgabe die Kräfte des einzelnen

---

[586] Vgl. Pius XI., Quadragesimo anno n. 79 v. 1931, zit. aus: Nörr/Oppermann, Subsidiarität, Anhang I; vgl. ferner Koslowski, in: Nörr/Oppermann, Subsidiarität, 39; Höffe, in: Narr/Oppermann, Subsidiarität, 49 und 51, dort auch als „sozialethisches Prinzip" bezeichnet.

[587] Dazu vgl. Döring, Subsidiarität, 33 ff.

[588] Aufbauend auf der „Stufenordnung der Lebenskreise" bei Robert v. Mohl, vgl. dazu bei Lecheler, Subsidiaritätsprinzip, 34.

[589] Moersch, Leistungsfähigkeit, 54 m.w.N.

[590] Isensee, Subsidiaritätsprinzip, 72.

oder der unteren Einheit nicht übersteigt.[591] Maßgebend ist, inwieweit die untere Ebene „in der Lage" ist, ihre Aufgaben zu erfüllen.[592] Diesbezüglich wird auch vom „Effektivitätsgrundsatz" gesprochen.[593]

Das Prinzip liegt zum anderen darin, daß, soweit die untere Ebene zur Leistung nicht der Lage ist,[594] ein Hilfeangebot der übergeordneten Gemeinschaft in Form „subsidiärer Assistenz" gegeben werden soll.[595] Dabei gilt das Postulat der „Hilfe zur Selbsthilfe", wonach der Beistand auf Wiederherstellung der Fähigkeit zur eigenständigen Problemlösung zielen soll.[596]

Das Prinzip enthält ferner ein „Rückverlagerungsgebot", sobald nach erfolgreicher temporärer Hilfeleistung Aufgaben bzw. Probleme wieder selbst bewältigt werden können.[597]

Diese Grundstruktur findet sich nach den Erkenntnissen dieser Arbeit auch im Abfallrecht. Den Verursachern wird die Entsorgung als Grundpflicht zugeordnet. Es gibt Freiräume, soweit die Verursacher zur Eigenerledigung bzw. Eigeninitiative in der Lage sind. Die Öffentliche Hand übernimmt den Abfall, der nicht in Eigenerledigung bzw. Eigeninitiative entsorgt wird. Durch die neue gesetzgeberische Denkrichtung werden Aufgaben auf die Verursacher und den privaten Sektor zurückverlagert.

Das soeben in seiner Grundstruktur vorgestellte Subsidiaritätsprinzip ist Grundlage verschiedener gesellschaftlicher und politischer Visionen und Trends. So wird es z.B. als „regulatives Prinzip" im Rahmen eines „integrativ-dynamischen Demokratiekonzepts" verstanden, das die „kollektiven Kosten unnötiger Diskriminierungen" möglichst gering halten, Freiheitschancen ermöglichen und strukturelle Nachteile ausgleichen soll.[598] Es ist demnach insbesondere dort zu verorten, wo Dezentralisierung verlangt wird.[599] Dieser Kontext von Subsidiarität und Demokratie ist im wesentlichen durch die Begriffe „Austausch/Deliberation, Dezentralisierung, Gleichheit, (...), Partizipation, Pluralismus, Politik als öffentlicher Raum, Selbst- und Fremdachtung, Solidarität, (...)" gekennzeichnet.[600] Als geläufige Argumentationsmuster für einen Zusammenhang von Subsidiarität, Dezentralisation und gesellschaftlicher Steuerung werden die erhöhte Flexibilität, eine ortsnahe und rasche sowie bedürfnis- und problemadäquate Entscheidungsfindung und insbesondere die Entlastung der höheren

---

591 Döring, Subsidiarität, 35, bezeichnet dies als „Entzugsverbot"; Quadragesimo anno n. 79 (oben Fn. 403) spricht sich dagegen aus, „das was die kleineren und untergeordneten Gemeinwesen leisten und zum guten Ende führen können, für weitere übergeordnete Gemeinschaft in Anspruch zu nehmen"; vgl. ferner Döring, Subsidiarität, 52, 54 m.w.N.

592 Döring, Subsidiarität, 35.

593 Moersch, Leistungsfähigkeit, 55; Pieper, Subsidiarität, 72, betont, daß Subsidiarität als Kompetenzverteilungssystem nicht vornehmlich auf die „niedrigste Stufe" abstellt, sondern auf Effektivitätsgesichtspunkte.

594 Die „Mangellage im privaten Bereich" kann nach Robert v. Mohl in einem Mangel im Vermögen, im Fehlen der intellektuellen oder technischen Fähigkeiten und im Mangel der körperlichen, aber auch der sittlichen Kraft bestehen, so zit. bei Lecheler, Subsidiaritätsprinzip, 36.

595 Döring, Subsidiarität, 35.

596 Döring, Subsidiarität, 35.

597 Döring, Subsidiarität, 35.

598 Waschkuhn, Subsidiarität, 64.

599 Waschkuhn, Subsidiarität, 64.

600 Waschkuhn, Subsidiarität, 67, 68, unter Hinweis auf Toqueville.

Systemebenen genannt.⁶⁰¹ An anderen Stellen wird auf den engen Zusammenhang von Subsidiarität und Verantwortung hingewiesen.⁶⁰²

Bereits diese kleine begriffliche Einführung deutet auf eine Ähnlichkeit der Subsidiaritätsdiskussion zur Begriffswelt in den Materialien des Kreislaufwirtschafts- und Abfallgesetzes hin.

Zur besseren Übersicht soll hier, obwohl dies in der Subsidiaritätsdiskussion so nicht üblich ist, zwischen einem eher idealistischen partizipationsorientierten und einem eher rationalen steuerungsorientierten Ansatz des Subsidiaritätsgedankens unterschieden werden, wobei beide Ansätze sich überlagern und ergänzen.

Im Rahmen des Subsidiaritätsgedankens als Partizipationsideal ist zunächst die neuere Diskussion unter dem Stichwort „Bürgergesellschaft" hervorzuheben.⁶⁰³ Darin wird anknüpfend an idealistische Vorstellungen von Demokratie und Dezentralisation vor Gefahren staatlicher Allgegenwärtigkeit gewarnt. Staaten und Märkte haben sich danach der bürgerlichen Gesellschaft bemächtigt und zu Staatsgesellschaften oder Wirtschaftsgesellschaften geführt, wobei die Bürgergesellschaft auf der Strecke blieb. Diese brauche zwar einen demokratischen Staat und freie Märkte, aber nach Möglichkeit auch ein „gutes und bürgerliches Leben jenseits von Märkten und Mächten".⁶⁰⁴ Unter dem Stichwort „Bürgergesellschaft" sollen Lebenschancen offeriert werden, ohne daß der Staat dabei eine Rolle zu spielen braucht. Genau die Tatsache, daß der Staat in größten Teilen unseres Lebens nicht nötig sei, mache diesen Staat zu einem demokratischen Staat.⁶⁰⁵

Die einzelnen Formen der Bürgergesellschaft gründen sich danach auf Pluralität als Gegenpol zu Monismus, auf Autonomie als Gegenpol zu Fremdbestimmung und auf Zivilität in Form von Bürgersinn, Partizipation, Zivilcourage und Verantwortlichkeit.⁶⁰⁶ Die Idee der Bürgergesellschaft sei insofern geeignet, die – ohnehin nur analytische – Trennung zwischen einem negativen und positiven Freiheitsbegriff aufzuheben.⁶⁰⁷ Um mit DAHRENDORF zu sprechen: „Etwas tun, heißt selbst etwas tun, in freier Assoziation mit anderen. Es führt zur bunten Welt der freiwilligen Verbände und Organisationen, dann auch zu den autonomen Institutionen. Es führt zur Bürgergesellschaft. Sie ist das Medium des Lebens mit Sinn und Bedeutung der erfüllten Freiheit."⁶⁰⁸

Diese Gedanken finden sich in den Materialien und der wissenschaftlichen Diskussion zum neuen Abfallrecht wieder, indem dort auf die Notwendigkeit von Selbstorganisation, Gefahren der Monopolisierung und die Beschränkung auf notwendige Daseinsvorsorge hingewiesen wird.

---

601 Waschkuhn, Subsidiarität, 84 m.w.N.
602 Baumgartner, in: Nörr/Oppermann, Subsidiarität, 20; Roman Herzog, zit. bei Döring, Subsidiarität, 61 f., geht davon aus, daß sich der Bürger desto mehr „für sein Gemeinwesen engagiert, je unmittelbarer sein persönlicher Verantwortungsbereich betroffen ist".
603 Dazu vgl. Spieker, in: Mückl (Hrsg.), 53 ff.; Waschkuhn, Subsidiarität, 72 ff.
604 Warnfried Dettling, näher ausgeführt und zit. bei Waschkuhn, Subsidiarität, 69.
605 Ralf Dahrendorf, näher ausgeführt und zit. bei Waschkuhn, Subsidiarität, 73.
606 Vgl. Waschkuhn, Subsidiarität, 73.
607 Vgl. Waschkuhn, Subsidiarität, 74.
608 Dahrendorf, näher ausgeführt und zit. bei Waschkuhn, Subsidiarität, 74.

Obige Vorstellungen über eine Bürgergesellschaft beruhen zugleich auf klassisch-liberalen und basisdemokratischen Konzepten und wurden im Zuge des Zusammenbruchs totalitärer kommunistischer Systeme Anfang der 90er Jahre unter den Stichworten „Kommunitarismus" und „Civil Society" wiederentdeckt.[609]

Ein solcher Ansatz findet sich auch bei amerikanischen Kommunitaristen, deren Anliegen ggf. eher mit den Bedürfnissen und Problemen anderer westlicher Staaten vereinbar sind. An die Stelle des omnipotenten Staates soll nach ihrer Auffassung die „civil society" treten. Dadurch soll gegen ein staatszentriertes Politik- und Demokratieverständnis eine autonomisierte gesellschaftliche Sphäre als Lebenswelt behauptet werden. Es gelte Freiheit, Gleichheit und Solidarität auf einer mittleren Ebene zwischen Mikro- und Makrostrukturen aktiv zu gewährleisten, neu zu organisieren und praktisch zu erproben.[610]

So versucht ein Manifest der Kommunitaristen, im Zusammenhang mit dem sozialen Wesen des Menschen an die Tradition der Selbsthilfe zu erinnern. Darin liegt zugleich ein Appell an die Bereitschaft der Bürger, sich wieder verstärkt auf die Ortsgemeinde, die Nachbarschaft und die Familie zu verlassen. In dieser dezentralen und gemeinschaftsorientierten Perspektive findet der Subsidiaritätsgedanken eine aktuelle Ausformung.[611] Dies zeigt sich auch in folgenden Sätzen: „Was in der Familie getan werden kann, sollte nicht einer intermediären Gruppe übertragen werden. Was auf lokaler Ebene getan werden kann, sollte nicht an den Staat (...) delegiert werden. (...) Dieser Grundsatz gilt insbesondere für die Sorge um Kranke, Arme, Straftäter, Obdachlose und Einwanderer, ebenso für die öffentliche Ordnung, das Gesundheitswesen und den Umweltschutz, bis hin zur Mithilfe bei der Abfallbeseitigung."[612] An anderer Stelle wird an eine „Reaktivierung solidarischen Handelns durch die Stärkung eines neu zu normierenden Gemeinschafts- und Verantwortungsbewußtseins" appelliert.[613]

Diesem kommunitaristischen Ansatz wird das Abfallrecht dadurch gerecht, daß es in § 17 KrW-/AbfG die Erledigung durch private Verursacherverbände hervorhebt und dafür in § 13 I KrW-/AbfG Freiräume schafft. Insoweit trifft das Abfallrecht seine Präferenzentscheidung vor allem nach dem Muster „Selbstverwaltung/Zusammenschlüsse" und nicht allein nach dem Muster „Zivilität".

Es sei ferner hingewiesen auf die neuere Diskussion zur sozialen Selbst- und Nachbarschaftshilfe unter dem Stichwort „neue Subsidiarität". Sie setzt an bei einem „ureigensten Bedürfnis des Bürgers nach Aktivität und Selbstentfaltung" und gelangt daher zu einer Schädlichkeit solchen Beistands, der die Selbstentfaltung beeinträchtigt.[614] Jedes Individuum wachse durch Eigentätigkeit, und entsprechend seien Fähigkeiten zu Selbstversorgung und Selbsthilfe zu fördern.[615] Vor diesem Hintergrund wird die Ausblendung bzw. die Ausgrenzung jedenfalls aber die strukturelle Benachteiligung der unteren Selbsthilfeebenen[616], also des Bürgers und der kleineren Träger- und Bürger-

---

609 Spieker, in: Mückl (Hrsg.), 53; Waschkuhn, Subsidiarität, 109.
610 Vgl. Waschkuhn, Subsidiarität, 109, 110.
611 Vgl. Waschkuhn, Subsidiarität, 111, unter Hinweis auf ein „Manifest 1994"
612 Vgl. Waschkuhn, Subsidiarität, 113, unter Hinweis auf ein „Manifest 1994"
613 Vgl. Waschkuhn, Subsidiarität, 114.
614 Asam, in: Asam/Heck (Hrsg.), 15.
615 Asam, in: Asam/Heck (Hrsg.), 16, unter Bezugnahme auf Oswald v. Nell-Breuning.
616 Asam, in: Asam/Heck (Hrsg.), 18.

gruppen[617], durch ein Bündnis zwischen Staat, Kommunen und etablierten freien Trägern, genannt „Wohlfahrtskartell"[618], kritisiert. Beklagt wird die immer stärkere Angleichung der Wohlfahrtsverbände an die staatliche und kommunale Wohlfahrtspflege durch Professionalisierung und Bürokratisierung.[619] Dies erhöhe die Tendenz zu teuren und eigentlich unnötigen „Full-Service-Angeboten".[620] Diese Entwicklung fordere immer größere und komplexere Organisationen und entfalte eine organisatorische Eigendynamik, die zu sog. Wasserköpfen führt.[621]

Als Instrumente zur Korrektur der als schädlich empfundenen Entwicklungen werden dezentrale Organisation häuslicher Krankenpflege, Selbsthilfegruppen und die Mobilisierung ehrenamtlicher Helfer und der Nachbarschaftshilfe vorgeschlagen, wobei kein sonderlicher Optimismus bezüglich der strukturverändernden Wirkung herrscht.[622]

An dieser Stelle der Subsidiaritätsdiskussion wird ein erhebliches Mißtrauen nicht nur gegen öffentliche, sondern auch gegen ausufernde private Fürsorge durch große privatwirtschaftliche Einheiten deutlich. Diese soziale Selbsthilfediskussion mit ihrer Kritik am „Wohlfahrtskartell" ähnelt den in den abfallrechtlichen Materialien hervortretenden Bedenken gegen eine Monopolmacht privater Entsorgungswirtschaft. Die eng damit verbundene abfallrechtliche Problematik des „Problems als Lebenselixier der Problemlöser" wiederum findet ihre Entsprechung in der Kritik am Ansichziehen ganzer Bereiche durch „Full-Service-Angebote" mit ihrer entfremdenden Wirkung und ihrer wirtschaftlichen Dynamik und Lukrativität.

Hier entsteht eine Parallele zur Präferenz der §§ 13, 17 KrW-/AbfG für Eigenerledigungsmodelle, wobei die für § 13 I KrW-/AbfG erarbeitete beschränkte Einbeziehung der Dienstleistungswirtschaft aus Gründen der effektiven und quantitativen Wirkung ihre Rechtfertigung in den wenig optimistischen Prognosen für die Wirkung von klassischen Selbsthilfegruppen zu finden scheint.

Nachdem soeben ein kurzer Überblick über zentrale Aussagen der eher idealistischen und partizipationsorientierten Ansätze in Sachen Subsidiarität gegeben wurde, soll gleiches nunmehr für den eher rationalen und steuerungsorientierten Ansatz geschehen. Ein Beispiel ist die politikwissenschaftliche Steuerungsdiskussion, in der das Subsidiaritätsprinzip als Instrument der Gesellschaftssteuerung Bedeutung erlangt. Ausgangspunkt dieser Diskussion ist die Beobachtung, daß die Ausweitung der Staatsaufgaben und die Ausdehnung der Staatstätigkeit in alle Gesellschaftsbereiche nicht zu den gewünschten und erwarteten Ergebnissen führt.[623] Es ist diesbezüglich von „Enttäuschungserfahrungen" mit staatlicher Planungs- und Lenkungspolitik die

---

617 Asam, in: Asam/Heck (Hrsg.), 21.
618 Asam, in: Asam/Heck (Hrsg.), 33.
619 Heinze, in: Heinze (Hrsg.), 14; vgl. auch Schimank/Glagow, in: Glagow (Hrsg.), 16.
620 Anschauliches Beispiel bei Asam, in: Asam/Heck (Hrsg.), 33: Eine alte Frau geht ins Altersheim, weil ihr im Notfall keiner geholfen hätte. Sie muß dadurch auch alle anderen Alltagstätigkeiten aufgeben. Die dadurch entstehende Einsamkeit und Sinnentleerung fordert nun auch noch ein Freizeitmanagement.
621 Asam, in: Asam/Heck (Hrsg.), 32; vgl. zur Bevorzugung kleiner Einheiten unten S. 322.
622 Vgl. Heinze, in: Heinze (Hrsg.), 20 ff.
623 Moersch, Leistungsfähigkeit, 40.

Rede und ferner vom „Staatsversagen", von den „Grenzen des Regierens", von der „Entzauberung des Staates" und der Unmöglichkeit, hochkomplexe Systeme etatistisch und zentral zu steuern.[624] Daraus wird auf eine grundsätzliche Überlegenheit der gesellschaftlichen Selbststeuerung gegenüber staatlicher Steuerung durch Gesetze geschlossen.[625] Es gelte daher, die Fähigkeit von Teilsystemen zu Selbstorganisation und Selbststeuerung zu nutzen und das Recht u.a. darauf auszurichten, die Autonomie der Teilsysteme zu garantieren und zu regulieren.[626]

Die neuere sozialwissenschaftliche Diskussion geht soweit, die strikte Trennung von Staat und Gesellschaft, von öffentlicher und privater Sphäre, für obsolet und überholt zu halten.[627] Der Staat bleibe auf der Strecke gesellschaftlicher Evolution, weil er nicht funktionstüchtig genug sei.[628] Im Vordergrund staatlicher Führungsaufgaben stünden demnach Kooperation, Koordination und Moderation sowie eine Orientierungs-, Organisations- und Vermittlungsfunktion.[629] Die Argumentation über Subsidiarität wird teilweise zusammengefaßt in dem Satz: so wenig Staat wie möglich, nur soviel Staat wie nötig.[630]

Diesem Denkansatz folgt der abfallrechtliche Gesetzgeber ohne jeden Zweifel. Eine – wie auch immer geartete – erheblich stärkere Einbeziehung des privaten Sektors in die Entsorgung ist auf jeden Fall beabsichtigt.

In der soeben genannten steuerungsorientierten Subsidiaritätsdiskussion wird zur Problemlösung eine Erweiterung des Kreises der Steuerungsakteure und eine dezentrale Verteilung der Steuerungssubjekte vorgeschlagen.[631] Geläufige Argumentationsmuster für Dezentralisation unter Gesichtspunkten gesellschaftlicher Steuerung sind die erhöhte Flexibilität, eine ortsnahe, rasche und problemadäquate Entscheidungsfindung und insbesondere die Entlastung der höheren Systemebenen.[632]

Hier wiederum fügt sich das auf Bewußtsein, Rückkopplung, Eigenverantwortung, Flexibilität und Vielfalt gerichtete abfallrechtliche Argumentationsmuster ein.

Aber auch auf Gefahren gesellschaftlicher Steuerung wird hingewiesen, und zwar im Rahmen der Korporatismuskritik. So drohe die Gefahr zunehmender Abhängigkeit von den in den Kreis der Steuerungsakteure aufgenommenen Interessengruppen. Unter den Stichworten „Verbändestaat", „Gewerkschaftsstaat", „Unternehmerstaat" wird kritisiert, daß nur noch solche Entscheidungen fallen, die die Zustimmung bestimmter Interessengruppen finden. Dies führe zu einer Zentralisierung gesellschaftlicher und politischer Macht und einem Mangel an Transparenz der Entscheidungsprozesse.[633] Transparenzmangel, Zentralisierung und Bürokratisierung könne dadurch die Akzeptanzgrenze überschreiten, was – aus einem elementaren Bedürfnis nach subsidiären

---

624 Vgl. Moersch, Leistungsfähigkeit, 40 f. m.w.N.; Schimank/Glagow, in: Glagow(Hrsg.) 9 f.
625 Vgl. Pieper, Subsidiarität, 65, unter Berufung auf v. Arnim.
626 Moersch, Leistungsfähigkeit, 41 m.w.N.
627 Vgl. Waschkuhn, Subsidiarität, 84.
628 Vgl. Waschkuhn, Subsidiarität, 85, unter Hinweis auf Willke.
629 Vgl. Waschkuhn, Subsidiarität, 85, unter Hinweis auf Hesse.
630 Vgl. Pieper, Subsidiarität, 65, unter Berufung auf v. Arnim.
631 Moersch, Leistungsfähigkeit, 48.
632 Waschkuhn, Subsidiarität, 84.
633 Überblick über die Diskussion bei Moersch, Leistungsfähigkeit, 45 f.

Strukturen heraus – zu einem Phänomen der Abkopplung von korporatistischer Politik durch organisierte Eigeninitiative führe.[634]

Hier fügen sich die in der abfallrechtlichen Untersuchung erarbeiteten Erkenntnisse ein, die zu einer Beschreibung dessen führen, was gefühlsmäßig und rational noch als Eigeninitiative bzw. Eigenerledigung bezeichnet werden soll. Dabei wurde nämlich darauf hingewiesen, daß Großverbände von Verursachern eigentlich nicht dem Ideal der Bewußtseinsförderung und Rückkopplung entsprechen und lediglich aufgrund der hohen technischen und bürokratischen Anforderungen im Abfallbereich als förderungswürdig anzusehen sind.

2. Konkretisierung durch verwandte Leitbegriffe

Viele Aussagen des Subsidiaritätsgrundsatzes werden im Kontext mit anderen Leitbegriffen deutlicher.

Dies gilt zunächst für den Kontext mit der genossenschaftswissenschaftlichen Diskussion. Danach ist im Genossenschaftswesen die Idee der Subsidiarität par excellence verwirklicht.[635] Dies sei unter den Leitbegriffen Selbsthilfe, Selbstverwaltung, Selbstverantwortung und Selbstkontrolle auch das erklärte Ziel der Genossenschaftsgründer gewesen.[636]

So wird denn auch auf die Vorzüge der Privatisierung in Form von Genossenschaften hingewiesen. Zum einen könnten Rationalisierungsmängel öffentlicher Betriebe und Verwaltungen beseitigt werden. Zum anderen könne dezentralisiert werden, ohne die Nachteile der Privatisierung in Kauf zu nehmen. Im übrigen käme man im Sinne des Subsidiaritätsprinzips dem Ziel einer gesellschaftlichen Selbstorganisation öffentlicher Aufgaben näher.[637] Daraus ergebe sich die Möglichkeit, auf Veränderungen der Umwelt rasch zu reagieren und das dazu erforderliche Problemlösungs- und Innovationspotential zu entwickeln. Zugleich trage eine solche Dezentralisation auch zur Stabilität des Gesamtsystems bei, da selbständige Subsysteme viele Ungleichgewichte bereits in ihrem Bereich mit eigenen Mitteln beseitigen.[638] In der Praxis habe sich gezeigt, daß Genossenschaften in ihrer Gründungsphase stark defizitäre – nicht selten konkursreife – Kommunalbetriebe übernahmen, deren Abwärtstrend durch Kostensenkungen und Beseitigung von Defiziten stark abbremsten und vielerorts in einen Aufwärtstrend verwandelten.[639]

Ähnliche Ansätze finden sich in der neueren Genossenschaftsforschung. Die Begriffe der Selbsthilfe, Selbstverantwortung und Partizipation spielen auch hier eine zentrale Rolle. So wird eine Übereinstimmung der von RAIFFEISEN formulierten klassischen Genossenschaftsprinzipen mit dem finanzwissenschaftlichen Kongruenzprinzip festgestellt.[640] Das Kongruenzprinzip teilt sich danach in drei Teilprinzipien, zum ei-

---

634 Moersch, Leistungsfähigkeit, 46.
635 Fehl, in: Mückl (Hrsg.), 214.
636 Fehl, in: Mückl (Hrsg.), 214.
637 Engelhardt, in: Brede (Hrsg.), 289, 295 f.
638 Engelhardt, in: Brede (Hrsg.), 289, 295 f.
639 Engelhardt, in: Brede (Hrsg.), 310.
640 Lüke, Chancen, 77m.w.N. unter Bezugnahme auf Grossekettler

nen das Prinzip der fiskalischen Äquivalenz, nach dem sich die Personenkreise von Zahlern und Nutzern innerhalb eines Bereitstellungsverbandes decken sollen, zum anderen das Demokratieprinzip, nach dem sich die Personenkreise der Entscheidungsunterworfenen und Kontrollberechtigten innerhalb des Verbandes decken sollen, und schließlich das Prinzip der Immediatkontrolle, nach dem sich die Personenkreise der grundsätzlich kontrollberechtigten gesamten Mitgliederschaft und jenen, die tatsächlich kontrollieren, decken sollen.[641] Diese Trias stimme unmittelbar mit dem genossenschaftlichen Selbsthilfeprinzip, das sich in der gemeinsamen Nutzung von kollektiven Einrichtungen äußert, dem genossenschaftlichen Selbstverantwortungsprinzip, nach dem sämtliche Kosten von den Nutzern übernommen werden, und dem genossenschaftlichen Selbstverwaltungsprinzip, das die demokratische Kontrolle der gefällten Entscheidungen durch alle Mitglieder vorsehe, überein.[642] Die Genossenschaft, bilde daher ein „alternatives institutionelles Arrangement zur Allokation von Klubkollektivgütern durch einen öffentlichen Versorgungsverband, aber auch zur wirtschaftspolitischen Regulierung des privaten Regionalmonopols."[643] Auch aus volkswirtschaftlicher Sicht erweisen sich also mitgliedschaftlich strukturierte Zusammenschlüsse von Betroffenen als willkommene Ergänzung der herkömmlichen öffentlichen und privaten Strukturen.

So werden denn aus Sicht des Genossenschaftswesens eine Vielzahl von Anwendungsgebieten der Genossenschaftsform im Bereich der Daseinsvorsorge vorgeschlagen, die von den soeben geschilderten Vorteilen profitieren könnten.[644]

Aber es werden auch Fehlentwicklungen beschrieben. So ist von Verselbständigungstendenzen des Genossenschaftsmanagements, insbesondere auf der Sekundär- bzw. Meta-Ebene, und von Trittbrettfahrertum in größeren Einheiten die Rede.[645]

Insgesamt allerdings entspricht die Genossenschaft einschließlich genossenschaftsähnlicher Organisationsformen nicht nur wichtigen finanzwissenschaftlichen Zielen, sondern ist ein Vehikel der Umsetzung der Subsidiaritätslehre mit ihren Modellen der Bürgergesellschaft bzw. civil society.

Indem das Abfallrecht in vielen Bereichen auf Eigenerledigung, Eigeninitiative und Eigenverantwortung beschränkte Freiräume schafft, lädt es gleichsam zur Einbeziehung genossenschaftsähnlicher Organisationsformen ein und erfüllt damit die Anliegen der genossenschaftswissenschaftlichen Subsidiaritätsbestrebungen nach Eindringen in den Bereich öffentlicher Aufgaben.

Ein enger Zusammenhang besteht ferner zwischen Verursacher- und Subsidiaritätsprinzip. So wird das Verursacherprinzip als Mittel zur Verwirklichung des Subsidiaritätsprinzips angesehen. Dies gelte insbesondere vor dem Hintergrund der neueren Subsidiaritätsdiskussion, nach der die Staatsaufgaben und -ausgaben an die Grenze des

---

641 Lüke, Chancen, 77 m.w.N.
642 Lüke, Chancen, 78.
643 Lüke, Chancen, 73.
644 Vgl. dazu Bungenstock, Lüke, oben Fn. 4, 14: Krankenhaus, Müllabfuhr, Straßenreinigung, Wasserversorgung, Schulen, Abwasserbeseitigung, Stromverteilungsnetze, Seniorenbetreuung, öffentliche Wohnungsbestände, Sparkassen, Museen, Theater, Schwimmbäder, Sportplätze, Personennahverkehr.
645 Vgl. Fehl, in: Mückl (Hrsg.), 201, 218.

finanziell und organisatorisch Machbaren stoßen und die individuelle Eigenverantwortung zu ersticken drohen.[646] Das Subsidiaritätsprinzip soll daher die Umsetzung des Verursacherprinzips derart beeinflussen, daß eine bestimmte Reihenfolge der Maßnahmen vorgegeben wird. Danach sollen staatliche Maßnahmen nur soweit reichen, wie dies zur Wiederherstellung privatautonomen Handelns erforderlich ist. Soweit es nur eines Anstoßes bedarf, solle der Staat nicht privates Handeln durch sein eigenes ersetzen.[647] Eigenverantwortung wird als zentrale Kategorie des Verursacherprinzips angesehen und bildet danach als Gegensatz zu fremder Verantwortung eine Grenze staatlichen Handelns.[648] Demnach ist das Verursacherprinzip nicht nur Kostenverteilungs-, sondern auch und zunächst Organisationsprinzip.

Der auf diese Weise hergestellte enge Zusammenhang zwischen Subsidiaritäts- und Verursacherprinzip ist in dieser Untersuchung von besonderer Bedeutung, weil gerade im Umweltrecht und insbesondere im Abfallrecht immer wieder und vor allem vom Gesetzgeber das Verursacherprinzip in den Vordergrund geschoben wird. Dadurch wird zum einen die Auslegung im Ersten Teil bekräftigt. Zum anderen sind von diesem Zusammenhang Auswirkungen auf andere vom Verursacherprinzip geprägte Regelungsbereiche zu erwarten.

Einen Widerhall findet der Subsidiaritätsgedanke auch in der Diskussion über Regulierung. So wird von „staatlich regulierter Selbstregulierung" als „spannenstem Typ" der Regulierung gesprochen.[649] Die Funktionslogik des Aufgabentransfers begründe einen untrennbaren Zusammenhang zwischen Privatisierung und Regulierung, was wiederum zu einem Rollenwechsel des Staates hin zu einer Gewährleistungsaufsicht bei privaten Anbietern oder im „dritten Sektor" führe.[650]

Insgesamt wird auch in diesem Zusammenhang die „Auffangverantwortung" der öffentlichen Hand betont, die sich z.B. in Rechtskonstruktionen ausdrückt, die zunächst auf privatautonome Regelung setzen und bei Nichterfüllung der Erwartungen – gleichsam als Drohmacht – den staatlichen Akteur auf den Plan ruft.[651]

Der auf solche Weise hergestellte Zusammenhang zwischen Privatisierung, Subsidiarität und Regulierung findet sich wieder in der vor allem im Ersten Teil erarbeiteten Beschränkung auf Reservestrukturen und eines verantwortbaren, regulierten Übergangs dahin durch ein bestimmtes Verfahrensmuster der Abwägung mit öffentlichen Interessen und der gerichtlichen Überprüfung.

Für die vorliegende Untersuchung ist ferner das Verhältnis zwischen Subsidiarität und dem Bedürfnis nach Daseinsvorsorge von großer Bedeutung. Beide Anliegen müssen in Kongruenz gebracht werden, um gesellschaftspolitisch Erfolg haben zu können.

---

646 Frenz, Verursacherprinzip, 202.
647 Frenz, Verursacherprinzip, 207, stellt fest, daß das Verursacherprinzip in seiner Ausgestaltung und Anwendung – weil aus ihm abgeleitet – durch den Subsidiaritätsgrundsatz determiniert wird.
648 Frenz, Verursacherprinzip, 200 f.
649 Schuppert, DÖV 1998, 831, 836.
650 Schuppert, DÖV 1998, 831, 835.
651 Unter Hinweis auf solche Konstruktionen im Abfallrecht: Schuppert, DÖV 1998, 831, 836.

Die Daseinsvorsorge entstand ursprünglich aus polizeirechtlichen Bedürfnissen und wurde daher auch rechtlich im staatlichen Bereich angesiedelt.[652] Die allmähliche Überführung aus dem staatlichen Polizeirecht in die kommunale Selbstverwaltung folgte dem Gedanken der „Entstaatlichung zugunsten der Selbstverwaltung des Volkes".[653] Leitgedanke war also damals eine Subsidiarität staatlicher Aktivität zugunsten der Kommunen. Dies änderte nichts an ihrer Erbringung durch die öffentliche Hand. Im Gegenteil, es erfolgte – u.a. aus fiskalischen Gründen zur Einnahmeerzielung – bewußt eine Überführung in das öffentliche Regime und zulasten der Profite privater Unternehmen.[654]

FORSTHOFF widmet sich erklärend und wegweisend den Tendenzen und Gefahren. Er erklärt die Notwendigkeit von Daseinsvorsorge mit der Schrumpfung des dem einzelnen allein zugeordneten und von ihm „beherrschten" Lebensraums bei gleichzeitigem Verlust der Verfügung über wesentliche Mittel der Daseinsstabilisierung, wie z.B. über Wasser aus eigenem Brunnen, Brennstoff aus eigenem Wald und Nahrung vom eigenen Feld. Der moderne Mensch ohne beherrschten Lebensraum sei darauf angewiesen, daß ihm solche zur Daseinsermöglichung unentbehrlichen Lebensgüter zugänglich gemacht würden. Es wären, so FORSTHOFF, vielleicht viele Wege denkbar, um dieses Ziel zu erreichen. Im Ablauf der Dinge sei hier – wenigstens im Bereich der deutschen Staatlichkeit – eine eindeutige Entscheidung gefallen, wonach dem Staat im weitesten Sinne die Aufgabe und die Verantwortung zugefallen ist, alles vorzukehren, was für die Daseinsermöglichung des modernen Menschen ohne Lebensraum erforderlich ist. Der moderne Mensch lebe daher nicht nur im Staat, sondern im wesentlichen vom Staat[655] und dies berge erhebliche Gefahren einer „Konversion der Daseinsvorsorge in Herrschaftsmittel" in sich.[656] Eine solche Entwicklung stelle das „gefährlichste Attentat auf die individuelle Freiheit dar, das dem Staat (...) zu Gebote stünde, das aber mit den Mitteln des Rechts unter allen Umständen ausgeschlossen werden" müsse.[657]

Auf diesem Wege, so FORSTHOFF, läßt uns die rechtsstaatliche Verfassung im Stich. Der moderne Daseinsbereich lebe an der Verfassung vorbei, so daß er im wesentlichen von der Verwaltung gemeistert werden müsse. Die Verfassung enthalte daher auch keine Schutznorm gegen die Konversion der Daseinsvorsorge in Herrschaftsmittel des Staates. Sie überlasse es uns, „eine ungeschriebene Verbotsnorm aus dem Sinn und dem System unseres öffentlichen Rechts abzuleiten."[658]

FORSTHOFF hat damit in sehr eingängiger und heute noch aktueller Weise die Notwendigkeit und zugleich die Gefahren öffentlicher Daseinsvorsorge beschrieben. Er gelangt auf diesem Wege wie die Vertreter der Bürgergesellschaft zu einer freiheitsbedrohenden Tendenz der Daseinsvorsorge und geht von einem verfassungsimmanenten Korrektiv solcher Tendenzen aus.

---

652 Vgl. Hellerman, Daseinsvorsorge, 26.
653 Vgl. Hellerman, Daseinsvorsorge, 26 f.
654 Hellermann, Daseinsvorsorge, 21.
655 Forsthoff, Daseinsvorsorge 1958, 4 f., 6 f.
656 Forsthoff, Daseinsvorsorge 1958, 9.
657 Forsthoff, Daseinsvorsorge 1958, 9.
658 Forsthoff, Daseinsvorsorge 1958, 9.

Ein solches Korrektiv hat nach seiner Auffassung an der „Entfremdung des Menschen (von) der Daseinsbehauptung" anzusetzen, und zwar durch die Ermöglichung von Selbstbestimmung.[659] Leitbild einer richtig organisierten Daseinsvorsorge sei keineswegs der perfekt bediente Endverbraucher. Der sei nämlich im Zustande des Ausgeliefertseins an irgendwelche, seiner Einfluß- und Kenntnisnahme entrückten Versorgungsapparaturen seiner Personhaftigkeit entkleidet. Er bleibe sich, was seine elementare Daseinsbehauptung anbelangt, entfremdet. Allerdings verkennt FORSTHOFF nicht, daß es Millionen Menschen gibt, die sich mit der Rolle eines perfekt bedienten Endverbrauchers zufrieden geben werden. Er warnt aber gleichzeitig davor, allein aktuelle Maßstäbe zugrundezulegen, in denen durch das Zusammentreffen glücklicher Umstände Friktionen und Probleme erspart bleiben. Es sei ein „Wagnis ohnegleichen", auf Ordnungen zu verzichten, die auch den Belastungen wirtschaftlicher und politischer Krisen gewachsen sind.[660]

Die beschriebenen Analysen führen bei FORSTHOFF im Ergebnis zu einer Verteidigung kommunaler Daseinsvorsorge gegen die weitgehende Überführung auf den Staat und seine Behörden, auch wenn dabei einige Effizienzdefizite in Kauf genommen werden müssen. Diesbezüglich gelte der Grundsatz: „Je größer die Nähe des Staatsbürgers zur öffentlichen Obliegenheit ist, um so mehr besteht die Möglichkeit, die bürgerliche Selbstbestimmung in die Abwicklung der Obliegenheit hineinzunehmen. In dem Maße in dem von dieser Möglichkeit Gebrauch gemacht wird, muß (*so FORSTHOFF*) der Verzicht auf eine im fachmännischen Sinne optimale Erledigung und auf die Einheitlichkeit der Verwaltungsführung in größeren Räumen in Kauf genommen werden".[661]

Der Subsidiaritätsgedanke von FORSTHOFF ist daher deutlich im Dualismus zwischen Kommune und Staat verhaftet, der für die Problematik bürgerlicher Eigeninitiative im hier erörterten Sinne auf den ersten Blick nichts hergibt. Man droht ihm jedoch Unrecht zu tun, wenn seine Gedanken deshalb als überkommen abtut. Immerhin stammt seine Abhandlung aus dem Jahre 1958, einer Zeit vor Gemeindegebietsreform und zunehmender Bürokratisierung. Auch ordnete er die Gemeindeverwaltung nicht dem staatlichen, sondern dem gesellschaftlichen Bereich zu.[662] Wenn man FORSTHOFFS Erkenntnisse in die heutige Zeit weiterdenkt, kann sich ein erheblicher Wert ergeben. So könnte man davon ausgehen, das die von ihm so befürchtete Verstaatlichung der kommunalen Daseinsvorsorge bereits stattgefunden hat, jedoch nicht durch die von ihm bekämpfte formale Überführung der Aufgabe von den Kommunen in den Staat, sondern gleichsam durch eine innere Verstaatlichung der Kommunen. Damit ist z.B. gemeint die Prägung durch den öffentlichen Dienst, durch das Einheitlichkeitsstreben der Kommunalverbände, durch Professionalisierung im Sinne von Formalisierung bis hin zur Okkupation der Gemeinderäte durch den öffentlichen Dienst selbst und schließlich die Überfrachtung mit einer Fülle von Pflicht- und Fürsorgeaufgaben und Pflichtbeauftragten, die sich eine Selbstverwaltung vor Ort niemals gönnen würde, und dadurch eine nahezu vollständige Abhängigkeit von staatlichen Zuwendungen und haushaltsrechtlichen Genehmigungen, die nur bei Wohlverhalten

---

659 Forsthoff, Daseinsvorsorge 1958, 23.
660 Forsthoff, Daseinsvorsorge 1958, 12.
661 Forsthoff, Daseinsvorsorge 1958, 21 f.
662 Vgl. dazu auch Scheidemann, Daseinsvorsorge, 199.

gegeben werden. Nicht die Aufgaben werden auf solche Weise dem Staat zugeschlagen, sondern die Kommune verwandelt sich mitsamt ihren Aufgaben in ein staatsähnliches Gebilde und ein Anhängsel des Staates, dem der Bürger im Forsthoff'schen Sinne ähnlich entfremdet gegenübersteht, wie dem sonstigen Staat.

Unter einem solchen Blickwinkel sind seine Mahnungen und Forderungen auch für den in dieser Arbeit erörterten Subsidiaritätsgedanken aktuell. Selbstverwaltung der Bürger findet dann nämlich nicht mehr in erster Linie in den Kommunen statt, sondern im sog. Dritten Sektor.[663] Damit rechtfertigen sich verbands- und genossenschaftsorientierte Privilegierungsansätze im Abfallrecht.

Außerdem erkennt der Betrachter vor Ort deutliche Tendenzen dahin, daß die kommunale Daseinsvorsorge häufig zugleich Vorsorge für die damit betrauten öffentlichen, quasi-öffentlichen und auch privaten Institutionen und Beschäftigten zu sein scheint, die von der Infantilisierung und dem damit verbundenen Anspruchsdenken der Versorgten profitieren und beides fördern. Diese inzwischen wohl als Binsenweisheit zu bezeichnende Entwicklung macht ein Umsteuern nahezu unmöglich und kann – neben anderen Tendenzen – als deutliches Zeichen für eine Konversion von Fürsorge in Macht gewertet werden.

Vor diesem Hintergrund wirken FORSTHOFFS Forderungen nach einer größtmöglichen Nähe des Bürgers zur öffentlichen Obliegenheit, auch wenn darunter die Perfektion der Durchführung leidet, durchaus in Richtung einer weitgehenden Subsidiarität auch des kommunalen Handelns zugunsten privater Eigeninitiative der Bürger. Dadurch läßt sich zumindest ein wenig des nach FORSTHOFF verloren gegangenen individuell beherrschten Lebensraums zurückgewinnen. Indem er selbst davon spricht, daß die in Deutschland gefallene Entscheidung zugunsten einer öffentlichen Daseinsvorsorge nur einer der denkbaren Wege ist, öffnet er den Blick für neue Formen. Indem er es für möglich hält, aus der Verfassung eine Verbotsnorm für eine Konversion der Daseinsvorsorge in Herrschaftsmittel abzuleiten, gibt er das Stichwort für die Diskussion über eine rechtliche Verbindlichkeit des Subsidiaritätsprinzips über die Selbstverwaltungsgarantie des Art. 28 II GG hinaus.

Auch hier knüpft das abfallrechtliche Streben nach Eigeninitiative an. So ist von Ablieferungsmentalität und dem Problem als Lebenselixier der Problemlöser die Rede, was es zu bekämpfen gilt.

Eng verbunden mit allen bisher erörterten Leitbegriffen ist der Begriff der Selbstverwaltung. Viele der bisher vorgestellten Merkmale und Kategorien finden sich in der Diskussion über Selbstverwaltung und dezentrale Selbststeuerung wieder.[664]

So wird Selbstverwaltung teilweise als Dezentralisierungskonzept angesehen, wobei sie im wirtschaftlichen Sprachgebrauch mit Dezentralisierung, Divisionierung und Autonomisierung umschrieben wird.[665] Selbstverwaltung gilt ferner als Konzept zur politischen und ehrenamtlichen Mitwirkung der Bürger an der staatlichen Verwaltung.[666]

---

663 Vgl. zum Dritten Sektor: Zimmer, in: Breit/Massing(Hrsg.), Bürgergesellschaft/Zivilgesellschaft/Dritter Sektor, 42 ff.
664 Vgl. dazu Überblick bei Glagow, in: Glagow(Hrsg.), 1 ff.
665 Vgl. Schuppert, AöR 114 (1989), 127, 130.
666 Vgl. Schuppert, AöR 114 (1989), 127, 131.

Es ist ferner von der Selbstverwaltung als Betroffenenpartizipation[667], als Integration gesellschaftlicher Interessen in die Staatsorganisation[668] und als Entstaatlichung durch Förderung von Selbststeuerung und Selbstorganisation bis hin zur Selbsthilfe[669] die Rede. Die Selbstverwaltungsdiskussion scheint sich damit letztlich wieder mit der Diskussion um „neue Subsidiarität" zu verbinden.

Ein anschauliches Beispiel stellt diesbezüglich die Diskussion über die Auswirkungen der kommunalen Gebietsreform dar. Hier wird ein Schwund an dörflicher Autonomie beklagt, der zu Abwehrhaltungen und der Gründung von Bürgervereinen führt.[670] Eigenleistungen der Bürger hätten nachgelassen.[671] Insgesamt sei wieder eine Stärkung lokaler Autonomien nötig.[672]

An dieser Stelle der Erörterungen beginnt sich die Begriffswelt im Kreise zu drehen. Die Diskussionen um Subsidiarität, Selbstverwaltung, Entstaatlichung, Dezentralisierung, Notwendigkeit von Daseinsvorsorge, gesellschaftliche Steuerung, Genossenschaftswesen, Selbsthilfe, demokratische Partizipation, Verursacherprinzip und Selbstverantwortung scheinen in vielfältiger Weise aufeinander einzuwirken und sich – jedenfalls teilweise – zu einem Appell an den Willen und die Möglichkeit zu mehr Eigeninitiative der Bürger zu verbinden.

Auch der oben beklagte Schwund örtlicher Autonomie und Eigenleistung der Bürger findet in der abfallrechtlichen Diskussion ihren Widerhall. So gibt es ein lebhaftes Interesse großer Teile der Bürgerschaft an Mitgestaltung regionaler Abfallkonzepte.[673] Das Bedürfnis nach Eigenleistung läßt sich im übrigen nicht in professionellen Strukturen verwirklichen, sondern nur in genossenschaftsähnlichen Initiativen, wie sie durch das Abfallrecht in den §§ 13 I, 17 I KrW-/AbfG privilegiert werden.

Insgesamt zeigt sich, daß die Subsidiaritätsdiskussion und daher auch der Subsidiaritätsgrundsatz nicht allein auf eine Förderung von „Privat" gegenüber „Öffentlich" oder gar „Kommune" gegenüber „Staat" gerichtet ist, sondern sehr viel differenzierter die jeweils dezentrale, autonome und damit bürgernahe Erledigungsebene bevorzugt wissen will.[674] Subsidiarität heißt also bürgerorientierte Subsidiarität. Indem das Abfallrecht bei seinen Ausnahmen von der Überlassungspflicht an Begriffe wie „eigen", „Verband" und „in der Lage" anknüpft und in den Materialien an Eigeninitiative, Eigenverantwortung und Selbstorganisation der Verursacher appelliert, folgt es diesem Ansatz.

---

667 Vgl. Schuppert, AöR 114 (1989), 127, 135.
668 Vgl. Schuppert, AöR 114 (1989), 127, 138.
669 Vgl. Schuppert, AöR 114 (1989), 127, 139.
670 Vgl. Michale, in: Henkel (Hrsg.), 77, 80 ff, 87 ff.
671 Vgl. Schimanke, in: Henkel (Hrsg.), 41, 56.
672 Vgl. „Resolution von Bleiwäsche", in: Henkel (Hrsg.), 146; Hauptmeyer, in: Henkel (Hrsg.), 1, 11.
673 Vgl. Renn u.a., Abfallwirtschaft 2005 – Bürger planen ein regionales Abfallkonzept, 1999.
674 Auch v. Lösch, Privatisierung, 84, weist darauf hin, daß Subsidiarität nicht nur auf den Gegensatz zwischen öffentlicher und privater Tätigkeit bezogen werden, sondern der Dezentralisierungsgedanke im Vordergrund stehen sollte.

3. Konkretisierende Umsetzung der Leitgedanken im Abfallrecht

Bei der obigen Darstellung von Leitgedanken der Subsidiaritätsdiskussion konnte unter jedem Gesichtspunkt auf eine Parallelität zu den abfallrechtlichen Regelungs- und Argumentationsmustern hingewiesen werden, wie sie in dieser Untersuchung erarbeitet wurden. Grundstruktur und Leitgedanken des Subsidiaritätsprinzips haben daher im Abfallrecht Berücksichtigung gefunden.

Beachtung verdient an dieser Stelle, daß durch die vorgenommene Auslegung im Abfallrecht jedenfalls in Teilen eine Tendenz zu einem „beweglichen System" entsteht, bei dem jeweils von einem festgestellten Regeltypus ausgehend eine Sonderbeurteilung anhand der Anforderungen des Sachgebietes möglich wird. Folgt man dieser Tendenz, kann auf diese Weise ausnahmsweise für Teilbereiche oder Teilschritte der Entsorgung die Privilegierung abweichend vom Regeltypus auf höhere Ebenen erweitert oder auf untere Ebenen beschränkt werden. Dadurch wird dem Grundsatz der Förderung jeweils der unteren Ebenen in intensiver Weise Rechnung getragen. Je nach Bedarf können jeweils höhere Ebenen privilegiert werden. Die musterhafte Umsetzung von Subsidiarität und ein möglichst „bewegliches System" von Privilegierungs- und Regulierungstypen stehen daher in engem Zusammenhang.

Allerdings sind die Anliegen des Subsidiaritätsprinzips nicht bis in jedes Detail hinein verwirklicht.

So fehlt im Bereich betrieblicher Verwertungsabfälle jede bürgerorientierte Privilegierung, was aber vielleicht durch die besonderen Anforderungen des Verwertungsmarktes zu rechtfertigen ist. Im übrigen bleibt auch in diesem Bereich die originäre Verfügungsmacht bei den Verursachern. Es wird ihnen somit durchaus ermöglicht – und sie werden durch die §§ 17, 18 KrW-/AbfG geradezu dazu aufgefordert –, sich in Zusammenschlüssen zu organisieren und ihre Marktmacht und Kontrolle zu stärken.

Im Bereich häuslicher Beseitigungsabfälle fehlt es demgegenüber an jeglichem Freiraum für Eigeninitiative. Hier kann es sein, daß der Gesetzgeber seinen eigenen Ansatz regelungstechnisch nicht ganz zu Ende gedacht hat und sich der Möglichkeiten und Förderungswürdigkeit gemeinschaftlicher Eigeninitiative – jedenfalls bei Sammlung, Transport, Sortierung und Kooperation – nicht gänzlich bewußt war. Im ürigen hat er durch umfangreiche Übertragungsvorschriften „Ersatzmöglichkeiten" geschaffen. Dort, wo ein originärer Anspruch auf Eigeninitiative nicht besteht bzw. nicht anerkannt wird, bleibt ein solcher auf ermessensfehlerfreie Entscheidung unter Berücksichtigung der gesetzgeberischen Leitgedanken über Eigeninitiative und beschränkte Daseinsvorsorge.

Nach alledem kann man also von einer nahezu durchgehenden Ermöglichung bürgerorientierter Organisation sprechen.

Woran es allerdings derzeit fehlt, ist der nötige Anreiz und Druck zur Wahrnehmung von Aufgaben auf bürgerschaftlicher Ebene, im Subsidiaritätsdiskurs auch „Aktivierung", „Hilfe zur Selbsthilfe" oder auch „Funktionssperre staatlicher Aktivität" genannt. Die Eigeninitiative i.S.v. § 13 I KrW-/AbfG ist freiwillig. Die subsidiäre Assistenz knüpft somit nicht allein an die Fähigkeit, sondern auch an den Willen zur Eigenerledigung an. Das im Subsidiaritätsprinzip enthaltene Postulat der Wiederherstellung der Fähigkeit zur eigenständigen Problemlösung wird daher nur durch Gewährung von Selbststeuerung, nicht aber durch Anordnung von Selbststeuerung verfolgt.[675] Einen insoweit anderen Ansatz liefert das Gesetz in Form der Regelungen für betrieblichen Verwertungsabfall in den §§ 5 IV, 15 I 2 KrW-/AbfG. Dort nämlich erfolgt subsidiäre Assistenz erst bei wirtschaftlicher Unzumutbarkeit jeglicher Eigeninitiative einschließlich gewerblicher Fremdentsorgung. Diesem Anliegen werden aber immerhin die Materialien gerecht, indem in ihnen dazu aufgerufen wird, die Verursacher und ihre Verbände mehr „in die Verantwortung zu nehmen". Konsequent wäre es daher gewesen, die Entsorgungspflicht der Kommunen ähnlich §§ 15 I 2, 5 IV KrW-/AbfG auf Unzumutbarkeit von Eigenerledigung zu beschränken. Nur wenn gemeinschaftliche Eigenentsorgung auch in „echter" Kooperation mit der Entsorgungswirtschaft unzumutbar ist, dürfte eigentlich die Entsorgungspflicht der öffentlichen Hand eingreifen.

Woran es ggf. noch mangeln mag, ist ein Zuschnitt der bürokratischen Regelungen in Sachen Überwachung, Dokumentation u.ä. auf das Leitbild der Eigeninitiative. Auch hier könnten bestimmte Formen gemeinschaftlicher Eigeninitiative durch Entlastung privilegiert und damit angestoßen werden.

Soweit all dies aus Gründen mangelnder organisatorischer Zielschärfe und struktureller Inkonsequenz unterblieben ist und dadurch keine perfekte Umsetzung des Subsidiaritätsgedankens stattfand, wird dadurch seine Umsetzung insgesamt aber nicht in Frage gestellt. Zum einen ähneln sich die Problemdiskussionen im Subsidiaritätsdiskurs und im Abfallbereich. Sie setzen übereinstimmend an
- bei einer Überforderung des Staates, Steuerungsproblemen und Privatisierungserfordernissen,
- bei mangelndem Bewußtsein, mangelnder Initiative, mangelnder Verantwortung und weitgehender Entfremdung der Bürger sowie
- bei einer Entkopplung der Problemlösung vom Problem, einer Funktionalisierung des Problems als Lebenselixier der Problemlöser, einer zunehmenden Monopolisierung der Dienstleistungswirtschaft und einer drohenden Konversion der Daseinsvorsorge in Herrschaftsmittel.

Zum anderen ähneln sich auch die Lösungsansätze. Sie zielen übereinstimmend
- auf Privatisierung, Erweiterung der Steuerungsakteure und deren Dezentralisierung, Selbststeuerung in Verbänden und genossenschaftsähnlichen Organisationen, Beschränkung auf Auffanggewährleistung mit Regulierung sowie
- auf eine Vielfalt autonomer Verbindungen, Vereinigungen auf lokaler Ebene, bis hin zu Selbsthilfegruppen, Nachbarschaftshilfe, dörfliche Autonomie und Eigenleistungen statt „Full-Service" von außen.

Indem es dem Subsidiaritätsgrundsatz im Ganzen folgt, konkretisiert das Abfallrecht ihn auch gleichzeitig für seinen Bereich und vergleichbare Aufgabenbereiche. So ist in der Subsidiaritätsdiskussion anerkannt, daß es einer Einzelanalyse im jeweiligen Sachbereich bedarf, um genauere gesellschaftspolitische Handlungsanweisungen zu bekommen.[676] Es bleibe stets im Einzelfall die Frage offen, wann, warum und auf welche Art das größere Gemeinwesen dem kleineren Hilfe zu leisten hat und was unter „nicht in der Lage bzw. imstande sein" der unteren Einheit zu verstehen ist.[677] Auf ei-

---

675 Zu diesen Begriffen vgl. Schimank/Glagow, in: Glagow(Hrsg.), 16, 17, 23.
676 Döring, Subsidiarität, 37; Heinze, in: Heinze (Hrsg.), 14.
677 Döring, Subsidiarität, 37.

ne „Dependenz des Subsidiaritätsprinzips von Zweck- und Zielvorgaben" wird hingewiesen.[678] Die Zuweisung der Aufgabe an die zu ihrer Erledigung am besten geeignete oder der dem einzelnen am nächsten stehenden Handlungsebene beruhe letztlich auf einer Vorstellung von „optimaler" Aufgabenerfüllung, welche sich jedoch nur auf Grundlage des „mit der konkreten Aufgabendefinition verfolgten Zwecks" beantworten lasse.[679] Es wird deshalb ein „Orientierungsmaßstab" gefordert, der zum einen auf den denkbaren Akteuren, also Bürgern, Vereinen, Verbänden und Körperschaften, und zum anderen auf den Handlungsmöglichkeiten aufbaue. Um all diese Aktionsmöglichkeiten nach bestimmten Kriterien erfassen, kategorisieren und bewerten zu können, sei ein System von Zwecksetzungen nötig.[680]

Im Hinblick auf solche Konkretisierungserfordernisse leistet das Abfallrecht und die in dieser Untersuchung vorgenommene Auslegung einiges. Die Konkretisierungsleistung in bezug auf das Subsidiaritätsprinzip besteht in der Umsetzung
– eines Anspruchs- und Autonomiegedankens durch Schaffung eines unmittelbaren Freiraums,
– eines Förderungsgedankens durch Privilegierung bestimmter Organisations- und Handlungsebenen und
– eines Regulierungsgedankens durch Abwägung öffentlicher Interessen.

Die Konkretisierungsleistung besteht im einzelnen
– in der Herausarbeitung der gesellschaftlichen Handlungsebenen, insbesondere der Formen gemeinschaftlicher Erledigung oder Beauftragung und ihrer Abgrenzung,
– in der Verbindung der am Näheverhältnis und an der Effektivität orientierten Präferenzen,
– in der Privilegierung auch kollektiver Formen neben persönlichen Formen und einer Kriterienbildung auf Basis von Zugehörigkeit, Zusammengehörigkeit, Einfluß und Verantwortung, Gleichgewichtigkeit und Gleichgerichtetheit,
– in der teilweisen Ausgrenzung von Fremdinitiative im privaten Sektor und ihrer Abgrenzung durch kautelarjuristische Bewertung und Haftungserklärungen,
– in der perspektivischen Beschränkung öffentlicher Strukturen auf Reservestrukturen und
– in der verantwortbaren Umsetzung durch Regulierung nach bestimmten Kriterien und Verfahrensweisen.

Folgende Konkretisierungsleistungen verdienen nähere Erläuterung:
Die Struktur des Begriffs „eigene Anlagen" bzw. „Eigenbeseitigung" zeugt von einer Präferenz zugunsten der untersten Handlungsebenen. Der Begriff umfaßt im Begriffskern den einzelnen und erst im Begriffshof Zusammenschlüsse und Kooperationen. Er folgt insoweit dem Prinzip der Nähe zum Individuum.

Die im Ersten Teil vorgenommene Auslegung der §§ 13 I 2, 17 I KrW-/AbfG unter Einbeziehung der §§ 11 I, 15 I KrW-/AbfG führt zu einem Spannungsverhältnis zwischen Eigeninitiative und Fremdunterstützung. Die Auslegung orientiert sich, so wie ihr dies durch den Begriff „eigene Anlagen" nahegelegt wird, an kautelarjuristischen Organisationsmodellen als Varianten der Privilegierung von Eigeninitiative. Sie folgt

---
678 Moersch, Leistungsfähigkeit, 69 ff.
679 Moersch, Leistungsfähigkeit, 70.
680 Moersch, Leistungsfähigkeit, 76 f.

damit dem Gedanken einer Stufenordnung der Lebenskreise bzw. eines vielgliedrigen Gesellschaftsaufbaus, wie dem modernen Subsidiaritätsverständnis seit ROBERT v. MOHL[681] zugrunde liegt. Die Herausarbeitung der Organisationsformen von persönlicher über mitgliedschaftliche Erledigungsformen bis hin zu Formen qualifizierter und schlichter Fremdbeauftragung stellt eine Konkretisierung und Abgrenzung der konkurrierenden gesellschaftlichen und staatlichen Ebenen dar. Insgesamt wird also durch die Typisierungen im Ersten Teil ein Schema von Handlungsebenen geschaffen, wie es für die Subsidiaritätsdiskussion allgemein maßgebend sein könnte.

Die im ErstenTeil vorgenommene Auslegung der §§ 13 I 2, 17 I KrW-/AbfG privilegiert alle Organisationsformen, die durch alleinige oder gemeinschaftliche Trägerschaft der Verursacher gekennzeichnet sind, einschließlich kollektiver Formen bis hin zu paritätischer Einbeziehung der Entsorgungswirtschaft.

Damit wird nicht den Stimmen gefolgt, die eine Beschränkung auf persönliche Trägerschaft vertreten. Die Auslegung entscheidet sich nicht für eine Beschränkung der Eigeninitiative auf die unterste Ebene der Subsidiaritätsskala, sondern bezieht alle gesellschaftlichen Ebenen mit ein, die im weitesten Sinne noch als „eigen" oder „Selbsthilfe" bezeichnet werden können. Sie folgt auf diese Weise, anders als die vielfach vertretene begriffskernorientierte Auslegung, nicht dem frühliberalen bipolaren, auf das Verhältnis Staat/Einzelindividuum fixierten Subsidiaritätsverständnis, sondern bekräftigt den Gedanken einer Stufenordnung der Lebenskreise.

Durch die im Ersten Teil vorgenommene Auslegung entsteht ferner eine Abgrenzung von privilegierter Eigenerledigung bzw. Selbsthilfe zur nicht privilegierten Fremderledigung bzw. Fremdhilfe. Die Abgrenzung stützt sich auf Kriterien der Zugehörigkeit und Zusammengehörigkeit und von Einfluß und Verantwortung, wie sie sich in den klassischen Genossenschaftsprinzipien bzw. -merkmalen wiederfinden. Sie stellt insoweit eine organisationsrechtliche Konkretisierung des Subsidiaritätsprinzips dar.

Bei der soeben genannten Abgrenzung wird allerdings aus Gründen wünschenswerter und nötiger quantitativer Anreize durch niedrige Einstiegsschwellen eine beschränkte Einbeziehung der Entsorgungswirtschaft ermöglicht. Damit wird dem Effektivitätsgrundsatz Tribut gezollt. Die Präferenzskala unter dem Gesichtspunkt der Effektivität und Leistungsfähigkeit verläuft nämlich umgekehrt zu derjenigen unter dem Gesichtspunkt der Verursachernähe. Die vorgenommene Auslegung zeigt sich daher als Kompromiß zwischen beiden Gesichtspunkten. Sie berücksichtigt nicht nur die partizipatorischen Anliegen der neueren Subsidiaritätsdiskussion, sondern schöpft aus Gründen der Effektivität alle organisatorischen Möglichkeiten „echter" Partizipation aus.

Eine engere Auslegung des Begriffs „eigene Anlagen" würde Selbsthilfe in diesem Regelungsbereich auf einige wenige Fälle beschränken, wie die Erwägungen zur quantitativen Relevanz im Ersten Teil zeigen. Öffentliche Erledigung wäre dominante Erledigungsform und nicht subsidiäre Assistenz.

Eine weitergehende als die im Ersten Teil vorgenommene Auslegung mit Einbeziehung der privaten Fremderledigung würde demgegenüber zu einer Vernachlässigung des Selbsthilfegedankens führen. Einen Sonderfall stellt diesbezüglich die Einbezie-

---

681 Zur „Stufenordnung der Lebenskreise" bei Robert v. Mohl vgl. bei Lecheler, Subsidiaritätsprinzip, 34.

hung qualifizierter Formen der Fremdbeauftragung dar. Sie ist – obwohl Fremdhilfe – zugleich auch Selbsthilfe. § 13 I 2 KrW-/AbfG blendet sie jedoch aus und folgt insoweit einer engeren Subsidiaritätsvorstellung, die ggf. erledigungsstrukturelle Ursachen hat.

Zur Ausgrenzung von Scheingestaltungen wurde im Ersten Teil auf eine finanzielle Betroffenheit der Verursacher von ordnungswidrigen Entsorgungsverfahren Wert gelegt, die notfalls durch Forderung von Haftungserklärungen sichergestellt werden soll. Darin liegt eine Konkretisierung der Eigenverantwortung, wie sie auch das Verursacherprinzip als Vehikel zur Verwirklichung des Subsidiaritätsprinzips anstrebt.

Durch die zusätzliche Anordnung öffentlicher Erledigung bei „überwiegenden öffentlichen Interessen" schützt § 13 I 2 KrW-/AbfG die Funktionsfähigkeit öffentlicher Strukturen. Ein solcher Schutz höherer Ebenen vor dem Wettbewerb mit unteren Ebenen ist dem Subsidiaritätsgedanken und auch der Subsidiaritätsdiskussion eigentlich fremd. § 13 I 2 KrW-/AbfG bringt somit einen neuen Gedanken über die Funktionsvoraussetzungen subsidiärer Assistenz in die Diskussion.

Nach dem zu diesem Thema im Ersten Teil herausgearbeiteten Auffanggedanken werden lediglich notwendige Reservestrukturen geschützt und gänzlich unzumutbare Auslastungsprobleme vorübergehend gemildert. Auf diese Weise wird ein Übergang von der ursprünglichen Vollerledigung durch die öffentliche Hand zur subsidiären Assistenz ermöglicht, allerdings – wie es immer wieder zu betonen gilt – nur zugunsten privilegierter Eigeninitiative. Die im Abfallrecht vorgenommene Auslegung füllt daher, anders als kommunalfreundlichere Auslegungen, den Assistenzgedanken aus.

Ein erwähnenswerter Aspekt liegt ferner in der Erkenntnis, daß weitgehende Eigeninitiative und damit weitgehende Subsidiarität ohne abwägende, teils planungsähnliche Regulierung nicht auskommt. Eine Umsetzung erfordert daher neue verwaltungsrechtliche Entscheidungsmechanismen und gerichtliche Prüfungsprozesse. Insoweit liefern die Erkenntnisse des Ersten Teils neue gedankliche Ansätze für die Umsetzung des Subsidiaritätsgrundsatzes allgemein.

II. Methodischer Nutzen für das Recht der öffentlichen Aufgaben

Bis hierher wurde lediglich festgestellt, daß die im Abfallrecht präferierte Auslegung weitgehend dem Subsidiaritätsgedanken und mit ihm verwandter Leitbegriffe entspricht und sie konkretisiert. Es stellt sich die Frage, welche Wirkungen von dieser Feststellung ausgehen. Es soll zunächst geprüft werden, inwieweit die Erkenntnisse zu einer Bekräftigung der im Ersten Teil vorgenommenen Auslegung führen.

1. Bestätigung der abfallrechtlichen Ergebnisse

Zunächst hat der Umstand, daß sich eine Auslegung nahezu vollständig in eine bestimmte Denkrichtung oder Sachdiskussion einfügt, eine gewisse Bestätigungswirkung. Immerhin hat ein Gesetzgeber in einem bestimmten Bereich, hier dem Entsorgungsrecht, eine Regelung geschaffen, die dem Subsidiaritätsprinzip und der neueren Subsidiaritätsdiskussion weitgehend entspricht. Daraus ist eine Tendenz ablesbar, daß das Prinzip auch weitgehend verwirklicht werden sollte. Genauso wie die Vorstellungen des Gesetzgebers im Kreislaufwirtschafts- und Abfallgesetz sich nicht mehr als isolierte feldgebundene Meinung, sondern als Teil einer gesellschaftstheoretischen Gesamtstrategie darstellen, sind die gesellschaftstheoretischen Wunschvorstellungen von Subsidiarität nicht mehr allein theoretische Gebilde, sondern ein in einem wichtigen Tätigkeitsbereich praktisch umgesetztes Programm. Es entsteht eine Art wechselseitiger Schubkraft. Zum einen gewinnen die §§ 11, 13, 17 KrW-/AbfG an allgemeiner Bedeutung. Zum anderen gewinnt die Subsidiarität an normativer Kraft. Beides zusammen ergibt ein an privater Eigeninitiative der betroffenen Bürger orientiertes Leitbild von Subsidiarität, das nach vollständiger Verwirklichung innerhalb des Sachbereichs drängt, bis hin zur Umsetzung eines „beweglichen Systems".

Dazu sei angemerkt, daß die im Ersten Teil vorgenommene Auslegung nicht etwa erst durch bewußte Berücksichtigung des Subsidiaritätsgrundsatzes möglich wurde und damit die wechselseitige Schubkraft zum Zirkelschluß wird. Das Vorgehen bei der Auslegung zeugte lediglich von einer Offenheit für die Möglichkeiten von Eigeninitiative, die bereits durch die Begrifflichkeit und Struktur des Regelungsbereichs selbst hervorgerufen wird. Weichenstellungen in materieller Hinsicht, etwa durch Festlegung der Argumentationslast, beruhten auf Hinweisen aus den Materialien, ergänzt durch die wissenschaftliche Diskussion.

Es kommt ein weiterer Aspekt hinzu, der erst nach Analyse des Subsidiaritätsprinzips deutlich wird: Er liegt im Gesellschaftsbild der maßgeblich für den Gesetzeserlaß verantwortlichen Parlamentsmehrheit und Regierungspartei. Sie wurde im fraglichen Zeitraum der Entstehung von einer Koalition aus CDU und FDP gestellt, wobei die Dominanz bei der CDU lag.

Der Subsidiaritätsgrundsatz hat anerkanntermaßen eine liberale und eine katholische Tradition. Beide Traditionen liefern eine Fülle von Leitsätzen, die ziemlich genau auf den abfallrechtlichen Subsidiaritätsgedanken passen. Wichtige Ansätze finden sich in den liberalen Staatstheorien des späteren 18. und 19. Jahrhunderts, in denen der Mensch in seiner Individualität und Personalität in den Mittelpunkt gesellschafts- und staatstheoretischer Betrachtung rückte.[682] Subsidiarität wurde zum genuinen Bestandteil liberaler Staatstheorien.[683] Das Prinzip wurde zu einem System gestufter Lebenskreise und Organisationsformen verfeinert und auf diese Weise zum Organisationsansatz des liberalen Rechtsstaats.[684] So liefert die liberale Staatstheorie denn auch viele eingängige Zitate zum Stichwort Subsidiarität. JELLINEK wird mit dem Satz zitiert: „Nur soweit die freie individuelle oder genossenschaftliche Tat unvermögend ist, den vorgesetzten Zweck zu erreichen, kann und muß ihn der Staat übernehmen."[685] Ein weiteres Zitat geht davon aus, daß „überflüssige Verwaltungstätigkeit die freie Ausübung der Kräfte des einzelnen und der privaten Verbände störe, daß sie die öffentlichen Mittel den notwendigen Verwaltungsaufgaben entziehe, die Bürger von ei-

---

682 Vgl. Moersch, Leistungsfähigkeit, 26 m.w.N.; zeitlich weiter zurück vgl. Spieker, in: Mückl (Hrsg.) 49; Höffe, in: Nörr/Oppermann (Hrsg.) 56.
683 Vgl. Moersch, Leistungsfähigkeit, 27.
684 Vgl. Moersch, Leistungsfähigkeit, 29.
685 Vgl. Moersch, Leistungsfähigkeit, 32.

genen Unternehmensgeist und eigenen Anstrengungen zum Schaden des Staates entwöhne (…)"[686]

Die Subsidiaritätsdiskussion in der katholischen Soziallehre wird meist auf die vielzitierte päpstliche Enzyklika „Quadragesimo anno" von 1931 zurückgeführt, in der es u.a. heißt: „Wie dasjenige, was der Einzelmensch aus eigener Initiative und mit seinen eigenen Kräften leisten kann, ihm nicht entzogen und der Gesellschaftstätigkeit zugewiesen werden darf, so verstößt es gegen die Gerechtigkeit, das, was die kleineren und untergeordneten Gemeinwesen leisten und zum guten Ende führen können, für die weitere und übergeordnete Gemeinschaft in Anspruch zu nehmen; zugleich ist es überaus nachteilig und verwirrt die ganze Gesellschaftsordnung. Jedwede Gesellschaftstätigkeit ist ja ihrem Wesen nach subsidiär …"[687]. Insgesamt weicht die katholische Soziallehre in ihren Kernaussagen zur Subsidiarität nicht von denen der liberalen Staatstheorie ab.[688] Die durch den Papst in den 30er Jahren angestoßene Diskussion hatte den Zweck der Zurückdrängung totalitärer Ideologien.[689]

Diese beiden Traditionen des Subsidiaritätsprinzips sind bereits ein Indiz für eine Berücksichtigung durch die Regierungsparteien CDU und FDP. Hinzu kommt, daß Mitte der 70er Jahre von den damaligen Vordenkern der CDU, vor allem Biedenkopf, Dettling und Geißler, die „neue soziale Frage" gestellt wurde, aus der sich die sozialpolitische Diskussion über die „neue Subsidiarität" entwickelte.[690] Daraus ergibt sich ein weiteres Indiz für eine Affinität insbesondere der CDU zum Subsidiaritätsprinzip[691].

Die „neue Denkrichtung" im Abfallrecht wird durch Berücksichtigung eines solchen ethischen, gesellschaftspolitischen Hintergrundverständnisses von Regierungspartei und Parlamentsmehrheit noch plausibler. Damit ist allerdings keine weltanschauliche Abhängigkeit subsidiaritätsorientierten Denkens verbunden. Dies wird z.B. deutlich am Beispiel parallel laufender Sympathien für Selbsthilfe und genossenschaftsähnliche Eigeninitiative sowohl von alternativ-ökonomischer, ökologischer als auch von freiheitlich-konservativer Seite.[692] Im übrigen hat sich dieser Gedanke inzwischen – wie bereits in der Einleitung gezeigt – unter dem Stichwort „Bürgergesellschaft/Aktivierender Staat" auch in den anderen Parteien als Leitformel etabliert, auch wenn die Schwerpunkte bei der Umsetzung unterschiedlich sind.

---

686 Vgl. Lecheler, Subsidiaritätsprinzip, 35.
687 Vgl. Pius XI., Quadragesimo anno n. 79 v. 1931, zit. aus: Nörr/Oppermann, Subsidiarität, Anhang I.
688 Moersch, Leistungsfähigkeit, 37; näher zum Verhältnis von christlichem Menschenbild und Subsidiarität Losinger, in: Mückl (Hrsg.), 35 ff., 39 f., 41 ff.
689 Moersch, Leistungsfähigkeit, 37.
690 Vgl. Heinze, in: Heinze (Hrsg.) 17.
691 Auch Bierbaum/Riege, Selbsthilfe, 131, stellen die Förderung „neuer Subsidiarität" durch die CDU fest und betonen die wichtige Rolle von Selbsthilfeansätzen beim konservativ-liberalen Umbau des Sozialstaats.
692 Vgl. Bierbaum/Riege, Selbsthilfe, 30, 39 f., 130 f., 132 f.; v. Lösch, ZögU 1988, Beiheft 10, 14 ff., 17 ff.; vgl. Hinweis auf Tendenzen in der Arbeiterbewegung bei Schimank/Glagow, in: Glagow(Hrsg.), 15; vgl. auch oben Fn. 600.

2. Subsidiarität als ein „Fast"-Verfassungsgut

Bis hierhin wurde eine Einbindung des gesetzgeberischen Ansatzes in eine gesellschaftstheoretische Strategie oder Leitformel, nämlich den Subsidiaritätsgedanken, hergeleitet. Daraus ergaben sich Konkretisierungen und Rückbestätigungen, deren rechtliche Wirkung an einen konkreten gesetzgeberischen Willen anknüpft und daher auf dessen Einflußbereich beschränkt ist. Gleichwohl bildet sich durch solche Einordnungen ein gesellschaftspolitisches, vielleicht sogar rechtsethisches Analogiegefühl, das nach Umsetzung der erarbeiteten Erkenntnisse in vergleichbaren Bereichen drängt.

Will man allerdings dem im Abfallrecht konkretisierten Subsidiaritätsgedanken eine rechtliche Wirkung über das Abfallrecht hinaus zugestehen, muß man ihn von der Intention des abfallrechtlichen Gesetzgebers verselbständigen. Notwendig ist somit eine methodisch verwertbare Art von allgemeiner Verbindlichkeit oder Leitfunktion des Subsidiaritätsprinzips.

Eine methodische Einbindung eines solchen Leitgedankens, die über die bloße Funktion als Denkschema oder Argumentationsrahmen hinausgeht, erfordert schon „nach dem Gefühl" etwas mehr, und zwar einen objektiv allgemeingültigen Wert. Nötig erscheint daher die Erhebung zu einem Rechtsgedanken, Rechtsethos oder Topos von allgemeiner Anerkanntheit.[693] Dafür erscheint es nicht allein ausreichend, daß der Leitgedanke in einem – wenn auch wichtigen – Regelungsbereich verwirklicht wurde und sich deshalb woanders geradezu aufdrängt.[694] Es braucht die Einbindung in ein übergeordnetes Prinzip.[695]

Ein geläufiges Instrument der Anknüpfung an übergeordnete Prinzipien ist die verfassungskonforme Auslegung.[696] Eine methodisch verbindliche Wirkung könnte daher von einer Qualifizierung des Subsidiaritätsprinzips als Verfassungsgut ausgehen. Dafür eröffnen sich verschiedene Möglichkeiten einer Begründung[697] durch
- den Nachweis der Substanz des Subsidiaritätsprinzips in einzelnen Grundrechten,
- die Ableitung aus einer Gesamtschau einer Reihe von Grundgesetzartikeln[698],
- die Feststellung, daß der Subsidiaritätsgedanke dem Staatsaufbau und der Staatsform der Bundesrepublik zugrundeliege[699] und
- den Nachweis einer Geltung des Subsidiaritätsprinzips als überpositives Recht.[700]

Es seien nur kurz einige Argumente für eine Verbindlichkeit vorgestellt, die ein Gefühl für die Argumentationsweise, Begrifflichkeit und Abstufung vermitteln.

Nach ISENSEE ist das Subsidiaritätsprinzip Ausdruck des rechtsstaatlichen Übermaßverbotes und der Grundrechte. Es bedürfe daher eines das Gemeinwohl konkretisierenden Zwecks, um den Entfaltungsraum von Grundrechtsträgern zu verkürzen. Nichtöffentliche Zwecke, wie z.B. die Staatsraison, scheiden nach seiner Auffassung aus. Der öffentliche Zweck muß nach ISENSEE die staatliche Intervention notwendig machen. Wo

---
693 Vgl. z.B. Bydlinski, Methodenlehre, 143 m.w.N.
694 So aber anscheinend die Freirechtslehre, vgl. Moench, Freirechtsbewegung, 80 f.
695 Engisch, Einführung, 187, spricht von der „Abstrahierung eines allgemeinen Gedankens".
696 Vgl. dazu Larenz, Methodenlehre, 333 ff.
697 Zusammenstellung bei Lecheler, Subsidiaritätsprinzip, 47.
698 Vgl. Moersch, Leistungsfähigkeit, 89 f.
699 Vgl. Moersch, Leistungsfähigkeit, 90 f.
700 Vgl. Moersch, Leistungsfähigkeit, 85 f.

Grundrechtsträger die Aufgabe in gleicher Weise und in hinreichendem Umfang erfüllen, bedürfe es staatlicher Initiative nicht, es sei denn, die öffentliche Hand bietet aus Sicht des Gemeinwohls die bessere Lösung an, die Private nicht erzielen können, weil ihnen die institutionellen, wirtschaftlichen oder intellektuellen Fähigkeiten dazu fehlen.[701] Eine lediglich hypothetische Gefahr könne dabei eine staatliche Intervention nicht rechtfertigen. Es müsse ein Bedürfnis für den staatlichen Eingriff nachgewiesen werden. Dem Satz „in dubio pro libertate" entsprechend falle die Beweislast für die sachbedingte Notwendigkeit dem Staate zu. Es sei daher ermessensfehlerhaft, aus dem Vorliegen eines öffentlichen Zwecks bzw. einer öffentlichen Aufgabe auf das Recht zur Verstaatlichung zu schließen, und jeder gesetzliche Freibrief an die Kommunen zur unbeschränkten Daseinsvorsorge sei verfassungswidrig.[702] Insgesamt ist es nach ISENSEE Ausdruck des Übermaßverbotes, daß, wo freiwilliges Handeln genügt, der Zwang rechtswidrig ist, wo obrigkeitliche Regelung ausreicht, sich konkurrierende Teilhabe erübrigt und, wo durch Subvention eine vorübergehende Leistungsunfähigkeit behoben werden kann, Sozialisierung unzulässig ist. Dies sei ein Wesenselement der Rechtsstaatlichkeit, wie es deutscher Überlieferung entspricht.[703]

Bemerkenswert an dieser und anderen Auffassungen, die eine rechtliche Verbindlichkeit des Subsidiaritätsprinzips annehmen, ist die Einstufung von Eingriff und Fürsorge als gleichermaßen freiheitsbedrohend. Diese Einstufung, die sich auch bei den Kommunitaristen findet[704], ist es letztlich, die zu einer Art Abwehranspruch gegen Fürsorge und damit zur verfassungsrechtlichen Verankerung des Subsidiaritätsprinzips führt.

Nach OPPERMANN liegt der Subsidiaritätsgedanke durch seine ausdrückliche Nennung in der Neufassung des Art. 23 I 1 GG[705] nunmehr auch erkennbar der deutschen Verfassung als Strukturprinzip zugrunde. Ihm komme zwar keine strengrechtliche Normativität in dem Sinne zu, daß sich im konkreten Einzelfall feste Ergebnisse aus ihm ableiten ließen, es sei aber rechtlich mehr als nur eine politische Klugheitsregel oder ein Gebot der praktischen Vernunft. Es sei ähnlich den geschriebenen Staatszielbestimmungen ein „Argumentationsrahmen", innerhalb dessen sich staatliche Aktion im Regelfall zu halten habe. Abweichungen davon bedürften einer überzeugenden Begründung.[706] Er zählt die Idee der Subsidiarität auf diese Weise zu den „Bausteinen positiven (aber änderbaren) Verfassungsrechts", mit deren Hilfe die Staats- und Sozialordnung der Bundesrepublik errichtet worden ist und sich weiter fortentwickelt.[707]

In Sachen Verfassungsrang oder europarechtlicher Verbindlichkeit des Subsidiaritätsprinzips stehen sich jedoch auf den verschiedenen Seiten „Bataillone gegenüber".[708] Sie kann und soll daher hier nicht entschieden werden. Festzuhalten bleibt,

---

701 Isensee, Subsidiaritätsprinzip, 278 f.
702 Isensee, Subsidiaritätsprinzip, 279 f.
703 Isensee, Subsidiaritätsprinzip, 281.
704 Vgl. oben Fn. 610.
705 Grundgesetz der Bundesrepublik Deutschland vom 23.05.1949 (BGBl. I S.1), zuletzt geändert am 03.11.1995 (BGBl. I 1992).
706 Oppermann, in: Nörr/Oppermann, Subsidiarität, 218.
707 Oppermann, in: Nörr/Oppermann, Subsidiarität, 226.
708 Schmidt-Jortzig/Schink, Subsidiaritätsprinzip, 7 m.w.N.; Vgl. Oppermann, in: Nörr/Oppermann, Subsidiarität, 218 ff.

daß das Subsidiaritätsprinzip – wenn man das so sagen darf – sehr nahe an einer Verfassungsqualität ist. Es bedarf allerdings einer Ergänzung durch eine andere Art von Verbindlichkeit.

3. Subsidiarität als objektiv-teleologische Zweifelsregel

Methodischer Nutzen des im Abfallrecht verorteten Subsidiaritätsgedankens könnte – jenseits verfassungs- oder europarechtlicher Verbindlichkeit – daraus entstehen, daß man ihn als teleologische Zweifelsregel anerkennt, so daß er überall dort, wo der Gesetzgeber sich in Sachen Aufgabenzuordnung und Eigeninitiative nicht deutlich äußert, im Zweifel Subsidiarität anzunehmen ist, und zwar zumindest mit solchen Freiräumen, wie sie anhand der §§ 13, 17 KrW-/AbfG entwickelt wurden.

Für eine solche Zweifelswertung bedarf es zum einen eines Wertungsspielraums und zum anderen einer besonderen Legitimation. Immerhin sind theoretisch alle gesellschaftspolitischen Optionen gleichwertig und die Bevorzugung einer Leitformel durch den Rechtsanwender soll sich eigentlich nach dem Willen des jeweiligen Gesetzgebers richten.

a) Wertungsprobleme in der Jurisprudenz

Das Gesetz ist aber nur in den wenigsten Fällen so beschaffen, daß es die Entscheidung unmittelbar vorgibt.[709] Es enthält vage Begriffe, die der Auslegung bedürfen und Auslegungsspielräume lassen, bis hin zu unbestimmten, oft generalklauselartigen Begriffen und Ermessensvorschriften, die ganz bewußt zur Wertung auffordern.[710] Zwar lassen sich die durch die Norm betroffenen gegenläufigen Interessen meist schnell erfassen, darüber wie sie gewichtet und welchem Interesse somit der Vorzug gegeben werden soll, geben Norm und Gesetzgebungsverfahren häufig nur unzureichend Auskunft.[711] Es stehen sich Leitformeln und dahinter stehende Interessen gegenüber, die man zwar benennen kann aber deren Gewichtung problematisch ist.[712] Diese Vagheit ist oft sogar Ergebnis einer konsensbedingten Flucht des Gesetzgebers in die Undeutlichkeit[713], was auch meist für die Materialien gilt. Systematische und objektiv-teleologische Erwägungen sind anfällig für Fehler und Subjektivität. Dabei stellt sich immer wieder die Frage,
– inwieweit der Gesetzgeber den Rechtsanwender überhaupt binden will,

---

709 Kaufmann, in: Kaufmann/Hassemer(Hrsg.), 163 f., spricht z.B. von „Unfertigkeit des Gesetzes"; Fikentscher IV, 241, 244 f., will es gar zur „Bestätigungshilfe" herabstufen.
710 Vgl. Günter Ellscheid, in: Kaufmann/Hassemer (Hrsg.), 181 f.; Karl Engisch, Einführung in das juristische Denken, 9. Aufl. 1997, 157 ff. m.w.N., Karl Larenz, Methodenlehre der Rechtswissenschaft, 6. Aufl. 1991, 288 ff.; Bydlinski, Methodenlehre, 583.
711 Larenz, Methodenlehre, 119, 120.
712 Bydlinski, Methodenlehre, 128; Kaufmann, in: Kaufmann/Hassemer, Rechtsphilosophie, 147.
713 Ellscheid, in: Kaufmann/Hassemer (Hrsg.), 181, spricht diesbezüglich von „Formelkompromissen", mit denen widerstreitende politische Vorstellungen zugedeckt werden.

- inwieweit er Hinweise gibt, an welchen Leitformeln sich die Wertung orientieren soll,
- inwieweit die Hinweise des Gesetzgebers unter aktuellen Bedingungen noch gelten,
- inwieweit die Verfassung oder bindende Rechtsprinzipien klare Orientierungshinweise geben.

Wenn eine der ersten drei Fragen und auch die vierte verneint wird, entsteht eine Wertungslücke. Solche Lücken müssen irgendwie geschlossen werden, wenn Entscheidungen ergehen sollen, und dies möglichst nicht durch subjektives Rechtsgefühl; dieses soll vielmehr so weit als möglich zugunsten objektiverer Erkenntnisvorgänge zurückgedrängt werden.[714] Der Umstand, daß auch nach intensiver Analyse von Wortlaut und gesetzgeberischem Willen aufgrund von Vagheit und Änderung der Verhältnisse häufig „Lücken" verbleiben, die durch Wertung geschlossen werden müssen, ist also weitgehend – wenn nicht allgemein – anerkannt.[715] Problematisch ist allein, wie und woher die Wertungsmaßstäbe gewonnen werden sollen.[716] Versuche, sie allein aus der Wirklichkeit selbst und ihren Vorgegebenheiten und Sachstrukturen zu entnehmen, enden oft in diffusen Beschreibungen und Zirkelschlüssen, weil keine normativen Richtungsentscheidungen entwickelt werden.

Bereits im Rahmen der üblichen Auslegung ist also häufig ein wertender Einstieg in die jeweilige Steuerungsproblematik nötig und das Gesetz kein hinreichender, von Eigenwertung befreiender gesellschaftstheoretischer Wegweiser.[717] Der Rechtsanwender muß sich also ohnehin darüber klar sein, daß – wenn er nicht Wege zu objektivierter gesellschaftstheoretischer Wertung findet – die Auslegung häufig durch sein eigenes oder ein ihm durch das Umfeld aufgedrängtes gesellschaftstheoretisches Leitbild, auch Vor- bzw. Hintergrundverständnis genannt, entscheidend beeinflußt wird und strikte Gesetzesbindung daher Fiktion ist.[718] Es sollte daher „Tagesgeschäft" eines jeden verantwortungsvollen Rechtsanwenders sein, die Fallproblematik in das Geflecht gesellschaftstheoretischer Leitgedanken und Strategien einzuordnen, um objektive Argumentationsgrundlagen zu gewinnen und das eigene Vor- bzw. Hintergrundverständnis klarzustellen, zu objektivieren und ggf. zu korrigieren.[719]

Ferner ist es nicht von vornherein undenkbar oder verwerflich, bei der Entscheidungsfindung neben dem Gesetz und ggf. konkurrierend zu ihm auf andere Normen

---

714 Bydlinski, Methodenlehre, 133, spricht davon, die „nicht mehr kontrollierbare Eigenwertung soweit als möglich hinaus(zu)schieben".
715 Vgl. z.B. Larenz, Methodenlehre, 373, Engisch, Einführung, 177 ff, 185; insbes. auch Bydlinski, Methodenlehre, 128.
716 Bydlinski, Methodenlehre, 128; Kaufmann, in: Kaufmann/Hassemer, Rechtsphilosophie, 147.
717 Ellscheid, in: Kaufmann/Hassemer (Hrsg.), 181, spricht vom „Durchgriff auf das pluralistisch strukturierte Wertbewußtsein" und damit auf die „politische Entscheidungsebene".
718 Josef Esser, Vorverständnis und Methodenwahl in der Rechtsfindung, 1972, 8 ff., 10, 102, 133; Martin Kriele, Recht und praktische Vernunft, 1979, 87, unter Hinweis auf die Verdienste der Freirechtslehre; Bydlinski, Methoden, 19, 25 f.; Ulrich Schroth, in: Kaufmann/Hassemer (Hrsg.), 348 ff.
719 Bydlinski, Methoden, 133, spricht von möglichst weiter "Zurückdrängung der rational nicht mehr begründbaren Eigenwertung"; ders., Fundamentale Rechtsgrundsätze, 81 f., beklagt die inhaltliche Orientierungslosigkeit von Gesetzgeber und instrumental denkenden Juristen, der nur durch eine Orientierung an inhaltlich klar angegebenen und möglichst konsequent und umfassend festgehaltenen Grundsätzen begegnet werden könne.

zurückzugreifen. Dies zeigt sich in der umfangreichen wissenschaftlichen Diskussion über Rechtsprinzipien und Fallnormen hierzulande[720], inspiriert und befruchtet durch die anglo-amerikanische Rechtspraxis mit ihren richterlich entwickelten principles und rules.[721]

Während sog. Fallnormen, ohne einen zwingenden methodischen oder rechtsethischen Verbindlichkeitscharakter aufzuweisen, lediglich die rechtliche Bewertung bestimmter Sachverhaltsgruppen wiedergeben[722], sind Rechtsprinzipien, wenn sie durch allgemeine Anerkanntheit legitimiert sein sollen[723], meist zu unbestimmt, um in Einzelfällen eine Richtung vorzugeben[724]. Für eine die „Auslegungsrichtung" in Zweifelsfragen wirkungsvoll determinierende und zugleich das Gesetz ergänzende Wirkung bedarf es daher einer normativen Zwischenform in Gestalt von Leitformeln, die ähnlich wie ein (Rahmen-)Gesetz gesellschaftstheoretisch Wertungen vornehmen und Anweisungen treffen.[725]

Solchen gesetzesnahen gesellschaftstheoretischen Leitformeln stehen jedoch in der rechtspolitischen Diskussion meist Gegenformeln gegenüber, die genausogut die Richtigkeit für sich beanspruchen und dies aus logischer Sicht auch dürfen. Gedacht sei nur an den Gegensatz zwischen dem Streben nach Leistungsorientierung und dem nach sozialem Ausgleich.[726] Bei derartigen Konflikten stellt sich nämlich stets die Frage, ob unter den konkreten Bedingungen der Schwerpunkt bzw. das Übergewicht auf die eine oder die andere Leitformel gelegt werden soll.[727] Eine richtunggebende Einbeziehung solcher Leitformeln in die Auslegung und die Ergänzung von Gesetzen gerät daher schnell in den Geruch weltanschaulich voreingenommener oder gar „politischer" Jurisprudenz.[728]

---

720 Grundlegend zu Rechtsprinzipien: Josef Esser, Grundsatz und Norm, 1964; Franz Bydlinski, Fundamentale Rechtsgrundsätze, 1988; Karl Larenz, Richtiges Recht; Überblick bei Fikentscher IV, 342 ff.; zur Fallnorm: ebenda, 202 ff.

721 Vgl. zum Rückgriff auf „general principles" Kaufmann, in: Kaufmann/Hassemer (Hrsg.), 130 f. unter Bezugnahme auf Dworkin; Esser, Grundsatz, 93 ff.; vgl. auch Wolfgang Fikentscher, Methoden des Rechts II, 1975, 58 ff., 65 f., insbesondere zum „rechtsfreien Raum" im englischen Recht: danach ist es z.B. in Großbritannien die Regel, daß sich Parlament und Richterschaft einen richtiggehenden Kampf um das richtige Recht und gesetzesfreie Räume liefern. Im übrigen empfiehlt es sich schon aus Gründen der allgemeinen Anwendbarkeit rechtlichen Wissens, sich mit anglo-amerikanischem Rechtsdenken zu befassen und es zu integrieren, vgl. dazu Kaufmann a.a.O.(Fn.6), 128 f.; auch Bydlinski Methoden, 515 f. aber auch 520 f.

722 Fikentscher IV, 202, 204 f.; Überblick bei Schroth, in: Kaufmann/Hassemer (Hrsg.), 353 f.

723 Zum Thema Konsensfähigkeit vgl. Bydlinski, Methoden, 155 ff. unter Bezugnahme auf Esser.

724 Vgl. Kaufmann, in: Kaufmann/Hassemer (Hrsg.), 131; Ellscheid, in: Kaufmann/Hassemer (Hrsg.), 198 f. zur Zwickmühle zwischen Anerkanntheit und Konkretheit.; vgl. auch Bydlinski, Rechtsgrundsätze, 125 f.

725 Esser, Grundsatz, 73 f., spricht von „Postulaten ethischer und politischer Natur".

726 Ausführlich beleuchtet bei Bydlinski, Rechtsgrundsätze, 186 ff.

727 Zum Zwang, immer wieder zwischen Gemeinschaft und Freiheit zu entscheiden, vgl. Ellscheid, in: Kaufmann/Hassemer (Hrsg.), 210 f.

728 Vgl. dazu Ellscheid, in: Kaufmann/Hassemer (Hrsg.), 225 f., Bydlinski, Methoden, a.a.O. 160, 523.

b) Legitimität von Leitformeln

Wenn also gesellschaftstheoretische Leitformeln, ohne daß sie sich aus dem Gesetzestext oder dem Willen des Gesetzgebers ableiten lassen, in methodisch vertretbarer Weise die Entscheidungsfindung beeinflussen sollen, bedürfen sie einer besonderen Legitimität, die sie über weltanschauliche Voreingenommenheit und etwaige Gegenformeln erhebt. Eine solche „höhere" Rechtfertigung ist nicht einfach herzuleiten. Sie geschieht bei Rechtsprinzipien bzw. Rechtsgrundsätzen durch deren Ableitung aus der Rechtsidee, d.h. den Grundanliegen allen Rechts[729], woraus sich allerdings nur fundamentale Rechtsprinzipien entwickeln lassen.[730] So trifft man hier auf eine Ebene von Meta-Begriffen, wie z.B. Gerechtigkeit, Billigkeit, Menschenwürde, sittliche Verantwortung und andere moralische Werte[731], die auch als die „eigentlich entscheidenden Ordnungselemente" des Rechts bezeichnet[732] und gleichsam als „größerer Kosmos des Rechts"[733] angesehen werden.

Für die hier zu suchende niedrigere (Zwischen-)Ebene der Legitimität muß auf niedrigere Standards zurückgegriffen werden. So könnte man versuchen, sie auf einen allgemeinen moralischen Wert, auf naturrechtsähnliche Geltung oder allgemeine Anerkanntheit, zumindest für bestimmte Teilbereiche des Rechts, zu gründen. In diesem Zusammenhang wird von „herrschendem Rechtsethos"[734], „naturrechtlichen Teilwahrheiten"[735], „rechtsethischen Prinzipien"[736], der „Natur der Sache"[737], „topischen Argumentationsrahmen"[738], „Toposkatalogen"[739], „im Volk lebendigen Standards"[740], und „auf Rechtsprobleme angewandte Ethik"[741] gesprochen. Insgesamt geht es um die „Transformierung vorjuristischer, ethischer, sozialpolitischer Maßstäbe in Rechtswahrheiten".[742] Als transformationsfähige Prämissen sind vor allem solche Sätze geeignet, die innerhalb einer sozialen Ordnung nach Wissen, Erfahrung, Tradition und Überzeugung allgemein feststehen.[743]

An dieser Stelle steht man im Zentrum der Diskussion um die Abgrenzung zwischen Rechtsprinzip und Rechtsethos[744], und so könnte auch der beabsichtige Ansatz

---

729 Larenz, Richtiges Recht, 29 ff.
730 Larenz, Methoden, 474 f.; sie ergeben sich im Übrigen meist aus den Grundrechten und Staatszielen einer demokratischen Verfassung
731 Vgl. Engisch, Einführung, 252.
732 Coing, zit. und ausgeführt bei Engisch, Einführung, 252.
733 Engisch, Einführung, 253.
734 Zippelius, zit. und ausgeführt bei Larenz, Methodenlehre, 126.
735 Hubmann, zit. und ausgeführt bei Larenz, Methodenlehre, 127.
736 Bydlinski, zit. und ausgeführt bei Larenz, Methodenlehre, 130.
737 Kaufmann, zit. und ausgeführt bei Larenz, Methodenlehre, 136.
738 Viehweg, zit. und ausgeführt bei Larenz, Methodenlehre, 146 f.
739 Viehweg, zit. und ausgeführt bei Larenz, Methodenlehre, 146 f.
740 Kriele, zit. und ausgeführt bei Larenz, Methodenlehre 148.
741 Kriele, zit. und ausgeführt bei Larenz, Methodenlehre 148.
742 Esser, Grundsatz, 59, zit. und ausgeführt bei Engisch, Einführung, 253.
743 Horn, zit. und ausgeführt bei Engisch, Einführung, 259; vgl. auch Bydlinski, Fundamentale Rechtsgrundsätze, 133 f.
744 Vgl. zu den grundsätzlichen Fragestellungen Esser, Grundsatz, 39 f.

einer Nutzbarmachung der Leitformel „Subsidiarität" dem Vorwurf ausgesetzt sein, in unzulässiger Weise ethische Vorstellungen zum Prinzip zu erheben.[745]

Die Lösung dieses „Wertungsproblems" wird meist in einer Qualifizierung von Maßstäben als „allgemein oder doch vorherrschend anerkannt"[746] oder als „konsens- bzw. kompromißfähig"[747] gesehen, wobei zusätzlich noch eine Ableitbarkeit aus der „Rechtsidee", d.h. der objektiven Zwecke des Rechts, gefordert wird.[748] Es wird zumeist auf allgemeingültige Werte abgestellt, die ggf. erst aus einer Fülle von Meinungen und Interessen als gemeinsamer Nenner herauskristallisiert werden müssen.[749] Eine weitere Konkretisierung dieser Vorgaben fällt allen Autoren schwer. Zur Frage, was als vorherrschend anerkannt anzusehen ist, wird teilweise der Rückgriff auf eine „communis opinio doctorum", d.h. auf die „Übereinstimmung der an der juristischen Diskussion beteiligten Sachkundigen", vorgeschlagen.[750] Zur Feststellung von Rechtsprinzipien wird ein Verfahren empfohlen, in dem zunächst „von unten" von den Einzelregeln her auf die ihnen zugrunde liegenden Leitgedanken und dann „von oben" von der Rechtsidee her zu deren Konkretisierungen in der Rechtsgemeinschaft geschlossen werden soll, um dann – wenn sich aufgrund beider Gedankengänge ein Rechtsgedanke formulieren läßt – daraus auf ein „rechtsethisches Prinzip" zu schließen.[751]

Versucht man die soeben vorgestellte Diskussion auf Grundlage der bisherigen Ergebnisse dieser Abhandlung weiterzuführen, gelangt man zu folgenden Erkenntnissen:

Es geht im Grunde darum, was maßgebend sein soll, wenn der Gesetzgeber sich unklar, unschlüssig oder lückenhaft äußert und nicht ausreichend Wertungsmaßstäbe für die Ausfüllung der „Lücken" liefert. Die Ausfüllung soll möglichst nicht allein dem Rechtsgefühl des Richters anheimgegeben werden, sondern sich möglichst an anerkannten Prinzipien orientieren. Da offenkundig als allgemein anerkannte Prinzipien oft nicht zur Verfügung stehen bzw. nicht weiterhelfen, sollte auch auf Postulate niedrigeren Standards, die nicht offenkundig von der gesamten Rechtsgemeinschaft getragen werden[752], zurückgegriffen werden können. Dazu können auch gesellschaftstheoretische, d.h. politische, soziologische oder ökonomische Klugheitsregeln zählen, soweit sie einen gewissen Grad an Anerkanntheit erreichen.

In der Feststellung einer solchen hinreichenden Anerkanntheit liegt das methodologisch bisher nicht gelöste und vielleicht auch niemals vollständig lösbare Problem. An dieser Stelle sei daher eine Anregung erlaubt. Die Feststellung einer hinreichenden Anerkanntheit der jeweiligen Leitformel könnte durch eine Gesamtabwägung

---

745 So warnt Bydlinski, Methodenlehre, 128, eindringlich vor einer „Beliebigkeit irgendwelcher Wertungen, die aus unerklärlichen Gründen gegenüber konkurrierenden anderen (*Wertungen*) rechtlichen Vorrang erhalten".
746 Bydlinski, Methodenlehre, 143.
747 Esser, zit. und ausgeführt bei Bydlinski, Methodenlehre, 143; Esser, Grundsatz, 74, spricht von einem Kompromiß, welcher Rechtsprinzipien zu ihrer Stabilität befähige.
748 Larenz, Methodenlehre, 133 ff., zit. und ausgeführt auch bei Bydlinski, Methodenlehre, 132 f.
749 Henkel, Rechtsphilosophie, 154.
750 Vgl. Bydlinski, Methodenlehre, 143, unter Hinweis auf die topische Lehre von Viehweg.
751 Larenz, Richtiges Recht, 33 ff., 174 ff.; Bydlinski, Methodenlehre, 133.
752 Esser, Grundsatz, 73, nennt sie „Postulate ethischer und politischer Natur".

- nach dem Grad der Anerkanntheit, d.h. möglichst über einen bloßen Mehrheitswillen hinaus,
- nach der Dauer der Anerkanntheit, d.h. über den aktuellen Zeitgeist und die Tagespolitik hinaus und
- nach einer gewissen Wertigkeit und Vielschichtigkeit der Anerkanntheit, d.h. nicht nur populär, sondern auch wissenschaftlich,

vorgenommen werden. Je nach Grad, Dauer und Wertigkeit der Anerkanntheit kann sich dann eine unterschiedliche Stärke und Durchsetzungskraft des Prinzips ergeben.

c) Subsidiarität als anerkannter Ausdruck sozialpragmatischer Klugheit

Es ist nunmehr zu prüfen, inwieweit das Subsidiaritätsprinzip den obigen Anforderungen der methodologischen Diskussion an eine legitime Leitformel gerecht wird.

In der Tat scheint es jenseits des Für und Wider verfassungsrechtlicher Verbindlichkeit und zwischen rechtlicher Verbindlichkeit und bloßer Meinung irgend etwas zu geben, das alle Vertreter eines individualistisch-freiheitlichen Menschenbildes zur Umsetzung von Subsidiarität drängt. Dies wird z.B. deutlich am Beispiel parallel laufender Sympathien für Selbsthilfe und genossenschaftsähnliche Eigeninitiative sowohl von alternativ-ökonomischer, ökologischer als auch von freiheitlich-konservativer Seite.[753]

So wird der Subsidiaritätsgrundsatz denn auch als „jedermann sympathische Option für die kleinere Einheit" bezeichnet.[754] Er gilt als Beweislastregel für die genauere Kompetenzverteilung deren Nichteinhaltung zu einem Mangel an „rechtsmoralischer Legitimation" und „sozialpragmatischer Klugheit" führt.[755] Man spricht ferner von einer „Kombination" eines „Sachprinzips" für die Gliederung der Zuständigkeiten aus der Natur der Sache und eines „Beweislastverteilungsprinzips", nach dem jede Zentralisierung von Aufgaben ihre Überlegenheit über die dezentrale Lösung zu beweisen hat.[756] Die Rede ist außerdem von einem „allgemeinen Klugheitsprinzip, das sich an die Vernunft wendet" und ein „sozialethisches Erbe der Menschheit" darstellt.[757]

Es gibt allerdings auch Stimmen, die von einer geringeren allgemeinen Bedeutung des Subsidiaritätsprinzips ausgehen. So wird es als lediglich „theoretischer Ansatz zur Ausgestaltung der versorgungsbezogenen gesellschaftlichen Arbeitsteilung" bezeichnet[758] und teilweise sogar als nicht mit moderner Staatlichkeit vereinbar und somit oh-

---

753 Vgl. Bierbaum/Riege, Selbsthilfe, 30, 39 f., 130 f., 132 f.; v. Lösch, ZögU 1988, Beiheft 10, 14 ff., 17 ff.; vgl. Hinweis auf Tendenzen in der Arbeiterbewegung bei Schimank/Glagow, in: Glagow(Hrsg.), 15; vgl. auch oben Fn. 600.
754 Baumgartner, in: Nörr/Oppermann (Hrsg.), 18.
755 Höffe, in: Nörr/Oppermann (Hrsg.), 61.
756 Koslowski, in: Nörr/Oppermann (Hrsg.), 40;; Bydlinski, Fundamentale Rechtsgrundsätze, 315, bezeichnet das Subsidiaritätsprinzip als „im Zweifel anwendbare Vorrangregel", die einem empirisch ermittelten „Gesetz der Macht" entgegenwirkt, das auf Machtausdehnung, Verflechtung von Staat und Wirtschaft, Parteibuchwesen und Korruptionsanfälligkeit hinausläuft und nach struktureller Gewaltenteilung und Dezentralisierung verlangt.
757 Lecheler, Subsidiaritätsprinzip, 33.
758 Asam, in: Asam (Hrsg.) 15.

ne Verbindlichkeit erachtet[759], ferner als „Element der Tagespolitik und als Tagesformel", die zur Lösung bestimmter von Fall zu Fall auftretender Probleme geeignet ist, die aber nicht die Bedeutung einer Leitvorstellung und eines nach Verwirklichung drängenden Begriffs besitzt.[760] Diese zurückhaltenden Auffassungen entstehen aufgrund von Bedenken gegen etwaige Kollisionen des Subsidiaritätsprinzips mit dem Demokratieprinzip. Man möchte dem Gesetzgeber das Recht vorbehalten, gegen das Subsidiaritätsprinzip zu entscheiden.[761]

Hier bietet sich folgender Kompromiß an: Man kann nach Einblick in die Diskussion und Geschichte wohl nicht sagen, daß der Subsidiaritätsgrundsatz keinerlei verallgemeinerungsfähige Wirkung hat. Er ist ein sehr altes Prinzip, das an den grundlegenden Aufbau sozialer Strukturen und der Aufgabenverteilung anknüpft. Er ist Ausdruck eines Freiheitsbegriffes und Menschenbildes, wie sie – wenn vielleicht auch nicht unmittelbar rechtlich wirkend – unserer Verfassung zugrundeliegen. Die hinter diesem Prinzip stehende Vernunft und Klugheit wurde – jedenfalls von Seiten eines freiheitlich-individuellen Menschenbildes – niemals in Frage gestellt. Im Gegenteil: es erfreut sich gerade in jüngerer Zeit aufgrund einer schwelenden finanziellen und damit zugleich organisatorischen Krise im Bereich der Daseinsvorsorge neuer Beachtung. In weit überwiegenden Kreisen der Wissenschaft ist – wie hier behauptet werden soll – im Grunde unumstritten, daß eine wie auch immer geartete Umorientierung zu weniger Fürsorge und öffentlicher Erledigung stattzufinden hat. Es gibt auch entsprechende politisch praktische Umsetzungsgedanken, wie sie sich z.B. in der Diskussion über „Entstaatlichung" und „neue Subsidiarität" finden. Sie drückt sich ferner aus in allerlei Bestrebungen nach dezentralen Verwirklichungsmöglichkeiten. Schließlich hat der Subsidiaritätsgedanke in Form der Förderung von Eigeninitiative und der Beachtung des Postulats einer für öffentliche Erledigung erforderlichen Notwendigkeit in einem zentralen Bereich der Daseinsvorsorge, dem Abfallbereich, bundesgesetzliche Umsetzung erfahren.

Der Subsidiaritätsgrundsatz ist somit zum einen ein in seiner Richtigkeit weitgehend unumstrittenes Ordnungsprinzip von einem gewissen dauerhaften Wert. Es erfreut sich zum anderen auch umfassender aktueller Wertschätzung in der Wissenschaft, so daß fast von einem Allgemeinplatz verständigen Denkens gesprochen werden kann.

Auf diese Weise kann – um auch LARENZ gerecht zu werden[762] – zunächst „von unten", d.h. von der Ebene der Förderung von Eigeninitiative im Abfallrecht, auf einen entsprechenden Subsidiaritätsgedanken geschlossen und dann „von oben", gleichsam aus der Sozialgeschichte der Menschheit, der Subsidiaritätsgedanke als anerkannte Regel entwickelt werden.

Der Subsidiaritätsgrundsatz ist daher eine objektive Klugheitsregel, deren Beachtung von rechtsmoralischer Legitimation und sozialpragmatischer Klugheit zeugt, oder – um mit ROMAN HERZOG[763] zu sprechen – ein „Grundsatz der politischen Klugheit". Auf dieser Basis verteilt er die Beweislast für die Wahrnehmung von Kompetenzen.

---

759 Vgl. Pieper, Subsidiarität, 62, unter Hinweis auf Krüger.
760 Nörr, in: Nörr/Oppermann, Subsidiarität, 239.
761 Vgl. dazu auch Höffe, in: Nörr/Oppermann (Hrsg.), 61.
762 Vgl. oben Fn. 751.
763 Zit. bei Pieper, Subsidiarität, 62.

Allerdings kann sich eine solche Klugheitsregel nicht gegen anderslautende Entscheidungen des demokratischen Souveräns durchsetzen. Dafür gibt es keinen zwingenden Nachweis, und dies sei hier im Rahmen des Kompromisses zugestanden. Aber der Subsidiaritätsgedanke kann dort, wo der Souverän in seinen Anordnungen lückenhaft oder unschlüssig ist und dadurch Raum für Interpretationen läßt, lenkend und ggf. vorsichtig korrigierend eingreifen. Das Subsidiaritätsprinzip wird auf diese Weise zur sanften Korrektur einer stetigen Tendenz zu Zentralisierung und Hochzonung, als die es nach wohl allen ernstzunehmenden Auffassungen nicht in Frage gestellt werden dürfte. Solche Eigenschaften lassen sich nämlich rechtfertigen, ohne dem Subsidiaritätsprinzip Verfassungsrang zuzubilligen. Sie greifen nicht in die demokratische Legitimationskette ein, weil sie das Gesetz achten und sich nur bei seiner Auslegung im Zweifel für ein Prinzip entscheiden, das allgemein als grundsätzliches Gebot objektiver Vernunft angesehen wird.

Das Subsidiaritätsprinzip ist daher als naturrechtsähnliche, sozialethisch vererbte, rechtsmoralische, jedermann sympathische sanfte Korrektur- und Klugheitsregel im Zweifel als zu beachtender Topos oder Leitgedanken ansehen.

Instrument einer solchen Umsetzung kann zunächst einmal die entstehungsgeschichtliche Auslegung sein. Durch Ausfüllung von Lücken und Ungereimtheiten des gesetzgeberischen Willens wird die Klugheitsregel insoweit zur mutmaßlichen Willensrichtung des Gesetzgebers. Dies kann soweit gehen, daß – wenn der Gesetzgeber sich zeitlich länger zurückliegend für weitgehende öffentliche Erledigung entschieden hat – im Kontext der heutigen Erfahrungen und Diskussionen unter dem methodischen Stichwort „Wandel der Normsituation"[764] eine Korrektur zu erwägen ist.[765] Solche Korrekturen sind jedoch nur mit Vorsicht vorzunehmen. Es bedarf schon einer erkennbaren Unangemessenheit der alten Denkrichtung.[766] Eine solche Unangemessenheit könnte allerdings angenommen werden, wenn der Gesetzgeber eines jüngeren Gesetzes in einem vergleichbaren Sachbereich neue Maßstäbe setzt, die eine „Fernwirkung"[767] auf den zu untersuchenden älteren Regelungsbereich haben.[768] Als Norm eines eher jüngeren Gesetzes erscheinen die §§ 11, 13, 17 KrW-/AbfG und der dahinterstehende abfallrechtliche Subsidiaritätsgedanke durchaus in der Lage, bei älteren die Aufgaben der Daseinsvorsorge zuordnenden Normen den Gedanken an einen zwischenzeitlichen Wandel der Normsituation zu nähren.

Die Klugheitsregel „Subsidiarität" kann ferner – ergänzend und konkretisierend – im Rahmen der objektiv-teleologischen Auslegung methodisch umgesetzt werden.[769]

---

764 Larenz/Canaris, Methodenlehre, 170; vgl. dazu auch oben Fn. 87.
765 Vgl. auch Bydlinski, Methodenlehre, 128.
766 Vgl. Bydlinski, Methodenlehre, 580 f.; Larenz/Canaris, Methodenlehre, 171, sprechen von „Evidenz der Unzulänglichkeit".
767 Vgl. Bydlinski, Methodenlehre, 581.
768 Nach Larenz/Canaris, Methodenlehre, 173, kann auch „eine deutliche Tendenz in der neueren Gesetzgebung" eine geänderte Auslegung bewirken.
769 Nach Bydlinski, Methodenlehre, 454 f, ist nach teleologisch-systematischen Gesichtspunkten unter den überhaupt in Betracht kommenden Wert- und Zweckvorstellungen danach zu forschen, welche von ihnen bereits anderen, sachlich zusammenhängenden Normen derselben Rechtsordnung zugrundeliegen. In einem Vergleich mit sachnahen anderen Normen sollen sich daher bestimmte

Die der jeweiligen Norm zugrundeliegenden zentralen Interessenkonflikte lassen sich, wie auch der Erste Teil gezeigt hat, aufgrund sachlicher Komplexität oft nur schwer lösen. Es sind umfangreiche Gewichtungen bzw. Bewertungen der Interessen nötig.[770] Dazu bedarf es häufig einer vereinfachenden „weltanschaulichen Weiche". Wo man solche Weichenstellungen – anders als z.B. im Ersten Teil – nicht oder nur bedingt den Leitgedanken des Gesetzgebers entnehmen kann, entsteht ein Bedürfnis nach objektivierten Wertungsmaßstäben. Als einen solchen objektivierten Wertmaßstab, der für eine Grundjustierung der Argumentation sorgt, kann man aufgrund der oben erarbeiteten Zweifelsregel den Subsidiaritätsgedanken, zumindest in seiner abfallrechtlichen Ausprägung, ansehen.

Zur Umsetzung der Klugheits- und Zweifelsregel gehört nach den Erkenntnissen dieser Untersuchung auch die methodische Annäherung an ein Denken im „beweglichen System", bei dem je nach Lage und Anforderungen des Tätigkeitsfeldes oder einzelner Teilschritte diejenige Ebene als privilegiert gilt, die einen merklichen Einstieg in bürgerschaftliche Eigeninitiative wirtschaftlich sinnvoll macht, und bei dem diese Ebene durch Beschränkung der Privilegierung gleichzeitig vor Synergievorteilen höherer Ebenen geschützt werden kann.[771]

4. Vergleichbare Regelungsbereiche als Anwendungsfeld

Schon die Freirechtslehre zu Beginn des 20en Jahrhunderts arbeitet – im Bemühen um eine Einbeziehung der Sozialwelt und ihrer Veränderungen[772] – bei der Findung von Leitgedanken mit einer Art von Analogieschluß, der auf die Ähnlichkeit einer Rechtsmaterie zu einer anderen abstellt.[773] Sie sucht dabei nach bereits gesetzlich geregelten Fallgruppen, die aufgrund Ähnlichkeit einen Analogieschluß erlauben.[774]

Ein solcher direkter Schluß vom Besonderen auf das Besondere ohne Rückgriff auf ein allgemeines Prinzip wird – wohl zu Recht – kritisiert.[775] Nachdem nun aber hier für das Subsidiaritätsprinzip eine methodische Wirkung erarbeitet wurde, die geeignet ist, als Brücke zu dienen und Auslegungsmaßstäbe und Argumentationsmuster in andere Bereiche hinein zu transportieren, stellt sich die Frage, in welchen anderen Regelungsbereichen eine Umsetzung in Betracht kommt. Aus der Sache selbst ergibt sich bereits, daß es dabei um Fragen und Normen der Zuordnung von Aufgaben und Erledigungen zu bestimmten Handlungsebenen gehen muß. Nur damit befaßt sich nämlich der Subsidiaritätsgedanke, und überall dort sind seine Maßstäbe und die anhand des

---

    denkmögliche Zwecke und damit Auslegungshypothesen der auszulegenden Norm bestätigen bzw. eliminieren lassen

770 Vgl. Engisch, Einführung, 251.
771 Vgl. dazu oben 2.Teil A.III.3.
772 Vgl. Riebschläger, Freirechtsbewegung, 113, 115.
773 Vgl. Moench, Freirechtsbewegung, 80 f.
774 Vgl. Moench, Freirechtsbewegung, 80 f.. Auch heute werden zur Schließung von Gesetzeslücken analogieähnliche, auf Ähnlichkeiten abstellende Verfahren vorgeschlagen, vgl. Engisch, Einführung, 187.
775 Vgl. Engisch, Einführung, 186 f.

Abfallrechts konkretisierten Regelungs- und Argumentationsmuster als Zweifelsregel anzulegen.

In besonderer Weise drängen sich abfallrechtliche Subsidiaritätsmuster mit ihrer Privilegierung neuer ziviler Organisationsformen auf Vereins-, Genossenschafts- oder Verbandsbasis und ihrer Regulierung durch ein bestimmtes Verfahren der Abwägung öffentlicher Interessen dort auf, wo es vergleichbare Steuerungsansätze und Steuerungsprobleme gibt.[776] Sie dürfen hier in besonderer Weise als „sozialpragmatisch klug" gelten. Die anhand des Abfallrechts konkretisierte Zweifelsregel bürgerorientierter Subsidiarität wirkt daher um so stärker, je ähnlicher bzw. vergleichbarer die Adressatenmaterie den abfallrechtlichen Problemdiskussionen und Steuerungsansätzen ist. Eine starke Wirkung dürfte daher vorwiegend im Bereich der Daseinsvorsorge und dort insbesondere in vom Verursacherprinzip geprägten Bereichen zu erzielen sein.

Bei der Suche nach Anwendungsfeldern sollte der Blick daher vor allem auf Sach- und Regelungsbereiche fallen,
- in denen Eigeninitiative und Eigenverantwortung ausdrücklich im Text oder in den Materialien gefördert werden,
- in denen die Hervorhebung von Eigeninitiative und Eigenverantwortung im Regelungsbereich konkludent zum Ausdruck kommt, wie z.B. durch Erwähnung oder Etablierung der Erledigung durch Genossenschaften oder Verursacherverbände,
- in denen das Verursacherprinzip gilt, wie z.B. überall dort, wo zwangsweise eine gemeinschaftliche Finanzierung durch die Verursacher angeordnet ist,

sowie auf Bereiche, in denen geklagt wird
- über eine Überforderung des Staates, Steuerungsprobleme und Privatisierungserfordernisse,
- über mangelndes Bewußtsein, mangelnde Initiative, mangelnde Verantwortung und weitgehende Entfremdung der Bürger oder
- über eine Entkopplung der Problemlösung vom Problem, eine Funktionalisierung des Problems als Lebenselixier der Problemlöser, eine zunehmende Monopolisierung der Dienstleistungswirtschaft und eine drohenden Konversion der Daseinsvorsorge in Herrschaftsmittel,

oder wo diskutiert wird über
- Privatisierung, Erweiterung der Steuerungsakteure und deren Dezentralisierung, Selbststeuerung in Verbänden und genossenschaftsähnlichen Organisationen, Beschränkung auf Auffanggewährleistung mit Regulierung sowie
- über eine Vielfalt autonomer Verbindungen, Vereinigungen auf lokaler Ebene, Selbsthilfegruppen, Nachbarschaftshilfe, dörfliche Autonomie und Eigenleistungen.

Der Wirkungsgrad der Klugheits- und Zweifelsregel bewegt sich je nach Maß der Vergleichbarkeit von der Verteilung der Argumentationslast über die Übernahme der argumentativen Gliederung und Fragestellung bis hin zur Korrektur von Unschlüssigkeiten der gesetzgeberischen Wertung.

Mustermaterie ist das Abfallrecht. Dort wurde die „Argumentationslast" der öffentlichen Hand auferlegt, was zur Zielgerichtetheit der Fragestellung beitrug. Ferner orientierte sich die Argumentation an bestimmten Gesichtspunkten, nämlich dem Förderungsgedanken, dem Notwendigkeitsgedanken und dem Regulierungsgedanken. Dabei wurde zunächst jegliche Eigeninitiative einbezogen, die im Lichte des Gesetzeszwecks

---

[776] Bydlinski, Methodenlehre, 454 f, genauer beschrieben soeben unter Fn. 769.

noch irgendwie als förderungswürdig anzusehen ist, und öffentliche Erledigungsinteressen auf Reservegewährleistung beschränkt, um dann an dieser Gewichtung die Regulierung zu orientieren.

Soweit sich jedoch nach Wortlaut, Systematik oder Materialien eine eindeutig gegen Eigeninitiative sprechende Auslegung ergibt, der Souverän sich also klar dagegen entschieden hat, können auch Klugheits- und Zweifelsregeln nicht helfen. Es bedarf somit einer Offenheit von Wortlaut, Systematik und Materialien, die hier auch als „Einfallstor" für den im Abfallrecht konkretisierten Subsidiaritätsgedanken bezeichnet werden soll.

Wenn sich aus Gesetzestext, Materialien, Problemdiskussion oder Sachstruktur im Rahmen einer Vorabbetrachtung ansatzweise eine gewisse Offenheit für Eigeninitiative oder Vergleichbarkeit mit abfallrechtlichen Argumentationsmustern ergibt, ist es gerechtfertigt mit einer „Aufgeschlossenheit" für Eigeninitiative an die Auslegung und die Feststellung von „Einfallstoren" heranzugehen. Mit „Aufgeschlossenheit" ist nicht bereits eine Wertung zugunsten von weitgehenden Möglichkeiten für Eigeninitiative gemeint, sondern lediglich die Bereitschaft zur Berücksichtigung eines neuen Blickwinkels und die „formale" Ausschöpfung des gesetzlichen Rahmens, damit nicht ohne zwingende Gründe bereits nach Wortlaut oder Systematik Möglichkeiten abgeschnitten werden. Eine solche Bereitschaft zur Berücksichtigung eines neuen Blickwinkels darf schon deshalb gefordert werden, weil jede – auch neue – gesellschaftspolitische Option grundsätzlich gleichwertig ist und daher Reflexion verdient. Aufgeschlossenheit ist besonders angemessen, wo sich regelungs- oder sachstrukturelle Ähnlichkeiten zu einem anderen Bereich andeuten, in dem ein bestimmter Leitgedanke bereits verwirklicht worden ist. Es ist somit ein hermeneutisches Vorgehen angezeigt.

Die Nutzbarmachung des im Abfallrecht konkretisierten Subsidiaritätsgedankens als teleologische Zweifelsregel in anderen Bereichen beginnt also mit einer im obigen Sinne „aufgeschlossenen" Suche nach „Einfallstoren".

5. Bürgerorientierte Subsidiarität und offensives Vorverständnis

Die soeben vorgenommene Herleitung einer objektiv-teleologischen Zweifelsregel aus Kategorien der sozialpragmatischen Klugheit und weitgehenden Anerkanntheit, um sie dann auf vergleichbare Regelungsbereiche methodisch wirksam anzuwenden, erfordert eine progressives Methodikverständnis und ist sicher nicht unangreifbar. Dies gilt jedoch für nahezu jeden Versuch, Wertungsjurisprudenz praktisch umzusetzen.[777] Unangreifbar ist allein die verdeckte dezisionistische richterliche Wertbildung, meist verkleidet durch eine die Wertungsfragen umgehende oder ganz fehlende Begründung. Schwer angreifbar ist meistens auch, sich – vor allem in strukturellen Fragen – im Zweifel einfach am status quo zu orientieren.

---

[777] So kritisiert Bydlinski, Fundamentale Rechtsgrundsätze, 13, wenn Rechtspositivisten mit Überlegenheitsanspruch Ableitungen aus Rechtsprinzipien und Leitformeln anzweifeln, selbst aber außer einer völligen inhaltlichen Beliebigkeit nichts anzubieten haben; Söllner, Zeitschrift für Gesetzgebung 1995, 15 f., hält eine Lehre der richterlichen Rechtsschöpfung für nötig, die konkrete Maßstäbe und Anforderungen für den Richter als Ersatzgesetzgeber entwickelt.

Fraglich ist, ob dadurch der Sinn von Jurisprudenz zutreffend verwirklicht wird. So beklagt FIKENTSCHER, daß das Scheitern der Freirechtslehre bei der Entwicklung einer zukunftsoffenen Methodik das deutsche Recht bis heute in einem „prinzipiell kodifikatorischen und damit konservativen, historisch begrifflichen und der Zukunft gegenüber methodisch im wesentlichen hilflosen Dasein hinterlassen hat". Wäre es, so FIKENTSCHER, den Freirechtlern gelungen, „neben die große Leistung des Kodex die einer zukunftsoffenen Methodik zu stellen, anders ausgedrückt den Geist Iherings mit dem Geist der Kodifikation methodisch unanfechtbar zu verbinden, hätte das deutsche Recht den Anschluß an jene – westlichen – Rechtsordnungen gefunden, in denen das Recht keine konservative Kraft darstellt".[778]

Es handelt sich hier um zwei Sätze, die in ihrer Bedeutung und Aktualität nicht überschätzt werden können, und sie rechtfertigen – da jeder Anstoß wichtig erscheint – jeden Versuch, methodisch reflektiert die Entwicklung von Leitformeln aus und neben dem Gesetz oder notfalls auch konkurrierend zu ihm zu fördern, selbst wenn mancher Ansatz zunächst unvollkommen oder später revisionsbedürftig ist. Da sich für ein solches Unterfangen die Leitformel „Subsidiarität/Eigeninitiative" mit ihrer Gegenformel „Öffentliche Vorsorge und Fürsorge" geradezu anbot und weiterhin anbietet und oben bereits einige Arbeit in dieser Hinsicht geleistet wurde, soll von hier aus im Geiste obigen Fikentscher-Zitats noch ein ausblickhafter Vorstoß gewagt werden.

Wenn man unter dem Schlagwort „Konservativität der deutschen Rechtsfindung" – den Begriff „konservativ" nicht parteipolitisch sondern strukturell verstehend – unser politisches und rechtliches System betrachtet, fallen zwei Mißstände auf.

Zum einen haben es in einer Massendemokratie mit überwiegend etatistischem, d.h. von Erwartungen an und Vertrauen auf den Staat geprägtem Bewußtsein der Bevölkerung bestimmte gesellschaftspolitische Leitformeln besonders schwer, sich im Willensbildungsprozeß durchzusetzen, jedenfalls schwerer als ihre Gegenformeln. Sie kämpfen gleichsam mit Bleigewichten an den Füßen, auch wenn ihnen im Grunde die Mehrheit zustimmt. Es handelt sich um Programme, die unter Hinweis auf langfristige Wohlfahrtssteigerung durch mittelfristige Entbehrung mehr Eigeninitiative fordern, wo bisher Fürsorge war, und die deshalb Veränderungen zur Folge haben, die Besitzstände berühren, zumal im öffentlichen Sektor.

Es erscheint daher legitim, wenn die Jurisprudenz ein solches strukturelles Defizit im System durch ein „Gegenlenken" ausgleicht und auf diesem Wege die Waffengleichheit zwischen beharrenden und verändernden Optionen herstellt. Auch unter diesem Gesichtspunkt ließe sich ggf. der Grundsatz bürgerorientierter Subsidiarität als teleologische Zweifelsregel rechtfertigen, hat er doch gegen typische strukturelle Tendenzen zu Hochzonung, Zentralisierung und Erhaltung des status quo öffentlicher Beschäftigung zu kämpfen.

Zum anderen führt unser politisches Konsensfindungssystem augenscheinlich dazu, daß Gesetz und Recht, d.h. Gesetzgebung und Rechtsprechung, den eigentlich vom „common sense der Verständigen" und dann meist auch von der Bevölkerungsmehrheit für notwendig erachteten Entwicklungen erheblich hinterher hinkt. So wird z.B. manche grundlegende Veränderung von einem nahezu umfassenden „communis opinio

---

778 Fikentscher, Methoden III, 367.

doctorum" – auch in der Politik – für notwendig erachtet, ohne daß sie in angemessener Zeit politisch in Gesetze umgesetzt werden kann.[779]

Diese Umstände lassen es wünschenswert erscheinen, daß notfalls von der Jurisprudenz überparteiliche Reformtrends und gesellschaftliche Strategien schneller aufgenommen und berücksichtigt werden und sich dadurch die Reaktionsgeschwindigkeit erhöht.[780] Allerdings muß man mit dem Vorwurf einer drohenden Politisierung des Rechts rechnen. Hinter dem Begriff „Politisierung" verbirgt sich die Befürchtung einer beliebigen Beeinflussung der Rechtsanwendung durch subjektive politische Anschauungen.[781] Es bedarf somit genauerer Kriterien, wann bestimmte Entwicklungen als juristisch beachtenswerte überparteiliche gesellschaftliche Trends anzuerkennen sind. Dabei könnte gefragt werden,
– ob die gesellschaftlichen Veränderungsinitiativen über eine einseitige ideologische Ausrichtung hinausgehen,
– ob sie mit starken Tendenzen in Wissenschaft und Praxisberatung übereinstimmen,
– ob sie sich in einen fundamentalen gesellschaftstheoretischen oder rechtsethischen Leitgedanken einfügen lassen und
– ob der Trend bereits irgendwo in Recht oder Praxis verwirklicht wurde.
Wenn alle Voraussetzungen vorliegen, müßte sich eigentlich die Jurisprudenz solchem Trend gegenüber aufgeschlossen zeigen, erst recht, wenn er auch noch – wie oben beschrieben – „mit Bleigewichten an den Füßen" kämpfen muß.

Auch unter diesen Gesichtspunkten und Kriterien ließe sich ggf. der Grundsatz bürgerorientierter Subsidiarität als teleologische Zweifelsregel rechtfertigen.

Soweit aus den obigen Erwägungen nicht auf eine unmittelbare methodische Verwertbarkeit bestimmter Leitformeln als teleologische Zweifelsregel geschlossen werden soll, bietet sich ein anderer, weniger formaler Weg. An dieser Stelle sei erneut auf das gesellschaftstheoretische Vorverständnis – eigentlich Hintergrundverständnis – des Rechtsanwenders, also vor allem des Richters, hingewiesen.[782] Es wirkt sich – was niemand ernsthaft leugnen kann – oft erheblich auf den Verfahrensgang aus, und zwar auf seinen emotionalen Verlauf, auf Darlegungsanforderungen und wohl auch auf die

---

779 Vgl. Loschelders/Roth, Methodik, 234 Fn. 44, unter Hinweis auf Soergel/Hafermehl und Frowein, wo die Reaktionsfähigkeit des Gesetzgebers skeptisch gesehen und dafür plädiert wird, die auf gesetzgeberischer Unfähigkeit beruhenden Anpassungsschwierigkeiten nicht zu Lasten der betroffenen Rechtssubjekte gehen zu lassen und stattdessen die gesetzgeberische Wertung fortzuschreiben.

780 Nach Fikentscher, Methoden III, 619, macht ein Jurist, der sich weigert, die politische Dimension des Rechts zu sehen, die Begründung seiner Entscheidung lückenhaft. Seine vorgegebene unpolitische Entscheidung sei für sich genommen ein Politikum, das die Lückenhaftigkeit seines Denkprozesses offenbart.
In diesem Sinne ist wohl auch Wiethölter zu verstehen, vgl. ders., ZRP 1969, 155, 158 und Fikentscher, Methoden III, 618, in Erörterung Wiethölters. Deutlich dagegen und für eine Ausrichtung des Richters am status quo: Klein, DRiZ 1972, 333, 336.

781 Vgl. dazu in Reaktion auf „progressive, politische" Rechtstheorien: Kramer, ZRP 1970, 82, 84; Klein, DRiZ 1972, 333, 337; Bydlinski, Methodenlehre, 158 ff.; Fikentscher, Methoden III, 618.

782 Josef Esser, Vorverständnis und Methodenwahl in der Rechtsfindung, 1972, 8 ff., 10, 102, 133; Martin Kriele, Recht und praktische Vernunft, 1979, 87, unter Hinweis auf die Verdienste der Freirechtslehre; Bydlinski, Methoden, 19, 25 f.; Ulrich Schroth, in: Kaufmann/Hassemer (Hrsg.), 348 ff.

wertende Auslegung in Zweifelsfragen.[783] Es wird oft durch allgemeine, politische und gesamtwirtschaftwirtschaftliche Aspekte und durch die soziale Umwelt, die Herkunft und die Erziehung des Rechtsanwenders determiniert. Dies heißt jedoch nicht, darin von vornherein eine absolute, unübersteigbare Schranke der Objektivität sehen zu müssen, sondern das Vor- bzw. Hintergrundverständnis kann und sollte durch Erhöhung der Beurteilungskompetenz und ständige Selbstprüfung objektiviert werden.[784]

Nun darf man vom Rechtsanwender nicht erwarten, daß er sich in jedem Sachbereich umfangreiche Kenntnisse aneignet. Auf der anderen Seite führt die lebenslange Konzentration auf einen Sachbereich häufig zu Fachblindheit und Strukturkonservativität. Um so erstrebsamer für jeden Rechtsanwender muß es sein, sich in fallrelevanten zentralen Richtungs- und Strukturfragen der Gemeinschaft, die nahezu jeden rechtlichen Erkenntnisvorgang berühren, das eigene Verständnis vor Augen zu halten und mit anderen Verständnissen und aktuellen Entwicklungen zu vergleichen. Zu solchen Richtungs- und Strukturfragen zählen z.B. die obigen Erwägungen zum Ausgleich struktureller Defizite der demokratischen Willensbildung und zur frühzeitigen Erkennung und Berücksichtigung überparteilicher gesellschaftlicher Trends. Dazu gehören im ^übrigen die zentralen gesellschaftstheoretischen und gesellschaftspolitischen Antinomien, wie z.B. Leistungsorientierung/sozialer Ausgleich, Eigeninitiative/Fürsorge, Arbeitnehmer/Arbeitgeber, Mittelstand/Großkonzerne, ökologische/ökonomische Nachhaltigkeit, Wandel/Beharrung, Verbrecher/Opfer usw. Der Rechtsanwender – und möglichst schon in den unteren Instanzen – sollte in Zweifelsfällen stets seinen Fall in solche zentralen Antinomien einordnen und sich selbst darüber klar werden, wo wir als Gesellschaft bei der Bewältigung dieser Antinomien stehen und inwieweit ggf. die rechtliche Bewältigung den bereits erkannten Bedürfnissen hinterher hinkt.

Auch auf die Gefahr hin, daß politische Steuerungsdiskussionen in die Rechtsanwendung hineingetragen werden, erscheint es immer noch sinnvoller, das unterschwellig ohnehin vorhandene oder aufgedrängte und den Argumentationsgang lenkende Vor- bzw. Hintergrundverständnis zu strukturieren, dadurch offenzulegen und damit zugleich zu bändigen, anstatt es verdeckt wirken zu lassen.[785]

Parallel zur Auslegung oder ihr vorgeschaltet wäre demnach die Rechtsfrage stets und ganz offen in ihre politische, soziologische oder sachgesetzliche Umwelt zu stellen. Es wäre zu prüfen, welchen Entwicklungen und Strömungen sie ausgesetzt ist, und es gälte, sich klarzumachen, welcher Strömung das eigene Vorverständnis folgt. Dabei ist es nicht abwegig, in Urteilen, Kommentaren und auch anwaltlichen Schriftsätzen einen Abschnitt über das zugrundezulegende Vor- bzw. Hintergrundverständnis zu erwarten. Auf diese Weise muß sich jeder Rechtsanwender, auch das Gericht, immer wieder darüber klar werden, „von wo es eigentlich kommt". Einseitigkeiten können besser abgebaut, veraltete Auffassungen als solche erkannt und neueren Anschauungen angepaßt werden.[786] Die Richterschaft aller Ebenen und andere Rechtsanwender wären gezwungen, die Richtungs- und Strukturfragen unserer Gesellschaft immer

---

783 Vgl. Schroth, in: Kaufmann/Hassemer (Hrsg.), 349.
784 Larenz, Methodenlehre, 209, 211.
785 Engisch, Einführung, 172 f.; Kaufmann, in Kaufmann/Hassemer (Hrsg.), 148; Bydlinski, Methodenlehre, 154, unter Hinweis auf Esser.
786 Vgl. auch den bei Fikentscher, Methoden III, 753 f., beschriebenen strukturell ähnlichen aber in der Anwendung seitenverkehrten zweistufigen Ansatz von Esser.

wieder offen zu reflektieren. Präjudizienstudium würde zur politischen Bildung. Die Fähigkeit zu rechtsethischer Wertung würde erhöht. Die juristische Konfliktlösung könnte auf diese Weise das ersetzen, was in der parteipolitischen Diskussion nicht geleistet wird, nämlich objektive, an der Sache orientierte, niveauvolle Auseinandersetzung mit den zentralen Problemen unserer Gemeinschaft.

Ein solches „offensives" Methodikverständnis wird auf Skepsis stoßen, wo ein eher idealistisches Verständnis von Demokratie und Gewaltenteilung herrscht. Dort ist der Gesetzgeber Dreh- und Angelpunkt allen Rechts und Parlamente die einzig richtige Instanz zur Richtungsgebung und Regelung. Folge ist ein ständiges Warten auf den Gesetzgeber, sei es auch um den Preis, daß die Gesellschaft immer mehr am Recht vorbeilebt.

Ein eher pragmatisches, dynamisches Verständnis von Gewaltenteilung berücksichtigt, daß der parlamentarische Gesetzgeber vielfach überfordert und anfällig ist für bestimmte Macht-, Fürsorge- und Beharrungsinteressen. Unter diesem Blickwinkel wird das Erforschen, Vergegenwärtigen und Berücksichtigen ausgleichsbedürftiger strukturell einseitiger Tendenzen, gesellschaftlicher Trends und typischer gesetzgeberischer Schwächen zur Aufgabe der Jurisprudenz. Dazu gehört auch die ständige und offene Reflexion gesellschaftspolitischer Richtungsfragen im Rahmen juristischer Entscheidungen.

Soweit die so gewonnenen Leitformeln wie in dieser Abhandlung die Qualität von weitgehend anerkannten Klugheitsregeln erreichen, können sie als „Prinzip" die Auslegung stark beeinflussen, während sie ansonsten immerhin als eher schwache Kraft das „Klima" der Auslegung prägen und über die Herkunft des Rechtsgefühls Klarheit schaffen können.

C. Ausblick: Potentieller Nutzen für weitere Regelungsbereiche

Mit derartigem methodischen Rüstzeug ausgestattet darf man sich nun daran wagen, die Nutzbarmachung des im Abfallrecht konkretisierten Subsidiaritätsgedankens für weitere Bereiche der Daseinsvorsorge zu versuchen.

Dies geschieht in Form eines Ausblicks und beginnt mit einer verhältnismäßig intensiven Erörterung eines Regelungsbeispiels aus dem niedersächsischen Abwasserrecht. Damit wird gleichsam eine Brücke geschlagen zu den vielfältigen Anwendungsfeldern im Bereich der durch kommunale Satzung dominierten Daseinsvorsorge. Anschließend verläuft sich der Ausblick im Hinweis auf weitere denkbare Anwendungsfelder.

I. Freiraum für gemeinschaftliche Eigeninitiative im Abwasserbereich, insbesondere beim Betrieb dezentraler Ortskläranlagen

Es soll nunmehr aufgezeigt werden, inwieweit die anhand des Abfallrechts erarbeiteten Erkenntnisse für die Prüfung der Zulässigkeit von Eigeninitiative im Abwasserbereich nutzbar gemacht werden können. Dies soll exemplarisch am Beispiel dezentraler Ortskläranlagen in Trägerschaft der Verursacher geschehen, und zwar nach niedersächsischem Recht.

1. Grundsätzliche Offenheit des Regelungsbereichs für Eigeninitiative und Subsidiarität

Es ist zunächst zu prüfen, ob in dem zu untersuchenden Regelungsbereich überhaupt rechtliche und praktische Möglichkeiten für Eigeninitiative der Betroffenen in Betracht kommen.

Das Abwasserrecht ist wie das Abfallrecht Entsorgungsrecht und hat daher eine ähnliche Grundstruktur. Es gibt Entsorgungspflichten von Kommunen, Überlassungspflichten der Verursacher und mitunter auch Möglichkeiten von Eigenentsorgung. Geregelt ist eigentlich nur die Beseitigung von Abwasser. Die Verwertung spielt keine Rolle. Im Bereich der Abwasserbeseitigung herrscht der Grundsatz der Überlassungspflicht. Dabei wird nicht nach der häuslichen oder betrieblichen Herkunft des Abwassers unterschieden.

Maßgebende Norm im niedersächsischen Wasserrecht ist § 149 NWG. § 149 X NWG ordnet an, daß Abwasser von dem Verfügungsberechtigten über das Grundstück dem zur Abwasserbeseitigung Verpflichteten zu überlassen ist. In bestimmten Fällen ist der Verfügungsberechtigte selbst der Entsorgungspflichtige. § 149 III NWG sieht dies für Niederschlagswasser vor, soweit kein Anschluß- und Benutzungszwang angeordnet ist. Darüber hinaus gibt es keinen vom Gesetz ausdrücklich freigehaltenen Raum für Eigeninitiative der Verursacher. Es gibt lediglich Möglichkeiten der Übertragung. Insoweit geht § 149 X NWG regelungstechnisch einen anderen Weg als § 13 I KrW-/AbfG.

Es gibt jedoch einen Sonderfall in der Regelungsstruktur des § 149 NWG. Gem.§ 149 IV NWG kann die Gemeinde durch Satzung für bestimmte Teile des Gemeindegebietes vorschreiben, daß die Nutzungsberechtigten der Grundstücke häusliches Abwasser durch Kleinkläranlagen zu beseitigen haben. Auch dabei handelt es sich zwar nicht um einen gesetzlichen Freiraum, sondern um die Möglichkeit der Pflichtenübertragung durch Satzung.[787] Jedoch stellt diese Übertragung durch Satzung in ländlichen Gebieten, die (noch) nicht an eine öffentliche Abwasserbeseitigungsanlage angeschlossen sind, zwangsläufig den Regelfall dar. Der Grundsatz der öffentlichen Entsorgungspflicht und privaten Überlassungspflicht ist hier also von vornherein auf den Kopf gestellt. Nach altem Recht war die Freistellung[788] und nunmehr ist die Übertragung die Regel und Eigeninitiative somit der eigentliche „Urzustand". Auf diese Weise wird aufgrund faktischer Notwendigkeit[789] so etwas Ähnliches wie ein Freiraum geschaffen. Dieser „Freiraum" ist jedoch rechtlich unter vielen Gesichtspunkten eingeschränkt.

---

787 Sander/Rosenzweig, Wasserrecht, 104.
788 Sander/Rosenzweig, Wasserrecht, 105; vgl. auch Hinweis bei OVG Lüneburg, NdsVBl. 1999, 11.
789 So lassen sich nach Sanden, in: Honert/Rüttgers/Sanden, LWG NW, 184, aufgrund kilometerlanger Kanalwege in Außenbereichslagen nicht alle Ortsteile anschließen. Vgl. zur Problematik einer zwischenzeitlichen Beseitigungspflicht der Verursacher Franz, NWVBl. 2002, 51, 53.

Erstens gilt er für die Beseitigung in „Kleinkläranlagen" und weist insoweit Ähnlichkeiten zur Beseitigung in „eigenen Anlagen" gem.§ 13 I 2 KrW-/AbfG auf. Zweitens ist er zugleich Verpflichtung zur Eigeninitiative ohne die Möglichkeit der freiwilligen Überlassung an die Kommune und unterscheidet sich insoweit vom abfallrechtlichen System. Drittens kann er durch Satzung auf bestimmte technische Arten von Kleinkläranlagen beschränkt und gem.§ 149 VI 4 NWG – im Wege des Anordnung des Anschluß- und Benutzungszwanges – ganz abgeschafft werden, was dem Abfallrecht ebenfalls fremd ist. Der Bereich der Abwasserbeseitigung außerhalb öffentlicher Kanalisation findet also in einer „Sonderzone" zwischen Freiraum und Übertragung statt.

Gleichwohl stellen sich teilweise ähnliche Fragen wie im Abfallrecht. Aus dem Erkenntnishorizont im Abfallrecht heraus lauten die wichtigsten Fragen:

(1) Was heißt „Beseitigung in Kleinkläranlagen" und sollen durch § 149 IV NWG Organisationsformen gemeinschaftlicher Eigeninitiative ausgeschlossen werden?

(2) Welchen Voraussetzungen unterliegt die satzungsmäßige Einschränkung und Abschaffung der Eigeninitiative durch Anschluß- und Benutzungszwang, und nach welchem Verfahren vollzieht sich die planerische Abwägung?

(3) Gibt es für die Verursacher unter bestimmten organisatorischen Voraussetzungen ein Recht auf Ausstieg aus einem bereits bestehenden öffentlich-rechtlichen Regime?

2. Privilegierter Freiraum für Eigeninitiative in § 149 IV NWG

Es soll zunächst erörtert werden, inwieweit durch die Verwendung des Begriffs „Kleinkläranlagen" in § 149 IV NWG Organisationsformen gemeinschaftlicher Eigeninitiative ausgeschlossen werden. Aufgrund der oben geschilderten strukturellen Ähnlichkeiten zum Abfallrecht ist bei der Herangehensweise eine Aufgeschlossenheit[790] für Eigeninitiative gerechtfertigt.

a) Sprachliche Offenheit der Kleinkläranlagenermächtigung

Bei der Untersuchung der §§ 13 I, 17 I KrW-/AbfG im Ersten Teil wurde erkannt, daß der sprachliche Rahmen der Begriffe „eigene Anlagen" bzw. „Eigenentsorgung" bei genauer Betrachtung weit ist und selbst über genossenschaftliche Konstruktionen noch hinausgeht. Wie bereits oben angedeutet, stellt sich die Frage nach dem Freiraum hier etwas anders als in § 13 KrW-/AbfG. Es ist – schon aus praktischer Sicht – von dem „Urzustand" einer bestehenden Kleinkläranlagensatzung i.S.v. § 149 IV NWG auszugehen. Eine solche Satzung wiederholt im Regelfall nur den Text des § 149 IV 1 NWG und trifft keine weiteren organisatorischen Anordnungen.[791] Es ist da-

---

790 Mit „Aufgeschlossenheit" ist hier gemeint die Bereitschaft zur Einnahme eines bestimmten Blickwinkels, ohne bereits eine Wertentscheidung zu treffen.
791 Zur Problematik der qualifizierten Satzung s.u. 2.e).

her zunächst zu prüfen, ob und – wenn ja – inwieweit der Begriff „Kleinkläranlagen" die organisatorische Freiheit der Verursacher einschränkt.

Sprachlich-assoziativ stellt man sich unter dem Begriff „Kleinkläranlage" eine kleine Kläranlage vor. Der Begriff „klein" ist relativ und vage. Nach den Erkenntnissen aus den Untersuchungen im Abfallrecht ist es nicht angezeigt, sich vorschnell auf enge Assoziationen zu beschränken. Geht man mit weitestgehender Offenheit an den Wortlaut heran, muß die Anlage lediglich gegenüber anderen üblichen Anlagen relativ klein sein. Regelfall sind zentrale kommunale Anlagen für das Gebiet einer Samtgemeinde oder ähnlichen Gliederung. Gegenüber diesen Anlagen kann jede dezentrale Anlage als klein bezeichnet werden. Nach dem Wortlaut sind somit alle Anlagen außerhalb der üblichen zentralen Anlagen der Samtgemeinden vom Begriff „Kleinkläranlagen" erfaßt.

Nähert man sich dem Wortlaut mit weitgehender Offenheit für die Belange von Eigeninitiative, stellt sich im übrigen die Frage, ob die Verwendung des Begriffes „Kleinkläranlage" überhaupt einschränkend gemeint ist. Bei näherer Betrachtung könnte man sogar meinen, daß die gesetzliche Formulierung nur auf eine Einschränkung dessen zielt, was dem Bürger auferlegt werden darf, nicht aber auf eine Einschränkung seiner eigenen Initiative.

Bei einer für Eigeninitiative aufgeschlossenen Betrachtung des Wortlautes von § 149 IV 1 NWG unter Ausschöpfung aller assoziativen Möglichkeiten setzt der Wortlaut den Verursachern also nahezu keine organisatorische Grenzen. Er enthält somit ein „Einfallstor" für den im Abfallrecht konkretisierten Subsidiaritätsgedanken.

b) Verbandsrechtliche statt anlagenrechtliche Sichtweise

Bei der Untersuchung der §§ 13 I, 17 I KrW-/AbfG wurde erkannt, daß Anknüpfungen an anlagenrechtliche Definitionen oder Begriffe nicht zwingend sind[792], und daß das Vorhandensein von Verbandsnormen im Regelungsbereich auf eine Zulässigkeit von Eigenerledigung in Verbänden hindeutet.[793] Es wurde daher eine systematische Vermutung zugunsten der Zulässigkeit jeglicher Eigenerledigung in Verbänden und verbandsgestützten Kooperationsgesellschaften angenommen.[794] Es stellt sich die Frage, wie sich dies im Abwasserrecht verhält.

Der Begriff „Kleinkläranlagen" wird – außer in § 149 IV NWG – im Abwasserrecht nicht verwendet. § 149 I NWG spricht allerdings von „Hauskläranlagen". Dies deutet im Umkehrschluß daraufhin, daß sich der Begriff „Kleinkläranlage" nicht auf Anlagen für einzelne Hausgrundstücke beschränkt. Gemeinschaftsanlagen sind somit im Rahmen von § 149 IV NWG möglich. Es bleibt zu prüfen, wo diese Möglichkeit ihre Grenze findet.

Eine Definition für „Kleinkläranlage" findet sich in § 2 I 2 AbfKlärV[795]. Danach handelt es sich bei Kleinkläranlagen um Anlagen mit mehreren Kammern zur Behand-

---

[792] Vgl. oben 1.Teil A.II.1.
[793] Vgl. oben 1.Teil A.II.4.
[794] Vgl. oben 1.Teil A.II.4.
[795] Klärschlammverordnung (AbfKlärV) vom 15.05.1992 (BGBL. I S. 912).

lung häuslichen Abwassers mit einem Schmutzwasserzufluß von weniger als 8 cbm pro Tag (m³/D). Es stellt sich die Frage, ob diese Definition auch für § 149 NWG maßgebend ist. Nach den im Abfallrecht gewonnenen Erkenntnissen ist bei Anknüpfungen Zurückhaltung geboten, soweit sich eine Definition nicht im selben Gesetz befindet. Die Klärschlammverordnung gehört zum Abfallrecht, und es bedarf daher eines inneren Zusammenhangs der Regelungen, um systematisch eine Übernahme der Definition annehmen zu können.

Die Klärschlammverordnung regelt die Aufbringung von Klärschlamm auf landwirtschaftlich oder gärtnerisch genutzte Flächen. Es geht dabei um die Verhinderung von Überdüngung und somit um Ausbringmengen und -zeiten und um Grenzwerte. § 149 IV NWG ist demgegenüber ein Kompromiß zwischen dem Wunsch nach flächendeckender zentraler Entsorgung und mangelnden finanziellen Möglichkeiten. Es spricht daher einiges dafür, daß die §§ 2, 3 AbfKlärV an denkbare Umweltgefährdungen anknüpfen, während § 149 IV NWG einen zuordnungsrechtlichen Hintergrund hat.

Dieselbe Definition für Kleinkläranlagen wie § 2 I 2 AbfKlärV enthält die Din-4261. Sie enthält Anweisungen für die technische Beschaffenheit von Abwasseranlagen. Ein innerer Zusammenhang zur Zuordnung von Entsorgungsaufgaben ist auch hier nicht erkennbar. Schließlich gibt es in § 154 I 2 Nr.1 NWG einen Hinweis auf die Obergrenze von 8 m³/D für Anlagen zum Behandeln häuslicher Abwässer. Diese Grenze dient jedoch allein der Festlegung der Genehmigungsbedürftigkeit. Der Begriff Kleinkläranlagen in § 149 IV wird dadurch nicht berührt. Gleiches gilt für die Genehmigungsfreiheit nach Ziff. 6.5 des Anhangs zu § 69 NBauO[796]. Es gibt somit keinen systematisch zwingenden Anlaß, die 8-m³-Grenze für § 149 IV NWG zu übernehmen.

Demgegenüber sind nach den im Abfallrecht gewonnenen Erkenntnissen Verbandsnormen im Regelungsbereich ein Indiz für die Zulässigkeit privater Selbstverwaltung.[797] Gem. § 150 I NWG können sich Beseitigungspflichtige zur gemeinsamen Erledigung zusammenschließen, wobei ausdrücklich auch an Zusammenschlüsse in privatrechtlicher Form gedacht ist. Mit Erlaß einer Satzung i.S.v. § 149 IV 1 NWG werden die Nutzungsberechtigten abwasserbeseitigungspflichtig.[798] In diesem Moment greift also § 150 I 1 NWG ein und ermöglichen Zusammenschlüsse jeder Art.[799] Der § 150 I 1 NWG begründet also – ähnlich § 17 I KrW-/AbfG – eine Tendenz für die Möglichkeit von Zusammenschlüssen von häuslichen Abwasserverursachern auch mit Anlagen über 8 m³/D, soweit im übrigen die satzungsmäßigen Bestimmungen eingehalten werden. Diese Tendenz neutralisiert notfalls etwaige Tendenzen zur Übernahme der Definition aus § 2 I 2 AbfKlärV und Din- 4261.

Die herrschende – wenn nicht allgemeine – Auffassung scheint dies anders zu sehen. Dabei wird ohne weitere Erläuterung auf die oben erörterten Definitionsnormen

---

796 Niedersächsische Bauordnung vom 13.07.1995 (GVBl. S 199), zuletzt geändert 20.11.2001 (GVBl. S. 701).

797 Vgl. oben 1.Teil A.II.4.

798 Sander/Rosenzweig, Wasserrecht, 104; vgl auch LT- Drucks. 13/4087 ff., 4088 (Abg Thümler).

799 Vgl. Reffken, in: Haupt/Reffken/Rohde, NWG, § 150, 2,3, der klarstellt, daß es einer solchen Gestattung eigentlich nicht bedürfte, daß es auf einen freiwilligen Vorgang des „Sich"-Zusammenschließens ankomme, allerdings konkret nur auf die Form des Wasser- und Bodenverbandes eingeht.

verwiesen[800]. Der Blickwinkel dieser Untersuchung eröffnet neue Perspektiven. Auch nach systematischer Auslegung verbleibt daher das „Einfallstor" für den Subsidiaritätsgedanken, so wie er im Abfallrecht Ausdruck gefunden hat.

c) Problembewußtsein und Leitgedanken des Gesetzgebers

Die sprachlichen und systematischen Erwägungen schaffen keine Klarheit über den genauen organisationsrechtlichen Bedeutungsgehalt der Vorschrift. Es bedarf der weiteren Bestätigung oder Korrektur durch Erkenntnisse aus Herkunft und Entstehungsgeschichte.

Es gibt in den Materialien keine offiziellen Begründungen und Stellungnahmen, die eine Vermutung dafür begründen könnten, den Willen des jeweiligen Gesetzgebungsorgans zu repräsentieren. Hinweise lassen sich allein aus den Reden in der Plenarsitzung vom 25.10.1995 entnehmen, insbesondere derjenigen des Berichterstatters im Umweltausschuß.[801] In Ermangelung offizieller Begründungen und Stellungnahmen soll hier ausnahmsweise auf Plenumsreden zurückgegriffen werden.

Der Berichterstatter gibt zu Protokoll, daß „nach den Darlegungen der Vertreter des Umweltministeriums (...) als „Kleinkläranlagen" nur solche Anlagen bezeichnet (*werden*), die der Behandlung häuslichen Abwassers dienen und für die nach § 154 I Nr. 1 keine wasserrechtliche Genehmigung erforderlich ist." „Die Ausschüsse haben (*so das Protokoll*) dabei zugrundegelegt, daß Kleinkläranlagen, die den allgemein anerkannten Regeln der Technik entsprechen, nach den Angaben der Vertreter des Umweltministeriums wie auch nach dem Ergebnis der Anhörung den kleineren Zentralkläranlagen in ihrer Reinigungskraft gleichstehen."[802] Diese Aussage scheint deutlich für eine Übernahme der 8-m³-Grenze in § 154 I 2 Nr. 1 NWG zu sprechen.

Nach den Erkenntnissen aus dem Abfallrecht, insbesondere dem niedersächsischen Abfallrecht, zeigt eine nähere Analyse häufig, daß die beteiligten Gesetzgebungsorgane bei ihren Äußerungen von unschlüssigen oder falschen Voraussetzungen ausgehen.[803] Es stellt sich die Frage, inwieweit sich der Umweltausschuß im Wasserrecht über diese Möglichkeiten klar war.

Vom Berichterstatter wird nur das wiedergegeben, was er für den übereinstimmenden Tenor von Umweltministerium und beteiligten Ausschüssen hält. Es ist fraglich, ob aufgrund einer solchen Bezugnahme auf § 154 I 2 Nr. 1 NWG feststeht, daß 8 m³/D nach dem Willen des Gesetzgebers wirklich eine feste Grenze für Kommunen und Verursacher darstellen sollte. Es bedarf somit weiterer Erkenntnisse.

Als Grundlage der Erwägungen der Ausschüsse nennt das Redeprotokoll den Umstand, daß Kleinkläranlagen, die den Regeln der Technik entsprechen, den kleineren Zentralkläranlagen in ihrer Reinigungsleistung gleichstehen. Dies deutet daraufhin, daß man sich zuvor aus technischen Gründen Sorgen darüber gemacht hatte, ob man den Kommunen jenseits von zentralen Anlagen Freiraum für die Gestaltung der Ent-

---

800 Vgl. Reffken, in: Haupt/Reffken/Rohde, NWG, § 149, 19.
801 LT-Drucks. 13/4087 ff. (Abg. Thümler)
802 LT-Drucks. 13/4087 ff., 4089 (Abg. Thümler)
803 Vgl. oben 1.Teil A.I.4.b),c)

sorgung lassen kann. Diese Sorgen müssen insbesondere den genehmigungsfreien Anlagen gegolten haben, weil sie vom einzelnen Grundstückseigentümer errichtet und nicht durch Genehmigungsverfahren präventiv geprüft werden. Diese genehmigungsfreien Anlagen waren außerhalb des Einzugsbereiches kommunaler Anlagen die bequemste Lösung für den einzelnen Grundstückseigentümern und daher die Regel.

Damit erklärt sich die Fixierung des Gesetzgebers auf diese Anlagenform. Es spricht viel dafür, daß der Gesetzgeber gar nicht daran dachte, daß es im Bereich des häuslichen Abwassers außerhalb zentraler Anlagen zu einem Bedarf nach größeren Anlagen der Verursacher kommen könnte.

Auch in anderen Redebeiträgen von Ausschußmitgliedern deutet sich an, daß – ohne Reflexion anderer Formen – einfach nur zwischen Kleinkläranlagen und Zentralkläranlagen unterschieden wird. So ist man stolz darauf, die Kostendynamik der Zentralkläranlagen durchbrochen zu haben, indem die Gleichwertigkeit der Kleinkläranlagen erreicht wurde.[804]

Wenn schon eine Gleichwertigkeit der häuslichen Kleinkläranlagen im Vergleich zu zentralen Anlagen angenommen wurde, hätte man dies erst recht für größere dezentrale Anlagen der Verursacher annehmen können, zumal letztere auch noch genehmigungsbedürftig sind.

Dies spricht dafür, daß die gesetzgeberischen Vorstellungen – ähnlich wie im Abfallrecht – unvollständig waren und sein Wille sich jedenfalls nicht gegen größere dezentrale Anlagen der Verursacher wandte. Auch nach entstehungsgeschichtlicher Auslegung herrscht somit keine Klarheit, und es ist daher Raum und Bedarf für eine teleologische Leitformel oder Zweifelsregel vorhanden.

d) Förderung und Regulierung aus objektiv-teleologischer Sicht

Da auch nach Untersuchung auf Grundlage von Herkunft und Entstehungsgeschichte noch keine Klarheit herrscht, ist zu prüfen, welche Auslegung sich aus objektiv-teleologischer Sicht ergibt und inwieweit die bisher erarbeiteten Erkenntnisse dabei nutzbar gemacht werden können.

aa) Subsidiarität als Zweifelsregel

Im Abfallrecht wurden den Materialien Leitgedanken entnommen, die dem Subsidiaritätsgrundsatz entsprechen und ihn konkretisieren. Solche Leitgedanken sind dem Text und den Materialien des Niedersächsischen Wasserrechts nicht zu entnehmen. Es ist allenfalls für diese Option offen. Es stellt sich daher die Frage, ob und inwieweit der im Abfallrecht konkretisierte Subsidiaritätsgrundsatz hier gleichwohl gilt.

Wie oben festgestellt gilt der Subsidiaritätsgrundsatz als teleologische Zweifelsregel jedenfalls überall dort, wo die Aufgabenverteilung zwischen den Bürgern und der Öffentlichen Hand geregelt ist, also auch in § 149 IV NWG. Dies reicht eigentlich, um auch hier eine Weichenstellung nach dem Motto „Soviel Eigeninitiative wie möglich

---

804 LT-Drucks. 13/4087 ff., 4092 (Abg. Schwarzenholz), 4093 (Abg. Reckmann).

und nur soviel Daseinsvorsorge wie nötig" vorzunehmen und das im Abfallrecht konkretisierend entwickelte Argumentationsmuster über Freiräume, Förderungswürdigkeit, Reservegewährleistung und Regulierung anzuwenden.

Allerdings ist auch zu vermerken, daß Wortlaut, Systematik und Materialien des § 149 NWG zwar ein „Einfallstor" offen lassen, aber sich insgesamt etwas „sperrig" gegenüber weitgehenden Formen der gemeinschaftlichen Eigeninitiative verhalten. Wenn also der Regelbereich oder erweiterte Bereich abfallrechtlicher Privilegierung auch hier objektive Klugheit sein soll, wäre zusätzlich ein gewisses Maß an Vergleichbarkeit wünschenswert.

Dazu ist zunächst festzustellen, daß es sich jeweils um Entsorgungsrecht im Rahmen der kommunalen Daseinsvorsorge handelt. Beide Rechtsgebiete sind im übrigen ähnlich strukturiert. Wie beim Abfallrecht handelt es auch beim Abwasserrecht um eine umweltrechtlich sensible Materie, die ein Bewußtsein und Verantwortungsgefühl der Verursacher für die Probleme des Sachbereiches wünschenswert erscheinen läßt. Es gibt ferner im Abwasserbereich Hinweise auf eine gewisse Üblichkeit der Verbandserledigung, und zwar ausweislich § 150 I 1 NWG auch für eine Zulässigkeit der Erledigung in privatrechtlichen Verbänden. Im übrigen weist das Bundesrahmenrecht in Form des § 18a I 2 WHG auf die dezentrale Komponente bei der Abwasserbeseitigung hin.[805] Das Maß der Vergleichbarkeit von Sach- und Regelungsbereich ist also außerordentlich hoch, so daß eine Anwendung abfallrechtlicher Argumentationsmuster bei weitem gerechtfertigt ist.

Bei der Untersuchung im Abfallrecht wurden aus der Entstehungsgeschichte Gesichtspunkte entwickelt, nach denen die Frage nach der zulässigen Eigeninitiative zu prüfen war. Es handelte sich um die Nützlichkeit und Förderungswürdigkeit von Eigeninitiative und um die Notwendigkeit und Funktionsfähigkeit öffentlicher Tätigkeit.[806] Als Privilegierungsvarianten stehen auch hier zunächst diejenigen Gestaltungsformen zur Verfügung, die bereits bei der abfallrechtlichen Prüfung herausgearbeitet wurden. Dort wurde je nach Einfluß und Verantwortung der Verursacher nach persönlicher Erledigung, engagierter Beteiligung, mitgliedschaftlicher Beteiligung, kapitalistischer Beteiligung und qualifizierter Fremdbeauftragung unterschieden.

bb) Förderungswürdigkeit von Eigeninitiative

In Sachen Förderung von Eigeninitiative klingt, wie oben bereits gesagt, in den Plenumsreden immer wieder an, daß durch die neue Regelung kommunale Investitionen in Millionenhöhe erspart werden sollten. Den Gemeinden sollte der Übergang zu dezentralen Lösungen erleichtert, den Nutzungsberechtigten Kalkulationssicherheit gegeben werden.[807] An anderer Stelle heißt es, daß den Gemeinden die Möglichkeit gegeben werden soll, die Kanalisation dezentral zu organisieren.[808] Bei dieser Gelegen-

---

805 Vgl. Cychowski, WHG, § 18a, 10.
806 Vgl. oben 1.Teil A.IV.1.a).
807 LT-Drucks. 13/4087 ff., 4088 (Abg. Thümler).
808 LT-Drucks. 13/4087 ff., 4092 (Abg. Schwarzenholz).

heit wird auf kostengünstigere, dezentrale, technikarme Alternativen und die parallele Problematik im Abfallbereich hingewiesen.

Es entsteht der Eindruck, daß bei der Novellierung nicht in erster Linie an Eigeninitiative der Verursacher, sondern an die der Kommunen gedacht war. Ihnen sollte nunmehr ausdrücklich die Möglichkeit an die Hand gegeben werden, sich vom Konzept zentraler Anlagen zu lösen.[809] Dies sollte in der Art geschehen, daß sie die Grundstückseigentümer durch Satzung zum Betrieb von typischen Kleinkläranlagen anhalten. Es handelt sich aus Sicht der Verursacher somit nicht um freiwillige, sondern um aufgezwungene Eigeninitiative. Dieser Zwang kann vernünftigerweise nur ausgeübt werden, soweit es sich um Einzelanlagen handelt. Eine Anordnung, sich auf eigene Verantwortung mit anderen zusammenzuschließen, ist undenkbar.

Diese Vorgaben sprechen jedoch nicht dagegen, den Gemeinden die Möglichkeit zu geben, auch freiwillige Eigeninitiative der Nutzungsberechtigten zu fördern. Zusammenschlüsse führen dazu, daß sich die Beteiligten Gedanken über die Entsorgung machen und sich gegenseitig kontrollieren. Es werden nicht selten neue technische Lösungen angewendet und erdacht, die – wie z.B. örtliche Pflanzenkläranlagen – umweltökonomisch sehr sinnvoll sind. Es steigt die Wahrscheinlichkeit, daß auch einzelne Haushalte über interne Brauchwasserkreisläufe nachdenken und solche ggf. auch in Gemeinschaftsform umgesetzt werden.

Die „Einstiegsschwelle" für richtungweisende und zugleich sinnvolle Eigeninitiative liegt also im Abwasserbereich schon bei normalen genossenschaftlichen Formen. Unterhalb dieser Schwelle – auf der Ebene von Hauskläranlagen – gibt es zwar auch positive Effekte, sie bedürfen aber der Ergänzung durch weitere, gemeinschaftliche Formen. Im Bereich der dörflichen Abwasserbeseitigung würde daher die Beschränkung der Privilegierung auf geschlossene mitgliedschaftliche Zusammenschlüsse den Zielen dem bürgerorientierten Subsidiaritätsgrundsatz am nächsten kommen. In Stadtgemeinden allerdings braucht es größere Einheiten und eine höhere Kompetenz und Schlagkraft zur Übernahme der Abwasserbeseitigung. Hier liegt die angemessene „Einstiegsschwelle" bei Kooperationsgesellschaften zwischen Bürgervereinen und Entsorgungsunternehmen, nach Art des „citizen-private-partnership". Entweder man entscheidet sich somit für die letztgenannte Privilegierungsvariante oder man anerkennt ein bewegliches System, das nach jeweiliger Sachlage auf dörfliche und städtische Anforderungen eingehen kann.

Eine weitergehende Privilegierung will nicht so recht einleuchten. Die Abwasserbeseitigung ist räumlich gebunden, so daß es für qualifizierte Fremdbeauftragungen durch Auswahl zwischen konkurrierenden Entsorgungsunternehmen keinen Raum gibt. Da in § 149 IV NWG – ähnlich wie in § 13 I 2 KrW-/AbfG – der Regeltyp auf Eigenerledigung zugeschnitten ist, sind solche Formen nicht förderungs- und privilegierungswürdig.

---

809 OVG Lüneburg, NdsVBl. 1999, 11.

cc) Wertung der Notwendigkeit von Daseinsvorsorge

Es stellt sich nunmehr die Frage, ob Aspekte der Daseinsvorsorge eine Einschränkung gebieten.

Die Tatsache, daß der Gesetzgeber die Kleinkläranlagen technisch für so ausgereift hielt, daß sie den Zentralkläranlagen gleichstehen und daß er Gemeinden damit eine Alternative an die Hand gab, zeigt, daß er eine flächendeckende Daseinsvorsorge nicht mehr für notwendig erachtete. Anders als im Abfallrecht hat sich der Gesetzgeber des Niedersächsischen Wassergesetzes entschieden, die Entscheidung über das Maß an notwendiger Daseinsvorsorge den Gemeinden zu überlassen.

Unter Zugrundelegung dieser Vorgaben macht es keinen Sinn, von der Daseinsvorsorge ausschließlich bestimmte Anlagegrößen auszunehmen. Man sollte es vernünftigerweise den Gemeinden im Einzelfall überlassen, wann sie Daseinsvorsorge für geboten erachten. Auch dies ist eine Parallele zu den Gedanken über die Daseinsvorsorge im Abfallbereich.

Es stellt sich die Frage, ob eine solche Ansicht auch unter dem Aspekt der Entsorgungssicherheit Bestand haben kann. Für die Lebensfähigkeit einer Zentralkläranlage ist es grundsätzlich ohne Belang, ob die Nutzungsberechtigten in den nicht angeschlossenen Ortsteilen Hauskläranlagen oder Gemeinschaftsanlagen betreiben. Anders könnte es sein, wenn der geplante und notwendige Einzugsbereich der öffentlichen Anlage noch nicht ausgeschöpft ist[810] und die Bürger der verbleibenden Ortsteile günstigere eigene dezentrale Varianten bevorzugen. Es handelt sich hier um den in der Praxis der vergangenen Jahre klassischen Interessengegensatz der Akteure. Es ist daher – wie im Abfallrecht – wünschenswert, daß eine regulierungsähnliche Abwägung der strukturellen Belange im Einzelfall möglich ist.

Eine Interessenklausel wie § 13 I 2 KrW-/AbfG gibt es allerdings im Abwasserrecht nicht. Die Gemeinde hat jedoch die Möglichkeit des Anschluß- und Benutzungszwangs gem. § 8 Nr.2 NGO. Soweit dadurch die Möglichkeit besteht, unzumutbare Entwicklungen vor Ort zu verhindern bzw. zu korrigieren, bestehen gegen die Zulässigkeit weitestgehender Eigeninitiative im Rahmen der Kleinkläranlagensatzung keine Bedenken. Vorbehaltlich einer näheren Betrachtung spricht viel dafür, daß § 8 Nr.2 NGO solche notwendige Korrekturen ermöglicht, jedenfalls regelt er aber die Regulierung vollständig und vorrangig. Auch Aspekte der Entsorgungs- und Funktionssicherheit gebieten somit – jedenfalls nach kursorischer Betrachtung – nicht eine einschränkende Auslegung des Kleinkläranlagenbegriffs in § 149 IV 1 NWG.

Im Ergebnis widerspricht die hier gefundene Lösung der wohl absolut herrschenden Meinung.[811] Es zeigt sich also, daß ein Herangehen mit dem anhand des Abfallrechts entwickelten Subsidiaritätsgedanken einen neuen Blickwinkel und neue Perspektiven eröffnet.

---

810 Das Recht der Gemeinden zu solchen Erwägungen wird immer wieder betont, vgl. BVerwG, UPR 1998, 192, 193.
811 Vgl. Reffken, in: Haupt/Reffken/Rohde, NWG, § 149, 19.

e) Sonderproblem: Einschränkungen durch Festlegung bestimmter Kleinkläranlagen

Wie bereits eingangs angedeutet, hat die Gemeinde gem. § 149 IV 4 Nr.1 NWG die Möglichkeit, in ihrer Satzung bestimmte Kleinkläranlagen vorzuschreiben. Nähert man sich dieser Vorschrift aus der im Abfallrecht gewonnenen Perspektive, stellt sich die Frage, ob dies der Gemeinde vollends freigestellt ist und sie somit nach eigenem Gutdünken Gemeinschaftsanlagen verhindern kann.

Der Wortlaut sagt nur, daß die Gemeinde, bestimmte Kleinkläranlagen vorschreiben „kann". Da sich dieses Ermessen auf den Inhalt von Satzungen bezieht, spricht viel dafür, daß die Freiheit des gemeindlichen Satzungsermessens herrscht.

Aus dem systematischen Verhältnis zwischen § 149 IV 3 u. 4 NWG läßt sich allerdings eine gewisse Bindung des gemeindlichen Ermessens ableiten. Der Satz 3 befaßt sich mit hydrogeologischen Verhältnissen, so daß man die Befugnis zur Anordnung bestimmter Kleinkläranlagen in Satz 4 von hydrologischer Notwendigkeit abhängig machen könnte. Ein solcher Schluß ist jedoch allein aus systematischen Gründen nicht zwingend.

Die Materialien geben für diese Problematik nichts her. Eine Einschränkung des gemeindlichen Satzungsermessens kann sich somit nur aus objektiv-teleologischen Erwägungen ergeben. An dieser Stelle stellt sich die Frage, ob das niedersächsische Wasserrecht die Gewährung von Freiräumen vollständig der Disposition der Gemeinde überlassen will oder eine gewisse Art von Notwendigkeit des Eingriffs vorhanden sein muß.

Für die Geltung eines solchen Notwendigkeitsgrundsatzes bedarf es allgemeiner Wert- und Zweckvorstellungen, die dies nahelegen. Es gibt zwar einen allgemeinen verfassungsrechtlichen Grundsatz, wonach Eingriffe in Grundrechte „erforderlich" sein müssen. Ob dieser Grundsatz allein reicht, um ein der Gemeinde gesetzlich zugesprochenes Satzungsermessen einzuschränken ist fraglich. Hierzu wurde allerdings bereits oben festgestellt, daß durch die Zweifelsregel „Subsidiarität" und die hohe Vergleichbarkeit von Abwasser- und Abfallbereich das im Abfallrecht erarbeitete Argumentationsmuster und damit auch der Notwendigkeitsgedanke zu übernehmen sind.

Im übrigen erscheint es auch praktisch sehr sinnvoll, daß nicht ohne Not bestimmte Kleinkläranlagen angeordnet werden, wo andere Anlagen für die Bürger Vorteile bringen. Es ergeben sich somit hinreichend Ähnlichkeiten, die eine Ausstrahlung des Notwendigkeitsgedankens aus dem Abfallrecht in das Abwasserrecht rechtfertigen. Die Ausstrahlung reicht aus, um für die Beschränkung auf bestimmte Kleinkläranlagen, z.B. Hauskläranlagen, eine hydrogeologisch begründete Notwendigkeit zu verlangen.

Dagegen spricht auch nicht die Rechtsprechung des OVG LÜNEBURG. Zwar befaßt sich das Gericht in einem Urteil aus dem Jahre 1998 mit der Problematik der Anordnung bestimmter Kleinkläranlagen und sieht dezentrale Anlagen nur als die Ausnahme und das gemeindliche Ermessen bei der Anordnung als weitgehend an.[812] Es geht bei der Entscheidung jedoch um die Frage, inwieweit im einzelnen hydrogeologische Verhältnisse zu ermitteln und abzuwägen sind. Soweit das Gericht dabei ausführt, eine Überwälzung der Abwasserbeseitigungspflicht käme nur im Ausnahmefall in Betracht,

---

812 OVG Lüneburg, Nds.VBl. 1999, 11 ff.

weil die Nutzungsberechtigten nicht in gleichem Maße wie öffentliche Träger die Gewähr dafür böten, daß das anfallende Abwasser in vergleichbarer Weise gereinigt und entsorgt würde, führt dies nicht zu einer anderen als der obigen Einschätzung. Die Entscheidung betrifft nicht die Frage, ob bestimmte Anlagen ohne hydrogeologischen Anlaß angeordnet werden dürfen. Das Gericht lehnt zwar eine Pflicht der Gemeinde zu einer planungsähnlichen Abwägung ab, verlangt aber dennoch eine dem Verhältnismäßigkeitsgrundsatz verpflichtete Würdigung.[813]

Außerdem ist dem Gericht in seinen Äußerungen zur geringeren Zuverlässigkeit privater dezentraler Anlagen und eines generellen Vorrangs zentraler gemeindlicher Anlagen nicht zuzustimmen.[814] Die Zustimmung ist solchen Äußerungen nicht etwa zu versagen, weil sie zwingend falsch sind, sondern deshalb, weil sie nicht zwingend richtig sind und das Gericht sich nicht ohne Not durch zweifelhafte technische Anschauungen gegen neue technische und organisatorische Entwicklungen stellen sollte. § 149 IV NWG ist offen für eine Vielzahl dezentraler Formen jenseits der typischen Hauskläranlagen und bietet Anhaltspunkte dafür, daß nicht willkürlich solche Formen vereitelt werden dürfen. Diese Auslegung bekommt „Schützenhilfe" durch die Strahlkraft des abfallrechtlichen Subsidiaritätsgedankens. Ferner ist nicht gesagt, daß zentrale Entsorgung im Sinne des Gemeinwohls derzeit grundsätzlich die bessere Lösung ist. Darüber hinaus können jederzeit neue technische Modelle entstehen, die dezentrale Lösungen noch besser machen.

3. Kommunaler Anschluß- und Benutzungszwang als Regulierungsinstrument

Bei der Erörterung der Schutzbedürftigkeit öffentlicher Abwasserbeseitigungseinrichtungen wurde festgestellt, daß die Möglichkeit einer Einzelfallabwägung über öffentliche Struktur- und Auslastungsbelange notwendig, zumindest aber höchst wünschenswert ist. Es wurde davon ausgegangen, daß solche Abwägungen – wenn auch nicht für jeden Einzelfall – im Rahmen der satzungsrechtlichen Möglichkeiten zur Anordnung des Anschluß- und Benutzungszwangs möglich sind. Es drängt sich dabei die Parallele zu den Untersuchungen der Interessenklausel in § 13 I 2 u. III Nr.3 KrW-/AbfG auf, wo regulierungsähnliche Entscheidungen für wichtig und möglich erachtet wurden.[815] Auch und insbesondere im Abwasserrecht gibt es rechtliche Unsicherheiten, zumindest aber häufige Streitigkeiten, über die einzubeziehenden Belange und ihre Abwägung. Es ist daher angebracht, mit einer gewissen Aufgeschlossenheit für abfallrechtliche Regelungs- und Argumentationsmuster an die Auslegung heranzugehen.

a) Sprachlicher Vergleich mit der Interessenklausel

Nach niedersächsischem Recht können die Gemeinden gem. § 8 Nr.2 NGO für die Grundstücke ihres Gebietes den Anschluß an die Kanalisation und Abwasserbeseiti-

---

813 OVG Lüneburg, Nds.VBl. 1999, 13.
814 Vgl. OVG Lüneburg, Nds.VBl. 1999, 12.
815 Vgl. oben 1.Teil B.IV.1.,V, 2.Teil A.II.5.c)bb).

gung und deren Benutzung vorschreiben, wenn sie ein dringendes öffentliches Interesse dafür feststellen. Nach dem Wortlaut stellt sich – wie die Interessenklausel – auch der Begriff des „dringenden öffentlichen Bedürfnisses" als generalklauselartige Bewertungsklausel dar.[816] Im Vergleich zum Begriff der „überwiegenden öffentlichen Interessen" wird hier sogar tendenziell ein höheres Maß an Notwendigkeit der Daseinsvorsorge verlangt. Allerdings ergibt sich im Formulierungszusammenhang der Klausel ein zwiespältiges Bild. Zum einen scheint es zu reichen, wenn die Gemeinde das Bedürfnis „feststellt". Dies spricht im Vergleich zur Interessenklausel des Abfallrechts für eine größere Freiheit der Bewertung, und zwar im Rahmen eines Beurteilungsspielraums. Zum anderen ergibt sich aus sprachlogischer Sicht, daß ein weitgehend freier Beurteilungsspielraum tendenziell nicht gemeint ist, anderenfalls wäre die Voraussetzung des dringenden Bedürfnisses überflüssig. Dies gilt insbesondere für die Verwendung des Begriffs „dringend", der in seiner Drastigkeit ansonsten unpassend wäre. Das Verhältnis beider Komponenten ist sprachlich unbestimmt; man weiß nicht, welche überwiegt.

Jedenfalls verlangt der Begriff „öffentliches Bedürfnis" mehr, als derjenige des „öffentlichen Interesses". Er impliziert eine gewisse Notwendigkeit und integriert daher bereits den im Abfallrecht erörterten Gedanken der Beschränkung auf notwendige Daseinsvorsorge. Der Begriff „dringend" verstärkt dies noch in Richtung einer fast zwingenden Notwendigkeit.[817] Der Begriff des „dringenden öffentlichen Interesses" bringt somit sprachlich das zum Ausdruck, was oben im Abfallrecht mühsam aus den Materialien und objektiv-teleologischen Erwägungen entwickelt werden mußte. Eine solche Vorgabe für die Satzungsentscheidung kann nicht ohne Folgen bleiben, es sei denn, man betrachtet sie als reine Programmformel, wofür es allerdings keinen Anhalt gibt. Es handelt sich also sprachlich um tendenziell strenge Richtlinien für die Ausübung des Beurteilungsermessens, woraus sich verfahrensrechtlich ergibt, daß deren Einhaltung natürlich überprüfbar sein muß.

Der Begriff „Bedürfnis" bzw. „dringendes Bedürfnis" tendiert somit deutlich zu einer „strengen Allgemeinwohllösung", wie sie z.B. in den Entwürfen zu § 13 I 2 KrW-/AbfG mit dem Begriff „zwingende Gründe zur Wahrung des Wohls der Allgemeinheit" zum Ausdruck kam.[818] „Dringendes Bedürfnis" assoziiert somit semantisch eine ständige intensive Reflexion und Anspannung darüber, ob der Eingriff wirklich unbedingt nötig ist. Dies gilt auch dann, wenn man dem Begriff „dringend" eine geringere Bedeutung zumißt.

Selbst wenn also die „Feststellung" des Bedürfnisses semantisch im Fordergrund stehen sollte, spricht bereits nach dem Wortlaut viel dafür, daß es sich jedenfalls um eine qualifizierte Feststellung handeln muß, die das öffentliche Bedürfnis deutlich und schlüssig zum Ausdruck bringt.

Der Wortlaut spricht also letztlich für eine Pflicht der Gemeinde zur schlüssigen Darlegung des von ihr festgestellten Bedürfnisses, und zwar in der Art, daß eine Notwendigkeit dargelegt wird. Er fordert dies einigermaßen deutlich, wenn auch nicht absolut zwingend. Praktisch läuft eine solche Auffassung darauf hinaus, daß die Kom-

---

816 Vgl. dazu oben bei Fn. 126, 127.
817 Anderer Ansicht Wagener, Anschluß- und Benutzungszwang, 42 m.w.N., der der „additiven Beschreibung der Dringlichkeit materiell-rechtlich keine weitere Bedeutung" zumißt.
818 Vgl. oben bei Fn. 399.

mune zunächst zu erkunden hat, ob Eigeninitiative vorhanden oder ernsthaft geplant ist. § 8 Nr.2 NGO ist somit nicht nur Objekt der Nutzbarmachung abfallrechtlicher Erkenntnisse, sondern selbst Vorbild einer sprachlichen Formulierung.

b) Unklarheit der gesetzgeberischen Vorstellungen

Die Entwurfsbegründung zur Neufassung des § 8 Nr.2 NGO im Jahre 1971 bezieht sich auf den seinerzeit herrschenden Meinungsstreit über die Frage, ob das Merkmal des „dringenden öffentlichen Bedürfnisses" ein voll nachprüfbarer unbestimmter Rechtsbegriff oder ein nur auf Ermessensmißbrauch hin richterlich überprüfbarer Hinweis für die Ausübung des Ermessens ist.[819] Die unterschiedliche Auslegung sollte für die Zukunft durch eine klarstellende Neufassung ausgeschlossen werden. Der Gesetzgeber wollte eindeutig einen Beurteilungsspielraum.

Er begründet seine Entscheidung damit, daß die Frage, ob ein dringendes öffentliches Bedürfnis vorliegt, nicht mehr eindeutig nach feststehenden Maßstäben beantwortet werden könne. Vielmehr sei es erforderlich, hier den kommunalen Auftraggebern einen Ermessensspielraum einzuräumen, der sich aus ihrer Gestaltungsfreiheit für Planungen über ihre weitere Entwicklung ergibt. Demgemäß sehe der Entwurf vor, daß es entscheidend auf die Feststellung des dringenden öffentlichen Bedürfnisses ankäme. Der gerichtlichen Überprüfung unterliege die Frage, ob der kommunale Träger bei dieser Feststellung seine in der Planungshoheit wurzelnde Gestaltungsfreiheit überschritten habe.[820]

Aus dieser Begründung und aus dem neuen Wortlaut schließt die Rechtsprechung auf eine weitestgehende Einschätzungsprärogative. Eine Korrektur der auf politischer Ebene getroffenen Ermessensentscheidung könne durch die Gerichte allenfalls erfolgen, wenn die Grenzen einer ordnungsgemäßen Ermessensausübung überschritten seien, insbesondere das Willkürverbot, der Verhältnismäßigkeitsgrundsatz oder der Anwendungsbereich einfachgesetzlicher Normen mißachtet worden sei.[821] Sie geht dabei sogar so weit, daß nicht einmal eine ausdrückliche Feststellung des Bedürfnisses notwendig sein soll.[822] Eine solche Auffassung führt dazu, daß schlüssige Darlegungen oder gar eine besondere Ausfüllungskompetenz nicht verlangt werden können. So wünschenswert es sein möge – so das OVG LÜNEBURG –, daß die Gemeinde das Bedürfnis ausdrücklich darlegt und womöglich gleichzeitig Rechenschaft über die Gründe ablegt, so wenig ergebe sich eine entsprechende Vorgabe aus dem Gesetz und den Zielen der Gesetzesänderung von 1971.[823]

Man muß daraus wohl auch entnehmen, daß die Rechtsprechung irgendwelche Abwägungsvorgaben für die Dringlichkeit des öffentlichen Bedürfnisses in ähnlicher Art, wie sie oben bei den abfallrechtlichen Erörterungen erarbeitet wurden, nicht machen will.

---

819 LT-Drucks. 7/125, 17.
820 LT-Drucks. 7/125, 17.
821 OVG Lüneburg, NdsVBl. 1997, 261, 262.
822 OVG Lüneburg, NVwZ RR 1991, 576, 577.
823 OVG Lüneburg, NVwZ RR 1991, 576, 577.

Der Weg, den die Rechtsprechung mit der obigen Begründung eingeschlagen hat, mag zwar vertretbar sein, ist aber keineswegs zwingend. Zunächst einmal ergibt sich aus den zitierten Materialien kein Anhaltspunkt gegen eine Pflicht der Gemeinde zur strengen Prüfung des Bedürfnisses und schlüssigen Darlegung ihrer Gedanken. Es sollte lediglich der Streit um die Frage beendet werden, ob ein Beurteilungsspielraum vorliegt oder nicht.

Im übrigen muß man sich fragen, warum der Gesetzgeber am Merkmal des dringenden öffentlichen Bedürfnisses festhielt, wenn er es praktisch leerlaufen lassen wollte. Er hätte dann auf dieses Merkmal verzichten können. Allein dadurch, daß er daran festhielt, entsteht eine Vermutung für strenge Anforderungen an den Erlaß eines Anschlußzwangs und eine – wenn auch eingeschränkte – Überprüfbarkeit, ob die Feststellung des Rates von ihren Grundlagen her „Hand und Fuß" haben kann. Eine solche Überprüfung fordert jedoch entsprechende Darlegungen, aus denen man den Gedankengang des Rates ersehen kann. Lediglich soweit es um Richtigkeit der angestellten Prognosen geht, muß man ihm die Wertbildung überlassen.[824]

An dieser Stelle öffnet sich angesichts der Unklarheit bzw. Unschlüssigkeit gesetzgeberischer Vorgaben ein Einfallstor für den abfallrechtlichen Subsidiaritätsgedanken.[825]

Ein wenig scheint sich die Rechtsprechung – vielleicht unter dem Eindruck der vielen Beschwerden – trotz aller Betonung gemeindlicher Freiheit in die oben vorgeschlagene Richtung zu bewegen. So setzt sich das OVG LÜNEBURG näher mit den Grundlagen der gemeindlichen Entscheidung auseinander. Es begründet z.B. eine Entscheidung mit der gründlichen Abwägung der Vor- und Nachteile durch eine von der Gemeinde in Auftrag gegebene Studie. Ob die Gemeinde anhand der Studien letztlich zur besten Lösung gelangt sei, entzöge sich jedoch gerichtlicher Klärung. Dies sei durch die politischen Gremien zu entscheiden.[826]. Das Gericht läßt damit die Vorteilhaftigkeit einer gründlichen Abwägung durchblicken.

In jedem Fall läßt § 8 Nr. 2 NGO ausreichend Auslegungsspielraum, um höhere Kontrollmaßstäbe bezüglich der Anspannung, Schlüssigkeit und Kompetenz von gemeindlichen Entscheidungen zu erwägen und zu vertreten, als dies bisher der Fall war. Auch hier ermöglicht also ein Herangehen in den Kategorien des Abfallrechtes einen reformerischen Ansatz. Über die nähere Ausgestaltung muß anhand objektiv-teleologischer Gesichtspunkte entschieden werden.

c) Objektiv-teleologische Erwägungen und Subsidiarität

Bisher steht fest, daß ein dringendes öffentliches Bedürfnis ein mindestens ebenso hohes Maß an Notwendigkeit verlangt, wie ein überwiegendes öffentliches Interesse. Die Gemeinde muß also eine gewisse Art von Unausweichlichkeit feststellen, wenn sie den Anschluß- und Benutzungszwang anordnen will. Diese Feststellung wollte der Gesetzgeber allerdings weitgehend der Planungshoheit der Gemeinde überlassen. Dieser in-

---

824 Vgl. dazu am Beispiel des § 13 IV PBefG oben 1.Teil B.IV.2.b).
825 Vgl. dazu oben 2.Teil B.4.
826 OVG Lüneburg, NdsVBl. 1997, 261, 262.

nere Konflikt könnte aufgelöst werden, indem als Kompromiß erhöhte Anforderungen an die Strenge der Bedürfnisprüfung und an Schlüssigkeit und Kompetenz der gemeindlichen Entscheidungen gestellt werden. Dadurch könnte der im Gesetzestext durch die Bedürfnisklausel hervorgehobene Notwendigkeitsgrundsatz trotz gemeindlicher Einschätzungsprärogative verstärkt zur Geltung kommen.

Neben dieser fiktiven inneren Kompromißbildung wäre allerdings eine weitere Untermauerung des obigen Ergebnisses wünschenswert. Immerhin widerspricht es der ständigen Rechtsprechung des OVG LÜNEBURG.

Es würde für das Ergebnis sprechen, wenn das im Abfallrecht ermittelte objektiv-teleologische Argumentationsmuster auch hier angewendet werden könnte. Danach ist der Notwendigkeitsgedanke insbesondere dann zu berücksichtigen, wenn förderungswürdige Eigeninitiative vorliegt. Förderungswürdig ist Eigeninitiative, wenn sie Bewußtsein und Verantwortung steigert. Die öffentliche Daseinsvorsorge nimmt demnach – jedenfalls soweit „echte" Eigeninitiative bereitsteht – lediglich eine Auffangfunktion wahr. Eine Schutzwürdigkeit öffentlicher Strukturen besteht nur, soweit unter höchster Anspannung alle Reaktionsmöglichkeiten ausgeschöpft sind und nicht vorhergehende verschuldete Fehldimensionierung die Ursache ist.[827] Die Abwägung solcher Belange erfordert zwar bezüglich einiger Prognosen einen Spielraum, der aber nur durch schlüssige Darlegung der Prognose und den Nachweis der notwendigen Kompetenz und Unvoreingenommenheit ausgefüllt werden kann.[828]

Die Übernahme dieser Gesichtspunkte aus dem Abfallrecht in die Betrachtung des Anschluß- und Benutzungszwangs erfordert eine methodische Verbindlichkeit, die über bloße Aufgeschlossenheit hinausgeht. Ein Einfallstor wurde oben bereits in der Bedürfnisklausel selbst und der Unklarheit des gesetzgeberischen Willens gesehen. Auch ist die Anwendung des Notwendigkeitsgedankens durch die Zweifelsregel „Subsidiarität" legitimiert.

Allerdings liegt dem soeben vorgeschlagenen Verfahren neben dem Notwendigkeitsgedanken teilweise auch ein Regulierungsgedanke zugrunde, wie er nicht originärer Teil des Subsidiaritätsgrundsatzes ist, sondern sich aus dessen Konkretisierung im Abfallrecht ergibt. Ein hohes Maß an Vergleichbarkeit mit dem Abfallrecht wurde oben bereits festgestellt, so daß daraus eigentlich schon für das Verfahren im Abwasserrecht Schlüsse gezogen werden können. Jedoch ist § 8 NGO nicht allein dem Abwasserrecht zuzuordnen, sondern der Gesamtheit seines Anwendungsbereichs. Hier wiederum hilft der Leitsatz, daß eine ideale Umsetzung von Subsidiarität nur in einem möglichst „beweglichen System" erfolgen kann. Folgt man dem, kann bei der Anwendung des § 8 Nr.2 NGO zwischen den verschiedenen Bereichen mit ihren jeweiligen Anforderungen und Vergleichbarkeiten differenziert werden.

Folgt man der zuletzt genannten Anregung nicht, gibt es einen weiteren Anknüpfungspunkt. Es besteht nämlich eine direkte Ebene der Vergleichbarkeit des § 8 Nr.2 NGO zur Interessenklausel des § 13 I 2 KrW-/AbfG. Der Anschluß- und Benutzungszwang wirkt dort, wo er bisher noch nicht herrschte, als Eingriff in bestehende Eigeninitiative. Er beschränkt diese Eigeninitiative aus entsorgungsstrukturellen Gründen. Diese Beschränkung geschieht lediglich nicht wie im Fall der Interessenklauseln des Abfallrechts durch Verwaltungsakt im Einzelfall, sondern durch generelle Anordnung

---

827 Vgl. dazu oben 1.Teil A.IV.3.b)bb).
828 Vgl. oben 1.Teil B.IV.1.a),2.c).

für ein bestimmtes Gebiet in Form der Satzung. Wie in der Interessenklausel im Abfallrecht geht es um wirtschaftliche Strukturen und um die Entscheidung über die Notwendigkeit von Einrichtungen. Nur der Impuls der Entscheidung ist seitenverkehrt. Die Bedürfnisklausel schützt vor einer ungehemmten Ausbreitung öffentlicher Daseinsvorsorge, während die abfallrechtliche Interessenklausel vor ungehemmter Ausbreitung privater Erledigung schützt. Dies ändert aber nichts am ähnlichen Zweck beider Normen, nämlich der Regulierung zwischen öffentlichen Erledigungs- und Auslastungsinteressen und privatem Interesse an Eigeninitiative. Auch im Rahmen der kommunalrechtlichen Bedürfnisklausel ist abzuwägen, steht doch dem öffentlichen Bedürfnis spiegelbildlich stets die Eigeninitiative und Freiheit vom Zwang gegenüber.[829]

Bezüglich der Vergleichbarkeit muß man sich ferner vor Augen halten, daß § 8 Nr. 2 NGO als ein Anwendungsgebiet die Abfallbeseitigung nennt. Der Bundesgesetzgeber hat also mit dem Abfallbereich ein Anwendungsgebiet des § 8 Nr. 2 NGO aus der Verfügungsgewalt des kommunalen Satzungsgebers heraus auf eine höhere Ebene gehoben. Dort hat er zunächst nahezu vollständige Überlassungs- und Entsorgungspflichten angeordnet, nun aber im Kreislaufwirtschafts- und Abfallgesetz weitgehende Ansprüche auf Eigeninitiative geschaffen, wobei diese für die Kommunen bindend sind. Für ein weiteres Anwendungsgebiet des § 8 Nr. 2 NGO, die Abwasserbeseitigung, wurde oben bereits auf die Vergleichbarkeit hingewiesen.[830] Es handelt sich jeweils um Entsorgungsrecht im Rahmen der kommunalen Daseinsvorsorge. Beide Rechtsgebiete sind ähnlich strukturiert. Wie beim Abfallrecht handelt es auch beim Abwasserrecht um eine umweltrechtlich sensible Materie, die ein Bewußtsein und Verantwortung der Verursacher für die Probleme des Sachbereiches wünschenswert erscheinen läßt. Es gibt im Abwasserbereich Hinweise auf eine gewisse Üblichkeit der Verbandserledigung, und zwar ausweislich § 150 I 1 NWG auch für eine Zulässigkeit der Erledigung in privatrechtlichen Verbänden. Der Verbandsgedanke ist im Recht der Wasser- und Bodenverbände seit jeher etabliert. Im übrigen weist das Bundesrahmenrecht in Form des § 18a I 2 WHG auf die dezentrale Komponente bei der Abwasserbeseitigung hin.[831]

Für zwei wichtige Anwendungsbereiche des § 8 Nr. 2 NGO läßt sich somit bereits die Geltung des Förderungs- und Notwendigkeitsgrundsatzes bejahen. Auch die anderen in § 8 Nr. 2 NGO aufgezählten Bereiche, namentlich Straßenreinigung, Fernwärmeversorgung und Wasserversorgung, weisen in wichtigen Punkten Ähnlichkeiten auf. Dies gilt besonders für den Zusammenhang zwischen Ressourcenverbrauch und Verbraucherverhalten und damit für die Bedeutung von Bewußtsein und Verantwortung.

Die im Abfallrecht erarbeiteten Leitgedanken der Subsidiarität wirken sich somit als Klugheitsregel und Zweckmäßigkeitsgesichtspunkt auf die Auslegung der Bedürfnisklausel des § 8 Nr. 2 NGO aus. Sie geben als teleologischer Zweifelsgrundsatz den Ausschlag für eine eng am Wortlaut des § 8 Nr. 2 NGO orientierte Auslegung mit eher strengen Anforderungen an die Bedürfnisprüfung und deren schlüssige Darlegung. Sie

---

[829] Den Begriff der „Abwägung" bestätigt auch das OVG Lüneburg, Nds.VBl. 1999, 13 f., lehnt aber einen Vergleich zur vorhabenbezogenen planerischen Abwägung ab.
[830] Vgl. oben bei Fn. 805.
[831] Vgl. oben bei Fn. 805.

sorgen ferner für eine Orientierung an den im Ersten Teil zur Schutzwürdigkeit und Schutzbedürftigkeit öffentlicher Einrichtungen und deren Auslastung angestellten Erwägungen.

d) Sonderproblem: Anspruch auf Entlassung aus dem Anschluß- und Benutzungszwang

Abfallentsorgung ist nicht leitungsgebunden, und im Abfallrecht ist ein Entsorgerwechsel daher nicht außergewöhnlich. Dies ist im Abwasserbereich grundlegend anders. Wer einmal an eine Abwasserkanalisation angeschlossen ist und Baukostenbeiträge entrichtet hat, wird sich in der Regel nicht lösen wollen, um dann für eine dezentrale Eigenvariante erneut Baukosten entrichten zu müssen. In besonderen Fällen sind jedoch auch solche Wünsche denkbar. Wenn z.B. aufgrund von Fehlplanung unzumutbar hohe Gebühren zu zahlen sind, kann sich ein Ausstieg bezahlt machen. Ausstiegsmöglichkeiten könnten im übrigen zu Kalkulations- und Ausgabendisziplin der öffentlichen Hand beitragen, müßte sie doch sonst – wie im Abfallbereich – den Leerlauf ihrer Anlagen befürchten. Es ist zu prüfen, inwieweit die Erkenntnisse des Abfallrechtes für diese Problematik nutzbar gemacht werden können.

Ein Ausstieg eines einmal an die öffentliche Abwasserbeseitigung angeschlossenen Grundstückseigentümers ist nur im Wege der nachträglichen Befreiung vom Anschluß- und Benutzungszwang denkbar. Die Gemeinde hätte darüber nach pflichtgemäßem Ermessen zu entscheiden. Ein Anspruch auf Befreiung besteht nach ständiger Rechtsprechung nur in Ausnahmefällen, wenn auch unter Berücksichtigung der Erfordernisse des Gemeinwohls der Anschluß aus besonderen Gründen als nicht zumutbar erscheint.[832]

Es ist zu prüfen, ob das Befreiungsermessen zugunsten einer Befreiung beabsichtigter Eigeninitiative eingeschränkt sein kann. Mit Blick auf das Abfallrecht, wo eine nachträgliche Herauslösung aus dem Benutzungszwang der Regelfall von Eigeninitiative ist, erscheint eine solche Ermessensbeschränkung nicht von vornherein abwegig. Der Wortlaut des § 8 Nr.2 NGO gibt dafür allerdings nichts her, ebenso die Materialien. Der Gesetzgeber hat bei Erlaß der Norm allem Anschein nach einen Befreiungsanspruch aus Gründen der Förderung von Eigeninitiative nicht erwogen. Es stellt sich die Frage, ob der auch auf das Abwasserrecht und andere Anwendungsgebiete des § 8 Nr.2 NGO ausstrahlende Förder- und Notwendigkeitsgedanke des Subsidiaritätsgrundsatzes so stark ist, daß er nicht nur eine stärkere Abwehr gegen den Anschluß- und Benutzungszwang, sondern auch eine nachträgliche Herauslösung aus ihm möglich macht.

Eine solche Ausstrahlung hängt erneut vom Grad der Vergleichbarkeit der Regelungsbereiche ab.[833] Es wurde oben bereits erarbeitet, daß aufgrund hoher sachlicher Ähnlichkeit der Regelungsbereiche der Förder- und Notwendigkeitsgedanke als Ausdruck besonderer Subsidiarität auch hier Anwendung findet. Die öffentlichen Einrichtungen des Abfallbereichs sind jedoch aufgrund der hohen Dynamik der Abfallströme

---

832 OVG Lüneburg, NdsVBl. 1999, 248, 249.
833 Vgl. oben 2.Teil B.II.4.

von jeher auf eine gewisse Fluktuation angelegt. Abwasserbeseitigungsanlagen mit umfangreicher stationärer Kanalisation sind demgegenüber im höheren Maße abhängig vom Verbleiben der einmal angeschlossenen Verursacher im System. Ein dem Abfallrecht ähnlicher Herauslösungsanspruch erfordert daher im Abwasserbereich oder im sonstigen Regelungsbereich des § 8 Nr.2 NGO eine deutliche Tendenz. Da der Wortlaut für solche Erwägungen nichts hergibt und der Gesetzgeber an eine so weitgehende Subsidiarität wohl nicht dachte, müßte sich ein Herauslösungsanspruch – wenn er konkret befürwortet werden sollte – schon aus Vernunftgründen geradezu aufdrängen, und auch dann müßte seine Konstruktion unter dem Gesichtspunkt eines „Wandels der Normsituation"[834] vertretbar sein.

Seit der letzten Gesetzesänderung der Gemeindeordnung im Jahre 1971 ist viel Zeit vergangen. Zwischenzeitlich mag sich auch das Verständnis von Daseinsvorsorge und Partizipation gewandelt haben. Um jedoch eine derartig gravierende Regel, wie sie der nachträgliche Herauslösungsanspruch darstellt, einem weitergedachten gesetzgeberischen Willen entnehmen zu können, bedarf es – auch bei Zugrundelegung eines subsidiaritätsorientierten Denkens – tragfähigerer Grundlagen als sie hier im Ausblick herausgearbeitet werden können. Ein Herauslösungsanspruch kann bereits jetzt unter Berufung auf die Zweifelsgeltung abfallrechtlicher Subsidiaritätsvorstellungen nur – aber immerhin – in solchen Fällen angenommen werden, in denen aufgrund grober Fehlplanungen für die Verursacher unzumutbare Verhältnisse eingetreten sind. Für solche Fallgruppen dringt der Anspruchsgedanke des Abfallrechts als Klugheitsregel bzw. Regel objektiver Vernunft in die anderen Anwendungsbereiche des § 8 Nr.2 NGO vor. Aber auch diese Erkenntnisse bedürfen noch der Verfestigung durch weitere Untersuchungen.

Soweit nach geltendem Recht ein obiger Befreiungsanspruch keine Anhängerschaft findet, könnte er jedenfalls de lege ferenda begründet werden. Die Gefahr der Herauslösung ganzer Gruppen oder Ortschaften aus dem öffentlich-rechtlichen Regime könnte in hohem Maße eine disziplinierende Wirkung auf die Kostengestaltung bei Planung und Umsetzung kommunaler Einrichtungen haben.

Ein Herauslösungsanspruch könnte durch eine besondere Hervorhebung der Eigeninitiative im Rahmen des § 8 NGO – ggf. durch eine Soll-Vorschrift – geschaffen werden, in der z.B. geregelt ist, daß Eigenerledigung – auch gemeinschaftlich – nicht vereitelt werden und – soweit das öffentliche Bedürfnis es erlaubt – Eigenerledigung zugelassen werden soll.

Die Betrachtung aus dem Blickwinkel des Abfallrechtes gibt also auch hier interessante Anregungen für neue Ansätze und weitere Forschungen.

e) Weitere Anregungen für das Abwasserrecht

Die bisherigen Erkenntnisse geben Anlaß zu einer Vielzahl weiterer Erwägungen im Abwasserrecht.

---

834 Vgl. oben bei Fn. 764-768.

Zunächst bietet sich der vergleichende Blick in andere Landeswassergesetze an. Dem niedersächsischen Modell am nächsten kommt § 45b III 3 WG BaWü[835]. Danach können die Gemeinden in Einzelfällen Ausnahmen vom Anschluß- und Benutzungszwang zulassen, wenn dies wasserwirtschaftlich unbedenklich ist. Auch hier stellt sich die Frage, ob sich der Förderungs- und Anspruchs- bzw. Autonomiegedanke des Abfallrechts im Rahmen der Ermessensausübung auswirkt. Soweit die Klausel der „wasserwirtschaftlichen Unbedenklichkeit" die Abwehr eines noch drohenden Anschlußzwangs betrifft, ist – wie bei § 149 IV NWG – eine Ausstrahlungswirkung der Leitgedanken des Abfallrechts vorhanden. Die ermöglicht dadurch die besondere Berücksichtigung förderungswürdiger Eigeninitiative.

In den anderen Landeswassergesetzen sind Ausnahmen vom Anschluß- und Benutzungszwang immer nur durch die Wasserbehörde auf Antrag der Gemeinde und bei unvertretbar hohem Aufwand einer öffentlichen Lösung möglich. Solche Regelungsmodelle eröffnen de lege lata kaum Einfallstore für den Förder-, Anspruchs- und Notwendigkeitsgedanken aus dem Abfallrecht.

Im Abwasserrecht stellt sich ferner die Frage nach Freiräumen bei der Verwertung von Abwasser. So kommt z.B. die Weitergabe von Brauchwasser an einen benachbarten Betrieb zu Reinigungszwecken oder die Einleitung von häuslichem Abwasser in eine nahegelegene Biogasanlage in Betracht. Unabhängig von den naturwissenschaftlichen Fragen, die hier außer Betracht bleiben, stellen sich organisationsrechtliche Fragen. So ist bisher nicht ausreichend geklärt, wann in solchen Fällen die Abwassereigenschaft einsetzt und inwieweit Abfallrecht mit seinen Freiheiten bei der Verwertung anzuwenden ist.[836]

Fraglich aber durchaus von Bedeutung ist ferner, inwieweit sich bei förderungswürdiger Eigeninitiative Ermessensreduzierungen im Rahmen des Übertragungsermessens – z.B. gem. § 149 VIII NWG – ergeben. So könnte es bei vorliegenden Konzepten für Eigeninitiative ermessensfehlerhaft sein, die Erledigung Großentsorgern zu übertragen. Diese Frage stellt sich übrigens auch hinsichtlich des Übertragungsermessens im Abfallrecht und könnte von dort aus Schubkraft bekommen.

4. Fazit und Argumentationsmuster

Die Regelungsmaterie ist grundsätzlich für Eigeninitiative der betroffenen Bürger geeignet. Zum einen ist praktisch vorstellbar, daß häusliche Abwassererzeuger, ggf. gemeinsam mit örtlichen kleinbetrieblichen Abwassererzeugern[837], in Form dezentraler Gemeinschaftsanlagen die Abwasserbeseitigung durchführen. Zum anderen bietet das niedersächsische Wasserrecht dafür Möglichkeiten. Im Unterschied zum Abfallrecht wird jedoch kein „echter" gesetzlicher Freiraum für Eigeninitiative geschaffen, sondern die Einräumung formalrechtlich der Gemeinde überlassen. Der „Freiraum" ergibt sich aus § 149 IV NWG, der den Gemeinden erlaubt, den Verursachern die Be-

---

835 Wassergesetz für Baden-Württemberg in der Fassung vom 01.07.1988 (GBl. S. 269), zuletzt geändert 01.01.1999 (GBl. S. 1)
836 Ausführlich dazu Fluck, in: Fluck (Hrsg.), KrW-/AbfG, § 2, 149 ff.
837 Für sie bedarf es einer Übertragung gem. § 149 NWG, wobei das Ermessen aber ggf. eingeschränkt ist, vgl. zum Übertragungsermessen bereits den Hinweis oben 2.Teil A.III.2.

seitigung in „Kleinkläranlagen" zu übertragen, wobei diese Übertragung in allen Gebieten außerhalb kommunaler Kanalisation die Regel darstellt.

Nähert man sich der Kleinkläranlagenermächtigung des § 149 IV NWG mit einer sprachlich-assoziativen Offenheit für private Selbstverwaltung, wie sie im Abfallrecht praktiziert wurde, muß sie nicht als organisationsrechtliche Beschränkung der gemeindlichen Übertragungsbefugnis aufgefaßt werden und somit alle Formen der Eigeninitiative, insbesondere der Eigenerledigung, miteinbeziehen.

Allerdings gibt es in verwandten Gesetzen Definitionen des Begriffs „Kleinkläranlagen". Sie sind jedoch anlagenrechtlicher Natur. Unter Berücksichtigung der Erkenntnisse des Ersten Teils ergibt sich, daß ein Zweckzusammenhang zwischen den anlagenrechtlichen Definitionen und der Aufgabenzuordnung in § 149 IV NWG fehlt, so daß eine pauschale Übernahme jedenfalls nicht zwingend ist.

Demgegenüber ist in § 150 I NWG die Tätigkeit von Verbänden vorgesehen, indem sich Beseitigungspflichtige in ihnen zusammenschließen, und zwar auch außerhalb öffentlich-rechtlicher Verbände. Nach den Erkenntnissen des Ersten Teils führt dies zu einer Konkretisierung von zulässiger Eigeninitiative, so daß eine Vermutung für die Zulässigkeit all dessen entsteht, was als „Eigenerledigung" oder „Verbandserledigung" bezeichnet werden kann.

In Stellungnahmen einzelner Abgeordneter im Plenum bei der Beschlußfassung über das neue Wassergesetz im Landtag kommt zum Ausdruck, daß von einer Anlehnung an den anlagenrechtlichen Begriff ausgegangen wird. Wie bereits für das Abfallrecht festgestellt, sind jedoch auch hier die gesetzgeberischen Vorstellungen über denkbare Organisationsformen unvollständig. Sie bewegen sich ausschließlich im Gegensatz zwischen Zentralkläranlagen und Hauskläranlagen, erkennen jedoch nicht die Möglichkeiten dezentraler Zusammenschlüsse von Bürgern. Die Entstehungsgeschichte spricht somit nicht gegen eine weite Auslegung des Begriffs „Kleinkläranlage".

Über die Zweifelsregel „Subsidiarität" und ihre Konkretisierung im Abfallrecht sowie die hohe Vergleichbarkeit der Sach- und Regelungsbereiche findet das teleologische Argumentationsmuster aus dem Abfallrecht auch hier Anwendung. Der mutmaßliche Regelungswille des Gesetzgebers aus objektiv-teleologischer Sicht richtet sich somit nicht gegen Eigeninitiative und läßt Möglichkeiten für zumindest für Eigenerledigung in privaten Verbänden und Kooperationsgesellschaften offen. Dabei können die Erkenntnisse aus dem Abfallrecht über die Förderungswürdigkeit von Organisationsformen und zurückhaltende Beurteilung von Auslastungsinteressen übernommen werden, insbesondere vor dem Hintergrund, daß die Kommune durch Anordnung des Anschluß- und Benutzungszwanges die Möglichkeit der Korrektur hat.

Der Vergleich mit den Erkenntnissen aus dem Abfallrecht führt im Abwasserrecht zu der – dort bisher unüblichen – Frage nach einer Beschränkung des Satzungsermessens der Gemeinden zugunsten von Möglichkeiten und Vorhaben der Eigenerledigung oder Eigeninitiative. Aufgrund hoher Vergleichbarkeit beider Bereiche wirkt sich der abfallrechtliche Subsidiaritätsgedanke auch auf das Satzungsermessen im Abwasserrecht aus. So darf eine Vereitelung förderungswürdiger Eigeninitiative durch Anordnung bestimmter Kleinkläranlagen nicht ohne hydrogeologische Notwendigkeit erfolgen.

Eine Analyse des Wortlautes von § 8 Nr.2 NGO führt zu einer Tendenz in Richtung eher hoher Anforderungen an die schlüssige Darlegung eines dringenden öffentlichen

Bedürfnisses. Der enge Zusammenhang von Abwasser- und Abfallbereich mit der Regelung des Anschluß- und Benutzungszwangs sowie die Ähnlichkeit zur abfallrechtlichen Interessenklausel führt darüber hinaus zu einer Annäherung an die Anforderungen der abfallrechtlichen Regulierung in Sachen Unvoreingenommenheit und Kompetenz.

Der Rückgriff auf die Grundsätze des Abfallrechts führt ferner zu der Frage, ob auch Abwasserverursacher nachträglich zum Zwecke der Eigeninitiative aus bestehenden Anschlußverhältnissen aussteigen können. Rechtstechnisch könnte dies durch eine gemeindliche Pflicht zur Befreiung – ggf. unter erneuter Entscheidung über das Fortbestehen eines dringenden öffentlichen Bedürfnisses – geschehen. Solche Pflichten bzw. Ermessensbindungen lassen sich nur rechtfertigen, wenn der Subsidiaritätsgedanke zugunsten der Verursacher im Abwasserrecht hinreichend Wirkung erzielt. Eine entsprechende Zweifelsgeltung des abfallrechtlichen Subsidiaritätsgedankens kann zunächst nur für Fälle angenommen werden, in denen aufgrund grober Fehlplanungen für die Verursacher unzumutbare Verhältnisse eingetreten sind. Für die endgültige und ggf. weitergehende Befürwortung eines solchen „Rechts auf Eigeninitiative" bedarf es eines umfassenderen aufgabenhistorischen, gemeinde- und verfassungsrechtlichen Ansatzes, der weiteren Untersuchungen vorbehalten bleiben muß.

Insgesamt hat sich somit die mittelbare Privilegierungsmöglichkeit durch Übertragung gem. § 149 IV NWG als Einfallstor für den abfallrechtlichen Förderungs- und Privilegierungsgedanken erwiesen.

Gleiches gilt für die „Komplettregulierung" über die Bedürfnisklausel des § 8 Nr. 2 NGO. Sie ist Einfallstor für den gesamten abfallrechtlichen Subsidiaritätsgedanken, insbesondere den Anspruchsgedanken, den Notwendigkeitsgedanken und den Regulierungsgedanken. Die Norm wird auch deshalb in solch umfangreicher Weise zum Einfallstor, weil sich die Interessenklausel des § 13 I 2 KrW-/AbfG nachgerade als Pendant zu gemeinderechtlichen Bedürfnisklausel in einem zentralen kommunalen Tätigkeitsfeld erweist.

Durch diese hohe materielle und strukturelle Vergleichbarkeit der Regelungsbereiche entstehen neue Horizonte für die rechtliche Handhabung des Anschluß- und Benutzungszwangs in bezug auf die materielle Gewichtung von Belangen, die Schlüssigkeit und Kompetenz bei ihrer Darlegung und die Möglichkeiten einer nachträglichen Herauslösung aus dem öffentlichen System. Der Begriff des „dringenden öffentlichen Bedürfnisses" erweist sich nicht nur als Ausfluß, sondern vielmehr als Leitformulierung auch des abfallrechtlichen Notwendigkeitsgedankens.

II. Zulässige Eigeninitiative in sonstigen Regelungsbereichen

Aus den im Abfallrecht gewonnenen Erkenntnissen und ihrer Anwendung im Abwasserrecht ergeben sich eine Vielzahl von Signalen, die sich auf die Auslegung in weiteren Bereichen auswirken könnten.

1. Potentieller Nutzen der Erkenntnisse in weiteren Anwendungsfeldern des Anschluß- und Benutzungszwangs

Anläßlich der obigen Erwägungen zum Abwasserrecht wurde bereits festgestellt, daß die Leitlinien des abfallrechtlichen Subsidiaritätsgedankens als Zweifelsgrundsatz über das „Einfallstor" der Bedürfnisklausel des § 8 Nr.2 NGO eine höhere Anspannung der Gemeinden bei Anordnung des Anschluß- und Benutzungszwangs bewirken, als sie bisher in der Rechtspraxis gefordert wurde.

Da die Strahlkraft des Subsidiaritätsgedankens häufig auch noch durch fachgesetzliche Andeutungen und Ähnlichkeiten unterstützt wird, sollen die sonstigen Anwendungsbereiche des § 8 Nr.2 NGO kurz auf solche zusätzlichen Hinweise hin beleuchtet werden.

Ein weiteres der in § 8 Nr.2 NGO ausdrücklich genannten Anwendungsgebiet ist die Straßenreinigung. Ähnlich dem Abwasserrecht ist den Gemeinden gem. § 52 II NStrG[838] die Erledigungspflicht – genannt Reinigungspflicht – zugewiesen. Der Umlagecharakter und die Geltung des Kommunalabgabengesetzes werden in § 52 III NStrG ausdrücklich betont. In bemerkenswerter Ähnlichkeit zur – zeitlich späteren – Regelung des § 149 IV NWG wird in § 52 IV NStrG bestimmt, daß die Gemeinden durch Satzung die ihnen obliegenden Straßenreinigungspflichten ganz oder zum Teil den Eigentümern der anliegenden Grundstücke auferlegen können. Mittelbare Eigeninitiative ist somit ausdrücklich vorgesehen. Wo durch Satzung von der Übertragungsmöglichkeit Gebrauch gemacht wird, sind Parallelen zum Abwasserrecht zu ziehen und ist die Zulassung jeder Art von Gemeinschaftsmodellen zu erwägen.

Auch bezüglich des Schutzes vor der Anordnung eines Anschluß- und Benutzungszwangs und für eine nachträgliche Befreiung kann wie im Abwasserrecht der abfallrechtliche Subsidiaritätsgedanke, bestehend aus Förderungs- und Notwendigkeitsgedanke, nutzbar gemacht werden. Es bedarf somit auch hier erhöhter Anforderungen an Prüfung und schlüssige und kompetente Darlegung des öffentlichen Bedürfnisses. In Ausnahmefällen kommt auch hier ein Anspruch auf Befreiung zugunsten gemeinschaftlicher Eigeninitiative in Betracht. Da in § 52 IV 4 NStrG – wie im Abfall- und Abwasserrecht – eine von der Zustimmung der Kommune abhängige Übertragungsmöglichkeit geregelt ist, ist auch hier eine Beeinflussung des Übertragungsermessens zugunsten von förderungswürdiger Eigeninitiative zu erwägen.

Auch sonst besteht ein sehr hohes Maß an Vergleichbarkeit zum Abfallrecht und insbesondere zum Abwasserrecht. Es handelt sich ebenfalls um Entsorgungsrecht und daher um eine Aufgabe, die wahrgenommen werden muß. Die Aufgabe ist zur Eigeninitiative geeignet, auch wenn sich das Verbandswesen noch nicht etabliert hat und auch nicht ausdrücklich erwähnt wird. Bewußtsein und Verantwortung der Verursacher – hier vornehmlich der Anlieger – können auch im Straßenreinigungsbereich zu mehr Akzeptanz und damit zu mehr Prävention vor Verschmutzung beitragen. Der abfallrechtliche, bürgerorientierte Subsidiaritätsgedanke verdient daher weitgehend Geltung.

---

[838] Niedersächsisches Straßengesetz vom 24.09.1980 (GVBl. S. 359), zuletzt geändert 28.05.1996 (GVBl. S. 242).

Für die Aufgabe der Wasserversorgung, insbesondere Trinkwasserversorgung, ist – anders als im Abfall-, Abwasser- und Straßenreinigungsrecht – eine öffentliche Erledigung fachgesetzlich nicht vorgeschrieben. Zentrale organisationsrechtliche Zuordnungsnorm ist daher § 8 Nr.2 NGO. Die zu dieser Norm oben im Abwasserrecht erzielten Hypothesen und Anregungen gelten auch hier. Zum einen hat sich auch in der Wasserversorgung ein Verbandswesen etabliert, und zwar auch in Form genossenschaftlicher Initiativen.[839] Ähnlich dem Abfall- und Abwasserbereich ist auch in der Wasserversorgung die Ressourcenschonung durch Verursacher ein wichtiges Allgemeinwohlgut, so daß sich Bewußtsein und Verantwortung der Verursacher positiv auswirken. Auch die wirtschaftliche Diskussion über die Gefahren von Monopolen und die Verteilung zwischen öffentlicher und privater Erledigung ist in den Grundzügen aus dem Abfallrecht übernehmbar. Der Subsidiaritätsgedanke aus dem Abfallrecht erzeugt also auch hier Wirkung.

Allerdings ist die Wasserversorgung wie die Abwasserentsorgung leitungsgebunden und daher technisch-organisatorisch wenig dynamisch. Ansprüche auf nachträgliche Befreiung aus dem öffentlichen Regime sind daher wie im Abwasserrecht zurückhaltender zu beurteilen als im Abfallrecht.

Als weiteres Einfallstor für den abfallrechtlichen Subsidiaritätsgedanken könnte sich § 6 WHG erweisen. Gem. § 6 WHG sind Erlaubnis und Bewilligung der Wasserentnahme zu versagen, soweit insbesondere eine Gefährdung der öffentlichen Wasserversorgung zu erwarten ist. Soweit sich dahinter auch ein Schutz öffentlicher Versorgungsstrukturen durch Verbot von Eigeninitiative verbirgt[840], handelt es um eine abwägende Regulierung ähnlich der in der Interessenklausel des § 13 I 2 KrW-/AbfG. Der Notwendigkeits- und Regulierungsgedanke des Abfallrechts mit seinen hohen Anforderungen an die Prüfung und Darlegung öffentlicher Erledigungsbedürfnisse kann sich somit auch hier auswirken.

Ein weiterer in § 8 Nr.2 NGO ausdrücklich genannter Anwendungsbereich ist die Fernwärmeversorgung. Auch hier ist, wie bei der Wasserversorgung und anders als im Entsorgungsrecht, eine öffentliche Erledigung fachgesetzlich nicht vorgeschrieben. Ähnlich dem Abfall- und Abwasserbereich und der Wasserversorgung ist die Ressourcenschonung durch Verursacher auch im Bereich der Fernwärme ein wichtiges Allgemeinwohlgut, so daß sich Bewußtsein und Verantwortung der Verursacher positiv auswirken. Auch hier ist die wirtschaftliche Diskussion über die Gefahren von Monopolen und die Verteilung zwischen öffentlicher und privater Erledigung in den Grundzügen aus dem Abfallrecht übernehmbar. Der Subsidiaritätsgedanke aus dem Abfallrecht erzeugt also auch hier Wirkung und beeinflußt die Anforderungen, die Prüfung und die schlüssige Darlegung öffentlicher Anschlußbedürfnisse hin zu mehr Anspannung und Subsidiarität.

Von der Fernwärmeversorgung öffnet sich der Blick zur sonstigen Energieversorgung. Sie ist weitgehend liberalisiert und daher grundsätzlich offen für jede Form von Eigeninitiative. Beachtenswert im vorliegenden Zusammenhang sind lediglich zwei

---

839 Vgl. Bungenstock, Agrarrecht 1997, 347, 348.
840 Vgl. dazu Cychowski, WHG, § 6, 21, 38.

Bestimmungen. Gemäß § 3 I 1 EnWG[841] bedarf die Aufnahme der Energieversorgung Anderer im Gegensatz zur Energieeigenversorgung der Genehmigung. Die Erkenntnisse aus dem Abfallrecht könnten hier insoweit nutzbar sein, als die dort zur Eigenerledigung gerechneten genossenschaftsähnlichen Gestaltungsformen zur genehmigungsfreien Energieeigenversorgung gezählt werden.

Unabhängig davon darf gem. § 3 II Nr.2 EnWG die Genehmigung nur versagt werden, wenn sich ungünstigere Versorgungsbedingungen für die betroffenen Abnehmer oder erhebliche Nachteile für das verbleibende Gebiet des bisherigen Versorgers ergeben. Es handelt sich hier um eine der Interessenklausel des § 13 I 2 KrW-/AbfG ähnliche strukturelle Bewertungsklausel. Der dazu im Abfallrecht entwickelte Notwendigkeits- und Regulierungsgedanke mit seiner umfangreichen aber eher restriktiven Berücksichtigung von Bestands- und Auslastungsinteressen bietet sich zur Übernahme an.

Schließlich sind auch in dem ebenfalls in § 8 Nr.2 NGO genannten Bereich der Friedhöfe und Bestattungen umfangreiche genossenschaftsähnliche Eigeninitiativen praktisch und rechtlich denkbar. Da auf typisierende Einordnungen dieses Bereiches verzichtet werden soll, verbleibt es bei diesem Hinweis.

Insgesamt hält somit der abfallrechtliche Subsidiaritätsgedanke mit seinem besonderen Förderungs-, Notwendigkeits-, Anspruchs- und Regulierungsgedanken über die verbindende Brücke des § 8 Nr.2 NGO Einzug in die anderen dort aufgezählten Tätigkeitsfelder. Daneben gibt es weitere „Einfallstore" aufgrund hoher Ähnlichkeit im Regelungsmuster und in den Erfordernissen und Problemen des jeweiligen Sachbereichs.

Diese „Fernwirkung" des abfallrechtlichen Subsidiaritätsgedankens führt zu erheblichen Bedenken gegen die bisherige Rechtsprechung, die den Gemeinden im Bereich des Anschluß- und Benutzungszwangs umfangreiche planerische Gestaltungsfreiheit zubilligt. Es könnte sein, daß dabei allzu sehr auf den historischen Dualismus zwischen Staat und Kommune abgestellt, die Kommune als unterste Ebene der Selbstverwaltung angesehen und dadurch eine Entwicklung der letzten Jahrzehnte zu größeren und vereinheitlichten kommunalen Handlungsmustern und dem daraus entstehenden Bedürfnis nach kleineren privatrechtlichen Selbstverwaltungseinheiten und kleinräumigen technischen Lösungen ignoriert wird. Ein derart verstandener – gesellschaftstheoretisch vielfach geforderter und im Abfallrecht nunmehr umgesetzter – Subsidiaritätsgedanke zugunsten gemeinschaftlicher Eigeninitiative vermag im Rahmen der Auslegung von Zuordnungsnormen als objektiv-teleologische Zweifels- oder Klugheitsregel rechtliche Schubkraft zu entwickeln.

2. Potentieller Nutzen in weiteren umlagepflichtigen Aufgabenbereichen

Der Anwendungsbereich des § 8 Nr.2 NGO ist durch die Gemeinsamkeit geprägt, daß die vom Anschluß- und Benutzungszwang betroffenen Akteure zu einer Zwangsge-

---

841 Gesetz zur Neuregelung des Energiewirtschaftsrechts vom 24. April 1998 (BGBl. I 8730), zuletzt geändert 27.07.2001 (BGBl. I S. 1950).

meinschaft zusammengeführt werden. Diese Zwangsgemeinschaft besteht in zweierlei Hinsicht. Zum einen werden die Betroffenen zur gemeinschaftlichen tatsächlichen Nutzung gezwungen. Dies geschieht aus Gründen besonderer Allgemeinwohlsensibilität der Erledigung, aufgrund derer das Gesetz – vielleicht unter heutigen technischen Gesichtspunkten zu Unrecht – kommunal einheitliche und öffentlich-rechtliche Lösungen vorsieht.

Zum anderen werden die Betroffenen über das Kommunalabgabengesetz zur Finanzierungsgemeinschaft zusammengeschlossen. Als besonderes Merkmal der Finanzierungsgemeinschaft sei hier hervorgehoben, daß Baukostenbeiträge zu leisten sind bzw. die Gebühren in Zusammenhang mit dem Benutzungszwang so kalkuliert sind, daß eine Gesamtdeckung einschließlich der Baukosten erzielt wird. Durch solche Finanzierungszwangsgemeinschaften bringt das Gesetz zum Ausdruck, daß es sich um Tätigkeiten handelt, die den betroffenen Bürgern in besonderer Weise zuzurechnen sind und eigentlich von ihnen wahrzunehmen wären.

Der Gesichtspunkt der Finanzierungszwangsgemeinschaft führt somit zu einem „verborgenen" gesetzlichen Leitsatz, daß diese Tätigkeiten – wenn sie denn nicht so schwierig wären – eigentlich von den Bürgern selbst ausgeführt und natürlich auch finanziert werden sollten. Wäre es nämlich eine typische öffentliche Aufgabe, so würde das Gesetz – so könnte man meinen – eine Finanzierung aus Haushaltmitteln vorsehen. In der Bildung von Finanzierungszwangsgemeinschaften kann somit durchaus eine latente Aufforderung zur Übernahme der Aufgabe in privater Eigeninitiative gesehen werden, sobald die Erfordernisse des Sachbereichs und die technischen Möglichkeiten es zulassen.

Solche Erwägungen untermauern zum einen die oben festgestellte Strahlkraft des abfallrechtlichen Subsidiaritätsgedankens auf alle durch Anschluß- und Benutzungszwang gekennzeichneten Tätigkeitsbereiche. Sie führen darüber hinaus zu ähnlichen Subsidiaritätserwägungen in anderen, zwangsweise durch die Betroffenen gemeinschaftlich finanzierten Bereichen.

Zu solchen weiteren „umlagepflichtigen" Bereichen gehören die Erschließung und alle erschließungsähnlichen Tätigkeitsfelder. Die Finanzierungszwangsgemeinschaft bei der baurechtlichen Erschließung ergibt sich aus der Regelung von Beitragspflichten im Baugesetzbuch, diejenige bei sonstigen Maßnahmen im Straßen- und Wegebau, z.B. bei Bürgersteigen, aus dem Kommunalabgabenrecht. In den soeben genannten Regelungsbereichen gibt es keinen ausdrücklichen Hinweis auf eine Förderung von Eigeninitiative oder auf den Notwendigkeitsgedanken. Dennoch gibt es Einfallstore für diese Ausprägungen des Subsidiaritätsgedankens. So ordnet § 129 BauGB an, daß – soweit Erschließungsanlagen vom Grundstückseigentümer hergestellt sind – Beiträge nicht verlangt werden können. Wie immer man diese Vorschrift letztlich bewertet, sie geht im Zusammenhang mit der Erforderlichkeit von Finanzierungszwangsgemeinschaften von der Möglichkeit zur Eigenerledigung aus. Ihre Auslegung könnte daher unter der Strahlkraft des abfallrechtlichen Subsidiaritätsprinzips zu einem Anspruch auf gemeinschaftliche Eigenerledigung führen.

Im übrigen wird sowohl im Erschließungs- als auch im Kommunalabgabenrecht auf die Erforderlichkeit von Kosten abgestellt. Diese Erforderlichkeit bezieht sich zwar in der bisherigen Rechtspraxis nur auf die Ausgestaltung und Intensität einzelner Maßnahmen, und sie wird weitgehend in das Ermessen der Kommune gestellt.[842] Unter der Strahlkraft des abfallrechtlichen Subsidiaritätsprinzips könnte sie jedoch auch im Sinne einer Verpflichtung zur Berücksichtigung gewünschter und möglicher Eigeninitiative ausgelegt werden.

Auf diese Weise erweitert sich die Ausstrahlung des abfallrechtlichen Subsidiaritätsgedankens auf alle an konkrete Vorteile des Bürgers anknüpfenden Finanzierungszwangsgemeinschaften. Dies erscheint auch in einer nachträglichen Gesamtschau angemessen, ist es doch mit dem landläufigen Freiheitsverständnis kaum vereinbar, Bürger für Tätigkeiten, die unmittelbar ihrem Vorteil dienen, zu Zwangskollektiven zusammenzuschließen, wenn sie zu Eigenerledigung bereit und in der Lage sind. Es ist als großes Verdienst des Kreislaufwirtschafts- und Abfallgesetzes anzusehen, daß es für eine solche Einsicht im Gesetzestext und in den Materialen die Stichworte liefert.

3. Potentieller Nutzen in haushaltsfinanzierten Versorgungsbereichen

Die bis hierhin erörterten Regelungsbereiche waren durch das Prinzip der Zwangsfinanzierung und ggf. auch der Zwangsnutzung geprägt. Der Grund solchen Zwangs liegt in der Vermutung des Gesetzgebers bzw. des Satzungsgebers, daß eine öffentliche Erledigung aufgrund der Anforderungen des Sachbereichs als Fürsorge für die Bürger bzw. zu deren Versorgung notwendig ist. Es gibt allerdings außerhalb von anlagenbezogenen Finanzierungszwangsgemeinschaften weitere Tätigkeitsfelder, in denen sich Kommunen in der Versorgung und Fürsorge für die Bürger betätigen, die Finanzierung jedoch aus Haushaltsmitteln erfolgt. Auch in solchen Bereichen ist bürgerliche Eigeninitiative praktisch vorstellbar. Zu denken ist an den genossenschaftsähnlichen Betrieb von Alten- und Pflegeheimen, Kindergärten, Schulen, Krankenhäusern, Wohlfahrtseinrichtungen, Sparkassen, Badeanstalten, Büchereien, Jugendfreizeitstätten, Märkten, Museen, Campingplätzen, Sportanlagen, u.ä..[843] Auch in solchen Bereichen gilt es nicht selten, durch Rückkopplung, Bewußtsein und Mitverantwortung einer Ablieferungsmentalität – auch bei der Erledigung durch Private – entgegenzuwirken. Es stellt sich die Frage, inwieweit sich auch in diesen Regelungsbereichen der abfallrechtliche Subsidiaritätsgedanke auswirkt.

Solche Bereiche der Daseinsvorsorge weisen im Vergleich zu den auf konkrete Vorteile abstellenden Zwangsfinanzierungsmodellen einen Unterschied auf. Soweit nämlich in solchen Bereichen Eigeninitiative ermöglicht bzw. gefördert werden soll, reicht dazu nicht allein die Gewährung organisationsrechtlichen Freiraums. Eigene Investitionen korrespondieren aufgrund der Haushaltsfinanzierung der Erledigung nicht automatisch mit entsprechender Einsparung öffentlicher Abgaben. Der Förderungsgedanke erfordert daher in diesen Bereichen weitere Unterstützung, sei es durch negative Anrechnung auf Steuerzahlungspflichten oder durch Umleitung von Haushaltsmitteln zum Zwecke der Förderung.

---

842 Rosenzweig, in: Hatopp, NKAG, § 6, 42 d.
843 Vgl. zu den verschiedensten Möglichkeiten, Lüke, Chancen, 233 ff., 211 ff., 308 ff.

Eine solche Art der Privilegierung ist allerdings dem Subsidiaritätsgedanken nicht fremd. Unter dem Stichwort der „subsidiären Assistenz" wird unter „Hilfe zur Selbsthilfe" durchaus auch eine finanzielle Förderung verstanden.[844]

Wollte man entsprechende Pflichten zur Förderung aus dem durch das Abfallrecht konkretisierten Subsidiaritätsprinzip ableiten, müßte man es ähnlich den Teilhaberechten in Verfassungsrang erheben. Angesichts der jahrzehntelangen Tendenz zur Schaffung und zum Ausbau von Teilhaberechten zugunsten des einzelnen und der Leistungsempfänger auf Kosten der Allgemeinheit mutet es nicht absonderlich an, der Verfassung auch ein Recht auf Eigeninitiative und deren aktive Förderung zu entnehmen, gleichsam als Korrektiv zu den wirtschaftlichen Folgen der Ausweitung von Daseinsvorsorge und -fürsorge. § 13 I KrW-/AbfG wäre auf diese Weise Ausdruck und Konkretisierung eines Verfassungsgedankens, der in allen Bereichen der Leistungsverwaltung zur adäquaten Förderung von genossenschaftsähnlicher Eigenerledigung zwingt. Die abfallrechtlichen Maßstäbe und Regelungsmuster zur Privilegierung, Abgrenzung und Regulierung von Eigeninitiative könnten dabei von Nutzen sein. Es soll hier allerdings insoweit bei einer Anregung für entsprechende einfachgesetzliche Regelungen verbleiben, die bereits durch kurze Hinweise und Sollvorschriften in den Gemeindeordnungen und Fachgesetzen möglich sind.

Unabhängig von einer soeben erörterten allgemeinen Förderungspflicht der Subsidiarität zugunsten von Eigeninitiative ist zu prüfen, ob es in einzelnen Regelungsbereichen einfachgesetzliche Einfallstore für eine Förderungspflicht gibt. Ein Beispiel dafür könnte § 149 NSchG[845] sein, wonach anerkannte Ersatzschulen unter bestimmten Voraussetzungen einen Anspruch auf Finanzhilfe haben. Der abfallrechtliche Subsidiaritätsgedanke könnte somit Auswirkungen auf die Bewertungen bei der Anerkennung und Förderung haben. Immerhin handelt es sich um einen Bereich der – wenn auch staatlichen – Daseinsvorsorge, in dem ähnlich wie im Abfallrecht eine Rückkopplung zwischen dem Verhalten und den Wünschen der Eltern und der Art und Weise der Erledigung wünschenswert erscheint. Dies gilt insbesondere vor dem Hintergrund der aktuellen Kritik an den öffentlichen Schulen und ihrer Fähigkeit zur Ausbildung in Richtung auf praktische Bedürfnisse des Lebens. Im übrigen gibt es Beispiele für eine Verbandserledigung in Form von Schulgenossenschaften.[846] Die Vergleichbarkeit der Regelungsbereiche bleibt zwar hinter derjenigen innerhalb der umlagefinanzierten kommunalen Daseinsvorsorge zurück, besteht aber dennoch soweit, daß der Förderungsgedanke im Rahmen der Anerkennung von Ersatzschulen eine Erwägung verdient.

Jedenfalls geben die §§ 142 ff. NSchG, abgesehen von einigen auf Beharrung ausgerichteten Normen, wie z.B. dem § 145 II NSchG mit seiner Besoldungs- und Ver-

---

844 Auf die Rolle finanzieller Förderung zur Beseitigung vorübergehender Leistungsunfähigkeit der niedrigeren Leistungsebene im Rahmen des Subsidiaritätsprinzips weist Isensee, Subsidiaritätsprinzip, 281 m.w.N., hin. Speziell zur Anreizwirkung von Subventionen im Umweltbereich vgl. den Hinweis von Döring, Verursacherprinzip, 46.

845 Niedersächsisches Schulgesetz in der Fassung vom 03.03.1998 (GVBL. S. 137), zuletzt geändert 15.12.2000 (GVBl. S. 378).

846 Vgl. Bungenstock, Agrarrecht 1997, 347, 348; Lüke, Chancen, 211 ff.; im übrigen seien auch die Waldorfschulen genannt.

sorgungsgarantie für Lehrer, ein Beispiel für die Gewährung von Anreizen für andere als öffentliche Erledigung. Das Regelungsmuster könnte für die Förderung von Eigeninitiative ausgebaut und in anderen Bereichen nutzbar gemacht werden.

Deutliche Hinweise auf Subsidiarität enthält ferner das Gemeindewirtschaftsrecht. So macht § 108 I Nr.3 NGO die Zulässigkeit wirtschaftlicher Unternehmen der Gemeinden davon abhängig, daß der Zweck nicht besser und wirtschaftlicher durch anderen erfüllt wird oder erfüllt werden kann. Die Vorschrift soll in erster Linie private Unternehmen davor schützen, durch kommunale Eigenaktivitäten verdrängt zu werden. Soweit jedoch bürgerliche Eigeninitiative durch wirtschaftliche Betätigung der Kommune behindert oder verdrängt wird, könnte der abfallrechtliche Subsidiaritätsgedanke in die Auslegung des Begriffs, „besser und wirtschaftlicher" einfließen und einen bevorzugten Schutz solcher Gestaltungen vor kommunaler Konkurrenz bewirken.

Ein weiteres aktuell in die Schlagzeilen geratenes Tätigkeitsfeld an der Schnittstelle zwischen privater und öffentlicher Erledigung ist die Arbeitsvermittlung und Weiterbildung. Auch hier scheint der Mißstand zum Lebenselixier der Problemlöser geworden zu sein. Der oben zitierten Erkenntnis folgend, daß eine solche Funktionalisierung von Mißständen durch öffentlich Beschäftigte und öffentlich Beauftragte am besten durch möglichst dezentrale Einbindung der das alles finanzierenden Betroffenen vermieden werden kann, ist die Privilegierung von dezentralen und privatrechtlich organisierten „Arbeitsvermittlungs- und Weiterbildungsgenossenschaften ernsthaft in Erwägung zu ziehen. Dies könnte z.B. anhand des Musters der im Abfallrecht erarbeiteten mitgliedschaftlich strukturierten Eigenerledigung geschehen.

Als klassisches Thema der Subsidiaritätsdiskussion sei schließlich noch der Sozialbereich erwähnt. Dort werden von jeher mehr Selbsthilfemodelle gefordert, um aus der Dominanz und Überversorgung durch Großverbände und öffentliche Hand herauszukommen. Auch in diesem Bereich könnte also – abseits der überregionalen sozialen Wohlfahrtsverbände – an dezentrale gemeinschaftliche Eigeninitiative gedacht werden. Als Einfallstor könnte § 10 IV BSHG[847] dienen, der der öffentlichen Fürsorge Zurückhaltung gebietet, soweit freie Träger sich der Aufgabe annehmen. Unter diesem gesetzlichen Leitgedanken könnten Privilegierungsmodelle für dezentrale Sozialverbände ersonnen werden.

Zugleich ist der Sozialbereich aber auch ein Beispiel dafür, daß anscheinend auch die Eigeninitiative in Verbandsform, für die soziale Wohlfahrtsverbände ja ein Beispiel sind, an kritische Grenzen stößt, soweit eine gewisse Vielfalt und Dezentralität nicht mehr gewährleistet ist. Diese auch unter dem Stichwort der Korporatismuskritik erhobenen Bedenken öffnen den Blick für die Notwendigkeit von Abstufungen und Abgrenzungen zwischen großen überregionalen und kleinen dezentralen einrichtungsbezogenen genossenschaftsähnlichen Verbänden.[848]

Insgesamt hat der abfallrechtliche, bürgerorientierte Subsidiaritätsgedanke somit erhebliche Strahl- und Innovationskraft in alle Bereiche öffentlicher Daseinsvorsorge

---

847 Bundessozialhilfegesetz in der Fassung vom 23.03.1994 (BGBl. I 646, ber. S. 2975), zuletzt geändert 14.12.2001 (BGBl. I S. 3728).

848 Schimank/Glagow, in: Glagow(Hrsg.), 15, stellen fest, daß die Wohlfahrtsverbände nicht aus dem Kreis der Betroffenen hervorgegangen, sondern sich von außen dem Problem zugewandt haben, und dies vornehmlich zum Zwecke der eigenen Status- und Machtsicherung z.B. der Kirchen und der Gewerkschaften.

hinein, bis hin zu haushaltsfinanzierten Einrichtungen. Als wichtigste argumentative Brücke erweist sich der Bedarf nach Rückkopplung zwischen Problemverursachern und Problemlösern durch Partizipation und Selbstverwaltung.

Am Beispiel haushaltsfinanzierter Daseinsvorsorge zeigt sich neben dem auf die Schaffung von Freiräumen konzentrierten Privilegierungsmodell ein weiteres, nämlich durch aktive – ggf. finanzielle – Förderung und Umschichtung von Haushaltsmitteln. Auch diesbezüglich ist eine Anknüpfung an die Subsidiaritätsdiskussion möglich, und zwar unter den Stichworten „subsidiäre Assistenz", „Wiederherstellung der Erledigungskompetenz" und „Rückverlagerungsgebot".

Gleichzeitig scheinen sich am Beispiel der Diskussion über soziale Wohlfahrtsverbände auch Grenzen der Förderungswürdigkeit gemeinschaftlicher Eigeninitiative zu zeigen. Es gibt somit noch umfangreiche Forschungs- und Erkenntnismöglichkeiten in verschiedensten Bereichen.

4. Neo-(privat-)kommunale Vision

Aus den bisherigen Anregungen ergibt sich insgesamt eine bürgergesellschaftliche Vision neuer ziviler Organisationsformen bei der Erledigung öffentlicher Aufgaben, die auch als neo-(privat-)kommunale Vision bezeichnet werden könnte. Sie ist intendiert durch eine – oben bereits beschriebene – innere Entrückung und Verstaatlichung der Kommunen, namentlich durch deren Zentralisierung, Professionalisierung und Überalimentierung ihrer Beschäftigten, durch die Okkupation der Räte durch den Öffentlichen Dienst, durch die Hochzonung von Lösungsentwürfen an Kommunalverbände, durch die gänzliche Abhängigkeit von staatlichen Zuschüssen und schließlich durch ihre allmähliche Symbiose mit Großkonzernen und staatsnahen Großverbänden.

Die Vision zielt dahin, Kommunen und öffentlich-rechtliche Verbände soweit möglich zu ersetzen durch privatrechtliche Zusammenschlüsse von Bürgern und Problembetroffenen. Dafür bietet sich de lege lata und de lege ferenda eine weitgehende Ermöglichung und Förderung privatrechtlicher Bürgerverbände bis hin zu Kommunalgenossenschaften als Träger öffentlicher Aufgaben an.

5. Potentieller Nutzen in sensiblen Wirtschaftsbereichen des Privatsektors

Abschließend und nur zur Eröffnung weiterer neuer Horizonte sei noch darauf hingewiesen, daß die aktive Förderung von Eigeninitiative auch außerhalb öffentlicher Aufgabenbereiche ihren Platz finden kann. Ein Signal dafür geben bereits die abfallrechtlichen Leitgedanken, indem vor Monopolisierungsgefahren bei vollständiger Deregulierung gewarnt und Eigeninitiative teilweise auf Formen der privaten Selbstverwaltung beschränkt wird. Dieser Privilegierungsgedanke, diesmal in seiner Stoßrichtung gegen große privatwirtschaftliche Strukturen, kann auch im Wirtschaftsrecht nutzbar gemacht werden.

Eine Nutzbarmachung der Erkenntnisse kommt z.B. im Ernährungssektor in Betracht. Wenn beispielsweise geschlossene genossenschaftsähnliche Vermarktungsstrukturen von der Erzeugung, über die Verarbeitung bis hin zum Verbrauch besonders gefördert werden sollen, kommt es auf eine genaue Abgrenzung zwischen Eigen- und Fremdinitiative an. Dafür könnten die anhand des Abfallrechts entwickelten Kriterien der Eigenerledigung unter beschränkter Einbeziehung von Wirtschaftsbetrieben nutzbar gemacht werden. Auch die Regulierungsmechanismen durch abwägende Bewertung von Strukturinteressen könnten aus den abfallrechtlichen Interessenklauseln übernommen werden.

Eine solche Anwendung von Mechanismen der Privilegierung und Regulierung zur Förderung dezentraler wirtschaftlicher Eigeninitiative kommt ggf. noch in weiteren allgemeinwohlsensiblen Wirtschaftsbereichen in Betracht, wie z.B. in den Sektoren Energie, Chemie, Gesundheit.

Eine weitere Nutzbarmachung könnte unter dem Gesichtspunkt der Haftungsverschärfung in sensiblen Wirtschaftsbereichen geschehen. Bei den obigen Untersuchungen im Abfallrecht ist erkannt worden, daß – aufgrund der Sensibilität des Sachbereichs – ein gewisses Maß an persönlicher Verantwortung der nutznießenden Akteure für die Auswirkungen von illegalen Praktiken auf die Allgemeinheit gewahrt werden sollte. Zu diesem Zweck wurde für bestimmte Fälle das Instrument der Haftungserweiterung über die Grenzen der juristischen Person auf deren Träger vorgeschlagen.[849] Dabei wurden gesetzliche Haftungserweiterungen und solche durch obligatorische Haftungserklärungen bzw. Haftungsvereinbarungen erwogen. Solche Mechanismen könnten für die Bekämpfung von Verantwortungslosigkeit in anderen sensiblen Bereichen nutzbar gemacht werden. So könnten z.B. Anlagengenehmigungen oder sonstige Genehmigungen für juristische Personen in gefährlichen Tätigkeitsbereichen von einem höheren Maß an Mitverantwortung der nutznießenden Gesellschafter, zumindest aber den Vorständen und Aufsichtsräten, abhängig gemacht werden. Ein solches höheres Maß könnte durch Haftungserklärungen bzw. Haftungsvereinbarungen im Wege eines öffentlich-rechtlichen Vertrages herbeigeführt werden. Dies bedarf gesetzlicher Änderungen, zumindest aber einer Veränderung des anlagenrechtlichen Betreiberbegriffs, der sich auf diese Weise den zuordnungsrechtlichen Maßstäben annähern würde. Viele Überwachungsprobleme würden sich auf diese Weise durch interne Anspannung und Kontrolle ggf. von selbst erledigen.

III. Allgemeine Maßstäbe und Regelungsmuster für die Förderung und Regulierung gemeinschaftlicher Eigeninitiative im Bereich der Daseinsvorsorge – Versuch einer Typologie

Es soll nunmehr der Versuch unternommen werden, die vielfältigen Erkenntnisse und ihre Zusammenhänge in einem Argumentationsleitfaden zusammenfassen, der die typischen Denkkategorien und die Begriffswelt bei der Erörterung von Förderung und Regulierung der Eigeninitiative wiedergibt und dadurch ggf. die Befassung anregt und erleichtert.

---

849 Vgl. oben 1.Teil A.IV.2.a)bb).

Die allgemeine Frage nach den rechtlichen Möglichkeiten zur Eigeninitiative und ihrer Förderung steht in engem Zusammenhang mit den Anliegen des Subsidiaritätsgedankens. Dieser gesellschaftstheoretische Leitgedanke hat eine Struktur, die zu einem Prinzip weiterentwickelt worden ist. Die Struktur basiert

(1.) auf einer Stufenordnung der Lebenskreise, an der sich die Präferenzentscheidungen für eine Förderung einzelner Organisationsformen orientieren können, und

(2.) auf einem Gebot subsidiärer Assistenz, dessen Beachtung über den Umfang und Schutz übergeordneter Erledigungsebenen entscheidet.[850]

Während die obigen Strukturmerkmale wertfrei sind, beinhalten die zwei weiteren Strukturmerkmale bereits eine normative Tendenz. Es handelt sich um

(1.) das Postulat der Hilfe zur Selbsthilfe, das auf eine Wiederherstellung der Fähigkeit unterer Ebenen zur eigenständigen Problemlösung drängt, und

(2.) das Rückverlagerungsgebot, das einen Übergang bzw. Wandel weg von der Aufgabenzuständigkeit höherer Ebenen anstrebt.[851]

Insoweit hat sich der Subsidiaritätsgrundsatz als weitgehend anerkannte sozialpragmatische und politische Klugheitsregel erwiesen.

Es gibt ferner eine umfangreiche wissenschaftliche Subsidiaritätsdiskussion, die sich in einen eher idealistisch-partizipatorischen Ansatz unter den Stichworten „Selbsthilfe" und „Bürgergesellschaft" und in einen eher praktisch-steuerungstechnischen Ansatz unter den Stichworten „Staatsaufgabenkritik" und „Dezentralisierung" gliedern läßt. Beide Diskussionsansätze gehen ineinander über und vermengen sich in ihren Argumenten. Die Forderung nach mehr Eigeninitiative knüpft dabei an typische Probleme und Fehlentwicklungen in den einzelnen Sachbereichen an. Es geht z.B.

(1.) um ein Bedürfnis nach mehr Rückkopplung vom Problemverursacher auf den Problemlöser oder umgekehrt[852],

(2.) um eine Funktionalisierung des Problems zum Lebenselixier der Problemlöser[853] und

(3.) um die Gefahr der „Konversion von Daseinsvorsorge"[854] in gesellschaftliche, politische oder einfach praktische Macht.

Alle drei Problemtypen gehen ineinander über und beeinflussen einander. Sie werden insbesondere im Abfallrecht diskutiert, was dort teilweise zu einer musterhaften Umsetzung eines auf „echte" Eigeninitiative fokussierten Subsidiaritätsgedankens führte.[855] Aus der Verknüpfung von Subsidiaritätsgedanken und musterhafter Umsetzung entsteht eine normative Schubkraft, die nach analogieähnlicher Umsetzung der Maßstäbe und Regelungsmuster in anderen Bereichen drängt.[856] Der Versuch ihrer methodischen Einbindung führt zu interessanten Erwägungen über eine Einbindung überpar-

---

850 Vgl. oben bei Fn. 589, 595.
851 Vgl. oben bei Fn. 590, 597.
852 Vgl. oben bei Fn. 295.
853 Vgl. oben bei Fn 294.
854 Vgl. oben bei Fn. 656.
855 Vgl. oben 2.Teil A.IV.
856 Vgl. oben 2.Teil B.II.3.c).

teilicher gesellschaftspolitischer Trends und anerkannter Klugheitsregeln in die Auslegung.[857] So erweist sich das Subsidiaritätsprinzip als teleologische Klugheits- und Zweifelsregel, die bei Unklarheiten den Ausschlag gibt.[858]

Skala der Organisationsformen

Vor dem soeben umrissenen gesellschaftstheoretischen Hintergrund stellt sich die Frage, in welchem Maße und auf welchem Wege Eigeninitiative in den jeweiligen Sachbereichen gefördert werden soll.

Dazu bedarf es zunächst einer Vorstellung davon, was sich hinter dem Begriff „Eigeninitiative" verbirgt. Man gelangt dabei automatisch zu organisationsrechtlichen Einteilungen in Lebenskreise bzw. Erledigungsebenen, wie sie sich auch im Subsidiaritätsgrundsatz wiederfinden.[859] Es gibt zunächst die Ebene der persönlichen Erledigung durch den einzelnen Bürger als Eigentümer oder Betreiber von Einrichtungen oder Anlagen.[860] Eine Hervorhebung allein dieser Ebene entspricht dem sehr individualistischen Ansatz der frühliberalen Staatslehren.[861] Daran schließt sich die Ebene der „engagierten" Zusammenschlüsse an.[862] Dabei handelt es sich um kleinere, personalistisch strukturierte Gesellschaften, nachbarschaftliche Initiativen oder Selbsthilfegruppen. Eine Hervorhebung und Privilegierung allein dieser Ebene zeugt von einem eher idealistischen Verständnis von Eigeninitiative.[863]

Die nächstgrößere Erledigungsebene ist der mitgliedschaftlich strukturierte Zusammenschluß.[864] Er basiert auf gleichgerichteter und gleichgewichtiger und damit kollektiver Partizipation und ermöglicht daher größere Zusammenschlüsse und Meta-Zusammenschlüsse. Man könnte diese Ebene – je nach Ausgestaltung – auch als dörfliche, neokommunale oder genossenschaftliche Ebene bezeichnen.

Jenseits der Merkmale kollektiver Gleichgerichtetheit und Gleichgewichtigkeit gibt es typischerweise nur noch lose und partizipatorisch diffuse Zusammenschlüsse in Form von Publikumsgesellschaften, Interessenverbänden und Kammern.[865]

Die darauf folgende Stufe hängt von der kategorischen Sichtweise ab. Im Rahmen der Kategorie „Zusammenschlüsse" folgen Kommune und Staat. Im Rahmen der Kategorie „Freiwilligkeit/Zivilität" folgt die Einbeziehung der gewerblichen Dienstleistungswirtschaft in die Erledigung. Die Einbeziehung beider Akteure kann auf jeder der bisher genannten Ebenen stattfinden und unterteilt sich (1.) in untergeordnete Unterstützung, wie sie im Rahmen der arbeitsteiligen Gesellschaft selbstverständlich ist, (2.) in gleichgeordnete Beteiligung durch Betriebsführung und Kooperationsgesell-

---

857 Vgl. oben 2.Teil B.II.3.,4.
858 Vgl. oben 2.Teil B.II.3.c).
859 „Stufenordnung der Lebenskreise" nach Robert v. Mohl, vgl. bei Lecheler, Subsidiarität, 34, vgl. oben bei Fn. 588.
860 Vgl. oben 1.Teil A.IV.1.b).
861 Vgl. dazu Lecheler, Subsidiaritätsprinzip, 34; vgl. auch oben 2.Teil B.I.1.
862 Vgl. oben 1.Teil A.IV.1.b).
863 Zu den idealistischen Ansätzen vgl. oben bei Fn. 603 ff.
864 Vgl. oben 1.Teil A.IV.1.b).
865 ebenda

schaften und (3.) in dominierende Vollerledigung, die ohne wesentliche Partizipation der Problemverursacher abnehmend, organisierend und gestaltend tätig wird.[866] Vor allem beim letzten Typus droht aufgrund von Kompetenz- und Partizipationsverlust eine Konversion der Unterstützung in Macht.[867]

Die Abgrenzung zwischen den einzelnen Ebenen ist wegen der fließenden Übergänge innerhalb des privaten Sektors schwierig. Das gilt erst recht, weil aus Akzeptanzgründen einsehbare Differenzierungen vorzunehmen sind. Es ergibt sich daher automatisch eine Tendenz zur vollständigen Einbeziehung privatwirtschaftlicher Formen in die privilegierte Eigeninitiative in Abgrenzung zur öffentlichen oder öffentlich beauftragten Erledigung.

Soweit aus Präferenzgründen eine Ausgrenzung bestimmter privatrechtlicher Organisationsformen gewünscht wird, bedarf es der Abgrenzung innerhalb der zivilen Ebenen. Dafür bieten sich einige typische Kriterien an.

Zunächst kann sich eine Abgrenzung am anlagenrechtlichen Betreiberbegriff orientieren. Der Betreiberbegriff ist dazu geschaffen, den Kreis der im Außenverhältnis verantwortlichen zu bestimmen, richtet sich jedoch selbst nach dem Kriterium der Verantwortung. Er führt insoweit zu einem Zirkelschluß. Er knüpft bei genauerer Betrachtung eigentlich an ein Haftung begründendes Auftreten nach außen an, kann somit auch durch Haftungsvereinbarungen verwirklicht werden und hat daher keinen eigentlichen organisationsrechtlichen Gehalt.[868] Als typisierende Annäherung bei der Umschreibung persönlicher und engagierter Erledigungsformen erscheint der Betreiberbegriff dennoch brauchbar, auch wenn er in manchen Fällen umfangreiche Wertungen erfordert.[869]

Eine Abgrenzung kann ferner nach Kriterien mitgliedschaftlicher Verbundenheit erfolgen. Sie stützt sich auf eine Beschränkung der Mitgliedschaft auf Problemverursacher, ihre Beteiligung nach Köpfen oder Vorteil und ihre unbeschränkte Wählbarkeit in Vorstands und Aufsichtsorgane.[870] Die Abgrenzung erfordert daher kautelarjuristische Bewertungen, die nicht einfach sind, sich aber in der Regel durch standardisierte Muster in Anlehnung an das Genossenschafts- und Wasserverbandsrecht bewältigen lassen.[871]

Denkbar erscheint ferner die Abgrenzung nach weiteren Kriterien der Verbundenheit zwischen Problemverursacher und Problemlösung. Zu erwägen sind Kriterien einer qualifizierten Beauftragung[872], wie z.B. Lenkungskompetenz[873], Kontroll- und Mitspracherechte und Schaffung von Betroffenheit durch Haftung.[874] Eine Bewertung dieser Kriterien ist ein komplexer kautelarjuristischer Vorgang mit prognostisch-

---

866 1. Teil A.IV.1.b).
867 Vgl. soeben Fn. 656.
868 Vgl. oben 1.Teil A.I.1. bei Fn. 196.
869 Vgl. oben bei Fn. 197.
870 Vgl. oben 1.Teil A.I.4.,II.2.c).
871 Vgl. oben 1.Teil B.IV.1.b).
872 Vgl. oben 1.Teil A.I.6.a).
873 Vgl. oben 2.Teil A.II.2.b).
874 Vgl. oben bei Fn. 328 u. 1.Teil A.IV.2.a)bb).

planerischem Einschlag und nur durch ein regulierungsähnliches Abwägungsverfahren zu bewältigen.[875]

Da es – ähnlich wie im Steuerrecht – Ziel vieler Akteure sein könnte, durch bestimmte Gestaltung in den Genuß von Privilegierungen zu kommen, besteht Mißbrauchsgefahr durch Scheingestaltungen. Ihr kann in Zweifelsfällen und je nach Sensibilität der Materie durch Haftungsanforderungen, z.B. von Haftungserklärungen der Verursacher, begegnet werden. Dabei sind eine Vielzahl von Varianten denkbar.[876]

Maßstäbe der Privilegierung

Nachdem klar ist, welche Organisationsformen bzw. Erledigungsebenen es gibt, stellt sich nun die Frage, welche bevorzugt zugelassen und welche ggf. ausgegrenzt werden sollen. Das richtet sich nach der Förderungswürdigkeit der Organisationsformen aufgrund der Ziele des Regelungsbereichs. Dabei sind verschiedene Anknüpfungspunkte denkbar.

Zunächst kann an das Ziel der Leistungsfähigkeit oder Effizienz angeknüpft werden. Die höhere Erledigungsebene übernimmt, soweit die untere zur Eigenerledigung nicht mehr oder nicht genauso effizient fähig ist.[877] Da die Effizienz sich nach Wettbewerbs- und Marktgesichtspunkten richtet, entsteht dabei ein Sog zur Hochzonung innerhalb des zivilen Sektors hin zur „Full-Service-Erledigung" durch große private Dienstleistungskonzerne.[878] Dadurch werden – wegen ihrer relativen Ineffizienz – sowohl die öffentlichen Einrichtungen als auch solche der Selbsthilfe verdrängt. Wegen ihrer geringen Massen und damit höheren Kosten kommen die Verursachergemeinschaften am Markt dann nur zum Zuge, wenn die private Dienstleistungswirtschaft irgendwann zu kartellartiger Preisgestaltung übergehen sollte.

Als weiterer Anknüpfungspunkt für die Förderungswürdigkeit kommt die möglichst automatische Einhaltung von Ordnungsvorschriften in Betracht, wie sie in illegalitätsgefährdeten sensiblen Erledigungsbereichen wünschenswert ist. Die automatische Einhaltung ist im öffentlichen Sektor einigermaßen selbstverständlich, weil es an Kostendruck fehlt. Sie wird im zivilen Sektor vor allem durch finanzielle Betroffenheit der Nutznießer, insbesondere durch persönliche Haftung, erzielt.[879] Im zivilen Bereich entsteht auf diese Weise eine Präferenzskala der Verantwortlichkeit und damit zugleich der organisatorischen Nähe der Problemverursachung zur Problemlösung. Diese Skala verläuft – umgekehrt zur Leistungsfähigkeitsskala – von der persönlichen zur kollektiven Erledigung. Ausgeblendet wird die oben unter dem Blickwinkel der Leistungsfähigkeit präferierte Erledigung durch – vor allem große, anonymisierte – gewerbliche Dienstleistungsunternehmen, jedenfalls solange sie nicht über einen Kooperationszwang durch „das Nadelöhr verursachernaher Eigeninitiative" gezogen wird.[880]

---

875 Vgl. oben 1.Teil B.IV.1.b),1.a) am Ende.
876 Vgl. oben 1.Teil A.IV.2.a)bb), 2.Teil A.I.5.c).
877 Vgl. oben bei Fn. 593.
878 Vgl. oben bei Fn. 619-622 und unter dem Stichwort „Ablieferungsmentalität" 1.Teil A.III.9., und bei Fn. 201, 306.
879 Vgl. oben 1.Teil A.IV.2.a)bb)., auch bei Fn. 307.
880 Vgl. oben Einl. I. zwischen Fn. 52 u. 53, 1.Teil A.IV.2.b)aa).

Ein weiterer denkbarer Anknüpfungspunkt für die Förderungswürdigkeit ist die Bewußtseinssteigerung für die Probleme des Sachbereichs durch Rückkopplungseffekte auf die Problemverursacher. Sie ist vornehmlich in Bereichen wünschenswert, in denen Verhaltensänderungen der Problemverursacher und eine organisatorische Nähe zum Problemlöser sich auf die Problemlösung vorteilhaft auszuwirken versprechen. Der Präferenzschwerpunkt liegt hier auf Partizipation.[881] Die Präferenzskala verläuft aufgrund des engen kausalen Zusammenhangs zwischen Partizipation und Verantwortlichkeit genauso wie soeben bei der Betonung von Haftung und blendet aber öffentliche und gewerbliche „Full-Service-Erledigung" gleichermaßen aus.

Bei der Förderung von Partizipation sind neben qualitativen jedoch auch quantitative Effekte zu beachten. Letztere entstehen durch Anreize zur Eigeninitiative und diese wiederum durch die Möglichkeit zu großen Zusammenschlüssen möglichst unter Beteiligung des Dienstleistungsgewerbes. Oftmals stellt eine gewisse Quantität eine „Einstiegsschwelle" für sinnvolle Eigeninitiative dar. Die durchaus wichtige Beachtung quantitativ-partizipatorischer Effekte führt zu zwei gegenläufigen Präferenzskalen bei der Förderung von Bewußtsein und Rückkopplung, die eine Harmonisierung und Kompromißfindung erfordern. Je nach zusätzlicher Einwirkung des Haftungsgedankens oder des Leistungs- und Effizienzgedankens liegt der Kompromiß in der Regel auf der Ebene mitgliedschaftlich strukturierter Zusammenschlüsse unter mehr oder weniger starker Beteiligung gewerblicher Dienstleistung und mehr oder weniger großer Haftungsanforderungen.

Denkbar sind weitere Anknüpfungspunkte für die Förderungswürdigkeit, wie z.B. die Strukturvielfalt, Strukturflexibilität und Monopolvermeidung. Sie folgen dem Präferenzmerkmal der Dezentralität, verlangen aber gleichzeitig nach quantitativ-strukturellen Effekten.[882] Die Präferenzskalen und Kompromißlinien gleichen daher denen der soeben erörterten partizipationsorientierten Sichtweise.

Die Entscheidung über eine Förderungswürdigkeit von Erledigungsebenen erfordert somit eine Gesamtabwägung der Präferenzen. In den abfallrechtlichen Untersuchungen ergab sich dabei eine Interdependenz der Präferenzen, so daß unter dem Gesichtspunkt quantitativer Effekte und niedriger Einstiegsschwellen neben der Eigenerledigung teils auch qualifizierte verbandsgestützte Lenkungsmodelle für förderungswürdig erachtet wurden[883]. Eine eindeutige Beschränkung auf eine den Verursachern zurechenbare Erledigung ließ sich jedoch nur durch Ausgrenzung aller Organisationsformen erreichen, die sich nicht in zumindest paritätischer Trägerschaft der Verursacher befinden.[884]

Das Leitbild der Förderung von Eigeninitiative läßt sich methodisch am besten umsetzen, wenn – nach Art eines „beweglichen Systems" – in der jeweiligen Norm von einem „Regelgehalt bzw. Grundtypus" der Privilegierung oder Regulierung ausgegangen wird, für den eine rechtliche Vermutung spricht, von dem aber unter besonderen Umständen abgewichen werden darf, wenn die nach den gesetzgeberischen Leitgedan-

---

881 Vgl. oben 1.Teil A.IV.2.a)aa).
882 Vgl. oben 1.Teil A.IV.2.a)cc).
883 Vgl. oben 2.Teil A.II.5.b),A.I.5.a).
884 Vgl. oben 1.Teil A.IV.2.a)bb) am Ende.

ken gewünschte Förderung von Eigeninitiative dies unter den konkreten Anforderungen des Sachbereichs erfordert.[885]

Dies gilt besonders dort, wo zu prüfen ist, ab welcher Privilegierungsvariante den Verursachern in den verschiedenen Tätigkeitsfeldern überhaupt ein wirtschaftlich vernünftiger Einstieg in die Eigeninitiative ermöglicht wird und wo durch zu weitgehende Privilegierung die unteren Ebenen ggf. nicht genug von ihr profitieren.

An dieser Stelle sind kurz die Arten der Förderung bzw. Privilegierung zu erwähnen. Eine Förderung kann aktiver Art sein, z.B. in Form finanzieller Unterstützung.[886] Insoweit ist – um in Begriffen des Subsidiaritätsprinzips zu sprechen – Privilegierung zugleich subsidiäre Assistenz.

Die Förderung kann passiver Art sein, z.B. durch schlichte Ermöglichung von Eigeninitiative. Werden die zivilen organisatorischen Möglichkeiten auf „echte" Eigeninitiative beschränkt und wird – wie im Abfallrecht – ansonsten öffentliche Erledigung und Zwangsumlagenfinanzierung angeordnet, kann subsidiäre Assistenz zur Drohkulisse und zum Instrument organisatorischer Aktivierung und Regulierung werden.[887] Diese Aktivierung der Problemverursacher kann lenkungsbezogen oder erledigungsbezogen sein.[888]

Bei der Förderung bzw. Privilegierung kann im übrigen nach der Gewährung unmittelbaren Freiraums oder mittelbaren, d.h. über staatlichen oder kommunalen Zwischenakt vermittelten[889], Freiraums unterschieden werden, wobei die mittelbare Variante der Förderung zu einer Ermessensbeschränkung bei Übertragungsbehörde oder Satzungsgeber führt.[890]

Notwendigkeit öffentlicher Einrichtungen

Soweit eine Entscheidung zugunsten einer weitgehenden Förderung bzw. Privilegierung von Eigeninitiative, ggf. unter erheblicher Beteiligung der gewerblichen Dienstleistungswirtschaft, fällt, kann es zu einem Auslastungsrückgang und damit zu Überkapazitäten bei den öffentlichen Einrichtungen kommen. In diesem Fall ist zu überlegen, wie mit der öffentlichen Erledigungsstruktur verfahren werden soll.[891]

Anknüpfend an den Assistenzgedanken[892] stellt sich zunächst die Frage, welche öffentliche Struktur gebraucht wird. Die Antwort erscheint vordergründig einfach, zeigt doch praktizierte Eigeninitiative, daß jedenfalls in ihrem Umfang Daseinsvorsorge nicht nötig ist. Ein Problem können allerdings – wie im Abfallbereich – die kumulativen Auswirkungen weitgehender Eigeninitiative und umfangreicher gewerblicher Er-

---

885 Vgl. oben 2.Teil A.III.3.
886 Vgl. oben 2.Teil C.II.3. bei Fn. 844.
887 Vgl. zum staatlichen Auffangnetz als Drohmacht zur Aktivierung der Bereitschaft zur privaten Verantwortungsübernahme Schuppert, DÖV 1998, 831, 836, und oben bei Fn. 651; zu Interessen- oder Bedürfnisklauseln als Regulierungsinstrument vgl. oben 1.Teil B.V.
888 Vgl. zu beiden Ansätzen im Rahmen von § 13 I 1 KrW-/AbfG oben 2.Teil A.II.2.a),b).
889 Vgl. z.B. für das Abfallrecht oben 2.Teil A.III.2.; für das Abwasserrecht 2.Teil C.I.1.
890 Vgl. oben 2.Teil A.III.2.
891 Vgl. oben 1.Teil A.IV.3.b)aa),bb).
892 Vgl. oben 2:Teil B.I.1.

ledigung darstellen. Dadurch könnte eine insgesamt erhebliche Abdrift von Auslastung und eine Infragestellung der gesamten öffentlichen Struktur entstehen.[893]

Es ist daher zunächst zu prüfen, inwieweit auch ohne öffentliche Struktur eine ausreichende Leistungserbringung sichergestellt werden kann. Maßgebend dafür ist die Leistungsfähigkeit privater Strukturen insgesamt.[894] Ist sie – wie z.B. im Abfallbereich – hoch und folgt man – wie ebenfalls im Abfallrecht – dem Notwendigkeitsgedanken[895], kann sich die öffentliche Struktur auf subsidiäre Assistenz, d.h. auf Reservegewährleistung, beschränken.[896]

Sodann stellt sich die Frage, für welche Fälle die Reserve- bzw. Auffanggewährleistung gewappnet sein muß und welche Struktur dafür erforderlich und zugleich wirtschaftlich lebensfähig ist. Im Abfallbereich wurde es diesbezüglich für nicht abwegig erachtet, lediglich für die Erhaltung einer regional punktuell gebündelten Grundstruktur und Grundkompetenz der öffentlichen Hand einzutreten, auf die im Notfall „aufgesattelt" werden kann. Dabei wurde ein erhebliches „Abschmelzen" der öffentlichen Struktur in Kauf genommen.[897] Solche Einschätzungen hängen von einer Vielzahl von Aspekten ab, z.B.
- von der Wichtigkeit einer regelmäßigen Leistungserbringung,
- vom Investitionsbedarf,
- von Steuerungsproblemen bei gewerblicher Erledigung,
- von den Gefahren eines erheblichen Ausfalls privater Strukturen und
- den Möglichkeiten zur Überbrückung von Übergangsproblemen.[898]

Die konkrete Festlegung der strukturell notwendigen und nicht notwendigen Einrichtungen und Anlagen stellt daher einen wertenden Akt mit wirtschaftlichem, prognostisch-planerischem Einschlag dar.[899]

Gelangt man zu der Erkenntnis, daß eine ausreichende Leistungserbringung auch durch ein erhebliches Abschmelzen öffentlicher Strukturen nicht automatisch und unzumutbar gefährdet wird, stellt sich die Frage, wie ein verantwortbarer Übergang zur Reservestruktur gewährleistet werden soll und inwieweit dann wenigstens letztere einen Schutz verdient.

Die Verantwortbarkeit eines Wandels zu weniger öffentlicher Daseinsvorsorge hängt zunächst davon ab, welchen Stellenwert man der Vermeidung frustrierter Aufwendungen der öffentlichen Hand beimißt. Diesbezüglich ist es nicht abwegig, vor einer Frustration nur teilweise und vorübergehend und auch nur insoweit zu schützen, als die Aufwendungen wirklich nötig waren. Auf eine solche Weise kann eine Zementierung bestehender Verhältnisse vermieden, zugleich die Kommune mit den Folgen unvorsichtiger Überdimensionierung konfrontiert und dennoch ein verantwortbarer Übergang gewährleistet werden.[900]

---

893 Vgl dazu am Beispiel des Abfallbereichs oben 1.Teil A.IV.3.b)bb), 2.Teil A.III.1.a).
894 Vgl dazu am Beispiel des Abfallbereichs oben 1.Teil A.IV.3.a)aa).
895 Vgl. oben bei Fn. 583, 252, 350-355.
896 Vgl. oben bei Fn. 366, 367.
897 Vgl. oben 1.Teil A.IV.3.a)bb) am Ende.
898 Vgl. oben für den Abfallbereich 1.Teil A.IV.3.a).
899 Vgl. oben 1:Teil B.IV.1.a).
900 Vgl. oben 1.Teil A.IV.3.b)aa).

Ein Schutz gegen die von öffentlicher Seite immer wieder vorgetragene Auslastungs- und Planungsunsicherheit kann aus dem Blickwinkel des Notwendigkeitsgedankens grundsätzlich nur gewährt werden, soweit (1.) auch bei äußerster Anspannung keine Reaktionsmöglichkeiten bestehen und (2.) keine vorangegangene verschuldete Überdimensionierung vorliegt.[901] Zu äußerster Anspannung im Wettbewerb darf auch die weitestgehende Anpassung an private Beschäftigungsbedingungen, wie z.B. bei Kündigungsschutz und Tarifbestimmungen, gezählt werden, wodurch der öffentliche Sektor seine Beschäftigung und Schutzwürdigkeit im hohen Maße selbst in der Hand haben könnte.[902] Auch solche Festlegungen stellen einen wertenden Akt mit wirtschaftlichem, prognostisch-planerischem Einschlag dar.

Anwendungsbereiche und Umsetzung

Die Intensität der Beachtung all der oben genannten Maßstäbe hängt davon ab, in welchem Maß dem Subsidiaritätsgedanken – z.B. durch Berücksichtigung des Notwendigkeitsgedankens – gefolgt wird. Voraussetzung wesentlicher Teile des obigen Argumentationsgangs scheint also eine subjektiv geprägte Affinität zur Subsidiarität und ihrer moralischen und rechtlichen Verbindlichkeit zu sein. Der gesellschaftstheoretische Stellenwert des Subsidiaritätsgedankens als sozialpragmatische Klugheitsregel und seine Umsetzung im Abfallrecht sprechen jedoch für einen gewissen auch objektiven Verbindlichkeitswert.[903]

Es gibt Bereiche und Fallgruppen, in denen die Beachtung von Subsidiarität bzw. Notwendigkeit öffentlicher Tätigkeit besonders naheliegt und deshalb die argumentative Beweislast für ihre Notwendigkeit und Schutzbedürftigkeit im Zweifel der öffentlichen Erledigung aufzuerlegen ist. Eine derartige Auferlegung der „Argumentationslast" ist immer dann zu erwägen, wenn rechtliche und tatsächliche Grundmuster im jeweiligen Aufgabenbereich eine Sensibilität für einen auf Eigeninitiative der Bürger gerichteten Subsidiaritätsgedanken angebracht erscheinen lassen. Dies gilt zum einen, wenn der Regelungsbereich in bestimmter Weise strukturiert ist, also
- entweder Eigeninitiative ausdrücklich erwähnt und zuläßt, wie z.B. im Abfallrecht,
- oder andersherum öffentliches Handeln auf Notwendigkeit beschränkt, wie z.B. im Bereich des kommunalen Anschluß- und Benutzungszwangs,
- oder Eigeninitiative konkludent berücksichtigt, z.B. durch Verbandsnormen oder Beauftragungsgestattungen,
- oder eine sonstige Zuordnung der Aufgabe zum Bürger erkennen läßt, wie z.B. bei Geltung des Verursacherprinzips und Zwangsfinanzierungssystemen,
- oder schließlich durch eine Etablierung des Genossenschaftswesens oder anderer mitgliedschaftlicher Organisationsformen oder zumindest durch deren Interesse geprägt ist.[904]

---

901 Vgl. oben 1.Teil A.IV.3.b)bb).
902 ebenda.
903 Vgl. oben 2.Teil B.II.3.c).
904 Vgl. oben 2.Teil B.II.4.

Aufgeschlossenheit für gemeinschaftliche Eigeninitiative ist zum anderen angezeigt, wenn die tatsächlichen Strukturen des Sachbereichs Hinweise auf eine Förderungswürdigkeit von Eigeninitiative geben, also
- wenn es um ein aus der Sicht der Betroffenen sensibles Tätigkeitsfeld geht, in dem Rückkopplung auf den Problemlöser wünschenswert erscheint, wie z.B. Erziehung und Altenpflege,
- oder es um ein aus Sicht der Allgemeinheit sensibles Tätigkeitsfeld geht, in dem Rückkopplung auf die Problemverursacher und ihr Verhalten wünschenswert erscheint, wie zum Beispiel die Entsorgung,
- oder es um kollusionsgefährdete Bereiche geht, in denen das Problem durch die Problemlöser als Lebenselixier funktionalisiert wird, wie z.B. in vielen Versorgungs- und Entsorgungsbereichen,
- oder es um konversionsgefährdete Bereiche geht, in denen die Daseinsvorsorge sich allmählich zu einem politischen und gesellschaftlichen Machtmittel zu entwickeln droht.[905]

Die Auferlegung der Argumentationslast vollzieht sich in Stufen. Wenn oben geschilderte Hinweise auf eine Berücksichtigung von Subsidiarität vorliegen, ist zunächst eine besondere Aufgeschlossenheit bei der Auslegung bestehender Normen angebracht, um einer etwaigen Schubkraft des Subsidiaritätsprinzips nicht von vornherein und ohne Not den Weg abzuschneiden. Mit einer solchen Aufgeschlossenheit ist nicht bereits Parteinahme oder Voreingenommenheit gemeint, sondern sie äußert sich lediglich in einer bestimmten Herangehensweise.[906]

Diese beginnt mit der Ausnutzung des sprachlich-assoziativen Rahmens für alle Formen von Eigeninitiative. Wenn also der Normtext – wie z.B. im Abfallrecht – Eigeninitiative ausdrücklich zuläßt, sollten auch semantische Varianten erwogen werden, die zu einer möglichst geringen Einschränkung führen.[907] Entsprechendes gilt – allerdings andersherum –, wenn öffentliche Tätigkeit von Voraussetzungen abhängig gemacht wird, für den sprachlichen Rahmen eben dieser Voraussetzungen.[908]

Eine aufgeschlossene Herangehensweise bei der Auslegung beachtet ferner etwaige systematische Auswirkungen von Verbands- und Beauftragungsgestattungen im Regelungsbereich und wird im Kollisionsfall eine Harmonisierung herbeiführen.[909] Sie vermeidet vorschnelle Anknüpfungen an anlagenrechtliche Kategorien und Definitionen, die zu einer Ausblendung gesellschafts- und genossenschaftsrechtlicher Organisationsmöglichkeiten führen.[910] Sie nimmt ferner etwaige Denklücken des Gesetzgebers in bezug auf gemeinschaftliche Eigeninitiative wahr und füllt sie unter Berücksichtigung aller denkbaren Organisationsformen aus.[911] Schließlich führt sie die Norm-

---

905 ebenda.
906 Vgl. oben 2.Teil B.II.4. am Ende.
907 Vgl. die Wortlautuntersuchungen zu §§ 13 I 2, 1 KrW-/AbfG und § 16 II NAbfG oben 1.Teil A.I., 2.Teil A.I.2.,II.2.
908 Vgl. die Wortlautuntersuchungen zu § 8 Nr.2 NGO oben 2.Teil C.I.3.a).
909 Vgl. dazu 1:Teil A.II.2., 2.Teil A.I.3.b).
910 Vgl. dazu 1.Teil A.II.1., 2.Teil A.I.3.a).
911 Vgl. dazu 1.Teil A.III.7., insbesondere am Beispiel des § 16 II NAbfG 2.Teil A.I.4.b),c).

zweckdiskussion im Rahmen der Gesichtspunkte Förderungswürdigkeit, Schutzbedürftigkeit.[912]

Wenn im jeweiligen Sach- oder Regelungsbereich oben genannte Hinweise auf Subsidiarität vorliegen, ist ferner ein intensives Nachdenken de lege ferenda über Subsidiarität und Eigeninitiative angebracht.

Eine weitere und höhere Stufe der Nutzbarmachung besteht in einer strengeren Beachtung des Förderungs- und Notwendigkeitsgedankens bei der Auslegung und Regelung. Sie ist angebracht, wenn eine Vergleichbarkeit zum Abfallbereich dies nahelegt. Das dürfte zum Beispiel der Fall sein, wenn es – ähnlich wie im Abfallbereich – zur vollständigen oder teilweisen Kumulation von Sensibilität des Tätigkeitsbereiches, Rückkopplungsbedürfnis, Verursacherprinzip, Steuerungsproblemen, Konversions- und Monopolgefahr und Hervorhebung bzw. Etablierung des Verbands- oder Genossenschaftswesens kommt.[913] Durch eine solche Vergleichbarkeit entsteht zusätzlich eine große Nähe zur Struktur und Diskussion des Subsidiaritätsprinzips.[914] Der Förderungsgedanke konzentriert sich auf „echte" Eigeninitiative und Selbsthilfe, ggf. in Form eines „beweglichen Systems", in dem je nach Sachlage und Wirkungsgrad die Förderungswürdigkeit festgestellt wird. Der Notwendigkeits- bzw. Assistenzgedanke führt zu einem zurückhaltenden Schutz öffentlicher Strukturen und wird damit gleichzeitig dem Rückverlagerungsgebot gerecht. Die Vergleichbarkeit mit den in der Subsidiaritätsdiskussion und ihrer gesetzlichen Konkretisierung im Abfallrecht erörterten Problemen führt somit zu einer erheblichen normativen Schubkraft für die Auslegung und Regelung in anderen Bereichen, die de lege lata bei gesetzlicher Unbestimmtheit die Annahme einer entsprechenden teleologischen Zweifelsregel rechtfertigt.[915]

Die Umsetzung aller oben genannten Maßstäbe geschieht durch Privilegierung und Regulierung.

Für die Privilegierung liefert das Abfallrecht diverse Regelungsmuster. Das Regelmodell stellt § 13 I 2 KrW-/AbfG dar. Es umfaßt die eingangs erwähnten gesellschaftsrechtlichen Ebenen bis hin zur Erledigung in mitgliedschaftlich-strukturierten Zusammenschlüssen und in gleichberechtigter Beteiligung des Dienstleistungsgewerbes.[916] Das Regelmodell wird durch den Begriff „eigen" oder „Eigenerledigung" hinreichend umschrieben. Eine gewisse sprachliche Vagheit besteht allerdings, insbesondere bezüglich der Frage, ob auch kollektive Erledigungsformen einbezogen sind. Diese Vagheit könnte z.B. durch den Begriff „in eigener, auch gemeinschaftlicher Erledigung der (Verursacher)" beseitigt werden.

Eine strengere Variante des Eigenerledigungsmodells enthält § 16 II NAbfG, indem er zusätzlich einen „engen räumlichen und betrieblichen Zusammenhang" fordert. Diese Regelung ist Muster der besonderen Berücksichtigung der Verursachernähe als Präferenzkriterium der Privilegierung. Sie wurde daher auch im wesentlichen haftungsbezogen ausgelegt. Der Begriff „enger .... Zusammenhang" schafft diesbezüg-

---

912 Vgl. dazu 1.Teil A.IV.1.a).
913 Vgl. oben 2.Teil B.II.4.
914 Vgl. oben zur Konkretisierung des Subsidiaritätsgedankens durch das Abfallrecht 2.Teil B.I.3.
915 Vgl. oben 2.Teil B.3.c).
916 Vgl. oben 1.Teil A.V.

lich die Möglichkeit zu generalklauselartiger Wertbildung und Bewertung im Einzelfall.[917]

Ein erweitertes Modell der Privilegierung wird demgegenüber in § 13 I 1 KrW-/AbfG vorgestellt. Es umfaßt neben den in § 13 I 2 KrW-/AbfG enthaltenen erledigungsbezogenen Ebenen auch die Ebene der ordnungsgemäßen Lenkung durch Verursacher oder deren Verbände, soweit die dazu nötige Kompetenz und Einflußnahme gewährleistet ist. Die Abgrenzung dieser Ebene zur schlichten Überlassung ist nur durch – meist kautelarjuristische – Bewertung im Einzelfall möglich. Die dafür nötige generalklauselartige Bewertungsklausel enthält der Begriff „zur ... in der Lage". Bemerkenswert an diesem Begriff ist seine Doppelfunktion als organisatorische Typenbeschreibung und als Bewertungsklausel.[918]

Noch weitergehender ist das Modell der völligen organisatorischen Offenheit, wie es für betriebliche Verwertungsabfälle gilt. Irgendwo dazwischen liegt die von FLUCK vorgeschlagene Auslegungsvariante des § 13 I 2 KrW-/AbfG, nach der ebenfalls generelle Offenheit herrscht, jedoch eingeschränkt durch regulierende Beachtung öffentlicher Interessen im Einzelfall.[919]

Regulierter Übergang

Das zuletzt genannte Fluck´sche Modell inspiriert zum gedanklichen Übergang von der Privilegierung zur Regulierung. Die Regulierung ist in vorliegendem Zusammenhang als Instrument der Umsetzung von Schutzbedürfnissen öffentlicher Einrichtungen und Strukturen und anderen öffentlichen Interessen gemeint.[920] Umfang und Verfahren der Regulierung richten sich nach den an sie gestellten Anforderungen. Diese wiederum richten sich nach der Sichtweise der Förderungswürdigkeit von Eigeninitiative und Schutzbedürftigkeit öffentlicher Strukturen im jeweiligen Sachbereich.[921] Wird Eigeninitiative – wie es meist der Fall sein wird – in nahezu allen Organisationsformen bzw. -ebenen für förderungswürdig erachtet und öffentliche Erledigung oder Lenkung am Notwendigkeitsgedanken gemessen, muß mit hohen Anforderungen an die Einzelfallregulierung gerechnet werden. Die Anforderungen verlangen wertende und abwägende Entscheidungen mit wirtschaftlichem, kautelarjuristischem und prognostisch-planerischem Einschlag.[922]

Regulierungsentscheidungen der soeben genannten Art erfordern zunächst die Möglichkeit zur umfassenden Abwägung aller relevanten Belange. Dem wird nur eine „offene Interessen- oder Bedürfnisklausel" gerecht, die nach Art einer Generalklausel eine Wertbildung, Gewichtung und Abwägung im Einzelfall zuläßt.[923] Solche „offenen"

---

917 Vgl. oben 2.Teil A.I.2.a),b).
918 Vgl. oben 2.Teil A.II.5.c)bb), 6.
919 Vgl. oben 1.Teil A.I.6.b).
920 Zum Bedeutungsgehalt vgl. oben bei Fn. 110.
921 Zum Interdependenzverhältnis vgl. oben 1.Teil B.IV.1.,V; zum untrennbaren Zusammenhang von Privatisierung und Regulierung vgl. auch Schuppert, DÖV 1998, 831, 835.
922 Vgl. oben 1.Teil B.IV.a),b).
923 Zur „Wertausfüllungsfähigkeit" von Begriffen im Einzelfall vgl. im einzelnen oben bei Fn. 122, 123.

Abwägungsmöglichkeiten können z.B. mit den Begriffen „überwiegende öffentliche Interessen" oder „Feststellung eines öffentlichen Bedürfnisses" umschrieben werden. Bewertungsklauseln, die lediglich gröbsten Beeinträchtigungen oder – andersherum – zwingend allen Interessen der öffentlichen Hand zum Durchbruch verhelfen[924], werden somit dem umfangreichen Abwägungs- und Bewertungserfordernis weitgehender Eigeninitiative nicht gerecht.[925] Etwas anders gilt nur, wenn dies aufgrund besonderer Präferenzen des Sachbereichs bewußt so gewollt ist.

Regulierungsentscheidungen der oben genannten Art erfordern ferner Sachkompetenz, Prognosefähigkeit und Unvoreingenommenheit. Das wirkt sich auf die Zuständigkeitsverteilung zwischen Behörden und Gerichten aus. Während die wirtschaftliche Sachkompetenz und Prognosefähigkeit über die Notwendigkeit und Funktionsfähigkeit von öffentlicher Erledigung eher bei den Behörden zu vermuten ist, verhält sich dies bei der Unvoreingenommenheit gegenüber Verteilungsinteressen der öffentlichen und privaten Akteure genau umgekehrt. In wirtschaftlichen Beurteilungsfragen obiger Art sollte also der Entscheidungsbehörde eine gewisse Einschätzungsprärogative zugestanden werden, die allerdings durch die Gerichte intensiv auf Schlüssigkeit der Darlegungen, auf Kompetenz und auf verwaltungsinterne Unabhängigkeit und Unvoreingenommenheit hin überprüft werden muß. Ein annäherndes Beispiel dafür ist die Rechtsprechung zur wirtschaftlichen Interessenabwägung im Rahmen des § 13 IV PBefG. Ferner bietet sich die Berufung einer Regulierungskommission an, deren Einschätzung in schwierigen oder wichtigen Fällen von den Gerichten als hinreichend kompetent und unvoreingenommen akzeptiert wird.[926]

Bei der Art der Regulierung gibt es Besonderheiten. Ist die Regulierung auf Ausgrenzung nicht förderungswürdiger Eigeninitiative, möglicherweise in Form von Scheinkonstruktionen, gerichtet, kommen typischerweise zwei Regulierungsformen in Betracht. Entweder es wird ein Handlungsverbot ausgesprochen, wie z.B. durch Verweigerung von Genehmigungen oder Verbotsverfügungen, oder die Privilegierung wird aufgehoben, wie z.B. durch Anordnung einer öffentlichen Zwangsumlagenfinanzierung, einer Überlassungspflicht oder einer Streichung von Fördermitteln.

Ist die Regulierung auf die – meist durch Wettbewerb gefährdete – Funktionsfähigkeit öffentlicher Daseinsvorsorge gerichtet, ist vor allem die Anordnung der Zwangsumlagenfinanzierung bzw. der Überlassungspflicht zielführend. Wie die Umsetzung im Abfall- und Abwasserrecht und im Recht des kommunalen Anschluß- und Benutzungszwangs zeigt, bietet sich dabei die Möglichkeit der Regulierung durch Verwaltungsakt oder durch Satzung. Die Satzung wird auf diese Weise zu einer auf gebietsbezogene, konkrete Bedürfnisse reagierenden Regulierungsentscheidung über die Notwendigkeit und das Schutzbedürfnis öffentlicher Daseinsvorsorge.

Der kommunale Satzungsgeber setzt sich aus gewählten Vertretern zusammen und steht der Problematik meist sachlich näher als Behörden oder Gerichte. Wenn allerdings die Kommune als Regulierungsstelle bzw. die Kommunalvertretung als Regulierungsgremium eigene wirtschaftliche Erledigungs- oder Verteilungsinteressen – auch in Form von Beschäftigung und Macht – hat oder zu berücksichtigen hat, droht Eigen-

---

924 So einige verengte Auslegungsansätze für Interessenklauseln, vgl. dazu im einzelnen oben 1.Teil B.IV. am Anfang.
925 Vgl. oben 1.Teil B.1.a),b).
926 Vgl. zum Regulierungsverfahren insgesamt oben 1.Teil B.IV.2.b),c).

initiative – anstatt gefördert – behindert und vereitelt zu werden. Kommunales Satzungsermessen bedarf somit eines Korrektivs. Dieses kann dort, wo bereits der Subsidiaritäts- bzw. Notwendigkeitsgedanke zum Ausdruck kommt, wie z.B. in der Bedürfnisklausel des § 8 Nr. 2 NGO, durch eine gerichtliche Überprüfbarkeit von Schlüssigkeit, Kompetenz und Unvoreingenommenheit kommunaler Beschlüsse gewährleistet werden. Wo eine Verpflichtung auf Notwendigkeit und Subsidiarität nicht deutlich wird, kann eine solche z.B. durch „Soll-Vorschriften" in Gemeindeordnungen und Fachgesetzen geschaffen werden.

Auch im Rahmen des Gemeinderechts sind somit die obigen Erkenntnisse zur Aufgabenverteilung zwischen Entscheidungsbehörde und Gericht zu beachten. Das führt zu einer stärkeren Bindung der kommunalen Ratsentscheidungen an Anforderungen bezüglich schlüssiger Darlegung, Bewertungskompetenz und im Zweifel auch Unvoreingenommenheit.[927]

Immer wenn Regulierungsentscheidungen mit wirtschaftlichem und planerisch-gestaltendem Einschlag notwendig werden, bietet sich ein solches oder ähnliches Verfahren an. Der Regelungsgeber kann durch Wahl und Formulierung des unbestimmten Rechtsbegriffs über die Schwerpunktsetzung entscheiden.

Insgesamt erscheint die Förderung von Eigeninitiative somit als Mischung aus Privilegierung und Regulierung. Durch Privilegierung wird Eigenerledigung oder „echte" Eigeninitiative abgegrenzt und bevorzugt. Durch regulierende Verbote, Überlassungspflichten oder Fördermittelversagungen werden die dabei entstehenden Probleme vermindert.

Denkbar ist auch ein Verzicht auf Privilegierung bestimmter Organisationsformen. Die Regulierung wird dann zur einzigen Schranke der privatwirtschaftlichen Entfaltung. Als Ansatz und Beispiel dafür erscheint die „offene Regulierungslösung" von FLUCK.[928] Die Fluck´sche Variante enthält dabei noch eine Besonderheit in Form eines absolut privilegierten Mindestbereiches, der unabhängig von allen strukturellen Problemen garantiert wird. Er sollte sich auf besonders förderungswürdige Gestaltungen beschränken. Soweit nach diesem Modell über den Mindestbereich hinaus Eigeninitiative gefördert werden soll, muß die regulierende Abwägung auf die Förderung „echter" Eigeninitiative gerichtet sein. Dies erscheint im Rahmen der üblichen Interessenklausel möglich, indem nämlich von einem öffentlichen Interesse an einer Bevorzugung „echter" Eigeninitiative ausgegangen wird.

Es stellt sich daher stets die Frage, ob vollständige Regulierung im jeweiligen Sach- und Regelungsbereich leistbar ist oder besser durch privilegierende Beschränkung auf strukturell eher unproblematische Ebenen eine Vorfilterung vorgenommen werden soll.

Regulierung wird auf jede der beiden geschilderten Weisen zu einem anspruchsvollen Instrument werden. Gerade das könnte sie allerdings zu einem Beispiel für neue verwaltungsrechtliche Entscheidungsmuster machen, wenn nämlich die öffentliche Hand zunehmend von Erledigung und Beauftragung zu Lenkung, Zuweisung und Reservegewährleistung übergeht.

---

927 Vgl. zur Gesamtthematik vgl. oben 2.Teil I.3.c),4.
928 Vgl. oben 1.Teil A.I.6.b).

Zusammenfassung

Die Untersuchung von Möglichkeiten gemeinschaftlicher Eigeninitiative ist von theoretischer und praktischer Relevanz. Das zeigt sich am Beispiel jüngerer Initiativen und Diskussionen im Bereich dörflicher Abwasserbeseitigung und genossenschaftlicher Privatisierung sowie über „neue Subsidiarität" und „Bürgergesellschaft".

Für die beispielhafte rechtliche Erörterung dieses Themas bietet sich schon aufgrund der Regelungsstruktur das Abfallrecht des Bundes an, insbesondere der § 13 I 2 KrW-/AbfG. Im übrigen ergeben sich daraus eine Vielzahl von Anknüpfungsmöglichkeiten an übergeordnete Prinzipien, wie z.B. das Verursacherprinzip, das Kooperationsprinzip und vor allem das Subsidiaritätsprinzip.

Geht man mit einer gewissen Aufgeschlossenheit für mögliche gemeinschaftliche Eigeninitiative an die Prüfung des § 13 I 2 KrW-/AbfG heran, öffnet sich für den vagen Begriff der „eigenen Anlagen" ein weiter sprachlich-assoziativer Rahmen von Eigenerledigung. Er läßt die Einbeziehung jeglicher Eigenerledigung unter Einschluß genossenschaftsähnlicher Zusammenschlüsse der Verursacher und paritätischer Kooperationsgesellschaften mit der Entsorgungswirtschaft zu. Im übrigen kristallisiert sich bei der Prüfung ein Organisationsmuster der gestuften Erledigungsebenen heraus.

In systematischer Hinsicht läßt sich, da anlagenrechtliche Kategorien und Definitionen für die Zuordnung von Aufgaben nicht maßgebend sind, der im Gesetz ausdrücklich hervorgehobene Verbandsgedanke einbeziehen. Dadurch entsteht bereits hier eine Tendenz zur Privilegierung von Verbands- bzw. Genossenschaftsmodellen. Sie sind vor allem gekennzeichnet durch eine mitgliedschaftliche Struktur in Form von Gleichgewichtigkeit und Gleichgerichtetheit der Mitgliederbeteiligung.

In der Entstehungsgeschichte des § 13 I 2 KrW-/AbfG und seiner Nachbarnormen wird die Förderung von Eigeninitiative, Eigenverantwortung und Selbstorganisation der Verursacher und die Beschränkung auf notwendige Daseinsvorsorge proklamiert. Hervorgehoben werden allerdings auch die Gefahren der Erledigung durch eine sich stetig zusammenschließende Entsorgungswirtschaft. Vor diesem Hintergrund entsteht eine Leitformel, die sich mit „so viel Eigeninitiative wie möglich und nur so wenig Daseinsvorsorge wie nötig" umschreiben läßt. Insgesamt läßt sich aus der Diskussion eine Kompromißformel ableiten, die zu einer Privilegierung „echter" Eigeninitiative führt, d.h. einschließlich gemeinschaftlicher Eigenerledigung und kooperativer Einbeziehung von Entsorgungsbetrieben. Ferner entsteht der Eindruck einer gesetzgeberischen Aufforderung zur Suche nach neuen, an Eigeninitiative orientierten Organisationsformen.

Die soeben genannten Leitgedanken des Gesetzgebers beeinflussen die Argumentationslast, d.h. die Last der argumentativen Beweisführung im Rahmen der objektiv-teleologischen Auslegung. Sie liegt daher bei der öffentlichen Daseinsvorsorge, soweit sie sich gegen die Zulässigkeit „echter" Eigeninitiative durchsetzen will. Daraus entsteht ein objektiv-teleologisches Prüfungsmuster, das nach der Förderungswürdigkeit von Eigeninitiative und der Schutzwürdigkeit und -bedürftigkeit bestehender Strukturen der Daseinsvorsorge fragt.

Es erweist sich jede Eigeninitiative als objektiv förderungswürdig, die das Bewußtsein und die Verantwortung für den Entsorgungsverlauf fördert und dadurch Rückkopplungseffekte ermöglicht und eine Konversion von Daseinsvorsorge in ein Lebenselixier und Herrschaftsmittel der Problemlöser vermeiden hilft. Dabei spielen Partizipation und Verantwortung eine wichtige Rolle, wobei neben qualitativen auch quantitative Partizipationseffekte zu beachten sind, was wiederum zu einer Hervorhebung gemeinschaftlicher und verbandsgestützter Erledigungsformen führt. Zur Abgrenzung und Sicherstellung „echter" Eigeninitiative eignen sich neben gesellschaftsrechtlichen Kriterien auch Haftungsvereinbarungen nach Art eines öffentlichrechtlichen Vertrags.

Der Schutz öffentlicher Einrichtungen und Strukturen orientiert sich nach dem Willen des Bundesgesetzgebers am Notwendigkeitsgedanken, so daß eine generelle Einschränkung förderungswürdiger Eigeninitiative sich letztlich als nicht erforderlich erweist.

Allerdings erfordert ein verantwortbarer Übergang zu einer am Notwendigkeitsgedanken orientierten öffentlichen Auffangstruktur eine Regulierung im Einzelfall. Diese wird durch die ebenfalls in § 13 I 2 KrW-/AbfG enthaltene Eingriffsklausel der „überwiegenden öffentlichen Interessen" ermöglicht. Die weitgehende generelle Zulässigkeit von Eigeninitiative gebietet dabei anspruchsvolle und abwägende Bewertungen mit wirtschaftlichem, planerisch-prognostischem Einschlag. Aus Gründen der dazu erforderlichen Kompetenz und Unvoreingenommenheit erweist sich ein Abwägungsverfahren als zweckmäßig, das einen Kompromiß zwischen vollständigem Beurteilungsspielraum der Behörden und vollständiger Nachprüfbarkeit durch die Gerichte darstellt und die gerichtliche Nachprüfung auf die Kompetenz der Behörde und die Schlüssigkeit und Unvoreingenommenheit ihrer Darlegungen konzentriert. Anregungen für derartig wirtschaftlich geprägte regulierungsähnliche Entscheidungen ergeben sich aus der Entscheidungspraxis zu § 13 IV PBefG.

Die Untersuchung des § 13 I 2 KrW-/AbfG erzeugt Sensibilität für den methodischen Umgang mit vagen und unbestimmten Rechtsbegriffen, insbesondere deren Ermöglichung bewertender und abwägender Betrachtungen. Beachtung verdient der Umstand, daß Typusbegriffe häufig, soweit der Gesetzesbefehl eine abschließende generelle Typisierung nicht verlangt, je nach Anforderung des Sachbereichs für prognostische, kautelarjuristische, planerisch-gestaltende und relativierende bzw. abwägende Wertbildung und Bewertung im Einzelfall offen sind. Es entsteht eine Annäherung hin zum Modell eines „beweglichen Systems", das auf Basis von Regeltypen in besonderen Fällen Abweichungen zuläßt und für die Förderung und Regulierung von Eigeninitiative ein geeigneter methodischer Ansatz ist.

Es gibt weitere Regelungsbereiche, die durch die neuen Leitgedanken des Bundesgesetzgebers geprägt sind und einen neuen Blickwinkel rechtfertigen. So führt die Auslegung des § 16 II NAbfG zu einem weitergehenden sprachlich-assoziativen Ansatz als bisher üblich. Der Begriff des „engen räumlichen und betrieblichen Zusammenhangs" wird als generalklauselartige Bewertungsermächtigung angesehen, die eine einzelfallbezogene Wertbildung und Regulierung nach Kriterien der räumlichen Nähe und der Haftung erlaubt. Dies führt dazu, daß in genereller Hinsicht auch hier der für § 13 I 2 KrW-/AbfG befürwortete weite Bereich der Eigenerledigung eröffnet ist. Darüber hinaus führt der neue Blickwinkel im Bereich der Andienungspflichten zu Erwägungen über lenkungsbezogene Eigeninitiative durch ein auf Verursacherbände gestütztes Andienungs- und Zuweisungssystem.

Auch die Auslegung des § 13 I 1 KrW-/AbfG führt zu weitergehenden Ansätzen als bisher üblich. So kann der Begriff „zur Verwertung in der Lage" lenkungsbezogene Eigeninitiative, namentlich verbandsgestützte Zuweisungssysteme, mit einbeziehen und als generalklauselartige Bewertungsermächtigung auch andere Formen kompetenter Lenkung berücksichtigen.

Der Abfallbereich liefert somit eine Reihe von Privilegierungsvarianten in Form
(1.) des strengen Eigenerledigungsmodells nach Art des § 16 II NAbfG,
(2.) des Regelmodells erledigungsbezogener Privilegierung nach Art des § 13 I 2 KrW-/AbfG und
(3.) des erweiterten Modells lenkungsbezogener Privilegierung nach Art des § 13 I 1 KrW-/AbfG, wobei
(4.) am Beispiel der Nichtregelung der Überlassung betrieblicher Verwertungsabfälle noch ein gänzlich offenes Modell geboten wird, das
(5.) wiederum nach Art der sog. Fluck´schen Lösung modifiziert werden kann.

Denkbar sind ferner neue Denkansätze im Rahmen der Reformdiskussion über die Zuordnung der Entsorgung von Mischabfällen. Sie führen dort zur Erwägung einer grundsätzlichen Überlassungspflicht bei weitgehender Möglichkeit zu gemeinschaftlicher Eigeninitiative unter Einbeziehung der Entsorgungswirtschaft. Dadurch könnte eine Entschärfung des Konflikts zwischen öffentlicher und privater Entsorgung eintreten.

Nebenbei inspirieren die gesetzgeberischen Leitgedanken zur Förderung von Eigeninitiative und Eigenverantwortung zur Annahme von Ermessensbeschränkungen zugunsten von Eigeninitiative bei der Pflichtenübertragung, insbesondere soweit „echte" Freiräume nicht bestehen oder man sie rechtlich nicht anerkennt.

Die Ergebnisse und Erkenntnisse aus der Untersuchung des Abfallrechts fügen sich in die Struktur und Kernaussagen des Subsidiaritätsprinzips sowie in die Forderungen der neueren Subsidiaritätsdiskussion ein. So entspricht die erarbeitete weitgehende Privilegierung von Eigenerledigung dem Vorrang der jeweils unteren Erledigungsebene. Die erarbeitete Form der Regulierung wird dem Assistenzgedanken und dem Gebot der verantwortungsvollen Rückverlagerung gerecht. Die besondere Ausrichtung von Privilegierung und Regulierung auf die Förderung „echter" Eigeninitiative kommt den Anliegen der Diskussion über dezentrale Steuerung nahe und entspricht auch dem Anliegen der idealistischen Diskussion über Selbsthilfe und Bürgergesellschaft.

Aus der Parallelität der abfallrechtlichen Erkenntnisse mit der Struktur und Diskussion des Subsidiaritätsprinzips entsteht eine wechselseitige Schubkraft. Zunächst erfährt die vorgenommene weite Auslegung im Abfallrecht durch eine solche Einbindung in den gesellschaftstheoretischen Kontext weitere Bestätigung. Darüber hinaus entsteht normative Schubkraft für eine Nutzbarmachung der Erkenntnisse in vergleichbaren Sach- und Regelungsbereichen, weil sich der Gesetzgeber in einem wichtigen Bereich der Daseinsvorsorge zu einer solchen Lösung entschlossen hat. Schließlich gewinnt auch das Subsidiaritätsprinzip selbst durch das praktische Beispiel seiner Umsetzung, ist es doch nicht mehr nur theoretisches Gebilde, sondern umgesetztes Programm.

Der im Abfallrecht konkretisierte Subsidiaritätsgrundsatz läßt sich als sozialpragmatische Klugheitsregel und teleologische Zweifelsregel in die Auslegung einbinden. Ihre methodische Wirkung liegt – je nach Intensität – darin, daß
(1.) ein subsidiaritätsorientiertes Vor- bzw. Hintergrundverständnis der Materie gefördert wird,
(2.) Lücken und Unschlüssigkeiten im gesetzgeberischen Willen geschlossen und ggf. vorsichtig korrigiert werden können,
(3.) die objektiv-teleologische Argumentationslast der öffentlichen Daseinsvorsorge auferlegt wird,
(4.) abfallrechtliche Maßstäbe und Regelungsmuster übernommen werden.
Das Subsidiaritätsprinzip wird auf diese Weise – dort, wo eine Vergleichbarkeit der Materie und Problemdiskussion dies nahelegt – zu einem vorsichtigen rechtsinternen Korrektiv gegenüber einer stetigen Tendenz zu Hochzonung und Entfremdung der Sorge für zentrale alltägliche Bedürfnisse.

Das Maß der Vergleichbarkeit des jeweiligen Sach- und Regelungsbereichs mit dem des Abfallrechts und damit die Intensität der soeben erörterten normativen Schubkraft richtet sich zunächst nach den Gemeinsamkeiten in der Regelungsstruktur, z.B. durch Erwähnung von Eigeninitiative und Verbandserledigung oder auch der Üblichkeit genossenschaftsähnlicher Erledigung. Sie richtet sich ferner nach den Gemeinsamkeiten in der Diskussion über die Probleme im Sachbereich, z.B. durch Klagen über Steuerungsprobleme mangels Rückkopplung und Problembewußtsein, über die Funktion des Problems als Lebenselixier der Problemlöser und über eine Konversion der Daseinsvorsorge in Herrschaftsmacht. Denkbar ist auch eine unmittelbare Rekurrierung auf die Aussagen des Subsidiaritätsgrundsatzes, soweit sich dies im jeweiligen Regelungsbereich möglich ist.

Die teleologische Zweifelsregel „Subsidiarität", durch das Abfallrecht konkretisiert, verspricht in diversen Sach- und Regelungsbereichen Effekte, die einer weiteren Untersuchung wert sind.

So eröffnen sich aufgrund eines hohen Maßes an Vergleichbarkeit hinsichtlich der rechtlichen Struktur und der praktischen Grundprobleme des Sach- bzw. Regelungsbereichs neue Perspektiven für die Auslegung im Abwasserrecht. Zum einen drängt die Schubkraft des abfallrechtlichen Subsidiaritätsgedankens nach erweiterten Möglichkeiten zur satzungsmäßigen Aufgabenübertragung an private Selbstverwaltungsinitiativen. Zum anderen drängt sie zu einer geänderten Auffassung über die Argumentationslast und die Gewährleistung von Kompetenz und Unvoreingenommenheit im Verfahren über die Anordnung des Anschluß- und Benutzungszwangs.

Dadurch wiederum entsteht eine Schubkraft des abfallrechtlichen Subsidiaritätsgedankens in andere Anwendungsbereiche des § 8 Nr.2 NGO hinein, namentlich die Straßenreinigung, Wasserversorgung und Fernwärmeversorgung, und in weitere umlagefinanzierte Tätigkeitsfelder, wie z.B. die nach Baugesetzbuch oder Kommunalabgabengesetz umlagepflichtige Erschließung. Sie führt insgesamt zur Frage, ob nicht generell vor Anordnung umlagepflichtiger Maßnahmen den Bürgern die Möglichkeit und Chance zur gemeinschaftlichen Eigeninitiative zu geben und dazu dann ggf. subsidiäre Assistenz zu leisten ist.

Neue Horizonte eröffnen sich schließlich für haushaltsfinanzierte Versorgungsbereiche, in denen meist – wie im Abfallbereich – Besorgnisse hinsichtlich einer fehlenden Rückkopplung, einer Funktionalisierung des Problems als Lebenselixier der Problemlöser und einer Konversion der Daseinsvorsorge in gesellschaftliche Macht eine Rolle spielen. Gemeint sind die Bereiche Kindergarten, Schule, Pflegeheime, Wohlfahrt und Sozialhilfe, aber auch andere Einrichtungen. Eine Förderung von Eigeninitiative entsteht in diesen Tätigkeitsfeldern allerdings nicht allein durch Einräumung von Erledigungsmöglichkeiten, sondern bedarf der aktiven Förderung durch privilegierende Umschichtung von Haushaltsmitteln. Insgesamt entsteht eine neo-(privat-) kommunale Vision einer weitgehenden Ersetzung innerlich und faktisch verstaatlichter Kommunen durch privatrechtliche Zusammenschlüsse aus Bürgern und Problembetroffenen, ggf. in Kooperation mit privaten Dienstleistungsbetrieben („citizen-private-partnership").

Aus den abfallrechtlichen Erkenntnissen, dem Subsidiaritätsprinzip und deren gemeinsamer normativer Schubkraft im Rahmen von Lücken und Unschlüssigkeiten in der gesetzgeberischen Wert- und Regelungsbildung ließ sich ein allgemeiner Argumentationsleitfaden für die Förderung und Regulierung gemeinschaftlicher Eigeninitiative entwickeln, der als Ansatz einer Typologie der Eigeninitiative ggf. die weitere Befassung mit der Thematik erleichtert.

Es ergeben sich eine Vielzahl von Anregungen für die Privilegierung und Abgrenzung bestimmter Organisationsformen, für die Beachtung eines Regelbereichs zulässiger Eigeninitiative, für eine Erweiterung der faktischen Betroffenheit und Haftung wichtiger Akteure, für die öffentliche Reservegewährleistung und eine entsprechende Reserveplanung, für die Bewertung von Schutzinteressen bestehender Einrichtungen, für ein geeignetes Regulierungsverfahren und für die juristische Umsetzung in vielen Bereichen der Daseinsvorsorge unter Zuhilfenahme eines bürgerorientierten Subsidiaritätsgrundsatzes.

In der Gesamtschau hat sich der in dieser Untersuchung unternommene Versuch,
- dem Kreislaufwirtschafts- und Abfallgesetz Musternormen für die Förderung gemeinschaftlicher Eigeninitiative zu entnehmen,
- daraus – unter Zuhilfenahme des Subsidiaritätsprinzips – eine normative Schubkraft auch für andere Bereiche abzuleiten und
- den so entstehenden bürgerorientierten Subsidiaritätsgedanken in methodisch vertretbarer Weise für die Auslegung von Zuordnungsnormen nutzbar zu machen,

zwar als anspruchsvolles aber gleichwohl machbares Unterfangen erwiesen, das eine Vielzahl von Anregungen und Anknüpfungspunkten für weitere Untersuchungen bietet. So stellt sich in allen Bereichen der Daseinsvorsorge die Frage nach der rechtlichen Zulässigkeit und Förderung gemeinschaftlicher bürgerlicher Eigeninitiative und der Übertragbarkeit abfallrechtlicher Maßstäbe und Regelungsmuster.

Literaturverzeichnis

Arndt, Hans Wolfgang, Kreislaufwirtschaft und kommunale Entsorgung – Zur Rechtsstellung der Kommunen und ihrer Wirtschaftsunternehmen im System des Kreislaufwirtschafts- und Abfallgesetzes, Beiträge zur kommunalen Versorgungswirtschaft, Heft 87, Verband kommunaler Unternehmen (Hrsg.), Köln 1986

Arndt, Hans Wolfgang/Walter Christine, Zur Verteilung der Abfallentsorgung zwischen Verursacher, öffentlich-rechtlichem Entsorgungsträger, privatem Dritten und Verbänden, WiVerw 1997, 183 ff.

Arzt, Clemens, Neuordnung der Überlassungs- und Entsorgungspflichten, in: Hartmut Gaßner/Andreas Versmann (Hrsg.), Neuordnung kommunaler Aufgaben im Kreislaufwirtschafts- und Abfallgesetz, Abfallwirtschaft in Forschung und Praxis Band 82, Berlin 1996

Asam, Walter H., Subsidiarität durch Selbsthilfe, in: Walter H. Asam/Michael Heck (Hrsg.), Subsidiarität und Selbsthilfe, München 1985

Backes, Christoph, Das neue Abfallgesetz des Bundes und seine Entstehung, DVBl. 1987, 333 ff.

Bacher, Urban W., Genossenschaften als demokratische (und moderne) Unternehmensform, ZfgG 43 (1993), 127 ff.

Baer, Susanne, Der Handlungsbedarf für eine bürgerschaftliches Engagement fördernde Verwaltungsreform, in: Enquete-Kommission Zukunft des bürgerschaftlichen Engagements, Bürgerschaftliches Engagement und Zivilgesellschaft, Schriftenreihe Bd. 1, Opladen 2002, S. 167 ff.

Bartram, Berit/Schade, Rainer, Andienungs- und Überlassungspflichten contra Eigenverantwortung, UPR 1995, 253 ff.

Baum, Heinz-Georg/Cantner Jochen, Regulierung versus Deregulierung der Siedlungsabfallwirtschaft – 10 Thesen – Bayerisches Institut für Abfallforschung -Texte Nr. 8, Augsburg 1998

Baum, Heinz-Georg/Wagner, Jürgen M., Privatisierung versus Kommunalisierung der Abfallwirtschaft, Müll und Abfall 2000, 1. Teil: 330 ff., 2. Teil: 400 ff.

Baumgartner, Alois: „Jede Gesellschaftstätigkeit ist ihrem Wesen nach subsidiär". Zur anthropologischen und theologischen Begründung der Subsidiarität, in: Knut Wolfgang Nörr/Thomas Oppermann (Hrsg.), Subsidiarität: Idee und Wirklichkeit, Tübingen 1997

Beckmann, Martin/Kersting, Andreas, Von der öffentlichen Daseinsvorsorge zur privaten Kreislaufwirtschaft – Zur Ausgestaltung der Überlassungspflichten in § 13 KrW-/AbfG, BB 1997, 161 ff.

Bellefontaine, Klemens, Abwasserbeseitigung nach dem Niedersächsischen Betreibermodell, GHH 1988, 265 ff.

Bergjohann, Carsten, Die Entsorgungssicherheit nach der Entsorgungsordnung des Kreislaufwirtschafts- und Abfallgesetzes, Bochum 1999

Bergmüller, Reinhard, Die Neuordnung des Abfallrechts durch das Gesetz über die Vermeidung und Entsorgung von Abfällen (Abfallgesetz – AbfG) vom 27. August 1986, BayVBl. 1987, 193 ff.

Bienroth, Silke/Schneider, Hannelore, Gewerbe ohne Müll?, Müllmagazin 2000, Heft 3, 75 ff.

Bierbaum, Heinz/Riege, Marlo, Selbsthilfe, Genossenschaften, Vergesellschaftung, Der Beitrag von Selbsthilfe und neuen Genossenschaften für gesellschaftliche Reformpolitik, Hamburg 1988

Birn, Helmut, Kreislaufwirtschafts- und Abfallgesetz in der betrieblichen Praxis, Augsburg 1995

Bönning, Christina, Der Begriff der „eigenen Anlage" im Sinne von § 13 Abs.1 S.2 KrW-/AbfG, UPR 1998, 371 ff.

Bonberg, Wolfgang/Kiefer, Günther, Private Verantwortung macht frei – oder: Wie viel Staat verträgt die Abfallwirtschaft?, UPR 2001, 381 ff.

Bongen, Martina, Das Kreislaufwirtschafts- und Abfallgesetz – Eine neue Ära im Abfallrecht, WiB 1996, 13 ff.

Bree, Axel, Die Privatisierung der Abfallentsorgung nach dem Kreislaufwirtschafts- und Abfallgesetz, Abfallwirtschaft in Forschung und Praxis 104, Berlin 1998

Buchstein, Hubertus, Bürgergesellschaft und Bürgerkompetenzen, in: Gotthard Breit/Peter Massing(Hrsg.), Bürgergesellschaft-Zivilgesellschaft-Dritter Sektor, Schwalbach 2000, S.8 ff.

Bundesministerium des Innern(Hrsg.), Moderner Staat – moderne Verwaltung: Wegweiser Bürgergesellschaft, Berlin 2002.

Bungenstock, Wilfried, Genossenschaftliche Selbsthilfe – eine Antwort auf die Überforderung der öffentlichen Hand, in: Agrarrecht 1997, S. 347 ff.

Bydlinski, Franz, Fundamentale Rechtsgrundsätze, Wien 1988

Bydlinski, Franz, Juristische Methodenlehre und Rechtsbegriff, 2. Auflage, Wien 1991

Cancik, Pascale, Das Sortieren von Abfallgemischen und die Unterscheidung von „Verwertung – Beseitigung" nach dem Kreislaufwirtschafts- und Abfallgesetz, BayVBl. 2000, 711 ff.

Creifelds, Carl (Begründer)/Weber, Klaus (Hrsg.), Rechtswörterbuch, 15. Auflage, München 1999

Cronauge, Ulrich, Kommunale Unternehmen, Eigenbetriebe – Kapitalgesellschaften – Zweckverbände, Finanzwesen der Gemeinden Band 3, 2. Auflage, Berlin 1995

Czychowski, Manfred, Wasserhaushaltsgesetz, Kommentar, 7. Auflage, 1998

Diekmann, Martin, Die Abgrenzung zwischen Abfallbeseitigung und Abfallverwertung – Eine Bewertung der Rechtsprechung zu Mischabfällen, ZUR Sonderheft 2000, 70 ff.

Di Fabio, Udo, Das Kooperationsprinzip – ein allgemeiner Rechtsgrundsatz des Umweltrechts, in: Peter M. Huber (Hrsg.), Das Kooperationsprinzip im Umweltrecht, Berlin 1999

Döring, Thomas, Subsidiarität und Umweltpolitik in der Europäischen Union, Marburg 1997

Dolde, Klaus-Peter/Vetter, Andrea, Beseitigung und Verwertung nach dem Kreislaufwirtschafts- und Abfallgesetz, NVwZ 2000, 21 ff.

Doose, Ulrich, Die Verwertung von Haushaltsabfällen durch Dritte – Zulässigkeit im Rahmen des Kreislaufwirtschafts- und Abfallgesetzes, Der Städtetag 1997, 234 ff.

Eichel, Hans, Ende des Staates – Anfang der Bürgergesellschaft: über die Zukunft der sozialen Demokratie in zeiten der Globalisierung, Hamburg 1999.

Engelhardt, Werner W., Die Genossenschaft als Alternative zur Privatisierung?, in: Helmut Brede (Hrsg.), Privatisierung und die Zukunft der öffentlichen Wirtschaft, Schriftenreihe der Gesellschaft für öffentliche Wirtschaft und Gemeinwirtschaft Heft 29, Baden-Baden 1988, S. 289 ff.

Engisch, Karl, Einführung in das juristische Denken, 9. Auflage, Stuttgart 1997

Enquete-Kommission „Zukunft des Bürgerschaftlichen Engagements" Deutscher Bundestag, Bericht – Bürgerschaftliches Engagement: auf dem Weg in eine zukunftsfähige Bürgergesellschaft, Schriftenreihe Bd. 4, Opladen 2002.

Erbguth, Wilfried, Die Abfallwirtschaftsplanung, Rostocker Schriften zum Seerecht und Umweltrecht 5, Baden-Baden 1997

Erichsen, Hans-Uwe/Martens, Wolfgang (Hrsg.), Allgemeines Verwaltungsrecht, 11. Auflage, Berlin 1998

Esser, Josef, Grundsatz und Norm in der richterlichen Fortbildung des Privatrechts, 2. Auflage, Tübingen 1964

Esser, Josef, Vorverständnis und Methodenwahl in der Rechtsfindung, Paderborn 1972.

Fehl, Ulrich, Subsidiarität und Genossenschaften im Wettbewerbszusammenhang, in: Wolfgang J. Mückl (Hrsg.), Subsidiarität – Gestaltungsprinzip für eine freiheitliche Ordnung in Staat, Wirtschaft und Gesellschaft, München 1999

Fettig, Wolfgang/Späth, Lothar (Hrsg.), Privatisierung öffentlicher Aufgaben, Baden-Baden 1997

Fikentscher, Wolfgang, Methoden des Rechts in vergleichender Darstellung,
Band II – Anglo-amerikanischer Rechtskreis, Tübingen 1975,
Band III – Mitteleuropäischer Rechtskreis, Tübingen 1976,
Band IV – Dogmatischer Teil, Tübingen 1977.

Fluck, Jürgen, Das Kooperationsprinzip im Kreislaufwirtschafts- und Abfallrecht, UPR 2000, 281 ff.

Fluck, Jürgen (Hrsg.), Kreislaufwirtschafts-, Abfall- und Bodenschutzrecht, Band 1: Kommentar, Heidelberg 1995, Stand: 34. Ergänzungslieferung Februar 2002

Forsthoff, Ernst, Die Verwaltung als Leistungsträger, Stuttgart 1938

Forsthoff, Ernst, Die Daseinsvorsorge und die Kommunen – Ein Vortrag, Köln 1958

Franz, Georg, Private Abwasserbeseitigung als Übergangslösung, NWVBl. 2002, 51 ff.

Frenz, Walter, Kreislaufwirtschafts- und Abfallgesetz, Kommentar, 2. Auflage, Köln 1998

Frenz, Walter, Das Verursacherprinzip im Öffentlichen Recht, Berlin 1997

Fuchs, Ernst, Juristischer Kulturkampf, Karlsruhe 1912

Gaßner, Hartmut/Willand, Achim/Pippke, Nicole, Gutachten: Vereinbarkeit einer Neuordnung der abfallrechtlichen Überlassungspflichten mit dem EG-Recht, im Auftrag Umweltministerien der Länder Baden-Württemberg, Rheinlandpfalz, Nordrhein-Westfalen, 2000

Glagow, Manfred, Zur Delegation staatlicher Aufgaben im Umweltschutz an Selbstverwaltungskörperschaften: Die verordnete Selbststeuerung, in: Manfred Glagow (Hrsg.), Gesellschaftssteuerung zwischen Korporatismus und Subsidiarität, Bielefeld 1984, S. 115 ff.

Glück, Alois, Verantwortung übernehmen: mit der aktiven Bürgergesellschaft wird Deutschland leistungsfähiger und menschlicher, Stuttgart 2001.

Gruneberg, Ralf, Vorteile kommunaler Organisationsformen in der Abwasserbeseitigung, GHH 1998, 80 ff.
Haupt, Johann-Albrecht/ Rohde, Erich/ Reffken, Hermann, Niedersächsisches Wassergesetz (NWG), Kommentar, Wiesbaden 1990, Stand 08. 2001
Hauptmeyer, Carl-Hans, Einleitung, in: in: Gerhard Henkel (Hrsg.), Kommunale Gebietsreform und Autonomie im ländlichen Raum, Vorträge und Ergebnisse des Dorfsymposiums in Bleiwäsche vom 12./13. Mai 1986, Paderborn 1986
Heidenescher, Mathias, Haftungskollektive und Risikoprävention: Genossenschaften im Lichte technisch-ökologischer Vorsorge, ZfgG 51 (2001), 3 ff.
Heinze, Rolf G., „Neue Subsidiarität" – Zum soziologischen und politischen Gehalt eines aktuellen sozialpolitischen Konzepts, in: Rolf G. Heinze (Hrsg.), Neue Subsidiarität: Leitidee für eine zukünftige Sozialpolitik, Opladen 1985
Hellermann, Johannes, Örtliche Daseinsvorsorge und gemeindliche Selbstverwaltung: zum kommunalen Betätigungs- und Gestaltungsspielraum unter den Bedingungen europäischer und staatlicher Deregulierungspolitik, Tübingen 2000
Henkel, Heinrich, Einführung in die Rechtsphilosophie, 2. Auflage, München 1977
Hettlage, Robert, Partizipationsmodelle und -restriktionen in selbstverwalteten Betrieben, in: ZögU 1988, Beiheft 10, 59 ff.
Höffe, Ortfried, Subsidiarität als staatsphilosophisches Prinzip, in: Knut Wolfgang Nörr/Thomas Oppermann (Hrsg.), Subsidiarität: Idee und Wirklichkeit, Tübingen 1997
Höland, Armin, Rechtsformen und selbstverwaltete Betriebe – falsche Kleider machen falsche Leute, in: ZögU 1998, Beiheft 10, 98 ff.
Hölscher, Frank, Öffentliche und private Abfallentsorgung, Ihre Stellung nach dem Abfallgesetz und dem Kreislaufwirtschafts- und Abfallgesetz, ZfU 1995, 176 ff.
Hoffmann-Riem, Ökologisch orientiertes Verwaltungsverfahrensrecht – Vorklärungen, AöR 119 (1994), 590 ff.
Honert, Siegfried/ Rüttgers, Jürgen/ Sanden, Joachim, Landeswassergesetz Nordrhein-Westfalen, Kommentar, 4. Auflage, Köln 1996
Isensee, Josef, Subsidiaritätsprinzip und Verfassung – Eine Studie über das Regulativ des Verhältnisses von Staat und Gesellschaft, Berlin 1968
Jäger, Stefan/Martens, Uwe, Stärkung der privaten Entsorgungswirtschaft – Im Streit um die Überlassung von vermischten Gewerbeabfällen entschied das Bundesverwaltungsgericht zu Gunsten der privaten Entsorgungsfirmen, Müllmagazin 2000, Heft 3, 80 ff.
Jarass, Hans D., Bundes-Immissionsschutzgesetz (BImSchG), 3.Auflage, München 1995
Jarass, Hans D., Regelungsspielräume des Landesgesetzgebers im Bereich der konkurrierenden Gesetzgebung und in anderen Bereichen, NVwZ 1996, 1041 ff.
Jarass, Hans D./Ruchay, Dietrich/Weidemann, Clemens, Kreislaufwirtschafts- und Abfallgesetz, Kommentar, München 1997
Jungnickel, Sebastian/Bree, Axel, Wann ist eine Anlage „eigen" im Sinne des § 13 Abs.1 S.2 KrW-/AbfG?, UPR 1996, 297 ff.
Kahl, Wolfgang, Die Privatisierung der Entsorgung nach dem Kreislaufwirtschafts- und Abfallgesetz, DVBl. 1995, 1327 ff.
Kaufmann, Arthur/Hassemer,Winfried, Einführung in die Rechtsphilosophie und Rechtstheorie der Gegenwart, 6. Auflage, München 1994

Kern, Michael/Frohne, Rainer/Wiemer, Klaus, Zukunft gewerblicher Abfallströme – selektive Abfallströme in Konkurrenz zwischen Kommune und Privatwirtschaft, in: Kreislaufwirtschaft zwischen Realität und Utopie – Möglichkeiten und Grenzen des kommunalen und betrieblichen Abfallmanagements, Büro für Umweltpädagogik Media, Sehnde 1995, 111 ff.

Kersting, Andreas, Die Abgrenzung zwischen Abfall und Wirtschaftsgut, Düsseldorf 1992

Kibele, Karlheinz, Grüntschig – oder: Der 3. Senat des BVerwG zur Qualifizierung von gewerblichen Abfallgemischen, NVwZ 2001, 42 ff.

Kix, Wolfgang/Nernheim, Klaus-Michael/Wendenburg, Helge, Niedersächsisches Abfallgesetz, Kommentar, Wiesbaden 1996, Stand 07. 1996

Klages, Christoph, Praktisch bedeutsame Entwicklungen im Abfallrecht einschließlich des Abfallgebührenrechts, ZfW 2001, 1 ff.

Klein, Hans H., Richterrecht und Gesetzesrecht – Ein Beitrag zum richterlichen Selbstverständnis, DRiZ 1972, 333 ff.

Klöck, Oliver, Die Verwertung von Hausmüll nach dem KrW-/AbfG, NUR 1999, 441 ff.

Klöck, Oliver, Quo vadis Abfall: Daseinsvorsorge durch mehr Staat oder Wirtschaft – Bericht über die 10. Kölner Abfalltage –, UPR 2002, 61 ff.

Knack, Hans-Joachim (Begründer), Verwaltungsverfahrensgesetz (VwVerfG), Kommentar, 4. Auflage, Köln 1994

Koch, Hans-Joachim, Unbestimmte Rechtsbegriffe und Ermessensermächtigungen im Verwaltungsrecht, Frankfurt/M. 1979

Koch, Hans-Joachim/Rüßmann, Helmut, Juristische Begründungslehre – Eine Einführung in Grundprobleme der Rechtswissenschaft, München 1982

Koch, Roland (Hrsg.), Aktive Bürgergesellschaft, München 1998

Köbler, Gerhard, Juristisches Wörterbuch, 8. Auflage, München 1986

Kopp, Ferdinand O. (Begründer)/Ramsauer, Ulrich, Verwaltungsverfahrensgesetz, Kommentar, München 2000

Kopytziok, Norbert, Neuer Ansatz notwendig, Müllmagazin, 2001, Heft 3, 55 ff.

Koslowski, Peter, Subsidiarität als Prinzip der Koordination der Gesellschaft, in: Knut Wolfgang Nörr/Thomas Oppermann (Hrsg.), Subsidiarität: Idee und Wirklichkeit, Tübingen 1997

Krahnefeld, Lutz, Die Auswirkungen des KrW-/AbfG auf die Entsorgungsmöglichkeiten der privaten Entsorgungswirtschaft, in: Kreislaufwirtschaft zwischen Realität und Utopie – Möglichkeiten und Grenzen des kommunalen und betrieblichen Abfallmanagements, Büro für Umweltpädagogik Media, Sehnde 1995, 51 ff.

Krahnefeld, Lutz, Die abfallrechtlichen Entsorgungspflichten – Eine vergleichende Betrachtung der Regelungen über die Entsorgungspflicht des Abfallgesetzes und des neuen Kreislaufwirtschafts- und Abfallgesetzes –, NUR 1996, 269 ff.

Kramer, Ernst A., Der Kampf um die Rechtswissenschaft, ZRP 1970, 82 ff.

Krautzberger, Michael, in: Ulrich Battis/Michael Krautzberger/Rolf-Peter Löhr, Baugesetzbuch – BauGB –, 6. Auflage, München 1998

Kreuzer, Klaus, Mehr Planungssicherheit für Kommunen, Müllmagazin 2000, Heft 4, 48 f.

Kriele, Martin, Recht und praktische Vernunft, 1979

Kunig, Philipp/Paetow, Stefan/Versteyl, Ludger Anselm (Hrsg.), Kreislaufwirtschafts- und Abfallgesetz, Kommentar, München 1998

Küppers, Peter/Wollny, Volkrad, Thesenpapier: Zukunft der Abfallwirtschaftspolitik, Müllmagazin 1999, Heft 1, 60 ff.

Lange, Klaus, Zur Zulässigkeit gewerblicher Sammlung und Verwertung von Altpapier, Gew-Arch 1996/97, 217 ff.

Larenz, Karl, Richtiges Recht – Grundzüge einer Rechtsethik, München 1979.

Larenz, Karl, Methodenlehre der Rechtswissenschaft, 6. Auflage, Berlin 1991

Larenz, Karl/Canaris Claus-Wilhelm, Methodenlehre der Rechtswissenschaft, 3. Auflage, 1995

Lecheler, Helmut, Das Subsidiaritätsprinzip: Strukturprinzip einer europäischen Union, Berlin 1993

Lösch, Achim v., Privatisierung öffentlicher Unternehmen – Ein Überblick über die Argumente, Schriftenreihe der Gesellschaft für öffentliche Wirtschaft und Gemeinwirtschaft Heft 23, Baden-Baden 1983

Lösch, Achim v., Die selbstverwalteten Betriebe in Deutschland, in:, ZögU1988, Beiheft 10, 4 ff.

Loschelders, Dirk/Roth, Wolfgang, Juristische Methodik im Prozeß der Rechtsanwendung, Schriften zur Rechtstheorie Heft 176, Berlin 1996

Lühe, v.d., Christian/Werner, Arne, Zur Wirksamkeit bestehender Andienungspflichten für besonders überwachungsbedürftige Abfälle zur Verwertung und Beseitigung im Lichte der neuen Rechtsprechung des BVerwG, NVwZ 2000, 1126 ff.

Lüke, Olaf, Chancen für Genossenschaften im Zuge der Privatisierung, Münsterische Schriften zur Kooperation Band 49, Aachen 2001

Meins, Jürgen W., Das neue Kreislaufwirtschafts- und Abfallgesetz, BayVbl. 1997, 66 ff.

Metzmann, Xandra, Ein Rückfall in alte Zeiten? Die Vorschläge der Umweltministerkonferenz zur Änderung des Kreislaufwirtschafts- und Abfallgesetzes, Müllmagazin 2000, Heft 4, 50 ff.

Meyer, Jürgen, Das Pferdemisturteil des VGH Mannheim und die dezentrale Verwertung im Abfallrecht, UPR 2000, 135 f.

Michale, Walter, Motive und Schritte zur Rückgewinnung dörflicher Autonomie, Erfahrungen der Gemeinde Horgau, in: Gerhard Henkel (Hrsg.), Kommunale Gebietsreform und Autonomie im ländlichen Raum, Vorträge und Ergebnisse des Dorfsymposiums in Bleiwäsche vom 12./13. Mai 1986, Paderborn 1986

Moench, Dietmar, Die methodologischen Bestrebungen der Freirechtsbewegung auf dem Wege zur Methodenlehre der Gegenwart, Frankfurt/M. 1971

Moersch, Wolfram, Leistungsfähigkeit und Grenzen des Subsidiaritätsprinzips: eine rechtsdogmatische und rechtspolitische Studie, Berlin 2001

Mroß, Dieter/Hoffmann, Wolfgang, Die Überwachung und Lenkung „besonders überwachungsbedürftiger" Abfälle, Teil 1: Welche Rechtsgebiete sind betroffen?, Müll und Abfall 1999, 736 ff.

Müggenborg, Hans-Jürgen, Abfallerzeuger und Abfallbesitzer, NVwZ 1998, 1121 ff.

Müller, Friedrich, Juristische Methodik, 7. Auflage, Berlin 1997

Nörr, Knut Wolfgang, Subsidiarität, privatrechtstheoretisch betrachtet, in: Knut Wolfgang Nörr/Thomas Oppermann (Hrsg.), Subsidiarität: Idee und Wirklichkeit, Tübingen 1997

Novy, Klaus, Renaissance der Genossenschaften – Realismus oder Utopie?, in: Werner w. Engelhardt/Theo Thiemeyer (Hrsg.), Genossenschaft – quo vadis?, Eine neue Anthologie, Beiheft 11 zur ZögU, Baden-Baden 1988, S. 102 ff.

Oertel, Klaus, Die Unabhängigkeit der Regulierungsbehörde nach §§ 66 ff. TKG, Schriften zum Öffentlichen Recht Band 818, Berlin 2000

Olk, Thomas, Sozialstaat und Bürgergesellschaft, in: Thomas Olk/Rolf G. Heinze, Bürgerengagement in Deutschland, Opladen 2001

Oppermann, Thomas, Subsidiarität im Sinne des deutschen Grundgesetzes, in: Knut Wolfgang Nörr/Thomas Oppermann (Hrsg.), Subsidiarität: Idee und Wirklichkeit, Tübingen 1997

Ossenbühl, Fritz, Vom unbestimmten Gesetzesbegriff zur letztverbindlichen Verwaltungsentscheidung, DVBl. 1974, 309 ff.

Ossenbühl, Fritz, Zur Kompetenz der Länder für ergänzende abfallrechtliche Regelungen, DVBl. 1996, 19 ff.

Paschlau, Helmut, Neuordnung der „Abfall-Zuständigkeiten" in deutschem und europäischen Recht: Liberalisierung durch die Hintertür, Müll und Abfall 2002, 78 ff.

Peine, Franz-Joseph, Organisation und Finanzierung der Sonderabfallentsorgung – neuere Entwicklungen, UPR 1996, 161 ff.

Peine, Franz-Joseph, Grenzen der Privatisierung – verwaltungsrechtliche Aspekte, DÖV 1997, 353 ff.

Petersen, Frank, Kreislaufwirtschafts- und Abfallgesetz – quo vadis? – Das Abfallrecht zwischen Bestandsschutz und Fortentwicklung, NVwZ 1998, 1113 ff.

Petersen, Frank/Faber, Malte/Herrmann, Beate, Vom „Müllnotstand" zum „Müllmangel" – Die neuere Entwicklung in der deutschen Abfallwirtschaft, Müll und Abfall 1999, 537 ff.

Petersen, Frank/Rid, Urban, Das neue Kreislaufwirtschafts- und Abfallgesetz, NJW 1995, 7 ff.

Petersen, Volkert, Umweltrecht, Landesrecht Niedersachsen, Baden-Baden 1999

Pieper, Siegmund, Staatsmonopole im Wandel, VR 1996, 12 ff.

Pippke, Nicole, Öffentliche und private Abfallentsorgung, Die Privatisierung der Abfallwirtschaft nach dem Kreislaufwirtschafts- und Abfallgesetz, Schriften zum Umweltrecht Band 92, Berlin 1999

Pfundt, Birte Susanne, Abfallentsorgung zwischen Wettbewerb und hoheitlicher Lenkung – Sondertagung des Instituts für Umwelt- und Technikrecht am 4. und 5. März in Trier, DVBl. 2001, 1041 ff.

Pieper, Stefan Ulrich, Subsidiarität: Ein Beitrag zur Begrenzung der Gemeinschaftskompetenzen, Köln 1994

Queitsch, Peter, Das neue Kreislaufwirtschafts- und Abfallgesetz (KrW-/AbfG), UPR 1995, 412 ff.

Queitsch, Peter, Kreislaufwirtschafts- und Abfallgesetz – Systematische Darstellung, 2. Auflage, Köln 1999

Queitsch, Peter, Gibt es noch „Abfälle zur Beseitigung" nach dem Kreislaufwirtschafts- und Abfallgesetz?, UPR 2000, 1 ff.

Rapsch, Arnulf, Wasserverbandsrecht, Praxis des Verwaltungsrechts Heft 7, München 1993

Reese, Moritz, Entwicklungslinien des Abfallrechts, ZUR Sonderheft 2000, 57 ff.

Reese, Moritz, Das Kooperationsprinzip im Abfallrecht, ZUR 2001, 14 ff.

Reese, Moritz/Schütte, Peter, Die abfallrechtliche Verantwortung des Abfallerzeugers, ZUR 1999, 136 ff.

Reker, Gudrun, Streit um den Abfall, Müllmagazin 1999, Heft 3 74 ff.

Riebschläger, Klaus, Die Freirechtsbewegung – Zur Entwicklung einer soziologischen Rechtsschule, Berlin 1968

Rose, Gerd/Glorius-Rose, Cornelia, Unternehmensformen und Verbindungen, 2. Auflage, Köln 1995

Rosskopf, Christian, Der Genossenschaftsgedanke im „funktionalen Staat" – Beitrag zu einem politischen Entwurf, ZfgG 50 (2000), S. 102 ff.

Rühl, Christiane, Die Durchsetzung der Abfallüberlassungspflichten nach dem Urteil des BVerwG vom 15.6.2000, NUR 2001, 671 ff.

Sachße, Christoph, Traditionslinien bürgergesellschaftlichen Engagements, in: Enquete-Kommission Zukunft des bürgerschaftlichen Engagements, Bürgerschaftliches Engagement und Zivilgesellschaft, Schriftenreihe Bd. 1, Opladen 2002, S. 24 ff.

Sander, Eberhard/Rosenzweig, Klaus, Wasserrecht – Abwasserrecht, Management, Recht und Umwelt Band 1, Berlin 1999

Scheidemann, Dieter, Der Begriff Daseinsvorsorge: Ursprung, Funktion und Wandlungen der Konzeption Ernst Forsthoffs, Göttingen 1991

Schimank, Uwe/Glagow, Manfred, Formen politischer Steuerung: Etatismus, Subsidiarität, Delegation und Neokorporatismus, in: Manfred Glagow (Hrsg.), Gesellschaftssteuerung zwischen Korporatismus und Subsidiarität, Bielefeld 1984, S. 4 ff.

Schimanke, Dieter, Prozeß und Auswirkungen der kommunalen Gebietsreform und Funktionalreform für die Kommunen im ländlichen Raum, in: Gerhard Henkel (Hrsg.), Kommunale Gebietsreform und Autonomie im ländlichen Raum, Vorträge und Ergebnisse des Dorfsymposiums in Bleiwäsche vom 12./13. Mai 1986, Paderborn 1986

Schink, Alexander, Auswirkungen des Kreislaufwirtschafts- und Abfallgesetzes auf die Entsorgungsstrukturen, DÖV 1995, 881 ff.

Schink, Alexander, Von den Schwierigkeiten der Kommunen mit dem Kreislaufwirtschafts- und Abfallgesetz, ZG 1996, 97 ff.

Schink, Alexander, Öffentliche und private Entsorgung, NVwZ 1997, 435 ff.

Schmalz, Dieter, Methodenlehre für das juristische Studium, 3. Auflage, Baden-Baden 1992

Schmidt-Jortzig, Edzard/Schink, Alexander, Subsidiarität und Kommunalordnung, Köln 1982

Schmidtmann, Jens M./Lönnies, Frank, Kritische Anmerkungen zum Kreislaufwirtschafts- und Abfallgesetz aus juristisch-volkswirtschaftlicher Sicht, VR, 1997, 3 ff.

Schuppert, Gunnar Folke, Selbstverwaltung, Selbststeuerung, Selbstorganisation – Zur Begrifflichkeit einer Wiederbelebung des Subsidiaritätsgedankens, AöR 114 (1989), 127 ff.

Schuppert, Gunnar Folke, Staatsaufsicht im Wandel, DÖV 1998, 831 ff.

Schuppert, Gunnar Folke, in: Aktivierender Staat und Zivilgesellschaft – zwei Seiten einer Medaille?, in: Enquete-Kommission Zukunft des bürgerschaftlichen Engagements, Bürgerschaftliches Engagement und Zivilgesellschaft, Schriftenreihe Bd. 1, Opladen 2002, S. 186 ff.

Schwermer, Gerfried, in: Philip Kunig/Ludger-Anselm Versteyl/Gerfried Schwermer, Abfallgesetz, Kommentar, 2. Auflage, München 1992

Seele, Günter, Die Privatisierung kommunaler Dienste und Leistungen, NdsVBl. 1995, 217 ff.

Söllner, Alfred, Der Richter als Ersatzgesetzgeber, Zeitschrift für Gesetzgebung 1995, 1 ff.

Simonis, Heide, Kein Blatt vorm Mund: für eine aktive Bürgergesellschaft, Hamburg 1997.

Sircar, Robin/Ewert, Ferenc/Bohn, Ulrich, Gut gerüstet – Die neue Gewerbeabfallverordnung eröffnet vielfältige Konzepte zur Erfassung, Vorbehandlung und Verwertung gewerblicher Siedlungsabfälle, Müllmagazin 2002, Heft 1, 16 ff.

Spieker, Manfred, Herrschaft und Subsidiarität: Die Rolle der Zivilgesellschaft, in: Wolfgang J. Mückl (Hrsg.), Subsidiarität – Gestaltungsprinzip für eine freiheitliche Ordnung in Staat, Wirtschaft und Gesellschaft, München 1999

Steinmetz, Christiane, Aktuelle Rechtsprechung zum Abfallrecht und ihre Auswirkungen auf die kommunale Praxis, Stadt und Gemeinde, 9/98 21 ff.

Stede, Birgit/Wittmann, Dieter, Perspektiven der Kommunen im Entsorgungsmarkt – Tagungsbericht, Müll und Abfall 2001, 538 ff.

Struck, Gerhard, Topische Jurisprudenz – Argument und Gemeinplatz in der juristischen Arbeit, Studien und Texte zur Methodologie des Rechts Band 9, Frankfurt/M. 1971

Stuer, Bernhard, Handbuch des Bau- und Fachplanungsrechts, 2. Auflage, München 1998

Stuer, Bernhard/Hönig, Dietmar, Umweltrecht – Rechtsprechungsbericht 1999/2000 –, DVBl. 2000, 1189 ff

Tettinger, Peter, Überlassungspflichten für hausmüllähnliche Gewerbeabfälle zur Verwertung an öffentlich-rechtliche Entsorgungsträger und europäisches Gemeinschaftsrecht, Rechtsgutachten für die Bundesverbände der Deutschen Entsorgungswirtschaft (BDE) und Sekundärrohstoffe und Entsorgung (bvse), 2000

Trott zu Solz, Levin von, „Big and Small Democraty" – Zur Verbindung von Bürgergesellschaft und Demokratie, in: Ulrich v. Alemann, Bürgergesellschaft und Gemeinwohl: Analyse, Diskussion, Praxis, Opladen 1999.

Uerpmann, Robert, Das öffentliche Interesse: seine Bedeutung als Tatbestandsmerkmal und als dogmatischer Begriff, Tübingen 1999

Ule, Carl Hermann/Laubinger, Hans-Werner, Bundesimmissionsschutzgesetz, Kommentar, Rechtsvorschriften, Rechtsprechung, Neuwied 1974

Unruh, Peter, Die Zulässigkeit landesrechtlicher Andienungspflichten für Sonderabfälle – Europa., verfassungs- und verfassungsrechtliche Aspekte, Schriftenreihe der Forschungsstelle Umweltrecht der Universität Hamburg, Band 21, Baden-Baden 1997

Unruh, Peter, Die Zukunft der Andienungspflichten, ZUR Sonderheft 2000, 83 ff.

Versteyl, Ludger-Anselm/Wendenburg, Helge, Änderungen des Abfallrechts – Anmerkungen zum Kreislaufwirtschafts- und Abfallgesetz sowie den Gesetzen zu den baseleer Übereinkommen, NVwZ 1994, 833 ff.

Versteyl, Ludger-Anselm/Wendenburg, Helge, Änderungen des Abfallrechts: Aktuelles zum Kreislaufwirtschafts- und Abfallgesetz sowie dem untergesetzlichen Regelwerk, NVwZ 1996, 937 ff.

Vest, Peter, Die formelle Privatisierung öffentlicher Unternehmen – Eine Effizienzanalyse anhand betriebswirtschaftlicher Kriterien der rechtsformkahl, in: ZögU 1998, Band 21, Heft 2, 189 ff.

Wagener, Martin, Anschluß- und Benutzungszwang für Fernwärme, Bochum 1988

Wagner, Richard, Energie-Genossenschaften: Fast vergessen, trotz großer Zukunftschancen, ZfgG 51 (2001), 248 f.

Walter, Christine, Die Verteilung der Entsorgungspflichten zwischen Abfallverursacher und öffentlich-rechtlichem Entsorgungsträger nach dem KrW-/AbfG, Mannheim 1997

Waschkuhn, Arno, Was ist Subsidiarität? Ein sozialphilosophisches Ordnungsprinzip: Von Thomas von Aquin bis zur „Civil Society", Opladen 1995.

Weidemann, Clemens, Übergangsprobleme bei der Privatisierung des Abfallrechts – Zum Inkrafttreten des Kreislaufwirtschafts- und Abfallgesetzes, NJW 1996, 2757 ff.

Weidemann, Clemens, Kreislaufwirtschaft contra dezentrale Verwaltungswirtschaft – von den Schwierigkeiten bei der Umsetzung eines Privatisierungsgesetzes –, GewArch 1997, 311ff.

Weidemann, Clemens, Zum Verhältnis von privater Verwertungs- und kommunaler Entsorgungspflicht, NVwZ 2000, 1131 ff.

Weidemann, Clemens/Beckmann, Martin, Organisation der Sonderabfallentsorgung, Berlin 1996

Welsch, Georg, Das Kreislaufwirtschaftsgesetz und seine Folgen für die kommunale Abfallsorgung, Der Städtetag 1998, 530 ff.

Wendenburg, Helge, Die Entsorgung gewerblicher Abfälle – Erzeuger, Verantwortung und kommunale Entsorgungspflicht, in: Kreislaufwirtschaft zwischen Realität und Utopie – Möglichkeiten und Grenzen des kommunalen und betrieblichen Abfallmanagements, Büro für Umweltpädagogik Media, Sehnde 1995, 31 ff.

Westerwelle, Guido(Hrsg.), Für die liberale Bürgergesellschaft, Düsseldorf 1998.

Wiethölter, Rudolf, Recht und Politik – Bemerkungen zu Peter Schwerdners Kritik, ZRP 1969, 155 ff.

Willand, Achim/ Bechtolsheim, Caroline v./Jänicke, Katrin, Kooperation oder Konkurrenz – kommunale Aspekte aktueller Entwicklungen der Abfallwirtschaft, ZUR Sonderheft 2000, 74 ff.

Wissing, Volker, Überlassungspflichten begründende Gemeinwohlinteressen im System des Kreislaufwirtschafts- und Abfallgesetzes, Münster 1997

Witthohn, Alexander/Smeddinck, Ulrich, Abgrenzung Abfall zur Beseitigung und Abfall zur Verwertung – das unlösbare Problem?, NdsVBl. 2000, 77 ff.

Wölfle, Andreas, Genossenschaftliche GmbH und genossenschaftliche KG – Eignung und Bedeutung für mittelstandstypische genossenschaftliche Organisationsformen

Wulfhorst, Reinhard, Die Konkretisierung des Kreislaufwirtschafts- und Abfallgesetzes – eine Aufgabe für den Landesgesetzgeber?, NVwZ 1997, 975 ff.

Zandonella, Carlo, Thärichen, Holger, Bioabfälle zwischen öffentlicher und privater Entsorgung: Zum Begriff der „überwiegenden öffentlichen Interessen" in § 13 III 1 Nr.3 KrW-/AbfG, NVwZ 1998, 1160 ff.

Zeschmar-Lahl, Tauziehen um den Gewerbeabfall, Müllmagazin 2001, Heft 4, 8 ff.

Zimmer, Annette, Bürgerengagement, Zivilgesellschaft und Dritter Sektor vor Ort – Standortbestimmung und Entwicklungsperspektiven, in: Gotthard Breit/Peter Massing (Hrsg.), Bürgergesellschaft-Zivilgesellschaft-Dritter Sektor, Schwalbach 2000, S. 39 ff.

Zippelius, Reinhold, Juristische Methodenlehre, 5. Auflage, Schriftenreihe der Juristischen Schulung Heft 93, München 1990

Zuleeg, Manfred, Justitiabilität des Subsidiaritätsprinzips, in: Knut Wolfgang Nörr/ Thomas Oppermann (Hrsg.), Subsidiarität: Idee und Wirklichkeit, Tübingen 1997

Hartmut Gaßner, Wolfgang Siederer (Hrsg.)
Handbuch Recht und Praxis der Abfallwirtschaft

Die Abfallwirtschaft unterliegt ständigen Wandlungen und bietet deshalb für eine Vielzahl von Beteiligten ein herausforderndes Tätigkeitsgebiet. Ursprünglich eine nebensächliche Aufgabe der lokalen Gemeinschaft stellt die Abfallentsorgung heute ein komplexes System dar, das verschiedensten technischen, wirtschaftlichen und politischen Anforderungen ausgesetzt ist.

Das Handbuch bereitet erstmals umfassend und praxisorientiert das Recht der Abfallwirtschaft auf. Es befasst sich ausführlich mit der Umsetzung der Abfallablagerungsverordnung und der Deponieverordnung, den Konsequenzen der seit dem 01.01.2003 geltenden Gewerbeabfallverordnung und mit der Novellierung der Verordnung über Abfallverbrennungsanlagen (17. BImSchV). Die Darstellung beschränkt sich nicht auf Fragen des Abfallrechts im engeren Sinne, sondern stellt den Bezug zu anderen Rechtsgebieten her, die für die Praxis der Abfallwirtschaft maßgeblich sind. Erörtert werden die relevanten Fragestellungen des Vergaberechts, des Kommunalverfassungs-, Kommunalabgaben- und Kommunalwirtschaftsrechts sowie Einzelfragen des Zivil-, Gesellschafts- und Steuerrechts. Für den Praktiker finden sich aktuelle Hinweise zur Durchführung von Ausschreibungsverfahren oder zur Ausgestaltung von Eigen- und Beteiligungsgesellschaften sowie zu Regelungen in kommunalen Satzungen oder zivilrechtlichen Entsorgungsverträgen und zur Erhebung von Abfallgebühren. Besonderes Augenmerk gilt der Rechtsprechung des Europäischen Gerichtshofs, die von erheblicher Bedeutung für die Auslegung und Anwendung des Abfallrechts ist.

Das Handbuch wendet sich an die verschiedenen abfallwirtschaftlichen Akteure, um abfallrechtliche Grundlagen und aktuelle Rechtsentwicklungen zu vermitteln. Dabei ist es ein besonderes Anliegen, einen intensiven Praxisbezug herzustellen, indem die breite Palette der Erfahrungen und Kenntnisse aus der Beratungstätigkeit von Anwältinnen und Anwälten einbezogen wurde, die sich auf das Gebiet der abfallwirtschaftlichen Rechtsberatung spezialisiert haben.

2003, 716 S., geb., 129,– Euro, 218,50 SFr, ISBN 3-8305-0341-5

BERLINER WISSENSCHAFTS-VERLAG GmbH
Axel-Springer-Str. 54 b • 10117 Berlin • Tel. 030 / 84 17 70-0 • Fax 030 / 84 17 70-21
E-Mail: bwv@bwv-verlag.de • http://www.bwv-verlag.de